Berufsorientierung

Tim Brüggemann
Sylvia Rahn (Hrsg.)

Berufsorientierung

Ein Lehr- und Arbeitsbuch

Waxmann 2013
Münster / New York / München / Berlin

Bibliografische Informationen der Deutschen Nationalbibliothek
Die Deutsche Nationalbibliothek verzeichnet diese Publikation in
der Deutschen Nationalbibliografie; detaillierte bibliografische
Daten sind im Internet über http://dnb.d-nb.de abrufbar.

Waxmann Studium

ISSN 1869-2249
ISBN 978-3-8309-2762-4

© Waxmann Verlag GmbH, 2013

www.waxmann.com
info@waxmann.com

Umschlaggestaltung: Pleßmann Design, Ascheberg
Umschlagabbildung: Straßenschilder © Artusius – www.fotolia.com
Satz: Stoddart Satz- und Layoutservice, Münster

Gedruckt auf alterungsbeständigem Papier,
säurefrei gemäß ISO 9706

Inhalt

IV. Handlungs- und Problemfelder der Studien- und Berufsorientierung

V. Instrumente, Maßnahmen und Konzepte der Studien- und Berufsorientierung

VI. Qualitäts- und Professionalitätsentwicklung

I.
Zur Einführung in den Band

Tim Brüggemann und Sylvia Rahn

Zur Einführung: Der Übergang Schule–Beruf als gesellschaftliche Herausforderung – Entwicklung, rechtliche Verankerung und pädagogischer Auftrag der Berufsorientierung

1. Berufsorientierung als gesellschaftliche Herausforderung und als individuelle Entwicklungsaufgabe

Die Einsicht, dass die Integration der nachwachsenden Generationen in den Beruf eine wichtige gesellschaftliche Herausforderung darstellt, ist so alt wie die „moderne Arbeitsgesellschaft" selbst. Spätestens seit dem frühen 20. Jahrhundert ist die Frage, vor welchen Anforderungen die Jugendlichen bei der Bewältigung des Übergangs stehen und wie ihr Übergang in den Beruf institutionell gestützt und pädagogisch gefördert werden kann, Gegenstand öffentlicher Diskussion (vgl. u. a. Körzel, 1996; Rahn, 2001). Parallel zur Herausbildung moderner Arbeitsmarktstrukturen, der schrittweisen Institutionalisierung der Berufsberatung und Lehrstellenvermittlung im Kontext der Arbeitsverwaltung sowie der Systementwicklung des modernen Berufsbildungssystems wurde der Übergang in den Beruf während der ersten Jahrzehnte des 20. Jahrhunderts im Kontext eines breiteren gesellschaftlichen Diskussionszusammenhangs als „Berufswahl" bzw. als Entwicklungsaufgabe im Jugendalter verankert (vgl. ebd.). Unter Entwicklungsaufgaben versteht man Lernaufgaben, die sich im menschlichen Leben aufgrund von körperlichen Reifungsprozessen oder gesellschaftlichen Erwartungen in bestimmten Lebensphasen stellen und individuell bewältigt werden müssen (vgl. Havighurst, 1952; Oerter & Dreher, 2008).

Wenn man den Übergang in den Beruf als Entwicklungsaufgabe „Berufswahl" thematisiert, werden die Anforderungen und normativen Erwartungen betont, die mit dem Übergang in den Beruf für die Jugendlichen seit Beginn des 20. Jahrhunderts verbunden sind. Im Zusammenhang mit der Institutionalisierung der Berufsberatung zu Beginn des 20. Jahrhunderts wurden nicht nur im deutschsprachigen Raum erste berufswahltheoretische Ansätze formuliert, die das Ziel der Berufswahl in dem „Matching" zwischen Berufs- und Personenmerkmalen sahen und es den Jugendlichen zur Aufgabe machten, ihre „Eignung und Neigung" sowie ihre beruflichen Möglichkeiten zu erkunden und beides zur Passung zu bringen (vgl. Parson, 1909).

Dieser „Passungsgedanke" zieht sich bis heute in verschiedenen Ausprägungen durch die (Forschungs-)Literatur (vgl. u. a. Holland, 1997; Gerber-Schenk, Rottermann & Neuenschwander, 2010) und bildet den Hintergrund für eine Vielzahl von Test- und Förderinstrumenten, die den Jugendlichen dabei helfen sollen, eine *individuelle* berufliche Perspektive zu entwickeln.

Gleichzeitig wurde der Übergang in den Beruf mit arbeitsmarktpolitisch begründeten Normen verknüpft. So sollten die Berufswahlprozesse der nachwachsenden Generationen durch institutionalisierte Berufsberatung systematisch gefördert werden, um die „Einordnung des jugendlichen Nachwuchses in das Berufsleben unter dem Gesichtspunkt der Neigung, der Befähigung und der körperlichen Eignung auf der einen und der höchstmöglichen Förderung der heimischen Produktion und der Anforderungen des Arbeitsmarktes auf der anderen Seite, vor allem auch Gewinnung der Jugendlichen für die gelernten Berufe" zu gewährleisten (Altenrath, 1911, S. 18f).

Zu Beginn des 20. Jahrhunderts wurde der Übergang in den Beruf also mit einer doppelten Norm verbunden, die im Grundsatz bis heute fortbesteht: Einerseits wird die Berufswahl als eine individuell zu realisierende und zu verantwortende Folge von Teilhandlungen gedacht, mit der die Jugendlichen auf der Grundlage des aufzubauenden Wissens um die eigenen Interessen und Fähigkeiten eine passende berufliche Perspektive entwickeln sollen (vgl. Rahn, 2001). Andererseits wurde und wird zugleich erwartet, dass sich die Jugendlichen wie strategische Arbeitsmarktsubjekte verhalten, die ihre beruflichen Wünsche und Ziele flexibel dem anpassen, was auf dem Ausbildungsmarkt realisierbar scheint.

Letzteres wird etwa an der immer wiederholten Klage deutlich, dass sich die Jugendlichen an so genannten „Modeberufen" orientieren würden, statt die jeweiligen aktuellen Markterfordernisse in ihren beruflichen Wünschen und Plänen zu antizipieren (vgl. u. a. Gaebel, 1926, S. 370; Dies., 1928, S. 256). Ersteres drückte sich in der Gründungsphase der institutionellen Berufsberatung in der Warnung vor der „Tendenz, den Beruf nach (rein, S. R.) äußeren Gesichtspunkten zu wählen" und der damit drohenden „Disharmonie von Arbeit und Persönlichkeit" aus (Grünbaum-Sachs 1925, S. 620, zit. nach Rahn, 2001, S. 156) und wird bis heute in der Erwartung kultiviert, dass die Jugendlichen den Beruf als Medium der eigenen Persönlichkeitsentwicklung begreifen.

Allerdings wurde die pädagogisch-psychologische Seite der doppelten Normierung der „Berufswahl" seit Beginn des 20. Jahrhunderts immer wieder mit dem berechtigten Hinweis in Frage gestellt, dass sich die Übergangsprozesse in das Beschäftigungssystem unter den Bedingungen gravierenden Lehrstellenmangels und sozialer Friktionen kaum als Ergebnis „freier" im Sinne von durch äußere Zwänge unbegrenzter „Entscheidungen" verstehen lassen (vgl. u. a. Heinz & Krüger, 1981), sondern für bestimmte soziale Teilgruppen benachteiligter Jugendlicher oder sogar ganze Jugendkohorten weit plausibler als Allokationsprozesse zu beschreiben sind. Wenn dann die normativen Implikationen von Berufswahl und Berufsorientierung, wie wiederholt geschehen, dennoch auch und gerade in Zeiten angespannter Marktbedingungen besonders betont werden, besteht die Gefahr, dass strukturelle Problemlagen individualisiert, zu pädagogischen Problemen umgedeutet und damit *als Strukturprobleme* letztlich verfehlt werden.

Dass junge Menschen sich aktiv beruflich orientieren und die Wahl eines Berufs als eigenverantwortliche Aufgabe verstehen, ist allerdings eine wichtige Voraussetzung dafür, dass sie den Spielraum nutzen können, der ihnen bei der Gestaltung ihrer beruflichen Laufbahn jeweils zur Verfügung steht. Der Forschungsstand der Berufsorientierungs- und Übergangsforschung bietet viele Belege dafür, dass das Gelingen des beruflichen Orientierungs- und Berufswahlprozesses den Übergangserfolg zwar nicht garantieren, aber sehr wohl fördern kann (vgl. u. a. Herzog, Neunschwander & Wannack, 2006; Reißig, Gaupp & Lex, 2008).

Aus solchen Gründen ist es trotz des unzweifelhaft großen Einflusses, den die Bedingungen des Ausbildungsmarktes und die betrieblichen Selektionsprozesse auf die

Übergangsprozesse ausüben (vgl. Eberhard, Krewerth & Ulrich 2006), weiterhin sinnvoll, an dem normativ konnotierten Berufswahlbegriff festzuhalten.

Die konkreten Bedingungen, unter denen die Jugendlichen sich beruflich orientieren und den Übergang in den Beruf bewältigen müssen, unterscheiden sich in Abhängigkeit von den individuellen Schülermerkmalen und je nach regionalen Kontextmerkmalen erheblich und unterliegen zudem offensichtlich dem historischen Wandel. Unstrittig ist, dass angesichts der in den vergangenen Jahrzehnten zu konstatierenden Destandardisierung der Erwerbsbiographien nicht mehr davon ausgegangen werden kann, dass die Berufsorientierung mit Beendigung der Jugendphase abgeschlossen ist. Berufliche Lebensverläufe sind in den vergangenen Jahrzehnten vielfältiger geworden, berufliche Entscheidungen können und müssen in stärkerem Maße revidiert werden, als dies bis in die 1970er Jahre der Fall war.

In der Konsequenz wird Berufsorientierung in der neueren Literatur daher als ein „… lebenslanger Prozess der Annäherung und Abstimmung zwischen Interessen, Wünschen, Wissen und Können des Individuums auf der einen und Möglichkeiten, Bedarf und Anforderungen der Arbeits- und Berufswelt auf der anderen Seite" definiert. „Beide Seiten, und damit auch der Prozess der Berufsorientierung, sind sowohl von gesellschaftlichen Werten, Normen und Ansprüchen, die wiederum einem Wandel unterliegen, als auch den technologischen und sozialen Entwicklungen im Wirtschafts- und Beschäftigungssystem geprägt." (Butz, 2008, S. 50)

Die Vorstellung, dass sich Berufsorientierung in der Propädeutik für den Übergang von der Sekundarstufe I in das Berufsbildungssystem erschöpft, ist also obsolet. Das heißt aber nicht, dass die Bewältigung der so genannten ersten Schwelle im beruflichen Lebensverlauf und die Berufswahlvorbereitung der Jugendlichen im engeren Sinne in den letzten Jahrzehnten an Relevanz für die Berufsbiografie verloren hätten. Seit den 1960er Jahren hat sich der Erwerb einer beruflichen Vollqualifikation zunehmend zum qualifikatorischen Mindeststandard im Beschäftigungssystem entwickelt. Während Berufslosigkeit in den 1960er Jahren mit einer Ungelerntenquote von rund 50 % der Erwerbsbevölkerung noch zur Normalität des deutschen Arbeitsmarktes gehörte (vgl. Wagner, 2006), gelingt derzeit nur noch rund 11 bis 15 % eines Altersjahrgangs der Übergang in eine berufliche Ausbildung nicht. Nicht in eine Berufsausbildung einzumünden, hat sich also im deutschsprachigen Raum von einem gesellschaftlichen Mehrheits- zu einem Minderheitenphänomen entwickelt, das für die Betroffenen mit hohen Risiken in der Erwerbsbiografie verbunden ist und sozial zum Stigma zu werden droht. Überdies vollzieht sich Teilhabe an Bildung im beruflichen Lebenslauf kumulativ, d. h. Erwerbspersonen mit niedrigem formalem Bildungsniveau nehmen auch seltener an Weiterbildungen teil.

Es ist also angemessen, den Begriff der Berufsorientierung auf den gesamten Lebenslauf zu beziehen und zu betonen, dass sich Berufsorientierung nicht in der Berufswahlvorbereitung im Jugendalter erschöpft.

Zugleich bleibt die Berufswahlvorbereitung bzw. die Übergangspropädeutik im Jugendalter aber ein zentraler Aspekt der Berufsorientierung im Lebensverlauf und steht deshalb im Mittelpunkt des vorliegenden Bandes. Es handelt sich bei der Vorbereitung auf die Übergangssituation am Ende der allgemeinbildenden Schulzeit also nicht um eine reine Aufgabe der Benachteiligtenförderung, sondern um einen Bestandteil der Allgemeinbildung und eine wichtige Etappe im Prozess lebenslangen Lernens (vgl. Brügge-mann, 2010).

2. Rechtliche Grundlagen der Berufsorientierung

Die berufliche Orientierung wurde schon früh als kooperative Aufgabe mehrerer Akteu-re diskutiert und entsprechend rechtlich verankert. Über die Jugendlichen und deren Fa-milien hinaus wirken die Schulen, die Beratungs- und Vermittlungsdienste der Arbeits-agentur sowie eine Vielzahl außerschulische Instanzen an der Berufsorientierung mit. Mit Berufs- und Studienorientierung bezeichnet man also zum einen das Verhalten der Jugendlichen und zum anderen das Angebot, das ihnen verschiedene Akteure als Hilfe-stellung zur Bewältigung der Entwicklungsaufgabe „Berufswahl" machen.

Nach deutschem Recht sind die Schulen und die Arbeitsverwaltung bereits seit Jahr-zehnten zur Zusammenarbeit bei der beruflichen Orientierung und Berufswahlvorbe-reitung der Jugendlichen verpflichtet. Das Bemühen, die Berufsorientierung als eine ko-operative Pflichtaufgabe der Regelschulen zu verankern, ist alles andere als neu und lässt sich anhand von bildungspolitischen Positionspapieren und rechtlichen Vorgaben ab Mitte der 1960er Jahre nachzeichnen (einen ausführlichen Überblick bietet Dedering, 2002). Die Dokumente zeugen „von einem breiten politischen Konsens über die Not-wendigkeit einer beruflichen Orientierung in der Schule" (Dedering, 2003, S. 3), die al-lerdings in den Schulformen auf unterschiedliche Weise in den Curricula und Lehrplä-nen verankert wurde.

In dem 1964 vorgelegten Hauptschulgutachten des Deutschen Ausschusses für das Erziehungs- und Bildungswesen und in den Hauptschulempfehlungen der KMK aus dem Jahr 1969 avancierte der Beruf gewissermaßen zum „didaktischen Zentrum" der damals neuen Schulform „Hauptschule" (Deutscher Ausschuss, 1964, S. 41), was sich curricular in der Einführung der „Arbeitslehre" und dem expliziten Bildungsziel „Hin-führung zur Berufswahl" (KMK, 1969, S. 29) niederschlug. Auch den anderen Schul-formen wurde die Berufswahlvorbereitung ihrer Schüler zur Pflichtaufgabe gemacht. Die Erfüllung dieser Aufgabe in den Schulen wurde curricular aber nur bedingt mit ei-nem klar umrissenen und hinreichenden Kontingent an Lernzeit abgesichert (vgl. Dib-bern, 1974, S. 444; Dibbern u. a., 1974). Die Kooperation der Schulen mit der Berufs-beratung der Arbeitsverwaltung wurde in „Rahmenvereinbarung über die Zusammenarbeit von Schule und Berufsberatung" (1971) verpflichtend vereinbart, wobei der Bundesan-stalt für Arbeit die Einzelfallberatung der Jugendlichen, die Unterrichtung über Berufs-ausbildungen und die Vermittlung in Ausbildungsstellen oblag und die Schulen die Ver-mittlung „grundlegender Kenntnisse über die Wirtschaft und Arbeitswelt" übernehmen sollten. Die Einzelheiten der Kooperation wurden im Laufe der Jahre den veränderten rechtlichen und institutionellen Rahmenbedingungen wie z. B. der Abschaffung des Be-ratungs- und Vermittlungsmonopols der BA angepasst. Anfang der 1990er Jahre wur-de die schulische Berufsorientierung schließlich in einer gemeinsamen Empfehlung der KMK, der Bundesanstalt für Arbeit und der Hochschulrektorenkonferenz um den As-pekt der *Studienberatung* in der gymnasialen Oberstufe erweitert (Gemeinsame Empfeh-lung, 1992, S. 452ff). Unter der Maxime von der „Abschluss- zur Anschlussorientierung" war spätestens Ende der 1990er Jahre bildungspolitisch der Auftrag der Schulen klar formuliert, die berufliche Orientierung und Berufswahlvorbereitung *aller* Schülerinnen und Schüler als Bestandteil des schulischen Allgemeinbildungsauftrages aufzufassen und systematisch zu fördern (vgl. Bericht der KMK, 1997). Dabei werden die Schulen inzwischen nicht nur durch die Bundesagentur für Arbeit, sondern durch eine Vielzahl weiterer außerschulischer Akteure, d. h. von Bildungsträgern, Stiftungen und Vereinen bis hin zu privatwirtschaftlichen Anbietern unterstützt. Aktuelle Bestandsaufnahmen von Maßnahmen und Akteuren am Übergang Schule–Beruf weisen in den Kreisen und Kommunen mehrere hundert Träger und Anbieter aus, die sich auf vielfältige Weise in der Studien- und Berufsorientierung der Jugendlichen und jungen Erwachsenen engagieren (vgl. Rahn & Brüggemann, 2012; Niemeyer & Frey-Huppert, 2009).

Ermöglicht und zu weiten Teilen finanziert wird dieses breite Engagement auf der Grundlage einer ganzen Reihe von Rechtsnormen.

Aufgrund des Kulturföderalismus in Deutschland wird die schulische Berufsorientierung auf Länderebene geregelt. Nahezu alle deutschen Bundesländer haben in den letzten 10 bis 15 Jahren neue Vorgaben, Richtlinien und Handreichungen zur schulischen Berufsorientierung erlassen, die die Bedeutung der schulischen Berufsorientierung unterstreichen, ihr Aufgabenspektrum erweitern und konkretisieren sowie neue innerschulische Zuständigkeiten und Verantwortlichkeiten für die Studien- und Berufsorientierung etwa durch die Ernennung von dafür zuständigen Koordinatoren festlegen usw. (vgl. Knauf, 2003). Überdies bestehen im berufsbildenden Schulwesen seit den 1970er Jahren vollzeitschulische Bildungsangebote mit berufsorientierender und berufsvorbereitender Funktion, die den Jugendlichen zugleich den Erwerb weiterführender Schulabschlüsse ermöglichen sollen (vgl. Pahl, 2007, S. 65ff und S. 98ff).

Berufsorientierung war zudem traditionell im Arbeitsförderungsgesetz verankert, das Ende der 1990er Jahre bekanntlich in der Sozialgesetzgebung aufgegangen ist. Gemäß § 33 SGB III ist es nach wie vor eine Pflichtaufgabe der Agenturen für Arbeit, Berufsorientierung zu gewährleisten, die allerdings seit 1998 nicht mehr das Monopol bei der Berufsberatung und Ausbildungsvermittlung innehaben. Beratungs- und Vermittlungsangebote dürfen stattdessen seitdem als Dienstleistungen frei angeboten werden. Im Rechtkreis des SGB II, das die soziale Grundsicherung zum Gegenstand hat, tragen zudem Maßnahmen der ARGEN oder Optionskommunen zur Berufsorientierung und Berufsvorbereitung der Jugendlichen im Hartz-IV-Bezug bei. Nachgeordnet zum SGB III werden auch nach SGB VIII, d. h. auf der Basis des Kinder- und Jugendhilfegesetzes im Rahmen der „arbeitsweltbezogenen Jugendarbeit", Angebote zur beruflichen Orientierung und Berufswahlvorbereitung der Jugendlichen organisiert und durchgeführt. Komplettiert wird das Spektrum schließlich durch spezifische Fördermaßnahmen für junge Menschen mit Behinderung auf der Grundlage des neunten Sozialgesetzbuches.

In § 33 und 48 SGB III wird die Bundesagentur für Arbeit nicht nur verpflichtet, überhaupt Berufsorientierung zu betreiben, sondern sie kann auch Maßnahmen für eine vertiefte Berufsorientierung von Schülerinnen und Schülern allgemein bildender Schulen zu 50 % kofinanzieren, wenn die andere Hälfte des Finanzbedarfs von Dritten übernommen wird.

Angesichts des enormen Lehrstellendefizits, das den deutschen Ausbildungsmarkt von den 1990er Jahren bis Mitte des vergangenen Jahrzehnts geprägt hat, und den erheblichen Schwierigkeiten, die die Schulentlassenen beim Übergang in das Berufsbildungssystem hatten, wurde von dieser Möglichkeit reger Gebrauch gemacht. Im Jahr 2009 beispielsweise wendete allein die Bundesagentur für Arbeit rund 65,5 Millionen Euro für die (erweiterte) vertiefte Berufsorientierung auf (vgl. Kupka & Wolters, 2010, S. 8). Darüber hinaus legten der Bund und die Länder in verschiedenen Ressorts eine Vielzahl von Förderprogrammen zur Unterstützung des Übergangs auf und wurden Projekte zur Berufsorientierung zudem durch den Europäischen Sozialfond gefördert. Auf diese Weise ist das Angebot an Fördermaßnahmen in der vorberuflichen Bildung breiter, aber auch intransparenter geworden, was die Organisation und das Management des Übergangs in den Regionen erschwert.

Derzeit besteht Konsens darüber, dass die gesellschaftliche Herausforderung bei der Unterstützung der Berufsorientierung der Jugendlichen nicht darin besteht, überhaupt ein quantitativ hinreichendes Förderangebot zu gewährleisten, sondern aus der Fülle der Instrumente, Maßnahmen und Programme die geeigneten und effektiven auszuwählen und zu einem kohärenten Gesamtkonzept zu verknüpfen.

3. Pädagogischer Auftrag der Berufsorientierung und Inhalte des vorliegenden Bandes

Es gehört zu den grundlegenden Normen moderner – individualisierter – Gesellschaften, das einzelne Gesellschaftsmitglied als Akteur bzw. „Entscheider" des eigenen Lebens, d. h. auch und gerade der eigenen Berufsbiografie aufzufassen (vgl. u. a. Alheit & Dausien, 2000; Beck, 1995). Jugendliche sollen die Berufswahl demnach als Aufgabe verstehen, die sie zwar mit Unterstützung ihres Umfeldes, aber letztlich doch in eigener Verantwortung zu lösen haben. Auf der Einstellungsebene wird diese Sichtweise der Berufswahl von den Jugendlichen – von wenigen Ausnahmen abgesehen – geteilt. In Schülerbefragungen stimmen die Jugendlichen aller Schulformen in hohem Maße der Auffassung zu, dass es wichtig ist, sich schon früh mit der Wahl des Berufs zu befassen (vgl. Rahn, Brüggemann & Hartkopf, 2011). Man muss aber bekanntlich zwischen den Einstellungen zu einem Verhalten und dem Verhalten selbst unterscheiden. Auch wenn die Einstellungen der Jugendlichen zur Berufswahl und zum beruflichen Orientierungsprozess positiv sind, gelingt die Berufswahl oft nicht bzw. trägt das berufliche Orientierungsverhalten nur bedingt zum Gelingen des Berufswahlprozesses bei.

Das Ziel der pädagogischen Unterstützung der Berufsorientierung ist es also, den gesamten Berufsorientierungsprozess so zu fördern, dass die Wahrscheinlichkeit steigt, dass die Jugendlichen die einzelnen Teilaufgaben des Berufswahlprozesses, von der Exploration des Selbst (Interessen, Fähigkeiten etc.) und den beruflichen Möglichkeiten über die Spezifikation eines Berufswunsches und geeigneter Alternativen bis hin zur konkreten Anschlussplanung und Ausbildungsplatzsuche, vollständig und vor allem rechtzeitig bearbeiten und lösen.

Das Management eines entsprechenden Förderangebots ist eine anspruchsvolle Aufgabe, die dadurch erschwert wird, dass die Jugendlichen bei gleichem Alter und Stand in der Schullaufbahn sehr unterschiedliche Entwicklungsstände in der beruflichen Orientierung haben (vgl. Rahn, Brüggemann & Hartkopf, 2011).

Es gilt also, ein kollektives Unterstützungsangebot zu organisieren und die Jugendlichen zugleich individuell zu fördern. Zu diesem Zweck muss man von den zu erreichenden Teilzielen her denken, d. h. Klarheit darüber herstellen, was wann erreicht sein muss, damit die berufliche Orientierung insgesamt gelingt, und die heterogenen Ausgangslagen und Bedingungen der Jugendlichen im Blick behalten.

Auch wenn die Förderung der Berufsorientierung keine leichte Aufgabe ist, lohnt es sich, an Lösungen zu arbeiten. Viele Schülerinnen und Schüler – so der Forschungsstand – können selbst im letzten Schulbesuchsjahr noch keine konkreten beruflichen Wünsche und Pläne formulieren oder denken nicht in Alternativen (vgl. ebd.). Zudem ist das richtige Timing im Berufswahlprozess ein kritischer Faktor auch für den Übergangserfolg der Jugendlichen (vgl. Herzog, Neuenschwander & Wannack, 2006). Ein Teil der Jugendlichen beginnt zu spät mit dem beruflichen Explorationsverhalten oder verzichtet sogar vollständig darauf, sich aktiv um einen Ausbildungsplatz zu bemühen, und zwar auch dann, wenn sie selbst einen direkten Übergang in eine duale Ausbildung anstreben.

Per saldo besteht der pädagogische Auftrag der Berufsorientierung darin, die Jugendlichen durch die systematische Unterstützung bei der rechtzeitigen Bearbeitung aller Teilaufgaben des gesamten Orientierungsprozesses zu unterstützen, ohne ihnen die Verantwortung abzunehmen. Auf diese Weise kann die Studien- und Berufsorientierung der Jugendlichen zur Verbesserung des Übergangserfolgs der Jugendlichen beitragen und stellt insofern einen wichtigen Bestandteil des regionalen Übergangsmanagements dar. Umgekehrt geht das regionale Übergangsmanagement aber nicht in der Förderung der Berufsorientierung der Jugendlichen auf. Übergangsprozesse kommen aufgrund des Zusammenspiels der beruflichen Orientierung und des Nachfrageverhaltens der Jugendlichen nach Bildungsangeboten und der Selektions- und Allokationsprozesse der Bildungsanbieter, d. h. der Ausbildungsbetriebe, Schulen, überbetrieblichen Bildungsstätten etc. zustande. Das heißt, es ist zwischen dem Gelingen der Berufsorientierung auf der einen Seite und dem Übergangserfolg auf der anderen Seite zu unterscheiden. Denn selbst wenn der berufliche Orientierungs- und Berufswahlprozess der Jugendlichen gelingt, ist dies keine hinreichende Voraussetzung für den Übergangserfolg, wenn die Kontextbedingungen des Übergangs schlecht sind und ein großer Teil der Jugendlichen – wie es in Deutschland lange der Fall war – aufgrund eines eklatanten Lehrstellenmangels beim Übergang vom allgemeinbildenden Schulwesen in das duale System der Berufsausbildung rein rechnerisch scheitern *muss* (vgl. Ulrich, 2006). Übersteigt das Bildungsangebot aber die Nachfrage der Jugendlichen, gewinnt das Nachfrageverhalten der Jugendlichen an Bedeutung für das faktische Marktgeschehen auf dem Ausbildungsmarkt und die Betriebe und Bildungsinstitutionen beginnen sich für die Gründe zu interessieren, weshalb sie für die Jugendlichen (un-)attraktiv sind, und nach effektiven Wegen zu suchen, ihre Attraktivität zu steigern.

Vor diesem Hintergrund setzt sich der vorliegende Band mit
- den theoretischen und programmatischen Grundlagen (Kapitel 2),
- dem Stand der empirischen Forschung (Kapitel 3),
- den Handlungs- und Problemfeldern (Kapitel 4),
- den Instrumenten, Maßnahmen und Konzepten (Kapitel 5) sowie
- der Qualitäts- und Professionalitätsentwicklung (Kapitel 6)

der Studien- und Berufsorientierung auseinander. Aus den oben genannten Gründen konzentrieren sich die Inhalte – zunächst – auf die Berufsorientierung im Jugendalter, und der Sammelband ist als ein interdisziplinäres Überblickswerk für all jene gedacht, die sich in die Thematik des Übergangs Schule–Beruf einarbeiten möchten. Ziel ist es, Studierenden, Lehrenden und allen Personen, die sich grundlegend über die Thematik informieren möchten, einen komprimierten Ein- und Überblick zu dem Gegenstandsbereich Studien- und Berufsorientierung zu vermitteln. Autoren aus Deutschland und der Schweiz skizzieren den aktuellen wissenschaftlichen Kenntnisstand, beschreiben und kommentieren Maßnahmen und Instrumente der Berufsorientierung und verdeutlichen die Perspektiven des sich dynamisch entwickelnden Handlungsfeldes aus psychologischer, sozialwissenschaftlicher und soziologischer, erziehungswissenschaftlicher und kommunikationswissenschaftlicher Perspektive. Die Berücksichtigung der Zugänge und Forschungsergebnisse der verschiedenen Wissenschaftsdisziplinen, von denen bislang aus guten Gründen keine die „Alleinvertreterschaft" über den Gegenstandsbereich errungen hat, verdeutlichen nicht nur den beachtlichen wissenschaftlichen Kenntnisstand zur Studien- und Berufsorientierung, sondern auch die Kontroversen und offenen Fragen. Zu deren Beantwortung und zur kontinuierlichen Qualitätsentwicklung dieses Aufgabenbereichs bedarf es weiterer Forschungsanstrengungen und der Zusammenarbeit und Vernetzung aller beteiligten Instanzen – denn:

> *„Die Ansprüche an Berufsorientierung- und beratung sind höher geworden. … Fundierte, systematische und strukturierte sowie kontinuierliche Berufsorientierung und Berufsberatung sind wirksam und wirtschaftlich nur durch die Kooperation aller Akteure zu leisten"* (BIBB 2006, S. 18).

Literatur

Alheit, P. & Dausien, B. (1992). „Biographie – ein „modernes Deutungsmuster"? Sozialstrukturelle Brechungen einer Wissensform der Moderne. In Meuser, M. & Sackmann, R. (Hrsg.), *Analyse sozialer Deutungsmuster. Beiträge zur empirischen Wissenssoziologie* (S. 161–182). Pfaffenweiler: Centaurus.

Altenrath, J. (1911). *Berufswahl und Lehrstellenvermittlung.* Mönchengladbach: Volksverein-Verlag.

Beck, U. (1995). Eigenes Leben. Skizzen zu einer biographischen Gesellschaftsanalyse. In U. Beck, W. Vossenkuhl & U. E. Ziegler: *Eigenes Leben. Ausflüge in die unbekannte Gesellschaft, in der wir leben.* München: Beck.

BIBB (2006). Stellungnahme des Hauptausschusses des Bundesinstituts für Berufsbildung zum Entwurf des Berufsbildungsberichts 2006 des Bundesministeriums für Bildung und Forschung. *Berufsbildung in Wissenschaft und Praxis – BWP (Beilage zu 3/2006).*

Butz, B. (2008). Grundlegende Qualitätsmerkmale einer ganzheitlichen Berufsorientierung. In G.-E. Famulla (Hrsg.), *Berufsorientierung als Prozess. Persönlichkeit fördern, Schule entwickeln, Übergang sichern. Ergebnisse aus dem Programm „Schule – Wirtschaft/Arbeitsleben"* (S. 42–62). Baltmannsweiler: Schneider Verlag Hohengehren.

Brüggemann, T. (2010). Berufliches Übergangsmanagement – Herausforderungen und Chancen. In: U. Sauer-Schiffer & T. Brüggemann (Hrsg.), *Der Übergang Schule–Beruf. Beratung als pädagogische Intervention* (S. 57–78). Münster: Waxmann.

Dedering, H. (2002). Entwicklung der schulischen Berufsorientierung in der Bundesrepublik Deutschland. In J. Schudy (Hrsg.), *Berufsorientierung in der Schule. Grundlagen und Praxisbeispiele* (S. 17–32). Bad Heilbrunn: Klinkhardt.

Deutscher Ausschuss (Deutscher Ausschuss für das Erziehungs- und Bildungswesen) (1964). *Empfehlungen und Gutachten. Folge 7/8*, Stuttgart.

Deutscher Bildungsrat (Hrsg.) (1970). *Strukturplan für das Bildungswesen*. Bonn: Bundesdruckerei.

Dibbern, H., Kaiser, F. J. & Kell, A. (1974). *Berufswahlunterricht in der vorberuflichen Bildung. Der didaktische Zusammenhang von Berufsberatung und Arbeitslehre. Gutachten zu Entwicklung eines Curriculums „Berufswahlunterricht"*. Bad Heilbrunn: Klinkhardt.

Drittes Gesetz zur Ausführung des Kinder- und Jugendhilfegesetzes; Gesetz zur Förderung der Jugendarbeit, der Jugendsozialarbeit und des erzieherischen Kinder- und Jugendschutzes – Kinder- und Jugendförderungsgesetz – (3. AG-KJHG – KJFöG). *Gesetz- und Verordnungsblatt (GV. NRW)* Ausgabe 2004 Nr. 37 vom 20.10.2004, 567–578.

Eberhard, V., Krewerth, A. & Ulrich, J. G. (2006). *Mangelware Lehrstelle*. Bielefeld: W. Bertelsmann.

Gaebel, K. (1926). Die öffentliche Berufsberatung in Deutschland nach der Berufsberatungsstatistik 1924/25. *Reichsarbeitsblatt, 6* (Nichtamtlicher Teil), 367–371.

Gaebel, K. (1928). Die öffentliche Berufsberatung in Deutschland nach der Berufsberatungsstatistik 1926/27. *Reichsarbeitsblatt, 8* (Nichtamtlicher Teil).

Gemeinsame Empfehlung der Kultusministerkonferenz zur Zusammenarbeit von Schule, Berufsberatung und Studienberatung in der gymnasialen Oberstufe und den berufsbildenden Schulen vom 20.02.1992.

Gerber-Schenk, M., Rottermann, B. & Neuenschwander, M. (2010). Passungswahrnehmung, Selbstkonzept und Jugendarbeitslosigkeit. In M. P. Neuenschwander & H.-U. Grunder (Hrsg.), *Schulübergang und Selektion – Forschungsbefunde – Praxisbeispiele – Umsetzungsperspektiven* (S. 121–130). Chur: Rüegger.

Grünbaum-Sachs, H. (1925). Psychologische Betrachtungen zur Berufsneigung. *Arbeit und Beruf, 4*, S. 620–622.

Havighurst, R. J. (1952). *Developmental Tasks and Education* (2nd ed.). New York: David McKay.

Heinz, W. R. & Krüger, H. (1981). Berufsbildung unter dem Diktat des Arbeitsmarkts. *Zeitschrift für Pädagogik 27*. 661–667.

Herzog, W., Neuenschwander, M. & Wannack, E. (2006). *Berufswahlprozess. Wie sich Jugendliche auf ihren Beruf vorbereiten*. Bern: Haupt.

Holland, J. L. (1997). *Making vocational choices. A theory of vocational personalities and work enviroments* (3nd ed.). Odessa: Psychological Assessment Resources.

Knauf, H. (2003). *Schule und ihre Angebote zu Berufsorientierung und Lebensplanung – die Perspektive der Lehrer und der Schüler*. Bielefeld.

Körzel, R. (1996). *Berufsbildung zwischen Gesellschafts- und Wirtschaftspolitik*. Frankfurt a. M.: Verlag der Gesellschaft zur Förderung arbeitsorientierter Forschung und Bildung.

Kultusministerkonferenz (1969). *Empfehlungen zur Hauptschule (Beschluß der Kultusministerkonferenz vom 3.7.1969)*. Verfügbar unter: http://www.kmk.org/fileadmin/veroeffentlichungen_beschluesse/1969/1969_07_03_Hauptschule.pdf [30.08.2012].

Kultusministerkonferenz & Bundesanstalt für Arbeit (1971). *Rahmenvereinbarung über die Zusammenarbeit von Schule und Berufsberatung (Beschluß der Kultusministerkonferenz vom 5.2.1971)*. Verfügbar unter: http://www.tales.uni-duisburg-essen.de/glossar/b/1971.htm.

Kupka, P. & Wolters, M. (2010). *Erweiterte vertiefte Berufsorientierung Überblick, Praxiserfahrungen und Evaluationsperspektiven* (IAB-Forschungsbericht 10). Nürnberg: Institut für Arbeitsmarkt- und Berufsforschung.

Ministerium für Schule und Weiterbildung NRW (2010): *Berufs- und Studienorientierung. Runderlass des Ministeriums für Schule und Weiterbildung vom 21.20.2010.* Verfügbar unter: http://www.schulministerium.nrw.de/BP/Schulrecht/Erlasse/Berufsorientierung. pdf [30.08.2012].

Niemeyer, B. & Frey-Huppert, C. (2009). *Berufsorientierung an Allgemeinbildenden Schulen in Deutschland – Eine Bestandsaufnahme.* Hans-Böckler-Stiftung Verfügbar unter: http://www.boeckler.de/pdf/mbf_pers_bild_berufsorientierung_sek_1.pdf [15.10.2012].

Oerter, R. & Dreher, E. (2008). Jugendalter. In R. Oerter & L. Montada (Hrsg.), *Entwicklungspsychologie* (6., vollständig überarbeitete Auflage) (S. 271–332). Weinheim: Beltz.

Pahl (2007). *Berufsbildende Schule. Bestandsaufnahmen und Perspektiven.* Bielefeld. Bertelsmann Verlag.

Parson, F. (1909). *Choosing a vocation,* Boston: Houghton Mifflin.

Rahn, S. (2001). *Die Karrierisierung des weiblichen Lebenslaufs. Eine historische Rekonstruktion der Entstehung der Berufswahl im weiblichen Lebenslauf Ende des 19. und zu Beginn des 20. Jahrhunderts.* Frankfurt a. M.: P. Lang.

Rahn, S. & Brüggemann, T. (2012). *Abschlussbericht: Bestandsaufnahme aller Maßnahmen und Akteure an der Schnittstelle Schule–Beruf–Studium in der StädteRegion Aachen.* Universität Münster.

Rahn, S., Brüggemann, T. & Hartkopf, E. (2011). Von der diffusen zur konkreten Berufsorientierung: die Ausgangslage der Jugendlichen in der Frühphase der schulischen Berufswahlvorbereitung. *Die Deutsche Schule* 4, 297–311.

Ratschinski, G. (2009). *Selbstkonzept und Berufswahl. Eine Überprüfung der Berufswahltheorie von Gottfredson an Sekundarschülern.* Münster: Waxmann.

Reißig, B., Gaupp, N. & Lex, T. (Hrsg.) (2008). *Hauptschüler auf dem Weg von der Schule in die Arbeitswelt. Das DJI-Übergangspanel.* München: Deutsches Jugendinstitut e.V.

Sozialgesetzbuch (SGB) Zweites Buch (II) *Grundsicherung für Arbeitsuchende.* Neugefasst durch Bek. v. 13.5.2011 I 850 (2094); zuletzt geändert durch Art. 1a G v. 22.12.2011 I 3057. Verfügbar unter: http://www.sozialgesetzbuch-sgb.de/sgbii/1.html [30.08.2012].

Sozialgesetzbuch (SGB) Drittes Buch (III) *Arbeitsförderung.* Zuletzt geändert durch Art. 4a G v. 21.7.2012 I 1613. Verfügbar unter: http://www.sozialgesetzbuch-sgb.de/sgbiii/1. html [30.08.2012].

Sozialgesetzbuch (SGB) Achtes Buch (VIII) *Kinder- und Jugendhilfe.* Neugefasst durch Bek. v. 14.12.2006 I 3134; zuletzt geändert durch Art. 2 G v. 22.12.2011 I 2975. Verfügbar unter: http://www.sozialgesetzbuch-sgb.de/sgbviii/1.html [30.08.2012].

Ulrich, J. G. (2006). Wie groß ist die „Lehrstellenlücke" wirklich? Vorschlag für einen alternativen Berechnungsmodus. *Berufsbildung in Wissenschaft und Praxis, 35* (3), 12–14.

Arbeitsteil

Kapitel I

1. Nach der Lektüre des Kapitels

- wissen Sie, was unter der doppelten Normierung der Berufswahl zu verstehen ist,
- haben Sie eine prominente Definition von „Berufsorientierung" kennengelernt,
- sind Ihnen Argumente begegnet, mit denen man Berufsorientierung als Teil der Allgemeinbildung verstehen kann,
- haben Sie einen Eindruck von den rechtlichen Grundlagen der Berufs- und Studienorientierung in Deutschland gewonnen,
- begreifen Sie Berufsorientierung als kooperatives Handlungsfeld.

2. Arbeitsvorschläge und Anregungen zur Vertiefung

a) Führen Sie eine Recherche im Internet zu dem Begriff „Berufsorientierung" durch. Sammeln Sie einschlägige Definitionen und vergleichen Sie sie. Welche Gemeinsamkeiten und welche Unterschiede in der Verwendung des Begriffs werden deutlich und welchem Verständnis können Sie sich anschließen?

b) In der Erzählung „Herr Jensen steigt aus" wird die Titelfigur in einer kurzen Textpassage als eine skurrile Figur charakterisiert.

> „Schon seit mehr als zehn Jahren stellte Herr Jensen im gleichen Viertel die Post zu. An den Tagen, an denen er die Ratgeberzeitschriften in die Briefkästen warf, dachte er jedesmal, daß andere mehr Sorgfalt auf die Wahl ihrer Waschmaschine verwendeten, als er das bei der Wahl seines Berufs getan hatte. Wenn seine Mitschüler früher davon geredet hatten, daß sie später Berufsfußballer, Rockstars oder Robotertechniker werden wollten und mit ernsthafter Miene ihre Chancen und Möglichkeiten diskutierten, man mußte nicht in der ersten Liga spielen, auch in der zweiten wurden Leute gebraucht, dann konnte Herr Jensen nicht mitreden. Er hatte keinen Traumberuf. Er ging jeden Tag in die Schule, weil man das mußte, und er hatte die vage Vorstellung gehabt, daß es immer so weitergehen würde. In den Sommerferien zwischen der achten und der neunten Klasse arbeitete er zum ersten Mal bei der Post. Den Job hatte er damals über Matthias Gertloff aus seiner Klasse bekommen. Herr Jensen allein hätte überhaupt nicht gewußt, wie er sich nach einem Ferienjob auch nur hätte erkundigen sollen. Aber eines Tages verkündete Matthias, daß er einfach zur Post gegangen

sei, eine Bewerbung abgegeben habe und nun im Sommer dort jobben werde. Bald darauf gab Herr Jensen eine Bewerbung bei der Post ab [...]. Im folgenden Frühjahr ging Herr Jensen wieder zum selben Büro und bewarb sich für den Sommer. Er hatte immer noch keine Ahnung, wo sonst man sich nach einem Ferienjob erkundigen sollte. Er kannte die, die kannten ihn, er konnte wieder bei der Post arbeiten. Später, als Student, hatte er den Job natürlich auch nicht aufgegeben, wo er so gut eingearbeitet war und das Geld noch besser gebrauchen konnte. Und als Herr Jensen mit dem Studium dann so abrupt aufhörte, wie andere sich das Rauchen abgewöhnen, brauchte er das Geld noch dringender. Und genau deshalb trug er inzwischen schon seit mehr als zehn Jahren hier die Post aus."
(Quelle: Jakob Hein (2006). Herr Jensen steigt aus. München: Piper)

Welchen Anforderungen und Teilaufgaben, die zu einem gelingenden Berufswahlprozess dazugehören, hat Herr Jensen nicht Rechnung getragen? Sammeln Sie diese Aufgaben und Anforderungen mit dem Anspruch auf Vollständigkeit.

c) In dem Einführungskapitel und in einigen nachfolgenden Artikeln dieses Bandes wird darauf hingewiesen, dass das „richtige Timing" im Berufsorientierungs- und Berufswahlprozess von hoher Bedeutung für den erfolgreichen Übergang von der Schule in den Beruf sei. Aber wann ist das Timing richtig und wann falsch? Welche der von Ihnen unter b) zusammengetragenen Teilaufgaben müssten die Jugendlichen Ihrer Auffassung nach bis spätestens wann erreicht haben, damit das „Timing" stimmt?

Tragen Sie diese Etappen (in diesem Beispiel wird von einer 10-jährigen Pflichtschulzeit ausgegangen) in dem unten stehenden Zeitstrahl ein.

| 8. Klasse | 8.Kl. | 9.Kl. | 9. Kl. | 10.Kl. | 10. Kl. |
| 1. Halbjahr | 2. HJ | 1. HJ | 2. HJ | 1. HJ | 2. HJ |

d) Wenn Sie selbst in der Schule oder außerschulisch in der Studien- und Berufsorientierung tätig sind bzw. tätig werden wollen, welche Rechtsgrundlagen sind für Sie noch zusätzlich maßgeblich? Vergewissern Sie sich dieser rechtlichen Grundlagen, indem Sie sie noch zusätzlich im Internet recherchieren, lesen und ein Exzerpt der wichtigsten Regelungen anfertigen.

3. Weiterführende Literaturhinweise und Internetquellen

- Dedering, H. (2002). *Entwicklung der schulischen Berufsorientierung in der Bundesrepublik Deutschland.* Online verfügbar unter: http://www.sowi-online.de/reader/berufsorientierung/dedering.htm

- Internetseite der Kultusministerkonferenz (KMK) zum Thema Berufsorientierung – Übergang von der Schule in den Beruf. Online verfügbar unter: http://www.kmk.org/bildung-schule/allgemeine-bildung/faecher-und-unterrichtsinhalte/weitere-unterrichtsinhalte/berufsorientierung-berufsvorbereitung. html

- Eine Übersicht über den Stand der Berufsorientierung an allgemeinbildenden Schulen bis 2009 bietet: Niemeyer, B. & Frey-Huppert, C. (2009). *Berufsorientierung an Allgemeinbildenden Schulen in Deutschland – Eine Bestandsaufnahme.* Hans-Böckler Stiftung 2009. http://www.boeckler.de/pdf/ mbf_pers_bild_berufsorientierung_sek_1.pdf [15.10.2012].

- Die Gesetzestexte des dritten Sozialgesetzbuches, u.a. mit dem § 33 zur Berufsorientierung, kann man nachlesen unter: http://www.sozialgesetzbuch-sgb.de/sgbiii/

- Jugend und Beruf. Gesetzliche Grundlagen der Förderung. Eine Übersicht der G.I.B. NRW (Gesellschaft für innovative Beschäftigungsförderung) kann man einsehen unter: http://www.gib.nrw.de/service/downloads/JuB_GesetzlicheGrundlagen.pdf

II.
Theoretische und
programmatische Grundlagen

Andreas Hirschi

Berufswahltheorien – Entwicklung und Stand der Diskussion

1. Aktueller Stand einiger etablierter Berufswahltheorien

In dem ersten Teil des Beitrags wird kurz auf den aktuellen Stand der Diskussion von drei der wichtigsten etablierten Theorien eingegangen: die Theorie von John Holland, die Entwicklungstheorie von Donald Super und die sozial-kognitive Theorie. Danach fokussiert sich die Darstellung auf die aktuellsten Trends im Bereich der Berufswahltheorien, die in einer solchen Übersicht noch nie dargestellt wurden. Die interessierte Leserin und der interessierte Leser können einige sehr gute Übersichten über den aktuellen Stand von etablierten Berufswahltheorien bei verschiedenen Autoren finden, so bei Brown und Lent (2005), Walsh und Savickas (2005), Fouad (2007), oder Betz (2008). In deutscher Sprache existieren Übersichten von Brown und Brooks (1998), Jungo (2011) oder Hurni (2007).

1.1 Die Theorie von Holland

Die Theorie von beruflichen Interessen- und Persönlichkeitstypen von Holland (1997) postuliert, dass Personen und Arbeitsumwelten in sechs grundlegende Typen kategorisiert werden können:
- Realistic – handwerklich-technisch
- Investigative – untersuchend-forschend
- Artistic – künstlerisch-kreativ
- Social – erziehend-pflegend
- Enterprising – führend-verkaufend
- Conventional – ordnend-verwaltend

Die Theorie besagt weiter, dass eine gute Korrespondenz zwischen dem Interessentyp der Person und Merkmalen der Umwelt (eine hohe Kongruenz) zu positiven Ergebnissen wie Arbeitszufriedenheit, Stabilität in der Laufbahnentwicklung und besserer Arbeitsleistung führt. Forschungsarbeiten haben gezeigt, dass Kongruenz ein nützliches Konstrukt ist, um Berufswahlentscheidungen zu erklären. Personen wählen eher Berufe und Studienrichtungen, die mit ihren Interessen kongruent sind, und sie verbleiben auch eher in kongruenten Berufen und Studiengebieten (Holland, 1997; Spokane & Cruza-Guet, 2005). Andere Untersuchungen zeigten, dass die Kongruenz zwischen Interessen und Berufswünschen im Jugendalter mit steigendem Jahrgang zunimmt, weil Jugendliche mit zunehmendem Alter besser in der Lage sind, ihre Berufswünsche den persönlichen Interessen anzupassen (Hirschi, Niles, & Akos, 2011; Hirschi & Vondracek, 2009; Tracey & Robbins, 2005). In zwei Meta-Analysen wurde zudem bestätigt, dass eine hohe Kongruenz moderat positiv mit Arbeitszufriedenheit, Wohlbefinden und Arbeitsleistung zusammenhängt (Spokane, Meir, & Catalano, 2000; Tsabari, Tziner, & Meir, 2005).

> Eine hohe Kongruenz zwischen Interessen und Beruf hängt positiv mit Arbeitszufriedenheit, Wohlbefinden und Arbeitsleistung zusammen.

Studien zur Stabilität von beruflichen Interessen zeigten, dass diese bereits in der Adoleszenz ziemlich stabil sind, sich im jungen Erwachsenenalter stark stabilisieren und dann für den Rest des Lebens relativ konstant bleiben (Low & Rounds, 2007; Low, Yoon, Roberts & Rounds, 2005). Eine Vielzahl von Forschungsarbeiten hat zudem belegt, dass die Interessentypen von Holland bedeutsam mit grundlegenden Persönlichkeitseigenschaften zusammenhängen. So zeigen im Allgemeinen extravertierte Personen mehr Interessen in Enterprising- und Social-Bereichen und Personen mit einer größeren Offenheit für neue Erfahrungen mehr Interesse an Artistic- und Investigative-Berufen und -Aktivitäten (Barrick, Mount & Gupta, 2003; Larson, Rottinghaus & Borgen, 2002). Ein hauptsächlicher Grund für die fortlaufende Beliebtheit der Theorie von Holland ist die Einfachheit des Typen-Modells und die gut etablierten Berufsinteressen-Tests zum Einsatz in der Berufsberatung und Laufbahnforschung. Im deutschsprachigen Raum sind hier der Allgemeine Interessen-Struktur-Test (für Jugendliche und junge Erwachsene) von Bergman und Eder (2005) sowie der Explorix (für Erwachsene) von Jörin, Stoll, Bergmann und Eder (2004) besonders zu empfehlen.

1.2 Die Entwicklungstheorie von Donald Super

Super (1954) revolutionierte das Feld der Laufbahnpsychologie mit seiner Entwicklungstheorie, die auf Laufbahnmuster anstelle einzelner Berufswahl-Entscheide fokussiert. Er postulierte, dass berufliche Entwicklung in bestimmten Phasen verläuft: Wachstum, Exploration, Etablierung, Erhaltung und Rückzug. Ein anderes Kernkonzept der Theorie ist, dass Personen in der Laufbahnentwicklung ihr Selbstkonzept implementieren. Weiterhin besagt Super (1990), dass Personen viele verschiedene Lebensrollen (z. B. Arbeitnehmerin, Mutter, Freundin etc.) haben, welche sich in der subjektiven Wichtigkeit unterscheiden. Die Theorie von Super hat viel Forschung stimuliert und einige Weiterentwicklungen erfahren. So ist der entwicklungskontextuelle Ansatz der Laufbahnentwicklung (Vondracek, Ferreira & Santos, 2010; Vondracek, Lerner, & Schulenberg, 1986) eine moderne Ausarbeitung, welche aktuelle Theorien aus der Entwicklungspsychologie auf die Laufbahnentwicklung anwendet. Entsprechend diesem Ansatz ist Laufbahnentwicklung eine dynamische Interaktion von Person und Umwelt und findet nicht in bestimmten, festgelegten Phasen statt. Auch der konstruktivistische Ansatz, welcher weiter unten beschrieben wird, ist stark von Supers Theorie beeinflusst. Da die Theorie von Super jedoch wenig spezifisch ist, gibt es kaum Forschungsarbeiten zu konkreten theoretischen Hypothesen. Vielmehr wurden Forschungsarbeiten durch einzelne Aspekte in der sehr umfassenden Theorie von Super angeregt. So wurde zum Beispiel untersucht, welche Faktoren eine aktive Exploration in der Berufswahl fördern oder welche Komponenten Berufswahl-Entscheidungen erleichtern (Hirschi et al., 2011; Kracke, 2002; Rogers & Creed, 2011).

> Laufbahnentwicklung ist eine dynamische Interaktion von Person und Umwelt und findet nicht in bestimmten, festgelegten Phasen statt.

Eine praktische Anwendung der Theorie von Super ist das Messen der Berufswahlreife eines Klienten, um damit passende Interventionen zu gestalten und die berufliche Entwicklung zu fördern. Berufswahlreife Instrumente in deutscher Sprache wurden von Seifert und Stangl (1986) und Seifert und Eder (1985) publiziert, welche in angepasster Form noch heute in der Forschung verwendet werden (Hirschi & Läge, 2007). Allerdings gilt das Konzept der Berufswahlreife in der ursprünglichen Form von Super heute als veraltet (Hirschi, 2008a) und moderne Testverfahren zur umfassenden Abklärung der Berufswahlbereitschaft müssen im deutschen Sprachraum noch weiter entwickelt und etabliert werden (Hirschi, 2007).

1.3 Die sozial-kognitive Theorie

Die sozial-kognitive Theorie von Lent, Brown und Hackett (Lent & Brown, 2005; Lent, Brown & Hackett, 1994) ist die zurzeit einflussreichste Theorie in der Berufswahl- und Laufbahnforschung. Die Theorie basiert auf dem Konstrukt der Selbstwirksamkeit und beschreibt ein integratives Modell der Interessenentwicklung, Berufswahl und Arbeitsleistung. Selbstwirksamkeitserwartungen beschreiben die Einschätzungen von Personen über ihre Fähigkeiten, bestimmte Handlungen zur Erreichung von bestimmten Leistungen ausführen zu können. Selbstwirksamkeitserwartungen und Ergebniserwartungen (Überzeugungen über bestimmte Ergebnisse oder Konsequenzen von bestimmten Handlungen) beeinflussen die Entwicklung von Interessen, welche sich wiederum auf die beruflichen Ziele und die Berufswahl auswirken. Geschlecht, Nationalität, Persönlichkeit und Fähigkeiten führen zu Lernerfahrungen, welche ihrerseits zur Entwicklung von Selbstwirksamkeitserwartungen und Ergebniserwartungen führen (für eine deutschsprachige Zusammenfassung der Theorie siehe Hirschi, 2008b).

Verschiedenste Forschungsarbeiten haben in den letzten Jahren das Modell untersucht. So wurde bestätigt, dass Selbstwirksamkeitserwartungen und Ergebniserwartungen die Berufswahl wesentlich beeinflussen. Insbesondere zeigte sich auch, dass Geschlechtsunterschiede in Selbstwirksamkeitserwartungen ein wesentlicher Faktor zur Erklärung von geschlechtstypischen Berufswahlverhalten sind (Sheu et al., 2010). Ein neuerer Fokus der sozial-kognitiven Theorie sind die Effekte der Umwelt in Form von sozialer Unterstützung und Hindernissen in der Laufbahnentwicklung (Lent, Brown & Hackett, 2000). Neue Studien zeigten hier, dass Hindernisse und soziale Unterstützung vor allem die Selbstwirksamkeitserwartung beeinflussen und damit eher indirekt als direkt auf die Berufswahl einwirken (Lent et al., 2003). Ein weiteres Forschungsinteresse war in den letzten Jahren, wie Interessen und Selbstwirksamkeitserwartungen zusammenhängen. Verschiedene Studien belegen, dass Interessen und Selbstwirksamkeitserwartungen nicht das Gleiche sind, allerdings signifikant zusammenhängen. Personen, welche sich in einem Bereich mehr zutrauen, berichten auch von höheren Interessen in diesem Bereich (Rottinghaus, Larson & Borgen, 2003). Zudem konnte die Forschung zeigen, dass Interessen, wie in der Theorie postuliert, von Selbstwirksamkeitserwartungen beeinflusst werden, allerdings Interessen ihrerseits auch Selbstwirksamkeitserwartungen bestimmen (Nauta, Kalm, Angell & Cantrelli, 2002; Tracey, 2002).

> Geschlechtsunterschiede in Selbstwirksamkeitserwartungen sind ein wesentlicher Faktor zur Erklärung von geschlechtsspezifischen Berufswahlverhalten.

Die neueste Entwicklung der Theorie ist der Fokus auf Lebens- und Arbeitszufriedenheit. Hier wird postuliert, dass Persönlichkeitseigenschaften wie Gewissenhaftigkeit und positiver Affekt sich positiv auf eine stärkere Selbstwirksamkeitserwartung auswirken. Diese wiederum führt zu besserer Arbeitsleistung und mehr Arbeitszufriedenheit und Wohlbefinden (Lent & Brown, 2006; 2008).

Die hauptsächliche praktische Anwendung der Theorie sind Interventionen, welche die Selbstwirksamkeitserwartungen für bestimmte Berufsbereiche steigern möchten, z. B. um geschlechtsspezifisches Berufswahlverhalten zu minimieren. Andere Interventionen versuchen, die Selbstwirksamkeitserwartungen zur Berufswahl positiv zu beeinflussen, um damit die Berufswahl und Entscheidungsfindung zu fördern. Schließlich ist eine Anwendung der Theorie auch, dass in der Berufsberatung sowohl Interessen als auch Selbstwirksamkeitserwartungen für bestimmte Berufsbereiche erfasst werden und diese miteinander integriert diskutiert werden (Gainor, 2006). Ein deutschsprachiges Verfahren, das hierfür bei Erwachsenen angewandt werden kann, ist der Explorix (Jörin et al., 2004).

2. Aktuelle Trends und Modelle der Berufswahl

In den letzten zehn Jahren hat sich eine Reihe von neuen Strömungen in der Laufbahnpsychologie herauskristallisiert. Diese theoretischen Perspektiven auf den Gegenstand der Berufswahl und Laufbahnentwicklung bauen auf den klassischen Berufswahltheorien auf, welche größtenteils in den 50er bis 70er Jahren des letzten Jahrhunderts entwickelt wurden. Sie machen diese älteren Theorien nicht obsolet, ergänzen sie aber in wichtigen Bereichen.

Ein häufiges Merkmal von klassischen Berufswahltheorien, zum Beispiel der Theorie von Holland (1997), ist, dass auf die Einzelperson fokussiert wird. Dabei wird davon ausgegangen, dass die persönlichen Interessen und Fähigkeiten die Berufswahl bestimmen und Personen einen Beruf wählen und wählen sollen, der zu ihnen „passt". Je besser diese Passung von Person zu Beruf, desto besser ist demnach die Berufswahl und desto glücklicher und produktiver wird die Person in ihrem Berufsleben sein. Eine andere grundsätzliche Annahme vieler klassischer Theorien, zum Beispiel dem Lebenszeit-Lebensraum-Ansatz von Super (1990) ist, dass Berufswahlprozesse und die Laufbahnentwicklung in relativ klar definierten Phasen erfolgen, welche sich chronologisch über die Lebensspanne hinweg mit bestimmtem Lebensalter ergeben.

Berufswahl ist nach einem modernen Verständnis ein komplexes, dynamisches und kontextuelles Phänomen, das sich nicht auf Einzelpersonen oder bestimmte, festgelegte Phasen reduzieren lässt.

Diese Sichtweisen werden heute als zu vereinfacht verstanden. Zum einen wird anerkannt, dass eine Berufswahl und Arbeitszufriedenheit nicht nur von den individuellen Eigenschaften einer Person abhängen, sondern durch viele andere Faktoren beeinflusst werden. Zum anderen geht man nicht mehr davon aus, dass es bestimmte altersabhängige Phasen in der Berufswahl und der Laufbahnentwicklung über die Lebensspanne gibt, sondern dass die jeweilige Umwelt und der Kontext einen wesentlichen Einfluss darauf haben, wann für wen welche beruflichen Entwicklungsaufgaben zu bewältigen sind. Grundsätzlich wird somit Berufswahl und Laufbahnentwicklung nach einem modernen Verständnis als ein komplexes, dynamisches und kontextuelles Phänomen verstanden, das sich nicht einfach auf eine einzelne Person oder bestimmte, festgelegte Phasen reduzieren lässt (Vondracek et al., 2010). Zusammenfassend sind folgende Punkte bei den modernen Ansätzen zentral:

- Berufswahl und Laufbahnentwicklung finden immer in einem bestimmten Kontext statt. Die Person-im-Kontext ist der Fokus in der Berufsberatung und nicht nur persönliche Interessen oder Persönlichkeitseigenschaften des Klienten.
- Die Berufswahl und Laufbahnentwicklung sind ein dynamischer Prozess mit diversen Einflussfaktoren inner- und außerhalb der Person. Nicht nur persönliche Interessen, sondern auch soziale Einflüsse, Hindernisse in der Umwelt, Zufälle und unerwartete Gelegenheiten bestimmen die Berufslaufbahn. Es gibt keinen bestimmten und allgemein gültigen Entwicklungsverlauf von Berufslaufbahnen.
- Laufbahnentwicklung wird konstruktivistisch gesehen, das heißt, nicht so sehr objektive Daten wie gemessene Interessen oder Fähigkeiten, sondern die subjektive Interpretation und Bedeutungszuschreibung der Person ist zentral.
- Eine erfolgreiche Berufswahl und Karriere definiert sich über den subjektiven Karriereerfolg, das heißt die persönliche Zufriedenheit mit und Sinnhaftigkeit der Arbeit.
- Arbeit ist untrennbar mit anderen Lebensbereichen verbunden. Berufsberatung und „Lebensberatung" lassen sich nicht trennen.
- Laufbahnentwicklung basiert auf einer aktiven Selbstgestaltung des Entwicklungsverlaufs – basierend auf eigenen Werten und unabhängig von bestimmten Unternehmen und Arbeitsstellen.
- Berufswahltheorien und Berufsberatung sollten so sein, dass sie für alle Personen relevant sind – nicht nur für eine privilegierte Gruppe von gutausgebildeten Personen mit der Möglichkeit der „freien" Berufswahl und Selbstverwirklichung bei der Arbeit.

Im Folgenden werden vier neue Ansätze kurz vorgestellt, die die oben zusammengefassten Punkte beschreiben:

- die Chaos-Theorie der Laufbahnentwicklung und die Happenstance Learning Theory,
- die kaleidoskopische Laufbahn,
- Life Designing und konstruktivistische Laufbahntheorie, und
- die Beziehungstheorie der Arbeit.

2.1 Chaos-Theorie der Laufbahnentwicklung und Happenstance Learning Theory

Obwohl seit längerer Zeit betont wird, dass zufällige Ereignisse einen wichtigen Einfluss auf die Berufswahl und Laufbahnentwicklung einer Person haben, wurde diese Komponente in den meisten Berufswahltheorien kaum richtig berücksichtigt. Die Happenstance Learning Theory von Krumboltz (2009) und die Chaos-Theorie der Laufbahnentwicklung von Pryor und Bright (Bright & Pryor, 2005; Pryor & Bright, 2003) versuchen, diese Lücke zu schließen. Diese neuen Berufswahltheorien betonen, dass unerwartete Umstände und Zufälle die Berufswahl und Laufbahnentwicklung fast aller Personen wesentlich beeinflussen. Aus dieser Perspektive sollte die Berufswahl und Laufbahnentwicklung nicht als eine planbare und rationale Wahl betrachtet werden, sondern als Resultat eines komplexen und unvorhersehbaren Prozesses. Dementsprechend ergeben sich daraus auch einige neue Ansätze in der Berufsberatung, welche am Ende dieses Abschnittes dargestellt werden. Zuerst werden aber die beiden Theorien zusammenfassend beschrieben.

Die *Chaos Theorie der Laufbahnentwicklung* geht davon aus, dass Personen komplexe, dynamische und offene Systeme sind. Das heißt, sie interagieren mit der Umwelt und entwickeln sich auf individuelle und nicht klar vorhersehbare Art und Weise. Das Leben (und die Berufslaufbahn) werden also durch komplexe Einflüsse und auch Zufälle mitbestimmt. Vor diesem Hintergrund postuliert die Theorie, dass Berufslaufbahnen wesentlich häufiger zufälligen Ereignissen unterliegen, als aufgrund klassischer Laufbahntheorien zu vermuten wäre. Dies führt dazu, dass Berufslaufbahnen prinzipiell unberechenbar sind und die meisten Menschen eine gewisse Überraschung/Freude oder Enttäuschung darüber äußern, wo sie beruflich gelandet sind. Die Komplexität des dynamischen Systems von Person und Umwelt bedingt auch, dass unsere Berufslaufbahn einem stetigen Wandel unterworfen ist. Dies bedeutet auch, dass Personen und ihre Berufsverläufe zu komplex sind, um leicht erfasst zu werden und in einfache Schubladen eingeordnet oder in Interessen- oder Persönlichkeitswerten abgebildet zu werden.

In eine ähnliche Richtung geht die *Happenstance Learning Theory* (HLT). Die HLT ist ein Ansatz, um zu erklären, wie und warum Personen verschiedene Wege im Leben einschlagen und wie die Berufsberatung diesen Prozess fördern kann. Das fundamentale Prinzip der HLT ist es, dass menschliches Verhalten das Produkt einer endlosen Zahl an Lernerfahrungen ist, welche sowohl durch geplante als auch durch ungeplante Situationen entstehen. Die Ergebnisse dieser Lernerfahrungen bilden die Basis für Fähigkeiten, Interessen, Wissen, Einstellungen, Präferenzen, Emotionen sowie zukünftige Handlungen der Person. Die verschiedenen Situationen, denen wir im Verlaufe unseres Lebens ausgesetzt sind, resultieren aus Faktoren, über die eine Person keine Kontrolle hat, sowie aus Verhaltensweisen, welche die Person selbst initiiert hat. Dabei kann jede Situation als eine potentielle Möglichkeit und Chance für sich selber betrachtet werden, wenn die Person diese erkennt und aktiv handelt, um die Gelegenheit zu nutzen. Die Interaktion zwischen geplantem und ungeplantem Verhalten als Reaktion auf selbstinitiierte und vorgefundene Situationen ist dabei so komplex, dass die Konsequenzen praktisch unvorhersehbar sind und am besten als „Zufall", „*Happenstance*"[1] beschrieben werden können.

> Die Interaktion zwischen geplantem und ungeplantem Verhalten ist so komplex, dass die Konsequenzen praktisch unvorhersehbar sind und am besten als „Zufall" beschrieben werden können.

Aufgrund dieses theoretischen Ansatzes ist es entsprechend der HLT Ziel der Berufsberatung, Klienten anzuleiten und darin zu unterrichten, wie sie Maßnahmen ergreifen, um einen befriedigenden Beruf und ein glückliches Privatleben zu erreichen – und nicht um eine einzelne berufliche Entscheidung zu treffen. Berufsberatung wird somit als ein Lehr- und Lernprozess verstanden, bei dem es im Kern um Förderung des aktiven Verhaltens der Klienten geht. Das Ziel der Berufswahl ist eine persönlich befriedigende Tätigkeit und Leben – ohne dabei irgendwelche objektiven Bewertungsstandards anzuwenden. Die berufliche Entwicklung wird dabei integriert und nicht getrennt behandelt. Tests (z. B. Interessentests) werden in der Berufsberatung dazu benutzt, um Lernerfahrungen zu stimulieren (z. B. „Welche Aktivitäten möchtest du noch gerne ausprobieren?") und nicht, um persönliche Merkmale mit einem Beruf zusammenzupassen (z. B. „Beruf XY passt aufgrund deiner Interessen nicht zu dir!"). Klienten sollen in der Berufsberatung lernen, offen zu sein und explorativ aktiv zu werden, um damit vorteilhafte, ungeplante Ereignisse generieren zu können (z. B. einen Ausbildungsplatz aufgrund eines Besuches einer Informationsveranstaltung zu bekommen). Schließlich postuliert die HLT, dass der Erfolg der Berufsberatung an dem in der realen Welt, außerhalb der Beratungssitzung, Erreichten gemessen wird (z. B. ob jemand wirklich einen Beruf gefunden hat, der befriedigend ist – und nicht, wie klar jemand seinen Berufswunsch in der Beratung benennen kann).

Für die Berufsberatung und den Berufswahlunterricht haben diese beiden theoretischen Ansätze eine Reihe von Implikationen:
a) Unterstütze Klienten dabei, anzuerkennen, dass ungeplante Ereignisse die berufliche Entwicklung mitbestimmen,
b) helfe den Klienten, die damit verbundene Unsicherheit nicht als etwas Negatives, sondern als eine Chance zu sehen,
c) betrachte Offenheit für verschiedene Möglichkeiten als etwas Positives,
d) helfe Klienten, unerwartete Gelegenheiten durch aktives Verhalten herbeizuführen,
e) helfe Klienten, nützliche, unerwartete Gelegenheiten zu erkennen, und
f) helfe Klienten, sich bietende Gelegenheiten pro-aktiv zu nutzen.

---

1 *Happenstance* ist ein Wort aus der Kombination von *happen* und *circumstance* und bedeutet so viel wie Zufall, zufällige Gelegenheit, glücklicher Umstand (Oxford English Dictionary, 2005).

2.2 Kaleidoskopische Laufbahnen

Berufswahl und Laufbahnentwicklung werden auch von einer organisationspsychologischen Perspektive und aus der Sicht des Human Resources Management untersucht. Hier zeigte sich in den letzten Jahrzehnten, dass die berufliche Entwicklung von Mitarbeitern immer weniger durch die Organisation vorgegeben werden kann und will (Stickland, 1996). Vielmehr wird zunehmend erwartet, dass Personen sich selbstverantwortlich um ihre eigene Laufbahnentwicklung und Karriere kümmern. Aufgrund der starken Dynamik in der Arbeitswelt wird eine Berufslaufbahn zudem für die meisten Personen nicht innerhalb nur eines Unternehmens erfolgen. Anpassungsfähigkeit an verschiedene Arbeitsanforderungen, Arbeitsmarktentwicklungen und Organisationsveränderungen wird verlangt.

Vor diesem Hintergrund des „selbstgesteuerten Laufbahnmanagements" entwickelte Hall das Konzept der Laufbahn (Hall, 1996, 2004). Diese ist nach dem griechischen Gott Proteus benannt, welcher seine Gestalt nach Belieben ändern konnte, und beschreibt somit die Flexibilität und Anpassungsfähigkeit, die von Personen heute in ihrer Laufbahn erwartet wird. Nach Hall besteht eine Laufbahnorientierung aus zwei Komponenten: Zum einen sind Personen mit einer Laufbahn selbstgesteuert. Das heißt, sie bestimmen ihre berufliche Entwicklung selber und lassen sich nicht einfach durch ihren Arbeitgeber dirigieren. Zum zweiten ist ihre Laufbahn durch persönliche Werte geleitet. Das heißt, die Richtung, die ihre Laufbahn nimmt, wird nicht durch äußere Erwartungen bestimmt, sondern folgt eigenen Überzeugungen und Zielen. Das Ziel einer Laufbahn ist es auch nicht, möglichst großen objektiven Erfolg in der Karriere zu erzielen, z. B. in Form von Prestige, Status, oder Gehalt. Vielmehr ist das Ziel, subjektiven Karriereerfolg zu erreichen, welcher sich durch Zufriedenheit und Sinnhaftigkeit bei der Arbeit auszeichnet (Hall & Chandler, 2005).

Im gleichen Kontext der zunehmenden Selbstgestaltung und Flexibilität von Berufslaufbahnen hat Sullivan (Sullivan & Mainiero, 2007) das Konzept der kaleidoskopischen Laufbahn beschrieben. Dieses geht davon aus, dass Personen nicht nur für ein bestimmtes Unternehmen arbeiten möchten und den Verlauf ihrer Laufbahn selbst zu bestimmen wünschen. Außerdem würden viele Personen arbeiten um zu leben und nicht leben um zu arbeiten. Das Konzept wurde stark durch Untersuchungen zur Laufbahn von Frauen beeinflusst, welche zugunsten einer besseren Integration von Arbeit und anderen Lebensbereichen (z. B. Familie) nicht bereit waren, ihre Berufslaufbahn durch ihren Arbeitgeber bestimmen zu lassen. Als Resultat kreierten sie ihre eigenen „kaleidoskopischen" Laufbahnmuster. Diese setzen sich wie ein Mosaik aus vielen Einzelteilen zusammen und folgen nicht einem linearen Weg zu mehr Gehalt und Macht. Wie in einem Kaleidoskop ist das ganze Mosaik zudem dynamisch und die Laufbahn kann sich ändern, wenn sich bestimmte andere Teile im Leben ändern. Dabei wird das Muster des Mosaiks nicht durch ein Unternehmen vorgegeben, sondern aufgrund eigener Werte, Lebensentscheide und Richtlinien bestimmt. Die bestimmenden Größen für eine solche kaleidoskopische Laufbahn sind

(a) das Bedürfnis nach Herausforderung und beruflicher Weiterentwicklung,

(b) die Balance zwischen Arbeit, Familie und persönlichen Bedürfnissen sowie

(c) der Wunsch authentisch zu sein, das heißt einer Arbeit und einem Lebensstil nach-
zugehen, die bzw. der der eigenen Person entspricht.

> Berufslaufbahnen werden heute zunehmend durch jede Person selbst nach ihren ei-
> genen Werten und Zielen gesteuert.

Zusammenfassend beschreiben beide Laufbahnmodelle, dass Berufslaufbahnen heute
zunehmend durch jede Person selbst gesteuert werden wollen und müssen. Dabei ist
auf der einen Seite eine psychologische und physische Mobilität, Flexibilität und Anpassungsfähigkeit gefragt. Auf der anderen Seite bedarf es klarer innerer Leitlinien in Form
von persönlichen Werten, Zielen und Entscheidungsrichtlinien, um die Laufbahn authentisch und selbstgesteuert gestalten zu können. Für die Berufsberatung bedeutet dies,
dass Personen darin unterstützt werden sollten, Klarheit über eigene Werte und Ziele zu
erreichen und diese als Leitlinie für ihre persönliche und völlig individuelle Laufbahn-
und Lebensgestaltung zu nehmen, die sich nicht nach den Vorgaben von Unternehmen
richtet. Dabei sollte gegebenenfalls Flexibilität ermutigt werden, welche die Verwirklichung dieser authentischen Laufbahn ermöglicht. Als Kriterien für erfolgreiche Karrieren gelten demnach nicht ein hohes Gehalt und hoher Status, sondern die persönliche
Zufriedenheit und Sinnhaftigkeit der Arbeit und des Lebens im Allgemeinen.

2.3 Life Designing und konstruktivistische Laufbahnberatung

Als eine Weiterentwicklung der Lebensspannentheorie der Laufbahnentwicklung von
Super (1990) formulierte Savickas (2002) die konstruktivistische Theorie der Laufbahnentwicklung. Diese basiert auf der Annahme, dass Personen eine subjektive Realität
aktiv konstruieren und nicht einfach aufgrund der objektiven Realität handeln. Zudem
wird Laufbahnentwicklung aus einer kontextuellen Perspektive betrachtet, wobei Entwicklung als die Anpassung an eine Umwelt und nicht als innere Reifung verstanden
wird. Eine wichtige Grundlage der Theorie ist das Konzept der *beruflichen Persönlichkeit*. Dieses beschreibt einerseits eine objektive Perspektive, welche Personen anhand bestimmter Persönlichkeitseigenschaften oder Interessen kategorisiert. Diese Sicht wird jedoch ergänzt durch einen Fokus auf das subjektive Konzept, das eine Person von sich
selber hat. Die persönlichen Ideen und Gefühle über sich selber, die Arbeit und das Leben führen zu erfahrener Sinnhaftigkeit im Leben, welche die Grundlage für die Lebensthemen einer Person sind. *Lebensthemen* ist das zweite wichtige Konzept der konstruktivistischen Laufbahntheorie. Es basiert auf Supers (1990) Annahme, dass Personen
in der Berufswahl versuchen, ihr Selbstkonzept in Form eines Berufes auszudrücken.
Dies bedeutet, dass Arbeit eine Manifestierung des Selbst ist und Laufbahnentwicklung
einen kontinuierlichen Prozess der Optimierung der Passung zwischen Person und Umwelt darstellt. In diesem Sinne hat Arbeit für viele Personen eine tiefe Bedeutung und
ein Lebensthema gibt der Arbeit einen bestimmten Sinn im Leben. Dieses Lebensthema
entsteht aus einer aktiven Konstruktion von vergangenen Erfahrungen zu einer kohärenten Geschichte des eigenen Lebens. Diese Lebensgeschichte spiegelt die Motivation und

die Bedeutung der Arbeit im Leben der Person wider. Das dritte zentrale Konstrukt der Theorie ist die *Laufbahn-Adaptabilität*. Diese beschreibt die Einstellungen, Kompetenzen und Verhaltensweisen, welche Personen anwenden, um eine gute Passung zwischen der eigenen Person und einer Arbeit herzustellen. Das Ziel dieses Passungsprozesses ist es, eine Arbeitssituation zu haben, in der die Arbeit das eigene Selbstkonzept untermauert und bestätigt. Kernelemente der Laufbahnadaptabilität sind (a) eine zukunftsgerichtete Laufbahnplanung, (b) eine aktive Entscheidungsfindung, (c) eine neugierige Exploration der beruflichen Möglichkeiten sowie (d) eine zuversichtliche Herangehensweise zum Umgang mit Herausforderungen in der Laufbahnentwicklung.

Stark beeinflusst von der konstruktivistischen Laufbahntheorie haben sich einige internationale Experten der Laufbahnberatung aus Europa und den USA zusammengetan, um ein neues Konzept der Laufbahnentwicklung und Laufbahnberatung für das 21. Jahrhundert zu kreieren (Savickas et al., 2009). Das entstandene Konzept des „Life Designing" unterstreicht die Beobachtung, dass Berufslaufbahnen immer dynamischer und individueller werden. Berufsberater amtieren damit als „Change Agent", indem sie ihre Klienten bei der eigenständigen, aktiven Gestaltung ihres Lebens unterstützen. Dabei bieten sie insbesondere Hilfe bei der Bewältigung von Veränderungen im Leben. Diese Veränderungen beinhalten berufliche Herausforderungen, beschränken sich aber nicht darauf. Vielmehr basiert der Ansatz auf der Annahme, dass sich Arbeit und übriges Leben nicht trennen lassen und in der Berufsberatung als ein integratives Ganzes behandelt werden sollten. Das Modell des Life Designing postuliert zudem, dass objektive Tests von Persönlichkeit und Interessen ungenügend sind, um den weiteren, dynamischen Lebenskontext einer Person in der Berufswahl zu berücksichtigen. Zudem wird die Rolle der Berufsberatung nicht in der Informationsvermittlung gesehen, sondern in der Begleitung beim Erlernen von Anpassungsstrategien, um eine Steigerung von Arbeitsmarktfähigkeit, Sozialkompetenzen und Entscheidungskompetenzen zu erreichen. Drittens wird Berufswahl in den weiteren Lebenskontext eingebettet und es werden nebst der beruflichen Identität auch Identitäten aus anderen Lebensbereichen in der Berufsberatung berücksichtigt. Viertens sollte die Berufsberatung den Klienten helfen, verschiedene Perspektiven in Bezug auf ihren Lebensweg zu entwickeln, damit diese nicht in einem für sie unpassenden Muster verharren. Schließlich sollte sich die Berufsberatung an der Einzigartigkeit jedes Klienten orientieren und keine standardisierten Maßstäbe für den Erfolg der Berufsberatung verwenden.

Zusammenfassend besagen diese theoretischen Ansätze, dass die subjektive und komplexe Realität jedes Klienten in der Berufsberatung berücksichtigt werden sollte. Die persönliche „Geschichte" einer Person ist dabei die Grundlage der Berufslaufbahn, bei der es um die Konstruktion eines persönlich sinnvollen und bedeutungshaften Lebensweges geht. Für die Berufsberatung bedeutet dies, dass Klienten in der Konstruktion einer Lebensgeschichte unterstützt werden sollten, die ihre Arbeit als einen positiven und sinnhaften Ausdruck der eigenen Person beschreibt. Ziel der Berufsberatung ist demnach auch, die vier Aspekte der Laufbahnadaptabilität zu fördern und sich nicht auf Informationsvermittlung und objektive Persönlichkeitstests zu beschränken.

> Die persönliche „Geschichte" einer Person ist die Grundlage der Berufslaufbahn, bei der es um die Konstruktion eines persönlich sinnvollen und bedeutungshaften Lebensweges geht.

2.4 Beziehungstheorie: eine integrative Perspektive auf die Psychologie der Arbeit

Seit einiger Zeit wurde von verschiedenen Seiten die Kritik geäußert, dass die klassischen Berufswahltheorien von einer eigenständigen, unabhängigen, individuellen Entscheidungsfindung als Idealmodell der Berufswahl ausgehen (Blustein, 2001; Richardson, 1993). Dabei werde fälschlicherweise unterstellt, dass Berufswahl und Laufbahnentwicklung in einem kontextuellen Vakuum stattfinden und alle Personen die Freiheit hätten, denjenigen Beruf zu wählen, welcher ihnen persönlich am besten entspricht. Eine solche Perspektive würde aber die Lebensrealität vieler Personen ignorieren, welche kaum Freiheiten haben, zu entscheiden, wie und ob sie arbeiten möchten. Vielmehr sind viele Menschen stark durch äußere Zwänge und Einschränkungen in ihrer Berufswahl bestimmt. Außerdem wird grundlegend kritisiert, dass Berufswahl und Laufbahnentwicklung immer in einem bestimmten sozialen und kulturellen Kontext stattfinden und sich nicht nur aus der Perspektive eines Individuums verstehen lassen. Entsprechend dieser Ansicht basieren Berufswahl und Laufbahnentwicklung nicht einfach auf individueller Selbstbestimmung, sondern Familien, Peers und soziale Netzwerke spielen eine ganz entscheidende Rolle. Blustein hat auf dieser Basis und als Weiterentwicklung seiner propagierten *Psychology of Working* (Blustein, 2001) ein theoretisches Modell, die „relational theory of working" entwickelt.

> Berufswahl und Laufbahnentwicklung basieren nicht einfach auf individueller Selbstbestimmung, sondern Familien, Peers und soziale Netzwerke spielen eine entscheidende Rolle.

Die Theorie basiert auf der Beobachtung, dass Arbeit eine stark durch soziale Beziehungen bestimmte Tätigkeit ist. Beziehungen beeinflussen auch wesentlich die Entscheidungen in der Berufswahl als auch die Exploration von beruflichen Möglichkeiten – sowohl fördernd als auch hemmend. Die Person ist im Berufswahlprozess keine komplett selbstbestimmte und unabhängige Figur, sondern erhält Unterstützung – aber erlebt eventuell auch Hindernisse – aufgrund ihrer sozialen Umwelt. Zudem beeinflussen soziale Beziehungen zusammen mit individuellen Unterschieden und der Sozialisation auch die beruflichen Interessen und Werte einer Person. Soziale Interaktionen und der kulturelle Kontext sind auch wesentlich dafür verantwortlich, dass Personen ihre Arbeit als sinnhaft und bedeutungsvoll erleben können. So sind zum Beispiel soziale Unterstützung und Feedback bei der Arbeit wesentliche Faktoren für Arbeitszufriedenheit und erfahrene Bedeutung der Arbeit, welche unabhängig vom eigentlichen Arbeitsinhalt wirken.

Für die Praxis der Berufsberatung bedeutet diese theoretische Perspektive, dass nicht mehr die Einzelperson im Fokus stehen sollte und der Kontext lediglich als vernachlässigbarer Hintergrund betrachtet wird. Es reicht somit nicht aus, bei der Berufswahl nur die persönlichen Interessen oder Fähigkeiten einer Person zu berücksichtigen. Vielmehr sollten der Kontext und die soziale Einbettung der Person in den Vordergrund treten und persönliche Interessen und individuelle Persönlichkeitsunterschiede zwischen Personen nur in Beziehung zum Kontext betrachtet und verstanden werden. Interventionen in der Berufswahlvorbereitung sollten sich demnach nicht nur auf das Individuum beziehen, sondern auch auf der Ebene der Gesellschaft und der Gemeinschaft ansetzen. Dies impliziert zum einen die Ausübung von politischem Einfluss zu Gunsten beruflich benachteiligter Gruppen. Zum anderen können damit Mentoring-Programme, aktiver Einbezug der Eltern von Jugendlichen oder Arbeit mit einer bestimmten sozialen Gruppe, z. B. Migrantinnen, in den Fokus von Berufswahlvorbereitung gerückt werden. Dabei geht es immer darum, dass das weitere soziale Umfeld einer Person aktiv und konstruktiv in die Berufswahlvorbereitung und Gestaltung der Laufbahn einbezogen wird. Außerdem muss in der Berufsberatung die Person in ihrem weiteren Lebenskontext betrachtet werden. Privatleben und berufliche Entwicklung sind untrennbar miteinander verbunden und müssen in der Beratung als Ganzes berücksichtigt werden.

3. Zusammenfassung und Ausblick

Die hier vorgestellten neuen Theorien zur Berufswahl und Berufsberatung sind wichtige Ergänzungen zu den klassischen Berufswahltheorien von Holland oder Super. Diese älteren Modelle stammen größtenteils aus den 50er bis 70er Jahren des letzten Jahrhunderts und tragen einem modernen Verständnis von menschlicher Entwicklung und Berufslaufbahn nur beschränkt Rechnung. Die hier vorgestellten neuen Ansätze erweitern diese klassischen Theorien vor allem dadurch, dass sie den Umstand berücksichtigen, dass Menschen komplexe, sich selbst gestaltende, entwickelnde Systeme sind, die in permanenter Interaktion mit ihrer Umwelt stehen. Damit erweitern die neuen Berufswahltheorien unsere Perspektive auf Berufswahl und fördern eine umfassendere und komplexere Berufsberatung.

> Die neuen Berufswahltheorien erweitern die klassischen Ansätze dadurch, dass sie Menschen als komplexe, sich selbst gestaltende, entwickelnde Systeme verstehen, die in permanenter Interaktion mit ihrer Umwelt stehen.

Als Einschränkung muss erwähnt werden, dass es sich häufig eher um grundsätzliche Ideen und Beratungsperspektiven als um konkret überprüfbare Modelle handelt, die Berufswahlprozesse beschreiben. Jede Theorie kann mittlerweile eine Reihe von empirischen Forschungsarbeiten vorweisen, die sie teilweise unterstützt. Jedoch besteht noch ein großer Forschungsbedarf und auch Notwendigkeit einer weiteren theoretischen Spezifizierung, bis die Theorien als empirisch gut fundiert betrachtet werden können.

Literatur

Barrick, M. R., Mount, M. K. & Gupta, R. (2003). Meta-analysis of the relationship between the Five-Factor Model of personality and Holland's occupational types. *Personnel Psychology, 56*, 45–74.

Bergmann, C. & Eder, F. (2005). *Allgemeiner Interessen-Struktur-Test. Revidierte Fassung (AIST-R)*. Weinheim: Verlag Beltz.

Betz, N. (2008). Advances in vocational theories. In S. D. Brown & R. W. Lent (Eds.), *Handbook of counseling psychology* (Vol. 4rd, pp. 357–374). Hoboken, NJ: John Wiley & Sons Inc.

Blustein, D. L. (2001). Extending the reach of vocational psychology: Toward an inclusive and integrative psychology of working. *Journal of Vocational Behavior, 59*, 171–181.

Blustein, D. L. (2011). A relational theory of working. *Journal of Vocational Behavior, 79*(1), 1–17.

Bright, J. E. H. & Pryor, R. G. L. (2005). The chaos theory of careers: A user's guide. *Career Development Quarterly, 53*(4), 291–305.

Brown, D. & Brooks, L. (Hrsg.) (1998). *Karriere – Entwicklung*. Stuttgart: Klett-Cotta.

Brown, S. D. & Lent, R. W. (Eds.) (2005). *Career development and counseling*. Hoboken, NJ: Wiley & Sons Inc.

Fouad, N. A. (2007). Work and vocational psychology: Theory, research, and applications. *Annual Review of Psychology, 58*(1), 543–564.

Gainor, K. A. (2006). Twenty-five years of self-efficacy in career assessment and practice. *Journal of Career Assessment, 14*(1), 161–178.

Hall, D. T. (1996). Protean careers of the 21st century. *The Academy of Management Executive, 10*(4), 8–16.

Hall, D. T. (2004). The protean career: A quarter-century journey. *Journal of Vocational Behavior, 65*(1), 1–13.

Hall, D. T. & Chandler, D. E. (2005). Psychological success: When the career is a calling. *Journal of Organizational Behavior, 26*(2), 155–176.

Hirschi, A. (2007). Abklärung und Förderung der Berufswahlbereitschaft von Jugendlichen. *Schweizerische Zeitschrift für Heilpädagogik, 11/12*, 30–35.

Hirschi, A. (2008a). Die Rolle der Berufswahlbereitschaft für eine erfolgreiche Berufswahl. In A. Hirschi & D. Läge (Hrsg.), *Berufliche Übergänge – Grundlagen für die Berufs-, Studien- und Laufbahnberatung* (S. 155–172). Zürich/Münster: LIT.

Hirschi, A. (2008b). Kognitive Laufbahntheorien und ihre Anwendung in der beruflichen Beratung. In A. Hirschi & D. Läge (Hrsg.), *Berufliche Übergänge – Psychologische Grundlagen der Berufs-, Studien- und Laufbahnberatung* (S. 9–34). Zürich/Münster: LIT.

Hirschi, A. & Läge, D. (2007). Holland's secondary constructs of vocational interests and career choice readiness of secondary students. *Journal of Individual Differences, 28*(4), 205–218.

Hirschi, A., Niles, S. G. & Akos, P. (2011). Engagement in adolescent career preparation: Social support, personality and the development of choice decidedness and congruence. *Journal of Adolescence, 34*(1), 173–182.

Hirschi, A. & Vondracek, F. W. (2009). Adaptation of career goals in early adolescence to self and opportunities. *Journal of Vocational Behavior, 75*(2), 120–128.

Holland, J. L. (1997). *Making vocational choices: A theory of vocational personalities and work environments* (Vol. 3rd). Englewood Cliffs, NJ: Prentice Hall.

Hurni, L. (2007). *Forschung für die Laufbahnberatung: Eine Standortbestimmung im Auftrage des SVB Grundlagen für die Laufbahnberatung*. Dübendorf, Schweiz: Schweizerischer Ver. f. Berufsberatung.

Jörin, S., Stoll, F., Bergmann, C. & Eder, F. (2004). *Explorix® – das Werkzeug zur Berufswahl und Laufbahnplanung*. Bern: Hans Huber.

Jungo, D. (2011). Berufswahlfreiheit – Psychologische Grundlagen und ihre Bedeutung für die Praxis. In R. Marty, D. Jungo & R. Zihlmann (Hrsg.), *Berufswahlfreiheit – Ein Modell im Spannungsfeld zwischen Individuum und Umwelt* (S. 39–98). Dübendorf, Schweiz: SDBB.

Kracke, B. (2002). The role of personality, parents and peers in adolescents career exploration. *Journal of Adolescence, 25*(1), 19–30.

Krumboltz, J. D. (2009). The Happenstance Learning Theory. *Journal of Career Assessment, 17*(2), 135–154.

Larson, L. M., Rottingshaus, P. J. & Borgen, F. H. (2002). Meta-analyses of Big Six interests and Big Five personality factors. *Journal of Vocational Behavior, 61*(2), 217–239.

Lent, R. W. & Brown, S. D. (2005). A social cognitive view of career development and counseling. In S. D. Brown & R. W. Lent (Eds.), *Career Development and Counseling. Putting Theory and Research to Work* (pp. 101–127). Hoboken, NJ: Wiley & Sons Inc.

Lent, R. W. & Brown, S. D. (2006). Integrating person and situation perspectives on work satisfaction: A social-cognitive view. *Journal of Vocational Behavior, 69*(2), 236–247.

Lent, R. W. & Brown, S. D. (2008). Social cognitive career theory and subjective well-being in the context of work. *Journal of Career Assessment, 16*(1), 6–21.

Lent, R. W., Brown, S. D. & Hackett, G. (1994). Toward a unifying social cognitive theory of career and academic interest, choice, and performance. *Journal of Vocational Behavior, 45*, 79–122.

Lent, R. W., Brown, S. D. & Hackett, G. (2000). Contextual supports and barriers to career choice: A social cognitive analysis. *Journal of Counseling Psychology, 47*(1), 36–49.

Lent, R. W., Brown, S. D., Schmidt, J., Brenner, B., Lyons, H. & Treistman, D. (2003). Relation of contextual supports and barriers to choice behavior in engineering majors: Test of alternative social cognitive models. *Journal of Counseling Psychology, 50*, 458–465.

Low, K. & Rounds, J. (2007). Interest change and continuity from early adolescence to middle adulthood. *International Journal for Educational and Vocational Guidance, 7*(1), 23–36.

Low, K. S. D., Yoon, M., Roberts, B. W. & Rounds, J. (2005). The stability of vocational interests from early adolescence to middle adulthood: A quantitative review of longitudinal studies. *Psychological Bulletin, 131*, 713–737.

Nauta, M. M., Kalm, J. H., Angell, J. W. & Cantrelli, E. A. (2002). Identifying the antecedent in the relation between career interests and self-efficacy: Is it one, the other, or both. *Journal of Counseling Psychology, 49*, 290–301.

Pryor, R. G. L. & Bright, J. E. H. (2003). The chaos theory of careers. *Australian Journal of Career Development, 12*, 12–20.

Richardson, M. S. (1993). Work in people's lives: A location for counselling psychologists. *Journal of Counseling Psychology, 40*, 425–433.

Rogers, M. E. & Creed, P. A. (2011). A longitudinal examination of adolescent career planning and exploration using a social cognitive career theory framework. *Journal of Adolescence, 34*(1), 163–172.

Rottingshaus, P. J., Larson, L. M. & Borgen, F. H. (2003). The relation of self-efficacy and interests: A meta-analysis of 60 samples. *Journal of Vocational Behavior, 62*, 221–236.

Savickas, M. L. (2002). Career construction: A developmental theory of vocational behavior. In D. Brown & Associates (Eds.), *Career choice and development* (Vol. 4th, pp. 149–205). San Francisco, CA: Jossey-Bass.

Savickas, M. L., Nota, L., Rossier, J., Dauwalder, J.-P., Duarte, M. E., Guichard, J., Soresi, S., Van Esbroeck, R. & van Vianen, A. E. M. (2009). Life designing: A paradigm for career construction in the 21st century. *Journal of Vocational Behavior, 75*(3), 239–250.

Seifert, K. H. & Eder, F. (1985). Der Fragebogen zur Laufbahnentwicklung. *Zeitschrift für Differenzielle und Diagnostische Psychologie, 6,* 65–77.

Seifert, K. H. & Stangl, W. (1986). Der Fragebogen Einstellung zur Berufswahl und beruflichen Arbeit. *Diagnostica, 32,* 153–164.

Sheu, H.-B., Lent, R. W., Brown, S. D., Miller, M. J., Hennessy, K. D. & Duffy, R. D. (2010). Testing the choice model of social cognitive career theory across Holland themes: A meta-analytic path analysis. *Journal of Vocational Behavior, 76*(2), 252–264.

Spokane, A. R. & Cruza-Guet, M. C. (2005). Holland's theory of vocational personalities in work environment. In S. D. Brown & R. W. Lent (Eds.), *Career development and counseling. Putting Theory and Research to Work* (pp. 24–41). Hoboken, NJ: Wiley & Sons Inc.

Spokane, A. R., Meir, E. I. & Catalano, M. (2000). Person-environment congruence and Holland's theory: A review and reconsideration. *Journal of Vocational Behavior, 57,* 137–187.

Stickland, R. (1996). Career self-management – Can we live without it? *European Journal of Work and Organizational Psychology, 5*(4), 583–596.

Sullivan, S. E. & Mainiero, L. A. (2007). Kaleidoscope careers: Benchmarking ideas for fostering family-friendly workplaces. *Organizational Dynamics, 36*(1), 45–62.

Super, D. E. (1954). Career patterns as basis for vocational counseling. *Journal of Counseling Psychology, 1,* 12–20.

Super, D. E. (1990). A life-span, life-space approach to career development. In D. Brown & L. Brooks (Eds.), *Career choice and development* (Vol. 2nd, pp. 197–262). San Francisco, CA: Jossey-Bass.

Tracey, T. J. G. (2002). Development of interests and competency beliefs: A 1-year longitudinal study of fifth- to eighth-grade students using the ICA-R and structural equation modeling. *Journal of Counseling Psychology, 49,* 148–163.

Tracey, T. J. G. & Robbins, S. B. (2005). Stability of interests across ethnicity and gender: A longitudinal examination of grades 8 through 12. *Journal of Vocational Behavior, 63,* 335–364.

Tsabari, O., Tziner, A. & Meir, E. I. (2005). Updated meta-analysis on the relationship between congruence and satisfaction. *Journal of Career Assessment, 13*(2), 216–232.

Vondracek, F., Ferreira, J. & Santos, E. (2010). Vocational behavior and development in times of social change: new perspectives for theory and practice. *International Journal for Educational and Vocational Guidance, 10*(2), 125–138.

Vondracek, F. W., Lerner, R. M. & Schulenberg, J. E. (1986). *Career development: A life-span developmental approach.* Hillsdale, NJ: Erlbaum.

Walsh, W. B. & Savickas, M. L. (2005). *Handbook of Vocational Psychology: Theory, Research, and Practice (3rd ed.).* Mahwah, NJ: Lawrence Erlbaum Associates Publishers.

Emanuel Hartkopf

Berufswahlreife und Berufswahlkompetenz – zwei Schlüsselbegriffe der Berufswahlforschung und der Berufsorientierungspraxis aus psychologischer und pädagogischer Perspektive

1. Einleitung

Problemfelder, die im Zusammenhang mit dem Übergang von der Schule in den Beruf stehen, wie die angespannte Situation auf dem Ausbildungsmarkt, die Diskussion um mangelnde Ausbildungsreife und Perspektivlosigkeit von Jugendlichen sowie damit einhergehend die Expansion des Übergangssystems, haben neben einer verstärkten Analyse der Mechanismen im eigentlichen Übergangsgeschehen auch zu einer Fokussierung auf die berufliche Orientierung und Berufswahl von Jugendlichen im Vorfeld des Übergangs geführt. Im Rahmen der Berufsorientierung spielt eine Reihe von Aspekten eine Rolle, die aus unterschiedlichen Blickwinkeln betrachtet werden können. Hier wären u.a. die berufswahlbezogenen *Ansichten, Erwartungen, Entscheidungen* und *Handlungen* zu nennen, die jeweils sowohl den *individuellen Entwicklungsstand* von Jugendlichen als auch die *Berater- oder Interventionsperspektive* von außen berühren. So stehen Jugendliche und Berater gleichermaßen vor der Frage, ob z.B. überhaupt die Bereitschaft besteht sich mit der Berufswahl zu beschäftigen oder welche Fähigkeiten für eine begründete Berufswahl benötigt werden bzw. vorhanden sind.

Die Begriffe *Berufswahlreife* und *Berufswahlkompetenz* greifen diese Fragestellungen auf. Bei beiden handelt es sich um viel diskutierte Schlüsselbegriffe der Berufwahlforschung, die seit einigen Jahren in der wissenschaftlichen Diskussion wieder ein stärkeres Interesse erfahren (vgl. Ratschinski, 2008; Hirschi & Läge, 2006), inzwischen aber vor allem in der Praxis eine enorme Verbreitung bei Berufsberatern und bei schulischen wie außerschulischen Maßnahmen zur Berufsorientierung zeigen (z.B. Schütte & Schlausch, 2008). Viele Berufsvorbereitungsangebote verwenden diese Begrifflichkeiten als Zielmarke oder im Rahmen von Testverfahren als zu beobachtende Eigenschaft.

Hinter dem Begriff der Berufswahlreife verbirgt sich ein *Konzept aus der Entwicklungspsychologie* zur Beschreibung und Analyse (vor-)beruflicher Entwicklungsaufgaben, das schon in den 1950er Jahren im angelsächsischen Raum entwickelt wurde und in den 1970er und 80er Jahren auch im deutschen Sprachraum in die wissenschaftliche Diskussion, sowohl in der Psychologie als auch der Pädagogik, Eingang gefunden hat. Seifert (1984, S. 188) definiert Berufswahlreife als „die Fähigkeit und Bereitschaft zur Inangriffnahme und effektiven Bewältigung der mit der Berufswahl zusammenhängenden phasentypischen beruflichen Entwicklungsaufgaben". Berufswahlkompetenz ist hingegen als neuere Lesart zu verstehen, die sich kritisch von Berufswahlreife abhebt und stärker die für die Berufswahlentscheidung benötigten Fähigkeiten betont, was auf einen eher pädagogisch-normativen Begriffsgebrauch verweist (vgl. Bußhoff, 1989).

Der folgende Beitrag geht zunächst auf den theoretischen Hintergrund der Konzepte ein. Danach werden die inhaltlichen Aspekte der Berufswahlreife und -kompetenz näher beleuchtet und deren Systematisierung durch verschiedene Modellvorstellungen erörtert. Anschließend werden einige der vorhandenen Messinstrumente behandelt und einschlägige Befunde vorgestellt. Zuletzt mündet der Beitrag in die Behandlung der praktischen Relevanz der vorgestellten Konzepte. Hier soll es darum gehen, herauszustellen, welchen Erkenntnisgewinn diese Konzepte im Bereich des Übergangs von der Schule in den Beruf und der allgemeinen Berufsorientierung auf der einen Seite (pädagogische Perspektive) und der Berufswahl und beruflicher Laufbahnentwicklung auf der anderen Seite (psychologische Perspektive) versprechen.

2. Theoretische Verortung

Die Berufswahlreife ist eines der meist beachteten und erforschten Konzepte aus dem Bereich der entwicklungstheoretischen Ansätze zur Berufswahl. Die Begrifflichkeit und ihre inhaltlich-funktionale Ausgestaltung gehen auf die *Laufbahnentwicklungstheorie* von *Donald E. Super* zurück. In diesem Theoriestrang stellt die Berufswahlreife ein zentrales Element zur Beschreibung der individuellen Determinanten und Kriterien für eine erfolgreiche Berufswahl – im Sinne der Berufswahl als Entwicklungsaufgabe – dar.

Im Ausgangskonzept der Berufswahlreife aus der Laufbahnentwicklungstheorie ist auch der inhaltliche Anknüpfungspunkt für den neueren Begriff der Berufswahlkompetenz zu sehen, der von einer rein begrifflichen Veränderung über eine Weiterentwicklung bis hin zur Neugestaltung des Konzeptes reichen kann. Zum Teil speist sich die mittlerweile häufiger anzutreffende Begrifflichkeit Berufswahlkompetenz aber auch aus einer allgemeinen Fokussierung auf Kompetenzen und es besteht kein unmittelbarer Zusammenhang mehr zu klassischen Berufswahltheorien.

Die lange Tradition der Forschungen zur Berufswahlreife und nicht zuletzt die hohe Praxisrelevanz, die mit unterschiedlichen Begriffverwendungen und -zuschreibungen einhergehen, haben zu einer Vielfalt der Definitionen über die grundlegenden konzeptionellen Inhalte sowie den Anwendungsrahmen geführt.

2.1 Laufbahnentwicklungstheorie

Mit den Arbeiten von Eli Ginzberg und Kollegen zu Beginn der 1950er Jahre wurde der Grundstein für die entwicklungspsychologische Betrachtung der Berufswahl gelegt, da sie zum ersten Mal postulieren, dass die Berufswahl ein *längerfristiger Entwicklungsprozess* ist, der in *verschiedenen Perioden unterschiedliche Aufgaben* bereithält, die zu weitgehend *irreversiblen Entscheidungen* führen und schließlich einen *Kompromiss zwischen inneren Faktoren* (wie z.B. den Interessen) *und äußeren Einflüssen der Arbeitsumwelt* darstellen (vgl. Ginzberg, Ginsburg, Axelrad & Herma, 1951; Ginzberg, 1952). Parallel zu diesen Überlegungen und in Auseinandersetzung mit der differentialpsychologischen Betrachtungsweise der Berufswahl, die auf eine Passung von Persönlichkeitsmerkmalen mit den Berufsanforderungen abhebt („trait-and-factor"-Ansatz), hat Super seine Theorie der Laufbahnentwicklung vorgestellt und diese über viele Stationen hinweg verfeinert und ausgebaut (1953, 1957, 1980).[1]

Super weist darauf hin, dass seine Laufbahnentwicklungstheorie als „„segmentale Theorie' zu verstehen ist, als lose Aneinanderreihung von Theorien, die sich mit spezifischen Aspekten der Berufsentwicklung aus Sicht der Entwicklungspsychologie, Sozialpsychologie, Individualpsychologie und Verhaltenspsychologie beschäftigen und durch die Selbstkonzept- und Lerntheorie zusammengehalten werden" (Super, 1994, S. 214f). Supers Ausarbeitung der Selbstkonzepttheorie nimmt aufgrund der großen Resonanz und der empirischen Überprüfbarkeit eine herausgehobene Stellung innerhalb der Laufbahnentwicklung ein. Mit dem beruflichen Selbstkonzept ist dabei der Abgleich und die Anpassung zwischen personalen Merkmalen und den beruflichen Rollenbildern und Anforderungen gemeint. Bei Super fallen unter die personalen Merkmale nicht nur die berufsbezogenen Einstellungen, Werte und Interessen, sondern auch die Bewertung der sozialen und ökonomischen Umwelt, in der das Individuum lebt und agiert (vgl. ebd., S. 240). Die Entwicklung des Selbstkonzepts eines Individuums ist gekennzeichnet durch die Ausbildung von beruflichen Präferenzen, die Erprobung der eigenen Vorstellungen und sozialer Rollen an der Realität und die Suche und Auswahl von Möglichkeiten der Verwirklichung in einer geeigneten Ausbildung bzw. einem passenden Beruf (Umsetzung des Selbstkonzepts), was im Verlauf dieses Entwicklungsprozesses verschiedene Abwägungen und Entscheidungen erforderlich macht (ebd., S. 239; vgl. auch Seifert, 1977).

Die *Berufswahlreife* stellt ein zentrales Konzept in der Laufbahnentwicklungstheorie dar, das sich durch seine herausgehobene formal-definitorische Eigenständigkeit innerhalb der Theorie auszeichnet, gleichwohl hat Super enge Verwebungen mit anderen Elementen seiner Theorie vorgenommen. Nach Seifert (1984, S. 188) sind folgende Annahmen für Supers Konzept der Berufswahlreife maßgeblich:

- Das berufliche Verhalten im Jugendalter und im frühen Erwachsenenalter ist vor allem durch exploratorische Aktivitäten und die Entwicklung einer beruflichen Zukunftsperspektive gekennzeichnet. Die exploratorische Aktivität bezieht sich dabei sowohl auf die berufliche Identitätsfindung (in Zusammenhang mit der Entwicklung und Differenzierung des beruflichen Selbstkonzepts) wie auf die Erkundung der Arbeits- und Berufswelt.
- Das individuelle berufliche Entwicklungsniveau wird durch das Zusammenwirken zwischen den individuellen Voraussetzungen, insbesondere der Entwicklung des beruflichen Selbstkonzeptes und den in jeder beruflichen Lebensphase sich stellenden beruflich-sozialen Anforderungen und Erwartungen und den damit korrespondierenden psychosozialen Entwicklungsaufgaben determiniert. Ein Jugendlicher ist beispielsweise umso berufswahlreifer, je besser er – entsprechend seinem Alter – darauf vorbereitet und dazu in der Lage ist, eine seiner Persönlichkeit gemäße und hinsichtlich der verfügbaren beruflichen Möglichkeiten realistische Berufs- und Laufbahnentscheidung zu treffen.

---

1   Mit „Der Lebenszeit-, der Lebensraumansatz in der Laufbahnentwicklung" liegt ein umfangreicher Überblick zur Laufbahnentwicklungstheorie von Super auch in deutscher Übersetzung vor (vgl. Super, 1994).

- Die Wahl eines Bildungsgangs, einer Laufbahn oder Position impliziert in den meisten Fällen einen Kompromiss oder eine Synthese zwischen den individuellen Präferenzen und Voraussetzungen – wie den Fähigkeiten und dem erreichten Bildungsniveau – und den in der konkreten Situation zur Verfügung stehenden Ausbildungs- und Berufsmöglichkeiten. Eine subjektiv und objektiv befriedigende Berufsentscheidung setzt im Allgemeinen eine weitgehende Kongruenz zwischen dem individuellen beruflichen Selbstkonzept und dem gewählten Beruf oder der gewählten Laufbahn voraus.

Auf die Praxis übertragen bedeutet Supers entwicklungspsychologische Konzeption der Berufswahlreife, dass ein Jugendlicher im ersten Schritt zunächst seine *beruflichen Interessen und Fähigkeiten erkundet* (z. B. durch Anregungen und Erfahrungen in der Familie, durch Interessen- und Fähigkeitstests, Hobbys, Nebenjobs etc.), *Werte und Einstellungen zur Berufswelt und dem Arbeitsleben herausbildet* und so beginnt, sein *berufliches Selbstkonzept zu formen*. Daran anschließend entwickelt der Jugendliche *berufliche Ziele, plant seine nächsten Schritte*, die ihn der Umsetzung näher bringen sollen, und *sammelt Informationen* über die Berufs- und Arbeitswelt. Parallel dazu ist er bestimmten *Erwartungen und Anforderungen* (der Familie, der Schule, der Arbeitswelt) ausgesetzt und muss *Entscheidungen*, letztlich konkrete *Wahlen treffen*. Im weiteren Verlauf nehmen diese Erwartungen zu und werden spezifischer: Bspw. sollte er zum Ende der Schulzeit bestimmte berufliche Präferenzen herausgebildet haben, Kenntnis über die Ausbildungsmöglichkeiten besitzen und Erfahrungen in der Berufswelt durch die Erprobung bestimmter Tätigkeiten und Rollen gesammelt haben (z. B. in einem Praktikum), um eine seinen Vorlieben, Fähigkeiten und den Gegebenheiten der Berufswelt, mithin des Arbeitsmarktes, *angemessene und realistische Berufswahl* treffen zu können. Die genannten Aspekte sind dabei immer von der Bereitschaft des Jugendlichen, diese Aufgaben anzugehen, und über bestimmte Fähigkeiten zu verfügen oder diese zu erlernen, abhängig. Parallel dazu ist der Jugendliche den Einflüssen seiner schulischen (z. B. Lehrer, Mitschüler, Unterrichtsinhalte) und privaten (Familie, Freunde etc.) Umwelt sowie den übergeordneten gesellschaftlichen und ökonomischen Strukturen (z. B. Verhaltensnormen oder Ausbildungsangebot) ausgesetzt, die Erwartungen oder Voraussetzungen an ihn stellen und ihm bestimmte berufliche Möglichkeiten bieten oder verwehren. Folglich lassen sich *unterschiedliche Entwicklungsgeschwindigkeiten* der Berufswahlreife zwischen den Jugendlichen finden. Letztlich ist ein hoher Grad der Berufswahlreife erstrebenswert, weil die persönliche Zufriedenheit mit der getroffenen Berufsentscheidung von der Übereinstimmung zwischen den beruflichen Interessen, Fähigkeiten, Werten, Einstellungen und Zielen (dem beruflichen Selbstkonzept) und den Spezifika des gewählten Berufes (Tätigkeitsprofil, Position, Arbeitsklima etc.) abhängig ist.

2.2 Begriffsdefinitionen

Die Definition der Berufswahlreife aus der entwicklungspsychologischen Perspektive hebt auf die *Bereitschaft* zur Auseinandersetzung mit der Berufswahl und deren Verwirklichung in einem bestimmten Beruf bzw. einer Laufbahn ab. Dazu ist eine effektive Bewältigung der einzelnen phasentypischen Entwicklungsaufgaben notwendig, wobei unter effektiv die Handlungskonsequenzen gemeint sind, die sowohl in der subjektiven Wahrnehmung wie der objektiven Bewertung zu einer adäquaten Berufswahl, hoher Berufszufriedenheit und beruflichem Erfolg führen sollen (vgl. Seifert, 1984, S. 188f). In dieser Betrachtungsweise besteht Berufswahlreife aus einer *affektiven* und einer *kognitiven* Dimension (vgl. Super, 1994). Affektiv umfasst die motivationalen Aspekte der individuellen Auseinandersetzung mit der Berufswahl, also die Bereitschaft sich für Berufe und Tätigkeiten zu interessieren, die Berufswelt zu erkunden oder Entscheidungen treffen zu wollen. Die kognitive Dimension umfasst das angeeignete Wissen über die Berufs- und Arbeitswelt mitsamt ihrer Mechanismen und Regeln, die Planungs- und Entscheidungsfähigkeiten, die zur Umsetzung der Berufswahl benötigt werden, sowie das Realitätsbewusstsein für die Angemessenheit der Berufswahl.

Der psychologische Begriff der Berufswahlreife in der Tradition der amerikanischen Laufbahnforschung ist insgesamt stark *empirisch-deskriptiv* geprägt. Demgegenüber steht ein *pädagogisch-normativer* Begriffsgebrauch, der im deutschen Sprachraum weit verbreitet ist. Bußhoff (1989, S. 66) hält zu dieser Unterscheidung fest:

> Der pädagogisch-normative Begriffsgebrauch verbindet Berufswahlreife mit der Leitidee der Berufsorientierung. »Berufswahlreife« bezeichnet dann ein Ziel, das durch Berufsorientierung angestrebt werden soll, bzw. eine wünschenswerte Qualifikation der Berufswähler. Bei der psychologisch-empirischen Begriffsverwendung geht es darum, was ist; bei der pädagogisch-normativen Begriffsverwendung geht es darum, was sein soll.

Damit wird Berufswahlreife aus der pädagogischen Perspektive nicht als rein empirisch zu beobachtender Entwicklungsprozess, sondern als *Zielmarke von Interventionen* im Sinne einer Voraussetzung für die Berufswahlentscheidung definiert. Dementsprechend stellt Berufswahlreife bei Ratschinski (2008, im Anschluss an Seifert, 1984) die Zielsetzung von Maßnahmen der Berufsvorbereitung dar und ist letztlich sogar ein allgemeines Bildungsziel. Gegenüber der psychologischen Perspektive tritt die *Vermittlung kognitiver Fähigkeiten und Kompetenzen*, die für eine begründete Berufswahl von Bedeutung sind, stärker in den Vordergrund. Berufswahlreife wird insofern letztlich von *erlernbaren Qualifikationen* bestimmt, die durch Instrumente der Berufsorientierung und Maßnahmen der Berufsvorbereitung gefördert werden können (vgl. auch Dibbern, Kaiser & Kell, 1974).

Zahlreiche Autoren haben für das pädagogisch-normative Begriffsverständnis auch einen eigenen, neuen Begriff vorgeschlagen: *Berufswahlkompetenz* (z.B. Dibbern 1983, Schneider 1984, zuletzt Ratschinski, 2008). Inzwischen kann dieser nicht nur in der pädagogischen, sondern auch der psychologischen Berufswahlforschung als vorherrschend angesehen werden, wenngleich das genaue Begriffsverständnis und die angesprochenen Kompetenzfelder uneinheitlich bleiben. In der Praxis der Berufswahlvorbereitung hat sich – im Sinne einer zu beobachtenden und fördernden Eigenschaft – die Berufswahlkompetenz ohnehin stark ausgebreitet. Für die Verwendung dieser Begrifflichkeit werden vornehmlich zwei Argumente ins Feld geführt: die für die Pädagogik charakteristische Festlegung einer normativen Zielperspektive mit einer ausgeprägten Fokussierung auf die Ausbildung von Kompetenzen (s.o.), zum anderen die inhaltliche Kritik am

Begriff der Reife, der als zu biologisch orientiert und unmodern angesehen wird (vgl. Schneider, 1984, Ratschinski, 2008).

Nach Dibbern (1983, S. 324) ist Berufswahlkompetenz „[…] Fähigkeit eines Schulabgängers, eine weitgehend rational begründete und möglichst selbstständige Entscheidung für eine schulische oder betriebliche Ausbildung in einem bestimmten Berufsfeld zu treffen und in Handlungen umzusetzen (Berufswahl als Verwirklichung des beruflichen Selbstkonzepts)". Die wissenschaftliche Bestimmung der für die Berufswahl benötigten Fähigkeiten orientiert sich überwiegend an der spezifischen psychologischen Betrachtungsweise der Berufswahl als komplexen *Problemlösungsprozess* (coping), der die Bewältigung der Herausforderungen der Berufswahl und die Anpassung an die Umwelterwartungen thematisiert (vgl. Schneider, 1984). Insofern ist die Berufswahl ein *Anwendungsfeld für Kompetenzen*, wie den Fähigkeiten zur Informationsverarbeitung, von Planungs- und Entscheidungskompetenzen, aber auch den Fähigkeiten zur Selbstregulation der Zielvorstellungen und der Ausbildung von Selbstwirksamkeitserwartungen (vgl. Driesel-Lange, Hany, Kracke & Schindler, 2010a).

Von Egloff (1985, S. 93) wird kritisch angemerkt, dass „[…] die Berufswahl nicht nur ein komplexer Problemlösungsprozess, sondern auch ein ganzheitlicher Entwicklungsprozess ist, der aus einer Vielfalt an Reife- und Lernprozessen besteht". Unmittelbar an diesen Autor anschließend hält Hirschi (2008, S. 157) zusammenfassend fest, dass „[…] der Begriff der *Kompetenz* ebenfalls Gefahr [läuft], als zu eingeschränkt verstanden zu werden und sich einseitig auf kognitive Kompetenzen zu beschränken und dabei affektive Komponenten, Einstellungen und Umweltfaktoren zu vernachlässigen". Im Gegensatz zum Begriff der Berufswahlreife aus der entwicklungspsychologischen Tradition gibt es für die Berufswahlkompetenz zum Teil sehr unterschiedliche Konzeptionen, die nicht alle auf eine theoretische Fundierung und nachhaltige empirische Prüfung zurückgreifen können. Allerdings bleibt auch für die Berufswahlreife unklar, was genau die zentralen Inhalte sind und wie sie sich strukturieren lassen (Seifert, 1983, S. 235). Durch Modellvorstellungen wird versucht die inhaltlichen Aspekte und Ebenen der beiden Begriffe zu systematisieren. Letztlich sind die Modelle die eigentliche Basis für das inhaltliche Verständnis der Begrifflichkeiten und die kritische Auseinandersetzung mit ihnen.

2.3 Modellvorstellungen

Besondere Bedeutung nehmen die Modelle der Berufswahlreife bzw. -kompetenz ein, da sie einerseits die theoretischen Elemente in einer systematischen Überblicksweise wiedergeben und andererseits auch einen analytischen Rahmen für empirische Untersuchungen bieten.

Donald Super hat eine Reihe von Modellen der Berufswahlreife entwickelt, die für die Weiterentwicklung des Konzepts (in der entwicklungspsychologischen Perspektive) wegweisend waren. Die Modellentwicklung ist insgesamt stark von dem Anspruch der Entwicklung geeigneter Instrumente zur Messung der Berufswahlreife und deren Überprüfung anhand der gewonnenen Befunde beeinflusst. Die Erkenntnisse aus der *Career Pattern Study* (Super & Overstreet, 1960), die die berufliche Entwicklung von amerikanischen Jungen über einen langen Zeitraum umfassend untersuchte und dabei auch auf erste Modellvorstellungen zur Berufswahlreife zurückgriff, bilden die Grundlage für das *Career Development Model* (Super, 1974). Dieses theoretische Ausgangsmodell der Berufswahlreife umfasst (in der Übersetzung und Erläuterung nach Seifert, 1983) die folgenden fünf Faktoren:

- *Laufbahnplanung* (Planmäßigkeit und Zeitperspektive der Berufswahl)
- *berufliche Exploration* (Inanspruchnahme beruflicher Informationsquellen)
- *berufliche Informiertheit* (über berufliche Aufgaben und Voraussetzungen)
- *Entscheidungskompetenz* (für die Wahl eines Berufes)
- *Realitätsorientierung* (Realitätsangemessenheit der Präferenzen, Kristallisation von beruflichen Persönlichkeitsmerkmalen, Selbstwissen)

Die ersten beiden Faktoren berühren die *nichtkognitive* Ebene der Einstellungen und Haltungen zur Berufswahl und damit die Bereitschaft zur Auseinandersetzung mit dieser bedeutenden Entwicklungsaufgabe im Jugendalter, während die letzten drei Faktoren den *kognitiven* Bereich des berufswahlrelevanten Wissens und der Kompetenzen repräsentieren. Die Aufteilung der inhaltlichen Komponenten der Berufswahlreife in diese zwei Dimensionen ist bis heute grundlegend für fast alle Modelle – insofern gehen die meisten Konzeptualisierungen der Berufswahlreife von einem *mehrdimensionalen* Gebilde aus.

John O. Crites, ein Schüler Supers, stellte vor dem Hintergrund der Career Pattern Study ein eigenes Modell der Berufswahlreife auf. In seinem hierarchischen *Career Maturity Model* (Crites, 1974; 1978) differenzierte er die Faktoren und Dimensionen des Entwicklungsmodells von Super aus (Abb. 1). Neben der Ausdifferenzierung der theoretischen Inhalte zeichnet sich dieses Modell vor allem durch seine überragende Verbreitung in wissenschaftlichen Studien und somit auch eine vielfache empirische Überprüfung aus.

Abbildung 1: Modell der Berufswahlreife im Jugendalter von Crites (Darstellung aus Crites & Savickas, 1995, S. 2)

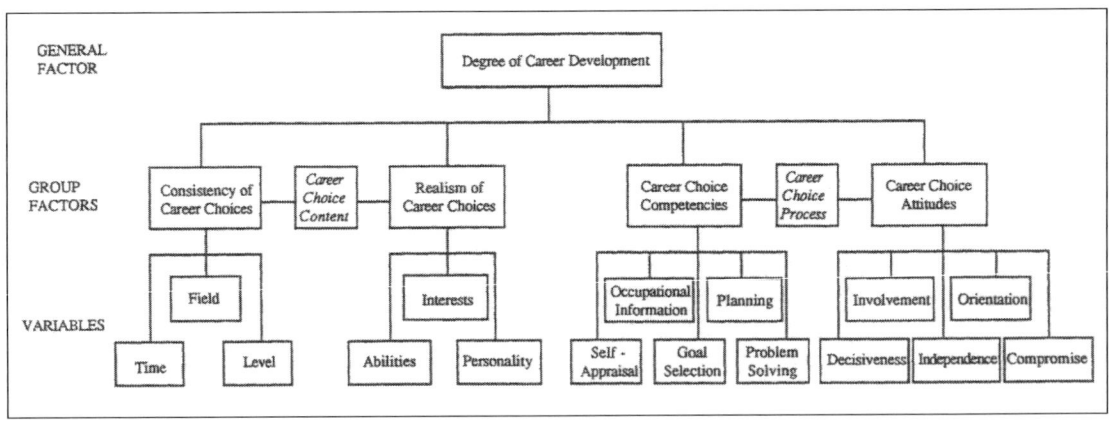

Auf der mittleren Ebene des Modells wird zwischen den zentralen Gruppenfaktoren der Berufswahlreife unterschieden. Demnach setzt sie sich aus der *Konsistenz* und der *Realitätsangemessenheit* der beruflichen Präferenzen sowie den berufswahlbezogenen *Kompetenzen* und *Einstellungen* zusammen. Auf der obersten Ebene bilden diese vier Gruppenfaktoren den *Grad der beruflichen Entwicklung* als zusammenfassenden General-Faktor der Berufswahlreife. Die Gruppenfaktoren werden von Crites danach unterschieden, ob sie sich auf den *Inhalt* oder den *Prozess* der Berufswahl beziehen. Unter dem Inhalt sind hierbei die beruflichen Präferenzen und ihre Eigenschaften zu verstehen. Demgegenüber bezieht sich der Prozess darauf, wie die Berufswahlentscheidung zustandekommt bzw. durch welche Aspekte sie bestimmt wird. Innerhalb der Prozessfaktoren findet sich auch die zuvor schon angesprochene Aufteilung in eine kognitive und eine affektive Dimension wieder. In diesem Modell ist jedoch bemerkenswert, dass die kognitive Dimension direkt mit dem Label „Berufswahlkompetenzen" versehen ist, derjenigen Begrifflichkeit, die im deutschsprachigen Raum eher einem pädagogisch-normativen Verständnis entspricht und den ungeliebten Begriff der Reife ersetzen soll (vgl. Kap. 2.2). Insofern stellt dieses (amerikanische) Modell eine definitorische Einordnung für die beiden (deutschen) Begrifflichkeiten bereit, in der Weise, dass die Berufswahlkompetenz ein Teilelement der umfassenderen Berufswahlreife darstellt.

Auf der Basisebene des Modells sind die spezifischen inhaltlichen Aspekte der Gruppenfaktoren aufgeführt. Es handelt sich dabei letztlich um diejenigen Merkmale, die einer empirischen Beobachtung und Beschreibung durch entsprechende Messinstrumente potenziell zugänglich sind. Mit dieser Vielzahl an Aspekten, die sowohl die relevanten Kompetenzfelder und Einstellungen im Prozess der Berufswahl abdecken wie auch die inhaltliche Realitätsbezogenheit und Konsistenz der Berufswahl thematisieren, ist das Modell von Crites noch immer das umfassendste Modell der Berufswahlreife. Nicht zuletzt durch seine hierarchische Struktur stellt es den ambitionierten Versuch dar, die vielen Teilelemente, die bei der Berufswahl von Bedeutung sind (oder sein können), zu ordnen, um die genaue Ausformung der Berufswahlreife graduell beschreiben zu können. Die Komponenten des Ausgangsmodells von Super finden sich hier ebenfalls wieder, allerdings verteilt über die Faktor- und Merkmalsebene.

Für den in Deutschland stark verbreiteten und eher pädagogisch-normativ intendierten Alternativbegriff der Berufswahlkompetenz gibt es kaum eigene Konzeptionierungen, die sich substanziell von den amerikanischen Modellen der Berufswahlreife unterscheiden und in gleicher Weise schematisch ausgearbeitet sind. Eine Ausnahme bildet hier das *Thüringer Berufswahlkompetenzmodell*, das von einer Erfurter Forschergruppe als Instrument zur Unterstützung einer nachhaltigen Berufsorientierung an Thüringer Schulen entwickelt wurde (vgl. Driesel-Lange, Hany, Kracke & Schindler, 2010b). Es ist das derzeit aktuellste und inhaltlich am weitesten ausgearbeitete Modell der Berufswahlkompetenz in Deutschland, das den wissenschaftlichen Ansprüchen einer elaborierten theoretischen Fundierung und empirischen Absicherung genügt. Dieses Thüringer Modell hebt nicht nur auf die berufswahlrelevanten Fähigkeiten ab, sondern bindet auch motivationale Aspekte ein – ebenso wie die klassischen Modelle der Berufswahlreife. Insgesamt lässt sich festhalten, dass es sich nur in der Strukturierung, aber nicht in den grundlegenden Inhalten von diesen klassischen Modellen unterscheidet. Letztlich ist das Modell stark von der entwicklungspsychologischen Laufbahntheorie beeinflusst, wenngleich der Kompetenzansatz durch eine Ausdifferenzierung der Fähigkeiten im Fokus steht.[2]

Letztlich leisten die Modelle der Berufswahlreife und Berufswahlkompetenz immer eine Benennung der konkreten Kompetenzen, Einstellungen und zum Teil auch der Aktivitäten und Handlungen, die zur Bewältigung der Berufswahl, mithin der Planung und Umsetzung einer beruflichen Anschlussoption notwendig sind. Die meisten Modelle korrespondieren mit entsprechenden Messinstrumenten, die die Ausprägung der genannten Aspekte der Berufswahlreife bei Jugendlichen erfassen sollen.

3. Messinstrumente und Befunde

Die enge Verflechtung zwischen Modellen und Messinstrumenten ist insbesondere bei den klassischen Berufswahlreifemodellen der amerikanischen Entwicklungspsychologie gegeben. Das oben vorgestellte theoretische *Career Development Model* von Super bildet die Grundlage für das *Career Development Inventory (CDI)* (Super, Thompson, Lindeman, Jordaan & Myers, 1981). Das darauf aufbauende, stärker differenzierte *Career Maturity Model* von Crites dient direkt als Operationalisierungsrahmen für das *Career Maturity Inventory (CMI)* (Crites, 1978). Bei diesen Messinstrumenten handelt es sich um *fragebogenbasierte Testverfahren*, die Kennwerte zum Grad der Berufswahlreife liefern sollen. Beide Instrumente korrespondieren allerdings nicht vollständig mit den Modellen, da bestimmte Faktoren unberücksichtigt bleiben. Der CMI misst z. B. nur die beiden Prozessfaktoren des Career-Maturity-Modells: die Berufswahlkompetenzen und die Einstellungen zur Berufswahl. Der CMI gliedert sich somit in einen *Competence Test*, der Multiple-Choice-Fragen in Form von Aufgaben zur Testung der verschiedenen Kompetenzen enthält, und in eine *Attitude Scale*, die aus einer Reihe von Einstellungsfragen zur beruflichen Entschiedenheit, Kompromissbereitschaft usw. besteht (vgl. Crites & Savickas, 1995).

Für die vorgenannten Messinstrumente von Super und Crites gibt es nur zwei deutschsprachige Adaptionen aus den 1980er Jahren: eine Umsetzung des CDI in den *Fragebogen zur Laufbahnentwicklung (LBE)* (Seifert & Eder, 1985) und die Überführung der Einstellungsskala des CMI in den Fragebogen *Einstellungen zur Berufswahl und beruflichen Arbeit (EBwA)* (Seifert & Stangl, 1986). Der LBE-Fragebogen, der an verschiedenen Schulen in Österreich ab der 7. Schulstufe getestet und mehrfach überarbeitet wurde, umfasst fünf Teile, deren Fragen sich jeweils in einer zusammenfassenden Skala bündeln lassen. Diese Skalen entsprechen im Wesentlichen den Faktoren des oben vorgestellten Modells der Berufswahlreife von Super und beinhalten jeweils eine Reihe von spezifischen Fragen mit durchweg vorgegebenen Antwortmöglichkeiten (Abb. 2).

---

2 Vgl. den Beitrag „Das Thüringer Berufsorientierungsmodell: Charakteristika und Bewährung" von Driesel-Lange, Kracke, Hany & Schindler in diesem Band, der eine genaue Beschreibung des Modells liefert.

Abbildung 2: Übersicht der Skalen und Inhalte des Fragebogens zur Laufbahnentwicklung (eigene Darstellung in Anlehnung an die Beschreibung von Seifert & Eder, 1985)

Skala	Übergeordneter Inhalt / Faktor	Form und Inhalt der Fragen	Anzahl der Fragen (Items)
I. Laufbahnplanung	Ausmaß des Engagements hinsichtlich der Vorbereitung auf die eigene Berufswahlentscheidung	Selbsteinschätzungen zu den bisher gemachten beruflichen Überlegungen und Plänen sowie zum Wissen über den Wunschberuf auf einer Skala	22
II. Laufbahnexploration	Explorationsbereitschaft bzw. -aktivität	Abfrage zur Bereitschaft der Nutzung von verschiedenen Informationsquellen und Einschätzung der Nützlichkeit auf einer Skala	26
III. Entscheidungskompetenz	Kenntnis beruflicher Entscheidungs-kriterien und -strategien und Fähigkeit zur Anwendung dieses Wissens	Vorgabe von konkreten beruflichen Entscheidungs- oder Problemsituation mit vier verschiedenen Antwortalternativen	12
IV. Laufbahnwissen	Informiertheit über Aspekte der Laufbahnentwicklung (z.B. der Erfolgsbedingungen)	Fragen zu Bedingungen und Gründen in spezifischen beruflichen Situationen (Auswahl einer richtigen Antwort aus vier Alternativen)	8
V. Berufliche Informiertheit	Kenntnis von beruflichen Zugangsvoraussetzungen und benötigten Fähigkeiten	Abfrage der mindestens benötigten Ausbildungsvoraussetzungen für verschiedene Berufe sowie Zuordnungen von Fähigkeiten	25

Die psychometrischen Kennwerte der Skalen (Schwierigkeit, Trennschärfe, Reliabilität) zur Beurteilung der Güte des Instruments fielen in der teststatistischen Analyse befriedigend aus, ebenso konnte die Validität des auf diese Weise gemessenen Konstrukts der Berufswahlreife und deren zweidimensionale Struktur im Großen und Ganzen bestätigt werden (vgl. Seifert & Eder, 1985). Die ersten beiden Skalen messen die motivationalen Einstellungen zur Berufswahl und die letzten drei Skalen die kognitiven Elemente im Sinne des wissensbasierten Niveaus der Berufswahlreife. Obwohl der LBE-Fragebogen primär zu Forschungszwecken aus dem CDI überführt wurde (Prüfung des Konstruktes und seiner transkulturellen Gültigkeit), wird eine weitere Verwendung zu Zwecken der Berufswahl- und Laufbahnberatung von den Autoren durchaus gesehen (vgl. ebd.).

Der EBwA-Fragebogen konzentriert sich ausschließlich auf den Aspekt der berufsbezogenen Einstellungen aus der Vorlage von Crites. Die Items wurden bei der Übertragung aus dem amerikanischen Original für die Testung an österreichischen Hauptschülern der 8. und 9. Schulstufe sprachlich und inhaltlich angepasst. In der Endfassung enthält das Instrument 45 Einstellungsfragen bzw. Aussagen mit einem 4-stufigen Antwortformat (Grad der Zustimmung). Bei der Überprüfung der faktoriellen Struktur der Items ergaben sich vier inhaltliche Subskalen (Einstellungsdimensionen), die nachfolgend mit jeweils einer Beispielaussage aufgeführt sind (vgl. Seifert & Stangl, 1986):

- I. Sicherheit/Entschiedenheit bei der Berufswahlvorbereitung und der -entscheidung
  Ich schwanke oft, welchen Beruf ich später einmal ergreifen soll.
- II. Berufswahlengagement und berufliche Orientierung
  Wenn man weiß, welchen Beruf man am liebsten ergreifen möchte, braucht man sich nicht mehr damit zu beschäftigen, welche Berufsmöglichkeiten es sonst noch gibt.
- III. Informationsbereitschaft und Flexibilität bei der Berufswahlentscheidung
  Bevor man die endgültige Entscheidung trifft, sollte man sich über mehrere Berufe informiert haben.
- IV. Eigenaktivität und Selbstständigkeit bei der Berufswahlentscheidung
  Ich würde meinen Wunschberuf auch dann ergreifen, wenn meine Eltern dagegen sind.

Die Eigenständigkeit des Aspekts der Kompromissbereitschaft aus dem Modell von Crites konnte nicht bestätigt werden. Für die vier Subskalen kann jeweils ein Punktwert aus der Summe der einzelnen Antworten der entsprechenden Aussagen berechnet und aus diesen ein zusammenfassender Testwert für die gesamte Skala gebildet werden, der letztlich den Grad der Berufswahlreife für den Bereich der Einstellungen wiedergeben soll. Die Überprüfung der internen Konsistenz ergab für die einzelnen Subskalen akzeptable bis befriedigende Werte, für die Gesamtskala wurde eine hohe Reliabilität ermittelt (ebd., S. 155f).

Eine große Zahl von Untersuchungen zur Berufswahlreife im angelsächsischen Raum, insbesondere die Career Pattern Study, aber auch der Einsatz der LBE- und EBwA-Fragebögen in Österreich, führten zu einer Fülle von interessanten Erkenntnissen über den individuellen Entwicklungsverlauf und die gruppenspezifischen Unterschiede der Berufswahlreife. Ein zentraler inhaltlicher Befund betrifft die *Altersabhängigkeit*, die schon in der entwicklungspsychologischen Konzeption der Berufswahlreife angelegt ist (vgl. Seifert, 1983, S. 240). Mit zunehmendem Alter steigen die Kennwerte der Berufswahlreife tendenziell an, wobei sich die Messung in der Praxis zumeist auf die Schulstufen bezieht, die gegenüber dem Alter noch stärker wirksam sind – vermutlich aufgrund von gemeinsam durchlaufenen Sozialisierungsprozessen und Erfahrungen im Rahmen der schulischen Berufsvorbereitung (vgl. hierzu auch Hirschi, 2008). Bspw. zeigten sich bei den Instrumententests zum LBE und EBwA in der 9. Schulstufe im Durchschnitt signifikant höhere Werte als in der 8. Schulstufe (vgl. Seifert & Eder, 1985; Seifert & Stangl, 1986). Dieselben Untersuchungen ermittelten zudem für Jugendliche mit höherem Bildungs- und Leistungsniveau auch deutlich höhere Skalenkennwerte gegenüber den Vergleichsgruppen.

Im Rahmen einer kleineren Längsschnittstudie, die den Zeitraum von der letzten Klasse in der Hauptschule bis zum dritten Ausbildungsjahr umfasste, wurde zudem die Vorhersagequalität von Berufswahlreifemaßen für den späteren Ausbildungserfolg und die berufliche Zufriedenheit untersucht (vgl. Seifert, Bergmann & Eder, 1987). Unter Verwendung der Skalen aus den LBE- und EBwA-Fragebögen erwiesen sich einige der im letzten Schuljahr gewonnenen Werte als gute Prädiktoren für den erfolgreichen Übergang in die duale Berufsausbildung, die Bewältigung der Ausbildungsanforderungen sowie die subjektive Zufriedenheit und Zielerreichung am Ende der Ausbildung. Im Sinne der Vorhersagevalidität bestätigen auch die Ergebnisse von Bergmann (1993) die konzeptimmanente Annahme, dass der in der vorberuflichen Phase erreichte Grad der Berufswahlreife in Zusammenhang steht mit der Bewältigung späterer beruflicher Entwicklungsaufgaben und somit Auskunft über objektive Erfolgskriterien ebenso wie subjektive Befindlichkeiten im Beruf geben kann.

Für das unter Punkt 2.3 vorgestellte Thüringer Berufswahlkompetenzmodell liegt zwar kein Messinstrument im Sinne eines standardisierten Erhebungsbogens vor, allerdings wird über einen inhaltlich recht weit ausgearbeiteten Leitfaden ein diagnostisches Instrument bereitgestellt. Durch genaue Beschreibungen der einzelnen Faktoren bzw. Kompetenzfelder anhand von spezifischen Fragen und Beispielen wird den Lehrkräften somit eine Checkliste an die Hand gegeben, die es ermöglichen soll, den individuellen Entwicklungsstand der Schüler/innen mit ihren jeweiligen Stärken und Schwächen herauszuarbeiten und darauf aufbauend Schülergruppen mit ähnlichen Profilen zu ermitteln (vgl. Driesel-Lange, Hany, Kracke & Schindler, 2010b, S. 21ff).

4. Praktische Relevanz

Von zentraler Bedeutung ist die Frage, welche Funktionen und Anwendungsfelder mit den Konzepten der Berufswahlreife und -kompetenz verbunden sind. Diese Fragestellung verweist sowohl auf die Art des Erkenntnisgewinns als auch den praktischen Nutzen, der den Konzepten beigemessen wird. Seifert (1984, S. 186) nennt als „generelle Funktionen und Anwendungsmöglichkeiten" für das klassische Konzept der Berufswahlreife:

- die empirische Bestimmung des Ausgangsniveaus, der Ausprägung der einzelnen Dimensionen und der Richtung der vorberuflichen Entwicklung,
- die Formulierung und Konkretisierung der Ziele der institutionellen Berufswahlvorbereitung in operationalisierter Form sowie die Überprüfung der Angemessenheit dieser Zielsetzungen im Hinblick auf die psychologischen Voraussetzungen und Entwicklungsmöglichkeiten der Jugendlichen,
- die Bereitstellung der inhaltlichen und methodischen Grundlagen für die Anpassung der Maßnahmen zur Berufswahlvorbereitung an die kognitiven und motivationalen Lernbedürfnisse und die Lern- und Entwicklungsmöglichkeiten der Jugendlichen,
- die empirische Evaluation der Effizienz von Maßnahmen der Berufswahlvorbereitung.

Mit der gestiegenen Bedeutung der schulischen und außerschulischen Berufswahlvorbereitung, die sich nicht zuletzt in einer unüberschaubaren Vielfalt an Angeboten und Maßnahmen zur Berufsorientierung sowie entsprechenden Förderlinien und Projekten unterschiedlicher Institutionen zeigt, spielt auch die nachhaltige Evaluation derartiger Interventionsmaßnahmen und Unterstützungsangebote eine wichtiger werdende Rolle (vgl. auch Brüggemann, 2010). Um die Wirkungen dieser Angebote und Maßnahmen auf den individuellen und gruppenspezifischen (z. B. bei Schulklassen oder Jugendlichen mit Migrationshintergrund) Stand der beruflichen Orientierung und später die Berufswahl in den Blick nehmen zu können, kann das Konzept der Berufswahlreife als Ansatzpunkt dienen. Nach dem Einsatz einer Maßnahme – das kann ein beruflicher Interessentest, ein Beratungssetting, ein Erfahrungstag oder Praktikum sein – kann es bspw. darum gehen, zu prüfen, ob die Selbstkenntnis über die eigenen Fähigkeiten und Interessen gesteigert werden konnte, die Motivation zur Auseinandersetzung mit der eigenen beruflichen Zukunftsplanung gestärkt wurde oder eine Verbesserung des beruflichen Informationsstandes eingetreten ist – also um diejenigen inhaltlichen Aspekte, die in den Konzepten der Berufswahlreife und -kompetenz enthalten sind (vgl. Kap. 2.3). Die Evaluation von Berufsorientierungsmaßnahmen bildet somit ein wichtiges Anwendungsfeld für Berufswahlreifekonzepte, die über ein standardisiertes Messinstrument verfügen. Ein aktuelles Evaluationsbeispiel findet sich bei Schütte & Schlausch (2008), die den EBwA-Fragebogen (vgl. Kap. 3) zur Untersuchung der Wirkungen eines Berufsorientierungsprojektes auf die Berufswahlreife eingesetzt haben.

In rein inhaltlicher Hinsicht können die Konzepte zudem einen Rahmen für die Strukturierung von Maßnahmenzielen bereitstellen. Somit sind sie auch für die Entwicklung von Maßnahmen und die einschlägige Programmplanung interessante Quellen. Die Verwendung des psychologischen Konzepts der Berufswahlreife zu Entwicklungs-, Planungs- und Evaluationsszwecken von Berufsorientierungsmaßnahmen, früher auch für die Aufstellung der Curricula des Berufswahlunterrichts, ist durch den pädagogisch-normativen Impetus, der in das Konzept gelegt und durch den neueren Begriff der Berufswahlkompetenz untermauert wurde, formal gestärkt worden. Allerdings ist eine Berücksichtigung der konzeptionellen Inhalte der Berufswahlreife bzw. -kompetenz bei der Gestaltung und Evaluation von Berufsorientierungsangeboten in der Praxis kaum zu beobachten, wenngleich die Begrifflichkeiten selbst häufiger genutzt werden.

Seifert, Bergmann & Eder (vgl. 1987, S. 142) sehen den Nutzen von „Berufswahlreifedaten" vor allem in der *diagnostischen Anwendung*, den Möglichkeiten der Verbesserung der *Vorhersage von beruflichen Aspirationen und Entwicklungsverläufen* sowie der *Berufsberatung*. Es ist unmittelbar einleuchtend, dass diese Funktionen im Rahmen der Berufsberatungs- und Maßnahmenpraxis direkt ineinander greifen (sollten), da erst eine fundierte berufspsychologische Diagnostik eine valide Einschätzung des weiteren Entwicklungsverlaufs ermöglicht und somit auch Voraussetzung für eine adäquate Beratung ist. Hier lässt sich wieder der Bogen zum Begriff der Berufswahlkompetenz schlagen: Aus pädagogischer Sicht geht es eben maßgeblich darum, die berufswahlbezogenen Kompetenzen zu diagnostizieren und darauf aufbauend Empfehlungen auszusprechen oder passende Unterstützungsangebote zu unterbreiten, die sich dann wiederum förderlich auf die Berufswahlkompetenz auswirken sollen. Insofern ist es auch nicht verwunderlich, dass „Berufswahlkompetenz als Schlüsselbegriff der Berufsberatung" bezeichnet wird (vgl. Schneider, 1984). Letztlich bieten Berufswahlkompetenzkonzepte einen Bezugsrahmen für die *individuelle Beratung und Förderung* von Jugendlichen im Berufsorientierungsprozess, indem anhand einer inhaltlich ausgearbeiteten Systematik bspw. gezielt danach gefragt werden kann, welche Kompetenzen ein Jugendlicher für seine Berufswahl braucht, ob und in welchem Maße er diese Kompetenzen bereits mitbringt oder welche Zwischenziele er schon erreicht hat.

Zusammenfassend lässt sich festhalten, dass parallel zu den beiden grundsätzlichen Perspektiven der Konzepte – psychologisch oder pädagogisch orientiert – auch die Frage nach der anwendungsbezogenen Relevanz, die diese Konzepte besitzen oder die ihnen zugemessen wird, letztlich unterschiedlich ausfällt. Aus dem Blickwinkel der Psychologie erlangen die Konzeptionierungen ihre Bedeutung durch die *Systematisierung der empirischen Beobachtung der vorberuflichen Entwicklung und ihrer Determinanten* vor dem Hintergrund theoretischer Modellvorstellungen und einschlägiger Messinstrumente. Es geht hier also primär um ein spezifisches wissenschaftliches Erkenntnisinteresse der Berufswahl- und Laufbahnforschung. In der pädagogischen Perspektive rückt der Fokus mehr auf die Nutzung der Konzepte zur Beschreibung der Zielsetzungen, die durch Berufsorientierungsangebote erreicht bzw. gefördert werden sollen (z. B. Selbstkenntnis oder Planungskompetenz). Gleichzeitig ergibt sich die Relevanz auch für die Jugendlichen selbst: berufswahlkompetentes Verhalten als Voraussetzung für die erfolgreiche Umsetzung der Berufswahl i.e.S. oder den Übergang von der Schule in eine adäquate Anschlussoption i.w.S. Damit können die Konzepte als *Interventionshilfe* im Übergangsgeschehen und der allgemeinen Berufsorientierung dienen und einen Beitrag für die praxisbezogene Berufsorientierungs- und Übergangsforschung leisten. Berufswahlreife ist in der pädagogischen Praxis allerdings insgesamt eher ein theoretisches Konstrukt, das nicht unbedingt empirisch im Sinne von einheitlichen Testungen erfasst werden muss, sondern das schon durch seine Begrifflichkeiten die Ziellogik von Maßnahmen bedient und mit verschiedenen Inhalten, die in Zusammenhang mit der Berufswahl stehen, aufgeladen werden kann. Aber selbst diese Art der Verwendung erfüllt letztlich ihren Zweck, denn sie gibt den Konzepten auch einen Platz in der realen Welt der Berufsorientierung und ihrer Akteure.

Als Bindeglied zwischen beiden Perspektiven kann der Verwendungsbezug der Konzepte für Evaluationen von Berufsorientierungsmaßnahmen gesehen werden: Für die Psychologie ergeben sich Evaluationen als logische Konsequenz aus der Anwendung der Konzepte in der Praxis und für die Pädagogik sind sie notwendige Voraussetzung für die Erfolgsermittlung des eigenen Handelns.

Insofern ist Berufswahlreife einerseits Voraussetzung bzw. Bedingung für eine erfolgreiche Berufswahl und andererseits auch Ergebnis der berufsbezogenen Entwicklung unter dem Einsatz von Förderangeboten. Letztlich stellen die Konzepte der Berufswahlreife und Berufswahlkompetenz im Idealfall ein Analyseschema, zumindest aber immer einen Ordnungsrahmen für all diejenigen kognitiven Kompetenzen und motivationalen Aspekte bereit, die bei der (ersten) Berufswahl von Bedeutung sind.

Literatur

Bergmann, C. (1993). Einfluß der Berufswahlreife während der Schulzeit auf die Studienwahl und den Studienverlauf. Eine Überprüfung des career-maturity-Modells von J. O. Crites. In C. Tarnai (Hrsg.), *Beiträge zur empirischen pädagogischen Forschung* (S. 1–17). Münster: Waxmann.

Brüggemann, T. (2010). Berufliches Übergangsmanagement – Herausforderungen und Chancen. In U. Sauer-Schiffer & T. Brüggemann (Hrsg.), *Der Übergang Schule–Beruf. Beratung als pädagogische Intervention* (S. 57–78). Münster: Waxmann.

Bußhoff, L. (1989). *Berufswahl. Theorien und ihre Bedeutung für die Praxis der Berufsberatung.* 2., neu bearb. Aufl. Stuttgart: Kohlhammer.

Crites, J. O. (1974). Career development processes. A model of vocational maturity. In E. L. Herr (Hrsg.), *Vocational guidance and human development,* (S. 296–320). Boston [u.a.]: Houghton Mifflin.

Crites, J. O. (1978). *Theory and research handbook for the Career Maturity Inventory.* 2nd ed. Monterey, CA: McGraw-Hill.

Crites, J. O. & Savickas, M. L. (1995). *Career maturity inventory – sourcebook.* Rev. Boulder, Colorado: Bridges.com.

Dibbern, H. (1983). *Berufsorientierung im Unterricht. Verbund von Schule und Berufsberatung in der vorberuflichen Bildung.* Nürnberg: Institut für Arbeitsmarkt- und Berufsforschung der Bundesanstalt für Arbeit (Beiträge zur Arbeitsmarkt- und Berufsforschung, 78).

Dibbern, H. (1983). Berufsorientierung im Unterricht. Verbund von Schule und Berufsberatung in der vorberuflichen Bildung. In Bundesagentur für Arbeit (Hrsg.), *Mitteilungen aus der Arbeitsmarkt- und Berufsforschung,* 16, S. 437–449. Stuttgart: Kohlhammer.

Dibbern, H., Kaiser, F.-J. & Kell, A. (1974). *Berufswahlunterricht in der vorberuflichen Bildung. Der didaktische Zusammenhang von Berufsberatung und Arbeitslehre (Gutachten zur Entwicklung eines Curriculums „Berufswahlunterricht")*. Bad Heilbrunn: Klinkhardt.

Driesel-Lange, K., Hany, E., Kracke, B. & Schindler, N. (2010a). Ein Kompetenzentwicklungsmodell für die schulische Berufsorientierung. In U. Sauer-Schiffer & T. Brüggemann (Hrsg.): *Der Übergang Schule–Beruf. Beratung als pädagogische Intervention* (S. 157–175). Münster: Waxmann.

Driesel-Lange, K., Hany, E., Kracke, B. & Schindler, N. (2010b). *Berufs- und Studienorientierung. Erfolgreich zur Berufswahl. Ein Orientierungs- und Handlungsmodell für Thüringer Schulen*. Materialien-Nr. 165. Herausgegeben vom Thüringer Institut für Lehrerfortbildung, Lehrplanentwicklung und Medien. Bad Berka.

Egloff, E. (1985). Berufswahlreife und Berufswahlkompetenz – Ein Diskussionsbeitrag. *Berufsberatung und Berufsbildung*, 70, 90–94.

Ginzberg, E. (1952). Toward a theory of occupational choice. *The Personnel and Guidance Journal*, 30, 491–494.

Ginzberg, E., Ginsburg, S.W., Axelrad, S. & Herma J. L. (1951). *Occupational choice. An approach to a general theory*. New York: Columbia University Press.

Hirschi, A. (2008). Die Rolle der Berufswahlbereitschaft für eine erfolgreiche Berufswahl. In D. Läge & A. Hirschi (Hrsg.), *Berufliche Übergänge. Grundlagen für die Berufs-, Studien- und Laufbahnberatung* (S. 155–172). Zürich u.a.: Lit Verlag.

Hirschi, A. & Läge, D. (2006): Hilfreiche Faktoren zur Bewältigung von beruflichen Übergängen. Von der Berufswahlreife zur Übergangsbereitschaft. *Zeitschrift für Beratung und Studium (ZBS)*, 3, 70–74. Online verfügbar unter http://andreashirschi.com/pub/Hirschi_Hilfreiche%20Faktoren.pdf.

Ratschinski, G. (2008). Berufswahlkompetenz. In M. Koch & P. Straßer (Hrsg.), *In der Tat kompetent. Zum Verständnis von Kompetenz und Tätigkeit in der beruflichen Benachteiligtenförderung* (S. 73–90). Bielefeld: Bertelsmann.

Schneider, H.-D. (1984). Berufswahlkompetenz als Schlüsselbegriff der Berufsberatung. *Berufsberatung und Berufsbildung*, 69, 3, 117–124.

Schütte, M. & Schlausch, R. (2008). Zur Wirkung von kooperativen Angeboten der Berufsorientierung auf die Berufswahlreife: Ergebnisse einer fragebogengestützten Evaluationsstudie an allgemein bildenden Schule in Bremen und Niedersachsen. *Zeitschrift für Berufs- und Wirtschaftspädagogik*, 104, 2, 215–234.

Seifert, K. H. (1977). Theorien der Berufswahl und der beruflichen Entwicklung. In K.H. Seifert, H.-H. Eckhardt & W. Jaide (Hrsg.): *Handbuch der Berufspsychologie* (S. 173–279). Göttingen: Hogrefe.

Seifert, K. H. (1983). Berufswahlreife. Konzepte und Befunde der Berufswahlforschung. *Berufsberatung und Berufsbildung*, 68, 233–252.

Seifert, K. H. (1984). Berufswahlreife. In Bundesanstalt für Arbeit (Hrsg.), *Handbuch zur Berufswahlvorbereitung*. Mannheim (S. 186–197). MEDIALOG.

Seifert, K. H.; Bergmann, C. & Eder, F. (1987). Berufswahlreife und Selbstkonzept-Berufskonzept-Kongruenz als Prädiktoren der beruflichen Anpassung und Bewährung während der beruflichen Ausbildung. *Zeitschrift für Arbeits- und Organisationspsychologie*, 31, 133–143.

Seifert, K. H. & Eder, F. (1985). Der Fragebogen zur Laufbahnentwicklung. *Zeitschrift für Differentielle und Diagnostische Psychologie*, 6, 2, 65–77.

Seifert, K. H. & Stangl, W. (1986). Der Fragebogen Einstellungen zur Berufswahl und beruflichen Arbeit. *Diagnostica, 32*, 2, 153–164. Online verfügbar unter http://werner.stangl-taller.at/BERUF/PUBLIKATIONEN/EBwA.pdf.

Super, D. E. (1953). A theory of vocational development. *American Psychologist, 8, 2,* 185–190.

Super, D. E. (1957). *The psychology of careers. An introduction to vocational development.* New York: Harper & Row.

Super, D. E. (1974). *Measuring vocational maturity for counseling and evaluation.* Washington: National Vocational Guidance Association.

Super, D. E. (1980). A Life-Span, Life-Space Approach to Career Development. *Journal of Vocational Behavior, 16, 3,* S. 282–298.

Super, D. E. (1994). Der Lebenszeit-, Lebensraumansatz der Laufbahnentwicklung. In D. Brown & L. Brooks (Hrsg.), *Karriere-Entwicklung* (S. 211–280). Stuttgart: Klett-Cotta.

Super, D. E. & Overstreet, P. L. (1960). *The vocational maturity of ninth-grade boys.* Bureau of Publications Teachers College Columbia University.

Super, D. E., Thompson, A. S., Lindemann, R. H., Jordaan, J. P. & Myers, R. A. (1981). *Career development inventory.* Palto Alto, CA: Consulting Psychologists Press.

Tobias Brändle und Matthias Grundmann

Soziale Determinanten der Studien- und Berufswahl: theoretische Konzepte und empirische Befunde

1. Einleitung

Obwohl Berufe hinsichtlich ihres Prestiges von den meisten Menschen ähnlich eingeschätzt werden, bilden sich dennoch unterschiedliche Berufspräferenzen aus. Diese Unterschiede können, wie wir im Folgenden aufzeigen, auf „soziale Determinanten", verstanden als individuelle Akteurmerkmale, die in sozialen Prozessen wirksam sind und von sozialen Strukturen gerahmt werden, zurückgeführt werden. So wird der Spielraum, über den Menschen an diesen Übergängen verfügen, wesentlich durch ihre soziale Herkunft, ihr Geschlecht und durch erworbene (soziale) Kompetenzen beeinflusst. Auf diese Weise wird die potenzielle Freiheit der Berufslaufbahn begrenzt. Die Grenzziehungen verlaufen dabei, je nach theoretischer Konzeption von „Berufswahl", unterschiedlich und modellieren diese dem entsprechend als verschieden stark von sozialstrukturellen und sozial relevanten Persönlichkeitsmerkmalen determiniert. So wird zum einen hervorgehoben, dass Berufswahlentscheidungen das Ergebnis erfahrungsbiographisch erworbener Kenntnisse über und Einsichten in berufliche Felder sind, zum anderen wird vor allem die Kapitalausstattung der Akteure, also der ökonomische, soziale und kulturelle Background, als Determinante für die Berufswahl angeführt.

Um die unterschiedlichen Einschätzungen von Berufswahldeterminanten zu skizzieren, stellen wir nachfolgend drei Ansätze vor: die Berufswahltheorie Gottfredsons, die Theorie rationaler Bildungsentscheidungen von Boudon und die Theorie der Habitusgenese von Bourdieu. Dabei konzentrieren wir uns auf die Frage, welche sozialen Determinanten von den einzelnen Autoren[1] angeführt werden und wie deren Einfluss auf die Berufswahl modelliert und begründet wird. Abschließend diskutieren wir mit Blick auf empirische Befunde, inwieweit sich aus einer Kombination der vorgestellten Ansätze ein theoretisch und empirisch begründeter Interpretationsrahmen für die soziale Determiniertheit von Berufswahlentscheidungen herleiten lässt.

2. Die Berufswahltheorie Gottfredsons

Linda S. Gottfredson, eine US-amerikanische Psychologin, veröffentlichte erstmals im Jahr 1981 ihre Theorie der Entwicklung beruflicher Aspirationen (vgl. Gottfredson, 1981). Mit dieser versucht sie aus psychologischer Perspektive die Berufswahlprozesse und die Genese von Berufspräferenzen Heranwachsender zu erklären. Seit der Erstver-

---

1   Soweit als möglich wird in diesem Aufsatz eine genderneutrale Schreibweise verwendet. Aus Gründen der Lesbarkeit wird ansonsten die männliche Form genutzt, wobei die weibliche Form mit einbegriffen ist.

öffentlichung der Theorie hat Gottfredson selbige mehrfach revidiert und erweitert (vgl. Gottfredson, 1981, 1986, 1996, 2002, 2005). Das Grundgerüst ihres Ansatzes, das an dieser Stelle skizziert werden soll, blieb dabei im Wesentlichen unverändert.

Zentrale Ausgangspunkte dieses theoretischen Konzepts sind zum einen die Berufsvorstellungen, die als generalisierte Annahmen über bestimmte Berufe von allen sozialen Gruppen geteilt werden (vgl. Gottfredson, 1981, S. 545, 547). Zum anderen wird dem Selbstkonzept der Individuen eine bedeutungsvolle Rolle zugeschrieben.[2] Die wichtigsten berufsrelevanten Bestandteile sind Geschlecht, soziale Herkunft, Intelligenz, Berufsinteressen, Kompetenzen und Wertvorstellungen (Gottfredson, 1981, S. 548). Diese Elemente werden in mehreren Schritten, im Zuge der kognitiven Entwicklung, inkorporiert und führen so zu einer „Zone subjektiv akzeptabler Berufsalternativen" (Imdorf, 2005, S. 282, Hervorhebung im Original)[3]. Gottfredson unterscheidet dabei vier Phasen der Entwicklung von Selbstkonzept und Berufspräferenzen, die untereinander gestuft sind und unter Rückbezug auf die Konzepte Kohlbergs und van den Daeles entwickelt wurden (vgl. Gottfredson, 1996, S. 191).

Während der ersten Phase entwickeln Kinder im Alter von drei bis fünf Jahren eine Vorstellung davon, dass es eine Erwachsenenwelt gibt, in welcher Arbeit einen hohen Stellenwert innehat (vgl. Gottfredson, 1996, S. 191f). In dieser Zeit orientieren sich die Heranwachsenden an Größe und Macht und ordnen Dinge und Personen entlang dieser Prinzipien. Dabei legen die Kinder auch die Grundlagen für geschlechtsspezifische Rollenvorstellungen, haben jedoch noch kein kohärentes Konzept derselben (vgl. Gottfredson, 1981, S. 558f). Letzteres wird in der zweiten Phase, die durch die Orientierung an Geschlechterrollen gekennzeichnet ist, begriffen, wobei zunächst eine Orientierung an sichtbaren Merkmalen, wie Kleidung, zentral ist und abstraktere Unterschiede mit fortschreitender Entwicklung erkannt werden. Die zwischen dem sechsten und achten Lebensjahr gebildeten Berufspräferenzen spiegeln diese geschlechtsspezifische Prägung wider. So findet vornehmlich eine Ausrichtung der eigenen Berufswünsche an den Vorstellungen einer für das eigene Geschlecht passenden Tätigkeit statt (vgl. Gottfredson, 1981, S. 559f). In der dritten Phase, die das neunte bis einschließlich das dreizehnte Lebensjahr umspannt, wird diese Differenzierung durch die Orientierung an sozialer Anerkennung ergänzt. Das bedeutet, dass die Heranwachsenden ein Gefühl für die an sie gestellten Erwartungen entwickeln und gleichzeitig lernen, verschiedene Grade an Berufsprestige sowie Unterschiede hinsichtlich der sozialen Herkunft und der Fähigkeiten zu erkennen. Im Laufe dieses Lernprozesses passen die Kinder ihre eigenen Berufsvorstellungen entlang dieser Schemata an. Zudem orientieren sich die Heranwachsenden an den in ihrer sozialen Schicht gültigen Standards, was dazu führt, dass Berufe mit geringem Prestige eher von Kindern aus niedrigen sozialen Schichten bevorzugt werden. Gleichwohl kann es auch zu unterschiedlichen Berufspräferenzen innerhalb ein und der-

---

2   Die Entstehung des Selbstkonzepts beschreibt Gottfredson unter Rückgriff auf Super und andere (vgl. Super, Starishevsky, Matlin & Jordan, 1963) als die Genese des Bilds von der eigenen Person, das unter anderem die eigenen Rollenvorstellungen, aber auch die eigenen Interessen und Fähigkeiten umfasst (vgl. Gottfredson, 1981, S. 547).

3   Um eine Verwechslung mit dem bourdieuschen Begriff des sozialen Raums zu vermeiden, verwenden wir, wie Imdorf, eine freiere, aber treffende Übersetzung von „social space" (Gottfredson, 1981, S. 548).

selben sozialen Schicht kommen, da die Kinder über unterschiedlich ausgeprägte Fähigkeiten verfügen. Kurzum:

> Die Heranwachsenden entwickeln ihre Berufspräferenzen im Einklang mit ihrer sozialen Herkunft und ihren individuellen Fähigkeiten und versuchen damit externe Anforderungen in ihr Selbstkonzept zu integrieren (vgl. Gottfredson, 1981, S. 561ff).

In der vierten und letzten Entwicklungsphase wird diese Orientierung an externen Erwartungen aufgegeben und stattdessen das innere, einzigartige Selbst[4] in das Zentrum gestellt. Die Jugendlichen spezifizieren demnach ab dem vierzehnten Lebensjahr ihre Berufswahl weiter. Bei dieser näheren Bestimmung der eigenen Interessen werden drei Aspekte besonders hervorgehoben. Zum einen die Herausbildung eines abstrakten Selbstkonzepts, die mit einer Erhöhung der Selbsterkenntnis einhergeht. Zum anderen die Entwicklung der Berufspräferenzen im Einklang mit diesem neuen Selbstkonzept und schließlich die Integration dieser Präferenzen in die eigene Lebensplanung. Am Ende der vierten Phase wurde auf diese Weise eine Zone akzeptabler Berufsalternativen erreicht, die sowohl mit den individuellen Vorzügen als auch mit der erwarteten Zugänglichkeit des Berufs übereinstimmt (vgl. Gottfredson, 1981, S. 566ff).

Das bedeutet, dass die Heranwachsenden während ihres Entwicklungsprozesses nach und nach das Spektrum der für sie in Frage kommenden Berufe einschränken, wobei die Berufsvorstellungen komplexer und damit die Berufspräferenzen enger werden (vgl. Gottfredson, 1981, S. 556). Diese fortschreitende Eliminierung von Berufsalternativen hält Gottfredson prinzipiell für unumkehrbar, was letztlich zur Erleichterung der Berufswahl beitragen soll (vgl. Gottfredson, 1981, S. 556).

Die Auswahl der Berufe erfolgt schließlich durch ein Kompromissbildungsverfahren zwischen den angestrebten Tätigkeiten und den wahrgenommenen Zugangschancen. Dabei nimmt die oben beschriebene Entwicklung des Selbstkonzepts eine zentrale Rolle ein. So werden die grundlegenden Aspekte desselben stärker als die darauf aufbauenden Facetten geschützt. Das bedeutet, dass bei der Berufswahl eher das Interesse an einem spezifischen Berufsfeld aufgegeben wird, als dass Zugeständnisse hinsichtlich des Berufsprestiges oder der eigenen Geschlechtsidentität gemacht werden. Des Weiteren hat die Suche nach einem Job nicht zwangsläufig den für optimal gehaltenen Beruf zum Ergebnis. Im Gegenteil wird die Berufssuche bei einem zufriedenstellenden Angebot beendet, auch wenn für die Individuen theoretisch bessere Optionen denkbar wären und unter Umständen auch zur Verfügung stünden. Drittens findet nach einer abgeschlossenen Berufswahl eine Anpassung an die getroffenen Kompromisse statt. Die Personen rationalisieren folglich im Nachhinein ihre zuvor gefassten Entschlüsse (vgl. Gottfredson, 1981, S. 572).

Von diesen Prinzipien der Kompromissbildung werden weitere Grundsätze der Informationssuche unterschieden. So wird nur in Ausnahmefällen außerhalb der Zone der subjektiv akzeptablen Berufsalternativen nach Beschäftigungsmöglichkeiten gesucht, das

---

4 Gottfredson verwendet hier den Ausdruck „internal, unique self" (Gottfredson, 1981, S. 566), der von Imdorf mit innerer „Einzigartigkeit des Selbst" (Imdorf, 2005, S. 282) übersetzt wird.

heißt, die zuvor beschriebene Kompromissbildung steht in engem Zusammenhang mit der Empfänglichkeit für Informationen über bestimmte Berufsangebote. Zweitens beschränkt sich die Informationssuche auf den Zeitraum, in dem die Informationen benötigt werden. Demnach erreicht die Informationssuche insbesondere in Phasen der Lehrstellensuche oder zu Zeiten eines Stellenwechsels ein Hoch, was auf den Aktualitätsgrad des Wissens zurückgeführt wird. Drittens findet die Informationssuche vor allem im sozialen Nahraum statt. Das bedeutet, die Suchenden befragen zunächst Freunde, Familie oder Kollegen und gehen nur im Falle eines als nicht ausreichend erachteten Informationsgrades über diesen Kreis hinaus. Mit anderen Worten wird an erster Stelle auf leicht zugängliche Informationen zurückgegriffen, anderweitige Informationsquellen nehmen demgegenüber nur eine nachrangige Rolle ein (vgl. Gottfredson, 1981, S. 570f).

Zusammenfassend kann konstatiert werden, dass Gottfredson mit ihrer Berufswahltheorie ein Konzept entwickelt hat, das die Diskussion über die Erklärung von Berufsfindungsprozessen anregte. Trotz des spekulativen Charakters ihrer Überlegungen (vgl. Gottfredson, 1981, S. 546) wurden in der Folge verschiedene empirische Studien durchgeführt, die Ausdifferenzierungen der Theorie nach sich zogen (vgl. Gottfredson, 1996, S. 198ff, 2002, S. 107ff), welche an dieser Stelle nicht näher behandelt werden. Im Zuge dieser Revisionen nimmt Gottfredson Anleihen aus der Verhaltensgenetik auf, um Individuen als aktive Akteure mit Handlungsfreiheit zu konstruieren (vgl. Gottfredson, 2002, S. 87). Zugleich weist sie unter Bezug auf vorliegende verhaltensgenetische Studien, welche unter anderem eine Erblichkeit von Einstellungen und Verhalten aufzeigen, die Sozialisationstheorie als falsch zurück, wobei Sozialisation ausschließlich als Fremdsozialisation verstanden wird (vgl. Gottfredson, 2002, S. 110ff). In der Folge führt sie Persönlichkeitseigenschaften, Bildungsniveau und auch Berufspräferenzen auf genetische Grundlagen zurück (vgl. Gottfredson, 2002, S. 110f) und negiert damit letztendlich jedweden nicht-genetischen Einfluss auf menschliches Handeln und Verhalten (vgl. Gottfredson, 2002, S. 115).[5] Trotz dieser überholten Engführung, welche die Auseinandersetzungen im Rahmen der Anlage-Umwelt-Debatte (vgl. zur soziologischen Rezeption Asendorpf, 2008; Diewald, 2010) in erster Linie auf differierende ethische Ansichten zurückführt (vgl. Gottfredson, 2002, S. 87), bleibt festzuhalten, dass Gottfredson von einer verhältnismäßig starken „individuellen", psychogenetischen Determination der Berufswahlentscheidung ausgeht. So werden die Entscheidungen der Individuen nicht nur durch ihre kognitive Entwicklung geformt, sondern im Rahmen des Kompromissbildungsverfahrens und der Informationssuche weiter eingeschränkt. Wie gezeigt ist dabei die Verfügbarkeit von Informationen und Informationsmöglichkeiten von zentraler Bedeutung, denn diese bestimmen den Raum, in welchem die Suche nach einem Berufsfeld abläuft, wesentlich. Das bedeutet, dass Individuen mit einem Mehr an Ressourcen im Zuge ihrer Berufswahlentscheidung aus einem breiteren Spektrum wählen können.

---

5   So konstatiert Gottfredson beispielsweise, dass der Einfluss der Gene auf das menschliche Verhalten mit steigendem Alter größer wird und sich individuelle Neigungen folglich auf Grund der genetischen Disposition und nicht umweltbedingt entwickeln (vgl. Gottfredson, 2002, S. 115).

Individuen erscheinen bei Gottfredson demnach zwar als rational Handelnde, die auf Basis des für zutreffend gehaltenen, nicht zwangsläufig bewussten, Selbstbildes eine Berufswahl treffen (vgl. Gottfredson, 1981, S. 547, 561), sie verfügen dabei jedoch nur über einen bestimmten Spielraum, welcher das Ausmaß ihrer Bewegungen beschränkt und in erster Linie durch die Fähigkeiten der Individuen und nicht durch das jeweilige soziale Umfeld derselben bestimmt wird.

3. Bildungsentscheidungen nach Boudon

Bezüglich des Ansatzes von Raymond Boudon, dem ersten von zwei an dieser Stelle betrachteten französischen Soziologen, kann ebenso eine Begrenzung des individuellen Spielraums, in welchem die Akteure ihre Entscheidungen treffen, konstatiert werden. Wie sich zeigen wird, handeln die Individuen auch in seiner Konzeption der Berufswahl nach rationalen Kriterien und werden dabei von individuellen Akteurmerkmalen beeinflusst. Im Gegensatz zu Gottfredson rückt er jedoch die soziale Herkunft der Individuen in das Zentrum seiner Ausführungen. Dabei spielen nicht so sehr persönliche Entwicklungsprozesse als vielmehr individuelle Handlungsparameter, also Opportunitäten, die primär sozialstrukturell vorgegeben sind, eine zentrale Rolle. Eben diese sozialstrukturelle Bedingtheit individuellen Handelns erlaubt es Boudon, die Reproduktionslogiken von Bildungsungleichheiten zu erklären.

Boudons Überlegungen knüpfen an die Arbeiten von Keller und Zavalloni an, welche den Zusammenhang von sozialer Herkunft und Ambitionen untersuchten (vgl. 1962, 1964). Auf dieser Basis entwickelt Boudon seine Idee primärer und sekundärer Herkunftseffekte, die er zur Erklärung der sozialen Schichtung verwendet. Mit den primären Herkunftseffekten werden die Auswirkungen des familiären Sozialisationsprozesses auf Schulleistungen umschrieben, welche sich herkunftsspezifisch ausdifferenzieren lassen. Das heißt, mit sinkendem Sozialstatus der Herkunftsfamilie sinkt der kulturelle Hintergrund und damit letztlich auch die schulische Performanz der Kinder (vgl. Boudon, 1974, S. 29). Zentral sind in diesem Zusammenhang die im Elternhaus bereiteten Lerngelegenheiten und die zur Verfügung gestellten Möglichkeiten des Bildungserwerbs, deren Häufigkeit und Intensität sich mit steigendem sozialem Status der Herkunftsfamilie erhöht. In der Folge führt dies dazu, dass die Kinder je nach sozialer Herkunft unterschiedliche Schulkarrieren einschlagen (können). Entsprechend ist, in Anlehnung an Boudon, davon auszugehen, dass auch die verschiedenen beruflichen Wege wesentlich durch die soziale Herkunft bestimmt sind.

Die Entscheidungen für eine bestimmte Schul- bzw. Berufskarriere, variieren jedoch nicht nur in Abhängigkeit der erbrachten Schulleistungen. Vielmehr geht Boudon davon aus, dass die Schul- und Berufskarriere zunehmend auch von sekundären Herkunftseffekten beeinflusst wird. Diese bezeichnen Kosten-Nutzen-Kalküle bezüglich des zu erwartenden Bildungserfolgs. Auch hier nimmt er schichtspezifische Bildungsrationalitäten an. Ausschlaggebend bei diesen Abwägungen ist das Motiv des Statuserhalts bzw. das Bestreben des Statuszuwachses. So sind die oberen sozialen Schichten bemüht, dass ihre Kinder einen Bildungsabschluss erwerben, der ihnen eine möglichst gute, d.h. dem Status der Herkunftsschicht entsprechende, berufliche Laufbahn eröffnet. Heranwachsende aus unteren sozialen Schichten werden hingegen angehalten, sich über den zu erwerbenden Bildungstitel Zugang zu guten beruflichen Laufbahnen eigenständig zu erarbeiten, um sich gegenüber dem sozialen Status der Eltern sozialstrukturell zu verbessern. Zugleich wird in diesen Schichten aber auch die Kosten-Nutzen-Relation von Bildungsinvestitionen und zu erwartendem Bildungserfolg anders „berechnet" als in den oberen Schichten. Denn in den unteren sozialen Schichten ist die Wahrscheinlichkeit, sich innerhalb des mittelschichtorientierten Bildungssystems zu bewähren schon wegen der ungleichen primären Herkunftsbedingungen deutlich geringer als in den oberen sozialen Schichten. Diese Annahmen der differenten Bildungsrationalität begründet Boudon wie folgt: Zum einen schreibt er dem wahrgenommenen Nutzen von höherer Bildung, gerade auch für die spätere berufliche Karriere, und damit dem zu erwartenden Nutzen, eine zentrale Rolle zu. Dieser steigt mit dem sozialen Status der Kinder. Auf der anderen Seite sinken die erwarteten Kosten zum einen durch die verfügbaren Ressourcen in der Herkunftsfamilie und zum anderen durch den wahrscheinlich zu erzielenden Nutzen. Entscheidend in diesem Zusammenhang ist, dass die Kosten nicht nur aus einem monetären Teil bestehen, sondern auch einen sozialen Anteil der „Bildungsunterstützung" durch die Herkunftsfamilie beinhalten. Folglich wird auch die soziale Distanz zwischen dem angestrebten Bildungsgang und der Herkunftsfamilie des Jugendlichen in das Modell der rationalen Bildungsentscheidung einbezogen. Demnach verbinden Kinder aus niedrigen sozialen Schichten mit höherer Bildung nicht nur weniger Nutzen, sondern hätten bei der Entscheidung für einen höheren Bildungsgang auch eine größere soziale Distanz zu überwinden als ihre Altersgenossen aus höheren Schichten (vgl. Boudon, 1974, S. 29f).

Wenn nun die Berufswahlentscheidung als Teil von Bildungsentscheidungen gedeutet wird, dann wird auch die Berufswahl zu einem rationalen Kalkül, das unmittelbar an die soziale Herkunft der Individuen geknüpft ist. Die Jugendlichen erwerben dabei, insbesondere während der Sozialisation in der Herkunftsfamilie, Voraussetzungen, die zunächst Auswirkungen auf die in der Schule erbrachten Leistungen haben. Bezogen auf den weiteren Lebensverlauf der Jugendlichen werden damit die zur Verfügung stehenden Berufsalternativen durch die Chancen vorstrukturiert, sich im schulischen Bildungssystem zu platzieren und erfolgreich zu behaupten. Allerdings werden diese primären Herkunftseffekte bei der Berufswahl weniger bedeutsam sein als die dann dominierenden sekundären Herkunftseffekte. So steigt die Zahl potentieller Alternativen für Kinder aus einem Elternhaus mit hohem sozialen Status nicht nur auf Grund ihrer besseren schulischen Leistungen, sondern auch aufgrund größerer Opportunitäten für den Eintritt in höhere Berufslaufbahnen. Gerade diesbezüglich aber ist die Auswahl realisierbarer Berufslaufbahnen für Heranwachsende aus Herkunftsfamilien mit niedrigerem sozialem Status eingeschränkt. Dieser Effekt wird durch die faktisch vorfindbaren Zugangsbeschränkungen für Studiengänge, beziehungsweise durch Selektionsverfahren der Ausbildungsbetriebe, zusätzlich verstärkt.

> Der Umfang der Wahlmöglichkeiten im Hinblick auf die Berufswahlentscheidung wird damit bereits durch die Geburt in eine Herkunftsfamilie einer bestimmten sozialen Schicht weitgehend vorbestimmt und dann durch die „Logiken des Bildungssystems" noch verstärkt.

Durch die Überformung dieser zur Verfügung stehenden Optionen mittels der sekundären Herkunftseffekte kommt es zu einer weiteren Einschränkung der Wahlmöglichkeiten. So führt die Abwägung von Kosten und Nutzen verschiedener Karrierewege dazu, dass nicht alle prinzipiell offenstehenden Möglichkeiten in Betracht gezogen werden, sondern nur die Optionen ernsthaft abgewogen werden, die mindestens einen Erhalt des sozialen Status nach sich ziehen. Wie oben beschrieben sind mit diesem grundlegenden Motiv auch unterschiedliche Kosten-Nutzen-Erwartungen und -Bewertungen verbunden, so dass sich die beruflichen Aspirationen von Jugendlichen je nach sozialer Herkunft unterscheiden und eine Orientierung an verschiedenartigen Berufen stattfindet.

Zusammenfassend lässt sich das Modell von Boudon bezüglich der Berufswahl dann folgendermaßen skizzieren:

> Die primären Herkunftseffekte geben Auskunft über die Ausgangsposition bezüglich der Bildungschancen der Individuen, die mit der sozialen Lage variiert. Damit wird auch die Basis für die Distanz zu bestimmen Berufen gelegt, die sich in den sekundären Herkunftseffekten und den darin zum Ausdruck kommenden Ambitionen zur Erreichung der jeweiligen Berufsziele widerspiegelt. Weder bei den primären noch bei den sekundären Herkunftseffekten geht es dabei um die konkreten Bildungserfahrungen, sondern um sozialstrukturelle Merkmale von Möglichkeitsräumen, die sich aus der internen Logik des Bildungssystems ergeben.

4. Milieugebundene Berufswahl nach Bourdieu

Auch Pierre Bourdieu betont in seiner Habitustheorie die sozialen Reproduktionslogiken, beschränkt sich dabei aber nicht nur auf die Analyse der Bildungsrationalitäten, wie sie sich durch das Bildungssystem darbieten. Bourdieu zielt vielmehr auf eine umfassende Analyse der Reproduktionsdynamiken kapitalistischer Gesellschaften, die neben ökonomischen Kosten-Nutzen-Kalkülen auch über Generationen vermittelte soziale und kulturelle Praktiken berücksichtigt. Bourdieu geht daher auch nicht von einer einfach kalkulierbaren Rationalität sozialer Praxis aus, da den Akteuren die nötigen Informationen in der Regel nicht zur Verfügung stehen (vgl. Bourdieu, 1987, S. 118). Das bedeutet jedoch nicht, dass Bourdieu von interesselosen Handlungen ausgeht. Auch für ihn ist das Handeln immer „auf die Maximierung materiellen oder symbolischen Gewinns" (Bourdieu, 1976, S. 357) ausgerichtet, insofern gibt es „keine Handlung ohne Daseinsgrund, d.h. ohne Interesse" (Bourdieu, 1987, S. 95).

Allerdings sind die Interessen und die Gewinnorientierungen an einem praktischen Sinn ausgerichtet, der „ohne bewußte Überlegung oder logische Nachprüfung" (Bourdieu, 1987, S. 167) auskommt. Letztendlich führt dies zu einer Soziologie, die auf den Nachvollzug des subjektiven Sinns der einzelnen Akteure ausgerichtet ist, ohne dabei die objektiven Bedingungen, welchen die Individuen ausgesetzt sind, in ihrer historischen Entstehung und den damit verbundenen Bedeutungen für die Akteure, zu vernachlässigen. Kurzum: Bourdieu strebte eine doppelte Auseinandersetzung mit der sozialen Praxis an, welche sowohl die Akteure als auch die sozialen Strukturen einschließt.

Das Bindeglied zwischen diesen beiden Bereichen der Praxiswelt von sozialen Milieus ist bei Bourdieu der Habitus, der durch diese nicht nur strukturiert wird, sondern auch strukturierend auf sie zurückwirkt (Bourdieu, 1982, S. 279ff, 1987, S. 98). Dieser kann damit als durch Erfahrung strukturierte, in die Körper der Individuen eingeschriebene Konstruktion verstanden werden. Demnach wirken die in der Praxiswelt „bereits realisierten […] [Zwecke], Gebrauchsanleitungen oder Wegweisungen" (Bourdieu, 1987, S. 100) auf die Individuen strukturierend ein, wobei ihre Regelmäßigkeiten als „notwendig bzw. natürlich" (Bourdieu, 1987, S. 100) hingenommen werden. Ihre Inhalte sind damit zwar prinzipiell Reflexionen zugänglich, jedoch führt die Routinisierung alltagspraktischer Handlungsweisen zur Einschränkung dieser Möglichkeit des Hinterfragens: die in sozialen Milieus gängige Praxis, wie z.B. die Besetzung bestimmter beruflicher Felder, wird als gegeben hingenommen. Daraus folgt zum einen, dass die Praxiswelt für alle an ihr partizipierenden Individuen einen gemeinsamen Erfahrungshintergrund und Sinnzusammenhang darstellt. Zum anderen werden dadurch auch die Möglichkeiten der Herausbildung des Habitus, durch das zu einer bestimmten Zeit gegebene soziale Umfeld, eingeschränkt (vgl. Bourdieu, 1987, S. 103). Das heißt, ein Kind aus einem besser gestellten Milieu wird eher eine Präferenz für das Golfspiel der Eltern und auch für einen akademischen Beruf entwickeln als für einen weniger exklusiven Ballsport und einen Dienstleistungsberuf. Das soziale Umfeld bewirkt jedoch keine Determinierung des Habitus der Individuen, sondern bestimmt lediglich über den Spielraum der als legitim bzw. gängig erachteten Handlungspraktiken sowie über die Wahrnehmung von Möglichkeiten. So werden innerhalb ein und desselben Milieus individuelle Habitus ausgebildet, die dennoch gewisse Gemeinsamkeiten aufweisen (vgl. Bourdieu, 1987, S. 113). Dementsprechend besteht die Möglichkeit, dass der Heranwachsende aus dem obigen Beispiel keine Vorliebe für das Golfspiel der Eltern, sondern für den Reitsport der Großeltern entwickelt. In diesem Sinne hat die soziale Lage, welche die ökonomische, kulturelle und soziale Situation des jeweiligen Individuums umfasst, einen fundamentalen Einfluss auf die Formung des Habitus, ohne seine endgültige Form vorab völlig zu bestimmen.

In engem Zusammenhang mit der sozialen Herkunft, die ja durch die milieuspezifischen Vorstellungen und üblichen Praktiken innerhalb des Herkunftsmilieus definiert wird, bestimmt der Habitus so auch über die Wahrnehmungs-, Denk-, Bewertungs- und Handlungsschemata der Individuen (vgl. Bourdieu & Wacquant, 1996, S. 160). Diese Schemata werden in der Praxis und damit auch während Berufsorientierungsprozessen wirksam. Demnach kommt den während des Sozialisationsprozesses angeeigneten habituellen Dispositionen eine zentrale Rolle bei der Berufswahl zu. Folglich sind die Berufsaspirationen von Jugendlichen mit unterschiedlicher sozialer Herkunft voneinander verschieden, weil sie sich auf unterschiedliche Handlungs-, hier Berufsfelder, beziehen. Ebenso ist eine Orientierung an Berufen, die eine relativ große Distanz von der Position der Eltern im sozialen Raum haben, weniger wahrscheinlich als eine Ausrichtung an

Berufen, die nahe zur elterlichen Position sind. Das bedeutet aber nicht, dass die Individuen nur Berufe wählen, die ihrem Milieu entsprechen. Ebenso ist die Berufswahl der Akteure nicht, wie bei Boudon, dem Statuserhalt geschuldet, sondern ergibt sich aus der Ähnlichkeit der Berufstätigkeiten mit den Berufserfahrungen, die innerhalb eines Milieus gemacht werden. Im Zeitverlauf kann dabei ebenso ein Anstieg der Aspirationen in einem bestimmten Milieu betrachtet werden, da ein Verfall des Werts der jeweils benötigten Abschlüsse beobachtet werden kann (vgl. Bourdieu, 1982, S. 224; Bourdieu & Passeron, 1971), der sich vor allem aus der Eigendynamik des Arbeitsmarktes und den sich verändernden Zugangsmöglichkeiten zu Berufsfeldern erklären lässt.

Demnach bewegen sich die Akteure in den durch den Habitus vorgegebenen Grenzen zwar frei, die Struktur des sozialen Raums und die Orientierung an nahen Berufen führen aber dennoch zu einer Reproduktion bestehender Sozialstrukturen und folglich auch zu einer Verfestigung sozialer Ungleichheit, eben auch durch die milieuspezifisch geprägten Berufsoptionen. Dabei wird die Sozialstruktur aber nicht allein über systemische Kriterien definiert, sondern als ein amorpher Erfahrungsraum gefasst, in dem sich soziokulturelle Erfahrungs- und Handlungsfelder aufspannen. Die Berufswahl folgt daher auch eher einer erfahrungsbiographisch begründeten, denn einer institutionell verankerten Handlungslogik.

5. Ausblick: Parameter einer allgemeinen Deutungs- und Interpretationsfolie von Berufswahldeterminanten

Wie die Beschreibung der drei vorangestellten theoretischen Ansätze gezeigt hat, gibt es verschiedene Faktoren, die bei der Berufswahl eine Rolle spielen. Gemeinsam ist den Ansätzen dabei, dass die Berufswahlentscheidung in einem gesellschaftlichen Rahmen abläuft, der den Entscheidungsspielraum der Individuen begrenzt und damit die Berufswahl vorstrukturiert. Allerdings wird dieser Rahmen jeweils anders begründet: durch (auch genetisch veranlagte) Bedingungen der Persönlichkeitsentwicklung, durch systemische und institutionell vorgegebene Bildungslogiken und durch habituelle, milieuspezifische Erfahrungs- und Handlungsfelder. Zudem werden jeweils spezifische Aspekte der Berufswahl, wie das Prestige der angestrebten Berufe, Statuserhalt und Statusmobilität und soziale Praxiserfahrungen, thematisiert.

Bei all den unterschiedlichen Begründungsfiguren für spezifische Determinanten der Berufswahl in den skizzierten Theorien kann zunächst festgehalten werden, dass sich die Berufswahlprozesse selbst nicht wesentlich unterscheiden. So geht es immer darum, dass Individuen vor dem Hintergrund bestimmter Rahmenbedingungen aus einem Feld von Möglichkeiten bestimmte Optionen auswählen, sich also aus einer spezifischen „Handlungsperspektive", sei es die der eigenen Persönlichkeit, des Kosten-Nutzen-Kalküls oder der Milieuerfahrung, auf soziale Opportunitätsstrukturen beziehen. Daher überraschen auch vorliegende allgemeine Befunde zur Berufswahl nicht besonders, die belegen, dass Jugendliche ohne Studienberechtigung mehrheitlich eine Berufsausbildung anstreben, während der größte Teil der studienberechtigten Jugendlichen die Aufnahme eines Studiums anvisiert (vgl. Beicht & Granato, 2010). Für beide Bereiche gibt es faktische, formale Zugangsbeschränkungen, die einander ähnlich sind, in ihrer Relevanz für die Berufswahl, je nach Rahmenbedingungen, auf welche die Individuen zurückgreifen, aber unterschiedlich zu bewerten sind. So spielen z. B. die Berufsausbildungs- und Studienerfahrungen der Eltern bei der Berufswahl offensichtlich eine besondere Bedeutung. Diese zeigt sich auch darin, dass „Jugendliche aus besser gebildeten, statushöheren Elternhäusern, […] selbst bei *gleichen schulischen Voraussetzungen* seltener zu einer betrieblichen Ausbildung [neigen] als Jugendliche aus weniger günstigen sozialen Verhältnissen, und zwar auch dann, wenn sie nicht über eine Studienberechtigung verfügen" (Beicht, et al., 2010, S. 14).

Demnach können die Eltern die während ihrer eigenen Berufsausbildung gesammelten Erfahrungen an ihre Kinder weitergeben und damit als zusätzliche Beratungs- und Unterstützungsinstanz bei der Ausbildungsplatzsuche der Jugendlichen auftreten (vgl. Beicht, et al., 2010, S. 14). Schlussendlich erscheint dadurch die Annahme, dass es auch die Beziehungsnetzwerke der Eltern sind, die im Zuge der Lehrstellensuche der Jugendlichen aktiviert werden (vgl. Hillmert, 2010, S. 172) und auf diese Weise ein zusätzlicher Vorsprung gegenüber Jugendlichen mit Eltern ohne abgeschlossener Berufsausbildung generiert wird, plausibel.

Unterschiede bezüglich der sozialen Herkunft können jedoch nicht nur im Berufsbildungssystem, sondern auch bei der Studienwahl beobachtet werden. So zeigen die Sozialerhebungen des Deutschen Studentenwerks regelmäßig auf, dass studienberechtigte Jugendliche, die aus einer niedrigen sozialen Herkunftsgruppe[6] kommen, häufiger an Fachhochschulen als an Universitäten studieren. Jugendliche aus einer hohen sozialen Herkunftsgruppe sind hingegen häufiger an Universitäten als an Fachhochschulen zu finden (vgl. Isserstedt, Middendorff, Fabian & Wolter, 2007, S. 137ff; Isserstedt, et al., 2010, S. 130f). Damit liegen sowohl für das Berufsbildungssystem als auch für den Hochschulbereich Befunde vor, die nahe legen, dass die Bildungsaspiration mit der sozialen Herkunft variiert. Mit anderen Worten verdeutlichen diese Ergebnisse die sozialstrukturelle Verankerung der Berufswahlprozesse, wie sie in der Theorie Boudons aufscheint.

Es ist jedoch nicht alleine die Art der Ausbildung, die mit der sozialen Herkunft variiert. Wie schon Bourdieu und Passeron für das französische Hochschulwesen zeigen konnten (vgl. Bourdieu, et al., 1971), hängt auch die Wahl des Studienfachs von der Herkunft der jungen Menschen ab. Entsprechend sind Jugendliche aus der hohen sozialen Herkunftsgruppe überproportional häufig in human- und zahnmedizinischen, aber auch musikwissenschaftlichen Studiengängen vertreten. Demgegenüber befinden sich Studierende aus der niedrigen sozialen Herkunftsgruppe häufig in erziehungswissenschaftlichen, sozialpädagogischen oder auch kunstwissenschaftlichen Studiengängen (vgl. Isserstedt, et al., 2010, S. 136).

---

6   Die vier sozialen Herkunftsgruppen (hoch, gehoben, mittel & niedrig) werden in den Sozialerhebungen aus den drei elterlichen Merkmalen „höchster schulischer Abschluss, höchster beruflicher Abschluss und Stellung im Beruf" (Isserstedt, Middendorff, Kandulla, Borchert & Leszczensky, 2010, S. 128) generiert.

Bei der Informationssuche für einen bestimmten Studiengang stützen sich die Studienberechtigten, wie oben für die Berufsausbildungssuche gezeigt, vor allem auf ihre Eltern. Dabei zeigen sich ebenfalls Unterschiede zwischen der sozialen Herkunft der Jugendlichen. So greifen Jugendliche aus akademischem Elternhaus häufiger auf ihre Eltern als Informationsquelle zurück und schätzen darüber hinaus diese Gespräche öfter als ihre Altersgenossen als hilfreich ein (vgl. Heine, Willich & Schneider, 2010, S. 34). Ein Vergleich zwischen studierwilligen und noch unentschlossenen Schulabsolventen vermag jedoch keinen signifikanten Einfluss der Eltern auf die Entscheidungsfindung aufzuzeigen. An deren Stelle treten bei studierwilligen Jugendlichen neben institutionellen Beratungsinstanzen unter anderem Kontakte zu bereits Studierenden, die dazu führen, dass die Schulabsolventen in ihrer Entscheidung für ein Studium bestärkt werden (vgl. Heine, et al., 2010, S. 39ff). Dies deutet darauf hin, dass die sozialen Ressourcen von Jugendlichen aus akademischem Elternhaus größer als die der Studienberechtigten aus nichtakademischen Elternhäusern sind. So können sie nicht nur auf die Bildungserfahrungen ihrer Eltern, sondern auch von Freunden und Bekannten, die bereits in Kontakt mit der „akademischen Welt" gekommen sind, zurückgreifen und werden auf diese Weise an sie herangeführt.

Demnach sind bei der Wahl eines Studiums ebenso wie bei der Berufswahl komplexe sozialstrukturelle Faktoren wirksam, die auch innerhalb des jeweiligen Herkunftsmilieus vollzogene Praktiken und die Habitusgenese der Akteure beeinflussen. Das bedeutet, dass die Beschreibung der Berufswahlprozesse unter Bezugnahme auf Bourdieu und durch eine Fokussierung der sozialen Praktiken weiter konturiert werden können und an zusätzlicher Komplexität gewinnen.

Diese Perspektivenverschiebung ermöglicht es auch nach den Gründen für die Aufnahme eines Studiengangs zu fragen. Dabei ist auffällig, dass, trotz einer Vielzahl von unterschiedlichen Gründen, das Sozialprestige eines Berufs eine zentrale Rolle bei der Wahl eines Studiengangs einnimmt und damit auch Forschungsergebnisse vorliegen, die sich in dem theoretischen Konzept Gottfredsons verorten lassen. So erwarten beispielsweise dreiviertel der Studierenden, später eine interessante Arbeit aufzunehmen. Ein Interesse an dem studierten Fach haben nahezu gleichviele Studierende. Neben diesen fachlich-professionellen Beweggründen erwartet fast die Hälfte der Studierenden nach dem Abschluss ein gutes Einkommen zu haben. Ebenso rechnet etwa ein Drittel der Studierenden mit einem Prestigegewinn durch das Studium. Im Hinblick auf diese Dimensionen zeigen sich wiederum Unterschiede zwischen verschiedenen Fachkulturen. Demnach haben Studierende der Rechtswissenschaft, gefolgt von den Studierenden der Wirtschaftswissenschaft und der Medizin, überdurchschnittlich häufig die Erwartung durch den Studienabschluss eine hohe soziale Position zu erlangen. Diese Erwartung ist bei den Studierenden der Kultur- sowie der Sozialwissenschaft unterdurchschnittlich oft festzustellen (vgl. Bargel, Ramm & Multrus, 2008, S. 37ff).

Ähnliche Ergebnisse liegen auch für die berufliche Orientierung Jugendlicher vor. So wurde mit den Daten des DJI-Jugendsurveys aufgezeigt, dass für Jugendliche Selbstentfaltung oder auch konventionalistische oder hedonistische Werte von Bedeutung sind (vgl. Gille, 2008b). Diese Orientierungen werden auch bei der Berufswahl wirksam, so dass dabei Kriterien wie das später erhoffte Einkommen oder die Aufnahme einer interessanten Tätigkeit eine zentrale Rolle spielen. Bemerkenswert ist in diesem Zusammenhang, dass die verschiedenen Motivationen mit der Schulqualifikation der Befragten variieren. Das bedeutet, Jugendliche mit niedrigen Bildungsabschlüssen orientieren sich stärker als ihre Altersgenossen an einem hohen Einkommen und zeigen einen höheren Anpassungswillen, zeichnen sich also eher durch konventionelle Wertorientierungen aus. Jugendliche mit höheren Bildungsabschlüssen betonen demgegenüber den eigenen Ehrgeiz stärker (vgl. Gille, 2008b, S. 141f). Dies deutet darauf hin, dass für Letztere die Übereinstimmung des Ausbildungsprofils mit den eigenen Interessen und Fähigkeiten von größerer Bedeutung ist als für Jugendliche mit niedrigen Bildungsabschlüssen.[7] In diesem Zusammenhang zeigen sich darüber hinaus geschlechtsspezifische Unterschiede. Während die jungen Männer eher an einem hohen Einkommen „sowie der Übernahme von Führungs- und Leitungsaufgaben" (Gille, 2008a, S. 188) interessiert sind, bewerten die jungen Frauen die Vereinbarkeit von Familie und Beruf sowie soziale Berufe höher (vgl. Gille, 2007, 2008a).

Es sind jedoch nicht nur diese personenbezogenen Merkmale, die sich auf die Berufswahl auswirken. Die Ergebnisse der BIBB-Schülerbefragung legen nahe, dass auch das Image eines Berufs den Berufswahlprozess beeinflusst. So schreiben die Jugendlichen Berufsinhabern bestimmte Eigenschaften zu, die das Prestige eines Berufs widerspiegeln. Entsprechend dieser Zuschreibungsprozesse bilden die Jugendlichen ihre eigenen Berufspräferenzen aus und streben insbesondere die Berufe an, welchen sie ein hohes Ansehen zuschreiben (vgl. Eberhard, Scholz & Ulrich, 2009, S. 11). Des Weiteren konnte mit diesen Daten gezeigt werden, dass alleine die Berufsbezeichnung Auswirkungen auf die Einschätzungen des Berufsprestiges hat (vgl. Eberhard, et al., 2009, S. 12f), was auch durch andere Studien bestätigt wird (vgl. Greenberg & Ornstein, 1983; O'Bryant, Durrett & Pennebaker, 1980; Smith, Hornsby, Benson & Weslowski, 1989). Das bedeutet, dass sich die Jugendlichen, unabhängig von ihrer Herkunft, ein persönliches Bild von Berufen machen und dieses bei ihrer Berufswahl mitberücksichtigen, wobei, im Sinne Gottfredsons, im zeitlichen Verlauf eine Anpassung der Berufswünsche an die soziale Herkunft und die Schulperformanz konstatiert werden kann (vgl. Heckhausen & Tomasik, 2002; Schmude, 2007; Tomasik & Heckhausen, 2006).

Zusammenfassend kann demnach festgehalten werden, dass sich die oben skizzierten theoretischen Ansätze hinsichtlich ihrer Erklärungskraft für individuelle Berufswahlprozesse ergänzen können. Zwar unterscheiden sich die verschiedenen Perspektiven insbesondere hinsichtlich ihres jeweiligen Ausgangspunktes und damit auch bezüglich des Erklärungsanspruchs. So zielt Gottfredson als Psychologin in erster Linie auf die Persönlichkeitsgenese der Individuen, während Boudon die sozialstrukturell vermittelten Bildungsrationalitäten derselben hervorhebt und Bourdieu die Bedeutung der, durch Milieus geprägten, Erfahrungsräume betont.

---

7   Dabei darf jedoch nicht außer Acht gelassen werden, dass Jugendliche mit niedrigen Bildungsabschlüssen geringere, strukturell-bedingte, Wahlmöglichkeiten haben (vgl. Brändle & Müller, 2010; Gille, 2008b, S. 142).

Die dargestellten Facetten des Berufswahlprozesses, wie sie von Gottfredson, Boudon und Bourdieu herausgearbeitet wurden, können nicht unabhängig voneinander betrachtet werden. Vielmehr ist davon auszugehen, dass sich die verschiedenen Einflussfaktoren gegenseitig beeinflussen, was durch die Integration der verschiedenen Ansätze in ein Mehrebenenmodell theoretisch gefasst werden kann.

In einem solchen, sich wechselseitig ergänzendem Modell kann der Ansatz Boudons als Rahmung der Berufswahlprozesse herangezogen werden. Die Betonung der sozialen Herkunft der Akteure und die Auseinandersetzung mit den primären und sekundären Effekten auf Bildungsentscheidungen verweist auf die bildungssystemische Rahmung und sozialstrukturelle Verankerung der Berufswahlprozesse. Damit wird nicht nur deutlich, dass die Berufswahl, sozusagen von „außen", also vor allem durch gesellschafts- und bildungspolitische Vorgaben und die Position der Akteure im sozialen Raum, strukturiert ist und damit nicht über rein ökonomische „Rationalitäten" erklärbar ist. Mit Gottfredson kann darüber hinaus ergänzt werden, dass den Akteuren selbst bei der Berufswahl – eben durch spezifische Wahrnehmungen und erworbene Erfahrungen sowie Ein- und Ansichten in berufsrelevante Fähigkeitsprofile – eine zentrale Rolle zukommt. So müssen sie im sozialen Raum eine Entscheidung für einen bestimmten Beruf treffen, wobei die Ausbildung bestimmter Berufspräferenzen entlang verschiedener Entwicklungsphasen abläuft. Damit wird hervorgehoben, dass es neben der sozialstrukturellen Rahmung auch die im Lebensverlauf angehäuften individuellen Fähigkeiten, also „innere" Bedingungen, sind, die bei der Berufswahl eine Rolle spielen. Der Ansatz Bourdieus vermag zusätzlich das Wechselspiel der äußeren und inneren, d. h. sozialen und intrapersonalen, Bedingungen zu beschreiben, denn dessen Habituskonzept zielt ja gerade auf die reziproke Beziehung zwischen diesen beiden Bereichen. Auf diese Weise können die praxisweltlichen Erfahrungen der Individuen bei der Berufswahl sowohl an die Akteure selbst, wie auch an deren Position im sozialen Raum rückgebunden werden.

Die Berufswahl kann als ein persönlicher Entwicklungsprozess gefasst werden, der durch die soziale Herkunft geprägt und soziokulturell durch die Struktur des Bildungssystems gerahmt ist. Diese multiple Bedingtheit des Berufswahlprozesses lässt sich nur langfristig verändern.

An dieser mehrfachen Bedingtheit des Berufswahlprozesses wird auch deutlich, dass sie nur schwer und nicht punktuell veränderbar ist. Pädagogische (Veränderungs-)Maßnahmen wären für diesen Bereich demnach langfristig und umfassend anzulegen, so dass die Wählenden schon weit vor der eigentlichen Berufswahl darauf vorbereitet, mit verschiedenen Optionen vertraut gemacht und mit den weitreichenden Konsequenzen dieses Übergangs konfrontiert werden. Aus einer kritischen Perspektive scheint es allerdings fraglich, inwieweit derartige Veränderungsversuche tragfähig und nachhaltig angelegt werden können, denn insbesondere der Einfluss der sozialen Herkunft erweist sich in diversen Forschungen als überaus persistent.

Literatur

Asendorpf, J. B. (2008). Genetische Grundlagen der Sozialisation. In K. Hurrelmann, M. Grundmann, S. Walper (Hrsg.), *Handbuch Sozialisationsforschung*. Weinheim und Basel: Beltz.

Bargel, T., Ramm, M., Multrus, F. (2008). *Studiensituation und studentisch Orientierungen. 10. Studierendensurvey an Universitäten und Fachhochschulen*. Bonn, Berlin: Bundesministerium für Bildung und Forschung.

Beicht, U., Granato, M. (2010). Ausbildungsplatzsuche: Geringere Chancen für junge Frauen und Männer mit Migrationshintergrund. *BIBB Report, 4, 15*.

Boudon, R. (1974). *Education, Opportunity, and Social Inequality. Changing Prospects in Western Society*. New York, London, Sydney, Toronto: John Wiley.

Bourdieu, P. (1976). *Entwurf einer Theorie der Praxis auf der ethnologischen Grundlage der kabylischen Gesellschaft*. Frankfurt am Main: Suhrkamp.

Bourdieu, P. (1982). *Die feinen Unterschiede. Kritik der gesellschaftlichen Urteilskraft*. Frankfurt am Main: Suhrkamp.

Bourdieu, P. (1987). *Sozialer Sinn. Kritik der theoretischen Vernunft*. Frankfurt am Main: Suhrkamp.

Bourdieu, P., Passeron, J.-C. (1971). *Die Illusion der Chancengleichheit. Untersuchungen zur Soziologie des Bildungswesens am Beispiel Frankreich*. Stuttgart: Klett.

Bourdieu, P., Wacquant, L. J. D. (1996). Die Ziele der reflexiven Soziologie. Chicago-Seminar, Winter 1987. In P. Bourdieu, L. J. D. Wacquant (Hrsg.), *Reflexive Anthropologie* (95–249). Frankfurt am Main: Suhrkamp.

Brändle, T., Müller, S. (2010). Die feinen Unterschiede. Eine qualitative Untersuchung zur Wahrnehmung der Berufsperspektiven von Schülerinnen und Schülern am Berufskolleg. In H.-G. Soeffner (Hrsg.), *Herausforderungen gesellschaftlicher Transformationen. Verhandlungen des 34. Kongresses der Deutschen Gesellschaft für Soziologie in Jena 2008* (beiliegende CD). Wiesbaden: VS.

Diewald, M. (2010). Zur Bedeutung genetischer Variation für die soziologische Ungleichheitsforschung. *Zeitschrift für Soziologie, 39, 1, 4–21*.

Eberhard, V., Scholz, S., Ulrich, J. G. (2009). Image als Berufswahlkriterium. Bedeutung für Berufe mit Nachwuchsmangel. *Berufsbildung in Wissenschaft und Praxis, 38, 3, 9–13*.

Gille, M. (2007). Lebensverhältnisse, Orientierungen und Teilhabechancen junger Frauen und Männer in Deutschland. *FORUM Sexualaufkärung und Familienplanung, 12, 3, 3–7*.

Gille, M. (2008a). Wandel des Rollenverständnisses junger Frauen und Männer im Spannungsfeld von Familie und Beruf. In M. Gille (Hrsg.), *Jugend in Ost und West seit der Wiedervereinigung. Ergebnisse aus dem replikativen Längsschnitt des DJI-Jugendsurvey* (S. 173–210). Wiesbaden: VS.

Gille, M. (2008b). Umkehr des Wertewandels? Veränderungen des individuellen Werteraums bei Jugendlichen und jungen Erwachsenen seit Beginn der 1990er Jahre. In M. Gille (Hrsg.), *Jugend in Ost und West seit der Wiedervereinigung. Ergebnisse aus dem replikativen Längsschnitt des DJI-Jugendsurvey* (S. 119–172). Wiesbaden: VS.

Gottfredson, L. S. (1981). Circumscription and Compromise: A Developmental Theory of Occupational Asoiration. *Journal of Counseling Psychology, 6, 28, 545–579*.

Gottfredson, L. S. (1986). Special Groups and the Beneficial Use of Vocational Interest Inventories. In B. W. Walsh, S. H. Osipow (Hrsg.), *Advances in Vocational Psychology. Volume 1: The Assessment of Interests* (S. 127–198). Hillsdale, NJ: Erlbaum.

Gottfredson, L. S. (1996). Gottfredson's Theory of Circumscription and Compromise. In D. Brown, L. Brooks (Hrsg.), *Career choice and development* (S. 179–232). San Francisco, CA: Jossey-Bass.

Gottfredson, L. S. (2002). Gottfredson's Theory of Circumscription, Compromise, and Self-Creation. In D. Brown (Hrsg.), *Career Choice and Development* (S. 85–148). San Francisco, CA: Jossey-Bass.

Gottfredson, L. S. (2005). Applying Gottfredson's Theory of Circumscription and Compromise in Career Guidance and Counseling. In S. D. Brown, R. W. Lent (Hrsg.), *Career Development and Counseling. Putting Theory and Research to Work* (S. 71–100). Hoboken, NJ: John Wiley.

Greenberg, J. & Ornstein, S. (1983). High status job titles as compensation for underpayment: a test of equity theory. *Journal of Applied Psychology, 68*, 2, 285–297.

Heckhausen, J. & Tomasik, M. J. (2002). Get an Apprenticeship before School Is Out: How German Adolescents Adjust Vocational Aspirations When Getting Close to a Developmental Deadline. *Journal of Vocational Behavior, 60*, 2, 199–219.

Heine, C., Willich, J. & Schneider, H. (2010). Informationsverhalten und Entscheidungsfindung bei der Studien- und Berufswahl. Studienberechtigte 2008 ein halbes Jahr vor dem Erwerb der Hochschulreife. HIS: Forum Hochschule 1|2010. Verfügbar unter: http://www.his.de/pdf/pub_fh/fh-201001.pdf [04.02.2011].

Hillmert, S. (2010). Betriebliche Ausbildung und soziale Ungleichheit. *Sozialer Fortschritt, 59*, 6–7, 167–174.

Imdorf, C. (2005). *Schulqualifikation und Berufsfindung. Wie Geschlecht und nationale Herkunft den Übergang in die Berufsbildung strukturieren.* Wiesbaden: VS.

Isserstedt, W., Middendorff, E., Fabian, G. & Wolter, A. (2007). *Die wirtschaftliche und soziale Lage der Studierenden in der Bundesrepublik Deutschland 2006. 18. Sozialerhebung des Deutschen Studentenwerks durchgeführt durch HIS Hochschul-Informations-System.* Bonn, Berlin: Bundesministerium für Bildung und Forschung.

Isserstedt, W., Middendorff, E., Kandulla, M., Borchert, L. & Leszczensky, M. (2010). *Die wirtschaftliche und soziale Lage der Studierenden in der Bundesrepublik Deutschland 2009. 19. Sozialerhebung des Deutschen Studentenwerks durchgeführt durch HIS Hochschul-Informations-System.* Bonn, Berlin: Bundesministerium für Bildung und Forschung.

Keller, S. & Zavalloni, M. (1962). Classe sociale, ambition et réussite. *Sociologie du Travail, 4*, 1–14.

Keller, S. & Zavalloni, M. (1964). Ambition and social class: A respecification. *Social Forces, 43*, 1, 58–70.

O'Bryant, S. L., Durrett, M. E. & Pennebaker, J. W. (1980). Sex differences in knowledge of occupational dimensions across four age levels. *Sex Roles, 6*, 3, 331–337.

Schmude, C. (2007). Vom Traumberuf zum realistischen Berufswunsch. *Zeitschrift für Berufs- und Wirtschaftspädagogik, 3*, 467–471.

Smith, B. N., Hornsby, J. S., Benson, P. G. & Weslowski, M. (1989). What is in the name. The impact of job titles on job evaluation results. *Journal of Business and Psychology, 3*, 3, 341–351.

Super, D. E., Starishevsky, R., Matlin, N. & Jordan, J. P. (1963). *Career Development. Self-concept Theory.* New York: College Entrance Examination Board.

Tomasik, M. J. & Heckhausen, J. (2006). Sozialprestige von Ausbildungsberufen aus der Sicht von Realschüler/-innen. *Zeitschrift für Sozialpsychologie, 37*, 4, 259–273.

Walter Herzog und Elena Makarova

Berufsorientierung als Copingprozess

1. Einführung

Bei der Berufs- und Studienwahl von Jugendlichen spielt die Frage nach der Autonomie der Entscheidung eine wichtige Rolle. Das schlägt sich gelegentlich begrifflich nieder, indem auf der einen Seite von *Berufswahl* und auf der anderen von *Berufsfindung* die Rede ist. Die Bevorzugung letzteren Begriffs wird meist mit dem Argument begründet, dass Jugendliche gar nicht imstande seien, einen Beruf oder ein Studium frei zu wählen (Suter, 2003). Ihr Entscheidungsspielraum sei vergleichsweise eng, so dass zwar vom Finden eines Berufs oder Studienplatzes, aber nicht von einer echten Wahl gesprochen werden könne.

Wir teilen diese Meinung nicht, auch wenn wir anerkennen, dass die Grenzen bei der Wahl eines Berufs oder Studiums oft eng gezogen sind. Daraus kann aber nicht abgeleitet werden, dass wir es nicht mit einer freien Wahl zu tun haben. Freiheit kann auf zwei Arten verstanden werden, als Freiheit *von* etwas und als Freiheit *für* etwas (Berlin, 2006, S. 197ff). Diese Unterscheidung ist für den im Folgenden dargestellten Copingansatz wesentlich.

Der Ansatz der Berufsorientierung als Copingprozess geht davon aus, dass Menschen intentionale Wesen sind, die sich mit den Bedingungen und Anforderungen ihrer Lebensführung aktiv und konstruktiv auseinandersetzen und dabei die Freiräume und Ressourcen optimal nutzen, die ihnen zur Verfügung stehen.

Im Folgenden skizzieren wir die anthropologischen Grundlagen des Copingansatzes (2), stellen dessen zentrale Konzepte dar (3), gehen auf einige ausgewählte Studien ein (4) und schließen mit einem kurzen Fazit (5).

2. Der intentionale Standpunkt

Insofern die Psychologie vom Menschen handelt, stellt sich ihr seit jeher die Frage, wie sie ihren Gegenstand konstituieren soll (Bischof, 2008; Herzog, 1984). In grober Annäherung lassen sich drei Modelle unterscheiden, die in der Geschichte der Psychologie eine zentrale Rolle spielen: der Mensch als Maschine, der Mensch als Organismus und der Mensch als Akteur. Den drei Modellen entsprechen drei epistemische Standpunkte, die wir gegenüber einem System, dessen Verhalten wir erklären wollen, einnehmen können: einen physikalischen, einen funktionalen und einen intentionalen Standpunkt (Dennett, 1981).

Der *physikalische Standpunkt* entspricht der Position einer Naturwissenschaft, die das Verhalten eines Objekts dadurch erklärt, dass sie es unter Angabe von Randbedingungen einem allgemeinen Gesetz unterwirft, aus dem es logisch abgeleitet wird. Den *funktionalen Standpunkt* nehmen wir ein, wenn wir ein System nicht auf der Ebene seiner materiellen Struktur betrachten, sondern die Frage stellen, wozu es dient.[1] Anders als diese gleichermaßen naturwissenschaftlichen Standpunkte, ordnet Dennett (1981) den *intentionalen Standpunkt* dem Alltag zu. In unseren lebensweltlichen Interaktionen erklären wir (menschliches) Verhalten dadurch, dass wir einer Person innere Zustände unterstellen, die wir nach Überzeugungen (Wissen, Meinungen, Glauben u.a.) und Wünschen (Absichten, Motiven, Zielen u.a.) differenzieren (Heider, 1977). Allerdings nimmt Dennett (1981) an, dass wir den intentionalen Standpunkt auch gegenüber Tieren und unbelebten Objekten (wie einem Computer) einnehmen, und zwar dann, wenn uns eine funktionale oder physikalische Erklärung zu kompliziert erscheint. Ob der Computer, dessen *Uneinsichtigkeit* wir als Ausdruck *bösen Willens* deuten, *tatsächlich* ein intentionales Wesen ist, spielt dabei keine Rolle. Denn die Definition eines intentionalen Systems „sagt nicht, dass intentionale Systeme *wirklich* Meinungen und Wünsche haben, sondern dass man ihr Verhalten erklären und voraussagen kann, indem man ihnen Meinungen und Wünsche *zuschreibt*" (ebd., S. 166).

Im Unterschied zu Dennett (1981) gehen wir davon aus, dass *alle* drei epistemischen Standpunkte, also auch der physikalische und der funktionale Standpunkt, auf *Zuschreibungen* beruhen. Die damit verbundene konstruktivistische Position (Herzog, 2006) erlaubt es, die drei erwähnten Modelle als Optionen psychologischer Gegenstandsbildung zu betrachten. Im Blickfeld der Psychologie erscheint der Mensch, *als ob* er eine Maschine, ein Organismus oder ein Akteur wäre (Herzog, 1984, 2012). Für den *Copingansatz* ist nun charakteristisch, dass er den intentionalen Standpunkt einnimmt und den Menschen als personales Wesen versteht. Darin trifft er sich mit einer phänomenologischen Betrachtungsweise, die in der Person-Umwelt-Beziehung die analytische Grundeinheit der Psychologie sieht (Graumann & Métraux, 1977). Dabei ist die Möglichkeit der Bezugnahme des Individuums auf sich selber, d.h. Reflexivität, immer mitgedacht. Mittel zur Realisierung der Person-Umwelt-Beziehung sind Handlungen, wobei der Handlungsbegriff in einem weiten Sinn verstanden wird, der auch Widerfahrnisse und Unterlassungen umfasst (Herzog, 2004).

3. Der Coping Man

In anthropologischer Hinsicht liegt dem Copingansatz die Vorstellung eines intentionalen Subjekts zugrunde, das sein Leben in aktiver Auseinandersetzung mit seiner Umwelt und unter optimaler Nutzung seiner personalen und sozialen Ressourcen führt. „Coping responses represent some of the things that people *do*, their concrete efforts to deal with the life-strains they encounter in their different roles" (Pearlin & Schooler, 1978, S. 5). Als *Coping Man* ist der Mensch nicht passives Objekt innerer und äußerer De-

---

1   Im Englischen ist vom *design stance* die Rede. Damit wird auf das Moment der Konstruktion verwiesen, das sowohl in Bezug auf Maschinen wie in Bezug auf Lebewesen angeführt werden kann.

terminanten, die ihn in seinem Verhalten festlegen, sondern Akteur, der sein Handeln planen und reflektieren kann (Herzog, 1991, 2011). Handlungen ergeben sich aus den wahrgenommenen *Anforderungen* der Situation einerseits und den verfügbaren *Ressourcen* zur Bewältigung der Situation andererseits. Dabei kann die Beurteilung einer Situation auch die Unterlassung einer Handlung zur Folge haben.

Die Anforderungen, vor die sich ein Individuum gestellt sieht, können verschieden beurteilt werden (Lazarus, 1981; Lazarus & Folkman, 1990). Sie können als *Herausforderung* oder *Beanspruchung* erfahren werden, die zwar eines besonderen Einsatzes von Ressourcen bedarf, aber im Allgemeinen ohne größere Schwierigkeiten bemeistert wird. Sie können als *Belastung* bewertet werden, die mit einer gewissen Bedrohung der persönlichen Identität einhergeht. Oder sie können als *Stress* wahrgenommen werden, der mit Gefühlen der Überforderung und Hilflosigkeit verbunden ist. Beanspruchungen, die aus den üblichen Anforderungen der Lebensführung hervorgehen, stellen gleichsam den Normalfall einer Person-Umwelt-Beziehung dar. Die Unterscheidung von Beanspruchung und Belastung ist deshalb wichtig, weil im Rahmen eines handlungstheoretischen Verständnisses des Menschen nicht jedes innere Ungleichgewicht als störend betrachtet werden muss. Menschen suchen Spannungszustände oft auch aktiv auf, setzen sich Ziele, die sie *in Anspruch* nehmen, und deuten persönliche Krisen als Herausforderung für Veränderung und Wachstum.

Auf die Beurteilung der Anforderungen, die eine Situation dem Individuum stellt, folgt deren *Bewältigung*. Lazarus und Folkman (1990) definieren Bewältigung (Coping) als „constantly changing cognitive and behavioral efforts to manage specific external and/or internal demands that are appraised as taxing or exceeding the resources of the person" (ebd., S. 141 – Hervorhebung aufgehoben). Bewältigung ist nicht mit Problemlösen gleichzusetzen, denn es gibt viele Ereignisse, „bezüglich derer man wenig oder nichts tun kann, selbst wenn man das Problem in seiner vollen Breite erkennt" (Lazarus, 1981, S. 216). Fähig sein zu entscheiden, welches Problem lösbar und welches nicht lösbar ist, stellt eine wichtige personale Ressource für eine optimale Lebensführung dar (Herzog, 2008). Bewältigung muss auch nicht zwingend realitätsadäquat sein; ein gewisses Maß an Illusionen kann für die psychische Gesundheit eines Individuums sogar förderlich sein (Taylor, 1983).

Es lassen sich verschiedene Formen von Bewältigung unterscheiden, wobei es an einer allgemein anerkannten Taxonomie nach wie vor fehlt. Das hat auch damit zu tun, dass im Prinzip jede psychische oder soziale Ressource zu Bewältigungszwecken genutzt werden kann. Im einfachsten Fall wird nach *problemfokussiertem* und *emotionsfokussiertem* Coping unterschieden (Folkman, 1984, S. 843ff; Lazarus & Folkman, 1990, S. 150ff). Danach kann sich die Bewältigung auf die Situation und deren Herausforderungen beziehen, oder sie kann die emotionale Reaktion auf die Situation fokussieren (z. B. Angst oder Wut, die durch die Situation ausgelöst werden). Ähnlich gelagert ist die Unterscheidung nach *alloplastischem* (Veränderung der Umweltbedingungen) und *autoplastischem* Coping (Veränderung der personalen Bedingungen), wobei hier die subjektive Seite nicht nur Emotionen, sondern auch andere personale Aspekte (Gedanken, Phantasien, Verhaltensweisen etc.) umfasst. Pearlin und Schooler (1978) unterscheiden drei Formen von Copingverhalten:

1) Beseitigung oder Veränderung der Situation,
2) kognitive Umdeutung oder Neutralisierung der Situation und
3) Kontrolle der emotionalen Konsequenzen, die von der Situation ausgehen.

Möglich sind auch Kombinationen verschiedener Copingdimensionen, beispielsweise bei Bischof (2008, S. 328ff), der die Polarität alloplastisch vs. autoplastisch mit der Unterscheidung nach instrumentellem (problemfokussiertem) und palliativem (emotionsfokussiertem) Coping verbindet, was zu zehn Copingstrategien führt.

Einen eigenen Ansatz hat Thomae (1996) verfolgt, der auch begrifflich etwas anders gelagert ist, insofern Thomae nicht von Coping oder Bewältigung, sondern von Daseinstechniken bzw. Reaktionsformen spricht. Solche Reaktionsformen auf Beanspruchung sind zum Beispiel:

- Leistung (sich aktiv um eine Lösung bemühen),
- Anpassung an die institutionellen Gegebenheiten der Situation,
- Stiftung und Pflege von sozialen Kontakten,
- Anpassung an die Eigenheiten anderer,
- positive Umdeutung der Situation,
- Akzeptieren der Situation,
- Korrektur von Erwartungen,
- Bitte um Hilfe,
- Evasion (reale oder phantasierte Flucht aus der Situation),
- Zurückstellen eigener Bedürfnisse,
- Identifikation mit anderen.

In einer umfassenden Analyse verschiedener Klassifikationen von Bewältigungsformen haben Skinner und Mitarbeiter (2003) über 400 Kategorienlabels identifiziert. Diese lassen sich in eine hierarchische Struktur bringen, so dass sich die Bewältigungsprozesse miteinander korrespondierenden Ebenen zuordnen lassen. Die vier Bewältigungsstrategien, auf die am häufigsten verwiesen wird, sind: Problemlösen, Suche nach Unterstützung, Ablenkung und Flucht (Skinner & Zimmer-Gembeck, 2007, S. 128ff).

Copingstrategien sind *Ressourcen*, über die ein Individuum verfügt, um in einer Situation, die als herausfordernd oder belastend erlebt wird, nach Lösungen zu suchen. Der Begriff der Ressource ist umfassender als derjenige der Copingstrategien, da er auch situative Bedingungen und die Lebensumstände, in denen sich ein Individuum befindet, berücksichtigt. Grundsätzlich lassen sich die Ressourcen, über die ein Individuum verfügt, nach inneren (personalen) und äußeren Ressourcen unterscheiden (Herzog, 2007; Schröder & Schwarzer, 1997). Die äußeren Ressourcen können ihrerseits in ökonomische Ressourcen (Besitz, Einkommen u.ä.), kulturelle Ressourcen (Werte, Normen, Überzeugungen u.ä.) und soziale Ressourcen (sozialer Status, soziale Integration, soziale Netzwerke u.ä.) differenziert werden. Die inneren (personalen) Ressourcen beziehen sich – abgesehen von körperlichen Merkmalen wie Gesundheit oder physische Konstitution – auf den kognitiven Bereich (Bildung, Wissen, Können, Copingstrategien u.ä.), den motivationalen Bereich (Interessen, Leistungsmotiv, Selbstwirksamkeitsüberzeugungen u.ä.) und den Bereich der Persönlichkeit (Temperament, habitueller Optimismus, positiver Selbstwert u.ä.). Die Klassifikation ist nicht besonders trennscharf. Auch es ist kaum möglich, den einzelnen Ressourcen eindeutige Funktionen zuzuweisen. So kann die soziale Unterstützung verschiedene Aufgaben erfüllen: Information (Vermittlung von Wissen, Ratschlägen u.ä.), emotionale Unterstützung (Zuwendung, Trost, Umsorgung u.ä.), instrumentelle Leistungen (direkte Hilfe finanzieller oder praktischer Art, Vermittlung von Hilfe u.ä.), Evaluation (Fremdbeurteilung der Person, damit sie sich selber besser einschätzen kann) und soziale Einbindung (Einbezug in eine Gruppe, Zugehörigkeit, Anerkennung u.ä.).

Das transaktionale Verständnis der Person-Umwelt-Beziehung, das dem Copingansatz zugrunde liegt (Lazarus, 1981), schließt aus, dass Herausforderungen oder Belastungen *a priori* danach beurteilt werden können, ob sie negative oder positive Konsequenzen für das Individuum haben. Demnach ist es notwendig, die Wirksamkeit von Copingprozessen im Rahmen der Spezifika der jeweiligen Situation zu evaluieren (Folkman, 1984; Folkman & Moskowitz, 2004). Anforderungen lassen sich auch schwer vorhersehen, außer es kommt ihnen eine normative Verbindlichkeit zu, wie im Falle von Entwicklungsaufgaben, die zum Teil biologisch, zum Teil sozial erwartbar sind (Havighurst, 1953).

> Die Berufs- bzw. Studienwahl gehört zu den *erwartbaren* Lebensereignissen, deren Belastungspotential daher antizipiert und mithilfe von Strategien des proaktiven Copings präventiv bewältigt werden kann.

„Proactive coping consists of efforts undertaken in advance of a potentially stressful event to prevent it or to modify its form before it occurs" (Aspinwall & Taylor, 1997, S. 417). Dabei durchläuft der Prozess des proaktiven Copings fünf Phasen, die mit Feedback-Schleifen verbunden sind:
1) Aufbau von Ressourcenreserven,
2) Erkennen des potenziellen Stressors,
3) vorgängige Auseinandersetzung mit dem Stressor,
4) vorbereitende Copingbemühungen sowie
5) Erhebung und Nutzung von Feedbacks zu den vorbereitenden Copingbemühungen (ebd., S. 420).

4. Die Berufswahl als Copingprozess

Die Berufswahl beruht auf individuellen Entscheidungen, doch kann sie nicht allein vom Individuum her begriffen werden. Einerseits steht dem Individuum eine Berufswelt gegenüber, die festlegt, welche Berufe überhaupt nachgefragt werden, womit der Entscheidungsraum des Einzelnen begrenzt wird. Andererseits sieht sich das Individuum auch mit Anforderungen konfrontiert, denen es genügen muss, wenn es einen bestimmten Beruf erlernen oder ein spezifisches Studium ergreifen will. Die Situation der Berufswahl kann dadurch zur Herausforderung werden oder gar mit Belastungen verbunden sein, die der Jugendliche aktiv bewältigen muss, will er den Schritt in die Welt der Erwerbsarbeit erfolgreich vollziehen. Da der Übergang von der Schule in die Beschäftigung allerdings einen hohen Institutionalisierungsgrad aufweist, darf der Einzelne mit Rat und Hilfe rechnen, die ihm bei seinen Entscheidungen von Seiten spezialisierter Institutionen (wie etwa der Berufs- oder Studienberatung) angeboten werden.

Dabei kann der Berufswahlprozess entlang von sechs *idealtypischen Phasen* rekonstruiert werden (Herzog, Neuenschwander & Wannack, 2006): (1) Diffuse Berufsorientierung, (2) Konkretisierung der Berufsorientierung, (3) Suche eines Ausbildungs- oder Studienplatzes, (4) Konsolidierung der Berufswahl, (5) Berufsbildung bzw. Studium und (6) Eintritt ins Erwerbsleben. Im Einzelnen können die sechs Phasen wie folgt umschrieben werden (ebd., p. 43ff):

- Die erste Phase der Berufswahl kann schon früh beginnen, da sich bereits Kinder mit Idolen identifizieren und Vorstellungen über Traumberufe entwickeln. Allerdings gibt es in dieser Phase noch keine konkreten Vorstellungen über die Anforderungen der Berufe, weshalb von einer *diffusen Berufsorientierung* zu sprechen ist. Diese muss aber nicht charakteristisch für die Kindheit sein, sondern kann länger anhalten oder von Neuem auftreten, beispielsweise während der schulischen Laufbahn. Misserfolge beim Übertritt in eine höhere Schulstufe oder bei der Suche nach einem Ausbildungsplatz können erneut zu ungenauen und unschlüssigen Berufsvorstellungen führen.

- In der zweiten Phase *konkretisiert sich der Berufswunsch* aufgrund von verfestigten Interessen, Werten, berufsbezogenen Kenntnissen, Empfehlungen aus dem familiären Umfeld etc. Die Entscheidungsbasis bezüglich der Berufs- oder Studienwahl wird durch eine gezielte Suche nach Informationen zu den Berufen bzw. Berufsfeldern vervollständigt. Dies erlaubt, das Wahlspektrum einzuschränken und die entsprechende Ausbildung konkret ins Auge zu fassen.

- Die *Suche nach einer Ausbildungsinstitution* (Lehrstelle, Schule, Studienplatz u.a.) leitet die dritte Phase ein. Die Komplexität der Passung von Person und Beruf bzw. Studium steht im Mittelpunkt dieser Phase. Eigene Interessen müssen mit dem Lehrstellenangebot und den vorhandenen Ausbildungs- bzw. Studienplätzen in Einklang gebracht werden. Durch die Ergebnisse der Aufnahmeverfahren oder aufgrund von Erfahrungen mit Kurzpraktika (Schnupperlehren) erhalten die Jugendlichen Rückmeldungen zur Realisierbarkeit ihrer beruflichen Wunschvorstellungen. Diese Phase endet mit dem Abschluss eines Lehrvertrags, mit dem Erhalt eines Ausbildungsplatzes oder – im Fall eines Misserfolgs – mit einer Neuorientierung.

- Die vierte Phase der *Konsolidierung der Berufswahl* kann auch als Nachentscheidungsphase bezeichnet werden. Sie zeichnet sich durch Bemühungen aus, die eigene Berufswahl – zum Teil trotz ambivalenter Gefühle – zu festigen. Die getroffene Wahl kann dem eigenen Berufswunsch voll und ganz entsprechen oder aber das erreichbare Optimum zwischen eigenen Wünschen und vorhandenem Angebot darstellen.

- In der fünften Phase der *Berufsbildung* durchlaufen die Jugendlichen ihre berufliche oder schulische Ausbildung. Auch die Aufnahme einer Zwischenlösung (z. B. zusätzliches Schuljahr, Auslandsjahr), um die Chancen für eine gewünschte berufliche Ausbildung zu verbessern, ist hier anzusiedeln. Der Lehr- bzw. Ausbildungsabbruch in dieser Phase kann als misslungene Berufswahl interpretiert werden.

- Die abschließende sechste Phase umfasst den *Eintritt ins Erwerbsleben*.

Die sechs Phasen der Berufswahl sind nicht im Sinne von Entwicklungsstufen zu verstehen, obwohl sie aufgrund der Anforderungen, die sie stellen, psychologisch höchst bedeutsam sind. Die Phasen bilden im Sinne von Flavell (1971) eine logisch notwendige Sequenz, die weder genetisch programmiert noch sozial determiniert ist, sondern einer inneren Logik folgt. Beziehen sich die Phasen 1 bis 4 in erster Linie auf Informations-, Such- und Entscheidungsprozesse im Rahmen der Berufswahl, nehmen die Phasen 5 und 6 stärker die institutionelle Kontextualisierung der Berufswahl in den Blick. Es ist davon auszugehen, dass einzelne Phasen mehrfach durchlaufen werden. So wird ein Jugendlicher, der seine beruflichen Aspirationen zu hoch angesetzt hat und keine Lehrstelle findet, zu einer Neuorientierung gezwungen. Oder eine Jugendliche, die sich für den Besuch eines Gymnasiums entschieden hat, wird gegen Ende der Gymnasialzeit zumindest einige der Berufswahlphasen erneut durchlaufen. Denkbar ist auch, dass die Phase der beruflichen Ausbildung übersprungen wird und ein direkter Einstieg ins Erwerbsleben erfolgt. Das Modell lässt sich auch für die Analyse von beruflichen *Karrieren* nutzen. Auch dabei wird angenommen, dass einzelne Phasen des Berufswahlprozesses im Verlaufe eines Berufslebens mehrfach durchlaufen werden.

Insofern die Berufswahl als Prozess zu verstehen ist, der über verschiedene Phasen verläuft, bietet der Copingansatz einen idealen Rahmen für die Analyse und das Verständnis der Anforderungen, denen sich Jugendliche bei der Berufs- oder Studienwahl gegenübergestellt sehen.

Die Anforderungen sind für den einen größer, für den anderen geringer. Der eine wird schon früh mit den Grenzen seiner Möglichkeiten konfrontiert, der andere wird erst allmählich erkennen, dass sein Potential nicht hinreicht, um seinen Traumberuf zu realisieren. Für die Fruchtbarkeit des Copingansatzes spricht, dass sich die Jugendlichen im Allgemeinen aktiv und konstruktiv um eine berufliche Entscheidung bemühen. In einer Schweizer Studie zeigte sich, dass die im Längsschnitt mehrfach befragten Jugendlichen unterschiedlicher Bildungsniveaus dem Übergang in die berufliche Bildung positiv gegenüber standen, sich über die Berufswelt (wenn auch nicht besonders ausgiebig) informierten, ihre Möglichkeiten großenteils realistisch einschätzten, sich bei der Suche nach einer optimalen Lösung hartnäckig, aber flexibel und kompromissbereit zeigten, dem Rat der Eltern relativ großes Gewicht beimaßen und sich der beschränkten Reichweite ihrer Entscheidungen angesichts einer sich schnell verändernden Arbeitswelt bewusst waren (Herzog et al., 2006).

In einer US-amerikanischen Studie berichteten die befragten Jugendlichen von einer Vielzahl von Strategien zur Überwindung von Hindernissen bei der Berufswahl. Dabei gehörten problemzentrierte Bewältigungsformen und die Bemühung um soziale Unterstützung zu den präferierten Strategien, gefolgt von der Suche nach finanzieller Unterstützung und der kognitiven Umstrukturierung oder Umdeutung der Situation. Die Inanspruchnahme professioneller Hilfe und die beharrliche Verfolgung persönlicher Ziele wurden von den Jugendlichen seltener als Strategien im Bewältigungsprozess eingesetzt (Lent, Brown, Talleyrand, McPartland, Davis, Batra Chopra, Alexander, Suthakaran & Chai, 2001).

Bei Jugendlichen, die sich für einen Beruf bereits entschieden haben, stellt die Suche nach sozialer Unterstützung aus dem familiären Umfeld die bevorzugte Copingstrategie dar (Argyropoulou, Sidiropoulu-Dimikakou & Besevegis, 2007). Nebst der Nutzung verfügbarer (familiärer) Ressourcen begünstigt auch eine engagierte Karriereplanung, eingeschlossen das Disponieren über bevorzugte berufliche Alternativen, den Fortschritt des Berufswahlprozesses (Phillips & Strohmer, 1983). Des Weiteren unterstützt das Gefühl, den Berufswahlprozess *unter Kontrolle* zu haben, die Entscheidungsfindung. Ein vermeidendes Bewältigungsverhalten (Distanzierung, Rückzug u.ä.) und das Gefühl, keine Kontrolle über den Berufswahlprozess zu haben, scheinen dagegen die Berufswahlentscheidung zu verzögern (Argyropoulou et al., 2007).[2]

Gelegentlich wird von Geschlechtsunterschieden bei der Bewältigung des Berufswahlprozesses berichtet. In einer Studie von O'Hare und Beutell (1987) hatten die befragten männlichen Jugendlichen das Gefühl, ihren Berufswahlprozess selber kontrollieren zu können, während die weiblichen Jugendlichen bei ihren Entscheidungen eher auf die Unterstützung durch Andere setzten. Dennoch war der Zusammenhang zwischen dem Bewältigungsverhalten und der Berufswahl für beide Geschlechter nahezu identisch; „… men and women who believe that they can make a decision and who view career decision making as a challenge are more likely to be decided" (ebd., S. 179).

Eine große Herausforderung stellt das *Timing* dar, dem sich die Jugendlichen bei der Berufswahl zu unterwerfen haben. Die Berufswahlentscheidung steht im Rahmen eines Zeitfensters, das im Allgemeinen nur während einer bestimmten Dauer geöffnet ist. Für Jugendliche mit höheren Schulabschlüssen (insbes. Abiturienten) steht es in der Regel länger offen; Jugendliche mit tieferem Bildungsniveau haben oft nur wenig Zeit, um sich für eine Lehrstelle zu bewerben. Heckhausen und Tomasik (2002) konnten bei Jugendlichen, die in die duale Berufsbildung übertraten, feststellen, dass sie mit naherückender *Deadline* der Berufswahlentscheidung sukzessive von ihrem Traumberuf abrückten und mit wachsendem Zeitdruck die Suche nach einer Lösung intensivierten. Welche Lösung schließlich akzeptiert wird, hängt von den verfügbaren Alternativen und der Bereitschaft zu Kompromissen ab. Bei der Kompromissbildung, auf die sich die meisten Jugendlichen bereitwillig einlassen, spielen die Kriterien Geschlecht, Berufsprestige und Interesse eine bedeutsame Rolle, die in der genannten Reihenfolge die berufliche Entscheidung bestimmen (Gottfredson, 2002).

5. Fazit

Der Copingansatz spielt in der Literatur zur Berufs- und Studienwahl keine dominierende Rolle, was sich auch an der eher schmalen Forschungsbasis ablesen lässt, die sich im engeren Sinn mit berufswahlbezogenen Bewältigungsprozessen befasst. In gewisser Weise kann das Konzept des Copings sogar als *atheoretisch* bezeichnet werden (Weber, 1997, S. 10f), was aber nicht negativ zu werten ist, da der Ansatz – dank seiner leicht fassbaren Grundbegriffe – eine Art *metatheoretisches* Koordinatensystem bereitstellt, in das sich verschiedene Teiltheorien zur Berufs- und Studienwahl einordnen lassen. Zudem

---

2   Es ist jedoch davon auszugehen, dass eine hohe Kontrollüberzeugung *als solche* nicht zwingend mit erfolgreichem Coping in Zusammenhang steht (Folkman, 1984).

ist der Copingansatz aufgrund des intentionalistischen Standpunktes, der ihm zugrunde liegt, vergleichsweise alltagsnah. Das Modell des Menschen als Person ist auch das Modell der Alltagspsychologie, insofern wir in unseren lebensweltlichen Interaktionen unterstellen, dass Menschen unter Abwägung von Gründen rational handeln (Smedslund, 2004).

Das heißt nicht, dass der Copingansatz wissenschaftlichen Ansprüchen nicht genügen würde, im Gegenteil. Es heißt lediglich, dass wir bei der Analyse des Berufswahlprozesses in Begriffen von Beanspruchung, Belastung und Bewältigung die Innenperspektive der Betroffenen mit in Rechnung stellen. Das hat den großen Vorteil, dass die Sprache, in der die Berufswahl *theoretisch* aufgearbeitet wird, mit der Sprache, in der sie zum Beispiel in einem Beratungsgespräch *praktisch* zum Thema wird, kompatibel ist. Wissenschaft und Praxis sprechen die gleiche Sprache, was die Anwendung wissenschaftlicher Erkenntnisse über den Berufswahlprozess bedeutend erleichtert.

Literatur

Argyropoulou, E. P., Sidiropoulou-Dimakakou, D. & Besevegis, E. G. (2007). Generalized Self-Efficacy, Coping, Career Indecision, and Vocational Choices of Senior High School Students in Greece. Implications for Career Guidance Practitioners. *Journal of Career Development*, *33*, 316–337.

Aspinwall, L. G. & Taylor, S. E. (1997). A stitch in time: self-regulation and proactive coping. *Psychological Bulletin, 121*, 417–436.

Berlin, I. (2006). *Freiheit. Vier Versuche*. Frankfurt: Fischer.

Bischof, N. (2008). *Psychologie. Ein Grundkurs für Anspruchsvolle*. Stuttgart: Kohlhammer.

Dennett, D. C. (1981). Intentionale Systeme. In P. Bieri (Hrsg.), *Analytische Philosophie des Geistes* (S. 162–183). Königstein/Ts.: Hain.

Flavell, J. H. (1971). Comments on Beilin's «The Development of Physical Concepts». In T. Mischel (Ed.), *Cognitive Development and Epistemology* (pp. 121–128). New York: Academic Press.

Folkman, S. (1984). Personal Control and Stress and Coping Processes: A Theoretical Analysis. *Journal of Personality and Social Psychology, 46*, 839–852.

Folkman, S. & Moskowitz, J. T. (2004). Coping: Pitfalls and Promise. *Annual Review of Psychology*, *55*, 745–774.

Gottfredson, L. S. (2002). Gottfredson's Theory of Circumscription, Compromise, and Self-Creation. In D. Brown (Ed.), *Career Choice and Development* (4th Ed., pp. 85–148). San Francisco: Jossey-Bass.

Graumann, C. F. & Métraux, A. (1977). Die phänomenologische Orientierung in der Psychologie. In K. A. Schneewind (Hrsg.), *Wissenschaftstheoretische Grundlagen der Psychologie* (S. 27–53). München: Reinhardt.

Havighurst, R. J. (1953). *Human Development and Education*. New York: Longmans, Green and Co.

Heckhausen, J. & M. J. Tomasik (2002). Get an Apprenticeship before School Is Out: How German Adolescents Adjust Vocational Aspirations When Getting Close to a Developmental Deadline. *Journal of Vocational Behavior, 60*, 199–219.

Heider, F. (1977). *Psychologie der interpersonalen Beziehungen*. Stuttgart: Klett.

Herzog, S. (2007). *Beanspruchung und Bewältigung im Lehrerberuf. Eine salutogenetische und biografische Untersuchung im Kontext unterschiedlicher Karriereverläufe.* Münster: Waxmann.

Herzog, W. (1984). *Modell und Theorie in der Psychologie.* Göttingen: Hogrefe.

Herzog, W. (1991). Der «Coping Man» – ein Menschenbild für die Entwicklungspsychologie. *Schweizerische Zeitschrift für Psychologie, 50,* 9–13.

Herzog, W. (2004). Praxis und Subjektivität. Handeln als kreativer Prozess. In G. Jüttemann (Hrsg.), *Psychologie als Humanwissenschaft. Ein Handbuch* (S. 289–301). Göttingen: Vandenhoeck & Ruprecht.

Herzog, W. (2006). *Zeitgemäße Erziehung. Die Konstruktion pädagogischer Wirklichkeit.* Weilerswist: Velbrück.

Herzog, W. (2008). Von der Schule in die Beschäftigung. Möglichkeiten und Grenzen des Erwägens. In G. Jüttemann (Hrsg.), *Suchprozesse der Seele. Die Psychologie des Erwägens* (S. 213–222). Göttingen: Vandenhoeck & Ruprecht.

Herzog, W. (2011). Psychische Apparate oder handelnde Personen? Die Phänomenologie als Sachwalterin einer lebensweltlichen Psychologie. *PERSON – Internationale Zeitschrift für Personzentrierte und Experienzielle Psychotherapie und Beratung, 15,* 117–125.

Herzog, W. (2012). *Wissenschaftstheoretische Grundlagen der Psychologie.* Wiesbaden: VS.

Herzog, W., Neuenschwander, M. P. & Wannack, E. (2006). *Berufswahlprozess. Wie sich Jugendliche auf ihren Beruf vorbereiten.* Bern: Haupt.

Lazarus, R. S. (1981). Stress und Stressbewältigung – ein Paradigma. In S.-H. Filipp (Hrsg.), *Kritische Lebensereignisse* (S. 198–232). München: Urban & Schwarzenberg.

Lazarus, R. S. & Folkman, S. (1990). *Stress, Appraisal, and Coping* (6th Ed.). New York: Springer.

Lent, R. W., Brown, S. D., Talleyrand, R., McPartland, E. B., Davis, T., Batra Chopra, S., Alexander, M. S., Suthakaran, V. & Chai, C.-M. (2001). Career Choice Barriers, Supports, and Coping Strategies: College Students' Experiences. *Journal of Vocational Behavior, 60,* 61–72.

O'Hare, M. M. & Beutell, N. J. (1987). Sex Differences in Coping with Career Decision Making. *Journal of Vocational Behaviour, 31,* 178–181.

Pearlin, L. I. & Schooler, C. (1978). The Structure of Coping. *Journal of Health and Social Behavior, 19,* 2–21.

Phillips, S. D. & Strohmer, D. C. (1983). Vocationally mature coping strategies and progress in the decision-making process: A canonical analysis. *Journal of Counseling Psychology, 30,* 395–402.

Schröder, K. E. E. & Schwarzer, R. (1997). Bewältigungsressourcen. In C. Tesch-Römer, C. Salewski & G. Schwarz (Hrsg.), *Psychologie der Bewältigung.* Weinheim: Psychologie Verlags Union.

Skinner, E. A., Edge, K., Altman, J. & Sherwood, H. (2003). Searching for the structure of coping: a review and critique of category systems for classifying ways of coping. *Psychological Bulletin, 129,* 216–269.

Skinner, E. A. & Zimmer-Gembeck, M. J. (2007). The Development of Coping. *Annual Review of Psychology, 58,* 119–144.

Smedslund, J. (2004). *Dialogues About a New Psychology.* Chagrin Falls, OH: Taos Institute Publications.

Suter, S. (2003). *Berufswahl und Lehrstellensuche. Rekonstruktionen des Berufsfindungsprozesses von Jugendlichen.* Unveröffentlichte Lizentiatsarbeit. Bern: Abteilung Pädagogische Psychologie.

Taylor, S. E. (1983). Adjustment to Threatening Events. A Theory of Cognitive Adaptation. *American Psychologist, 38*, 1161–1173.

Thomae, H. (1996). *Das Individuum und seine Welt. Eine Persönlichkeitstheorie* (3. Aufl.). Göttingen: Hogrefe.

Weber, H. (1997). Zur Nützlichkeit des Bewältigungskonzeptes. In C. Tesch-Römer, C. Salewski & G. Schwarz (Hrsg.), *Psychologie der Bewältigung* (S. 7–16). Weinheim: Psychologie Verlags Union.

Beatrix Niemeyer unter Mitarbeit von Marco Böhss

Berufsorientierung im europäischen Kontext

1. Einführung

Der europäische Kontext von Berufsorientierung und -beratung bezieht sich zum einen auf die aktuelle Berufsorientierungslandschaft, die durch bildungspolitische Aktivitäten auf europäischer Ebene gekennzeichnet ist, Gemeinsamkeiten in der Problemlage betont und auf deren gemeinsame Bearbeitung abzielt. Zum anderen besteht parallel dazu die in den Mitgliedsländern etablierte Praxis beruflicher Orientierung weiter, die an den Mustern nationalstaatlich verfasster Bildungs-, Beschäftigungs- und Wohlfahrtspolitik ausgerichtet ist.

Der Gegenstand „europäische Berufsorientierung" entfaltet sich in drei Dimensionen. Er beinhaltet:
1. das Verhältnis zwischen individueller Laufbahngestaltung und erwerbsorientierten Qualifikationsanforderungen, das durch berufsorientierende Bildungsangebote vermittelt wird und vielfach am Ideal der Passung zwischen individuellen Wünschen, Bedürfnissen, Interessen und Ansprüchen und den Anforderungen und Angeboten des Arbeitsmarktes orientiert ist;
2. Unterschiede in der Art, wie dieses Verhältnis in einem Land gestaltet und verwaltet wird, die nicht nur aus unterschiedlichen Arbeitsmarktstrukturen resultieren, sondern auch unterschiedliche kulturelle und sozioökonomische Traditionen widerspiegeln, die als Divergenzen in der nationalen Praxis vor allem auf der Meso- und Mikroebene deutlich werden;
3. eine europäische Dimension, die auf die Identifikation von Gemeinsamkeiten und die Gestaltung einer vergleichbaren Praxis gerichtet ist und – häufig in Abstraktion von nationalen kulturellen Besonderheiten – eigene Impulse setzt und parallele Strukturen fördert.

Das Ziel dieses Beitrags ist es, in diesem komplexen Bedingungsgeflecht von europäischer Bildungspolitik und nationaler Berufsorientierungspraxis einerseits, subjektiver Biographiegestaltung und unbestimmbaren Qualifikationsanforderungen des Arbeitsmarktes andererseits so wie den dahinter liegenden kulturellen Besonderheiten dieses Vermittlungsverhältnisses in divergierenden nationalen Kontexten eine Orientierung für eine vergleichende Betrachtung zu geben. Das Erkennen und Verstehen von Unterschieden ist die Voraussetzung für eine differenzierte Auseinandersetzung mit einer auf Transparenz und Vergleichbarkeit ausgerichteten Bildungspolitik und für eine Gestaltung einer Berufsorientierung in Europa.

2. Berufsorientierung im internationalen Diskurs: *career guidance* als lebenslange Beratungsaufgabe

Seit der Jahrtausendwende ist Berufsorientierung im Sinne von *career orientation* und *career guidance* zum eigenständigen Themenbereich europäischer Bildungspolitik geworden. Im Kontext der Politik des lebenslangen Lernens für die Wissensgesellschaft (Europäischer Rat, 2000) wird die Vermittlung zwischen Bildungs- und Erwerbssystem als spezifisches Ziel bildungspolitischer Steuerungsmaßnahmen definiert. Der diskursiv hergestellte Zusammenhang zwischen individueller (Aus-)Bildung und sozialem Wohlstand rückt die Vermittlung des Verhältnisses von Individuum und Erwerbsarbeit in den Mittelpunkt des Interesses, dessen Ausgestaltung wird zur pädagogischen Aufgabe.

Der OECD-Bericht *Bildung- und Berufsberatung: Bessere Verzahnung mit der öffentlichen Politik* (deutsche Kurzfassung von Career Guidance and Public Policy: Bridging the Gap, OECD, 2004) betont ausdrücklich die gestiegene ökonomische und soziale Bedeutung von Beratungs- und Vermittlungsangeboten im Kontext des lebenslangen Lernens und einer aktiven Arbeitsmarktpolitik. Es sei wichtig, eine deutliche Ausweitung des Zugangs zur Bildungs- und Berufsberatung zu gewährleisten.

> „Derzeit sind diese Dienste im Allgemeinen nur einer begrenzten Zahl von Bevölkerungsgruppen zugänglich, auf bestimmte Lebensabschnitte beschränkt und auf kurzfristige Entscheidungen ausgerichtet. Für die Zukunft gilt es, diese Dienste so umzugestalten, dass sie ebenso auf die Entwicklung von Kompetenzen zur Berufswegplanung wie auf die Bereitstellung von Informationen und die direkte Entscheidungsfindung abzielen und sie allen Bürgern in allen Lebensphasen zu öffnen" (OECD, 2004, S. 3).

Dieser Anspruch erweitert den Begriff von Berufsberatung, der nun nicht nur die erste Schwelle des Übergangs von der allgemeinbildenden Schule in den Beruf in den Blick nimmt, sondern berufliche Orientierung als lebenslangen Prozess definiert, der auch auf Weiterbildung, berufliche Umorientierung und Wiedereingliederung nach Phasen der Erwerbslosigkeit gerichtet ist.

Gerade in Deutschland wurde Berufsorientierung lange als pädagogische Intervention oder Beratungstätigkeit im Hinblick auf eine einmalig zu treffende Berufswahlentscheidung begriffen, aus der im Ergebnis ein „Lebensberuf" resultieren sollte. Die Verstärkung subjektbezogener Anforderungen von Erwerbsarbeit sowie die technologischen und ökonomischen Entwicklungen, die den Globalisierungsprozess begleiten, verändern jedoch sowohl Arbeits- als auch Lebenswelten. Besonders junge Menschen am Beginn ihres Berufsweges haben sich nicht mehr vornehmlich einer beruflichen Orientierung mit anschließender Berufswahl zu stellen, sondern auf ein dynamisches, fragmentiertes Berufsleben vorzubereiten, dem es oftmals an langfristiger Planbarkeit fehlt. Berufsorientierung beinhaltet somit weit mehr als nur die Vorbereitung einer einmaligen Berufswahlentscheidung im Jugendalter, sie wird als lebenslange Lernaufgabe reformuliert.

Die inhaltliche Entwicklung dieses veränderten Verständnisses von Berufsorientierung dokumentiert die folgende Definition, die von OECD und EU gemeinsam verabschiedet wurde:

„Career guidance refers to services intended to assist people, of any age and at any point throughout their lives to make educational, training and occupational choices and to manage their careers. Career guidance helps people to reflect on their ambitions, interests qualifications and abilities. It helps them to understand the labour market and education systems, and to relate this to what they know about themselves. Comprehensive career guidance tries to teach people to plan and make decisions about work and learning. Career guidance makes information about the labour market and about educational opportunities more accessible by organising it, systematising it, and making it available when and where people need it." (OECD, 2004, S. 19).

Dieses im europäischen Diskurs entwickelte Verständnis von Berufsorientierung geht nicht nur über die Vorbereitung einer einmalig zu treffenden Berufswahlentscheidung deutlich hinaus. Berufsorientierung wird vielmehr als Dienstleistung konzipiert, die Einzelne oder Gruppen in jeder Lebensphase dabei unterstützt, Bildungs- und Berufsentscheidungen zu treffen und ihre Berufslaufbahn selbstständig zu gestalten (vgl. Sultana, 2004). Diese Dienstleistungen können sowohl in Institutionen der beruflichen und/oder allgemeinen Bildung, durch die Arbeitsverwaltung oder durch private, öffentliche oder ehrenamtliche Einrichtungen angeboten werden. Sie umfassen berufskundliche Information ebenso wie Kompetenzfeststellungsverfahren, Beratungsgespräche, Praktika oder Übergangsbegleitung bis hin zu Methoden des Case Managements. Neu an diesem Verständnis ist, dass Berufsorientierung nun als ein lebenslanger Prozess konzipiert wird, der sich auf alle Varianten von Übergängen ins oder aus dem Erwerbssystem beziehen kann, und der die gesamte erwerbstätige Bevölkerung adressiert, nicht nur spezifische Risikogruppen. In Deutschland spricht man seither von BBB – Bildungs-, Berufs- und Beschäftigungsberatung.

Diese erweiterte Konzeption von Berufsorientierung trägt allerdings noch weitgehend den programmatischen Charakter einer Zielformulierung. Die Praxis der Berufsinformation, -orientierung oder -beratung ist hingegen von den jeweiligen ökonomischen und kulturellen Besonderheiten der Mitgliedsstaaten geprägt.

3. Berufsorientierung als Vermittlung zwischen Individuum, Bildungs- und Erwerbssystem

Die differenzierten Anforderungen an Studien- und Berufsorientierung lassen sich als eine subjektiv und kollektiv bedeutsame Unterstützung der Gestaltung eines Transitionsprozesses definieren, der mit national unterschiedlichen Akzentuierungen zwischen individuellen Dispositionen und Erwartungshaltungen, Bildungssystem und Erwerbssystem vermittelt und ausgleicht (Abb. 1).

Die Gestaltung dieses Wechselverhältnisses hängt nun davon ab, wie die drei Eckpunkte selbst konzipiert sind. Dabei lassen sich innerhalb Europas durchaus Unterschiede erkennen.

Der Umsetzung des programmatischen Anspruchs einer lebenslangen Bildungs-, Berufs- und Beschäftigungsberatung stehen kulturelle Traditionen entgegen, die in der jeweiligen sozioökonomischen Geschichte eines Nationalstaats verankert sind.

Abbildung 1: Berufsorientierung als Gestaltung eines Transitionsprozesses

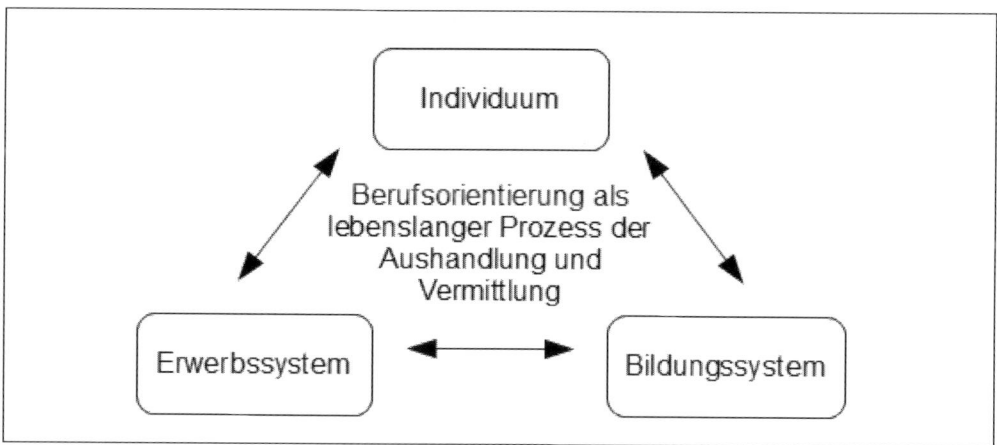

Diese sollen im folgenden Abschnitt skizziert werden. Der Fokus liegt dabei auf der so genannten ersten Schwelle, dem Übergang von der Schule in den Beruf und deren spezifischen Risiken.

Berufsorientierung beinhaltet dabei sowohl Information als auch Beratung und Vermittlung. Neben den Aktivitäten und Maßnahmen innerhalb des Bildungssystems, die auf die Aufnahme einer Erwerbstätigkeit bzw. einer Berufsausbildung vorbereiten sollen, finden in diesem Übergangsbereich eigene Institutionalisierungsprozesse statt, die auf die Herstellung einer Passung zwischen individuellem Kompetenzprofil und arbeitsmarktspezifischen Anforderungen gerichtet sind. So spricht man in Deutschland vom Übergangssystem (vgl. Konsortium Bildungsberichterstattung, 2006) und mit Blick auf Europa von einem *system of schemes* (Dietrich, 2003).

Der individuelle berufliche Orientierungsprozess ist in einem Spannungsfeld angesiedelt, das sich zwischen institutionalisierter Handlungslenkung des Bildungssystems, marktgesteuerter Handlungslenkung des Erwerbssystems und individuellen Anforderungen und Erwartungen entfaltet. Die Besonderheit dieses Bildungssegments besteht darin, dass es nur unvollständig institutionalisiert ist und eine Vielzahl unterschiedlicher Akteure an den Prozessen, Maßnahmen und ihrer Steuerung beteiligt sind.

Die dynamische Entwicklung der Maßnahmen und Programme zur Berufsorientierung war trotz des skizzierten Paradigmenwechsels hin zu eher ganzheitlichen Beratungsangeboten für eine breitere Klientel lange Zeit eher an Jugendliche an der ersten Schwelle – und innerhalb dieser Gruppierung wiederum an Jugendliche mit besonderem Förderbedarf – geknüpft. So erklärt sich, dass die folgenden Ausführungen und Betrachtungen die Studienorientierung ausklammern.

Modellhaft kann davon ausgegangen werden, dass Programme und Maßnahmen zur Förderung des Übergangs von Jugendlichen von Schule in Ausbildung und Beruf nach drei Seiten hin im nationalen Kontext verortet sind:

- durch das Wohlfahrtsmodell bzw. das vorherrschende System sozialer Sicherung, Arbeitsmarkt- und Beschäftigungspolitik,
- durch das etablierte Bildungssystem, vor allem durch die strukturelle und institutionelle Regelung der beruflichen Bildung und

- durch den normativen Diskurs über Jugend und den entsprechenden Modellen von Übergang, Selbstständigkeit, Unabhängigkeit, aber auch Sorge und Fürsorge, die darin zum Ausdruck kommen.

Übergangsrisiken und pädagogische Aktivitäten zu ihrer Bewältigung sind in den europäischen Mitgliedsstaaten unterschiedlich akzentuiert. Trotz erkennbarer Tendenz zur Angleichung lassen sich Differenzen zwischen einem skandinavischen, einem angelsächsischen, einem korporatistischen und einem mediterranen Modell ausmachen (vgl. Abb. 2). Die Kriterien, die dieser Übersicht zu Grunde liegen, beziehen sich auf Forschungserträge der historischen Berufspädagogik (Greinert, 1995), der vergleichenden Wohlfahrtsstaatenforschung (Esping-Andersen, 1990, 1996) sowie der Jugendforschung und Forschungen zur sozialen Exklusion (Stauber & Walther, 2001; Beelmann & Kieselbach, 2003). Eine Weiterentwicklung und Differenzierung dieser Typologie um die beiden weiteren Kategorien „staatlich regulierter Kontext" (Westeuropa) und „transformatorischer Kontext" (Osteuropa) wurde jüngst von Schreier vorgenommen (Schreier, 2010). Unsere einführende Darstellung beschränkt sich auf die übersichtlichere Vierertypologie. Es sei allerdings betont, dass es sich dabei um Modelle handelt, die unausweichlich mit Verallgemeinerungen arbeiten. Trotz der Gefahr von Pauschalisierungen erklären sich daraus nationale Unterschiede in der Konzeption von Übergängen, die auf die Gestaltung und das Verständnis von Bildungs-, Berufs- und Beschäftigungsberatung zurück wirken (Niemeyer, 2007).

Das skandinavische Modell konzipiert den Staat als universale Bürgergemeinschaft. Jugendliche werden in diesem Modell als Ressource betrachtet, die es zu fördern gilt. Die Sicherung des Zugangs zur Teilhabe an Erwerbsleben und Gesellschaft liegt in der Hand des Staates. Auch die berufliche Bildung ist schulisch organisiert. Der Bildungsweg steht allen Jugendlichen offen und erhebt einen inklusiven Anspruch. Übergangsprogramme setzen auf die motivierende Wirkung von realen Arbeitskontexten, zielen aber stets auf die Wiedereingliederung in die schulische Ausbildung und den Erwerb formaler Abschlusszertifikate.

Das angelsächsische, liberale Modell ist geprägt von dem Ideal des ökonomisch unabhängigen selbstständigen Individuums und der Funktionsfähigkeit des freien Marktes. Zugang zu Erwerb und zu sozialer Sicherung liegen in der Verantwortung des Einzelnen. Auch von Jugendlichen wird erwartet, möglichst früh individuelle ökonomische Unabhängigkeit anzustreben. Trotz der Einführung eines nationalen Qualifikationsrahmens (NVQ) gibt es kein in der Breite akzeptiertes national standardisiertes Anerkennungssystem beruflicher Qualifikationen. Berufliches Lernen erfolgt überwiegend als „Training on the job", also nicht berufs-, sondern betriebsbezogen, und damit unmittelbar abhängig vom Arbeitsmarkt. Soziale Unterstützungsangebote sind vielfach mit individuellen Verhaltensanforderungen und sozialer Kontrolle verbunden, keine Berechtigungssysteme. Berufsberatung und -orientierung, *career guidance*, ist in Großbritannien insbesondere in den letzten fünf Jahren von einer massiven Sparpolitik geprägt. Entsprechende Einrichtungen wurden privatisiert, Fallzahlen massiv erhöht, so dass vor allem Jugendliche NEET (not in education, employment or training) als Risikogruppe adressiert und kontrolliert werden (Colley, 2010).

Das korporatistische Modell der deutschsprachigen Länder ist normativ am Berufs-konzept und der berufsförmig organisierten Erwerbsarbeit ausgerichtet. Die wohlfahrts-staatlichen Sicherungssysteme sind als beitragsfinanzierte Einrichtungen (z. B. Kranken-, Pflege-, Renten- oder Arbeitslosenversicherung, deren Beiträge sich direkt vom Arbeits-einkommen ableiten) konzipiert und damit unmittelbar an den Zugang zu Erwerbsar-beit und an den Status im Erwerbsleben gebunden. Berufliche Bildung hat einen hohen Status. Jugendliche werden als zukünftige Beitragszahler gesehen. Die Verantwortlichkeit und Zuständigkeit für ihre Ausbildung wird von Staat und den Sozialpartnern geteilt. Übergangsmaßnahmen sind zum einen auf den Erwerb des Hauptschulabschlusses oder eines Ausbildungsabschlusses gerichtet, also auf die Erlangung strukturell vorgegebener Eingangsbedingungen, zum anderen auf die Korrektur von Marktbenachteiligungen. Be-rufsberatung ist traditionell Aufgabe der Agentur für Arbeit, die jedoch zunehmend mit anderen gesellschaftlichen Institutionen kooperiert, so dass eine Ausweitung der Infor-mations- und Beratungsangebote über die Zielgruppe der sogenannten benachteiligten Jugendlichen hinaus erreicht werden kann.

Das mediterrane Modell ist gekennzeichnet durch ein wenig entwickeltes Berufs-bildungssystem und eine geringe gesellschaftliche Anerkennung beruflicher Bildung im Allgemeinen. In Bezug auf die soziale Absicherung steht eine geringe Grundsicherung neben anderen stark individualisierten Sicherungssystemen, wobei dem (deregulierten) Arbeitsmarkt eine geringere, den sozialen Netzwerken, vor allem der Familie, eine grö-ßere Sicherungsfunktion zukommt als in den nordeuropäischen Ländern. Von einer in-stitutionalisierten Jugendphase kann kaum gesprochen werden. Jugendliche bleiben in der allgemeinen Unsicherheit durch prekäre Beschäftigungsverhältnisse einer Schatten-ökonomie verhältnismäßig lang ökonomisch abhängig von ihrer Herkunftsfamilie, der für den Eintritt ins Erwerbsleben ebenfalls eine zentrale Funktion zukommt. Übergangs-maßnahmen sind nicht nur auf die Eingliederung in Erwerb gerichtet, sondern auch auf die Aufwertung beruflicher Bildung im Allgemeinen. Hierzu sind Bemühungen um die Systematisierung und Strukturierung des Zugangs zu Erwerbsarbeit ebenso zu rechnen wie die vielfältigen Bestrebungen zur Anerkennung informell erworbener Kompetenzen.

4. Harmonisierungstendenzen – Gemeinsame Politik, gemeinsame Aktionen, gemeinsames Handeln

Der Beginn einer gemeinsamen europäischen Politik und Praxis der Berufsorientierung und -beratung ist zurückzuführen auf drei internationale Studien,[1] die als gemeinsame quantitative Bestandsaufnahme fungierten und im Ergebnis die folgenden Entwicklungs-aufgaben für die nähere Zukunft festhielten:

- Entwicklung einer Strategie zur Professionalisierung der Berater,
- Entwicklung von Qualitätskriterien und Qualitätssicherung,

---

1 1. die vergleichende OECD-Studie Career Guidance and Public Policy – Bridging the Gap, OECD 2004, die in 14 Mitgliedsstaaten durchgeführt wurde; 2. deren Ergänzung durch die Weltbank Studie in 15 europäischen und sieben weiteren außereuropäischen Ländern; 3. der Synthesebericht des CEDEFOP (Sultana, 2004). Für Deutschland liegt eine aktuelle Bestands-aufnahme vor: http://www.forum-beratung.de/cms/upload/Wissenswertes/Forschung/Ramboll_ Studie.pdf, (Stand 9.4.2011).

Abbildung 2: Modelle europäischer Übergangsregimes im Kontext von Wohlfahrtsstaaten, Berufsbildungs- und Jugendforschung (Niemeyer, 2007)

System der sozialen Sicherung	Maximen der Sozialpolitik	Struktur des Berufsbildungssystems	Verantwortlichkeit für berufliche Integration	besondere Herausforderungen	kultureller Begriff von Jugend	soziale Wertung von Jugendarbeitslosigkeit	Ansatz der Förderprogramme	Bezug zur beruflichen Bildung
skandinavisch	soziale Sicherung als Bürgerrecht	schulisch	Berufsbildung als Teil des Bildungssystems mit allgemeinem Anspruch auf Integration	Übergang in Arbeit Schulmüdigkeit	Persönlichkeitsentwicklung als Bürgerrecht	Paradox, denn Jugendliche sind im allgemeinen Bildungssystem, nicht auf dem Arbeits- bzw. Ausbildungsmarkt	Erweiterung der individuellen Möglichkeiten	Verbreiterung des Mainstream
korporatistisch	Systeme und Anspruch auf soziale Sicherung abhängig von Erwerbsarbeit und Stellung im Erwerbsleben	duales System	gemeinsame Verantwortung von Wirtschaft und Bildungspolitik für berufliche Bildung	Einstiegsvoraussetzungen, Abbruchquote, Ausbildungsplatzmangel	Vorbereitung auf soziale und berufliche Teilhabe (Allokation)	Resultat individueller Defizite und Benachteiligungen	Kompensation struktureller Defizite	Etablierung von Parallelsystemen
liberal	freies Individuum in einer flexiblen Marktwirtschaft; hohes Risiko sozialer Ausgrenzung;	marktabhängig	Marktgesteuert	wenig Allgemeinbildung Übergangsrisiko	zielt auf frühe wirtschaftliche Unabhängigkeit	Stigmatisierung von Abhängigkeit	Förderung der Erwerbsfähigkeit	Brückenfunktion
mediterran	Teilsysteme von Einkommenssicherung in Abhängigkeit von der Stellung im Erwerbsleben; hohe Bedeutung informeller Strukturen, wie z. B. Familie für soziale Teilhabe	stark informell	Bildungspolitik Familie, Kirche, etc.	relativ wenig formalisierte Berufsbildung, geringe Anerkennung beruflicher Bildung	ohne klar definierten und akzeptierten Status	Resultat fehlender Ausbildungsstrukturen und entsprechender Arbeitsangebote	Verlängerung der Schulzeit, Förderung der Vermittlung in Arbeit	Einführung formaler Strukturen

- Mainstreaming der Angebote und Abkehr von der Fokussierung auf spezielle Zielgruppen,
- Verbesserung der Integration in andere Teilsysteme der nationalen Bildungssysteme,
- stärkere Integration von Internationalisierungstendenzen in bestehende Forschungs- und Beratungsperspektiven.

In diesem Kontext ist ferner die Studie der ETF European Training Foundation: *In Demand: Career guidance in EU Neighbouring Contries* (Turin, 2009) zu erwähnen, die die Entwicklung von Beratungsangeboten u. a. in Georgien, der Ukraine, Mazedonien, Montenegro, Albanien, Ägypten und der Türkei untersucht. Aus diesem Bericht wird die Bedeutung formaler und informeller Orientierungsangebote in Abhängigkeit von wirtschaftlicher Entwicklung und Organisation des Arbeitsmarktes deutlich.

Den Studien folgten internationale Konferenzen und die Implementation spezifischer Förderprogramme (z. B. im Rahmen des EU-Förderprogramms Leonardo), die auf die Professionalisierung von Berufsberatung und die Einführung von Qualitätskriterien für das Beratungspersonal gerichtet waren. Sie leiteten Institutionalisierungsprozesse auf europäischer Ebene ein, die auf die Integration nationaler und internationaler Bildungspolitik zielen. Hierzu zählt vor allem die Gründung Nationaler Foren, die Einrichtung einer *EU Lifelong Guidance Expert Group* und das im Dezember 2007 als Initiative der Mitgliedsstaaten gegründete *Europaen Lifelong Guidance Policy Network (ELGPN)*.[2]

Daran knüpft nun eine europäische Politik zur Entwicklung der Instrumente und Maßnahmen von Bildungs-, Berufs- und Beschäftigungsberatung an, die die oben genannten Entwicklungsaufgaben aktiv angeht. Gleichwohl wird darauf hingewiesen, dass die Praxis der Berufsorientierung in Europa noch fragil und divers sei (Sultana, 2004).

Dies betrifft vor allem die Qualifizierung des Beratungspersonals (Ertelt, 2006) und die Implementierung von Maßnahmen zur Qualitätssicherung; es bezieht sich aber auch auf die Breite des Angebots, das sich nach wie vor überwiegend an so genannte Risikogruppen richtet.

Abschließend sei noch auf einen weiteren Aspekt „internationaler" Bildungsberatung hingewiesen. Der Fokus unserer Ausführungen lag auf den nationalen Unterschieden im Verhältnis zwischen Bildungs- und Erwerbssystem und den daraus resultierenden differenten Anforderungen an die Vermittlung zwischen beiden. Der Umstand, dass sowohl der Arbeitsmarkt als auch die Erwerbsbevölkerung heute international orientiert sind, konnte dabei nicht angemessen reflektiert werden. Dies spiegelt allerdings die Forschungslage und den Tenor des politischen Diskurses.

Der Internationalisierungspolitik der EU steht eine transnationale Mobilität und Internationalisierung der Menschen und ihrer Lebens- und Arbeitswelten gegenüber, die bislang weder in die Beratungspraxis noch in deren Konzeption oder Begleitforschung Eingang gefunden hat.

---

2   Die Wechselwirkung zwischen europäischer und deutscher Berufsberatungspolitik ist anschaulich zusammengefasst in Schober & Jenschke, 2005.

Literatur

Beelmann, G. & Kieselbach, T. (2003). Arbeitslosigkeit als Risiko sozialer Ausgrenzung bei Jugendlichen in Europa. *Aus Politik und Zeitgeschichte B6–7*, 32–39.

Colley, H., Lewin, C., Chadderton, Ch. (2010). *The impact of 14–19 reforms on the career guidance profession in England. Final Report*. Manchester Metropolitan University.

Dietrich, H. (2003). Scheme participation and employment outcome of young unemployed people; empirical findings from nine European countries. In Torild Hammer (Hrsg.), *Youth unemployment and social exclusion in Europe* (S. 83–108) Bristol: The Policy Press.

Ertelt, B. (2006). Berufsberatung und beraterische Kompetenzen in europäischer Dimension. In U. Sickendiek, F. Nestmann & F. Engel (Hrsg.), *Beratung in Bildung, Beruf und Beschäftigung*. Tübingen: Dgvt Verlag.

Esping-Andersen, G. (1990). *The Three Worlds of Welfare Capitalism*. Cambridge.

Esping-Andersen, G. (1996). *Welfare States in Transition*. London.

ETF European Training Foundation (2009). *In Demand: Career guidance in EU Neighbouring Countries*. Verfügbar unter: http://www.etf.europa.eu/web.nsf/pages/In_demand:_Career_guidance_in_EU_neighbouring_countries [30.05.2011].

EUROPÄISCHER RAT, 23. und 24. März 2000, Schlussfolgerungen des Vorsitz, LISSABON 2000. Verfügbar unter: http://www.europarl.europa.eu/summits/lis1_de.htm [30.05. 2011].

Evans, K. & Niemeyer, B. (2004). *Reconnection: Countering Social Exclusion Through Situated Learning*. Dordrecht: Kluwer Academic Publishers.

Greinert, W. (1995). *Das „deutsche System" der Berufsbildung. Geschichte, Organisation, Perspektiven*. Baden-Baden: Nomos.

Konsortium Bildungsberichterstattung im Auftrag der Ständigen Konferenz der Kultusminister der Länder in der Bundesrepublik Deutschland und des Bundesministeriums für Bildung und Forschung (Hrsg.) (2006): *Bildung in Deutschland. Ein indikatorengestützter Bericht mit einer Analyse zu Bildung und Migration*. Bielefeld: Bertelsmann. Verfügbar unter: http://www.bildungsbericht.de/daten/gesamtbericht.pdf. [30.05.2011].

Niemeyer, B. (2005) (Hrsg.). *Neue Lernkulturen in Europa? Prozesse, Positionen, Perspektiven*. Wiesbaden: VS Verlag.

Niemeyer, B. (2007). Zwischen Schule und Beruf – Dilemmata einer europäisch vergleichenden Übergangsforschung. *Europäische Zeitschrift für Berufsbildung*, 41, 116–136.

OECD (Hrsg.). Career Guidance and Public Policy: Bridging the Gap. Verfügbar unter: http://www.forum-beratung.de/internationales/oecd-unesco-ilo/career-guidance-and-public-policy-bridging-the-gap.html [30.05.2011].

Schober, K. & Jenschke, B. (2005). Zukunft der Beratung in Bildung, Beruf und Beschäftigung in Europa. In P. Faulstich (Hrsg.), *Lernwiderstände – Für eine umfassende Lernberatung*. Münster: VSA-Verlag.

Schreier, C. (2010). *Modularisierung in der beruflichen Bildung? Ansätze aus der Benachteiligtenförderung in ausgewählten europäischen Ländern*. Paderborn: Eusl.

Stauber, B. & Walther, A. (2001). Misleading Trajectories: Transition Dilemmas of Young Adults in Europe. *Journal of Youth Studies*, Vol. 4, 1, 101–118.

Sultana, R. (2004). *Guidance Policies in the Knowledge Society. Trends, Challenges and Responses across Europe. A Cedefop Synthesis Report*. Cedefop Panorama Series; 85.

Verena Eberhard

Ausbildungsreife als Ziel der Berufsorientierung?!

1. Einführung

Spätestens im April eines jeden Jahres, wenn der Deutsche Industrie- und Handelskammertag (DIHK) die Ergebnisse seiner jährlichen Ausbildungsumfrage veröffentlicht, wird man daran erinnert, wie schlecht es aus Sicht der Betriebe um die Ausbildungsreife der heutigen Schulabgänger bestellt ist (vgl. die aktuelle Umfrage Deutscher Industrie- und Handelskammertag, 2012). Seit der ersten Ausbildungsumfrage im Jahr 2005 beklagen Betriebe die mangelnde Ausbildungsreife der Jugendlichen und nennen diese als Grund für unbesetzte Ausbildungsplätze. Aber was heißt es eigentlich ausbildungsreif zu sein? Haben die Betriebe Recht, wenn sie die mangelnde Ausbildungsreife beklagen? Ist die unzureichende Ausbildungsreife tatsächlich der Grund dafür, dass sich die Übergänge in eine Ausbildungsstelle verlängert haben, unsteter geworden sind und viele Jugendliche zunächst berufsvorbereitende Maßnahmen absolvieren, bevor sie in eine vollqualifizierende Ausbildung einmünden, so wie es häufig behauptet wird? Der vorliegende Beitrag versucht, sich dem Begriff Ausbildungsreife zu nähern und die Vielschichtigkeit dieses Konstrukts aufzuzeigen.

2. Was ist Ausbildungsreife?

Der besonderen Aufmerksamkeit, die das Thema Ausbildungsreife erfährt, steht ein mehr als unbefriedigender Forschungsstand gegenüber. Obwohl der Begriff Ausbildungsreife allgegenwärtig ist, ist das Konzept kaum erforscht, und bis heute wird der Begriff uneinheitlich verwendet.

2.1 Der Kriterienkatalog Ausbildungsreife

Will man sich dem Konstrukt Ausbildungsreife nähern, so führt kein Weg an dem Kriterienkatalog zur Ausbildungsreife des Nationalen Paktes für Ausbildung und Fachkräftenachwuchs vorbei (Nationaler Pakt für Ausbildung und Fachkräftenachwuchs, 2006). Dieser wurde als Reaktion auf die uneinheitliche Verwendung des Begriffs Ausbildungsreife von einer Expertengruppe, bestehend aus Vertretern der Partner des Nationalen Paktes für Ausbildung und Fachkräftenachwuchs,[1] Experten aus Unternehmen, beruflichen Schulen, dem Bundesinstitut für Berufsbildung (BIBB), dem Psychologischen Dienst und der Berufsberatung der Bundesagentur für Arbeit (BA), im Jahr 2006 erarbeitet.

---

[1] Im Jahr 2004 schlossen sich die Spitzenverbände der Wirtschaft mit der Bundesregierung und der BA zu einem Nationalen Pakt für Ausbildung und Fachkräftenachwuchs zusammen. Ziel des Paktes ist es, jedem ausbildungswilligen und ausbildungsfähigen Jugendlichen ein Angebot auf Ausbildung zu unterbreiten.

Grundlegend für diese Ausbildungsreife-Definition ist die hierarchische Unterscheidung zwischen den Konzepten Ausbildungsreife, Berufseignung und Vermittelbarkeit (vgl. Abbildung 1).

Postuliert wird, dass sich Ausbildungsreife aus zentralen Merkmalen der Bildungs- und Arbeitsfähigkeit zusammensetzt, welche für das erfolgreiche Absolvieren einer dualen oder schulischen Berufsausbildung zwingend erforderlich sind (Müller-Kohlenberg, Schober & Hilke, 2005, Nationaler Pakt für Ausbildung und Fachkräftenachwuchs, 2006).

Abbildung 1: Das Konzept der Ausbildungsreife, Berufseignung und Vermittelbarkeit

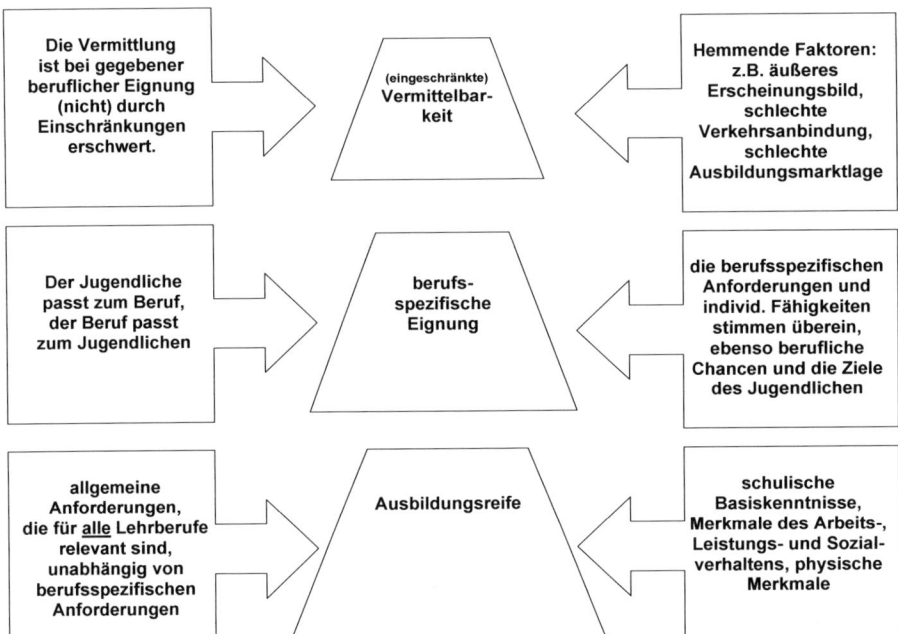

Quelle: In Anlehnung an den Nationalen Pakt für Ausbildung und Fachkräftenachwuchs, 2006

Es handelt sich dabei um die folgenden fünf Merkmalsbereiche, die sich wiederum aus verschiedenen Einzelmerkmalen[2] zusammensetzen:

a) schulische Basiskenntnisse (z. B. Beherrschung der Rechtschreibung, mathematische Grundkenntnisse)

b) psychologische Leistungsmerkmale (z. B. logisches Denken, Merkfähigkeit)

c) physische Merkmale (z. B. Fähigkeit, einen 8-Stunden-Tag zu bewältigen)

---

2   Im Kriterienkatalog Ausbildungsreife werden die Einzelmerkmale klar benannt sowie Hinweise dafür gegeben, wie diese zu messen sind. Als Indikatoren der Berufswahlreife wird beispielsweise die Fähigkeit des Jugendlichen aufgeführt, eigene Stärken und Schwächen benennen zu können oder Gründe für die Berufswahlentscheidung anzugeben (Nationaler Pakt für Ausbildung und Fachkräftenachwuchs, 2006).

d) psychologische Merkmale des Arbeitsverhaltens und der Persönlichkeit (z.B. Sorgfalt, Durchhaltevermögen)
e) Berufswahlreife (Selbsteinschätzungs- und Informationskompetenz)

> Während Ausbildungsreife also als eine Basiskompetenz verstanden werden kann, kann Berufseignung nur in Zusammenhang mit den spezifischen Anforderungen einzelner Ausbildungsberufe definiert werden.

Das heißt, auf der Ebene der Einzelberufe kommen weitere Kompetenzen ins Spiel, die an berufsspezifische Anforderungen gebunden sind und die vom Jugendlichen zu erfüllen sind. So gilt eine Person dann für einen Beruf geeignet, „wenn sie über diejenigen Merkmale verfügt, die Voraussetzung für die jeweils geforderte berufliche Leistungshöhe sind. Wesentlich ist für die Eignung auch, ob ein Beruf, eine berufliche Tätigkeit oder eine berufliche Position Merkmale aufweist, die Voraussetzung für die berufliche Zufriedenheit einer Person sind" (Müller-Kohlenberg et al., 2005, S. 21). Damit setzt sich die erforderliche Bewerberqualifikation eines Ausbildungsstellensuchenden stets aus zwei Komponenten zusammen: a) aus einer allgemeinen, grundlegenden Ausbildungsreife und b) aus einer berufsspezifischen Eignung. Ob ein Bewerber aber letztlich in eine Ausbildungsstelle einmündet, ist von der Vermittelbarkeit abhängig, welche von den spezifischen Bedingungen des Ausbildungsmarktes bestimmt wird. So kann ein Bewerber ausbildungsreif und für einen Ausbildungsberuf geeignet, jedoch nicht vermittelbar sein, weil beispielsweise die Zahl der Ausbildungsplätze unzureichend ist. Gründe für eine eingeschränkte Vermittelbarkeit können jedoch auch in der Person selbst oder ihrem Umfeld liegen z.B. aufgrund von individuellen Mobilitätshemmnissen.

2.2 Grenzen des Kriterienkataloges Ausbildungsreife

Der Kriterienkatalog Ausbildungsreife bedeutet in formaler Hinsicht einen großen Fortschritt, da er klar zwischen Ausbildungsreife, Berufseignung und Vermittelbarkeit trennt und zudem konkrete Merkmale der Ausbildungsreife benennt. Allerdings muss auch festgehalten werden, dass die aufgeführten Ausbildungsreifekriterien lediglich die Sicht der Expertengruppe Ausbildungsreife widerspiegeln. Ob die Merkmale tatsächlich die grundsätzliche Bildungs- und Arbeitsfähigkeit sicherstellen und allesamt für den erfolgreichen Übergang in eine Ausbildungsstelle zwingend erforderlich sind, darüber liegen keine empirischen Ergebnisse vor (Eberhard, 2012).

   Dass es sich bei den Kriterien der Ausbildungsreife um eine normative Setzung handelt, die nicht grundsätzlich geteilt wird, zeigen die Ergebnisse einer Befragung des BIBB aus dem Jahr 2005 (Eberhard, 2006). Befragt wurden 482 Berufsbildungsexperten unterschiedlicher institutioneller Herkunft (z.B. Vertreter von Arbeitgeberverbänden, Gewerkschaften oder Schulen). Den Befragungsteilnehmern wurde eine Liste von Einzelmerkmalen der Ausbildungsreife mit der Bitte vorgelegt, zu entscheiden, welche Merkmale für den Beginn einer Ausbildung zwingend erforderlich sind – und zwar unabhängig vom Ausbildungsberuf (= Ausbildungsreife), welche lediglich für bestimmte

Berufe Voraussetzung sind (= Berufseignung) und welche schließlich für den Beginn einer Ausbildung nicht notwendig sind. Die Ergebnisse der Befragung zeigten zweierlei. Zum einen wichen die Befragten von den im Kriterienkatalog Ausbildungsreife definierten Merkmalsbereichen ab. Unter Ausbildungsreife subsumierten sie vor allem allgemeine Arbeits-, Leistungs- und Sozialtugenden (z. B. Leistungsbereitschaft, Verantwortungsbewusstsein, Konzentrationsfähigkeit, Durchhaltevermögen). Was das Schulwissen angeht, konnten sich die Fachleute lediglich auf die Beherrschung der Grundrechenarten und das einfache Kopfrechnen verständigen. Bei der Prozent- und Dreisatzrechnung, der Beherrschung der deutschen Rechtschreibung und der mündlichen Ausdrucksfähigkeit war sich bereits ein größerer Teil der Fachleute nicht mehr sicher, ob diese Dinge wirklich für alle Ausbildungsberufe wichtig sind. Relativ einig waren sich die Experten dagegen, dass schriftliche Ausdrucksfähigkeit, Grundkenntnisse der Flächen-, Längen- und Volumenberechnung, betriebswirtschaftliche Grundkenntnisse und Grundkenntnisse der englischen Sprache höchstens für einen Teil der Ausbildungsberufe wichtige Eingangsvoraussetzungen bilden und damit nicht zur Ausbildungsreife gehören. Zum anderen zeigte sich auch, dass innerhalb der Expertengruppe keine einheitliche Meinung darüber bestand, was unter Ausbildungsreife zu verstehen ist. Insbesondere zwischen Gewerkschafts- und Arbeitgebervertretern bestanden unterschiedliche Vorstellungen von Ausbildungsreife sowie darüber, wie sich diese in den letzten Jahren entwickelt habe. Auch andere Untersuchungen kommen zu ähnlichen Ergebnissen. So werden unter Ausbildungsreife vor allem überfachliche Qualifikationen verstanden, und in Abhängigkeit von den befragten Personen unterschiedliche Merkmale als Definitionskriterien benannt (siehe z. B. Müller & Rebmann, 2008).

3. Wie steht es um die Ausbildungsreife der Jugendlichen?

Betont wird, dass die mangelnde Ausbildungsreife für die gestiegenen Schwierigkeiten beim Übergang von der Schule in die Berufsausbildung verantwortlich ist. Aber kann tatsächlich aus den erschwerten Übergangsprozessen geschlossen werden, dass ein Großteil der heutigen Bewerber nicht ausbildungsreif ist? Ja, sagen die einen und beziehen sich auf das schlechte Abschneiden der deutschen Schüler bei PISA, die Klagen der Betriebe sowie die Ergebnisse betrieblicher Einstellungstests,[3] welche die Jugendlichen in keinem guten Licht erscheinen lassen. Nein, sagen die anderen und verweisen auf die erschwerten Bedingungen auf dem Ausbildungsstellenmarkt der letzten Jahre. Argumentiert wird, dass ein Mangel an Ausbildungsplätzen die Vermittelbarkeit der Bewerber erheblich eingeschränkt habe und nicht die gesunkene Ausbildungsreife der Schulabgänger. Wer hat nun recht? Wie steht es denn eigentlich um die Ausbildungsreife der Bewerber? Diese Fragen zu beantworten ist schwer, insbesondere wenn man sich in Erinnerung ruft, dass Ausbildungsreife unterschiedlich verstanden wird und nur schwer zu messen ist.

---

3   Einen Überblick über Testergebnisse, welche als Belege einer mangelnden Ausbildungsreife gewertet werden, sowie eine kritische Auseinandersetzung mit diesen finden sich bei Eberhard (2006) und Winkler (2008).

Dass PISA Hinweise auf den Stand der Ausbildungsreife geben kann, stellen selbst Bildungsforscher in Frage. Sie geben zu bedenken, dass bisher ungeklärt ist, „welche Kompetenzniveaus den Mindeststandard der Ausbildungsreife kennzeichnen und welche Anforderungsniveaus mit berufsspezifischer Eignung für unterschiedliche Berufe verbunden sind" (Trautwein, Lüdtke, Becker, Neumann & Nagy, 2008). Zudem wird vermutet, dass mit PISA eher Kompetenzen getestet werden, die für die weitere allgemeine Bildung und nicht für den Übergang in die Berufsausbildung von Bedeutung sind (Winkler, 2008). Und was die Ergebnisse aus Einstellungstests betrifft, so ist ungelöst, inwieweit diese tatsächlich die Ausbildungsreife und nicht die Berufseignung oder gar betriebsspezifische Eignungsvoraussetzungen abbilden (Eberhard, 2006). Doch die Klagen der Betriebe wiegen schwer, und auch die Ergebnisse der BIBB-Expertenmonitorbefragung zeichnen ein ähnliches Bild[4] (Eberhard, 2006). So beobachteten die befragten Experten eher eine gesunkene Bewerberqualifikation, die sich ihrer Meinung nach besonders in dem durch die Schule vermittelten Wissen äußert. Fast alle Befragten waren davon überzeugt, dass die Beherrschung der deutschen Rechtschreibung, die schriftliche Ausdrucksfähigkeit und die Fähigkeit zum einfachen Kopfrechnen nachgelassen hatten. Gleiches galt für die Beherrschung der Grundrechenarten bzw. die Prozent- und Dreisatzrechnung und für geometrische Grundkenntnisse. Aber auch jenseits des Schulwissens sahen die Experten negative Veränderungen. So hatten ihrer Meinung nach die Konzentrationsfähigkeit, das Durchhaltevermögen, die Sorgfalt und die Höflichkeit abgenommen. Auffällig war, dass die von den Lehrern und Ausbildern aufgestellte Mängelliste besonders lang war. Mit anderen Worten: Gerade diese beiden Gruppen, die tagtäglich mit den Jugendlichen zu tun haben, urteilten besonders kritisch.

3.1 Welche Rolle spielt die Ausbildungsreife beim Übergang in eine Berufsausbildung?

Glaubt man den Aussagen des Nationalen Paktes für Ausbildung und Fachkräftenachwuchs, dann ist Ausbildungsreife mit einer Ausbildungsplatzgarantie gleichzusetzen, denn es wird stets betont, dass jedem ausbildungswilligen und ausbildungsreifen Jugendlichen ein Angebot auf Berufsausbildung unterbreitet werde. Das heißt, scheitern Jugendliche beim Übergang, dann sollten die Ursachen in ihrer Person liegen. Die Ergebnisse der Ausbildungsmarktstatistik der BA sprechen aber eine andere Sprache. Die Statistik gibt Auskunft darüber, wie erfolgreich der Ausbildungsvermittlungsdienst der Arbeitsverwaltung war. Diesen Vermittlungsdienst können Jugendliche, die in Deutschland an einer dualen Berufsausbildung interessiert sind, in Anspruch nehmen. Die Arbeitsverwaltung berät und unterstützt die Jugendlichen bei der Ausbildungsstellensuche. Am Ende des Ausbildungsvermittlungsjahres am 30.09. wird schließlich erfasst, wie die Jugendlichen, die als Ausbildungsstellenbewerber bei der BA registriert waren, verblieben sind. Eine Besonderheit dieser Statistik besteht darin, dass es sich bei den gemelde-

---

4 Die Befragungsteilnehmer wurden nicht nur gebeten, zu entscheiden, welche Merkmale zur Ausbildungsreife gehören (z. B. Beherrschung der deutschen Rechtschreibung, Zuverlässigkeit), sondern sollten auch entscheiden, wie sich die vorgelegten Merkmale in den letzten 15 Jahren verändert hatten.

Abbildung 2: Verbleib der bei der BA gemeldeten Ausbildungsstellenbewerber von 1992 bis 2011, Angaben in Prozent

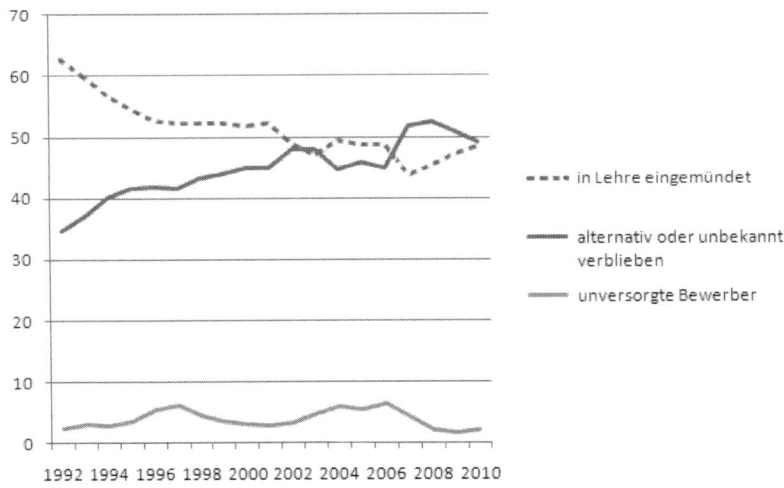

Quelle: Bundesagentur für Arbeit, eigene Berechnung

ten Bewerbern nicht nur um ausbildungsinteressierte, sondern auch um ausbildungsreife Jugendliche handelt. Die Beratungs- und Vermittlungsdienste der BA prüfen zwar nicht unmittelbar die Ausbildungsreife der Jugendlichen, die ihre Hilfe suchen. Sie schauen jedoch, ob die Jugendlichen über die individuellen Voraussetzungen verfügen, die zur erfolgreichen Aufnahme einer Ausbildung in den von ihnen angestrebten Berufen unabdingbar sind. Kriterium ist hier das, was der jeweils angestrebte Beruf konkret abverlangt. Da Berufseignung die Ausbildungsreife voraussetzt, ist ein Jugendlicher, der für einen angestrebten Beruf die erforderliche Eignung mitbringt, auch im allgemeinen Sinne ausbildungsreif.

Abbildung 2 zeigt im Zeitverlauf von 1992 bis 2010, welche Verbleibe zum Ende des Vermittlungsjahres am 30.09. für die Bewerber registriert wurden.[5] Deutlich wird, dass seit 1992 der Anteil der Ausbildungsstellenbewerber, die in eine Berufsausbildungsstelle einmündeten, gesunken ist. Begannen 1992 noch mehr als 60 % der Bewerber eine Ausbildung, mündet seit 2002 nie mehr als die Hälfte in eine Berufsausbildung ein. Zwar nimmt der Anteil der einmündenden Bewerber seit 2007 wieder zu, erreicht aber nicht das Niveau der frühen 1990er Jahre. So verblieben 2011 immerhin noch 49 % der Ausbildungsstellenbewerber ohne eine Ausbildungsstelle. Zu beobachten ist stattdessen, dass seit 1992 ein wachsender Teil der Bewerber eine Ausbildungsalternative (z. B. weiterer Schulbesuch, Jobben, Beginn einer teilqualifizierenden Bildungsmaßnahme im Übergangssystem) aufnimmt oder unbekannt verbleibt. Das bedeutet zugleich, dass der Anteil der Bewerber, die in Maßnahmen des Übergangssystems einmündeten, seit Beginn

---

5   In Abbildung 2 werden aus Gründen der Übersichtlichkeit nur drei Verbleibsformen unterschieden. Grundsätzlich weist die BA aber weitere Verbleibsgruppen aus. So wird innerhalb der Gruppe der alternativ verbliebenen Bewerber zwischen unbekannt verbliebenen Bewerbern, alternativ verbliebenen Bewerbern ohne weiteren Vermittlungswunsch sowie alternativ verbliebenen Bewerbern mit weiterem Vermittlungswunsch unterschieden.

der 1990er Jahre, gestiegen ist.[6] Der Anteil der unversorgten Bewerber, also jener Bewerber, die weder in eine Alternative noch in eine Ausbildung einmündeten, lag dagegen stets unter der 10 %-Marke.[7]

Da in der jüngsten Vergangenheit für die Mehrheit der registrierten Bewerber keine Einmündung in eine vollqualifizierende Ausbildung verbucht werden konnte, scheint die attestierte Ausbildungsreife für den Zugang in eine Ausbildungsstelle also doch nicht hinreichend zu sein. Wie ist dieses Ergebnis zu deuten?

Dass sich jene Bewerber, die nicht in eine Berufsausbildung einmündeten, bewusst gegen diese und für einen alternativen Verbleib entschieden haben könnten, widerlegen die Ergebnisse von schriftlich-postalischen Repräsentativbefragungen der gemeldeten Ausbildungsstellenbewerber, die sogenannten BA/BIBB-Bewerberbefragungen[8]. Wie auch die Vorgängeruntersuchungen, so belegen die Ergebnisse der jüngsten BA/BIBB-Bewerberbefragung aus dem Jahr 2010, dass ein Großteil der Bewerber trotz erheblicher Bemühungen häufig unfreiwillig in eine Ausbildungsalternative (z. B. Jobben, Arbeit, berufsvorbereitende Maßnahme) eingemündet ist. Nachgewiesen wurde zudem, dass die Ausbildungschancen der Bewerber wesentlich von der Struktur des regionalen Ausbildungsstellenangebots bestimmt werden (u.a. Eberhard & Ulrich, 2011; Eberhard, 2012; Ulrich, 2011). Wenn dem aber so ist, warum wurde dann vom Nationalen Pakt für Ausbildung und Fachkräftenachwuchs stets an der These festgehalten, jedem ausbildungsreifen und ausbildungswilligen Jugendlichen ein Angebot auf Ausbildung zu unterbreiten und warum wurden stets massive Zweifel an der Ausbildungsreife der Bewerber geäußert?

Eberhard und Ulrich (2010, 2011) führen dies auf den Legitimationsdruck zurück, dem die Akteure des Berufsbildungssystems ausgesetzt sind. So gebe es in Deutschland einen breiten bildungspolitischen Konsens, dass grundsätzlich keine Jugendlichen von der Möglichkeit ausgeschlossen sein dürfen, sich beruflich zu qualifizieren und darüber ihre gesellschaftliche Teilhabe zu sichern. Die Rechtmäßigkeit des Anspruchs auf Berufsausbildung wurde 1980 vom Bundesverfassungsgericht dadurch unterstrichen, dass es im Falle einer Lehrstellenknappheit eine gesetzlich geregelte, zeitlich befristete Ausbildungsplatzumlage zur Finanzierung zusätzlicher Ausbildungsplätze für verfassungskonform erklärte (Kath, 1999). Gegen die Einführung einer solchen Ausbildungsplatzumlage hat sich die Wirtschaft bisher erfolgreich gewehrt.[9] Als diese 2004 in Folge eines starken Rückgangs an angebotenen Ausbildungsplätzen erneut drohte, konnte sie durch die Gründung des Nationalen Pakt für Ausbildung und Fachkräftenachwuchs verhindert werden. Denn dieser hatte sich dazu verpflichtet, das Ausbildungsplatzangebot zu erhö-

---

6   Zwar nimmt im Zuge des demografischen Wandels die quantitative Bedeutung des Übergangssystems ab, wird aber auch künftig eine entscheidende Rolle im Berufsbildungssystem spielen (vgl. Heister et al., 2012).

7   Eine ausführliche Auseinandersetzung bezüglich der Ausbildungsmarktstatistik der BA, der Diskussion um die mangelnde Ausbildungsreife und den Aussagen des Nationalen Pakts für Ausbildung und Fachkräftenachwuchs findet sich bei Eberhard und Ulrich (2010, 2011).

8   Weitere Informationen zu den BA/BIBB-Bewerberbefragungen sind abrufbar unter: http://www.bibb.de/de/wlk30081.htm

9   Auch der Staat steht z.T. einer Ausbildungsplatzabgabe kritisch gegenüber. Dies mag vor allem daran liegen, dass er allein aus Kostengründen daran interessiert ist, dass weiterhin der Großteil der Schulabgänger über das duale System qualifiziert wird. Würde er Zwangsmaßnahmen wie die Ausbildungsplatzabgabe verhängen, bestünde die Gefahr, dass sich die Wirtschaft aus der Ausbildung zurückzieht und die langfristigen Ausbildungskosten für den Staat deutlich höher ausfallen als der kurzfristige Nutzen der Umlagefinanzierung.

hen und jedem ausbildungswilligen und ausbildungsfähigen Jugendlichen ein Angebot auf Ausbildung zu unterbreiten. Um die Legitimation des Berufsbildungssystems fortan nicht zu gefährden, so Eberhard und Ulrich (2010, 2011), durften schlechte Übergangschancen von Bewerbern nicht mit einem unzureichenden Ausbildungsplatzangebot der Wirtschaft in Verbindung gebracht werden. Aus diesem Grund wurden sie vor allem mit der unzureichenden Ausbildungsreife der Schulabgänger begründet, was letztlich dazu führte, dass selbst offiziell ausbildungsreife Bewerber, die keine Ausbildungsstelle erhalten hatten, in teilqualifizierende Maßnahmen einmündeten. Dies hatte wiederum zur Folge, dass ein Mangel an Ausbildungsstellen nicht sichtbar wurde, weil alternativ verbliebene Bewerber nicht als unversorgte Bewerber gezählt werden; und zwar selbst dann nicht, wenn für sie offiziell die Vermittlungsbemühungen weiterlaufen.[10]

3.1 Muss überhaupt etwas getan werden, um die Ausbildungsreife zu verbessern?

Wenn es nun keine validen Daten zum Stand der Ausbildungsreife der Jugendlichen gibt und die Klagen über eine mangelnde Ausbildungsreife in dem Verdacht stehen, interessenpolitisch motiviert zu sein, bedeutet dies dann, dass das Thema mangelnde Ausbildungsreife obsolet ist? Dass es eigentlich keinen Sinn ergibt, über Verbesserungsmöglichkeiten der Bewerberqualifikationen zu sprechen? Die Antwort lautet ganz klar nein, denn die Klagen der Betriebe müssen ernst genommen werden. Es ist unbestritten, dass es Jugendliche gibt, die Schwierigkeiten beim Übergang von der Schule in die Berufsausbildung haben, weil es ihnen an bestimmten Qualifikationen mangelt. Für nicht ausbildungsreife Jugendliche sind teilqualifizierende Bildungsangebote zur Herstellung der Ausbildungsreife durchaus wichtig. Und wichtig ist zudem, die Jugendlichen bereits während der Schulzeit für den Übergang in eine Berufsausbildung vorzubereiten.

Was kann also getan werden, um die Ausbildungsreife der Schulabgänger zu verbessern? Und wer ist verantwortlich dafür? Im Rahmen der Expertenmonitorbefragung zum Thema Ausbildungsreife waren sich fast alle befragten Berufsbildungsexperten einig (94%), dass dies die allgemeinbildende Schule sei. Sie habe die Aufgabe, die Jugendlichen zur Ausbildungsreife zu führen (Eberhard, 2006). In diesem Zusammenhang wurden eine stärkere Praxisorientierung sowie eine bessere Vermittlung von Schlüsselqualifikationen gefordert. Teilweise geschieht dies bereits. So gehören beispielsweise Praktika mittlerweile zum Standardprogramm, da sie für die Schüler der Sekundarstufe I verpflichtend sind, und im Rahmen des kommunalen Übergangsmanagements werden allgemeinbildende Schulen verstärkt in die Berufsorientierung einbezogen (Kracke, Hany, Driesel-Lange & Schindler, 2011). Künftig wäre auch denkbar, in allen allgemeinbildenden Schulen ein eigenständiges Fach Berufsorientierung einzuführen. Nach Meinung von Berufsbildungsexperten könnte sich dies förderlich am Übergang Schule–Berufausbildung erweisen (Autorengruppe BIBB / Bertelsmann Stiftung, 2011).

---

10 Mittlerweile werden die alternativ verbliebenen Bewerber mit weiterem Vermittlungswunsch als erfolglose Nachfrager gezählt und bei der Nachfrageberechnung berücksichtigt (siehe Berufsbildungsbericht und Datenreport des BIBB). Der Nationale Pakt für Ausbildung und Fachkräftenachwuchs weist diese jedoch nicht aus.

4. Zusammenfassung

Am Ende dieses Beitrages kann festgehalten werden, dass trotz der Erarbeitung des Kriterienkatalogs zur Ausbildungsreife der Sprachgebrauch und das Verständnis des Begriffs Ausbildungsreife weiterhin uneinheitlich ist. Das bedeutet jedoch auch, dass Aussagen über die Ausbildungsreife stets etwas Unterschiedliches meinen können, je nachdem, wer sie äußert. Festgestellt werden kann zudem, dass gesicherte Erkenntnisse darüber fehlen, welche Fähigkeiten und Fertigkeiten einen Jugendlichen zum Einstieg in eine Lehre und zu deren erfolgreichen Absolvieren befähigen. Es ist also immer noch zu wenig bekannt über die Ausbildungsreife, ihre Faktoren und praktischen Implikationen. Erschwerend kommt hinzu, dass das Argument der fehlenden Ausbildungsreife interessenpolitisch genutzt wird, so dass nicht klar wird, wie groß das Problem um die mangelnde Ausbildungsreife der Schulabgänger tatsächlich ist.

> Bei der Debatte um die mangelnde Ausbildungsreife der Schulabgänger müssen daher stets zwei Ebenen unterschieden werden: Eine interessenpolitische Ebene, auf der das Argument der mangelnden Ausbildungsreife genutzt wird, um von einem Ausbildungsplatzmangel abzulenken sowie eine Ebene, welche tatsächlich die unzureichende Ausbildungsreife der Jugendlichen betrifft.

Spannend bleibt die Frage, wie sich die Diskussion um die Ausbildungsreife der Jugendlichen entwickeln wird. Aufgrund der positiven wirtschaftlichen Entwicklung ist mit einer Erhöhung des betrieblichen Ausbildungsplatzangebots zu rechnen. Hinzu kommt der Nachfragerückgang aufgrund der demografischen Entwicklung, so dass sich die Situation auf dem Ausbildungsstellenmarkt zu Gunsten der Jugendlichen verändern wird. Ein interessenpolitisch motiviertes Klagen scheint künftig also nicht mehr notwendig zu sein. Und tatsächlich wird das Klagelied um die mangelnde Ausbildungsreife der Schulabgänger bereits jetzt leiser. Stattdessen wächst die Sorge um den Nachwuchsmangel. Schober bringt diese Situationsabhängigkeit der Debatte um die mangelnde Ausbildungsreife auf den Punkt, indem sie schreibt, dass die Klagen über die mangelnde Ausbildungsreife „eher etwas über den Gemütszustand derer aussagen, die solche Klagen führen, als über tatsächlich vorhandene Fähigkeiten, Kenntnisse und Kompetenzen junger Menschen" (Schober, 2006, S. 2).

Literatur

Autorengruppe BIBB / Bertelsmann Stiftung (2011). *Reform des Übergangs von der Schule in die Berufsausbildung. Aktuelle Vorschläge im Urteil von Berufsbildungsexperten und Jugendlichen (Wissenschaftliche Diskussionspapiere, Heft 122)*. Bonn: Bundesinstitut für Berufsbildung.

Deutscher Industrie- und Handelskammertag (2011). *Ausbildung 2011. Ergebnisse einer DIHK-Online-Unternehmensbefragung*. Berlin: Deutscher Industrie- und Handelskammertag.

Eberhard, V. (2006). *Ausbildungsreife – ein Konstrukt im Spannungsfeld unterschiedlicher Interessen (Wissenschaftliche Diskussionspapiere, Heft 83)* Bonn: Bundesinstitut für Berufsbildung.

Eberhard, V. (2012). *Der Übergang von der Schule in die Berufsausbildung. Ein ressourcentheoretisches Modell zur Erklärung der Übergangschancen von Ausbildungsstellenbewerbern.* Bielefeld: Bertelsmann.

Eberhard, V. & Ulrich, J. G. (2010). Übergänge zwischen Schule und Berufsausbildung. In G. Bosch, S. Krone & D. Langer (Hrsg.), *Das Berufsbildungssystem in Deutschland: aktuelle Entwicklungen und Standpunkte* (S. 133–164). Wiesbaden: VS-Verlag für Sozialwissenschaften.

Eberhard, V. & Ulrich, J. G. (2011). „Ausbildungsreif" und dennoch ein Fall für das Übergangssystem? Institutionelle Determinanten des Verbleibs von Ausbildungsstellenbewerbern in teilqualifizierenden Bildungsgängen. In E. M. Krekel & T. Lex (Hrsg.), *Neue Jugend? Neue Ausbildung? Beiträge aus der Jugend- und Bildungsforschung* (S. 97–112). Bielefeld: Bertelsmann.

Heister, M. et al. (2012). Schwerpunktthema: Übergänge von der Schule in die Ausbildung. In Bundesinstitut für Berufsbildung (Hrsg.), *Datenreport zum Berufsbildungsbericht 2012* (S. 373–394). Bonn: Bundesinstitut für Berufsbildung.

Kath, F. (1999). Finanzierung der Berufsausbildung im dualen System. Probleme und Lösungsvorschläge. In Arbeitsgemeinschaft Berufliche Bildung (Hrsg.), *Hochschultage Berufliche Bildung 1998. Workshop Kosten, Finanzierung und Nutzen beruflicher Bildung* (S. 99–110). Neusäß: Kieser-Verlag.

Kracke, B., Hany, E., Driesel-Lange, K. & Schindler, N. (2011). Anregung zur eigenständigen Zukunftsplanung? Angebote der schulischen Studien- und Berufswahlvorbereitung aus Sicht von Jugendlichen. In E. M. Krekel & T. Lex (Hrsg.), *Neue Jugend, neue Ausbildung? Beiträge aus der Jugend- und Bildungsforschung* (S. 79–93). Bielefeld: Bertelsmann.

Müller, S., Rebmann, K. (2008). Ausbildungsreife von Jugendlichen im Urteil von Lehrkräften. *Zeitschrift für Berufs- und Wirtschaftspädagogik, 104,* 4, 573–589.

Müller-Kohlenberg, L., Schober, K. & Hilke, R. (2005). Ausbildungsreife – Numerus clausus für Azubis? *Berufsbildung in Wissenschaft und Praxis, 34,* 19–23.

Nationaler Pakt für Ausbildung und Fachkräftenachwuchs in Deutschland (2006). *Kriterienkatalog Ausbildungsreife.* Nürnberg: Bundesagentur für Arbeit.

Schober, K. (2006). Ausbildungsreife – Mehr als ein Modethema? *Berufsbildung 102, 2.*

Trautwein, U., Lüdtke, O., Becker, M., Neumann, M. & Nagy, G. (2008). Die Sekundarstufe I im Spiegel der empirischen Bildungsforschung: Schulleistungsentwicklung, Kompetenzniveaus und die Aussagekraft von Schulnoten. In E. Schlemmer & H. Gerstenberger (Hrsg.), *Ausbildungsfähigkeit im Spannungsfeld zwischen Wissenschaft, Politik und Praxis* (S. 91–107). Wiesbaden: VS Verlag für Sozialwissenschaften.

Ulrich, J.G. (2011). *Übergangsverläufe von Jugendlichen aus Risikogruppen. Aktuelle Ergebnisse aus der BA/BIBB-Bewerberbefragung 2010.*

Winkler, M. (2008). Ausbildungsfähigkeit – ein pädagogisches Problem? In E. Schlemmer & H. Gerstberger (Hrsg.), *Ausbildungsfähigkeit im Spannungsfeld zwischen Wissenschaft, Politik und Praxis* (S. 69–90). Wiesbaden: VS Verlag für Sozialwissenschaften.

Arbeitsteil

Kapitel II

1. Nach der Lektüre des Kapitels

- haben Sie einen Überblick über die Entwicklung und den aktuellen Stand der Berufswahltheorien gewonnen,
- können Sie zwischen verschiedenen Laufbahntheorien unterscheiden,
- kennen Sie den theoretischen Hintergrund und die Bedeutung des Begriffs „Berufswahlreife",
- haben Sie drei verschiedene theoretische Ansätze, die die Berufswahl auf je spezifische Weise als determinierte Prozesse erklären, kennengelernt,
- sind Sie für die Bedeutung des Berufsprestiges und das Motiv der „Vermeidung von Statusverlust" für den Verlauf von Übergangsprozessen sensibilisiert,
- können Sie gemäß des Copingansatzes zwischen verschiedenen Formen der Bewältigung der Berufswahl unterscheiden und kennen die sechs idealtypischen Phasen des Berufswahlprozesses,
- haben Sie Berufsorientierung im Kontext europäischer Berufsbildungspolitik und die Unterscheidung zwischen verschiedenen Übergangsregimen in Europa kennengelernt,
- haben Sie sich mit der Bedeutung und der Problematik des Begriffs „Ausbildungsreife" als Zielformel der Berufsorientierung auseinandergesetzt.

2. Arbeitsvorschläge und Anregungen zur Vertiefung

a) Notieren Sie die verschiedenen Etappen Ihrer bisherigen Berufsbiographie. Welche verschiedenen Stationen haben Sie bisher durchlaufen? Inwieweit war Ihre bisherige Laufbahn durch Zufall und glückliche Umstände bestimmt?

b) In einer Lehrveranstaltung berichtete eine Studentin, dass es in ihrem Umfeld eine junge Frau gebe, die Tischlerin werden wolle und auf heftigen Widerstand ihrer Eltern, die beide als Ärzte arbeiten, gestoßen sei. Wie ist das Verhalten der Eltern in diesem einzelnen Beispiel im Lichte der Befunde dieses Kapitels zu erklären?

c) Der Artikel zur Entwicklung und dem aktuellen Stand der Berufswahltheorien mündet in das Votum, „das weitere soziale Umfeld einer Person aktiv und konstruktiv in die Berufswahlvorbereitung und Gestaltung der Laufbahn" einzubeziehen.

Mit welchen Erwartungen an die schulischen und beruflichen Laufbahnen ihrer Kinder müssen Beraterinnen und Berater, Lehrerinnen und Lehrer im Lichte der sozialen Determinanten der Berufswahl rechnen, wenn sie diesem Rat folgen und die Eltern in die Berufswahlvorbereitung der Jugendlichen einbeziehen wollen?

d) Am 25.1.2009 war in der Frankfurter Rundschau folgender Artikel zu lesen. Diskutieren Sie mögliche Auswirkungen dieser Befunde auf den Fachkräftenachwuchs im Fleischereigewerbe.

Bloß keinen Metzger im Bett
Umfrage: unbeliebteste Berufe für Sexualpartner

Metzger sind im Bett eher nicht erwünscht. Noch weniger beliebt sind als Sexualpartner nur Menschen, die im Rotlichtmilieu arbeiten, erfuhr das Magazin Playboy aus einer Befragung von 1000 Frauen und Männern. „In welchem beruflichen Umfeld sollte Ihr Partner auf keinen Fall arbeiten?", wollten Emnid-Meinungsforscher wissen. Auf größte Ablehnung stießen Rotlichtmilieu (81 Prozent), Schlachter (51) und Bestattungsunternehmer (45).

Mehr als die Hälfte der Befragten in Schleswig-Holstein fürchten in Liebesdingen besonders die Gerichtsvollzieher: 51 Prozent möchten nicht, dass ihr Partner diesen Job ausübt (Bundesschnitt 37 Prozent). Auffällig viele Berliner wollen keinen Sex mit einem Mitarbeiter der Gebühreneinzugszentrale GEZ: 48 Prozent (Bund: 38). dpa

e) Auf welche Copingstrategien von Schülerinnen und Schülern, die aufgrund ihrer Schulabschlüsse und Noten oder aufgrund anderer Faktoren mit Schwierigkeiten bei der Ausbildungsplatzsuche rechnen müssen, sollten die schulischen und außerschulischen Akteure der Berufsorientierung vorbereitet sein und wie könnten die Jugendlichen in der Schule ggf. dabei unterstützt werden, ein „proaktives Copingverhalten" zu zeigen?

f) Greifen Sie im Lichte des Copingansatzes erneut die oben bereits aufgeworfene Frage (siehe Kapitel 1, Arbeitsvorschlag 2 b und c) nach den Anforderungen und Teilaufgaben auf, die die Jugendlichen bei der Bewältigung des Berufswahlprozesses zu bewältigen haben. Auf welche Aspekte, die sie ggf. zuvor noch nicht bedacht hatten, macht der Copingansatz aufmerksam? Wodurch wird die gelingende Bewältigung der Berufswahl nach den formulierten empirischen Forschungsergebnissen zu urteilen eher gefördert und wodurch behindert?

g) Der Begriff der „Ausbildungsreife" bleibt – so das Resümee des ihm gewidmeten Aufsatzes – schillernd. Gleichzeitig wird in aktuellen Bemühungen, das regionale Übergangsmanagement zu verbessern, zwischen Maßnahmen für ausbildungsreife Jugendliche und Maßnahmen für Jugendliche unterschieden, die noch nicht ausbildungsreif sind. Inwieweit eignet sich das Konstrukt der Ausbildungsreife für die Berufsorientierungspraxis, d.h. zur Abgrenzung von

Adressatengruppen bei der Planung von Angeboten, als Kriterium für die Zuweisung der Jugendlichen zu den Angeboten usw.?

3. Weiterführende Literaturhinweise und Internetquellen

- Pfuhl, Nadja (2010). *Untersuchung zur Bestimmung von typischen Merkmalen des Image von Studienfächern,* Empirische Erziehungswissenschaft, Band 23, Münster: Waxmann.

- Ratschinski, G. & Steuber, Ariane (Hrsg.). (2012). *Ausbildungsreife: Perspektiven eines kontrovers diskutierten Konstrukts.* Wiesbaden: VS Verlag für Sozialwissenschaften.

- Herzog, W., Neuenschwander, M. & Wannack, E. (2006). *Berufswahlprozess – Wie sich Jugendliche auf ihren Beruf vorbereiten.* Bern: Haupt Verlag.

- Brown, S. & Lent, R. (2004). *Career Development and Counseling – Putting Theory and Research to Work.* Wiley.

- Das Dokument zum Nationalen Pakt für Ausbildung und Fachkräftenachwuchs in Deutschland kann man unter folgendem Link einsehen:
  http://www.arbeitsagentur.de/zentraler-Content/A04-Vermittlung/A041-Erschliessung/Publikation/pdf/Nationaler-Ausbildungspakt.pdf

- Eine Veröffentlichung des BIBB zum Thema „Image als Berufswahlkriterium – Bedeutung für Berufe mit Nachwuchsmangel" finden Sie unter folgendem Link:
  http://www.bibb.de/bwp/image

- Den Kriterienkatalog zur Ausbildungsreife kann man als PDF Dokument online unter folgendem Link nachlesen:
  http://www.arbeitsagentur.de/zentraler-Content/Veroeffentlichungen/Ausbildung/Kriterienkatalog-zur-Ausbildungsreife.pdf

III.
Studien- und Berufsorientierung in der empirischen Forschung

Sylvia Rahn, Tim Brüggemann und Emanuel Hartkopf

Berufliche Orientierungsprozesse Jugendlicher in der Sekundarstufe I

Ergebnisse aus dem Berufsorientierungspanel (BOP)

1. Einleitung

Das Gelingen der Berufswahl ist, fasst man Berufswahl als eine Abfolge absichtsvoller und bewusster Teilhandlungen auf, weder theoretisch noch empirisch eine hinreichende oder auch nur eine notwendige Bedingung dafür, dass Jugendliche beim Übergang in den Beruf Erfolg haben, d.h. in einen beruflich vollqualifizierenden Bildungsgang einmünden. Auch beruflich gut orientierten jungen Menschen, die ihre Ausbildungsplatzsuche engagiert betreiben, bleibt der Übergangserfolg unter den Bedingungen starken Lehrstellenmangels, wie sie für den deutschen Ausbildungsmarkt seit Mitte der 1990er Jahre für einen langen Zeitraum kennzeichnend war, versagt (vgl. Ulrich, 2006a und 2006b). Umgekehrt können beruflich desorientierte Jugendliche, die selbst nicht wissen, was sie wollen und die den Anforderungen des Übergangs eher passiv begegnen, zuweilen allein deshalb ohne Verzögerung einen beruflich vollqualifizierenden Bildungsgang aufnehmen, weil sie über „soziales Kapital" bzw. soziale Ressourcen verfügen und ihnen ihre Eltern oder andere Bezugspersonen den Weg in das Berufsbildungssystem bahnen.

Trotzdem ist Laissez Faire in der Berufsorientierung unangebracht. Ein Übergangsverhalten etwa, wie es Jacob Hein in seiner Erzählung „Herr Jensen steigt aus" schildert – Herrn Jensen fiel auf, „dass andere mehr Sorgfalt auf die Wahl ihrer Waschmaschine verwendeten, als er das bei der Wahl seines Berufs getan hatte" (Hein, 2006, S. 5) – kann in modernen Arbeitsgesellschaften kaum mit Akzeptanz rechnen. Der Übergang in den Beruf wird als Berufswahl aufgefasst und stellt so betrachtet eine Entwicklungsaufgabe im Jugendalter dar (vgl. Havighurst, 1952; Oerter & Dreher, 2008), die die Jugendlichen mit einer ganzen Reihe von Verhaltenserwartungen konfrontiert. Im Zuge des Berufswahlprozesses sind junge Menschen in mehreren Phasen vor je spezifische Anforderungen gestellt, die sie vollständig und rechtzeitig bewältigen müssen, wenn die Berufswahl insgesamt gelingen soll. Das Gelingen der Berufswahl kann den Übergangserfolg dann zwar nicht garantieren, stellt aber einen Faktor dar, der die Übergangschancen in einen beruflich vollqualifizierenden Bildungsgang nachweislich begünstigt (vgl. Reißig, Gaupp & Lex, 2008).

Gelingende Berufswahlprozesse zeichnen sich u.a. im Sinne des von Herzog, Neuenschwander & Wannack formulierten „idealtypischen Phasenmodells" und im Anschluss an vorliegende Forschungsergebnisse zu Risikosituationen im Berufswahlprozess dadurch aus, dass die Jugendlichen zunächst ihre noch diffusen beruflichen Vorstellungen zu begründbaren und individuell passenden beruflichen Wünschen und Laufbahnplänen konkretisieren (vgl. Herzog, Neuenschwander & Wannack 2006, S. 41ff; vgl. Neuenschwander, Frey, Gerber-Schenk & Rottermann, 2010), wobei auf angemessenes „Timing" als Gelingensbedingung zu achten ist (vgl. Herzog et al., 2006, S. 116ff). Die

Jugendlichen müssen also nicht nur überhaupt berufliche Aspirationen und Laufbahnpläne entwickeln, sondern dies vor allem rechtzeitig tun, d. h. die Konkretisierungsphase der Berufswahl zu dem Zeitpunkt abgeschlossen haben, zu dem aufgrund der institutionellen Vorgaben des (Berufs-)Bildungssystems die Ausbildungsplatzsuche einsetzen müsste.

Das Ausbildungsjahr beginnt in Deutschland in der Regel zum 1.8. oder 1.9. und viele Betriebe wählen ihre Auszubildenden ab dem Herbst, zuweilen auch schon ab dem Sommer des Vorjahres aus (vgl. Westdeutscher Handwerkskammertag, o.J, S. 6). Das heißt, dass die Jugendlichen bei einer 10-jährigen Pflichtschulzeit, wie sie in Deutschland in einigen Bundesländern rechtlich verankert ist, die Phase der Ausbildungsplatzsuche zum Ende des Schuljahres der Klasse 9 beginnen sollten.

Angesichts der Bedeutung, die dem richtigen Timing für das Gelingen der Berufsorientierung und damit mittelbar für den Übergangserfolg zuzukommen scheint, ist es für die Identifizierung von Förderbedarfen zu spät, in der Forschung erst auf den Stand der Berufsorientierung der Jugendlichen in den Abgangs- und Vorabgangsklassen der Sekundarstufe I zu fokussieren, wie es in einer ganzen Reihe wichtiger empirischer Studien der letzten Jahre der Fall ist (vgl. Friedrich, 2009; Kuhnke & Reißig, 2008; Reißig et al., 2008). Um Rückschlüsse auf notwendige Maßnahmen der Berufsorientierung ziehen zu können, sollten stattdessen auch gerade die frühen Phasen der Berufswahlvorbereitung in den Blick genommen werden (vgl. Rahn, Brüggemann & Hartkopf, 2011; Ratschinski, 2009; Schmude, 2009/2010). Nur so können etwaige frühe Förderbedarfe der Jugendlichen identifiziert und begründet Konsequenzen für die Praxis der schulischen und außerschulischen Berufsorientierung gezogen werden.

Deshalb ist es das Ziel dieses Beitrags, auf der Grundlage von Ergebnissen einer regionalen Paneluntersuchung zu zeigen, inwieweit die beruflichen Orientierungsprozesse der Jugendlichen in den Phasen der sich konkretisierenden Berufswahl und der Ausbildungsplatzsuche auf gelingende Berufswahlprozesse hinweisen oder aber Förderbedarf signalisieren. Es soll mit anderen Worten ein Beitrag zu einer Bedingungsanalyse pädagogischer Berufswahlvorbereitung geleistet werden, die auch unter dem Vorzeichen eines aktuellen und erweiterten Verständnisses von Berufsorientierung (vgl. Jung, in diesem Band) von zentraler Bedeutung für die Berufsorientierung bleibt.

Zu diesem Zweck wird im Weiteren zunächst das Design einer laufenden Untersuchung zur Rekonstruktion der Berufsorientierungs- und Übergangsprozesse von Schülerinnen und Schülern in der Sekundarstufe I grob beschrieben, um im zweiten Schritt darzulegen, wie sich die beruflichen Orientierungen der Jugendlichen zu Beginn der Klassen 8 darstellen und bis zum Beginn der Klasse 9 entwickeln.

Auf dieser Grundlage wird drittens erläutert, ob bzw. inwieweit die Schüler/innen dann in der zweiten Hälfte des 9. Schuljahres in die Phase der Ausbildungsplatzsuche und Laufbahnplanung eingetreten sind. Der Beitrag mündet schließlich in die abschließende Diskussion von Konsequenzen, die aus den Befragungsergebnissen für die Praxis der schulischen und außerschulischen Berufswahlvorbereitung gezogen werden können.

2. Untersuchungsdesign und Datengrundlage[1]

Die nachfolgende Argumentation basiert auf Daten der ersten drei Messzeitpunkte des Berufsorientierungspanels, d. h. einer laufenden regionalen Panelstudie, im Zuge derer die beruflichen Orientierungs- und Übergangsprozesse eines gesamten Schülerjahrgangs von Beginn der Klasse 8 für vier Jahre verfolgt werden. Ziel der Untersuchung ist es u. a. Indikatoren zu ermitteln, mit deren Hilfe problematische berufliche Orientierungen und riskante Übergangsprozesse frühzeitig erkannt und prognostiziert werden können, und zu zeigen, welche individuellen Ressourcen und schulisch-institutionellen Fördermaßnahmen dazu beitragen, dass die Übergangsprozesse erfolgreich oder problematisch verlaufen.

Zu diesem Zweck werden alle Schülerinnen und Schüler, die im Schuljahr 2009/2010 im Rhein-Erft-Kreis eine achte Klasse besucht haben, zu insgesamt sechs Messzeitpunkten zum Stand und zur Entwicklung ihrer beruflichen Orientierung befragt. Die Datenerhebung erfolgt in Form von Klassenzimmerbefragungen mit Hilfe weitgehend standardisierter Fragebögen.

Die Erhebungsinstrumente umfassen sowohl einen konstanten Teil, der sich zu den verschiedenen Messzeitpunkten wiederholt, als auch einen variablen Part, der daran angepasst wird, welchen Entwicklungsstand der Berufswahlprozess der Jugendlichen erreicht haben sollte, und berücksichtigt, welchen Kenntnis- und Informationsstand man von den Jugendlichen jeweils erwarten kann. Regelmäßig wird eine – zu einer Skala stark gekürzten – Fassung des Fragebogens „Einstellungen zur Berufswahl und beruflichen Arbeit" (Stangl & Seifert, 1986) eingesetzt. So wird es möglich, die Entwicklung der „Berufswahlreife" der Jugendlichen sensu Super und Crites über die verschiedenen Messzeitpunkte hinweg zu verfolgen. Im variablen Teil erfasst der Fragebogen des ersten Messzeitpunkts Personenmerkmale der Schüler sowie ihren familialen Hintergrund und beinhaltet Items zu den Bildungsaspirationen, den beruflichen Aspirationen der Jugendlichen und den institutionellen Anschlusswegen, die sie nach der Schulentlassung anstreben. Komplettiert wird das Erhebungsinstrument schließlich durch Fragen zu den schulischen Interessen und Schulnoten der Jugendlichen, ihrem Freizeitverhalten und ihren Einstellungen zur Schule.

Der Modus der Datenerhebung und die Konstruktion des Erhebungsinstruments haben sich insgesamt bewährt, was sich in einem ungewöhnlich hohen Datenrücklauf von – je nach Messzeitpunkt – 89 bis 91 Prozent ausdrückt. Entsprechend exzellent ist die Panelquote ausgefallen, die zum Zeitpunkt der zweiten Erhebung zu Beginn der Klasse 9 bei 87 Prozent liegt.

Alles in allem können sich die nachfolgenden Ausführungen, die sich auf die beruflichen Orientierungs- und Übergangsprozesse von Schülerinnen und Schülern an Haupt-, Real- und Gesamtschulen konzentrieren, auf die Aussagen von knapp 2.600 Jugendlichen stützen.

---

1 Die Ausführungen dieses und des nachfolgenden Teilkapitels greifen Inhalte eines an anderer Stelle publizierten Aufsatzes der Verfasser teils wörtlich auf (s. Rahn et al., 2011).

3. Die Ausgangslage der Berufsorientierung in der Klasse 8: Einstellungen zur Berufswahl, Berufswünsche und Laufbahnpräferenzen der Schülerinnen und Schüler

Wie an anderer Stelle bereits näher beschrieben, können die Akteure schulischer und außerschulischer Berufswahlvorbereitung bei dem größten Teil der Jugendlichen schon zu Beginn der achten Klasse auf günstige Einstellungen zur Berufswahl rechnen. Die Schülerinnen und Schüler sind sich offenbar der Tatsache bewusst, dass die Berufswahl eine wichtige (berufs-)biografische Weichenstellung bedeutet.

> Über 90 % der befragten Haupt-, Real- und Gesamtschüler stimmen der Aussage zu, dass es wichtig sei, sich schon zu Beginn der Klasse 8 gut auf die Wahl eines Berufs vorzubereiten.

Nur eine kleine Minderheit zwischen 6 und 7 Prozent der Schüler/innen an Haupt-, Real- und Gesamtschulen verneint dies. Unterschiede zwischen den Gruppen sind weder in sozio-demographischer Hinsicht noch hinsichtlich der Schulnoten zu verzeichnen. Nur in der Hauptschule sind die männlichen Jugendlichen in der Gruppe der ablehnenden Minderheit leicht überrepräsentiert. Die kleine Gruppe der Schüler/innen, die eine frühe Auseinandersetzung mit der Berufswahl ablehnt, ist also hinsichtlich ihres Alters, Geschlechts, der sozialen und ethnischen Herkunft nicht wesentlich anders zusammengesetzt als die große Zahl derer, die positive Einstellungen formulieren.

Die Schülerinnen und Schüler signalisieren bei der Bewältigung der Berufswahl breiten Unterstützungsbedarf. Sie geben an, mehr über ihre Stärken und Schwächen erfahren zu wollen und formulieren – deutlicher noch – ihren Bedarf, etwas über ihre Chancen auf dem Ausbildungsmarkt und über verschiedene Berufe zu lernen. Dabei schätzen die Jugendlichen den Entwicklungsstand ihrer beruflichen Orientierung unterschiedlich ein. Während einige Schülerinnen und Schüler sich schon zu Beginn der Klasse 8 ihrer Berufswahl subjektiv sehr gewiss sind, d.h. zum Beispiel der Aussage, dass „sie schon genug wissen, um ihren Beruf vernünftig wählen zu können", stark zustimmen, gilt für andere das Gegenteil.

Die meisten Jugendlichen haben zu Beginn der Klasse 8 bereits grobe berufliche Wünsche und Karrierepläne im Kopf, die sie als Bedingungen in ihren weiteren beruflichen Orientierungsprozess einbringen. Dies drückt sich zunächst darin aus, dass die Schülerinnen und Schüler aller drei Schulformen zum ersten Messzeitpunkt die Aussage „Ich weiß noch nicht, was ich einmal werden möchte" eher ablehnen als ihr zuzustimmen. Zudem wird tendenziell eher bejaht als verneint, bereits eine *genaue* Vorstellung davon zu haben, was man beruflich einmal tun möchte. Dabei schätzen die Realschülerinnen und Realschüler den Stand ihrer beruflichen Orientierung in dieser Hinsicht weniger fortgeschritten ein als die Jugendlichen an Haupt- und Gesamtschulen, wobei die Unterschiede zwischen den Schulformen nicht über die Variabilität innerhalb der Schulformen, d.h. die Bedeutung des Schulstandortes hinwegtäuschen sollten.

Um den Stand der beruflichen Orientierung zu Beginn der Jahrgangsstufe genauer zu erfassen, wurde den Jugendlichen die offene Frage gestellt, ob sie „einen bestimmten

Berufswunsch" haben oder „sich für eine bestimmte berufliche Tätigkeit interessieren".
Die Antworten der Schüler wurden nach der amtlichen Klassifikation der Berufe des
Statistischen Bundesamtes kodiert und hinsichtlich der Anzahl und Art der genannten
Berufswünsche ausgewertet.[2] Zudem wurde erfasst, ob es sich bei den Nennungen um so
genannte „Traumberufe" bzw. um eher kuriose Berufswünsche handelt.

Auf diese Weise konnte ein Spektrum von Entwicklungsständen der beruflichen
Orientierungen der Achtklässler rekonstruiert werden, das, wie Abbildung 1 zeigt, von
gänzlicher Orientierungslosigkeit über noch recht diffuse Vorstellungen bis hin zu sehr
konkreten beruflichen Wünschen reicht.

Abbildung 1: Spezifikation von Berufswünschen nach Schulform; eigene Auswertung und Darstellung

Offene Frage:	Hast du einen bestimmten Berufswunsch oder interessierst du dich für bestimmte beruflichen Tätigkeiten?		
	HS	RS	GS
Angaben zum Berufswunsch:	82,1%	80,4%	84,1%
⊗ Keine Berufsaspirationen:	17,9%	19,6%	15,9%
Verhältnis: Nennungen pro Schüler	1,45	1,68	1,66
Diffuse Berufsaspirationen: Schüler mit Traumberufen / Kuriosa	7,4%	15,3%	9,0%
Konkrete Berufsaspirationen: Schüler mit genau einem konkreten Berufswunsch (nach KldB92 – BO)	46,4%	36,3%	37,6%

Die gänzlich orientierungslosen Jugendlichen, die noch keinerlei Berufswunsch benennen (können), stellen dabei mit rund 18 % an Hauptschulen und 20 % bzw. 16 % an
Real- und Gesamtschulen in allen drei Schulformen eine Minderheit dar. Demgegenüber
ist die am anderen Pol des Spektrums angesiedelte Gruppe der Jugendlichen mit sehr
konkreten Berufswünschen deutlich stärker besetzt: 46,4 % der Hauptschülerinnen und
Hauptschüler sowie die 36,3 und 37,6 % der Jugendlichen an Real- und Gesamtschulen
gaben schon zu Beginn der Klasse 8 *genau einen* Berufswunsch an, der auf der konkre-
testen Ebene der Klassifikation der Berufe kodiert werden konnte.

Die Schülerinnen und Schüler haben zu Beginn der Klasse 8 nicht nur mehrheitlich schon eigene Vorstellungen, was sie werden wollen, sondern in der Regel auch bereits Präferenzen, auf welchen institutionellen Wegen sie ihre beruflichen Ziele erreichen
möchten. Nur etwa 7 % der Jugendlichen geben an, für die Zeit nach der Schulentlassung „keinen Plan" zu haben, welche nächste Station auf ihrem beruflichen Bildungsweg
sie bevorzugen. Dabei ist der Anteil der „Planlosen" umso größer, je höher die Schulform in der Hierarchie des Schulsystems angesiedelt ist.

---

2   Zum damaligen Zeitpunkt lag die aktuelle Klassifikation der Berufe aus dem Jahre 2010 noch
    nicht vor, sodass mit der letzten Fassung von 1992 gearbeitet wurde (Statistisches Bundesamt,
    1996). Inzwischen werden die Daten der weiteren Messezeitpunkte nach dieser Version kodiert.
    Um die Entwicklung der Berufswünsche über alle Messezeitpunkte verfolgen zu können, ist die
    Rekodierung des ersten Messezeitpunkts geplant.

> Die Schülerinnen und Schüler denken zu Beginn der Klasse 8 in einem auffällig hohen Maße in schulischen Karrieren.

Auf die Frage, welche nächste Station sie nach Verlassen der aktuell besuchten Schule bevorzugen würden, gaben an Realschulen nur 15 % und an Gesamtschulen nur knapp 22 % der Achtklässler an, eine betriebliche Ausbildung zu präferieren, während rund 64,5 % der Realschülerinnen und Realschüler und etwa jede(r) zweite Gesamtschüler/in weiter zur Schule gehen oder ein Studium aufnehmen möchten. Selbst an den Hauptschulen ist die Ausbildungsneigung zu Beginn der Klasse 8 mit rund 23 % gering und die Planung des weiteren Schulbesuchs, den rund jede(r) Zweite präferiert, sehr hoch, so dass sich die Frage stellt, ob die duale Berufsausbildung für die befragten Jugendlichen unattraktiv geworden ist oder ob die Schülerinnen und Schüler im Verlaufe der Berufswahlvorbereitung der Sekundarstufe I die betriebliche Ausbildung noch als eine lohnende Option für sich entdecken werden.

4. Entwicklung der Berufsorientierung bis zum Beginn der Klasse 9: von der diffusen Berufswahl zu konkreten beruflichen Aspirationen und Laufbahnplänen?

Den positiven Einstellungen der Jugendlichen zur Berufswahl und ihrem Unterstützungsbedarf bei der Bewältigung der damit verbundenen Teilaufgaben wird von den Schulen und außerschulischen Akteuren durch eine Vielzahl von Fördermaßnahmen Rechnung getragen, die die Jugendlichen bei ihrer Berufswahl und Laufbahnplanung unterstützen sollen. Je nach Angebotsschwerpunkten im „Übergangsmanagement" der Region (vgl. u.a. Braun & Reißig, 2011; Reißig et al., 2008; Gaupp, Großkurth & Lex, 2008; Kuhnke & Reißig, 2008) und je nach schulischem Berufsorientierungskonzept der Schule und individuellem Nutzungsverhalten der Schüler werden solche Angebote von den Jugendlichen mit unterschiedlicher Häufigkeit wahrgenommen. In der Abbildung 2 ist dargestellt, wie die Schülerinnen und Schüler die Maßnahmen jeweils bewerten.

Offenkundig schätzen die Jugendlichen *jedes* Angebot, dass sie in ihrem beruflichen Orientierungsprozess unterstützen soll, grundsätzlich positiv ein. Keine der Maßnahmen wird im Durchschnitt schlechter als 2,5, d.h. unterhalb des theoretischen Mittelwerts der eingesetzten vierstufigen Ratingskala beurteilt.

Als besonders hilfreich für ihren beruflichen Orientierungsprozess beurteilen die Jugendlichen Praktika und Bewerbungstrainings. Demgegenüber werden alle anderen Verfahren zur Feststellung von Potentialen, Kompetenzen und Stärken-Schwächen-Profilen der Schüler, von Interessen, zur persönlichen Beratung etc. etwas schlechter und im Vergleich miteinander erstaunlich gleichförmig bewertet, wobei allerdings ein- und dieselbe Maßnahme je nach Schulstandort von den Schülerinnen und Schülern einer Schulform durchaus unterschiedlich wertgeschätzt werden kann. So nehmen bspw. die Hauptschülerinnen und -schüler ihre Teilnahme an Bewerbungstrainings zwar insgesamt als recht hilfreich wahr, zwischen den einzelnen Hauptschulen gibt es aber deutliche Unterschiede, die von eher durchschnittsnahen Werten (Mittelwert von 2,5) bis zu überdurch-

Abbildung 2: Bewertung von Berufsorientierungsmaßnahmen nach Schulform; eigene Auswertung und Darstellung

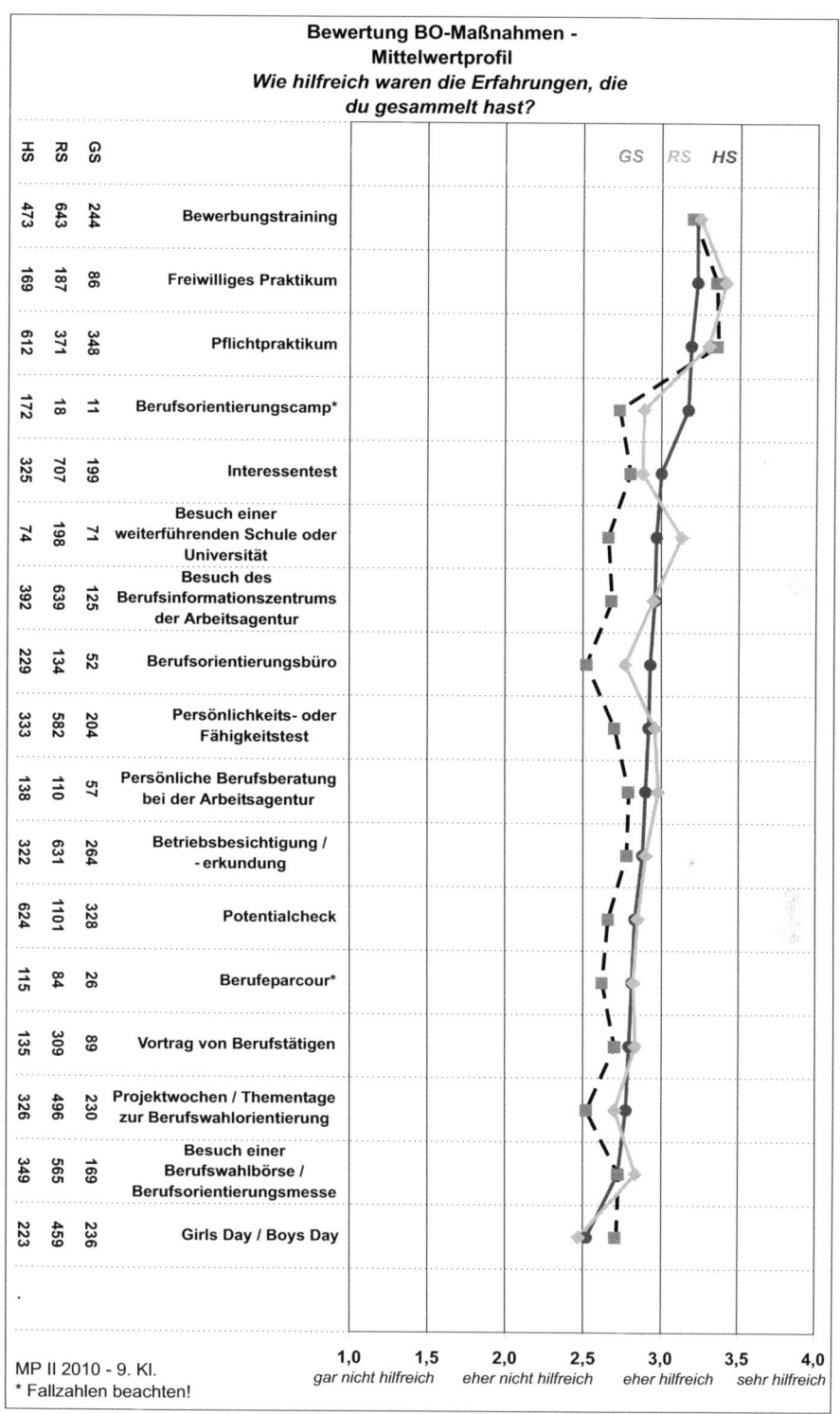

MP II 2010 - 9. Kl.
* Fallzahlen beachten!

schnittlichen Werten (Mittelwert von 3,5) reichen. Für die Beurteilung der Nützlichkeit scheinen also nicht nur die Merkmale der Maßnahmen selbst, sondern auch andere Faktoren, d. h. zum Beispiel deren Einbettung in das jeweilige schulische Förderkonzept von Bedeutung zu sein.

Alles in allem – und das kann angesichts der durchschnittlichen positiven Bewertung der Einzelmaßnahmen zur Berufsorientierung durch die Jugendlichen auch nicht überraschen – fühlen sich die Jugendlichen gut durch die Schulen in ihrem beruflichen Orientierungsprozess unterstützt, wobei sich das Unterstützungserleben der Hauptschülerinnen und Hauptschüler noch einmal positiv von jenem der Schülerinnen und Schüler der beiden anderen Schulformen unterscheidet.

Abbildung 3: Unterstützungserleben nach Schulform; eigene Auswertung und Darstellung

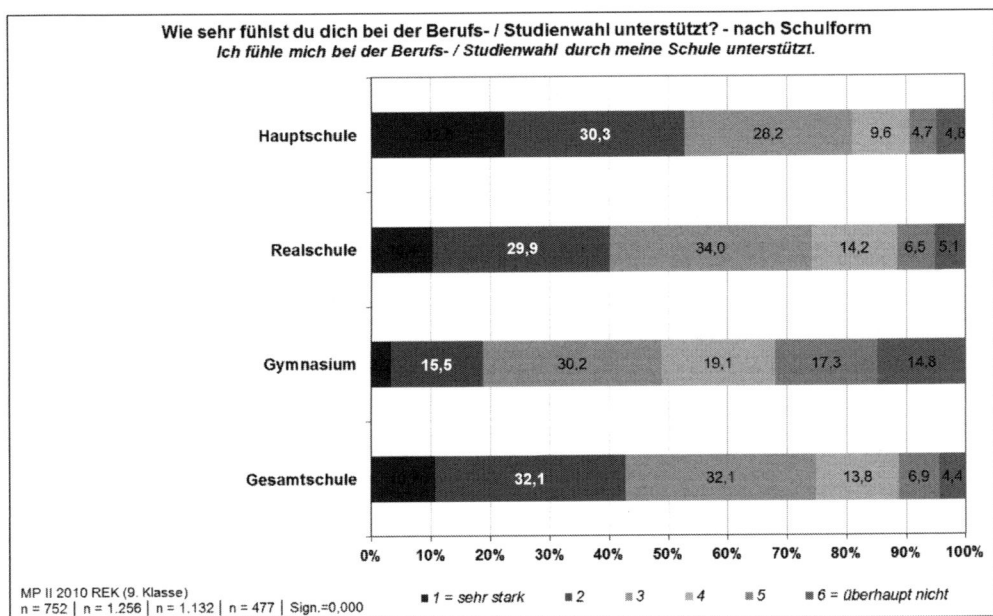

Wie entwickeln sich nun in Anbetracht der vielfältigen Unterstützungsmaßnahmen, die die Jugendlichen weitgehend positiv erleben, ihre Berufswünsche und Laufbahnpläne? Verliefe die Entwicklung im Sinne gelingender Berufsorientierung, müsste der Anteil der Jugendlichen, die berufliche Wünsche und Präferenzen angeben können, steigen und die Zahl der plan- und orientierungslosen Jugendlichen sinken.

Über alle drei Schulformen hinweg wurden die beruflichen Vorstellungen der befragten Jugendlichen tatsächlich im Verlaufe des achten Schuljahres insofern konkreter, als zu Beginn der 9. Klasse mehr Jugendliche die Aussage „ich weiß noch nicht, was ich einmal tun möchte" ablehnen als noch ein Jahr zuvor. Analog ist der Anteil der Schülerinnen und Schüler, die bejahen, schon einen Berufswunsch zu haben oder sich für eine bestimmte berufliche Tätigkeit zu interessieren, angestiegen und überdies geben auch mehr Jugendliche an, schon eine „*genaue* Vorstellung davon zu haben, was sie beruflich einmal werden möchten". Dieser allgemeine modellkonforme Trend zur Konkretisierung der Berufswahl im Verlauf der Berufsorientierung bedarf allerdings der Differenzierung, und zwar zunächst in Abhängigkeit von der besuchten Schulform.

Während die Berufswünsche der Schülerschaft an Haupt- und Realschulen konkreter werden, gilt dies für die Berufswünsche der Jugendlichen, die eine Gesamtschule besuchen, gerade nicht. Im Unterschied zu den beiden anderen Schulformen ist der Anteil der Schülerinnen und Schüler *ohne* berufliche Wünsche an Gesamtschulen im Verlaufe des Schuljahres um fast 7 Prozentpunkte gestiegen. Kollektiv büßt die Schülerschaft an Gesamtschulen also an beruflicher Orientiertheit ein.

Dies gilt zwar für die Gesamtheit der Schüler an Haupt- und Realschulen nicht, auf individueller Ebene kommen ungünstige Entwicklungsverläufe im Sinne diffuser statt konkreter werdender Verläufe aber an allen Schulformen vor. So überwiegt der Anteil der Schülerinnen und Schüler, die zu Beginn der Klasse 8 noch keinen Berufswunsch hatten und bis zu Beginn der Klasse 9 einen solchen entwickelt haben, also einen positiven Entwicklungsverlauf genommen haben, mit 55,5 (HS) und 63,6 (RS) zwar gegenüber der Gruppe mit negativem Entwicklungsverlauf – 13,5 % der Schülerschaft an Hauptschulen und 11,2 % an Realschulen –, wies jedoch einen solchen ungünstigen Verlauf auf. Diese Jugendlichen sind in ihrer beruflichen Orientierung also gewissermaßen retardiert.

Dies ist unter anderem deshalb bedeutsam, als die Berufswunschspezifikation der Jugendlichen statistisch mit ihrer Ausbildungsneigung zusammenhängt.

Die Chance, dass Schüler/innen, die einen oder mehrere Berufswünsche angeben können, eine betriebliche Ausbildung gegenüber den anderen Anschlusswegen bevorzugen, ist in allen drei Schulformen signifikant erhöht. Sie ist an Realschulen 1,5 mal, an Gesamtschulen 2 mal und an Hauptschulen sogar 2,5 mal höher als bei Schülerinnen und Schülern, die nicht wissen, was sie werden wollen.[3]

Die Ausbildungsneigung der Jugendlichen steigt dabei im Verlaufe der achten Klasse in allen Schulformen tendenziell an. Allerdings unterscheidet sich das Ausmaß, in dem die betriebliche Lehre für die Jugendlichen im Verlaufe des achten Schuljahres an Attraktivität gewonnen hat, je nach besuchter Schulform erheblich. Während die Ausbildungsneigung der Schülerschaft an den Realschulen um 12,1 Prozentpunkte moderat und an Hauptschulen um 20,6 Prozentpunkte stark gewachsen ist, hat die Ausbildungsneigung der Gesamtschülerinnen und Gesamtschüler während des 8. Schuljahres mit noch nicht einmal 2 Prozentpunkten kaum zugenommen. Die Gesamtschülerinnen und Gesamtschüler streben stattdessen nunmehr stärker als in Klasse 8 den Erwerb der Allgemeinen Hochschulreife und den Übergang in ein Hochschulstudium an.

---

3 Es wurden logistische Regressionen mit der Präferenz für eine betriebliche Ausbildung als abhängiger Variable und verschiedenen Schülermerkmalen, der besuchten Schulform, dem Stand der Berufswunschspezifikation als unabhängigen Variablen berechnet. Die Ergebnisse der Analysen im Einzelnen werden an anderer Stelle publiziert.

5. Von der konkreten Berufswahl zur Ausbildungsplatzsuche und Laufbahnplanung? Ausbildungsplatzsuche und Bewerbungsverhalten am Ende der Klasse 9

Es liegt nahe, dass der Stand der Berufswunschspezifikation und der präferierte Übergangsweg Konsequenzen dafür haben, ob die Jugendlichen im Verlaufe der Klasse 9 aktiv nach einem Ausbildungsplatz suchen oder darauf verzichten (müssen).

Die in Abbildung 4 dokumentierten Ergebnisse des dritten Messzeitpunktes zeigen, dass der Anteil der Jugendlichen, die am Ende der Klasse 9 angeben, mit der Ausbildungsplatzsuche begonnen zu haben, mit rund 30 % (32 % an HS und 29,2 % an RS) auffällig gering ist. Von diesen Jugendlichen haben wiederum erst rund 29 % der Hauptschüler/innen und rund 17 % der Realschüler/innen konkrete Bewerbungsaktivitäten ergriffen, d. h. ein oder mehrere Bewerbungsschreiben verschickt, was einem Anteil von 9 % aller Hauptschüler/innen bzw. 5 % aller Realschüler/innen entspricht.

Berücksichtigt man nur die Jugendlichen, die zum dritten Messzeitpunkt angegeben haben, nach Verlassen der Sekundstufe I, eine duale Ausbildung beginnen zu wollen, erhöht sich der Anteil dieser, die aktiv nach einem Ausbildungsplatz suchen, zwar deutlich, der Prozentsatz der Schülerinnen und Schüler, die Bewerbungsaktivitäten ergriffen hat, ist jedoch mit 18,1 % an Hauptschulen, 15,5 % an Realschulen und 16,4 % an Gesamtschulen selbst unter den ausbildungswilligen Jugendlichen noch sehr gering.

Abbildung 4: Stand der Ausbildungsplatzsuche und -bewerbung nach Schulform; eigene Auswertung und Darstellung

Ausbildungsplatzsuche und -bewerbung MP III 2011 (9. Klasse)									
Merkmal / Fragestellung	**Hauptschule**			**Realschule**			**Gesamtschule***		
	n	ja	nein	n	ja	nein			
Ausbildungsplatzsuche	719	230	489	1.285	375	910			
		32,0	68,0		29,2	70,8			
	n	ja	%	n	ja	%			
Bewerbungsaktivität	226	65	28,8	375	63	16,8			
	719	65	9,0	1.285	63	4,9			
	n	ja	nein	n	ja	nein	n	ja	nein
Ausbildungsplatzsuche unter Jugendlichen mit Übergangsaspiration "betriebliches Ausbildungsverhältnis"	237	137	100	251	182	69	55	41	14
		57,8	42,2		72,5	27,5		74,5	25,5
	⇩			⇩			⇩		
	n	ja	%	n	ja	%	n	ja	%
Bewerbungsaktivität unter Jugendlichen mit Übergangsaspiration "betriebliches Ausbildungsverhältnis"	135	43	31,9	182	39	21,4	41	9	22,0
	237	43	18,1	251	39	15,5	55	9	16,4

* Tabelle für die Gesamtschule zeigt Teilergebnisse, da hier nur diejenigen Schüler/-innen befragt wurden, die angegeben haben, nicht in die Oberstufe wechseln und die Schule für eine Berufsausbildung verlassen zu wollen.

Nicht zuletzt in Anbetracht von Forschungsergebnissen aus dem vergangenen Jahrzehnt, die den Übergang in schulische Bildungsgänge als durch den Lehrstellenmangel erzwungene „Notlösungen" erscheinen ließen (vgl. Birkelbach, 2007 und 2008), ist der Anteil der Jugendlichen, die sich in der Klasse 9 aktiv um einen Ausbildungsplatz bemühen, überraschend niedrig und wirft die Frage nach den Gründen für das – zumindest zunächst – ausbleibende Suchverhalten auf. Nach diesen Gründen befragt, verweisen die Jugendlichen, wie Abbildung 5 zu entnehmen ist, in erster Linie auf einen geplanten weiteren

Schulbesuch, angesichts dessen sich die Ausbildungsplatzsuche zunächst erübrigt. Die Schülerinnen und Schüler signalisieren aber ebenfalls zusätzlichen Unterstützungsbedarf im beruflichen Orientierungsprozess, indem sie die ausbleibende Bewerbungsaktivität

- mit ihren noch unklaren beruflichen Wünschen,
- mit ihrem fehlenden Bewusstsein für das richtige „Timing" und
- mit ihrem Nichtwissen, wie und bei wem sie sich bewerben könnten,

begründen.

Abbildung 5: Begründungen der Nicht-Suche nach Ausbildungsplätzen nach Schulform; eigene Auswertung und Darstellung

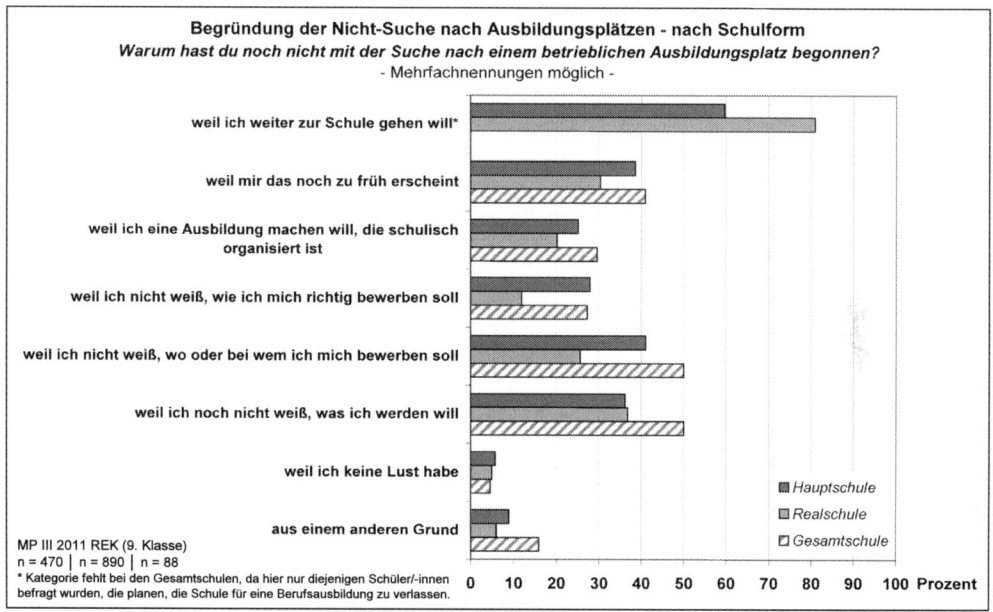

6. Fazit und Konsequenzen

Die beruflichen Orientierungsprozesse der Jugendlichen gehen während des betrachteten Zeitraums von heterogenen Ausgangslagen aus und nehmen divergente Verläufe. Während die beruflichen Wünsche und Laufbahnpläne eines Teils der Jugendlichen im Verlaufe der Zeit konkreter werden, werden die Wünsche und Pläne anderer Schülerinnen und Schüler stattdessen diffuser. Die beruflichen Orientierungsprozesse der Jugendlichen entwickeln sich im Verlaufe der beiden Schuljahre also nicht durchgängig so, dass von gelingenden Berufswahlprozessen gesprochen werden könnte. Zudem scheint das Timing im Berufsorientierungs- und Berufswahlprozess optimierungsbedürftig.

Ein großer Teil der Jugendlichen weiß auch Ende der Klasse 9 noch nicht oder nicht mehr, was sie/er einmal werden will und viel zu wenige Jugendliche beginnen rechtzeitig mit der Suche nach einem Ausbildungsplatz, und zwar auch dann, wenn sie ausdrücklich planen nach der Schulentlassung in eine duale Ausbildung einzumünden.

Dabei fühlt sich die Mehrheit der Jugendlichen durchaus durch die Schulen in ihrer Berufswahl unterstützt und beurteilt die einzelnen Fördermaßnahmen im Durchschnitt ausnahmslos positiv. Allein am Kriterium der durchschnittlichen Zufriedenheit der Schülerinnen und Schüler gemessen, scheint es überhaupt keine „schlechten" Berufsorientierungsmaßnahmen zu geben, so dass sich die Frage stellt, welchen Stellenwert das Schülerfeedback für die Evaluation der Fördermaßnahmen in der Berufsorientierung einnimmt.

Mit Blick auf die pädagogische Förderung der beruflichen Orientierung insgesamt variiert das Unterstützungserleben der Schülerinnen und Schüler in Abhängigkeit von der besuchten Schulform. Die Hauptschülerinnen und Hauptschüler unterscheiden sich in ihrem Unterstützungserleben positiv von den Schülerinnen und Schülern der anderen Schulformen und sind auch schon früher konkreter beruflich orientiert. Am Ende der Klasse 9 haben sie allerdings noch erheblichen Unterstützungsbedarf bei der Bewältigung der konkreten Teilaufgaben im Bewerbungsprozess. Möglicherweise sollten die Anstrengungen, die Schülerinnen und Schüler in dieser Phase durch die an allen Schulformen einhellig besonders geschätzten Bewerbungstrainings zu unterstützen, an Hauptschulen weiter intensiviert werden.

> In Anbetracht des im Schulformvergleich guten Entwicklungsstands der Berufsorientierung an Hauptschulen stellt sich nicht zuletzt angesichts des quantitativen Bedeutungsverlusts dieser Schulform die Frage, wie die Berufsorientierung an Real- und Gesamtschulen vergleichbar erfolgreich in der schulischen Arbeit verankert werden kann.

Möglicherweise ist der Schulformunterschied im Unterstützungserleben der Schüler auch den unterschiedlichen curricularen Rahmenbedingungen der Berufsorientierung geschuldet. Untersuchungen in Österreich haben gezeigt, dass die schulische Berufsorientierung dann effektiver ist, wenn sie nicht fächerübergreifend und in die Pflichtgegenstände des Lehrplans integriert, sondern als eigenständiger Gegenstand oder in Projektform umgesetzt wird (vgl. Kriegseisen, 2004; vgl. auch Engleitner & Schwarz, 2002). In Kenntnis dieser Befundlage und im Lichte der hier präsentierten empirischen Ergebnisse wären verschiedene Konsequenzen denkbar. Entweder man konzentriert die Bemühungen darauf, die Schulen bei der Entwicklung tragfähiger Konzepte fächerübergreifender Berufsorientierung zu unterstützen oder man stattet die Berufsorientierung an Real- und Gesamtschulen mit einem festen curricularen Ort und einem klar umrissenen und verpflichtenden Kontingent an Lehr- und Lernzeit aus.

Vor allem aber legen die bisherigen empirischen Ergebnisse des Berufsorientierungspanels zu den institutionellen Übergangsabsichten der Jugendlichen die Schlussfolgerung nahe, dass die Einschätzung des weiteren Schulbesuchs „als Notlösung" zumindest stark zu relativieren ist. Insbesondere die Schülerinnen und Schüler an Real- und Gesamtschulen denken in der Klasse 8 und auch noch in Klasse 9 stark in schulischen Karrieren und streben in erstaunlich geringem Maße einen direkten Übergang von der Sekundarstufe I in das duale System der Berufsausbildung an.[4] Die beabsichtigte weite-

---

4   Die Differenzierung dieser Aussage für verschiedene Teilgruppen von Jugendlichen muss an anderer Stelle erfolgen.

re Bildungsnachfrage der Jugendlichen weist somit auf die Fortsetzung des langfristigen Trends zur „Verschulung der Jugendphase" (Popp, 2010) hin, ohne dass derzeit im Einzelnen diskutiert würde, welche Konsequenzen sich hieraus für die schulische Laufbahnberatung und für das regionale Übergangsmanagement ergeben. Eine solche Debatte gilt es empirisch informiert auf regionaler und überregionaler Ebene zu führen. Dies setzt allerdings differenzierte Daten sowohl zur Bildungsnachfrage der Jugendlichen als auch zu den „Erträgen" des weiteren Schulbesuchs bzw. des Erwerbs von weiterführenden Schulabschlüssen auf der Ebene von Bildungsgängen voraus. Solche Analysen liegen für das berufliche Schulwesen bislang nur vereinzelt vor (vgl. Schuchart, 2011). Ziel der Forschungsentwicklung muss es sein, solche Lücken zu schließen, damit die Laufbahnberatung der Jugendlichen und die Formulierung von Übergangsempfehlungen zukünftig auf der Basis empirisch gesicherten Wissens erfolgen können.

Literatur

Birkelbach, K. (2007). Schule als Notlösung. Die Entwicklung der Entscheidung zwischen einer Berufsausbildung und einem weiteren Schulbesuch im Verlauf des letzten Schuljahres der Sekundarstufe I bei Haupt-, Real- und Gesamtschülern. *Zeitschrift für Berufs- und Wirtschaftspädagogik, 103,* 2, 248–263.

Birkelbach, K. (2008). Zwischen Wunsch und Wirklichkeit. Prozesse beruflicher Orientierung im letzten Jahr an Haupt-, Gesamt- und Realschulen. *Die berufsausbildende Schule, 60,* 1, 11–16.

Braun, F. & Reißig, B. (Hrsg.) (2011). *Regionales Übergangsmanagement Schule – Berufsausbildung: Handlungsfelder und Erfolgsfaktoren.* München: Deutsches Jugendinstitut e.V.

Engleitner, J. & Schwarz, W. (Hrsg.) (2002). *Berufsorientierung an österreichischen Hauptschulen und AHS Unterstufen. Realisierungsvarianten und Effekte bei SchülerInnen und Eltern.* Wien: BM:BWK.

Friedrich, M. (2009). *Berufliche Pläne und realisierte Bildungs- und Berufswege nach Verlassen der Schule. Ergebnisse der BIBB-Schulabgängerbefragungen 2004 bis 2006.* Bielefeld: Bertelsmann.

Gaupp, N., Großkurth, H. & Lex, T. (2008). *Münchener Haupt-, Wirtschafts- und Förderschüler/innen auf dem Weg von der Schule in die Berufsausbildung. Bericht zur Basiserhebung der Münchner Schulabsolventenstudie.* München: Deutsches Jugendinstitut e.V.

Havighurst, R. J. (1952). *Developmental Tasks and Education* (2nd ed.). New York: David McKay.

Hein, J. (2006). *Herr Jensen steigt aus.* München: Piper.

Herzog, W., Neuenschwander, M. & Wannack, E. (2006). *Berufswahlprozess. Wie sich Jugendliche auf ihren Beruf vorbereiten.* Bern: Haupt.

Jung, E. (2013). Didaktische Konzepte der Studien- und Berufsorientierung für die Sekundarstufen I und II. In diesem Band.

Kriegseisen, G. (2004). *Wirkung des Berufsorientierungsunterrichtes in der siebten Schulstufe. Eine quasi-experimentelle Untersuchung von drei Realisierungsformen.* Salzburg: Pädagogische Hochschule. Verfügbar unter: http://www.phsalzburg.at/ projektbuero/Aktualisierung_Dateien/03_BO/03_Unterlagen/GKRIEGSEISEN_UNTERSUCH_BO_2004. doc [23.07.2012].

Kuhnke, R. & Reißig, B. (2008). *Schülerinnen und Schüler auf dem Weg von der Schule in die Berufsausbildung. Bericht der Basiserhebung der Kommunalen Schulabsolventenstudie in den Städten Leipzig, Halle, Jena und Frankfurt (Oder)*. Halle: Deutsches Jugendinstitut e.V.

Neuenschwander, M. P., Frey, M., Gerber-Schenk, M. & Rottermann, B. (2010). *Übergänge von der Schule in den Beruf im Kanton Zürich: Herausforderungen und Erfolgsfaktoren – Schlussbericht*. Solothurn: PH FHNW.

Oerter, R. & Dreher, E. (2008). Jugendalter. In R. Oerter & L. Montada (Hrsg.), *Entwicklungspsychologie* (6., vollständig überarbeitete Auflage) (S. 271–332). Weinheim: Beltz.

Popp, U. (2010). Von der „*Verschulung* der Jugend" zur „jugendgerechten" Schule? In C. Riegel, A. Scherr & B. Stauber (Hrsg.), *Transdisziplinäre Jugendforschung. Grundlagen und Forschungskonzepte* (S. 327-344). Wiesbaden: VS Verlag.

Rahn, S., Brüggemann, T. & Hartkopf, E. (2011). Von der diffusen zur konkreten Berufsorientierung: die Ausgangslage der Jugendlichen in der Frühphase der schulischen Berufswahlvorbereitung. *Die deutsche Schule, 10 3(4)*, 297–311.

Ratschinski, G. (2009). *Selbstkonzept und Berufswahl. Eine Überprüfung der Berufswahltheorie von Gottfredson an Sekundarschülern*. Münster: Waxmann.

Reißig, B., Gaupp, N. & Lex, T. (Hrsg.) (2008). *Hauptschüler auf dem Weg von der Schule in die Arbeitswelt. Das DJI-Übergangspanel*. München: Deutsches Jugendinstitut e.V.

Schmude, C. (2009/2010). *Entwicklung von Berufspräferenzen im Schulalter: Längsschnittliche Analysen der Entwicklung von Berufswünschen*. Habilitation, Humboldt-Universität Berlin. Verfügbar unter: http://edoc.hu-berlin.de/habilitationen/schmude-corinna-2010-01-27/PDF/schmude.pdf [23.07.2012].

Schuchart, C. (2011). Was bringt das Nachholen eines Schulabschlusses? Analysen zur Ausbildungseinmündung von Schülerinnen und Schülern mit nachträglicher schulischer Höherqualifizierung. *Zeitschrift für Bildungsforschung, 1*, 69–85.

Stangl, W. & Seifert, K.-H. (*1986). Der Fragebogen Einstellungen zur Berufswahl und beruflichen Arbeit (EBwA-HS). diagnostica, 3*, 153–164.

Statistisches Bundesamt (Hrsg.) (1996). Klassifizierung der Berufe, Ausgabe 1992. In *Bevölkerung und Erwerbstätigkeit, Fachserie 1, Reihe 4.1.2, Beruf, Ausbildung und Arbeitsbedingungen der Erwerbstätigen 1995 (Ergebnisse des Mikrozensus)* (S. 317–323). Stuttgart: Metzler-Poeschel.

Tomasik, M. J., Hardy, S., Hasse, C. M. & Heckhausen, J. (2009). Adaptive adjustment of vocational aspirations among German Youths during the transition from school to work. *Journal of Vocational Behavior, 74*, 38–46.

Ulrich, J. G. (2006a). Übergänge in das duale System der beruflichen Bildung. Ergebnisse der BA/BIBB-Bewerberbefragung 2004. In Gesprächskreis Arbeit und Qualifizierung der Friedrich-Ebert-Stiftung & Institut für Arbeitsmarkt- und Berufsforschung (Hrsg.), *Übergänge zwischen Schule und Beruf und darauf bezogene Hilfesysteme in Deutschland* (S. 21–36). Bonn: Friedrich-Ebert-Stiftung.

Ulrich, J. G. (2006b). Wie groß ist die „Lehrstellenlücke" wirklich? Vorschlag für einen alternativen Berechnungsmodus. *Berufsbildung in Wissenschaft und Praxis, 35*, (3), 12–14.

Westdeutscher Handwerkskammertag (Hrsg.) (o.J.). *Wie finde ich qualifizierte Auszubildende? Arbeitsmaterial für ausbildende Betriebe. MODUL 1: Der Weg zu qualifizierten Bewerber/innen*. Verfügbar unter: http://www.handwerk-nrw.de/index.php?eID=tx_nawsecuredl&u=0&file=fileadmin/user_upload/hp_whkt/downloads/service/lehrlingswerber-brosch_modul-1_download.pdf&t=1343141069&hash=aab19d9c7ca775fa4fe2a5596dc17f89cb277654 [23.07.2012].

Volker Gehrau und Hanna Jo vom Hofe

Medien und Berufsvorstellungen Jugendlicher

Eine Studie zur Darstellung von Berufen in Fernsehserien und deren Einfluss auf die Berufsvorstellungen Jugendlicher

1. Einführung

Nach 46 gesendeten Folgen der Vorabendserie „Eine für alle – Frauen können's besser" beschloss die ARD 2009 die Serie bereits nach 100 von 200 geplanten Folgen einzustellen, weil sich das Publikum kaum für die vier angestellten Frauen des mittelständischen Kühlsystemherstellers Wetzmann interessierte. Der Soap-Zuschauer ist andere Berufsgruppen gewöhnt: Vornehmlich arbeiten Menschen in Fernsehserien im Gesundheitsbereich, bei der Polizei oder in der Gastronomie. Eine realistische Vielfalt an Berufen sucht man in der Regel vergeblich. Das Interesse dieses Artikels gilt der Frage, ob und inwiefern die Darstellung von Berufen im Fernsehen – insbesondere in fiktionalen Formaten – Wahrnehmungen der beruflichen Realität im Allgemeinen und einzelner Berufe im Speziellen prägt. Viele Berufsanwärter[1] haben unrealistische Berufsvorstellungen sowohl was den Zugang zu Berufsfeldern als auch einzelne Tätigkeiten angeht. Zahlreiche Berufsgruppen finden schwer qualifizierten Nachwuchs und vielfach führen falsche Erwartungen zu Ausbildungs- und Studienabbrüchen, die die Problematik noch verschärfen (Jasper, Richter, Haber, Vogel, 2009, S. 12–13; Heublein, Spangenberg, Sommer, 2003, S. 56–59). Diese kurz umrissene Problemlage, mit der Berufseinsteiger und Arbeitgeber zu kämpfen haben, wird von der Tatsache begleitet, dass es in diesem Zusammenhang bislang nur wenige Erkenntnisse zu Medieneinflüssen gibt. Deshalb hat dieser Beitrag zum Ziel, einen Teil dieser Medienumwelt als möglichen Ausgangspunkt jugendlicher Berufsorientierung in den Blick zu nehmen, was aus kommunikationswissenschaftlicher Perspektive insbesondere vor dem Hintergrund der zunehmenden Medialisierung des jugendlichen Alltags dringend notwendig erscheint.

2. Theoretischer Anschluss: die Kultivierungsforschung

Die kommunikationswissenschaftliche Kultivierungsforschung untersucht, wie die Medien – insbesondere das Fernsehen – die Vorstellung der Menschen von der Welt prägen. Sie bietet sich deshalb in besonderem Maße als Ausgangspunkt für die vorliegende Studie an. Die Kultivierungsforschung wurde Anfang der 1970 Jahre von George Gerbner und Larry Gross (1976a/b) initiiert und hat sich anfangs mit der Gewalt im amerikanischen Fernsehen beschäftigt. Mittels Inhaltsanalysen hat das Forschungsteam ermittelt, wie viel Gewalt das fiktionale Primetime-Programm im Fernsehen enthält und wer die Täter und die Opfer sind. Diese Zahlen wurden mit Angaben aus der Kriminalitäts-

---

1 Zur besseren Lesbarkeit wird im Folgenden ausschließlich die männliche Form verwendet. Diese impliziert aber immer auch die weibliche Form.

statistik verglichen. Es zeigte sich, dass im Fernsehen weit mehr Gewalt gezeigt wurde, als im normalen Leben vorkam und dass auch die Täter-Opfer-Struktur nicht den realen Gegebenheiten entsprach. Zusätzlich hat das Team allgemein zugängliche Umfragen reanalysiert und Angaben über Gewalt und Kriminalität mit Angaben zum Fernsehkonsum in Verbindung gebracht. Dabei stellte sich heraus, dass in der Regel diejenigen, die viel fernsahen, die Realität eher so einschätzten, wie sie im Fernsehen gezeigt wurde; was diejenigen, die weniger fernsahen, signifikant seltener taten. Daraus schloss das Team, dass das Fernsehen eine Art Sozialisationsinstanz geworden ist, die bei seinen Nutzern die Fernsehwelt als Bestandteil des Weltbildes kultiviert.

In den folgenden Jahren (im Überblick Schenk, 2007, S. 578–623) ist die Kultivierungsforschung ebenso heftig kritisiert (insbesondere Hirsch, 1980 & 1981 sowie Hughes 1980) wie verteidigt worden (insbesondere Gerbner et al., 1980 & 1981); vor allem hat sie aber wichtige konzeptionelle und theoretische Erweiterungen erfahren. Zunächst wurden Kultivierungsprozesse erster und zweiter Ordnung unterschieden (z. B. Potter, 1991). Kultivierung erster Ordnung bezieht sich auf Schätzungen: Wenn die Fernsehwelt in Bezug auf bestimmte Aspekte von der Realität abweicht, werden die Schätzungen derjenigen, die viel fernsehen, in Richtung der Fernsehrealität verzerrt, also fernsehtypische Phänomene überschätzt. Kultivierung zweiter Ordnung betrifft Einstellungen und Gefühle, die aus den Fehleinschätzungen resultieren. Übertragen auf den Forschungsgegenstand von Gerbner und Gross bedeutet das: Kultivierung erster Ordnung impliziert, dass die TV-Vielseher die Gewalt in der Gesellschaft überschätzen. Kultivierung zweiter Ordnung bringt mit sich, dass die TV-Vielseher z. B. ängstlicher sind als die TV-Wenigseher, weil die Vielseher die Gesellschaft für gewalttätiger erachten als die Wenigseher.

Darüber hinaus wurde die Kultivierungsforschung auf verschiedene Bereiche des alltäglichen Lebens angewendet. Im Blickfeld standen unterschiedliche gesellschaftliche Bereiche wie z. B. Familie (Segrin & Nabi, 2002), Sport (Marcinkowski & Gehrau, 2009), Lebensstile (Rössler & Brosius, 2001), Gesundheit (Rossmann, 2003), Ernährung (Lücke, 2007), Essstörungen (Baumann, 2009), Verbrechensprävention (Nabi & Sullivan, 2001) sowie Vorstellungen vom Tod (Gehrau & Kuhlmann, 2010).

Vor allem aber sind die Erweiterungen der Kultivierungsforschung interessant, die den Kultivierungseffekten Einfluss auf alltägliche Entscheidungen und Handlungen attestieren. Insbesondere Medienpsychologen (z. B. Shrum & O'Guinn, 1993, Shrum, 1996 sowie Busselle & Shrum, 2003) argumentieren, der Kultivierungseffekt sei ein Resultat medieninduzierter kognitiver Zugänglichkeit. Kognitive Zugänglichkeit führt dazu, dass Informationen, die von den Medien wiederholt aktiviert werden, bei nachfolgenden Denkprozessen einfacher aktiviert werden als andere Informationen. Sie prägen deshalb die Denkprozesse stärker als andere Informationen, was z. B. zur Überschätzung bestimmter Phänomene führt, zu denen kein genaues Wissen vorliegt. Die Effekte sind aber nicht auf Schätzungen beschränkt, sondern können in unterschiedlichen Konstellationen und Varianten wirksam werden. Es finden sich zudem Hinweise darauf, dass, wenn die Effekte der kognitiven Zugänglichkeit über längere Zeiträume auftreten, sie quasi chronisch werden und nicht mehr der ständigen Aktualisierung bedürfen (Roskos-Ewoldsen, Roskos-Ewoldsen & Dillmann Carpentier, 2002). Nicht zuletzt gehen moderne Handlungstheorien davon aus, dass Menschen, wenn sie nicht unbewusst oder rein nach Routinen vorgehen, Handlungen bewusst planen und dabei Einschätzungen der Situation und der Erwartungen anderer vornehmen. Wenn diese aber von den Medien kultiviert wurden, dann gewinnt der Medieneffekt Handlungsrelevanz. Entsprechende Handlungseffekte konnten empirisch z. B. im Bereich der Verbrechensprävention nachgewiesen werden (Nabi & Sullivan, 2001).

Damit liegt die Frage nahe, ob Medien – insbesondere das Fernsehen – auch Vorstellungen von Berufen und dem Berufsleben prägen und damit vielleicht sogar Einfluss auf die Berufswahl nehmen. Diese Einflüsse wären aber nur dann problematisch, wenn die Medien Berufe und das Berufsleben anders präsentierten, als es sich in Wirklichkeit darstellt.

3. Die Berufswelt in Fernsehserien

Fernsehserien sollen in erster Linie unterhalten und nicht beraten. Einige Berufe eignen sich zu Unterhaltungszwecken deutlich besser als andere. So könnte vor dem Hintergrund der Idee der Kultivierungsforschung die zunehmende Medialisierung des jugendlichen Alltags auch in diesem Kontext Wirkung zeigen, indem sich Berufsvorstellungen und -wünsche möglicherweise quasi nebenbei während der Rezeption von „Grey's Anatomy", „Gute Zeiten, schlechte Zeiten" oder „CSI Miami" entwickeln.

Fernsehserien arbeiten mit festen Personenkonstellationen, wiederkehrenden Erzählsträngen und mit einer hohen Sendefrequenz und haben deshalb ein besonders großes Potenzial für Medienwirkungen. Zudem genießen einige Serien außergewöhnlich hohe Beliebtheit bei Jugendlichen. Deshalb konzentriert sich die nachfolgende Studie[2] auf Serien. Gemäß der Logik der Kultivierungsforschung wurde folgende Hypothese untersucht: *„Die in den Fernsehserien gezeigte Berufswelt stimmt weder von der Verteilung der Berufe noch von der Art der Tätigkeiten mit der realen Berufswelt überein."*

Dazu wurde eine Inhaltsanalyse durchgeführt, die auf der Ebene einzelner Serienfolgen ansetzte. Für die Analyse sind Serien ausgewählt worden, die laut JIM-Studie (Jugend, Information, Multi-Media) und Gesellschaft für Konsumforschung (GfK) in der jugendlichen Zielgruppe 2008 besonders beliebt waren. Sechs der untersuchten Serien haben einen besonderen Bezug zu speziellen Berufen. Dazu zählen Serien aus dem Gesundheitsbereich, in denen vor allem Ärzte sowie Angehörige des Pflegepersonals agieren („Doctor's Diary", „Dr. House" und „Grey's Anatomy") sowie aus dem Bereich Justiz und Verbrechen, in denen vor allem Angehörige der Polizei sowie des Justizapparates auftreten („Alarm für Cobra 11", „CSI Miami" und „Monk"). Darüber hinaus wurden fünf Serien in die Analyse aufgenommen, die keinen Bezug zu einem bestimmten Berufsfeld aufweisen: „Alles was zählt", „Desperate Housewives", „Die Simpsons", „Gute Zeiten, schlechte Zeiten" und „King of Queens".

---

2   Die Inhaltsanalyse sowie die Befragung wurden im Rahmen eines Lehrforschungsprojektes am Institut für Kommunikationswissenschaft der Universität Münster durchgeführt. Für die Mitarbeit danken wir: Marieke Bossek, Melanie Briks, Maud Dieminger, Yvonne Dreimann, Claudia Ippen, Rasa Kelbauskaite, Alexandra Krude, Dennis Nguyen, Linda Rauen, Laura Maria Rech, Christin Ritter, Kathrin Röllke, Jan von Schilcher, Florian Schröder, Lisa Sievers, Filiz Soytürk, Nina Sträter, Swantje Suchland, Bettina Schulze Vowinkel, Almut Wiemold, Sarah Wolter-Boländer.

In jeder zweiten Sendeminute, in der Berufsbezüge dargestellt wurden, betrafen diese den Bereich Gesundheit, wenn die Sequenzanalysen aller untersuchten Serien betrachtet wurden. Ein weiteres Drittel der Sendeminuten entfiel auf den Bereich Verteidigung/Verwaltung, im konkreten Fall Polizei und Justiz. Beide Befunde lassen sich auf die Auswahl der untersuchten Serien zurückführen, in die bewusst Gesundheits- und Polizeiserien einbezogen wurden, weil sie einen großen Teil des Serienangebots ausmachen. Nur knapp 15 Prozent der Sendeminuten mit Berufsbezug entfielen auf andere Berufe, darunter waren sieben Prozent aus dem Bereich Dienstleistungen, fünf Prozent aus dem Bereich Gastronomie, zwei Prozent Handel und ein Prozent Banken/Versicherungen. Alle anderen Berufsfelder blieben deutlich unter der Rundungsgrenze von einem Prozent; die meisten kamen gar nicht vor.

Bei den berufsunspezifischen Serien, also ohne Berücksichtigung der genrespezifischen Gesundheits- und Kriminalserien, lag die Verteilung anders. Hier dominierten Tätigkeiten in der Gastronomie, die knapp ein Drittel der Sendezeit mit Berufsbezug ausmachten und den sonstigen Dienstleistungen, die mit gut einem Viertel vertreten waren. Es liegt nahe, diese Zahlen über den dominanten Handlungskontext zu erklären, der in den berufsunspezifischen Serien im Freizeitbereich liegt, so dass dementsprechende Schauplätze und Figuren benötigt werden. Aber auch in den berufsunspezifischen Serien spielten die Bereiche Gesundheit und Polizei/Justiz mit jeweils gut zehn Prozent der Sendeminuten mit Berufsbezug eine nennenswerte Rolle. Zwischen fünf und zehn Prozent der berufsbezogenen Sendeminuten hatten Bezüge zu Handel oder Banken/Versicherungen. Auf eine messbare Größe über einem Prozent kamen darüber hinaus nur noch die Berufsfelder Erziehung/Unterricht, Grundstücke/Wohnen und das verarbeitende Gewerbe. Da die ausgeübten Tätigkeiten auf der Ebene der Figuren am besten zu rekonstruieren waren, sind diese in einem weiteren Analyseschritt detaillierter erfasst worden. Wenn es sich nicht um Gesundheits- oder Polizeiserien handelte, fanden sich unter den sonstigen Dienstleistungsberufen erstaunliche 20 Prozent Sportler, acht Prozent Medienschaffende und fünf Prozent Künstler.

Tabelle 1:   Berufe in Sendeminuten mit Berufsbezug auf Sequenzebene (Prozentangaben)

	berufsunspezifische Serien n = 194 min	alle Serien n = 1153 min
Agrarsektor	—	—
Produktionssektor	—	—
Bergbau	—	—
Energie/Wasser	—	—
Baugewerbe	—	—
Verkehr/Logistik	—	—
Verarbeitung	1	—
Grundstücke/Wohnen	1	—
Erziehung/Unterricht	2	—
Banken/Versicherungen	5	1
Handel	8	2
Gastronomie	31	5
sonstige Dienstleistungen	27	7
Verwaltung/Verteidigung	14	33
Gesundheit/Sozialwesen	11	52

Die Leerstellen in Tabelle 1 verdeutlichen die Verengung des Berufsspektrums in den Serien, viele Berufsfelder wurden gar nicht dargestellt. An dieser Stelle lassen sich dann auch keine methodischen Probleme ins Feld führen, da insgesamt über 50 Serienfolgen analysiert wurden und wenn die entsprechenden Berufe einen entscheidenden Beitrag zur Serienwelt leisten würden, müssten sie zumindest irgendwo auftauchen, was sie aber nicht tun. Auffällig ist auch, dass es sich bei den ignorierten Berufsfeldern insbesondere um solche handelt, die mit Technik, Handwerk oder körperlicher Arbeit verbunden sind.

Neben den Berufen sind auch einzelne Charakteristika der Figuren und Handlungen mit Berufsbezug untersucht worden. In etwa jeder vierten bis fünften Sequenz mit Berufsbezug wurde die Berufshandlung direkt oder indirekt charakterisiert. Dabei waren zunächst zwei Aspekte besonders interessant: Einerseits traten relativ viele Personen in Leitungspositionen auf (27 Prozent), andererseits fanden sich mit nur etwa einem Prozent extrem wenige Figuren, die sich in Ausbildung befinden. Insgesamt fiel zudem auf, dass das Berufsleben in den Serien vornehmlich „locker" und unbeschwert ist und mit harter Arbeit in aller Regel nichts zu tun hat. So wurde der Aufwand in gut jeder sechsten Sequenz als eher niedrig dargestellt, aber in nur einer von hundert als hoch. Jede zwölfte Sequenz verwies außerdem auf hohen Verdienst, wohingegen nur eine von hundert auf geringes Einkommen hindeutete.

4. Kultivierungseffekte auf die Berufsvorstellungen von Schülern

An die Befunde der Inhaltsanalyse knüpft die zweite Teilstudie – eine Befragung jugendlicher Rezipienten – an. Die zu prüfende Hypothese lautete hier: *„Personen, die entsprechende Fernsehserien nutzen, werden die reale Berufswelt eher so einschätzen, wie in den Serien dargestellt."* Teilgenommen haben etwa 1.300 Schüler aller Schulformen im Großraum Münster. Die Befragten standen höchstens zwei Jahre vor dem Schulabschluss, so dass über die Auswahl weitestgehend gewährleistet werden konnte, dass die befragten Schüler sich bereits mit dem Thema Berufswahl auseinander gesetzt hatten. Der Fragebogen enthielt sowohl Angaben zur Mediennutzung als auch Schätz- und Einstellungsfragen zu Berufen.

Die Schüler wurden zunächst aufgefordert, für eine vorgegebene Liste von Berufen zu schätzen, wie viele von tausend Berufstätigen in Deutschland im jeweiligen Beruf tätig sind. Vorgegeben waren fünf Zehnerschritte sowie „weniger als einer von 1000" und „mehr als 50 von 1000". Die Antwortoptionen gewährleisteten, dass kleine und große Berufsgruppen differenziert und richtig klassifiziert werden konnten. Zudem waren mit Richter (eine Person von 1000) und Verkäufer (41 Personen von 1000) zwei Beispiele vorgegeben. Erwartungsgemäß schätzen die Schüler Berufe wie Krankenschwester/-pfleger, KFZ-Mechaniker, Friseur oder Lehrer als eher verbreitet und Musiker und Model als eher selten ein. Gemäß der Kultivierungshypothese sollte diese Schätzung systematisch mit dem Fernsehkonsum variieren. Deshalb wurde zum einen ein Nutzungsindex all derjenigen Serien gebildet, die Gegenstand der Inhaltsanalyse waren, und zum anderen wurde die allgemeine Fernsehhäufigkeit in Minuten erfragt. Von beiden Angaben wurde die nach Alter, Geschlecht und Schultyp kontrollierte Korrelation zu den Schätzungen errechnet. Demnach korreliert die Nutzung der analysierten Serien deutlich signifikant mit der Höhereinschätzung bei Ärzten, Pflegern sowie Musikern. Schwache aber signifikante Zusammenhänge finden sich noch bei Friseuren und Lehrern. Die ersten drei Berufsgruppen lassen sich gut auf die untersuchten Serien beziehen, da sie in diesen oft vorkamen. Die stärksten Zusammenhänge mit dem allgemeinen Fernsehkonsum finden sich bei Models und Friseuren, schwache Zusammenhänge bei Polizistinnen/Polizisten sowie Musikern. Diese Korrelationen lassen sich wahrscheinlich auf die derzeit viel angebotenen und genutzten Casting-Shows im Bereich Mode (z. B. Germany's Next Top Model) und Musik (z. B. Deutschland sucht den Superstar) und die weit verbreiteten Krimis zurückführen. Keine Korrelationen finden sich demgegenüber z. B. bei den typischen Handwerkern und Technikberufen. (Tab. 2)

Tabelle 2:   Schätzungen des realen Berufsvorkommens und Korrelationen mit dem TV-Konsum

	Mittelwert	Serien	TV gesamt
Pfleger/Krankenschwester	28,8	0,08**	0,04
Kfz-Mechaniker/in	27,6	0,04	0,04
Friseur/in	25,5	0,06*	0,08*
Lehrer/in	25,4	0,06*	0,01
Polizist/in	24,1	0,05	0,06*
Arzt/Ärztin	22,2	0,10**	0,05
Computerfachmann/frau	20,3	0,01	0,03
Bäcker/in	20,2	0,03	0,05
Dachdecker/in	18,7	0,04	0,04
Koch/Köchin	18,6	0,04	0,05
Ingenieur/in	17,2	0,02	0,03
Musiker/in	10,1	0,09**	0,06*
Model	7,7	0,05	0,10**

Signifikanz der Partialkorrelation: * $p < 0,05$; ** $p < 0,01$

Darüber hinaus wurden die Schüler gefragt, ob bestimmte Eigenschaften für sie besonders mit einzelnen Berufen verbunden sind. Unter diesen Berufen waren auch Ärzte und Polizisten. Hierbei ergaben sich Korrelationen zum Konsum der analysierten Serien, nicht aber zum allgemeinen Fernsehkonsum. Wer viele der untersuchten Serien schaute, der meinte signifikant öfter, Ärzte sähen gut aus und hätten ein aufregendes Berufsleben. Die Arbeit bei der Polizei wurde von den Seriensehern eher mit Ansehen und Einfluss verbunden und galt als „cool". Die Schüler wurden auch gefragt, wie stark sie sich wünschen, dass ihr Berufsleben bestimmten Eigenschaften entspricht. Hier korrelierten einige Eigenschaften mit dem allgemeinen Fernsehkonsum, aber kaum eine mit dem Konsum der analysierten Serien. Bei diesen ergab sich lediglich ein positiver Zusammenhang mit dem Wunsch, viel Geld zu verdienen. Mit steigendem Fernsehkonsum hatten die Schüler verstärkt den Wunsch nach hohem Gehalt, aber auch nach Einfluss, Bewunderung, viel Freizeit und festen Arbeitszeiten. Alle genannten Korrelationen wurden für Geschlecht, Alter und Schulform kontrolliert; sie sind zwar eher niedrig, aber statistisch klar aussagekräftig.

Abschließend wurde der Berufswunsch untersucht. Angaben aus einer offenen Frage dazu wurden daraufhin kodiert, ob es sich um einen Beruf aus dem Gesundheitssektor oder dem Bereich Polizei/Justiz handelte. Zusätzlich wurde den Befragten eine Liste entsprechender Serien vorgelegt, zu der sie angeben sollten, wie oft sie die entsprechenden Serien nutzen. Die Angaben wurden in Viel- und Wenigseher eingeteilt. Hier bestätigte sich die Kultivierungshypothese für den Gesundheitsbereich: Die Vielseher von Gesundheitsserien gaben mit 30 Prozent deutlich öfter als die Wenigseher mit 20 Prozent einen Berufswunsch im Gesundheitsbereich an. (Tab. 3) Das verzerrte Berufsbild in den Serien wirkt sich also zumindest teilweise sogar auf die Berufswünsche Jugendlicher aus. Demgegenüber hat weder die Nutzung von Gesundheitsserien einen Einfluss auf einen Berufswunsch im Bereich Polizei/Justiz noch der Konsum von Polizeiserien auf einen Berufswunsch im Gesundheitsbereich. Allerdings hatte der Konsum von Polizeiserien auch keinen Einfluss auf den Wunsch, im Bereich Polizei/Justiz zu arbeiten, wie man nach der Kultivierungshypothese vermuten könnte.

Tabelle 3:   Berufswunsch nach Serienkonsum

	Gesundheitsserien viel (n=212)	Gesundheitsserien wenig (n=472)	Polizeiserien viel (n=169)	Polizeiserien wenig (n=515)
Gesundheitsberuf	30%*	20%*	23%	24%
Polizei/Justiz	11%	12%	14%	12%

Signifikanz der Differenz: * p < 0,05

5. Zusammenfassung und Kontextualisierung der Ergebnisse

Insgesamt bestätigt die Inhaltsanalyse, dass die Darstellung von Berufen in Fernsehserien einer anderen Logik folgt als der Abbildung gesellschaftlicher Realität. So ist die Darstellung in hohem Maße selektiv die Bandbreite der Berufe betreffend, stereotyp in der Zuschreibung von Charakteristika zu einzelnen Berufsgruppen und inszeniert in dem Sinne, dass es vielfach nicht wirklich um die Berufe geht, sondern diese Mittel zum Zweck sind – man denke nur an die zahlreichen Szenen in Cafés, Kneipen und Restaurants. Die Ergebnisse können nicht als genaue Schätzungen des Bildes in Serien oder gar des Fernsehangebots allgemein betrachtet werden, aber sie deuten eine Richtung an, die eindeutig Potenzial für Kultivierungseffekte bietet. Diese Annahme wird von Befunden anderer Studien gestützt. Krüger hat in zwei ausgewählten Analysewochen (1999 und 2001) die Darstellung von Berufsbildern in den meistgenutzten Fernsehprogrammen (ARD/Das Erste, ZDF, RTL, SAT.1, ProSieben) untersucht und kommt zu ähnlichen Ergebnissen. Untersuchungsgrundlage waren insgesamt 840 sowohl fiktionale als auch nichtfiktionale Programmstunden (Krüger, 2005, S. 34f). Auf Basis der Berufsfelder der Berufsstatistik (ergänzt um Berufskategorien aus der TV-Realität) ergibt seine Analyse folgende Rangfolge der im Fernsehen repräsentierten Berufe, die mit den in Kapitel 3 dargestellten Ergebnissen korrespondiert: erstens Ordnung und Sicherheit, zweitens Medien/Geisteswissenschaften/künstlerische Berufe/Showbusiness, drittens TV spezifische Berufe/Journalismus und viertens Gesundheit (ebd., S. 56). Die Sichtbarkeit traditioneller Berufe des Handwerks und der Industrie sinkt „in die Bedeutungslosigkeit" (ebd., S. 57) und auch Wissenschaft und Technik kommen in fiktionalen Serien und Spielfilmen so gut wie gar nicht vor (Osterath, 2010). Klassische Berufe aus Handel, Handwerk oder Produktion scheinen ebenso wie typische Arbeitsaktivitäten nicht spannend genug für die Handlung in Filmen oder Serien zu sein, die primär unterhalten wollen (Hoffner et al., 2008, S. 284). Dazu kommt, dass sich insbesondere Dienstleistungsberufe visuell wesentlich leichter darstellen lassen (Michel & Pelka, 2005, S. 161). Im Untersuchungszeitraum 2004 kommt das Institut für den Ernst Schneider Preis in einem Vergleich von Erwerbstätigen in der Realität und der Fernsehwelt zu etwa demselben Befund. Im Fernsehen dominieren Berufe, die real nur von einer Minderheit der Berufstätigen ausgeübt werden: Ärzte, Rechtsanwälte, Sänger und Gastronomen (IHK, 2006). Besonders in Daily Soaps, die von Jugendlichen vielfach rezipiert werden, wird ein verzerrtes Bild der Berufswelt gezeichnet: „In ihnen hat der Jugendliche mit 20 Jahren eine eigene Bar oder steigt zum Werbeprofi auf" (ebd., S. 3). Insbesondere fiktionale Formate kultivieren stereotype Vorstellungen von Berufen, bspw. sind doppelt so viele Männer Berufsträger wie Frauen, was eine signifikante Verzerrung der sozialen Wirklichkeit bedeutet (Krüger, 2005, S. 115). Während selbstständige Frauen kaum vorkommen, spielt die Freiberuflichkeit für Männer eine große Rolle. Ihre Anzahl wird um das Neunfache überzeichnet (IHK, 2006, S. 4).

Dass diese Darstellungen eine Wirkung beim Publikum erzielen, erscheint vor dem Hintergrund der Vielzahl von Berufsbezügen in beliebten Fernsehformaten wenig überraschend. „In [...] 840 untersuchten Programmstunden trifft der Zuschauer [...] auf etwa acht Berufe in einer Fernsehstunde. Er sieht sich somit ständig mit Berufen konfrontiert, die wie selbstverständlich als Teile der Realitätsdarstellungen oder als Teile der fiktionalen Inszenierung von Wirklichkeit seine vom Fernsehen vermittelte kulturelle Umwelt prägen." (Krüger, 2005, S. 47). Hoffner et al. beschreiben das Fernsehen als zentralen Sozialisationsfaktor in Bezug auf die Berufswahl. Jugendliche sammeln kontinuierlich Informationen rund um mögliche Berufstätigkeiten und insbesondere wenn keine persönlichen Vorbilder beobachtet werden können, fungiert das Fernsehen als Orientierungsinstanz (Hoffner et al., 2008). Innerhalb des Fernsehangebots rezipieren Jugendliche die meisten Thematisierungen von Berufen und Arbeitsaktivitäten aufgrund der hohen Reichweite über Daily-Soaps und weitere fiktionale Formate (Pelka & Michel, 2005, S. 160). Die daraus resultierenden Wünsche und Vorstellungen sollten berücksichtigt werden, da sie möglicherweise einen Anhaltspunkt für tatsächliche Entwicklungen sein können. Denn überspitzt lässt sich auf Grundlage der Befragungsergebnisse (Kap. 4) zunächst festhalten, dass sich bei Zuschauern mit großem Serien- oder Fernsehkonsum folgendes, von der Realität deutlich abweichendes Berufsbild kultiviert: Berufsleben ist „cool", bringt Geld und Anerkennung und das bei relativ viel Freizeit. Wie genau sich das Bild von Berufen in Fernsehserien und die entsprechenden Vorstellungen auf die Berufswünsche der Jugendlichen auswirken, ist nur schwer erfassbar, weil zu viele Faktoren dabei eine Rolle spielen. Die Befunde zeigen aber exemplarisch, dass das verzerrte Berufsbild auch zu einer selektiven Berufswahl führen kann, was wiederum von weiteren Studien gestützt wird. So sind 74 Prozent der im Rahmen des Projekts MINTiFF (Mathematik, Informatik, Natur- und Technikwissenschaften und Chancengleichheit im Fiction-Format) an der TU Berlin befragten Mädchen (n=2457 Jugendliche) der Meinung, dass der Ärztinnenberuf Frauen attraktiv mache (Osterath, 2010). Weiterhin geben 40 Prozent an, dass sie häufig bis sehr häufig interessante Informationen über Berufe aus Fernsehserien entnehmen (Heise, 2010) und 23 Prozent der Mädchen haben durch Serien oder Spielfilme ihren späteren Wunschberuf kennen gelernt (Osterath, 2010). Auch Keuneke et al. kommen in einer qualitativen Studie 2010 zu dem Schluss, dass Krimiserien mit rechtsmedizinischem Schwerpunkt Quelle und Motivation der jugendlichen Berufsorientierung sein können. Leitfadeninterviews mit 27 jungen Erwachsenen, die sich für ein Praktikum oder ein Informationsgespräch am Institut für Rechtsmedizin interessierten, bestätigen den so genannten CSI-Effekt, der einen signifikanten Zusammenhang zwischen den erfolgreichen CSI-Serien über Gerichtsmediziner (dazu zählen: CSI – Den Tätern auf der Spur, CSI: Miami, CSI: NY und Navy CSI) und einer steigenden Nachfrage von Berufsanwärtern in diesem Fachgebiet annimmt (Freytag, 2005). Eine belgische Studie zu Hebammen, Tierärzten und einer Spezialeinheit beim Militär zeigt, dass die Rezeption von Dokusoaps über die jeweilige Berufsgruppe als signifikanter Faktor für eine positivere Sichtweise des gezeigten Berufs gelten kann. Die Studierendenzahlen in den entsprechenden Berufen steigen nach Ausstrahlung des jeweiligen Formats einmalig an, die Wahrscheinlichkeit, dass sich Jugendliche für den gezeigten Beruf entscheiden, steigt um 15 Prozent. Bei fiktionalen Programmen, in denen die Berufsgruppen ebenfalls porträtiert werden, bleibt in diesen Fällen ein solcher Einfluss jedoch aus (van den Bulck & Beullens, 2007). Auch der Wunsch Model zu werden, nimmt durch die Rezeption der Sendung Germany's Next Topmodel unter Kindern und Jugendlichen deutlich zu und die Jugendlichen nehmen an, dass die Castingshow ihnen Eindrücke über den tatsächlichen Arbeitsalltag eines Models vermittelt (Götz & Gather, 2010).

Die Ergebnisse sind nicht nur für individuelle Lebensläufe von entscheidender Bedeutung, sondern auch gesamtgesellschaftlich relevant. Viele Berufsgruppen haben ohnehin ein Imageproblem und die Medien verschärfen das Ungleichgewicht zwischen „populären" und „unpopulären" Berufen noch. Die betroffenen Berufe geraten weiter ins Hintertreffen und insgesamt verschärft sich die eingangs skizzierte Lage für Berufseinsteiger und Arbeitgeber durch Fernsehserien eher, als dass ihr entgegengewirkt würde. Insgesamt dominiert zwar die Problematik, dass das Fernsehen Berufe nur sehr einseitig thematisiert; die Ergebnisse können aber auch als Chance begriffen werden, denn: Zuvor weniger bekannte oder bei Jugendlichen weniger beliebte Berufsgruppen können vom Vorkommen in beliebten Fernsehserien profitieren, indem sie an Bekanntheit gewinnen.

Literatur

Baumann, E. (2009). *Die Symptomatik des Medienhandelns: Zur Rolle der Medien im Kontext der Entstehung, des Verlaufs und der Bewältigung eines gestörten Essverhaltens.* Köln: v. Halem.

Busselle, R. W. & Shrum, L. J. (2003). Media exposure and exemplar accessibility. *Media Psychology 5*, 255–282.

Freytag, A. (2005). Auf den Spuren der Spurensucher: Forensische Wissenschaft auf Erfolgskurs. *tv diskurs – Verantwortung in audiovisuellen Medien, 34*, 68–71.

Gehrau V. & Kuhlmann, C. (2010). Der kultivierte Tod: Der Einfluss des Fernsehens auf unsere Vorstellungen vom Sterben. In J. Westerbarkey (Hrsg.), *End-Zeit-Kommuniktion – Diskurse der Temporalität* (S. 99–111). Berlin: Lit.

Gerbner, G. & Gross, L. (1976a). The scary world of TV's heavy viewers. *Psychology Today*, April, 41–89.

Gerbner, G. & Gross, L. (1976b). Living with television. The violence profile. *Journal of Communication, 26*, 173–199.

Gerbner, G., Gross, L., Morgan, M. & Signorielli, N. (1980). A curious journey into the scary world of Paul Hirsch. *Communication Research, 8*, 39–72.

Gerbner, G., Gross, L., Morgan, M. & Signorielli, N. (1981). Final reply to Hirsch. *Communication Research, 8*, 259–280.

Götz, M. & Gather, J. (2010). *Deutschland sucht den Superstar und Germany's Next Topmodel. Castingshows und ihre Bedeutung für Kinder und Jugendliche.* Verfügbar unter: http://www.br-online.de/jugend/izi/deutsch/castingshows_bedeutung.pdf [11.07.2011].

Heublein, U., Spangenberg, H. & Sommer, D. (2003). Ursachen des Studienabbruchs. Analyse 2002. In HIS Hochschul-Informations-System (Hrsg.), *Hochschulplanung*, Band 163.

Hirsch, P. M. (1980). The „scary world" of the nonviewers and other anomalies. A reanalysis of Gerbner et al.'s findings on cultivation analysis. Part I. *Communication Research, 7*, 403–456.

Hirsch, P. M. (1981). On not learning from one's own mistakes: A reanalysis of Gerbner et al.'s findings on cultivation analysis. Part II; In *Communication Research, 8*, 3–37.

Hoffner, C. A., Levine, K. J. & Toohey, R. A. (2008). Socialization to Work in Late Adolescence: The Role of Television and Family. *Journal of Broadcasting & Electronic Media*, 52, 2, 282–302.

Hughes, M. (1980). The fruits of cultivation analysis. A re-examination of the effects of television watching on fear, alienation, and the approval of violence. *Public Opinion Quarterly, 44*, 287–302.

IHK (2006). *Das Fernsehen verzeichnet die Berufswelt. Die Entwicklung der Wirtschaftsberichterstattung in Fernsehen, Hörfunk und Presse 2006.* Verfügbar unter: http://www.ernst-schneider-preis.de/studien/stellungnahme2006.pdf [11.07.2011].

Jasper, G., Richter, U. A., Haber, I. & Vogel, H. (2009). Ausbildungsabbrüche vermeiden – neue Ansätze und Lösungsstrategien. In BMBF (Hrsg.), *Band 6 der Reihe Berufsbildungsforschung.*

Keuneke, S., Graß, H. & Ritz-Timme, S. (2010). „CSI-Effekt" in der deutschen Rechtsmedizin. Einflüsse des Fernsehens auf die berufliche Orientierung Jugendlicher. *Rechtsmedizin*, 20, 5, 400–406.

Krüger, Dr. U. M. (2005). Berufe im Fernsehen. In W. Dostal & L. Troll (Hrsg.), *Die Berufswelt im Fernsehen. Beiträge zur Arbeitsmarkt- und Berufsforschung* (S. 19–154). BeitrAB 292.

Lücke, S. (2007). *Ernährung im Fernsehen: Eine Kultivierungsstudie zur Darstellung und Wirkung.* Wiesbaden: VS.

Marcinkowski, F. & Gehrau, V. (2009). Kultivierungseffekte durch Sport im Fernsehen. In H. Schramm & M. Marr (Hrsg.), *Die Sozialpsychologie des Sports* (S. 223–246). Köln: v. Halem.

Michel, L. P. & Pelka, B. (2005). Die Darstellung von Berufen im Fernsehen und ihre Auswirkungen auf die Berufswahl: Ergebnisse einer Pilotstudie. In W. Dostal & L. Troll (Hrsg.), *Die Berufswelt im Fernsehen. Beiträge zur Arbeitsmarkt- und Berufsforschung* (S. 155–182). BeitrAB 292.

Nabi, R. L. & Sullivan, J. L. (2001). Does television viewing relate to engage in protective action against crime? A cultivation analysis from a theory of reasoned action perspective. *Communication Research, 28,* 802–825.

Osterath, B. (2010). Chemikerinnen? Fehlanzeige! *Nachrichten aus der Chemie, 58,* 12, 1234–1237.

Potter, W. J. (1991). Examing cultivation from a psychological perspektive: component subprocesses. *Communication Research, 18,* 77–102.

Roskos-Ewoldsen, D. R., Roskos-Ewoldsen, B. & Dillman Carpentier, F. R. (2002). Media priming: a synthesis. In J. B. Bryant & D. Zillmann (Hrsg.), *Media effects in theory and research* (S. 97–120). Mahwah: Erlbaum.

Rössler, P. & Brosius, H.-B. (2001). Do talk shows cultivate adolecents' view oft he world? A prolonged-exposure experiment. *Journal of Communication, 51,* 143–163.

Rossmann, C. (2003). Zu Risiken und Nebenwirkungen fragen Sie die Patienten. Eine Studie zur Darstellung von Ärzten in Krankenhausserien und ihrem Einfluss auf das Arztbild von Patienten. *Medien & Kommunikationswissenschaft, 51,* 497–522.

Schenk, M. (2007). *Medienwirkungsforschung.* Tübingen: Mohr Siebeck.

Segrin, C. & Nabi, R. L. (2002). Does television viewing cultivate unrealistic expectations about marriage? *Journal of Communication, 52,* 247–263.

Shrum, L. J. (1996). Psychological processes underlying cultivation effects. Further tests of construct accessibility. *Human Communication Research, 22,* 482–509.

Shrum, L. J. & O'Guinn, T. C. (1993). Processes and effects in the construction of social reality. Construct accessiblity as an explanatory variable. *Communication Research, 20,* 436–471.

Van den Bulck, J. & Beullens, K. (2007). The Relationship between Docu Soap Exposure and Adolescents' Career Aspiration. *European Journal of Communication, 22,* 3, 355–366.

Nora Gaupp, Tilly Lex und Franciska Mahl

Berufsorientierung und Übergangswege von Hauptschulabsolventinnen und -absolventen

Ergebnisse aus Längsschnittuntersuchungen des Deutschen Jugendinstituts (DJI)

1. Berufsorientierung von Hauptschülerinnen und Hauptschülern: ein Thema von hoher bildungspolitischer Priorität

Die Berufsorientierung von Hauptschüler/inne/n zu verbessern, ist Ziel einer großen Zahl von Programmen: Im November 2008 hatten Bund und Länder in ihrer „Qualifizierungsinitiative für Deutschland" vereinbart, dass „an jeder Schule mit Bildungsgängen, die zu einem Hauptschulabschluss führen, und für Schüler/innen in Förderschulen eine vertiefte Berufsorientierung angeboten wird. (…) Mit vertiefter Berufsorientierung ab Beginn der Vorabgangsklasse der Sekundarstufe I und dem Ausbau des Praxisbezugs im Unterricht soll der Übergang von Schüler/inne/n in die Ausbildung unterstützt werden" (Bundesministerium für Bildung und Forschung, 2008, S. 9–10; ein Überblick über die Vielzahl von Programmen und Projekten zur Berufsorientierung findet sich bei Lippegaus-Grünau, Mahl & Stolz, 2010).

In die aktuelle Debatte zur Verbesserung der Berufsorientierung von Hauptschüler/inne/n geht eine Reihe von Annahmen ein, deren Tragfähigkeit nur selten in Frage gestellt wird.[1] Diese Annahmen sind:

- Die am Ende der Sekundarstufe erkennbaren Brüche in den Bildungswegen von Hauptschülerinnen und -schülern werden zu hohen Anteilen mit Defiziten in deren Berufswahlverhalten erklärt.
- Diese Defizite werden darauf zurückgeführt, dass die Vorbereitung der Jugendlichen auf die Berufswahl in den Schulen unzureichend ist.
- Ein Ziel einer verbesserten Berufswahlvorbereitung von Hauptschüler/inne/n müsse daher sein, durch eine verbesserte Berufsorientierung in der Sekundarstufe I (oder sogar noch früher beginnend) eine möglichst schnelle Einmündung in die Ausbildung sicher zu stellen.

---

[1] Eine der wenigen kritischen Positionen zur aktuellen Debatte zur Berufsorientierung formuliert Solga: „Wird mit einer frühen ‚Berufsorientierung' und einer frühen Feststellung, für welchen Beruf man ‚geeignet sei', nicht die Selektionsidee des deutschen Bildungssystems weiter fortgeschrieben? Wäre es nicht wichtig, Schule für die Vermittlung von grundlegenden Kompetenzen für das spätere Leben in all seiner Breite und nicht nur für das Arbeitsleben verantwortlich zu machen? Wäre es nicht erforderlich, eher eine Breite der beruflichen Interessen auszubilden als eine frühzeitige Engführung, um so auch für das lebenslange Lernen eine Grundlage zu schaffen und nicht schon mit 14 oder 15 Jahren den Schulbesuch und schulische Interessen auf ‚den' Beruf hin auszurichten?" (Solga, 2009)

Das Ziel dieses Beitrages ist es, anhand von Ergebnissen aus Längsschnittuntersuchungen des Deutschen Jugendinstituts (DJI) die Belastbarkeit dieser Annahmen zu prüfen. Dabei wollen wir in folgenden Schritten vorgehen:

- In einem ersten Schritt beschreiben wir die Anlage der herangezogenen Untersuchungen, die durch ihr Längsschnittdesign wichtige Einblicke in die Wege Jugendlicher durch das Bildungs- und Ausbildungssystem erlauben.
- In einem zweiten Schritt berichten wir über Ergebnisse zu ausgewählten Aspekten des Berufswahlverhaltens der untersuchten Jugendlichen und zu ihrer Vorbereitung auf die Berufswahl in den von ihnen besuchten Schulen.
- Im dritten Schritt behandeln wir die Anschlusspläne der Schüler/innen, die von ihnen unmittelbar nach der Schule tatsächlich erreichten Anschlüsse und die 18 bzw. 30 Monate nach Verlassen der Schule erreichten Platzierungen.
- In einem letzten Schritt ziehen wir ein kurzes Fazit zur Tragfähigkeit der oben genannten Annahmen und den daraus abzuleitenden bildungspolitischen Schlussfolgerungen.

2. Anlage der DJI-Längsschnittuntersuchungen

Von 2004 bis 2009 hat das DJI im DJI-Übergangspanel[2], einer bundesweiten Längsschnittuntersuchung, die Bildungs- und Ausbildungswege von Jugendlichen untersucht, die im Schuljahr 2003/2004 das letzte Jahr einer Hauptschule besucht haben (Reißig, Gaupp & Lex, 2008; Gaupp, Lex & Reißig, 2010). Seit 2007 führt das DJI vergleichbare Längsschnittuntersuchungen auf lokaler Ebene (u.a. in Stuttgart und Leipzig) durch. Das Grunddesign für die Untersuchungen wurde für das DJI-Übergangspanel entwickelt und dann in einem zweiten Schritt an die Erfordernisse der lokalen Schulabsolventen-Längsschnitte angepasst.

An der Basiserhebung des DJI-Übergangspanels im März 2004 nahmen rund 3.900 Schüler/innen im letzten Schulbesuchsjahr von 126 Hauptschulen bzw. Hauptschulzügen oder -zweigen an integrierten Sekundarschulen teil. Eine erste Folgebefragung fand im Juni 2004 statt, also zu einem Zeitpunkt, zu dem sich die Jugendlichen noch in den Schulen befanden. Von November 2004 bis November 2006 wurden die Folgebefragungen in halbjährlichen Abständen durchgeführt, von November 2007 bis November 2009 in jährlichen Abständen. Von den ca. 3.900 in der Basiserhebung erreichten Jugendlichen erklärten sich rund 2.900 zur weiteren Beteiligung an der Untersuchung bereit. Von den rund 2.400 Jugendlichen, die in der ersten Folgebefragung im Juni 2004 befragt werden konnten, nahmen an der letzten realisierten Befragung (November 2009) noch immer rund 1.000 teil.

Die Stuttgarter Untersuchung[3] war als Vollerhebung in den Abgangsklassen aller 35 Stuttgarter Hauptschulen (und der acht Förderschulen) angelegt. An der Basiserhebung

---

2 Die Untersuchung wurde vom Bundesministerium für Bildung und Forschung (BMBF) finanziert.

3 Die Stuttgarter Untersuchung wurde aufgrund eines Beschlusses des Gemeinderates auf den Weg gebracht und von der Kommune finanziert.

im Frühjahr 2007 haben sich insgesamt 1.216 Schüler/innen (davon 1.102 an Hauptschulen) beteiligt. Auch die Leipziger Schulabsolventenbefragung[4] war eine Vollerhebung, in diesem Fall aller Mittelschulen Leipzigs. Von 31 Leipziger Mittelschulen beteiligten sich 28 an der Untersuchung. An der Basiserhebung im Frühjahr 2007 nahmen insgesamt 1.168 Schüler/innen (davon 210 aus Hauptschulzügen)[5] teil. In den Folgeerhebungen wurden im Herbst 2007, 2008 und 2009 diejenigen Jugendlichen befragt, die sich zu einer weiteren Befragung bereit erklärt hatten.

Die Basiserhebungen erfolgten per Fragebogen im Klassenverband. Ab der ersten Folgebefragung wurden computergestützte telefonische Interviews (CATI = Computer Assisted Telephone Interviewing) eingesetzt. In allen Folgebefragungen wurden die Stationen des Übergangs Monat für Monat abgefragt, so dass sich ein umfassendes Bild der Wege ergab (Lex, Gaupp & Reißig, 2008; Gaupp, Geier, Kuhnke, Mahl & Reißig, 2010).

3. Berufsorientierung und deren Unterstützung im letzten Schulbesuchsjahr

Insbesondere in der ersten Befragungswelle der Längsschnittstudien waren die Bildungs- und Berufspläne der Jugendlichen, die Art der Unterstützung, die sie im Hinblick auf die bevorstehenden Übergänge erhalten hatten, und Einschätzungen zum Nutzen dieser Unterstützung zentrale Befragungsgegenstände. So wurden im März des letzten Schulbesuchsjahres die Schülerinnen und Schüler gefragt, was aus ihrer Sicht wichtige Kriterien für die Wahl eines Ausbildungsberufs sind.

Tabelle 1: Kriterien der Berufswahl von Hauptschülerinnen und Hauptschülern im Vergleich: DJI-Übergangspanel, Stuttgarter und Leipziger Schulabsolventen-Längsschnitte (Anteile der Antwort „sehr wichtig" in Prozent)

Kriterien der Berufswahl	Übergangspanel	Stuttgart	Leipzig
Sicherer Arbeitsplatz	70,1	76,2	68,7
Chance, einen Ausbildungsplatz zu bekommen	65,3	77,2	82,3
Verdienst in dem Beruf	41,0	46,0	41,8
Genügend Zeit für die Familie	35,7	43,7	30,5
Wunsch, anderen Menschen zu helfen	25,5	30,2	22,6
Umgang mit Technik	19,4	21,6	19,5
Großes Ansehen	18,4	24,1	16,2
Praktischer Nutzen für Privatleben	11,6	15,6	11,7
Arbeit im Freien	9,4	10,4	10,1
Wunsch der Eltern	5,7	12,2	10,6

---

4   Die Leipziger Schulabsolventenstudie ist Teil des Projektes „Lokale Schulabsolventenstudien in vier ostdeutschen Kommunen (Frankfurt/Oder, Halle/Saale, Jena, Leipzig) des DJI. Neben den teilnehmenden Kommunen an der Studie hat sich das Bundesministerium für Verkehr, Bau und Stadtentwicklung sowie die Bertelsmann Stiftung an der Finanzierung der Untersuchung beteiligt.

5   Die befragten Jugendlichen in den Hauptschulbildungsgängen der teilnehmenden Mittelschulen bilden die Grundlage für die nachfolgenden Auswertungen für die Leipziger Schulabsolventenstudie.

Als „sehr wichtige" Kriterien für die Wahl eines Ausbildungsberufes benannte die überwiegende Mehrheit der Befragten, dass die Ausbildung zu einem sicheren Arbeitsplatz führen sollte. Gleichzeitig wollten sie auch realistisch sein: Zwei Drittel der Befragten im Übergangspanel und sogar 80 Prozent in Leipzig meinten, dass es ein Beruf sein sollte, für den sie auch die Chance hätten, überhaupt einen Ausbildungsplatz zu finden.

Unterschiede zwischen den Geschlechtern gab es insbesondere bei zwei Kriterien: Mädchen fanden deutlich häufiger, dass der Beruf zum Inhalt haben sollte, anderen Menschen zu helfen. Dafür nannten Jungen häufiger als wichtiges Entscheidungskriterium, dass der Beruf den Umgang mit Technik erfordert (nur 13 Prozent der Mädchen, aber 65 Prozent der Jungen) (Gaupp, Lex, Reißig & Braun, 2008, S. 17). Auffällige Unterschiede zwischen Jugendlichen deutscher Herkunft und Jugendlichen mit Migrationshintergrund gab es im Hinblick auf die Rolle der Eltern bei der Berufswahl: Nur gut zehn Prozent der Jugendlichen deutscher Herkunft hielten die Wunschvorstellungen ihrer Eltern für ein wichtiges Kriterium bei der Berufswahl. Bei den jugendlichen Aussiedlern waren es 20 Prozent. Bei den Jugendlichen mit Herkunftsland Türkei wollte sogar jede/r Dritte bei der Berufswahl den Wünschen der Eltern Rechnung tragen (Gaupp, Lex & Reißig, 2011, S. 13).

Die zehn von den Jugendlichen im Übergangspanel am häufigsten genannten Wunschberufe in der Reihenfolge der Häufigkeit der Nennungen waren bei den Mädchen: Medizinische Fachangestellte, Kauffrau im Einzelhandel, Friseurin, Bürokauffrau, Kinderpflegerin, Erzieherin, Verkäuferin, Gesundheits- und Krankenpflegerin, Hotelfachfrau, Gesundheits- und Kinderkrankenpflegerin. Bei den Jungen waren es die folgenden Berufe: Mechatroniker, Kaufmann im Einzelhandel, Industriemechaniker Betriebstechnik, Elektroanlagenmonteur, Kfz-Mechatroniker, Maler/Lackierer, Koch, Tischler, Fachinformatiker für Anwendungstechnik, Metallbauer. Mit Ausnahme der/ des Kauffrau/Kaufmannes im Einzelhandel gab es keinen Ausbildungsberuf, der sowohl auf der Liste der wichtigsten Wunschberufe der Mädchen als auch der Jungen auftauchte. Weiterhin gab es bei den Mädchen eine Konzentration auf Dienstleistungsberufe, bei den Jungen waren die gewerblich-technischen Berufe stark vertreten. Schließlich fanden sich bei den Berufswünschen der Mädchen – nicht aber bei den Jungen – Berufe, für die die Ausbildung nach Landesrecht in beruflichen Schulen erfolgt. Bei Mädchen wie Jungen entfiel auf die zehn am häufigsten genannten Berufe etwa die Hälfte aller Nennungen. Keine Rolle bei den häufig genannten Berufswünschen spielten unrealistische „Traumberufe". Vielmehr gibt es starke Überschneidungen zwischen den von den Befragten genannten Berufswünschen und den laut Berufsbildungsstatistik im selben Jahr mit Personen mit Hauptschulabschluss besetzten Ausbildungsplätzen in der dualen Berufsausbildung (Bundesministerium für Bildung und Forschung, 2006, S. 107–108).

Zur Frage nach der in der Schule erfahrenen Unterstützung des Übergangs in die Ausbildung werden in einem ersten Schritt Ergebnisse zur Teilnahme an drei Angebotsformen berichtet, die die Schülerinnen und Schüler im letzten Schuljahr absolviert hatten: Verfahren der Kompetenzfeststellung, Praktika und das Üben von Bewerbungsgesprächen.

Tabelle 2: Teilnahme an Förderangeboten in Prozent der befragten Schüler/innen insgesamt und mit Mindest- und Höchstwerten auf Schulebene im Vergleich: DJI-Übergangspanel, Stuttgarter und Leipziger Schulabsolventen-Längsschnitte

Teilnahme an Förderangeboten im letzten Schuljahr	Übergangspanel			Stuttgart			Leipzig		
	Insges.	Min.	Max.	Insges.	Min.	Max.	Inges.	Min.	Max.
Kompetenzfeststellung	38,0	0,0	90,0	26,7	8,7	72,5	40,3	9,1	75,0
Praktika	65,4	0,0	100,0	47,8	18,5	90,3	81,9	36,4	100,0
Üben von Bewerbungsgesprächen	85,0	36,4	100,0	90,4	71,9	100,0	89,7	72,7	100,0

Die Teilnahme an Angeboten zur Vorbereitung auf den Übergang in die Ausbildung hat im letzten Schuljahr der Hauptschule einen hohen Stellenwert. Bundesweit nahmen fast vier von zehn Schüler/inne/n an Verfahren der Kompetenzfeststellung teil, zwei Drittel absolvierten ein Praktikum (zusätzlich zum Pflichtpraktikum im vorletzten Schuljahr) und 85 Prozent übten in der Schule Bewerbungsgespräche. Auffallend sind die Unterschiede in den Teilnahmequoten zwischen Stuttgart und Leipzig: Von allen drei genannten Angebotsformen wird in Leipzig ein deutlich höherer Anteil der Hauptschüler/innen erreicht als in Stuttgart. Noch größer sind die Unterschiede zwischen Schulen innerhalb der beiden Städte, obwohl doch für diese dieselben Vorgaben des Kultusministeriums des jeweiligen Bundeslandes gelten. Die Spanne der Teilnahmequoten für Praktika auf Schulebene reicht in Stuttgart von mindestens 18,5 bis maximal 90,3 Prozent, in Leipzig von 36,4 bis 100 Prozent. Die Wahrscheinlichkeit etwa, dass ein/e Schüler/in bei der Suche nach dem (passenden) Ausbildungsplatz durch das Absolvieren eines zusätzlichen Praktikums im letzten Schuljahr unterstützt wird, hängt also stark von der Schule ab, die sie/er besucht.

In einem zweiten Schritt gehen wir der Frage nach, welche Personen die befragten Jugendlichen als wichtige Ratgeber für die bevorstehenden Übergänge benannten:

Tabelle 3: Wichtige Ratgeber für den Übergang aus Sicht der befragten Schüler/innen in Prozent insgesamt und mit Mindest- und Höchstwerten auf Schulebene im Vergleich: DJI-Übergangspanel, Stuttgarter und Leipziger Schulabsolventen-Längsschnitte

Wichtige pädagogische Ratgeber	Übergangspanel			Stuttgart			Leipzig		
	Insges.	Min.	Max.	Insges.	Min.	Max.	Insges.	Min.	Max.
Lehrkräfte	26,7	0,0	88,9	61,4	25,0	82,9	39,4	0,0	88,9
Sozialarbeit	9,4	0,0	63,6	21,4	2,6	75,0	7,2	0,0	41,7
Berufsberatung	19,0	0,0	55,2	57,9	26,1	85,0	74,6	54,5	100,0

Wichtigste Ratgeber aus der Sicht der Jugendlichen waren in allen drei Längsschnittuntersuchungen deren Eltern bzw. Herkunftsfamilien. Unter den pädagogischen und Beratungsfachkräften wurden im DJI-Übergangspanel an erster Stelle Lehrkräfte genannt (26,7 Prozent). 19 Prozent der Nennungen entfielen auf Fachkräfte der Berufsberatung, knapp zehn Prozent auf sozialpädagogische Fachkräfte (die allerdings nur an einem

Teil der untersuchten Schulen vertreten waren). Deutlich häufiger als bundesweit wurden Lehrkräfte und Fachkräfte der Berufsberatung als wichtige Ratgeber in Stuttgart und Leipzig genannt. Auffallend sind auch hier wieder die großen Unterschiede zwischen Schulen innerhalb derselben Kommune. Lehrkräfte nehmen (über das Geben von Unterricht hinaus) in sehr unterschiedlichem Maße die Rolle von Ratgebern zum weiteren Bildungs- und Ausbildungsweg ihrer Schüler/innen wahr, und die Kooperation zwischen Schule und Berufsberatung gelingt in sehr unterschiedlichem Maße.

In Stuttgart und Leipzig parallel zu den Schulabsolventen-Längsschnitten durchgeführte Schulleiterbefragungen zeigten, dass Hauptschulen ihren Schüler/inne/n insgesamt ein breites Angebot von Orientierungs- und Fördermaßnahmen zur Vorbereitung auf die Übergänge am Ende der Schulzeit unterbreiten und dabei mit einer Vielzahl von externen Partnern kooperieren. Auch diese Befragungen ergaben große Unterschiede zwischen den Schulen in Bezug auf das Vorhalten solcher Angebote und den Umfang von dabei praktizierten Kooperationen mit Dritten. Das betrifft insbesondere die Vielzahl von Hilfen, die im Rahmen zeitlich befristeter Programme des Bundes, der Länder, der Stiftungen, der Kommunen und lokaler Initiativen den Schulen zur Umsetzung angeboten werden: Vertiefte Berufsorientierung, Kompetenzfeststellung, Lernpartnerschaften mit Betrieben, Berufseinstiegsbegleitung, Mentoren- und Patenprogramme (Hofmann-Lun & Geier, 2008).

Insgesamt deuten die Ergebnisse der DJI-Längsschnitte (verbunden mit denen der Schuluntersuchungen in Stuttgart und Leipzig) weniger auf einen Mangel an Berufsorientierungsangeboten an den Hauptschulen hin. Vielmehr vermuten wir (entsprechende Vergleichsuntersuchungen sind uns allerdings nicht bekannt), dass Hauptschulen (bzw. Hauptschulzüge an Schulen mit mehreren Bildungsgängen) die Sekundarschulform sind, in der einer Vorbereitung auf die Berufswahl die höchste Aufmerksamkeit gewidmet und den Schülerinnen und Schülern das umfassendste Unterstützungsangebot gegeben wird. Dabei gibt es allerdings große Unterschiede zwischen Schulen, im Hinblick auf den Umfang der Angebote, dem Anteil der Schüler/innen, die von ihnen erreicht werden, und die Verknüpfung dieser Angebotsvielfalt zu konsistenten Förderkonzepten.

4. Anschlusspläne und Platzierungen

In den Basiserhebungen der DJI-Längsschnittuntersuchungen wurden die Jugendlichen gefragt, welchen nächsten Schritt sie nach Ende des laufenden Schuljahres planten. Insgesamt zeigen die Antworten, dass bei ihnen Bildung und Ausbildung hoch im Kurs standen.

Tabelle 4: Pläne und Platzierungen der Hauptschüler/innen in Prozent der befragten Jugendlichen im Vergleich: DJI-Übergangspanel, Stuttgarter und Leipziger Schulabsolventen-Längsschnitte

	Pläne im März des letzten Schuljahres				Platzierung 6 Monate später				Platzierung 18 Monate später				Platzierung 30 Monate später			
	Ausbildung	Berufsvorbereitung	Schule	weiß nicht	Ausbildung	Berufsvorbereitung	Schule	unversorgt	Ausbildung	Berufsvorbereitung	Schule	unversorgt	Ausbildung	Berufsvorbereitung	Schule	unversorgt
Übergangspanel	47,1	13,6	24,1	6,6	27,5	25,3	38,8	4,7	42,8	12,0	29,1	9,0	53,0	4,1	20,7	11,0
Stuttgart	36,4	8,5	41,7	7,7	25,4	26,6	41,1	2,1	37,3	9,7	39,7	5,4	44,9	5,2	33,9	8,1
Leipzig	68,6	11,3	7,4	6,4	44,0	36,8	12,8	4,0	77,9	5,8	5,8	7,7	76,6	1,3	3,9	13,0

Bundesweit wollte knapp die Hälfte (47 Prozent) der Befragten unmittelbar nach der Schule eine Berufsausbildung beginnen. Etwa ein Viertel wollte weiter die Schule besuchen (was überwiegend mit der Absicht verbunden wurde, einen Mittleren Bildungsabschluss zu erwerben). 14 Prozent sahen die Teilnahme an einem Angebot der Berufsvorbereitung als nächsten Schritt vor. Sieben Prozent wussten noch nicht, was sie als Nächstes tun wollten. Und nur zwei Prozent gaben an, auch ohne vorherige Qualifizierung erst einmal jobben und Geld verdienen zu wollen.

Besonders auffallend sind die Unterschiede zwischen Stuttgart und Leipzig hinsichtlich der Pläne, „sofort eine Ausbildung beginnen" und „weiter eine Schule besuchen". Der Anteil der Befragten, die sofort eine Ausbildung aufnehmen wollten, war in Leipzig (68,6 Prozent) fast doppelt so hoch wie in Stuttgart (36,4 Prozent). In Stuttgart wollte die größte Gruppe (41,7 Prozent) weiter zur Schule gehen (und in der Regel den Mittleren Bildungsabschluss erwerben). In Leipzig waren es nur 7,4 Prozent.

Hauptschüler/innen wollen also keineswegs generell möglichst schnell eine Ausbildung bekommen. Eine große Gruppe will zuerst einmal einen Mittleren Bildungsabschluss erwerben. Dies gilt insbesondere für Mädchen und Jungen mit guten Schulnoten.

Tabelle 4 stellt für die drei Längsschnittuntersuchungen neben den Anschlussplänen der Befragten auch die sechs, 18 bzw. 30 Monate nach Ende des Schulbesuches erreichten Platzierungen gegenüber:

Bundesweit war nur ein Viertel der Befragten direkt in eine Ausbildung eingemündet. Gegenüber den ursprünglichen Planungen hatte sich der Anteil der tatsächlichen Einmündungen in eine Ausbildung fast halbiert. Insgesamt war Schule – und nicht etwa die Berufsausbildung – der quantitativ bedeutsamste Anschluss für Hauptschüler/innen am Ende der Pflichtschulzeit. Gleichzeitig war die Teilnahme an berufsschulischen Bildungsgängen mit berufsvorbereitendem Charakter (schulisches Berufsvorbereitungsjahr, Berufsgrundbildungsjahr, einjährige Berufsfachschule) oder an berufsvorbereitenden Bildungsmaßnahmen (BvB) der Bundesagentur für Arbeit – der quantitativ wichtigste Ausweg für diejenigen geworden, die ihre Ausbildungsziele nicht realisieren konnten. Insgesamt besuchten 25 Prozent der Jugendlichen eine Berufsvorbereitung, also etwa so viele, wie zu diesem Zeitpunkt eine Berufsausbildung aufgenommen hatten.

Auf etwa demselben Niveau wie bundesweit (etwa einem Viertel der Anschlüsse) lag der Anteil der direkten Einmündungen in eine Ausbildung in Stuttgart, während er in Leipzig 44 Prozent betrug. Deutlich höher als bundesweit und in Stuttgart war in Leipzig der Anteil der Einmündungen in eine Berufsvorbereitung (36,8 Prozent). Ein Jahr später hat sich das Bild deutlich geändert: 18 Monate nach Ende des Schulpflichtbesuches waren fast 78 Prozent der Leipziger Hauptschulabsolventen bereits in Ausbildung, während es bundesweit rd. 43 Prozent und in Stuttgart nur 37 Prozent waren.

Die Längsschnittuntersuchungen in Stuttgart und Leipzig ergaben weiterhin große Unterschiede zwischen Schulen bei den von den Schüler/inne/n realisierten Anschlüssen, Unterschiede, die mit der Zusammensetzung der Schülerschaft der Schulen nur teilweise erklärt werden konnten. Fallstudien zu den Förderstrategien der Schulen deuten auf Zusammenhänge zwischen diesen Strategien, den von den Schüler/inne/n verfolgten Anschlussplänen und den von ihnen tatsächlich erreichten Anschlüssen. Auch haben die Einschätzungen der Schulleitungen zum Leistungspotenzial ihrer Schülerschaft den Charakter einer sich selbst erfüllenden Prophezeiung: Werden ihnen gute Anschlüsse zugetraut, dann haben sie auch bessere Chancen, diese zu erreichen. Werden die Potenziale eher skeptisch beurteilt, dann werden direkte Anschlüsse in Ausbildung und in weiterführenden Schulen eher unwahrscheinlich (Hofmann-Lun & Geier, 2008).

Bei einer Betrachtung der Verläufe über einen Zeitraum von 30 Monaten wird sichtbar, dass für einen erheblichen Anteil der Hauptschulabsolventen der weitere Schulbesuch weniger eine Notlösung, sondern eine längerfristig angelegte Strategie war. Jede/r fünfte Hauptschulabsolvent/in im Übergangspanel besucht nach 30 Monaten noch immer (oder – zu geringen Anteilen – wieder) eine Schule, um höhere allgemeinbildende Abschlüsse zu erwerben: Bis zu diesem Zeitpunkt hatte jedes zweite Mädchen und hatten rd. 40 Prozent der Jungen einen Mittleren Bildungsabschluss erworben (Gaupp, Lex, Reißig & Braun, 2008).

Gleichzeitig stieg im zeitlichen Verlauf in allen drei Untersuchungen der Anteil derjenigen, die zum Befragungszeitpunkt weder in Bildung, Ausbildung oder Arbeit waren und deren „Berufsbiographie" durch einen Wechsel von Arbeitslosigkeit und prekären Jobs geprägt war. Der Weg dieser Jugendlichen in die Ausbildungslosigkeit verlief nur in Ausnahmefällen als direkter Einstieg in ungelernte Arbeit oder Arbeitslosigkeit nach Ende der Pflichtschulzeit. Das Problem bestand nicht darin, dass den Jugendlichen keine Lernangebote gemacht wurden, und auch nicht darin, dass diese Jugendlichen (zumindest in ihrer Mehrheit) sich solchen Lernangeboten generell entzogen hätten. Das Problem war vielmehr, dass diese Lernangebote – und die Abfolge von Schritten, in denen sie absolviert wurden – nicht den gewünschten Effekt hatten: nämlich den Jugendlichen den Zugang zu einer regulären Berufsausbildung zu eröffnen (Gaupp, Lex & Reißig, 2010, S. 30).

5. Fazit

Wichtiges Kriterium bei der Wahl eines Ausbildungsberufes ist für Hauptschüler/innen, dass Ausbildung zu einem sicheren Arbeitsplatz führen soll. Gleichzeitig wollen sie realistisch sein: Der Ausbildungsplatz soll auch erreichbar sein. Insgesamt sind ihre Anschlusspläne auf Bildung oder Ausbildung gerichtet. Nur eine kleine Minderheit will ohne weitere Qualifizierung sofort arbeiten. Aber eine große Gruppe (in Stuttgart über 40 Prozent) will auch nicht sofort eine Ausbildung beginnen, sondern erst einmal weiter zur Schule gehen, in der Regel, um einen Mittleren Bildungsabschluss zu erwerben. Programme, die darauf gerichtet sind, Hauptschüler/innen möglichst schnell in Ausbildung zu bringen, gehen an den Bedürfnissen und Interessen dieser Jugendlichen vorbei.

Zentrale Zielgruppen von Programmen zur Berufsorientierung sind Haupt- und Förderschüler/innen. Die Programme zielen darauf, zu einem möglichst frühen Zeitpunkt in der Schule mit der Berufsorientierung zu beginnen. Hauptschüler/innen werden aber ohnehin von Angeboten zur Vorbereitung auf den Übergang am Ende der Pflichtschulzeit gut erreicht. Es ist nicht so, dass generell solche Angebote fehlen. Was fehlt, ist eine Koordination, die dafür sorgt, dass Programme und Initiativen aufeinander abgestimmt und auf der Ebene der einzelnen Schule zu konsistenten Förderkonzepten verknüpft werden (Braun & Reißig, 2011).

Gleichzeitig haben sich die Einstiege in Ausbildung – und damit auch die dafür notwendigen Entscheidungen – für die Absolventinnen und Absolventen von Haupt- und Förderschulen zeitlich nach hinten verschoben. Während in den Hauptschulen Programme zur Berufsorientierung um „knappe Schüler" konkurrieren, herrscht an vergleichbaren Angeboten in Schulformen, die ein großer Teil der Hauptschüler/innen nach Ende der Schulpflicht besucht (Realschulen, schulische Berufsvorbereitungsjahre, ein- oder zweijährige Berufsfachschulen) eher Mangel.

Bei der Fokussierung von Angeboten zur Berufsorientierung (oder zur Verbesserung der „Ausbildungsreife") auf Hauptschulen zeichnen sich zwei unterschiedliche Entwicklungsrichtungen ab: Eine Entwicklungsrichtung basiert auf der Vorstellung, dass Hauptschüler/innen die Grenzen ihrer kognitiven Möglichkeiten erreicht haben. Praktische Erfahrungen in Betriebspraktika werden tendenziell als Alternative zum theoretischen Lernen gesehen. Praxisbezug bedeutet die Vorbereitung auf eine Qualifizierung für einfache Arbeit. Allerdings weckt die Qualifikationsforschung wenig Hoffnung, dass diese Jugendlichen Chancen auf dem Arbeitsmarkt haben werden.

Die zweite Entwicklungsrichtung versteht als Praxisbezug, dass durch praktisches Lernen theoretisches Lernen gefördert wird. Dabei werden die Möglichkeiten des ganztägigen Lernens genutzt, um ausreichend Raum für Betriebspraktika, schulischen Unterricht und für eine ergänzende Förderung in kleinen Lerngruppen zu gewinnen. Das Ziel ist, alle Jugendlichen mindestens auf ein Kompetenzniveau zu bringen, das eine Basis für eine Berufsausbildung darstellt. Den sehr unterschiedlichen Motiven und Potenzialen der Jugendlichen wird man dadurch gerecht, dass es für sie selbstverständlich ist, auch einen Mittleren Bildungsabschluss erwerben und den Weg in Richtung Erwerb der Hochschulreife gehen zu können.

Literatur

Braun, F. & Reißig, B. (2011) (Hrsg.). *Regionales Übergangsmanagement Schule – Berufsausbildung: Handlungsfelder und Erfolgsfaktoren.* Regionales Übergangsmanagement 3, München/Halle: Deutsches Jugendinstitut.

Bundesministerium für Bildung und Forschung (2006). *Berufsbildungsbericht 2006.* Berlin/Bonn: BMBF.

Bundesministerium für Bildung und Forschung (2008). *Aufstieg durch Bildung. Die Qualifizierungsinitiative für Deutschland.* Berlin/Bonn: BMBF.

Gaupp, N. & Geier, B. (2008). *Stuttgarter Haupt- und Förderschüler/innen auf dem Weg von der Schule in die Berufsausbildung. Bericht zur zweiten Erhebung der Stuttgarter Schulabsolventenstudie.* München/Halle: Deutsches Jugendinstitut.

Gaupp, N. & Geier, B. (2010). *Stuttgarter Haupt- und Förderschüler/innen auf dem Weg von der Schule in die Berufsausbildung. Bericht zur vierten Erhebung der Stuttgarter Schulabsolventenstudie.* München/Halle: Deutsches Jugendinstitut.

Gaupp, N., Geier, B., Kuhnke, R., Mahl, F. & Reißig B. (2010). Lokale Schulabsolventen-Längsschnitte als Datenbasis für lokales Übergangsmanagement. In R. Kuhnke & B. Reißig (Hrsg.), *Regionales Übergangsmanagement Schule – Berufsausbildung. Schaffung einer Datenbasis zum Übergangsgeschehen* (S. 24–29). Regionales Übergangsmanagement 1, München/Halle: Deutsches Jugendinstitut.

Gaupp, N., Lex, T. & Reißig, B. (2010). *Hauptschüler/innen an der Schwelle zur Berufsausbildung: Schulische Situation und schulische Förderung.* Regionales Übergangsmanagement 2, München/Halle: Deutsches Jugendinstitut.

Gaupp, N., Lex, T. & Reißig, B. (2011). Hauptschüler/innen auf dem Weg von der Schule in Ausbildung: Zur Situation von Jugendlichen mit Migrationshintergrund. In B. Reißig & E. Schreiber (Hrsg.), *Jugendliche mit Migrationshintergrund im Übergang Schule – Berufsausbildung: Erfahrungsberichte und Arbeitshilfen für das regionale Übergangsmanagement.* Regionales Übergangsmanagement 4, München/Halle: Deutsches Jugendinstitut.

Gaupp, N., Lex, T., Reißig, B. & Braun, F. (2008). *Von der Hauptschule in Ausbildung und Erwerbsarbeit.* Berlin/Bonn: Bundesministerium für Bildung und Forschung.

Gaupp, N. & Prein, G. (2007). *Stuttgarter Haupt- und Förderschüler/innen auf dem Weg von der Schule in die Berufsausbildung. Bericht zur Basiserhebung der Stuttgarter Schulabsolventenstudie.* München/Halle: Deutsches Jugendinstitut.

Geier, B., Großkurth, H. & Gaupp, N. (2009). *Stuttgarter Haupt- und Förderschüler/innen auf dem Weg von der Schule in die Berufsausbildung. Bericht zur zweiten Folgeerhebung der Stuttgarter Schulabsolventenstudie.* München/Halle: Deutsches Jugendinstitut.

Hofmann-Lun, I. & Geier, B. (2008). *Förderangebote im letzten Pflichtschuljahr und ihr Beitrag zum Gelingen von Übergängen. Eine Untersuchung in Stuttgart und Leipzig.* München: Deutsches Jugendinstitut.

Kuhnke, R. & Mahl, F. (2009). *Leipziger Mittelschülerinnen und Mittelschüler auf dem Weg von der Schule in die Berufsausbildung. Bericht zur dritten Erhebung der Leipziger Schulabsolventenstudie.* Halle: Deutsches Jugendinstitut.

Kuhnke, R. & Reißig, B. (2007). *Leipziger Mittelschülerinnen und Mittelschüler auf dem Weg von der Schule in die Berufsausbildung. Bericht zur Basiserhebung der Leipziger Schulabsolventenstudie.* Halle: Deutsches Jugendinstitut.

Kuhnke, R., Reißig, B. & Mahl, F. (2008). *Leipziger Mittelschülerinnen und Mittelschüler auf dem Weg von der Schule in die Berufsausbildung. Bericht zur zweiten Erhebung der Leipziger Schulabsolventenstudie.* Halle: Deutsches Jugendinstitut.

Lex, T., Gaupp, N. & Reißig, B. (2008). Das DJI-Übergangspanel: Anlage einer Längsschnittuntersuchung zu den Wegen von der Hauptschule in die Arbeitswelt. In B. Reißig, N. Gaupp & T. Lex (Hrsg.), *Hauptschüler auf dem Weg von der Schule in die Arbeitswelt.* (Übergänge in Arbeit, Band 9) (S. 22–32), München: Verlag Deutsches Jugendinstitut.

Lippegaus-Grünau, P., Mahl, F. & Stolz, I. (2010). *Berufsorientierung. Programme und Projekte von Bund und Ländern, Kommunen und Stiftungen im Überblick.* München/Halle: Deutsches Jugendinstitut.

Mahl, F. & Tillmann, F. (2010). *Leipziger Mittelschülerinnen und Mittelschüler auf dem Weg von der Schule in die Berufsausbildung.* Bericht zur vierten Erhebung der Leipziger Schulabsolventenstudie. Halle: Deutsches Jugendinstitut.

Reißig, B., Gaupp, N. & Lex, T. (Hrsg.) (2008). *Hauptschüler auf dem Weg von der Schule in die Arbeitswelt.* (Übergänge in Arbeit, Band 9), München: Verlag Deutsches Jugendinstitut.

Solga, H. (2009). *Herausforderungen beim Übergang in den Arbeitsmarkt: Lehrstellenmangel, Demografie, Wirtschaftskrise.* DJI-Thema 2009/08. Verfügbar unter: http://www.dji.de/ cgi-bin/projekte/output.php?projekt=945&Jump1=LINKS&Jump2=16, [27.04.2011].

Mona Granato

Berufliche Orientierung und Berufsfindungsprozesse junger Frauen und Männer mit Migrationshintergrund

1. Berufsorientierung im Lebensverlauf

Biographische Übergänge wie die Statuspassage Schule–Ausbildung finden an der Schnittstelle individuellen Gestaltungswillens, d.h. individueller Orientierungen, Entscheidungen und Handlungen sowie konkreter gesellschaftlicher „settings", d.h. in einem Handlungsfeld mit unterschiedlichen institutionellen Vorgaben statt (Steiner, 2005, S. 74). Berufsorientierung beginnt in der Kindheit, erstreckt sich über die Schulzeit hinweg und umfasst die Phasen des Übergangs an der ersten und zweiten Schwelle. Hier wird die Notwendigkeit richtungsweisender Bildungsentscheidungen zwar besonders deutlich, ist aber mit einer beruflichen Erstausbildung oder einem Studium bei weitem nicht abgeschlossen. Dies gilt besonders dann, wenn junge Menschen nicht in die Bildungsgänge ihrer ersten Wahl münden und von Prozessen der beruflichen Umorientierung betroffen sind (vgl. Abschnitt 6). Berufsfindung ist ein komplexer und langfristiger Prozess, der den Einzelnen dauerhaft begleitet. Er verlangt dem Einzelnen erhebliche Orientierungs- und Entscheidungsleistungen ab. Berufsorientierungs- und Laufbahnkompetenzen sind wichtige Voraussetzungen, um diese lebenslange Entwicklungsaufgabe erfolgreich bewältigen zu können (Hirschi, 2011; Oram, 2007).

Berufs- und Lebensplanung sind eng miteinander verbunden. Berufliche Orientierungen werden u.a. von der Lebensplanung und den individuellen Lebenszielen beeinflusst – und umgekehrt (Maier, 2007). In der Phase der Berufsfindung geht es nicht nur darum, den eigenen Weg in Ausbildung und Beruf zu finden, sondern um ein Gesamtkonzept für den eigenen Lebensentwurf, der auch die anderen Lebensbereiche der privaten Lebensführung umfasst. Berufsfindung ist daher auch immer ein Stück weit Selbstfindung, die Selbstreflexion voraussetzt (Maier, 2007; Oram, 2007).

Junge Menschen heute messen (beruflicher) (Aus-)Bildung und Berufsarbeit einen hohen Stellenwert für ihr Leben bei. Ihre Anforderungen an den zukünftigen Beruf sind vielfältig und hoch – ihre Bereitschaft hierfür durch eine qualifizierte Ausbildung eine geeignete Grundlage zu schaffen gleichfalls. In der Phase der Berufsfindung, gerade in der Zeit nach der Schule, wenn gewohnte institutionelle Vorgaben aufgehoben sind und der bisherige Tagesablauf in Frage gestellt ist, ist die Orientierung unter Gleichaltrigen und die Einbindung in Netzwerke besonders wichtig. Der Austausch mit Gleichaltrigen kann Orientierung bzw. Rückhalt sowie Informationen bieten (Schittenhelm, 2007). Eltern sind nach wie vor wichtige Bezugspersonen in der beruflichen Orientierung junger Menschen (Beinke, 2006; Heuer, Schubert & Spieckermann, 2011, vgl. Abschnitt 4).

Die theoretische Deutung beruflicher Orientierungsprozesse setzt am (1) Individuum, seinen persönlichen Dispositionen und Fähigkeiten, dem Einfluss den seine soziale Umgebung auf den Orientierungsprozess ausübt, an (2) den institutionellen Vorgaben und Beschränkungen des (Aus-)Bildungsangebots, das die „Wahlfreiheit" des Einzelnen kanalisiert oder begrenzt, sowie an (3) Ansätzen an, die eine Synthese dieser beiden Positionen versuchen und z. B. die Lebenslaufperspektive oder die Fähigkeit sich zu orientieren und umzuorientieren angesichts eines begrenzten Bildungs- und Ausbildungsangebots in den Mittelpunkt ihrer Überlegungen stellen (Überblick in: Steiner, 2005; Oram, 2007; Maier, 2007). In den unterschiedlichen Erklärungsansätzen spiegeln sich verschiedene Wissenschaftsdisziplinen wider wie z. B. (1) Psychologie und Erziehungswissenschaften, aber auch die Jugendforschung, die Berufsorientierung und -entscheidung als Entwicklungsprozess im Rahmen jugendlicher Entwicklungsaufgaben deutet, (2) Ökonomie und Soziologie, die auf die ökonomischen Rahmenbedingungen der Berufsorientierung bzw. das institutionelle Bedingungsgefüge im Orientierungsprozess fokussieren, sowie (3) sozialwissenschaftlich integrierende und interdisziplinäre Ansätze, die die Perspektive des Individuums *und* der Umwelt und ihre Interdependenz stärker in den Blick nehmen.

In Familien mit Migrationshintergrund sind die Bereitschaft zu Leistung und der Wille zum Aufstieg, so die SINUS-Milieu-Studie, stark ausgeprägt (Wippermann & Flaig, 2009). Wie ist dies jedoch zu vereinbaren mit dem lange vorherrschenden gesellschaftlichen Bild über eine unzureichende Bildungsorientierung und ein mangelndes Bildungsengagement von Familien und Jugendlichen mit Migrationshintergrund namentlich am Übergang Schule–Ausbildung? Und wie mit der Feststellung, dass junge Menschen mit Migrationshintergrund selbst bei gleichen Orientierungen und gleichem Engagement wie junge Nichtmigranten erheblich seltener einen Ausbildungsplatz finden? Welche Bedeutung hat Berufsorientierung im Übergang Schule–Ausbildung? Und wie wirkt sich die soziale Herkunft auf Bildungsentscheidungen aus?

Der folgende Beitrag versucht eine Antwort auf diese Fragen. Neben der (Aus-)Bildungsorientierung junger Frauen und Männer mit und ohne Migrationshintergrund und ihrem Engagement am Übergang Schule–Ausbildung (Abschnitt 2–3) setzt er sich mit den Bildungsorientierungen in Familien mit Migrationshintergrund sowie mit der Bedeutung der sozialen Herkunft für Bildungsentscheidungen auseinander (Abschnitt 4–5). Abschließend beleuchtet der Beitrag den Verlauf von Berufsfindungsprozessen angesichts mangelnder Ausbildungschancen (Abschnitt 6–7). Der vorliegende Beitrag begreift Berufsorientierung als individuelle Entwicklungsaufgabe, auf die nicht nur der unmittelbare soziale Kontext des Individuums erheblichen Einfluss hat, sondern sich insbesondere das institutionelle Bedingungsgefüge und Angebot an Bildung auswirken. Zwischen individuellen Dispositionen, Ressourcen und Aktivitäten auf der einen Seite und den institutionellen Settings im (Aus-)Bildungs- und Berufssystem besteht eine enge Wechselwirkung, die dazu beiträgt, dass Berufsfindungsprozesse den Einzelnen im gesamten Verlauf seiner Bildungs- und Berufsbiografie (und darüber hinaus) begleiten.

2. Ausbildung und Beruf – integraler Bestandteil des Lebensentwurfs junger Frauen und Männer mit Migrationshintergrund

Jugendliche mit Migrationshintergrund wachsen in Deutschland in sehr unterschiedlichen Milieus auf. Ihre Lebensstile und Werteorientierungen unterscheiden sich ebenso voneinander wie die junger Frauen und Männer ohne Migrationshintergrund. Allerdings wachsen Jugendliche mit Migrationshintergrund[1] erheblich häufiger in Familien mit einer ungünstigeren sozioökonomischen Positionierung auf, was sich nachteilig auf ihre Bildungschancen auswirkt. Junge Menschen möchten selbst über ihr Leben bestimmen. Ebenso wie junge Menschen ohne Migrationshintergrund sind Heranwachsende mit Migrationshintergrund an qualifizierter Ausbildung und Erfolg im Beruf interessiert, wobei eine Vielfalt von Vorstellungen darüber existiert, wie die jeweiligen Lebens-, Bildungs- und Berufsziele erreicht und die Lebenswünsche erfüllt werden können (Gille, 2006; Schittenhelm, 2007; Boos-Nünning & Karakasoglu, 2006).

In den *lebensweltlichen* Orientierungen von Jugendlichen mit Migrationshintergrund deutet sich statt der Bevorzugung eines Wertetyps eine „Wertekoexistenz" an, in der sich eine hohe Orientierung an „konventionellen Werten" – wie Pflichtbewusstsein, Leistung und Materialismus – mit der Orientierung an „Engagement-" und „Hedonismus"-Werten verbindet (Gille, 2006, S. 160).

In den *beruflichen* Orientierungen von Jugendlichen mit Migrationshintergrund zeigt sich bei Hauptschülern im letzten Schuljahr mit rund 95 % eine sehr hohe Zustimmung zur Sicherheit des künftigen Arbeitsplatzes als wichtigstes Kriterium ihrer Berufswahl. Die Chance auf einen Ausbildungsplatz und der Verdienst im künftigen Beruf rangieren mit (knapp) 90 % der Zustimmung an zweiter Stelle, dicht gefolgt von dem Wunsch, dass Ausbildung und Beruf ihnen genug Zeit für Familie lassen (Gaupp, Lex & Reißig, 2011, 12; Kuhnke & Müller, 2009). Unterschiede nach dem Migrationshintergrund zeigen sich darin, dass bei Hauptschülern ohne Migrationshintergrund nur jeder Zehnte die Wunschvorstellungen seiner Eltern als wichtiges Kriterium seiner Berufswahl ansieht, aber jeder fünfte Hauptschüler aus einer Aussiedlerfamilie und knapp jeder dritte Hauptschüler mit einem türkischen Familienhintergrund (Gaupp, Lex & Reißig 2011, S. 13). Gymnasiasten mit Migrationshintergrund im letzten Schuljahr sehen die Verwirklichung eigener Interessen mit 91 % (ohne MH 91 %) sowie einen sicheren Arbeitsplatz mit 98 % (ohne MH 86 %) als (sehr) wichtig an. Karrieremöglichkeiten stellen für 72 %, die Vereinbarkeit von Beruf und Familie für 66 % der Gymnasiasten mit Migrationshintergrund ein (sehr) wichtiges Kriterium ihrer Berufswahl dar – ähnlich wie bei ihren Klassenkameraden ohne Migrationshintergrund (69 % bzw. 64 %; Schmidt-Koddenberg & Zorn, 2012).

Eine Bildungs- und Ausbildungsperspektive, die Chancen eröffnet, ist jungen Frauen und Männern mit Migrationshintergrund sehr wichtig. Gerade junge Frauen mit Migrationshintergrund haben verstanden, dass erst Ausbildung und Beruf ihnen ein eigenes Einkommen und damit eine eigenständige Lebensführung ermöglichen (Boos-Nünning, 2006; Schittenhelm, 2007). In puncto Werteorientierungen herrschen bei jungen Frauen mit Migrationshintergrund daher egalitäre Vorstellungen zu den Geschlechterrollen vor, die davon ausgehen, dass beide Partner berufstätig sind und sich gemeinsam um das Aufwachsen der Kinder kümmern. Zirka 80 % der jungen Frauen mit Migrationshintergrund sehen den Beruf als bestes Mittel für die Unabhängigkeit der Frau an und bejahen, dass Frau *und* Mann zum Familieneinkommen beitragen sollen (Boos-Nünning & Karakasoglu, 2006, S. 265f).

---

[1]   Im vorliegenden Beitrag werden die Bezeichnungen „mit Migrationshintergrund", „aus Migrantenfamilien" und „Migrant" synonym verwendet, ebenso die Bezeichnungen „ohne Migrationshintergrund" und „Nichtmigrant".

3. Bildungsziele und Engagement am Übergang Schule–Ausbildung

Während Schüler in der 8. Klasse in der frühen Phase ihrer Berufsorientierung noch überwiegend in „schulischen Karrieren" denken (Rahn, Brüggemann & Hartkopf, 2011, S. 306), orientieren sie sich in der Folgezeit offensichtlich häufiger an den „Opportunitätsstrukturen" (Heinz, 1995), d.h. an den Möglichkeiten, von denen sie glauben, sie mit ihren schulischen Voraussetzungen erreichen zu können (vgl. Abschnitt 6). Junge Frauen und Männer mit und ohne Migrationshintergrund entwickeln in diesem Berufsfindungsprozess zunehmend konkrete Vorstellungen über ihre künftigen Bildungswege (Schmidt-Koddenberg & Zorn, 2012). Unmittelbar nach der Schulzeit haben die meisten Schulabgänger/innen – rund 85 % – klare (Aus-)*Bildungsziele* und können präzise *Qualifizierungspläne* benennen, so ein Ergebnis der BIBB-Übergangsstudie.[2] Rund 70 % der Schulabgänger/innen möchten eine berufliche Qualifizierung beginnen, sei es eine betriebliche (61 %) oder eine berufsfachschulische (10 %) Ausbildung. Die Aufnahme eines Studiums ist für rund 12 % das nächste Bildungsziel (Beicht & Granato, 2009, S. 11).[3] Jugendliche mit und ohne Migrationshintergrund haben – wie eine Reihe von Untersuchungen belegt – ähnliche Bildungspräferenzen (z.B. Beicht & Granato, 2009; Diehl, Friedrich & Hall, 2009; Gaupp, Lex & Reißig, 2011).

Die Bildungspläne junger Frauen bzw. Männer mit und ohne Migrationshintergrund[4] unterscheiden sich voneinander in Abhängigkeit vom erreichten Schulabschluss. Studienberechtigte Schulabsolventinnen und -absolventen beabsichtigen weit überwiegend ein *Hochschulstudium* zu beginnen – studienberechtigte Migrantinnen am häufigsten (vgl. auch Schmidt-Koddenberg & Zorn, 2012). Das größte Interesse an einer *betrieblichen Lehre* haben Jugendliche, die über maximal einen Hauptschulabschluss verfügen – junge Männer häufiger als junge Frauen. Bei einem mittleren Abschluss haben gerade junge Frauen mit Migrationshintergrund an einer *schulischen* Ausbildungsmöglichkeit ein deutlich stärkeres Interesse als junge Männer (vgl. Übersicht 1).

---

2   In der BIBB-Übergangsstudie 2006 wurden auf der Grundlage einer repräsentativen Stichprobe mittels computergestützter Telefoninterviews Jugendliche der Geburtsjahrgänge 1982 bis 1988 befragt. Es handelt sich um eine Befragung, in der die Bildungs- und Berufsbiografie erfasst wurde. Berücksichtigt werden bei den folgenden Analysen rund 5.500 Befragte, die die allgemeinbildende Schule bereits vor dem Jahr 2006 verlassen haben, und für die somit Informationen über den weiteren Werdegang vorliegen. Über 1.000 Befragungspersonen haben einen Migrationshintergrund (23 %), vgl. Beicht & Granato, 2010.

3   Die Resultate des Abschnitts 5 und 6.1 beruhen auf Ergebnissen des BIBB Report 15/10 in Beicht & Granato, 2010.

4   Der Migrationshintergrund wird „indirekt" definiert: Kein Migrationshintergrund wird angenommen, wenn ein Jugendlicher die deutsche Staatsangehörigkeit besitzt, zudem als Kind in der Familie zuerst ausschließlich die deutsche Sprache gelernt hat und außerdem Vater und Mutter in Deutschland geboren sind. Treffen diese Bedingungen nicht vollständig zu, wird von einem Migrationshintergrund ausgegangen (Beicht & Granato, 2009, S. 10).

Übersicht 1:   Berufliche Pläne bei Verlassen des allgemeinbildenden Schulsystems (Anteil der Personen in %)

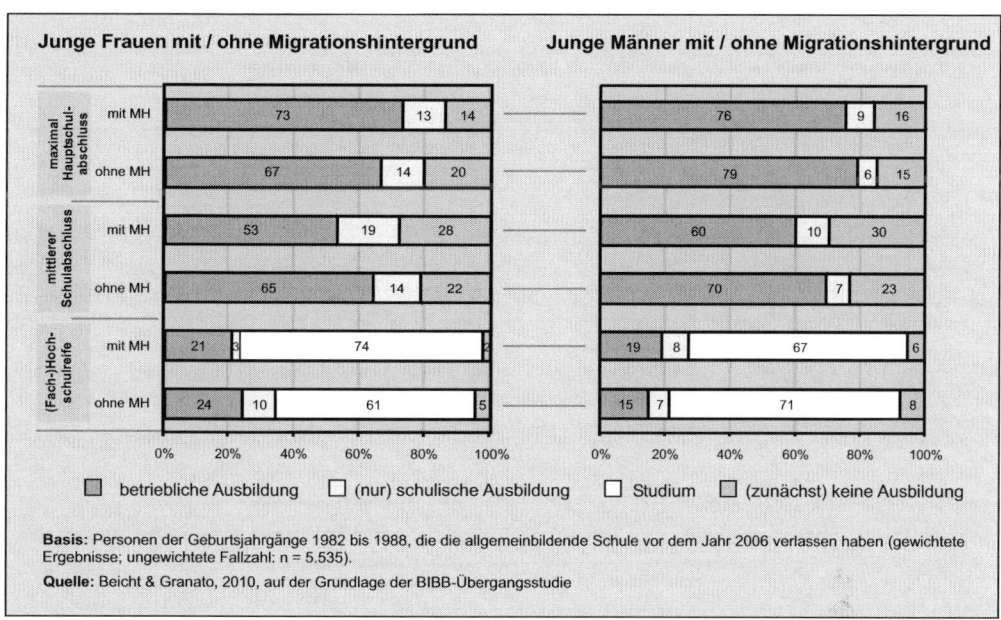

Basis: Personen der Geburtsjahrgänge 1982 bis 1988, die die allgemeinbildende Schule vor dem Jahr 2006 verlassen haben (gewichtete Ergebnisse; ungewichtete Fallzahl: n = 5.535).
Quelle: Beicht & Granato, 2010, auf der Grundlage der BIBB-Übergangsstudie

Bei einem mittleren Abschluss haben junge Frauen und Männer mit Migrationshintergrund zwar relativ oft nicht vor, unmittelbar nach Schulende eine Ausbildung zu beginnen. Stattdessen planen sie z. B. den Besuch einer teilqualifizierenden Berufsfachschule oder einer Fachoberschule, und zwar häufig, um zunächst noch einen höheren Schulabschluss zu erwerben (Beicht & Granato, 2010; Rahn, Brüggemann & Hartkopf, 2011, vgl. Abschnitt 5).

Den Bildungsplänen folgt meist ein konkretes Engagement, um die eigenen Ziele auch zu erreichen. Bei den *Strategien der Suche nach einer betrieblichen Ausbildung* gibt es zwischen jungen Frauen und Männern mit und ohne Migrationshintergrund ein hohes Maß an Übereinstimmung und nur vergleichsweise wenige Unterschiede. Die Bemühungen um eine betriebliche Ausbildungsstelle sind sehr groß. Junge Frauen und Männer mit Migrationshintergrund engagieren sich dabei vielfach besonders stark. Die verschiedenen Such- und Bewerbungsstrategien werden in hoher Intensität angewendet, es gibt eine beachtliche Flexibilität in Bezug auf die in Betracht gezogenen Berufe und eine ausgeprägte Mobilitätsbereitschaft. Junge Migrant/inn/en erfahren allerdings bei der Ausbildungssuche verglichen mit jungen Nichtmigrant/inn/en seltener konkrete Hilfe aus ihrem Familien- und Bekanntenkreis. Jedoch geben sie deutlich häufiger eigene Stellengesuche auf, was möglicherweise ihre geringeren Möglichkeiten, Netzwerkressourcen zu nutzen, kompensieren soll (Beicht & Granato, 2011).

4. Bildungsorientierung in Familien mit Migrationshintergrund

In allen (untersuchten) OECD-Staaten zeigt sich bei Migranten eine höhere Bildungsaspiration als bei Einheimischen (OECD, 2006). Familien mit Zuwanderungsgeschichte
haben eine hohe Bildungsorientierung, wie empirische Studien seit langem belegen (Wilpert, 1980; Steinbach & Nauck, 2005; Boos-Nünning, 2006; Boos-Nünning & Karakasoglu, 2006; zum Überblick vgl. Soremski, 2010). In aktuellen Studien bestätigt sich erneut
die (signifikant) höhere Bildungsaspiration von Müttern türkischer Herkunft (Roth, Salikutluk & Kogan, 2010).

Aufgrund eingeschränkter eigener Chancen beim Zugang zu Bildung und Beruf neigen Eltern der ersten Generation – insbesondere Mütter – im Rahmen des „Familien-
projekts Migration" dazu, den sozialen Aufstieg auf die nachfolgende Generation zu
„verschieben".

Die ausgeprägte Bildungsorientierung in Migrantenfamilien ist gekoppelt an *hohe
Erwartungen* der Eltern im Hinblick auf ihre Kinder und gleichzeitig an eine *emotionale*
Unterstützung der Kinder in Bildungsfragen durch ihre Eltern. Kennzeichnend für einen
weitverbreiteten „Erziehungsstil in türkischen Familien ist die enge emotionale Bindung
zwischen den Generationen verbunden mit hohen Leistungserwartungen an die Kinder"
(Boos-Nünning, 2006, S. 13).

Nach Hummrich (2004) können die Eltern ihre Kinder nur verhältnismäßig selten *konkret*, z. B. bei den Schulaufgaben, unterstützen. So hilft rund jede fünfte Mutter
aus einer Migrantenfamilie ihrer Tochter häufig bzw. oft bei den Hausaufgaben; bei den
Vätern sind es 12 %, bei den Geschwistern 23 % (Boos-Nünning & Karakasoglu, 2006,
S. 128). Auch bei der Suche nach einem Ausbildungsplatz werden junge Frauen und
Männer mit Migrationshintergrund seltener als Nichtmigrant/inn/en konkret von ih-
rer Familie unterstützt (Beicht & Granato, 2010, vgl. Abschnitt 3; Kuhnke & Müller,
S. 2009).

Bei der hohen Bildungsorientierung von Migrantenfamilien sind keine signifikanten Unterschiede zwischen Mädchen und Jungen festzustellen: „Eltern mit Migrationshintergrund wünschen sich für ihre Töchter wie Söhne eine gute Schul- und Berufsbildung" (Boos-Nünning, 2006, S. 13). Die Befürwortung des Bildungsaufstiegs ist auch bei
den Töchtern mit einer *emotionalen* Unterstützung der Familie verbunden. Schülerinnen – aber auch Schülern – mit Migrationshintergrund wird ein hohes Maß an Disziplin
und Leistungsvermögen bei der Bewältigung der schulischen Anforderungen abverlangt
sowie ein hohes Maß an Selbstständigkeit bei der Gestaltung ihrer Schul- und weiteren Bildungslaufbahn (Boos-Nünning, 2006, S. 13). Junge Frauen mit Migrationshintergrund sind somit bei wichtigen Bildungsentscheidungen sehr stark auf sich selbst gestellt
(Boos-Nünning & Karakasoglu, 2006, S. 198).

5. Soziale Herkunft und Bildungsentscheidungen

Je höher der Sozialstatus des Elternhauses ist, desto eher streben Eltern für ihre Kinder
eine höhere Bildungslaufbahn an, da sie – so die theoretische Annahme zu „sekundären
Herkunftseffekten" – den von ihnen erreichten Sozialstatus für ihre Kinder erhalten wol-

len und demnach bereit sind, besonders stark in Bildung zu investieren (Becker, 2009). Umgekehrt erfordert der Statuserhalt für Familien mit einer ungünstigen sozioökonomischen Positionierung nicht unbedingt, dass die Kinder eine höhere Bildung erhalten. So ist bei hochschulberechtigten Jugendlichen die Wahrscheinlichkeit, ein Studium zu beginnen, auch bei gleichen Abiturnoten deutlich größer, wenn zumindest ein Elternteil bereits ein Hochschulstudium abgeschlossen hat (Autorengruppe Bildungsberichterstattung, 2010). Schulabgänger/innen aus schulisch besser gebildeten Elternhäusern, in denen beide Eltern über eine (Fach-)Hochschulreife verfügen, streben selbst bei *gleichen schulischen Voraussetzungen* der Jugendlichen seltener eine betriebliche Ausbildung an als Jugendliche aus Familien, in denen kein oder nur ein Elternteil eine (Fach-)Hochschulreife besitzt (Granato & Beicht, 2010).

Was bedeutet dies nun für die Bildungsorientierung von Jugendlichen aus Migrantenfamilien angesichts ihrer ungünstigeren sozialen Herkunft im Vergleich zu Jugendlichen aus Nichtmigrantenfamilien? Bei gleichen schulischen Voraussetzungen der Jugendlichen bewirkt eine ungünstigere soziale Herkunft im Hinblick auf die Schulabschlüsse der Eltern (beide Eltern mit max. Hauptschulabschluss) nicht, dass Schulabgänger/innen mit Migrationshintergrund häufiger zu einer betrieblichen Ausbildung neigen – wie bei Jugendlichen ohne Migrationshintergrund zu beobachten ist (Beicht & Granato, 2010, S. 7).

Stattdessen haben sie eine stärkere Orientierung hin zu schulischen (Berufs-)Bildungsgängen, z. B. zu voll- oder teilqualifizierenden Bildungsgängen in Berufsfachschulen oder zum Besuch der Fachoberschule (Beicht & Granato, 2011). Becker (2011, S. 27ff) belegt dies für die Bildungsaspirationen *der Eltern* im Hinblick auf ihre Kinder, die trotz ungünstiger schulischer und beruflicher Abschlüsse der Eltern (Hauptschulabschluss und kein Berufsabschluss) stärker an einem Hochschulstudium orientiert sind als an einer beruflichen Ausbildung: „Demnach visieren die zugewanderten Eltern für ihre Kinder vor allem das Hochschulstudium an und das in einem weitaus deutlicheren Maße als die deutschen Eltern es tun" – unabhängig vom Geschlecht.

Die berufliche Positionierung des Vaters wirkt sich dagegen bei Jugendlichen mit und ohne Migrationshintergrund gleichermaßen aus: Je höher die berufliche Positionierung des Vaters, desto seltener streben die Jugendlichen bei gleichen schulischen Voraussetzungen eine betriebliche Ausbildung an. In Familien mit Vätern, die eine niedrig qualifizierte Tätigkeit ausüben, ist dies umgekehrt – unabhängig von einem Migrationshintergrund (Beicht & Granato, 2010).

Die Bedeutung sekundärer Herkunftseffekte (Boudon, 1974), d.h. die Auswirkungen einer (ungünstigen) sozialen Herkunft der Eltern auf die Bildungsentscheidungen am Übergang Schule–Ausbildung sind in Migrantenfamilien demnach kaum bzw. erheblich geringer als in Nichtmigrantenfamilien. Die hohe Bildungsorientierung in Migrantenfamilien hat partiell auch dann Bestand, wenn die ungünstigere soziale Lage der Eltern berücksichtigt wird. Die von Soremski (2010, S. 54) gezogene Schlussfolgerung, dass der Zusammenhang zwischen sozialer Lage und elterlicher Bildungsaspiration im allgemeinbildenden Bereich nicht ohne Weiteres auf Migrantenfamilien übertragbar ist, gilt am Übergang Schule–Ausbildung für die Bildungsentscheidungen der *Eltern* für ihre Kinder *uneingeschränkt* (Becker, 2011) und für die Bildungsentscheidungen der *Jugendlichen partiell* (Beicht & Granato, 2010).

6. Barrieren beim Zugang zu Ausbildung und berufliche (Um-)Orientierungen: Berufsfindungsprozesse, Fremd- und Selbstselektion im Übergang Schule–Ausbildung

Ist erst einmal die Entscheidung für einen Bildungsweg bzw. einen Ausbildungsberuf getroffen, verläuft der Übergangsprozess nicht immer so glatt wie gewünscht. Vom Berufswunsch zur Berufswirklichkeit liegt oft ein weiter Weg (Steiner, 2005). Die einzelnen Schritte zwischen Schule, Ausbildung und Beruf sind nicht mehr eindeutig durch institutionalisierte Ablaufmuster bestimmt und „Handlungsspielräume" mit Risiken und Instabilitäten verbunden. Erhebliche Engpässe auf dem Ausbildungsmarkt im vergangenen Jahrzehnt (Eberhard & Ulrich, 2010) haben mit dazu beigetragen, dass der Übergang Schule–Ausbildung heute mit veränderten und höheren Anforderungen an Jugendliche verbunden ist. Der früher oft zu beobachtende direkte Übergang von der Schule in eine Ausbildung ist einer Vielfalt zum Teil problematischer Übergangswege gewichen (Beicht, 2009).

Jugendliche mit Migrationshintergrund sind hiervon besonders häufig betroffen. Trotz intensiver Such- und Bewerbungsaktivitäten gelingt ihnen seltener als der einheimischen Vergleichsgruppe ein dauerhafter Übergang in eine berufliche Ausbildung, selbst mit den gleichen schulischen Voraussetzungen (Beicht & Granato, 2011).

6.1 Barrieren beim Zugang zu beruflicher Ausbildung

Mit *mittlerem Schulabschluss* münden junge Frauen mit Migrationshintergrund innerhalb von drei Jahren zu 72 % in eine betriebliche Ausbildung ein (m 78 %), diejenigen ohne Migrationshintergrund hingegen zu 78 % (m 89 %; Beicht & Granato, 2011). Gute schulische Voraussetzungen, d. h. ein mittlerer Schulabschluss *und* gute Schulnoten, wirken sich bei Schulabgängerinnen und -abgängern ohne Migrationshintergrund immer als förderlich für die Einmündung in eine betriebliche wie vollqualifizierende Ausbildung aus. Liegt jedoch ein Migrationshintergrund vor, so trifft dies nur teilweise zu.

Daher stellt sich die Frage, wie sich andere Einflussfaktoren auf die Einmündungschancen auswirken. Auf Basis der BIBB-Übergangsstudie wurden hierfür neben den schulischen Voraussetzungen (Schulabschluss, -note) die soziale Herkunft (u.a. Berufsabschluss der Eltern), aber auch weitere familiäre bzw. soziale Ressourcen (offenes, problemorientiertes Gesprächsklima in der Familie, soziale Einbindung der Jugendlichen) sowie ausbildungsmarktrelevante Merkmale einbezogen (Wohnort in West- bzw. Ostdeutschland, die Siedlungsdichte in der Wohnregion, Zeitpunkt des Schulabschlusses) (Beicht & Granato, 2011). Diese Einflussgrößen erweisen sich zwar als relevant (statistisch signifikant) für den Einmündungserfolg in eine Ausbildung, erklären jedoch die geringeren Ausbildungschancen von Schulabsolventinnen und -absolventen mit Migrationshintergrund nicht vollständig.

Junge Frauen und Männer mit Migrationshintergrund verfügen zwar häufiger als junge Nichtmigrantinnen und Nichtmigranten über einen Hauptschulabschluss, ihre Schulnoten fallen im Durchschnitt etwas schlechter aus und ihre Eltern haben seltener einen Berufsabschluss. Bei gleichzeitiger Berücksichtigung all dieser Faktoren bleibt dennoch ein eigenständiger Einfluss des Migrationshintergrunds bestehen. D.h. junge Frauen und Männer mit Migrationshintergrund haben selbst mit den *gleichen* Voraussetzungen in Bezug auf Schulabschluss, Schulnoten, soziale Herkunft und soziale Einbindung sowie ausbildungsmarktrelevante Merkmale schlechtere Chancen, einen vollqualifizierenden Ausbildungsplatz zu erhalten als junge Frauen und Männer ohne Migrationshintergrund (Beicht & Granato, 2011). Somit sind über die berücksichtigten Faktoren hinaus weitere Einflussgrößen wirksam, die in Verbindung mit dem Migrationshintergrund stehen und auf eine strukturelle Ausgrenzung hinweisen.

Junge Frauen und Männer mit Migrationshintergrund durchlaufen erheblich häufiger langwierige und schwierige Übergangsprozesse (Heuer, Schubert & Spieckermann, 2011). Selbst der Besuch von Maßnahmen bzw. Bildungsgängen im sogenannten Übergangssystem, die nicht zu einem Berufsabschluss führen, trägt bei ihnen seltener als bei denjenigen ohne Migrationshintergrund dazu bei, dass sie im Anschluss in eine vollqualifizierende Ausbildung einmünden (Beicht, 2009; Beicht & Granato, 2011).

6.2 Berufsfindungsprozesse und Bewältigungsstrategien im Übergangsprozess

Jugendliche, die keinen Ausbildungsplatz finden, sehen sich daher vor die Entscheidung gestellt, ihre Suche aufrechtzuerhalten oder sich beruflich umzuorientieren, d.h. einen anderen Ausbildungs- bzw. Bildungsweg einzuschlagen. Im Verlauf des Übergangsprozesses kann es mehrfach vorkommen, dass sie ihre ursprünglichen (Aus-)Bildungsentscheidungen revidieren und versuchen, sich den Gegebenheiten auf dem Ausbildungsmarkt anzupassen.

Der Prozess der Berufswahl ist daher von den „Opportunitäten" auf dem Ausbildungsmarkt, d.h. von den aktuellen Gegebenheiten des Ausbildungssystems und – zum Teil – von einem etappenweisen „Arrangement mit den Verhältnissen auf dem Ausbildungsstellenmarkt" geprägt (Heinz, 1995, S. 132; Krüger, 2001). Die Entscheidung für einen (Aus-)Bildungsweg entspricht nur zum Teil den ursprünglichen Präferenzen von Schulabsolvent/inn/en. Es lassen sich qualitativen Untersuchungen zufolge bei jungen Frauen mit und ohne Migrationshintergrund sowohl solche Bewältigungsstrategien finden, bei denen die ursprünglichen Ausbildungsziele angesichts von Misserfolgserlebnissen im Übergang völlig aufgegeben werden, nur um einen Ausbildungsplatz zu finden, als auch solche, bei denen junge Frauen ihre ursprünglichen Bildungsziele konsequent verfolgen und dabei eine Reihe von Umwegen in Kauf nehmen, um erfolgreich einmünden zu können (Schittenhelm, 2007). In der Übergangsphase lässt sich eine große Bandbreite an Bewältigungsstrategien nachweisen.

Gerade angesichts schwieriger Übergänge an der Statuspassage Schule–Ausbildung sind Berufsorientierung und -wahl langwährende Prozesse, die von Misserfolgen, Umorientierungen, Neuanläufen und unterschiedlichen Bewältigungsstrategien gekennzeichnet sind. Diese Berufsfindungsprozesse sind eng mit dem Übergangsprozess verwoben, sie enden auch nicht mit der ersten beruflichen Ausbildung: Selbst 27-Jährige mit Berufsabschluss wünschen sich für ihre jetzige Phase der Berufsentwicklung sowie rückwirkend für den Übergang Schule–Ausbildung–Beruf eine kontinuierliche Begleitung ihrer Berufsfindungsprozesse (Heuer, Schubert & Spieckermann, 2011).

6.3 Fremd- und Selbstselektion

Veränderungen oder Weiterentwicklungen ursprünglicher Bildungsentscheidungen sind im Übergang Schule–Ausbildung nichts Außergewöhnliches. Es fragt sich allerdings, wie solche Umentscheidungen gedeutet werden: Sind sie mit Motivationseinbrüchen oder Selbstselektionsprozessen verbunden? Oder die Folge von Fremdselektion? Gelegentlich wurde gerade bei Jugendlichen mit Migrationshintergrund und einem mittleren Abschluss ihre geringere Orientierung an einer dualen Ausbildung als mangelndes Interesse für diesen Bildungsweg verstanden und nicht als besonderes Interesse an weiterführenden Bildungsgängen, die das Erreichen eines weiterführenden Schulabschlusses ermöglichen. Auf letzteres verweisen z.B. die vorliegenden Ergebnisse zu den Bildungsplänen junger Migrant/inn/en mit mittlerer Reife (vgl. Abschnitt 3). Wie weit hier Selbstselektionsprozesse wirken – Realschulabgänger mit Migrationshintergrund haben in den letzten Jahren begriffen, dass sie aufgrund ihres Migrationshintergrunds geringere Chancen beim Zugang in Ausbildung haben – ist noch zu wenig bekannt.

Wichtig ist es daher, ein stärkeres Augenmerk auf *institutionelle* Begrenzungen beim *Zugang* zum Ausbildungssystem zu legen: Beim Zugang zu betrieblicher Ausbildung sind es die Betriebe, die darüber entscheiden, welche Jugendlichen mit welchen Voraussetzungen eine Ausbildung erhalten oder auch nicht (Fremdselektion). Diese Funktion als „Eingangswächter" des dualen Systems bedeutet für Jugendliche – gerade bei einem Migrationshintergrund – zu häufig einen Ausschluss aus beruflicher Ausbildung (Eberhard & Ulrich, 2010, 2011; Imdorf, 2009). Die Selektionsprozesse von Betrieben und beruflichen Schulen sind daher ebenso wie das *Zusammenwirken* von Prozessen der Fremd- und Selbstselektion am Übergang Schule–Ausbildung (Solga, 2005, S. 122f) genauer in Augenschein zu nehmen. Denn ‚Selbstselektionsprozesse' können „auch direkt durch strukturelle Ausgrenzungsrisiken verursacht worden sein." Hervorzuheben ist dabei insbesondere, „dass die Ursache dieser Selektionsprozesse struktureller Natur ist und daher nicht (allein) durch individuelle ‚Reparaturen' beseitigt werden kann" (Solga, 2005, S. 124f). Eine erhöhte ‚Selbstselektion' kann demzufolge auch als Verarbeitungsmodus von Diskreditierungs- und Misserfolgserfahrungen" verstanden werden, die zu Cooling-out-Prozessen sowie einer „verstärkten Antizipation von Chancenlosigkeit" (Solga, 2005, S. 123) im Wettbewerb um Ausbildungsplätze führen kann.

7. Diskussion der Ergebnisse und Ausblick

Eltern aus Migrantenfamilien sind am Bildungsaufstieg ihrer Kinder stark interessiert. Junge Frauen und Männer mit Migrationshintergrund orientieren sich ebenso wie junge Frauen und Männer ohne Migrationshintergrund konkret an beruflicher Ausbildung oder an schulischer Weiterqualifizierung und sind bei der Suche nach einem Ausbildungsplatz genauso engagiert. Eine unzureichende *Bildungsorientierung* oder eine weniger intensive *Ausbildungsplatzsuche* sind daher als Erklärungsmöglichkeit für die geringeren Einmündungschancen junger Frauen und Männer mit Migrationshintergrund in eine berufliche Ausbildung auszuschließen, da solche Unterschiede zwischen jungen Frauen bzw. jungen Männern mit und ohne Migrationshintergrund nicht nachweisbar sind (Beicht & Granato, 2010; Gaupp, Lex & Reißig, 2011; Diehl, Friedrich & Hall 2009). Unterschiede zwischen jungen Frauen und Männern mit bzw. ohne Migrationshintergrund im Hinblick auf ihre individuellen und familiären *Ressourcen an sozialem und kulturellem Kapital* (u.a. Schulabschlüsse) aber auch *regionale Disparitäten im Ausbildungsangebot* können ebenfalls die geringeren Einmündungschancen junger Frauen und Männer mit Migrationshintergrund in eine berufliche Ausbildung nicht abschließend erklären.

Die *Rekrutierungsstrategien* und *Selektionsprozesse* von Betrieben sind Teil der Rahmenbedingungen des Ausbildungsangebots. Negative gruppenspezifische Zuschreibungen von Personalverantwortlichen und anderen Entscheidern gegenüber Jugendlichen mit Migrationshintergrund bzw. bestimmten Gruppen von Jugendlichen mit Migrationshintergrund haben nach früheren Untersuchungen in Deutschland und einer aktuellen Untersuchung in der Schweiz einen Einfluss auf ihre geringeren Einmündungschancen in eine berufliche Ausbildung (Schaub, 1991; Imdorf, 2009). Imdorf (2009) zeigt zudem die Bedeutung der Argumentationsmuster betrieblicher Personalentscheider für die Selektion gerade von Jugendlichen mit Migrationshintergrund auf.

Junge Frauen und Männer benötigen daher
1) neben einer langfristig und kontinuierlich angelegten Bildungslaufbahnberatung, die weit vor Beendigung der allgemeinbildenden Schule beginnt und ihre (Aus-)Bildungs-, Berufs- und Lebensplanung ganzheitlich in den Blick nimmt, dringend
2) faire Chancen bei Unternehmen und Verwaltungen unter zu Hilfenahme anonymisierter Bewerbungsverfahren,
3) Mentoring und eine kontinuierlich angelegte Begleitung im Übergangsprozess, die u.a. als Türöffner bei Unternehmen fungiert,
4) ein konkretes Ausbildungsplatzangebot für jeden ausbildungsinteressierten Jugendlichen und
5) eine „zweite Chance" für Jeden, d.h. ein konkretes Angebot für junge Erwachsene einen Berufsabschluss nachzuholen.
(vgl. ausführlich Beicht & Granato, 2011, S. 48–55; Maier, 2007; Oram, 2007, S. 242–246; Hirschi, 2011, S. 108–110; Rahn, Brüggemann & Hartkopf, 2011, S. 308–310; Schmidt-Koddenberg & Zorn, 2012, S. 131–142).

Das Qualifizierungspotenzial junger Frauen und Männer mit Migrationshintergrund gilt es erheblich stärker als bisher zu nutzen. Bereits heute stammen 27 % der Kinder und Jugendlichen in Deutschland aus Familien mit einem Migrationshintergrund, in vielen Ballungsgebieten sogar über 40 %. Der Zeitpunkt naht, an welchem in den Großstädten Westdeutschlands mehr als die Hälfte der Kinder in einer Familie mit Migrationsgeschichte aufwächst. Ein Innovationsland wie Deutschland kann es sich – gerade angesichts des demografischen Umbruchs – nicht leisten dieses Potenzial der Vielfalt so zu vernachlässigen, will es nicht auf einen Teil seines Reichtums verzichten (Beicht & Granato, 2011). Sonst bleibt nicht nur die Leistungs- und Integrationskraft des Bildungssystems, d.h. seine Fähigkeit Bildungsungleichheit abzubauen bzw. Chancengerechtigkeit für alle herzustellen weiterhin in Frage gestellt, sondern auch seine Fähigkeit ein ausreichendes Fachkräfteangebot bereitzustellen.

Literatur

Autorengruppe Bildungsberichterstattung (2010). *Bildung in Deutschland 2010. Ein indikatorengestützter Bericht mit einer Analyse zu Perspektiven des Bildungswesens im demografischen Wandel*. Bielefeld 2010.

Becker, R. (2009). Entstehung und Reproduktion dauerhafter Bildungsungleichheiten. In R. Becker (Hrsg.), *Lehrbuch der Bildungssoziologie* (S. 85–129). Wiesbaden.

Becker, R. (2011). Integration von Migranten durch Bildung und Ausbildung. In R. Becker (Hrsg.), *Integration durch Bildung: Bildungserwerb von jungen Migranten in Deutschland* (S. 11–36). Wiesbaden.

Beicht, U. (2009). Verbesserung der Ausbildungschancen oder sinnlose Warteschleife? Zur Bedeutung und Wirksamkeit von Bildungsgängen am Übergang Schule – Berufsausbildung. *BIBB REPORT 11/09*, Bielefeld (http://www.bibb.de/de/52414.htm).

Beicht, U. & Granato, M. (2010). Ausbildungsplatzsuche: Geringere Chancen für junge Frauen und Männer mit Migrationshintergrund. BIBB-Analyse zum Einfluss der sozialen Herkunft beim Übergang in die Ausbildung unter Berücksichtigung von Geschlecht und Migrationsstatus. *BIBB REPORT 15/10*. Bielefeld (http://www.bibb.de/de/56246.htm).

Beicht, U. & Granato, M. (2011). Prekäre Übergänge vermeiden – Potenziale nutzen. Junge Frauen und Männer mit Migrationshintergrund an der Schwelle von der Schule zur Ausbildung. In Friedrich-Ebert-Stiftung (Hrsg.), *WISO Diskurs*, Bonn. http://library.fes.de/pdf-files/wiso/08224.pdf.

Beinke, L. (2006). *Berufswahl und ihre Rahmenbedingungen. Entscheidung im Netzwerk der Interessen*. Frankfurt a.M.

Boos-Nünning, U. (2006). Von Chancengleichheit weit entfernt: Junge Frauen mit Migrationshintergrund im Übergang von der Schule in die Berufsausbildung. In Landesarbeitsgemeinschaft Jugendsozialarbeit Niedersachsen – Jugendaufbauwerk; Katholische Jugendsozialarbeit in der Region Nord (Hrsg.), *Zwischen Rosarot und dem Leben. Junge Migrantinnen beim Übergang Schule – Beruf* (S. 8–16). Hannover.

Boos-Nünning, U. & Karakaşoğlu, Y. (2006). *Viele Welten leben. Lebenslagen von Mädchen und jungen Frauen mit Migrationshintergrund*. Münster.

Diehl, C., Friedrich, M. & Hall, A. (2009). Jugendliche ausländischer Herkunft beim Übergang in die Berufsausbildung: Vom Wollen, Können und Dürfen. *Zeitschrift für Soziologie, 38*, 1, 48–68.

Eberhard, V., Ulrich, J. G. (2010). Übergänge zwischen Schule und Berufsausbildung. In G. Bosch, S. Krone & D. Langer (Hrsg.), *Das Berufsbildungssystem in Deutschland* (S. 133–148). Wiesbaden.

Eberhard, V. & Ulrich, J. G. (2011). „Ausbildungsreif" und dennoch ein Fall für das Übergangssystem? Institutionelle Determinanten des Verbleibs von Ausbildungsstellenbewerbern in teilqualifizierenden Bildungsgängen. In E. M. Krekel & T. Lex (Hrsg.), *Neue Jugend? Neue Ausbildung? Beiträge aus der Jugend- und Bildungsforschung* (S. 97-112). Bielefeld.

Gaupp, N., Lex, T. & Reißig, B. (2011). HauptschülerInnen auf dem Weg von der Schule in Ausbildung: Zur Situation von Jugendlichen mit Migrationshintergrund. In B. Reißig & E. Schreiber (Hrsg.), *Jugendliche mit Migrationshintergrund im Übergang Schule – Berufsausbildung* (S. 12–19). Arbeitshilfen für regionales Übergangsmanagement 4. Deutsches Jugendinstitut. München/Halle.

Gille, M. (2006). Werte, Geschlechtsrollenorientierungen und Lebensentwürfe. In M. Gille u.a. (Hrsg.), *Jugendliche und junge Erwachsene in Deutschland. Lebensverhältnisse, Werte und gesellschaftliche Beteiligung 12- bis 29-Jähriger* (S. 131–211). Wiesbaden.

Heinz, W. (1995). Berufliche Statuspassagen im Lebensverlauf. In K. Hurrelmann (Hrsg.), *Arbeit, Beruf und Lebensverlauf* (S. 127–155). Weinheim.

Heuer, C., Schubert, H. & Spieckermann, H. (2011). *Biografische Übergänge von der Schule in den Beruf: Verbleibuntersuchung von Kölner Berufskollegabsolventen.* Köln.

Hirschi, A. (2011). Berufswahlfreiheit als Selbstgestaltung beruflicher Entwicklung. In R. Marty u.a. (Hrsg.), *Berufswahlfreiheit. Ein Modell im Spannungsfeld zwischen Individuum und Umwelt* (S. 99–110). Bern.

Hummrich, M. (2004). Bildungserfolg trotz Schule: Über pädagogische Erfahrungen junger Migrantinnen. In L. Liegle & R. Treptow (Hrsg.), *Welten der Bildung in der Pädagogik der frühen Kindheit und in der Sozialpädagogik* (S. 140–153). Freiburg.

Imdorf, C. (2009). Wie Ausbildungsbetriebe soziale Ungleichheit reproduzieren: Der Ausschluss von Migrantenjugendlichen bei der Lehrlingsselektion. In H.-H. Krüger u.a. (Hrsg.), *Bildungsungleichheit revisited* (S. 259–274). Wiesbaden.

Krüger, H. (2001). Ungleichheiten im Lebenslauf. Wege aus den Sackgassen empirischer Traditionen. *Kölner Zeitschrift für Soziologie und Sozialpsychologie, Sonderheft 41,* 512–537.

Kuhnke, R. & Müller, M. (2009). Lebenslagen und Wege von Migrantenjugendlichen im Übergang Schule – Beruf: Ergebnisse aus dem DJI-Übergangspanel. In Deutsches Jugendinstitut (Hrsg.), *Wissenschaftliche Texte 3/2009.* München/Halle.

Maier, B. (2007). Wie finden Schülerinnen und Schüler ihren (ersten) Ausbildungsberuf? Berufswahltheorien und Konzepte der Unterrichtsgestaltung. *Unterricht – Arbeit und Technik, 35,* 48–55.

OECD (2006). *Where immigrants succeed – a comparative review of performance and engagement in PISA 2003.* Paris. OECD.

Oram, M. (2007). *Der Studien- und Berufswahlprozess. Zur subjektiven Rekonstruktion einer biografischen Entscheidung.* Bielefeld.

Rahn, S., Brüggemann, T. & Hartkopf, E. (2011). Von der diffusen zur konkreten Berufsorientierung: die Ausgangslage der Jugendlichen in der Frühphase der schulischen Berufswahlvorbereitung. *Die deutsche Schule, 4,* S. 297–311.

Roth, T., Salikutluk, Z. & Kogan, I. (2010). Auf die „richtigen" Kontakte kommt es an! Soziale Ressourcen und die Bildungsaspirationen der Mütter von Haupt-, Real- und Gesamtschülern in Deutschland. In B. Becker & D. Reimer (Hrsg.), *Vom Kindergarten bis zur Hochschule. Die Generierung von ethnischen und sozialen Disparitäten in der Bildungsbiographie* (S. 179–212). Wiesbaden.

Schaub, G. (1991). *Betriebliche Rekrutierungsstrategien und Selektionsmechanismen für die Ausbildung und Beschäftigung junger Ausländer.* Berlin, Bonn: Bundesinstitut für Berufsbildung.

Schittenhelm, K. (2007). Statuspassagen junger Frauen zwischen Schule und Berufsausbildung im interkulturellen Vergleich. In E. Schlemmer (Hrsg.), *Ausbildungsfähigkeit im Spannungsfeld zwischen Wissenschaft, Politik und Praxis* (S. 55–68). Wiesbaden.

Schmidt-Koddenberg, A. & Zorn, S. (2012). *Zukunft gesucht! Berufs- und Studienorientierung in der Sek. II.* Opladen.

Seibert, H., Hupka-Brunner, S. & Imdorf, C. (2009). Wie Ausbildungssysteme Chancen verteilen. Berufsbildungschancen ethnischer Herkunft in Deutschland und der Schweiz unter Berücksichtigung des regionalen Verhältnisses von betrieblichen und schulischen Ausbildungen. *Kölner Zeitschrift für Soziologie und Sozialpsychologie, 4,* 595–620.

Skrobanek, J. (2009). *Migrationsspezifische Disparitäten im Übergang von der Schule in den Beruf. Ergebnisse aus dem DJI-Übergangspanel.* (Deutsches Jugendinstitut. Wissenschaftliche Texte, Heft 1). München.

Solga, H. (2005). *Ohne Abschluss in der Bildungsgesellschaft.* Opladen.

Soremski, R. (2010). Das kulturelle Kapital in Migrantenfamilien: Bildungsorientierungen der zweiten Generation akademisch qualifizierter Migrantinnen und Migranten. In A.-M. Nohl u.a. (Hrsg.), *Kulturelles Kapital in der Migration. Hochqualifizierte Einwanderer und Einwanderinnen auf dem Arbeitsmarkt.* Wiesbaden.

Steinbach, A. & Nauck, B. (2005). Intergenerationelle Transmission in Migrantenfamilien. In U. Fuhrer & H.-H. Uslucan (Hrsg.), *Familie, Akkulturation und Erziehung. Migration zwischen Eigen- und Fremdkultur* (S. 111–125). Stuttgart.

Steiner, C. (2005). *Bildungsentscheidungen als sozialer Prozess. Eine Untersuchung in ostdeutschen Familien.* Wiesbaden.

Wilpert, C. (1980). *Die Zukunft der Zweiten Generation. Erwartungen u. Verhaltensmöglichkeiten ausländischer Kinder.* Königstein, Taunus.

Wippermann, C. & Flaig, B. B. (2009). Lebenswelten von Migrantinnen und Migranten. *Aus Politik und Zeitgeschichte, 5,* 3–11.

Bärbel Kracke, Ernst Hany, Katja Driesel-Lange und Nicola Schindler

Studien- und Berufsorientierung von Jugendlichen mit Hochschulzugangsberechtigung

1. Einleitung

Lange wurde eine schulische Berufsorientierung von Schülerinnen und Schülern des Gymnasiums bzw. von Schulen, die zum Abitur führen, als nicht relevant angesehen. Es wurde angenommen, dass die Beschäftigung mit konkreten beruflichen Optionen für Abiturienten nicht zentral für ihren nachschulischen Bildungsweg sei, sondern dass der Erwerb der Studienberechtigung und damit das fachbezogene Lernen von allgemeinbildenden Grundlagen im Vordergrund stünden. Die Beschäftigung mit der beruflichen Zukunft wurde als relevant für die Phase des Studiums erachtet. Die Tatsache, dass viele Abiturienten am Ende ihrer Schulzeit noch nicht wissen, was sie studieren wollen, und dass einige von ihnen überhaupt nicht studieren wollen (Driesel-Lange, 2011; Kracke, 2006; Prager & Wieland, 2005) sowie die relativ hohe Zahl von Studienabbrechern hat diese Auffassung herausgefordert und zu allmählichen Veränderungen in der Praxis an Gymnasien, ihre Schülerinnen und Schüler auf ihren nachschulischen Werdegang vorzubereiten, geführt.

In diesem Beitrag gehen wir der Frage nach, wie sich bei Abiturienten der längerfristige Prozess der Studien- oder Berufswahlentscheidung im Verlauf ihrer Schulzeit darstellt und welche schulischen und außerschulischen Faktoren diesen Prozess beeinflussen. Vor dem Hintergrund verschiedener entwicklungspsychologischer Berufswahltheorien (vgl. Hirschi in diesem Band) lassen sich für den Prozess der Entscheidung für einen nachschulischen Ausbildungsweg zentrale Aspekte ausmachen, die eine angemessene Haltung zu den damit verbundenen Aufgaben charakterisieren: die Bereitschaft, sich aktiv zu engagieren, indem man z.B. gezielt Informationen einholt, die Zuversicht, diesen Prozess erfolgreich zu gestalten, die Informiertheit sowie Sicherheit hinsichtlich der eigenen Entscheidungen. Bei Gymnasiastinnen und Gymnasiasten interessiert aber auch aufgrund der Vielfalt nachschulischer Optionen das Ergebnis ihrer Entscheidungen, also wie viele von ihnen sich für ein Studium im Anschluss an die Schulzeit entscheiden, wie viele für eine Berufsausbildung optieren oder wie viele Berufsausbildung und Studium kombinieren wollen. Hier ist dann weiterhin von Interesse, wie es zu diesen Entscheidungen kommt und wie zufrieden die Gymnasiasten nach dem Übergang mit ihrer Entscheidung sind. Die Zufriedenheit mit einer Entscheidung drückt sich unter anderem darin aus, dass junge Menschen die gewählte Ausbildung oder das Studium als passend für sich erleben, ihren Weg also fortsetzen wollen und nicht zu den ca. 20 % Studien- und Ausbildungsabbrechern gehören, die regelmäßig berichtet werden (Heublein et al., 2010).

Um diese Fragen ausführlich beantworten zu können, benötigt man systematische Längsschnittstudien, die eine große Gruppe von Gymnasiasten über den Verlauf ihrer Schulzeit immer wieder zu ihren Plänen und Vorbereitungsaktivitäten befragen und über deren sozialen Hintergrund und ihre individuellen Charakteristika man ausreichende Informationen hat. Leider fehlen solche Art von Studien in Deutschland, die den langfristigen Prozess der Entwicklung einer Berufsbiographie, der bereits in der Kindheit beginnt und sich auch nach einer ersten Entscheidung für einen nachschulischen Ausbildungsweg noch über mehrere Schritte hinzieht (z. B. Einmündung ins Arbeitsleben, Jobwechsel, Ruhestand), nachzeichnen könnten. So ist man bei der Beantwortung der oben gestellten Fragen auf die Ergebnisse vieler einzelner Studien angewiesen, die zum Teil nur einmal bei Jugendlichen die entsprechenden Fragen beleuchten (z. B. die HIS-Studien), aber auch zum Teil über mehrere Jahre hinweg Verläufe von einigen Aspekten, die zum Prozess der Berufswahlentscheidung gehören, darstellen (z. B. BIJU, TOSCA).

Im Folgenden werden die Ergebnisse unterschiedlicher empirischer Studien vorgestellt, um ein Porträt heutiger Gymnasiastinnen und Gymnasiasten auf dem Weg zu einer Studien- oder Berufsentscheidung zu zeichnen. Dabei geht es vor allem um die Art und Weise, auf die sie sich mit Ausbildungs- und Studienoptionen beschäftigen, ihre Sicherheit bezüglich ihrer Entscheidungen und die Art und Qualität der Unterstützung, die sie in diesem Prozess erleben. Abschließend werden Implikationen dieser Befunde für die Gestaltung von Berufsorientierungsmaßnahmen an Gymnasien diskutiert.

2. Engagement im Prozess der Berufswahl

Wie Jugendliche sich im Prozess der Berufs- und Studienwahl engagieren, wird häufig dadurch erfasst, dass betrachtet wird, wie intensiv sie sich einerseits mit ihren Fähigkeiten und Neigungen oder Vorstellungen darüber, wie man sich in der Ausübung eines Berufs fühlen und dort zurechtkommen würde, beschäftigen und andererseits Realitätserprobungen in Gesprächen, Informationsrecherchen oder die Sammlung von Erfahrungen, wie sie beispielsweise Praktika bieten, betreiben. Diese „Exploration" beeinflusst das berufsbezogene Selbstkonzept sowie die Repräsentation von Berufen und der Arbeitswelt und mündet in (vorläufigen) Festlegungen. Verschiedene Studien, die in jüngerer Zeit mit Gymnasiasten durchgeführt wurden, zeigen, dass die Mehrzahl der Jugendlichen die Frage nach ihren nachschulischen Ausbildungsplänen sehr ernst nimmt und zwischen siebter und elfter Klasse recht engagiert in Bezug auf die Informationssuche ist (z. B. Kracke, 2006; Driesel-Lange, 2011). Rund 80 % der von Kracke befragten Jugendlichen, die 11. Klassen an Thüringer Gymnasien besuchten, explorierten intensiv nachschulische Optionen, wobei jene am aktivsten waren, die schon konkrete Pläne für ihren nachschulischen Werdegang hatten. Eine Studie mit Kölner Gymnasiasten (Schmidt-Koddenberg & Zorn, 2011) zeigte eine deutliche Zunahme des Anteils jener Jugendlicher, die sich aktiv mit ihrer Studien- und Berufswahl auseinandergesetzt hatten, zwischen der 11. (49 %) und der 13. Klasse (81 %). In dieser Zeit stieg auch der Anteil jener mit konkreten Plänen für die Zeit nach dem Abitur deutlich von 42 % auf 66 %. Vergleichbare Zahlen liefert eine Befragung von Thüringer Abiturienten: Ca. ein Viertel der Schülerinnen und Schüler hatte vor der 11. Klassenstufe begonnen, sich mit Fragen der Studien- und Berufswahl zu beschäftigen; 38 % der Befragten gaben an, sich seit der 11. Klassenstufe mit der Studien- und Ausbildungsplanung auseinanderzusetzen, und weitere 30 % bekundeten den Beginn ihrer Aktivitäten im 12. Jahrgang (Rose, 2010).

3. Individuelle Faktoren, die das Engagement in der Berufswahl beeinflussen

Das Ausmaß, in dem sich Jugendliche Informationen über ihre Zukunftsoptionen beschaffen, variiert individuell erheblich. Dafür sind recht unterschiedliche Faktoren verantwortlich. Zum einen hat es ganz entscheidend damit zu tun, ob Jugendliche insgesamt dazu neigen, Probleme aktiv anzugehen und davon überzeugt sind, Ziele, die sie sich gesetzt haben, auch erreichen zu können. Bedeutsam ist im Zusammenhang mit der aktiven Informationssuche auch, ob Jugendliche sich trauen andere Menschen anzusprechen oder unvertraute Situationen aufzusuchen, also insgesamt offen für Neues sind (Kracke & Schmitt-Rodermund, 2001). Daneben hängt ihre Aktivität davon ab, ob sie bereits eine erste Vorstellung darüber haben, was sie einmal beruflich machen wollen. So zeigte sich beispielsweise in einer Studie, die Gymnasiasten bei einem Besuch des Berufsinformationszentrums (BIZ) beobachtete, dass jene Jugendlichen, die schon eine berufliche Option für sich in Betracht gezogen hatten, gezielter und intensiver nach Informationen suchten als jene, die noch gar nicht wussten, was sie einmal machen wollten (Kracke, Olyai & Wesiger, 2008). Insgesamt führt bei Jugendlichen ein mangelhaftes Wissen über Ausbildungswege und Anforderungen der Arbeitswelt sowie über die Passung der eigenen Interessen und Fähigkeiten mit den Anforderungen von Ausbildung und Beruf nicht dazu, dass sie engagierter Informationen suchen, sondern hat eher zur Folge, dass sie passiv verharren. Ähnlich demonstrierte die Studie von Hirschi, Niles und Akos (2010), dass größere Klarheit über berufliche Ziele mit intensiverer Erkundung der eigenen Person und der Berufswelt sowie der Planung der Berufswahl zusammenhängt. Diese Befunde legen nahe, dass es sehr wichtig ist, ganz individuell bei Jugendlichen herauszufinden, wie klar ihre Zukunftspläne sind und ob sie sich generell trauen, selbstständig nach Informationen zu suchen und dann jeweils passende Unterstützungsangebote bereitzustellen.

Neben den genannten individuellen Voraussetzungen, ist auch das Geschlecht der Jugendlichen ein bedeutsamer Faktor zur Erklärung von Unterschieden in Bezug auf die Vorbereitung der beruflichen Zukunft. Hier zeigt eine Reihe von Studien, dass sich Mädchen generell etwas stärker in der Informationssuche engagieren (z. B. Driesel-Lange, 2011). Der größte Unterschied zwischen männlichen und weiblichen Jugendlichen offenbart sich aber dahingehend, dass sie sich mit unterschiedlichen Themen beschäftigen, wenn sie an ihre berufliche Zukunft denken (zusf. Rosowski, 2009). Obgleich für heutige Jugendliche unabhängig vom Geschlecht Familie und Beruf als gleichermaßen attraktive Lebensziele gelten, ist das Thema Familiengründung bei Mädchen stärker ausgeprägt als bei Jungen. In der Abiturientenstudie von Oechsle und Mitarbeiterinnen (Oechsle et al., 2009) äußerten 80 % der befragten Mädchen den Wunsch, später eine eigene Familie zu gründen, während dies bei 66 % der Jungen der Fall war. Diese Zahlen sind vergleichbar mit anderen Studien, die Lebenspläne von Jugendlichen beleuchten (z. B. Shell-Studien). Jungen und Mädchen waren sich ähnlich in dem Wunsch nach einer egalitären Rollenaufteilung. Traditionelle Modelle, nach denen Frauen sich um die Kinder zuungunsten ihrer Karriere kümmern, während die Männer als Versorger der Familie vor allem in die Karriere investieren, sind offenbar für heutige Abiturienten in der Mehrzahl nicht erstrebenswert. Allerdings fehlen ihnen häufig noch Modelle für die tatsächliche Ausgestaltung dieser Lebensform, sodass bei konkreten Themen wie Inanspruchnahme von Elternzeit doch eher davon ausgegangen wird, dass das eher von den Frauen realisiert wird als von den Männern. Wetterer (2005, zit. nach Rosowski, 2009) spricht daher von einer „rhetorischen Modernisierung" der Geschlechterverhältnisse, was die Vereinbarung von Familie und Beruf angeht.

Die Überlegung, ob sie später eine Familie gründen möchten oder nicht, spielt vor allem bei jungen Frauen bereits für die Abwägung beruflicher Optionen eine Rolle. Rosowski (2009) unterscheidet bei den von ihr befragten Abiturientinnen und Abiturienten drei Gruppen von Jugendlichen. In der ersten, in der sich vor allem Mädchen befinden, wird die eigene Lebensplanung zum Berufswahlkriterium und wirkt sich somit auf den Berufsfindungsprozess aus. Es werden von Mädchen vor allem Berufe in Erwägung gezogen, in denen Modelle erlebt werden, die Beruf und Familie vereinbaren können (Lehrerin, freiberufliche Journalistin). Dabei bleiben dann zum Teil berufliche Optionen auf der Strecke, die zwar den eigenen Interessen und Fähigkeiten sehr nahe sind, von denen aber erwartet wird, dass sie Familienplänen entgegenstehen, weil sie etwa eine zu lange Ausbildung voraussetzen (z.B. Kinderärztin) oder die Beschäftigungslage unsicher ist. Damit gehen sie die von Gottfredson (2002) beschriebenen Kompromisse ein, nach denen erst in Bezug auf Interessen Abstriche gemacht werden, um mit der eigenen Geschlechtsrolle kompatible berufliche Optionen weiterhin aufrecht erhalten zu können. Insgesamt wirken Berufe und berufliche Positionen, in denen viele Frauen tätig sind, für junge Frauen auf den ersten Blick auch in besonderem Maße geeignet, Vereinbarkeitsziele umsetzen zu können. Allerdings erweisen sie sich häufig wegen schlechter Arbeitszeiten, geringer Aufstiegs- und Weiterbildungschancen oder niedrigem Verdienst als letztlich nicht optimal, um Karriereziele von Selbstständigkeit und persönlicher Erfüllung, die Mädchen auch verfolgen, umzusetzen. Den Jungen in dieser ersten Gruppe ist eine spätere Vereinbarkeit von Familie und Beruf auch wichtig, sie rücken aber nicht von Optionen ab, sondern überlegen eher, wie sie ihre persönlichen Ziele bei einem späteren Arbeitgeber einfordern oder als Selbstständige realisieren können. In der zweiten Gruppe ist zwar die Lebensplanung bedeutsam, der Bezug zur Berufswahl bleibt jedoch ein ungelöstes Problem. Die Beschäftigung mit der Vereinbarkeit von Beruf und Familie wird erst einmal aufgeschoben, der zukünftige Beruf steht im Vordergrund. In der dritten Gruppe, die vor allem von Jungen dominiert wird, spielt die Lebensplanung fast keine Rolle und beeinflusst daher auch nicht das aktuelle Suchen nach einem Beruf.

Individuelle Planungen des nachschulischen Werdegangs werden nicht nur durch das Thema Vereinbarkeit von Beruf und Familie erschwert, wie die Befragung Studienberechtigter 2008 von Heine und Quast (2009) verdeutlicht. Insbesondere die unvorhersehbare Entwicklung des Arbeitsmarktes bereitet den Schülern vergleichsweise häufig erhebliche persönliche Schwierigkeiten (38 %). Daneben stellt für ein gutes Drittel die nur schwer überschaubare Zahl der Möglichkeiten nach dem Schulabschluss ein großes Problem dar (37 %). Von Bedeutung als individuelles Planungsproblem sind zudem die von knapp einem Drittel (31 %) und sogar 41 % derjenigen Schüler/innen, die sich ein halbes Jahr vor Schulabgang bereits für ein Studium entschieden haben, benannten Zugangsbeschränkungen im angestrebten Studienfach. Für nahezu gleich viele gestaltet sich die Finanzierung von Studium oder Ausbildung problematisch. Bei diesem Aspekt zeigen sich bemerkenswerte geschlechtsspezifische Unterschiede: 34 % der weiblichen, aber nur 26 %

der männlichen angehenden studienberechtigten Schulabgänger geben an, dass die Finanzierung von Studium/Ausbildung ein Problem bei ihren Überlegungen über den weiteren Werdegang darstellt (Heine & Quast, 2009).

4. Entscheidungen für einen nachschulischen Ausbildungsgang

Wie in allen Schulabschlussjahrgängen entschied sich auch ein Teil der Studienberechtigten 2008 (zumindest zunächst) gegen die Umsetzung der durch die Hochschulreife erlangten Studienoption und für die Aufnahme einer beruflichen Ausbildung. Insgesamt lag der Anteil derjenigen, die diesen Qualifikationsschritt wählten, bei etwa 35 %. 2006 lag die Berufsausbildungsneigung hingegen bei 25 % (Heine & Quast, 2009).

Die Ergebnisse bisheriger Forschungen konvergieren klar dahingehend, dass Kompetenzen bzw. deren Rückmeldung über leistungsbezogene Informationen und der sozioökonomische Status die beiden zentralen Prädiktoren für die Studienentscheidung sind (z. B. Heine & Quast, 2009). Auch wenn ein bestandenes Abitur prinzipiell zu einem Hochschulstudium berechtigt, ist ein guter Notendurchschnitt für eine ganze Reihe von Studiengängen mit Zulassungsbeschränkungen die Eintrittskarte. Er scheint als Mittelwert von Leistungsbewertungen über einen breiten Fächerkanon der mit Abstand beste Prädiktor für die erfolgreiche Bewältigung von Studienanforderungen zu sein. Es ist daher nicht verwunderlich, dass dieser Zusammenhang auch die Selbsteinschätzungen und Erwartungen vieler Abiturienten und auf diesem Weg die Studienentscheidung beeinflusst.

Während es sich bei Schulleistungen um ein gesellschaftlich weitgehend akzeptiertes Kriterium für Selektions- oder Selbstselektionsprozesse handelt, trifft diese Einschätzung kaum für den sozioökonomischen Status (SES) zu, dem zweiten starken Prädiktor für die Aufnahme eines Studiums. Dennoch übt er seinen Einfluss offenbar nicht nur vermittelt über seine vielfach dokumentierte Rolle beim Wechsel in das mehrgliederige Sekundarschulsystem und damit für Gymnasiasten in einen Ausbildungsweg, der geradlinig zur Hochschulzugangsberechtigung führt, aus (Maaz, Watermann & Baumert, 2007). Am Ende der Gymnasialzeit trägt der SES wesentlich dazu bei, ob studiert wird oder nicht (z. B. Heine & Quast, 2009). Mit der Höhe der sozialen Schicht steigt die Studierwahrscheinlichkeit für Abiturienten. Die 2008 mit Abiturienten ein halbes Jahr vor dem Ende ihrer Schulzeit vom HIS durchgeführte Befragung zeigte, dass sich in Familien, in denen mindestens ein Elternteil über einen Hochschulabschluss verfügte, die Bandbreite der Studierneigung auf minimal 59 % bis maximal 78 % der Schülerinnen und Schüler belief, während Jugendliche ohne akademischen Bildungshintergrund dagegen erheblich seltener eine Studienabsicht (43 % bis 65 %) äußerten (Heine & Quast, 2009). Hervorzuheben ist hier zudem ein West-Ost-Unterschied, der eine um 5 % geringere Studierneigung der Jugendlichen aus den „neuen" Bundesländern zeigte.

Hinsichtlich der inhaltlichen Ausrichtung bei der Studienentscheidung werden in Befragungen häufig Interesse und Neigung als wesentliche Orientierungsgrößen angeführt (Oechsle, Knauf, Maschetzke & Rosowski, 2009). Interessen ihrerseits sind wiederum eng verknüpft mit domänenspezifischen Kompetenzen, die häufig in sozialen Kontexten aufgebaut werden und über die man Rückmeldung beispielsweise durch Elternhaus oder Schule erhält.

5. Soziale Unterstützung im Prozess der Berufswahl durch Eltern und Schule

Die Anforderungen im Prozess der Berufswahl sind für Jugendliche angesichts der großen Zahl möglicher Ausbildungsgänge hoch. Daher benötigen sie vielfältige Unterstützung. Für die meisten Jugendlichen sind die Eltern die wichtigsten Unterstützer (Heine, Spangenberg & Willich, 2007). Zorn und Schmidt-Koddenberg (2011) berichten, dass sich 63 % der von ihnen befragten Gymnasiasten mit ihren Eltern über Fragen der Berufswahl beraten können. Auch Maschetzke (2009) stellt die besondere Bedeutung der Eltern heraus und betont deren Rolle als Berater und zugleich als Modelle durch ihre eigenen Ausbildungswege und die aktuelle Berufstätigkeit. Jugendliche nutzen dabei die Ausbildungs- und beruflichen Erfahrungen als Folie, vor der sie ihre eigenen Ziele und Erwartungen reflektieren. Dabei ist zu beachten, dass vor allem Jugendliche aus akademischen Elternhäusern mehr Gelegenheit haben, über die vielfältigen Anforderungen, die ein Studium mit sich bringt, zu reflektieren als Jugendliche mit Hochschulzugangsberechtigung, deren Eltern kein Studium absolviert haben. Eltern mit akademischer Ausbildung erwarten noch häufiger als andere Eltern, dass ihre Kinder nach dem Abitur ein Studium aufnehmen. Die meisten Eltern leisten vor allem Orientierungshilfe durch Meinungsäußerungen, Vorschläge und konkrete Hilfe (zusf. Maschetzke, 2009). Gepaart mit emotionaler Wärme und Zutrauen in ihre Kinder ist solche Unterstützung in der Regel förderlich für die Informationssuche und Entscheidungsfindung. Dagegen geht eine zu starke Steuerung, die eine kleine Gruppe von Eltern zeigt, eher mit geringerer Informationssuche und Verunsicherung von Jugendlichen einher (vgl. Dietrich & Kracke, 2009). In Bezug auf den Elterneinfluss sind besonders die Faktoren Geschlecht und Migrationshintergrund zu bedenken. Weibliche Jugendliche müssen sich stärker als Jungen mit traditionellen Rollenmustern auseinandersetzen und finden nicht unmittelbar bei ihren Müttern positive Vorbilder für die Gestaltung „moderner" weiblicher Berufsbiographien. Bei Kindern mit Migrationshintergrund sind zum Teil die Generationsverhältnisse weniger partnerschaftlich, sodass der Wunsch der Eltern einen nicht unerheblichen Einfluss für die eigene Berufswahlentscheidung hat (vgl. Maschetzke, 2009).

6. Schule als Unterstützer

Der Beitrag der Schule und dabei vor allem jener der Gymnasien zur Berufsorientierung gestaltet sich immer noch vor allem darin, dass der Berufs- oder Studienberatung der Arbeitsagentur in Form von Materialien und Informationsveranstaltungen ein problemloser Zugang zur Schule eingeräumt wird, während sie sich selbst gegen die Arbeitswelt eher abschottet (Müller, 2002). Schule scheint noch weit davon entfernt zu sein, die Jugendlichen zu Experten für ihren eigenen Berufsorientierungsprozess heranzubilden. Um dies zu erreichen, müsste die individuelle Lernorganisation der Jugendlichen zum Gegenstand des schulischen Lernens werden, weil der schnelle Wandel der Berufswelt die Etablierung einer positiven Haltung lebenslangem Lernen gegenüber erfordert. Umsetzbar wäre das in einem schulischen Unterricht, der individuelle Planungsprozesse z.B. mit Betriebserkundungen oder Praktika fördert, die Präsentation von berufswahlrelevanten Erfahrungen ermöglicht und die Reflexion der Erfahrungen erlaubt. Mit einem gut differenzierten Wissen über die eigenen Interessen und Fähigkeiten in Bezug auf die Optionen der Berufswelt sowie Kompetenzen, sich selbst immer weiterzubilden, wären Jugendliche gut vorbereitet, die im Grunde lebenslange Gestaltung ihrer Berufsbiographie kompetent zu betreiben (Savickas et al., 2009).

Wie genau Schule auf den längerfristigen Prozess der Berufswahlentscheidung wirkt, ist bislang kaum untersucht. Beinke (1992) berichtet für Haupt- und Realschüler durch die systematische Einführung des schulischen Berufswahlunterrichts vor allem positive Effekte in Bezug auf Faktenwissen, die Fähigkeit, Informationsmaterialen zu verwerten und die Einsicht in die Notwendigkeit von Eigenaktivität. Der Bereich persönlicher Wertorientierungen und beruflicher Ziele bleibt allerdings weitgehend ausgespart. Die relativ aktuelle Situation der Berufsorientierung an Gymnasien beschreiben Oechsle und Mitautorinnen (2009). In einer Befragung von Schulen ermittelten sie, dass die häufigsten Orientierungsangebote im Besuch einer Universität, in der Einladung von Berufsberater/inne/n der Arbeitsagentur, im Besuch des Berufsinformationszentrums der Arbeitsagentur (BIZ) und im Betriebspraktikum bestanden. Es zeigten sich allerdings große Unterschiede zwischen den Schulen in Bezug auf weitere Angebote. Manche Schulen hatten ein breites Angebot und viele Kooperationspartner, andere beschränkten sich auf die Kooperation mit der Arbeitsagentur. Aus der Sicht der Schülerinnen und Schüler zeigte sich in qualitativen Interviews, dass Angebote wie ein BIZ-Besuch, der Besuch einer Universität oder Gespräche mit ehemaligen Schülerinnen und Schülern vor allem für jene Jugendlichen hilfreich waren, die schon erste berufliche Pläne hatten. Weiterhin betonten die Jugendlichen die Notwendigkeit einer intensiven Vor- und Nachbereitung von Veranstaltungen im Unterricht.

Auch Ergebnisse in anderen Bundesländern, z. B. Thüringen, machen deutlich, dass die am häufigsten in Gymnasien realisierte Maßnahme zur Berufsorientierung das Betriebspraktikum ist, an dem etwa 95 % der heutigen Abiturienten einmal im Laufe ihrer Schulzeit teilgenommen haben. Dies wird auch von der Mehrzahl der Jugendlichen als hilfreich und anregend für die weitere Berufsorientierung betrachtet (Kracke, 2006; Kracke et al., 2011). Informationsbesuche im BIZ oder Kontakte mit Berufsberatern der Arbeitsagentur im Rahmen von Vorträgen erleben dagegen nur etwa zwei Drittel der Jugendlichen. Weiterhin schreiben Gymnasiasten relativ häufig auch schon einmal ein Bewerbungsschreiben, Besuche von Universitäten oder Fachhochschulen stehen auch auf dem Programm. Dagegen werden Aktivitäten, bei denen sich die Jugendlichen selbst besser kennenlernen können – wie Interessentests, sich in einer Bewerbungssituation erleben oder durch Erfahrungsberichte von Berufstätigen abschätzen lernen, inwieweit ein Beruf unter Umständen etwas für sie sein könnte –, kaum von den Jugendlichen registriert. Zudem orientieren sich die Angebote zur Studien- und Berufsorientierung häufig nicht an den geplanten nachschulischen Bildungswegen (Hany & Driesel-Lange, 2006). Dabei werden schulische Berufsorientierungsaktivitäten, die im Zusammenhang mit den direkten Interessen der Jugendlichen stehen oder die den Jugendlichen die Möglichkeit geben, sich selbst zu erproben (Praktikum, Bewerbungsschreiben oder -training), von der großen Mehrheit der Jugendlichen als positiv gewertet. Darüber hinaus bewerten Jugendliche Orientierungsangebote auch vor dem Hintergrund ihrer weiteren schulischen Pläne. So wurde der Besuch des BIZ und der Besuch von Berufsinformationstagen von Jugendlichen mit Studienwunsch am wenigsten hilfreich eingeschätzt, der Besuch von Universitäten aber hoch gelobt, während Jugendliche mit dem Vorhaben, nach dem Abitur eine Ausbildung zu machen, BIZ und Berufsinformationstage recht hoch schätzten. Jugendliche, die noch beide Möglichkeiten für sich in Erwägung zogen, bewerteten vor allem den BIZ-Besuch sehr positiv (Kracke, 2006).

Die Vermittlung allgemeiner Arbeitstechniken und Lernhaltungen wie kritische Darstellung, Reflexionsfähigkeit und intrinsische Lernmotivation, die im Studium und Arbeitsleben bedeutsam sind, untersuchte Kracke (2006) bei Thüringer Gymnasiasten der 11. Klasse. Insgesamt wurde deutlich, dass die Mehrheit der Jugendlichen ihren Unterricht so wahrnahm, dass er den kritischen Umgang mit Lerninhalten förderte und dass die Jugendlichen meinten, sie seien durch die Schule angeregt worden, selbstständig und eigenverantwortlich zu lernen. Allerdings sahen es die Befragten weniger gegeben, dass sie durch die Lehrpersonen angeregt werden, ihre Lernprozesse zu reflektieren, wobei Mädchen das noch seltener berichteten als Jungen.

Abschließend ist zur Qualität schulischer Berufsorientierung an Gymnasien noch zu vermerken, dass im Vergleich zu Haupt- und Realschulen Lehrer dort insgesamt noch recht wenig ihre Rolle als Begleiter im längerfristigen Berufsorientierungsprozess ausfüllen (vgl. Dreer in diesem Band). So nahmen weniger als die Hälfte der von Kracke et al. (2011) befragten Gymnasiasten ihre Lehrer als an ihrem persönlichen beruflichen Werdegang interessiert wahr, während das bei der Mehrzahl der befragten Jugendlichen, die einen Haupt- oder Realschulabschluss anstreben, der Fall war. Helsper und Hummrich (2009) führen dies auf die an Gymnasien häufig vorzufindende auf fachliche Inhalte fokussierte und eher distanzierte Haltung der Lehrkräfte gegenüber ihren Schülern zurück. Dabei zeigen verschiedene Studien, dass gerade das durch Lehrer geäußerte Interesse an der Zukunft ihrer Schüler bei diesen mit einer stärkeren Bereitschaft einhergeht, sich selbst mit dem Thema berufliche Zukunft zu beschäftigen.

7. Fazit

Insgesamt machen die hier dargestellten Ergebnisse verschiedener empirischer Studien zur Situation von Jugendlichen mit Hochschulzugangsberechtigung im Prozess der Berufs- und Studienwahl auf verschiedene Besonderheiten dieser Gruppe aufmerksam. Sie sind zum einen hinsichtlich ihrer nachschulischen Ziele eine weniger homogene Gruppe als lange Zeit angenommen und werden zum anderen in der Schule nicht ausreichend von ihren Lehrern in Fragen der persönlichen Zukunft unterstützt. Ein großer Teil von ihnen berichtet über Probleme bei der Planung der nachschulischen Bildungswege, bis zum Ende der Schulzeit ist z. B. durch die teilweise notenabhängigen Zugänge zum Studium nicht klar, ob eine ins Auge gefasste Option erreicht werden kann. Insgesamt werden zwar Orientierungsangebote durch die Schule bereitgestellt. Sie sind aber wenig auf individuelle Bedürfnisse abgestimmt. Es scheint also an der Zeit, die schulische Berufsorientierung an Gymnasien zu reformieren. Dabei müssen sowohl vorhandene Orientierungsmaßnahmen (z. B. BIZ-Besuch, Praktikum) in Bezug auf ihre Tauglichkeit überprüft und ggf. modifiziert werden, die Ausbildung von zukünftigen Lehrern muss verbessert, Weiterbildungsangebote müssen systematisiert werden. In Bezug auf

die Berufswahlforschung ist zu wünschen, dass mehr Längsschnitt- und Interventions-
studien den Übergang von der Schule in den Beruf systematisch unter der Perspektive
komplexer Interaktionen zwischen individuellen Merkmalen Jugendlicher und ihrer sozialen Kontexte betrachten und dabei auch zielgerichtet die vielfältigen Unterstützungsangebote in den Blick nehmen.

Literatur

Autorengruppe Bildungsberichterstattung (2010). *Bildung in Deutschland 2010.* Berlin:
BMBF.
Beinke, L. (1992). *Berufswahlunterricht.* Bad Heilbrunn: Julius Klinkhardt Verlag.
Butz, B. (2008). Grundlegende Qualitätsmerkmale einer ganzheitlichen Berufsorientierung.
In Wissenschaftliche Begleitung des Programms „Schule/Wirtschaft – Arbeitsleben"
(Hrsg.), *Berufsorientierung als Prozess* (S. 42–62). Baltmannsweiler: Schneider Verlag
Hohengehren.
Dietrich, J. & Kracke, B. (2009). Career-specific parental behaviors in adolescents' develop-
ment. *Journal of Vocational Behavior, 75,* 109–119.
Driesel-Lange, K. (2011). *Berufswahlprozesse von Mädchen und Jungen – Interventionsmög-
lichkeiten zur Förderung geschlechtsunabhängiger Berufswahlen.* Universität Erfurt: Un-
veröffentlichte Dissertation.
Driesel-Lange, K., Hany, E., Kracke, B. & Schindler, N. (2010). Ein Kompetenzmodell für
die schulische Berufsorientierung. In U. Sauer-Schiffer & T. Brüggemann (Hrsg.), *Der
Übergang Schule–Beruf* (S. 157–176). Münster: Waxmann.
Gottfredson, L. S. (2002). Gottfredson's theory of circumscription, compromise, and self cre-
ation. In D. Bown et al. (Eds.), *Career choice and development* (4th ed.) (pp. 85–148).
San Francisco: Jossey-Bass.
Hany, E. & Driesel-Lange, K. (2006). Berufswahl als pädagogische Herausforderung: Schuli-
sche Orientierungsmaßnahmen im Urteil von Abiturienten. *Diskurs Kindheits- und Ju-
gendforschung, 4,* 517–531.
Heine, C. & Quast, H. (2009). *Studierneigung und Berufsausbildungspläne – Studienberech-
tigte 2008 ein halbes Jahr vor Schulabgang.* (HIS: Forum Hochschule 4).
Heine, C., Spangenberg, H. & Willich, J. (2007). *Informationsbedarf, Informationsangebote
und Schwierigkeiten bei der Studien- und Berufswahl. Studienberechtigte 2006 ein halbes
Jahr vor dem Erwerb der Hochschulreife.* (HIS: Forum Hochschule 12).
Helsper, W. & Hummrich, M. (2009). Lehrer-Schüler-Beziehung. In K. Lenz & F. Nestmann
(Hrsg.), *Handbuch persönliche Beziehungen.* Weinheim: Juventa.
Heublein, U., Hutzsch, C., Schreiber, J., Sommer, D. & Besuch, G. (2010). *Ursachen des Stu-
dienabbruchs in Bachelor- und in herkömmlichen Studiengängen. Ergebnisse einer bun-
desweiten Befragung von Exmatrikulierten des Studienjahres 2007/08.* (HIS: Forum
Hochschule, 2).
Hirschi, A., Niles, S. G. & Akos, P. (2010). Engagement in adolescent career preparation: So-
cial support, personality, and the development of choice decidedness and congruence.
Journal of Adolescence, 34, 173–182.
Kracke, B. (2006). Was tun nach dem Abi? Die schulische Vorbereitung auf die Studien- und
Berufswahl aus der Sicht von Gymnasiastinnen in der Sekundarstufe II. *Diskurs Kind-
heits- und Jugendforschung* 4-2006, 533–550.

Kracke, B., Hany, E., Driesel-Lange, K. & Schindler, N. (2011). Anregung zur eigenständigen Berufsplanung? Angebote der schulischen Berufswahlvorbereitung aus der Sicht von Jugendlichen. In E. M. Krekel & T. Lex (Hrsg.), *Neue Jugend, neue Ausbildung?* (S. 79–94). Bielefeld: W. Bertelsmann Verlag.

Kracke, B., Olyai, N. & Wesiger, J. (2008). Stand der Berufswahl und Qualität des berufsbezogenen Explorationsverhaltens im Jugendalter. *Psychologie in Erziehung und Unterricht, 55,* 51–60.

Kracke, B. & Schmitt-Rodermund, E. (2001). Adolescents' career exploration in the context of educational and occupational transitions. In J. Nurmi (Ed.), *Navigating through adolescence: European Perspectives* (pp. 141–168). New York: Routledge Falmer.

Lippegaus-Grünau, P., Mahl, F. & Stolz, I. (2010). *Berufsorientierung – Programme und Projekte von Bund und Ländern, Kommunen und Stiftungen im Überblick.* München: DJI.

Maaz, K., Watermann, R. & Baumert, J. (2007). Familiärer Hintergrund, Kompetenzentwicklung und Selektionsentscheidungen in gegliederten Schulsystemen im internationalen Vergleich. Eine vertiefende Analyse von PISA-Daten. *Zeitschrift für Pädagogik, 53,* 4, 444–461.

Maschetzke, C. (2009). Die Bedeutung der Eltern im Prozess der Berufsorientierung. In M. Oechsle, H. Knauf, C. Maschetzke & E. Rosowski (Hrsg.), *Abitur und was dann? Berufsorientierung und Lebensplanung junger Frauen und Männer und der Einfluss von Schule und Eltern* (S. 181–228). Wiesbaden: Verlag für Sozialwissenschaften.

Müller, W. (2002). Abitur – und dann? Berufsorientierung in der gymnasialen Oberstufe. In J. Schudy, (Hrsg.), *Berufsorientierung in der Schule – Grundlagen und Praxisbeispiele* (S. 175–190). Bad Heilbrunn: Verlag Julius Klinkhardt.

Oechsle, M., Knauf, H., Maschetzke, C. & Rosowski, E. (2009). *Abitur und was dann? Berufsorientierung und Lebensplanung junger Frauen und Männer und der Einfluss von Schule und Eltern.* Wiesbaden: Verlag für Sozialwissenschaften.

Prager, U. & Wieland, C. (2005). *Jugend und Beruf. Repräsentativbefragung zur Selbstwahrnehmung der Jugend in Deutschland.* Gütersloh: Bertelsmann Stiftung.

Rose, N. (2010). *Studien- & Berufswahl im Dschungel der Möglichkeiten. Projekt Thüringer Absolventenpanel.* Vortrag auf der Schulleitertagung in Oppurg, 15.09.2010.

Rosowski, E. (2009). Berufsorientierung im Kontext von Lebensplanung. Welche Rolle spielt das Geschlecht? In M. Oechsle, H. Knauf, C. Maschetzke & E. Rosowski (2009), *Abitur und was dann? Berufsorientierung und Lebensplanung junger Frauen und Männer und der Einfluss von Schule und Eltern* (S. 129–180). Wiesbaden: Verlag für Sozialwissenschaften.

Savickas, M. L., Nota, L., Rossier, J., Dauwalder, J.-P., Duarte, M. E., Guichard, J., Soresi, S., Van Esbroeck, R. & van Vianen, A. E. M. (2009). *Life designing: A paradigm for career construction in the 21st century. Journal of Vocational Behavior, 75,* 3, 239–250.

Schäfer, B. (2008). Instrumente zur Kompetenzfeststellung in der Berufsorientuerung. In Wissenschaftliche Begleitung des Programms „Schule/Wirtschaft – Arbeitsleben" (Hrsg.), *Berufsorientierung als Prozess* (S. 142–175). Baltmannsweiler: Schneider Verlag Hohengehren.

Schmidt-Koddenberg, A. & Zorn, S. (2012). *Zukunft gesucht! Berufs- und Studienorientierung in der Sek. II.* Opladen: Budrich.

Wetterer, A. (2005). Rhetorische Modernisierung und institutionelle Reflexivität: Die Diskrepanz zwischen Alltagswissen und Alltagspraxis in arbeitsteiligen Geschlechterarrangements. *Freiburger Frauen Studien. Zeitschrift für Interdisziplinäre Geschlechterforschung. Arbeit und Geschlecht, 15,* 75–96.

Arbeitsteil

Kapitel III

1. Nach der Lektüre des Kapitels

- kennen Sie empirische Forschungsergebnisse zum beruflichen Orientierungsverhalten von Schülerinnen und Schülern verschiedener Schulformen seit dem Beginn der Klasse 8,

- wissen Sie, was unter der kommunikationswissenschaftlichen Kultivierungshypothese zu verstehen ist und welchen Einfluss Medien auf die Berufsvorstellungen und die Berufswahl der Jugendlichen gewinnen können,

- sind Ihnen die Befunde des Deutschen Jugendinstituts zu den beruflichen Orientierungs- und Übergangsprozessen von Hauptschülerinnen und Hauptschülern bekannt,

- haben Sie eine Vorstellung von der Heterogenität beruflicher Orientierungsprozesse im Jugendalter und kennen Merkmale, die diese Heterogenität hervorbringen,

- kennen Sie wichtige empirische Forschungsergebnisse zu den Bildungszielen und Übergangsplänen von Jugendlichen mit Migrationshintergrund und sind sich der Bedeutung von Fremd- und Selbstselektion für die Übergangsprozesse von Jugendlichen aus Zuwanderungsfamilien bewusst,

- wissen Sie um die Spezifika der Situation von Jugendlichen mit Hochschulzugangsberechtigung im Berufswahlprozess und die Relevanz der Berufsorientierung als Handlungsfeld an Gesamtschulen und Gymnasien,

- haben Sie einen Eindruck gewonnen, wie die Jugendlichen Maßnahmen zur Unterstützung ihres beruflichen Orientierungsprozesses bewerten.

2. Arbeitsvorschläge und Anregungen zur Vertiefung

a) Welche Bedeutung kommt dem „Umgang mit Heterogenität" für die Organisation der Berufsorientierung in den Regionen und in den einzelnen Schulen im Lichte der Inhalte dieses Kapitels zu?

b) Im zweiten Heft der Zeitschrift „Der Feinschmecker" des Jahrgangs 2010 findet sich ein Artikel mit folgender Überschrift „Köchin – neuer Traumberuf?".
Der Fernsehkoch Vincent Klink (SWR – „Kochkunst mit Vincent Klink") berichtet in diesem Artikel: „Heute fallen die Alten nicht mehr tot um, wenn ihre Tochter nach dem Einser-Abitur nicht Ärztin, sondern Köchin werden will. Der Beruf des Kochs ist ohne Frage viel salonfähiger geworden." Das habe ganz

klar mit den Kochsendungen im Fernsehen zu tun: „Früher wollte man als Kind Lokführer werden, heute möchte man Koch sein." so Vincent Klink.

Inwieweit lässt sich die in dem Artikel geäußerte Vermutung, dass es einen Zusammenhang zwischen den Kochshows im Fernsehen und der aktuellen Bedeutung des Berufs des Kochs/der Köchin im beruflichen Orientierungsverhalten der Jugendlichen gebe, wissenschaftlich untermauern?

c) Welche Konsequenzen sollte die schulische Berufsorientierung aus den beobachteten Medieneffekten Ihrer Auffassung nach ziehen?

d) In diesem Band ist wiederholt von „primären" und „sekundären" Effekten der sozialen und ethnischen Herkunft Jugendlicher auf ihren Übergang in den Beruf die Rede gewesen. Was ist nach Boudon jeweils unter primären und sekundären Herkunftseffekten zu verstehen und warum ist diese Unterscheidung wichtig, wenn man die „Gerechtigkeit" von Übergangschancen fördern will? Greifen Sie bei Ihren Überlegungen auch auf den Beitrag von Grundmann und Brändle im zweiten Kapitel dieses Bandes zurück.

e) Wo sehen Sie die Möglichkeiten und wo die Grenzen, mit den Mitteln – schulischer – Berufsorientierung die Gerechtigkeit beim Übergang zu fördern?

f) Inwieweit unterscheidet sich – nach den in diesem Kapitel präsentierten empirischen Forschungsergebnissen zu urteilen – das Angebot an Berufsorientierung und das Unterstützungserleben der Jugendlichen nach wie vor in Abhängigkeit von der besuchten Schulform und dem Schulstandort?

g) Welche Konsequenzen sollten Ihrer Auffassung nach gezogen werden, damit der Anspruch, *alle* Jugendlichen möglichst individuell in ihrer Studien- und Berufsorientierung zu fördern, zukünftig besser umgesetzt werden kann als bisher?

3. Weiterführende Literaturhinweise und Internetquellen

- Eccles, Jacquelynne S. und Watt, Helen M. G. (Hrsg.) (2008). *Gender and occupational outcomes: longitudinal assessments of individual, social, and cultural influences.* American Psychological Association.

- Keuneke, S., Graß, H. & Ritz-Timme, S. (2010). „CSI-Effekt" in der deutschen Rechtsmedizin. Einflüsse des Fernsehens auf die berufliche Orientierung Jugendlicher. *Rechtsmedizin 20,* 5, S. 400–406.

- Neuenschwander, M., Gerber, M., Frank, N. & Rottermann, B. (2012). *Schule und Beruf: Wege in die Erwerbstätigkeit.* Wiesbaden: VS Verlag.

- Schmidt-Koddenberg, A. & Zorn, S. (2012). *Zukunft gesucht!: Berufs- und Studienorientierung in der Sek. II.* Opladen: Barbara Budrich.

- Weitere Informationen zum Bildungsverhalten Jugendlicher kann man im Abschnitt A3 des jährlichen Datenreports zum Berufsbildungsbericht einsehen. Online ist dieses Dokument abrufbar unter folgendem Link: http://datenreport.bibb.de/html/4679.htm

- Über das Übergangspanel des Deutschen Jugendinstituts kann man sich unter folgendem Link informieren: http://www.dji.de/cgi-bin/projekte/output.php?projekt=276

IV.
Handlungs- und Problemfelder
der Studien- und Berufsorientierung

Elena Makarova und Walter Herzog

Geschlechtersegregation bei der Berufs- und Studienwahl von Jugendlichen

1. Einführung

Die Beständigkeit geschlechtsspezifischer Unterschiede bei der Berufs- und Studienwahl schlägt sich in den Ausdrücken ‚Frauenberufe' und ‚Männerberufe' nieder. Als Indikator zur Bestimmung eines geschlechtstypischen bzw. -untypischen Berufs dient meistens der relative Frauenanteil in der jeweiligen Berufskategorie. Die Interpretation der Kennzahlen zur Festlegung der beruflichen *Geschlechtstypik* ist jedoch nicht einheitlich. Je nach Quelle wird ein Beruf beispielsweise dann als frauenuntypisch bzw. als Männerberuf bezeichnet, wenn der relative Frauenanteil in diesem Beruf unter 40 % (EC, 2009), unter 30 % (Buchmann, Kriesi, Pfeifer & Sacchi, 2002), unter 20 % (Ratschinski, 2009) oder unter 10 % (Borkowsky, 2000) liegt. Mitunter wird auch zwischen *stark segregierten*, *segregierten* und *integrierten* bzw. *gemischten Berufen* unterschieden.

Unabhängig davon, anhand welcher Grenzlinie die Kategorisierung der berufsbezogenen Geschlechtstypik erfolgt, stellt die *Geschlechtersegregation bei der Berufs- und Studienwahl* eine Tatsache dar, die in bildungspolitischen und Gleichstellungsanalysen zahlreich belegt wird (Borkowsky, 2000; GWK, 2011; Leemann & Keck, 2005; OECD, 2006, 2009; Zwick & Renn, 2000). Die beharrende Geschlechtersegregation bei der Berufs- und Studienwahl und die „fortlaufende Reproduktion von sogenannten Frauen- und Männerberufen" (Leemann & Keck, 2005, S. 73) führt nicht nur zu Engpässen bei der Rekrutierung von Arbeitskräften in naturwissenschaftlich-technischen Branchen, sondern auch zu einer anachronistischen Fortpflanzung von Geschlechterstereotypen, welche die Frauen auf emotional-kommunikative und die Männer auf rational-technische Kompetenzen festlegen und dabei wesentlich zur Persistenz ungleicher Lebenschancen von Frauen und Männern beitragen. Vor diesem Hintergrund ist die Zahl der Fördermaßnahmen, die in den letzten Jahrzehnten ins Leben gerufen wurden, mit dem Ziel, der Geschlechtersegregation bei der Berufsorientierung entgegenzuwirken, gewachsen.[1] Ein Gemeinsames dieser Förderinstrumente ist die Annahme, dass eine unmittelbare Begegnung mit (beruflichen) Vorbildern und die gezielte Vermittlung alternativer Rollenbilder geschlechtsuntypische Berufsperspektiven für Jugendliche zu eröffnen vermögen.

Im Folgenden wollen wir die geschlechtsbezogenen Disparitäten im beruflichen Orientierungs- und Übergangsprozess näher illustrieren (2) und theoretische Ansätze sowie Forschungsbefunde zur Erklärung der Geschlechtersegregation bei der Berufs- und Stu-

---

1   Beispielhaft dafür sind solche Förderinstrumente wie „Nationaler Zukunftstag: Seitenwechsel für Mädchen und Jungs" (www.nationalerzukunftstag.ch), der in der Schweiz durch die interkantonale Gleichstellungsfachstelle organisiert und koordiniert wird oder die Aktionstage „Girls' day" (www.girls-day.de) und „Boys' day" (www.boys-day.de) in Deutschland, die u.a. durch das Bundesministerium für Familien, Senioren, Frauen und Jugend gefördert werden.

dienwahl vorstellen (3). Unsere Ausführungen schließen mit einem Fazit (4), in dem wir fünf Thesen zur Wirksamkeit von Förderinstrumenten formulieren.

2. Geschlechtsspezifische Disparitäten im Studium und im Beruf

Infolge der Expansion des Bildungswesens und des Abbaus formaler Bildungsbarrieren hat sich im sekundären Bildungsbereich und in Bezug auf die Erstabschlüsse im Tertiärbereich (vor Doktorat) eine weitgehende Angleichung der Frauen- an die Männerquoten ergeben. Trotz Angleichung der Frauen- an die Männerquoten in formaler Hinsicht zeigen sich bei der *geschlechtstypischen Studienwahl* in den vergangenen 25 Jahren kaum Veränderungen (Franzen, Hecken & Kopp, 2004, S. 317). Frauen bauen ihre Präsenz in den für das weibliche Geschlecht traditionsreichen sprach- und kulturwissenschaftlichen Fächern aus und holen bei den anspruchsvollen Berufen im Sozial- und Gesundheitsbereich (z. B. Medizin und Jurisprudenz) deutlich auf. Dennoch bleiben sie in den männlich dominierten mathematisch-naturwissenschaftlichen oder ingenieurwissenschaftlichen Studienrichtungen sowie in den Männerberufen im Bereich von Mathematik, Informatik, Naturwissenschaften und Technik (MINT) weiterhin unterrepräsentiert (GWK, 2011; Leemann & Keck, 2005; Zwick & Renn, 2000).

Dabei handelt es sich um einen Trend, der für alle OECD-Länder gleichermaßen charakteristisch ist: „Although the number of female students in tertiary education has increased more rapidly than that of males, the proportion of women choosing S&T [Science and Technology] studies still remains below 40 % in most OECD countries. The choice of discipline is highly gender-dependent, and fields such as engineering or computing sciences are largely male-dominated" (OECD, 2006, S. 2). Im neuesten Bericht des U.S. Departements für Handel, Wirtschaft und Statistik stellen die Autoren nicht nur fest, dass Frauen in Berufen und Studienrichtungen im Bereich von „science, technology, engineering and math (STEM)" untervertreten sind, sondern auch, dass jene Frauen, die über einen Abschluss in diesem Bereich verfügen, weniger wahrscheinlich einen technisch-naturwissenschaftlichen Beruf ausüben als Männer mit vergleichbarem Abschluss (Beede, Julian, Langdon, McKittrick, Khan & Doms, 2011, S. 8). Frauen sind in den technischen und exakten Wissenschaften auch in der Forschung nur schwach vertreten (EC, 2009). Die geschlechtsbezogenen Disparitäten im Hinblick auf die Studienwahl zeichnen sich bereits bei den 15-jährigen Jugendlichen deutlich ab: „Across the OECD 17 % of males who expected a scientific career chose computer sciences compared to 2 % of females, with no country showing a higher percentage for females" (OECD, 2009, S. 44).

Das gleiche Muster zeigt sich bei der Berufsbildung, wo die *geschlechtstypische Berufswahl* von den Jugendlichen nur vereinzelt in Frage gestellt wird: Typische Frauenberufe werden vorwiegend von Frauen, typische Männerberufe in erster Linie von Männern gewählt, wobei das Wahlverhalten der Frauen etwas flexibler, das Spektrum der typischen Frauenberufe aber zugleich enger ist (Herzog, Neuenschwander & Wannack, 2006). Konkret entscheiden sich männliche Jugendliche überwiegend für eine Lehre im technischen oder im gewerblich-industriellen Bereich (z. B. Mechaniker, Schreiner, Elektroniker), während junge Frauen Berufe im Dienstleistungssektor (z. B. Verkäuferin, Friseurin, Dentalassistentin) favorisieren (Leemann & Keck, 2005, S. 72).

3. Gründe für die Geschlechtersegregation bei der Berufs- und Studienwahl

Für die beharrende Geschlechtersegregation bei der Berufs- und Studienwahl bestehen verschiedene Erklärungsansätze, die sich in vier Gruppen einteilen lassen.

(1) Ein *evolutionsbiologischer* Ansatz, der in jüngster Zeit vermehrt mit Ergebnissen der Hirnforschung angereichert wird, nimmt an, dass die lange Zeit, welche die Frühmenschen als Sammler und Jäger in der „Umwelt der evolutionären Angepasstheit" (Bowlby) verbracht haben, zu einem biologisch bedingten psychischen und sozialen Geschlechterdimorphismus geführt hat (Bischof-Köhler, 2006). Die unterschiedliche Disponiertheit der Geschlechter für männliche und weibliche Tätigkeiten führt zu unterschiedlichen beruflichen Präferenzen, wie sie sich im Berufswahlverhalten von Frauen und Männern faktisch zeigen. Empirische Studien zeigen jedoch, dass die Geschlechterdifferenzen im psychischen Bereich eher gering ausgeprägt und die Überlappungsbereiche in den meisten Verhaltensbereichen groß sind (Buller, 2006; Halpern, 2000).

(2) Die Gegenposition wird oft von *strukturtheoretischen* Ansätzen ökonomischer oder soziologischer Art vertreten. Danach liegen die Ursachen für die Ungleichheit der Geschlechter und ihr ungleiches Berufswahlverhalten in der spezifischen Form der *gesellschaftlichen Arbeitsteilung* (Eagly & Wood, 1999). In ökonomischer Hinsicht besteht nach wie vor ein vergleichsweise starkes Lohngefälle zwischen den Geschlechtern. Selbst bei gleicher oder gleichwertiger Berufsarbeit verdienen Frauen durchschnittlich weniger als Männer (Beede et al., 2011). Das lässt zumindest ansatzweise das Fortbestehen der traditionellen (‚bürgerlichen') Familienform mit klarer Aufgabenteilung zwischen Mann und Frau erklären. In soziologischer Hinsicht bleibt die Arbeitsteilung in ihren herkömmlichen Strukturen bestehen, weil die Gesellschaft zu wenig Angebote zur Entlastung der Familien bei Betreuungsaufgaben bietet (Stern, Banfi & Tassinari, 2006).

In einer ländervergleichenden Studie stellen Drobnič und Blossfeld (2004) fest, dass in allen beteiligten Ländern die Männer im Normalfall einer vollzeitlichen Erwerbstätigkeit nachgehen, während der Anteil an Frauen, die eine vollzeitliche Erwerbstätigkeit ausüben, stark zwischen den Ländern variiert. Dabei verzeichnen Länder wie die Niederlande, Deutschland, Großbritannien, Belgien, Dänemark und Schweden einen relativ hohen Anteil an Frauen in Teilzeitberufen. Gleichzeitig betonen die Autoren: „Part-time jobs are not just diminutive versions of full-time jobs, they are jobs that mainly recruit married women who work as secondary earners" (ebd., S. 149). Da die Berufsorientierung der Frauen viel stärker durch *Vereinbarkeitsthemen* geprägt ist als jene der Männer (Hofäcker, 2006; Knauf & Rosowski, 2009), neigen Frauen zur Wahl eines Berufes, der die Vereinbarkeit von Beruf und Familie zumindest verspricht. Darunter finden sich oft soziale oder Dienstleistungsberufe, die entweder teilzeitlich oder selbstständig ausgeübt werden können (Ärztin, Tierärztin, Apothekerin, Anwältin, Architektin, Lehrerin, Verkäuferin u.ä.). Die anhaltende Segregation der Geschlechter bei der Berufs- und Studienwahl scheint somit – zumindest seitens der Frauen – das Ergebnis einer rationalen Entscheidung zu sein (Rosser & Lane, 2002): Unter den gegebenen gesellschaftlichen und ökonomischen Bedingungen ist es für eine Frau vernünftig, sich für einen Frauenberuf zu entscheiden.

(3) Während strukturtheoretische Ansätze nahe legen, die Berufswahl als eine rationale Entscheidung zu sehen, gehen *sozialisationstheoretische Ansätze* von einem Lern- und Gewöhnungsprozess aus. Die Divergenzen der Geschlechter werden auf unterschiedliche *soziale Erwartungen* zurückgeführt, die bereits in der frühen Kindheit, spätestens aber beim Eintritt des Kindes in die Schule, wirksam werden und durch Prozesse des *sozialen Lernens* zur Übernahme typisierter Geschlechtsrollen führen. In neueren Ansätzen wird das Erklärungspotential der psychologischen Lerntheorien um attributionstheoretische Konzepte ergänzt, deren Potential sich gerade in Bezug auf die Geschlechterfrage als höchst fruchtbar erwiesen hat (Eccles, 1989; Rustemeyer, 2000). In einer Reihe von Studien erweisen sich auch *motivationale Faktoren* – wie die Selbstbeurteilung der eigenen Begabung, fachliche Interessen und die Freude am Schulfach – als bedeutsam für geschlechtsbezogene Disparitäten, insbesondere in Bezug auf den Erfolg in mathematisch-naturwissenschaftlichen Fächern (Budde, 2009; Herzog, 1998; Läzer, 2008; Riegle-Crumb, Moore & Ramos-Wada, 2011; Todt, 2000). Die nähere Analyse dieser Studien zeigt, dass das Interesse der Schülerinnen an Mathematik und Naturwissenschaften nicht generell geringer ist als dasjenige der Schüler, sondern bereichsspezifisch variiert.

Dennoch können sich junge Frauen deutlich seltener vorstellen, im Erwachsenenalter einen naturwissenschaftlich-technischen Beruf auszuüben als junge Männer, und zwar bei gleicher Kompetenz und gleich stark ausgeprägtem Fähigkeitsselbstkonzept in Naturwissenschaften (Taskinen, Asseburg & Walter, 2009). Dies kann bedeuten, dass Mädchen und junge Frauen naturwissenschaftliche und technische Berufe nicht deshalb abwählen, weil sie diese für zu ‚schwierig‘ halten, sondern weil ihre Interessen anders gelagert sind und sie die betreffenden Berufe als unattraktiv empfinden (Halpern, 2006). Ihr Interesse an Mathematik und Naturwissenschaften ist zudem anders ausgerichtet als dasjenige der Jungen. Was sie interessiert sind v.a. kontextuelle Aspekte der betreffenden Disziplinen, wie deren Bedeutung im Alltag oder deren Nutzen in Anwendungsbereichen (wie Medizin, Biologie, Umwelt, Energie oder Ernährung), sowie biographische Informationen zu den Leistungen von Forscherinnen und Forschern (Läzer, 2008; Miller, Slawinski Blessing & Schwartz, 2006). Zudem wird ihre Einstellung gegenüber den Naturwissenschaften durch eine Vorliebe für ‹helfende Berufe› bestimmt, in denen naturwissenschaftliche Kenntnisse zwar durchaus gefordert sind, aber in ‚dienender‘ Funktion.

Gemäß einer Studie von Davey (2001) genießt das fachliche Interesse höchste Priorität als Berufswahlmotiv unter den befragten männlichen Studierenden, während Studentinnen überwiegend altruistische Motive für ihre Berufswahl nennen. Ferner zeigen verschiedene Studien, dass für die Berufswahl relevante Geschlechtsunterschiede mit dem Alter der Kinder bzw. der Jugendlichen zunehmen (Simmons & Blyth, 2009). Dies weist darauf hin, dass die fachlichen Interessen durch eine Form von antizipatorischer Sozialisation – mit Blick auf die Vereinbarkeit von Beruf und Familie – beeinflusst werden. Folglich: Selbst wenn junge Frauen während des Gymnasiums bzw. der High School einen geschlechtsuntypischen Beruf anstreben, bleibt die Wahrscheinlichkeit, dass sie diesen Beruf später tatsächlich ausüben, gering (Mau, 2003).

Analysen des Berufswahlverhaltens von Jugendlichen zeigen, dass Geschlechterstereotype neben dem Sozialprestige der Berufe ein wesentliches Entscheidungskriterium für die Wahl bzw. Nichtwahl eines Berufes darstellen (Gottfredson, 2002, 2005).

Nach Gottfredson erweist sich das Geschlecht sogar als das wichtigste Berufswahlkriterium: „Severe threats to sextype (...) will be warded off before severe threats to either prestige (...) or interests (...), because a ‚wrong‘ sextype (...) is usually the greater threat to the self-concept" (Gottfredson, 2002, S. 104).

Gottfredsons *Theory of Circumscription and Compromise* hat sich in mehreren empirischen Studien zum Berufswahlprozess von Jugendlichen als fruchtbar erwiesen (Bubany & Hansen, 2011; Howard, Carlstrom, Katz, Chew, Ray, Laine & Caulum, 2011; Ratschinski, 2009).

Die Entwicklung von berufsbezogenen Präferenzen und Entscheidungen werden durch gesellschaftliche Vorstellungen über Geschlechterrollen, mit denen Kinder schon früh konfrontiert werden, maßgebend beeinflusst (Bubany & Hansen, 2011; Thébaud, 2010).

Die Suche nach einem zur Person passenden Beruf wird durch Erwartungen und Stereotype gelenkt, welche die Jugendlichen mit ihrem Geschlecht in Verbindung bringen (Herzog et al., 2006; Howard et al., 2011). In einer Studie mit insgesamt über 500 Schülerinnen und Schülern aus Haupt-, Real- und Oberschulen in Deutschland stellte Ratschinski (2009) fest, dass differenzierte Vorstellungen über Geschlechtstypik und Prestige eines Berufs bei Jugendlichen bereits relativ früh vorhanden sind. Im Berufswahlprozess wird das Prestige eines Berufs dem konformen Geschlechtstyp geopfert, wenn sich die Wahlmöglichkeiten einschränken, so dass „bei maximalem Kompromiss die Bevorzugung des Geschlechtstyps am deutlichsten (wird)" (ebd., S. 178). Dass ein naturwissenschaftlicher Beruf primär mit einem männlichen Geschlecht assoziiert wird, zeigt eine Studie von Scherz und Oren (2006): „The common image was that of a scientist as a bespectacled male with unkempt hair in a white lab-coat" (ebd., S. 977). Bereits die Schulfächer zeigen sich in der Wahrnehmung von Schülerinnen und Schülern als männlich oder weiblich konnotiert, wie verschiedene Studien zeigen (Herzog, 1998; Kessels, Rau & Hannover, 2006; Willems, 2007).

(4) Von traditionellen sozialisationstheoretischen Ansätzen zu unterscheiden ist das Konzept der *Selbstsozialisation* (Heinz, 2000; 2002; Luhmann, 1985). Als Subjekt der Sozialisation erscheint nicht eine abstrakte Gesellschaft, sondern das konkrete Individuum, das sich in der Auseinandersetzung mit seiner (sozialen) Umwelt in die Gesellschaft einlebt. Begriffen als systemischer Prozess, erfolgt Sozialisation nicht durch „Übertragung" eines Sinnmusters von einem System auf ein anderes; ihr Grundvorgang ist vielmehr „die selbstreferentielle Reproduktion des Systems, das die Sozialisation an sich selbst bewirkt und erfährt" (Luhmann, 1985, S. 327). In der Statuspassage von der Schule in die Berufswelt sieht Heinz (2002) einen prototypischen Vorgang der Selbstsozialisation.

Ein Paradebeispiel für das Konzept der Selbstsozialisation sind *Vorbilder*. Denn Vorbilder müssen selbst gewählt werden; sie können nicht als Erziehungsmittel eingesetzt werden (Herzog, 2002). Vorbilder bzw. *fehlende* (weibliche bzw. männliche) Vorbilder dienen vor allem in der Alltagskommunikation als Erklärungsmuster für Geschlechtersegregation bei der Berufswahl. Der Stand der Forschung zur Wirksamkeit von Vorbildern ist allerdings unzulänglich und widersprüchlich (Herzog, 2002; Marx & Roman, 2002). Im Hinblick auf die Berufsorientierung stellte Maschetzke (2009) in einer Interviewstudie fest, dass „für 70 Prozent der befragten jungen Erwachsenen (...) die elterlichen Berufe (...) keine explizite Orientierungsfunktion in ihrem Berufswahlprozess (haben)" (ebd., S. 217). Bezogen auf die Wahl eines Studienfaches belegt eine Studie mit Daten von Studierenden schweizerischer universitärer Hochschulen aus den Jahren 2002 und 2003, dass weibliche Studierende, die Fächer der exakten Wissenschaften belegten, von einer deutlichen Beeinflussung bei der Wahl ihres Studienfaches berichteten. Beeinflussend wirkten sowohl die Eltern, als auch die Lehrkräfte der vorausgehenden Schulstufen. Bei Studentinnen der technischen oder Sozialwissenschaften fehlten die entsprechenden Effekte (Poglia & Molo, 2007). Rask und Bailey (2002) werteten Daten von rd. 8.000 Studienabgängerinnen und -abgängern der Colgate University (USA) über die Jahre 1988 bis 2000 aus. Es zeigte sich ein eindeutiger Effekt dahingehend, dass eine Lehrperson gleichen Geschlechts einen positiven Effekt auf die Wahl des Faches hat, das sie unterrichtet. In einer Querschnittuntersuchung von Ashworth und Evans (2001) in Großbritannien wurden 941 Schülerinnen und Schüler der Sekundarstufe II zur Wahl eines Wirtschaftsfaches und zum Weiterstudium an der Universität befragt. Die Ergebnisse weisen bei den Schülerinnen im Unterschied zu den Schülern auf einen positiven Effekt der weiblichen Lehrpersonen hin. In einer weiteren Studie von Bettinger und Long (2005) konnte anhand eines umfangreichen Samples ein positiver Effekt des Geschlechts der Dozierenden auf universitäre Kurswahlen festgestellt werden, dies aber nur in einigen Disziplinen: Im Falle der Mathematik ergab sich ein positiver Effekt, nicht aber bei der Physik und auch nicht bei der Biologie, wo sich der Effekt sogar als negativ zeigte. Canes und Rosen (1995) untersuchten, ob weibliche Lehrpersonen in traditionell ‚männlichen' Wissenschaften Studentinnen motivieren, diese Fächer zu belegen. Die Analyse von Paneldaten aus drei amerikanischen Universitäten konnte jedoch keinen Zusammenhang zwischen dem Zuwachs an weiblichen Lehrpersonen und dem Zuwachs an Hauptfachstudentinnen aufdecken. Problematisch an vielen der referierten Studien ist, dass sie oft keine direkten Schlüsse auf eine mögliche *Vorbildwirkung* zulassen. Denn oft ist die Methodik indirekt und es wird nicht überprüft, ob die Lehrperson überhaupt als Vorbild wahrgenommen wird.

4. Fazit

Die Unterschiede in der Berufswahlorientierung von Frauen und Männern beruhen auf einem komplexen Zusammenspiel von strukturellen, soziokulturellen, institutionellen, familiären und individuellen Faktoren. Sie bestimmen nicht nur, welcher Beruf schließlich gewählt wird, sondern auch, wie sehr der gewählte Beruf geschlechtstypische Merkmale aufweist.

Die Berufswahl ist dadurch aber keineswegs determiniert, da das Individuum nicht bloß dem Einfluss der genannten Faktoren ausgesetzt ist, sondern auch als aktives Subjekt im eigenen Berufswahlprozess agiert. Daraus leiten wir fünf Thesen ab, die zugleich die Reichweite von Fördermaßnahmen zur Aufhebung der Geschlechtersegregation in der Berufs- und Studienwahl von Jugendlichen zu relativieren vermögen:

- Maßnahmen, die zum Ausgangspunkt die Polarisierung der Geschlechter haben, verfestigen die Geschlechterstereotype;
- Maßnahmen zum Abbau der geschlechtsbezogenen Rollenbilder müssen alle Lebens- und Entwicklungsbereiche durchdringen;
- Maßnahmen, die darauf abzielen, die berufsbezogenen Geschlechterstereotype abzubauen, müssen bereits im Kindesalter ansetzen und einen permanenten Charakter aufweisen;
- Maßnahmen zur Begegnung mit (beruflichen) Vorbildern übersehen, dass Vorbilder selbst gewählt werden und nicht vermittelt werden können;
- Maßnahmen, die die strukturellen Hindernisse in einer Gesellschaft in Bezug auf die Vereinbarkeit von Familie und Beruf nicht einschließen, greifen zu kurz, um der Geschlechtersegregation bei der Berufs- und Studienwahl entgegenzuwirken.

Literatur

Ashworth, J. & Evans, L. J. (2001). Modeling Student Subject Choice at Secondary and Tertiary Level: A Cross-Section Study. *Journal of Economic Education, 32*, 311–320.

Beede, D., Julian, T., Langdon, D., McKittrick, G., Khan, B. & Doms, M. (2011). *Women in STEM: A Gender Gap to Innovation*. Washington: U.S. Department of Commerce, Economics and Statistics Administration.

Bettinger, E. P. & Long, B. T. (2005). Do Faculty Serve as Role Models? The Impact of Instructor Gender on Female Students. *AEA Papers and Proceedings, 95*, 152–157.

Bischof-Köhler, D. (2006). *Von Natur aus anders. Die Psychologie der Geschlechtsunterschiede*. Stuttgart: Kohlhammer.

Borkowsky, A. (2000). Frauen und Männer in der Berufsbildung der Schweiz. *Schweizerische Zeitschrift für Bildungswissenschaften, 22*, 279–294.

Bubany, S. T. & Hansen, J.-I. C. (2011). Birth Cohort Change in the Vocational Interests of Female and Male College Students. *Journal of Vocational Behavior, 78*, 1, 59–67.

Buchmann, M., Kriesi, I., Pfeifer, A. & Sacchi, S. (2002). *halb drinnen – halb draussen. Zur Arbeitsmarktintegration von Frauen in der Schweiz*. Zürich und Chur: Rüegger Verlag.

Budde, J. (2009). *Mathematikunterricht und Geschlecht. Empirische Ergebnisse und pädagogische Ansätze*. (Bildungsforschung, Bd. 30). Bonn/Berlin: BMBF.

Buller, D. J. (2006). *Adapting Minds. Evolutionary Psychology and the Persistent Quest for Human Nature*. Cambridge: MIT Press.

Canes, B. J. & Rosen, H. S. (1995). Following in Her Footsteps? Faculty Gender Composition and Women's Choice of College Majors. *Industrial and Labor Relations Review, 48*, 486–504.

Davey, F. H. (2001). The relationship between engineering and young women's occupational priorities. *Canadian Journal of Counseling, 35*, 221–228.

Drobnič, S. & Blossfeld, H.-P. (2004). Career patterns over the life course: gender, class, and linked lives. *Research in Social Stratification and Mobility, 21*, 141–166.

Eagly, A. H. & Wood, W. (1999). The Origins of Sex Differences in Human Behavior. Evolved Dispositions Versus Social Roles. *American Psychologist, 54*, 408–423.

EC [European Commission] (2009). *She Figures 2009. Statistics and Indicators on Gender Equality in Science*. Brussels. Verfügbar unter: <http://ec.europa.eu/research/science-society/index.cfm?fuseaction=public.topic&id=126> [28.01.2010].

Eccles, J. S. (1989). Bringing Young Women to Math and Science. In M. Crawford & M. Gentry (Eds.), *Gender and Thought: Psychological Perspectives* (pp. 36–58). New York: Springer.

Franzen, A., Hecken, A. & Kopp, C. (2004). Bildungsexpansion und die geschlechtsspezifische Segregation an Schweizer Hochschulen. *Soziale Welt, 55*, 3, 317–336.

Gottfredson, L. S. (2002). Gottfredson's Theory of Circumscription, Compromise, and Self-Creation. In D. Brown & L. Brooks (Eds.), *Career Choice and Development* (pp. 85–148). San Francisco: Jossey-Bass.

Gottfredson, L. S. (2005). Applying Gottfredson's Theory of Circumscription and Compromise in Career Guidance and Counseling. In S. D. Brown & R. W. Lent (Eds.), *Career Development and Counseling. Putting Theory and Research to Work* (pp. 71–100). Hoboken: Wiley & Sons.

GWK [Gemeinsame Wissenschaftskonferenz] (2011). *Frauen in MINT-Fächern. Bilanzierung der Aktivitäten im hochschulischen Bereich (Heft 21)*. Bonn: GWK.

Halpern, D. F. (2000). *Sex Differences in Cognitive Abilities*. Mahwah, NJ: Erlbaum.

Halpern, D. F. (2006). Assessing Gender Gaps in Learning and Academic Achievement. In P. A. Alexander & P. H. Winne (Eds.), *Handbook of Educational Psychology* (pp. 635–653). Mahwah, NJ: Erlbaum.

Heinz, W. R. (2000). Selbstsozialisation im Lebenslauf. Umrisse einer Theorie biografischen Handelns. In E. M. Hoerning (Hrsg.), *Biografische Sozialisation* (S. 165–186). Stuttgart: Lucius & Lucius.

Heinz, W. R. (2002). Transition Discontinuities and the Biographical Shaping of Early Work Careers. *Journal of Vocational Behavior, 60*, 220–240.

Herzog, W. (1998). Chancengleichheit und naturwissenschaftliche Bildung. Zur Förderung von Mädchen im koedukativen Physikunterricht. In E. Nadai & T.-H. Ballmer-Cao (Hrsg.), *Grenzverschiebungen. Zum Wandel des Geschlechterverhältnisses in der Schweiz* (S. 119–146). Zürich: Rüegger.

Herzog, W. (2002). Erinnerung an Vorbilder. Über eine Lücke in der pädagogischen Theorie. *Neue Sammlung, 42*, 31–51.

Herzog, W., Neuenschwander, M. P. & Wannack, E. (2006). *Berufswahlprozess. Wie sich Jugendliche auf ihren Beruf vorbereiten*. Bern: Haupt.

Hofäcker, D. (2006). Women's employment in times of globalization: a comparative overview. In H.-P. Blossfeld & H. Hofmeister (Eds.), *Globalization, uncertainty and women's careers* (pp. 32–58). Northampton, MA: Edward Elgar.

Howard, K. A. S., Carlstrom, A. H., Katz, A. D., Chew, A. Y., Ray, G. C., Laine, L. & Caulum, D. (2011). Career Aspirations of Youth: Untangling Race/Ethnicity, SES, and Gender. *Journal of Vocational Behavior, 79*, 1, 98–109.

Kessels, U., Rau, M. & Hannover, B. (2006). What Goes Well With Physics? Measuring and Altering the Image of Science. *British Journal of Educational Psychology, 76*, 761–780.

Knauf, H. & Rosowski, E. (2009). Wie tragfähig ist die Studien- und Berufswahl? Biographische Verläufe und Orientierungsprozesse nach dem Abitur. In M. Oechsle, H. Knauf, C. Maschetzke & E. Rosowski (Hrsg.), *Abitur und was dann? Berufsorientierung und Lebensplanung junger Frauen und Männer und der Einfluss von Schule und Eltern* (S. 283–320). Wiesbaden: VS Verlag.

Läzer, K. L. (2008). Does gender matter? Ergebnisse der SchülerInnenumfrage zum naturwissenschaftlichen Unterricht. In H. Faulstich-Wieland, K. Willems, N. Feltz, U. Freese

& K. L. Läzer (Hrsg.), *Genus – Geschlechtergerechter naturwissenschaftlicher Unterricht in der Sekundarstufe I* (S. 93–117). Bad Heilbrunn: Klinkhardt.

Leemann, R. J. & Keck, A. (2005). *Der Übergang von der Ausbildung in den Beruf. Die Bedeutung von Qualifikation, Generation und Geschlecht.* Neuchâtel: BFS.

Luhmann, N. (1985). *Soziale Systeme. Grundriss einer allgemeinen Theorie.* Frankfurt: Suhrkamp.

Marx, D. M. & Roman, J. S. (2002). Female Role Models: Protecting Women's Math Test Performance. *Personality and Social Psychology Bulletin, 28,* 1183–1193.

Maschetzke, C. (2009). Die Bedeutung der Eltern im Prozess der Berufsorientierung. In M. Oechsle, H. Knauf, C. Maschetzke & E. Rosowski (Hrsg.), *Abitur und was dann? Berufsorientierung und Lebensplanung junger Frauen und Männer und der Einfluss von Schule und Eltern* (S. 181–228). Wiesbaden: VS Verlag.

Mau, W. C. (2003). Factors that influence persistence in science and engineering career aspirations. *Career Development Quarterly, 51,* 234–243.

Miller, P. H., Slawinski Blessing, J. & Schwartz, S. (2006). Gender Differences in High School Students' Views about Science. *International Journal of Science Education, 28,* 363–381.

OECD (2006). *Evolution of Student Interest in Science and Technology Studies. Policy Report.* Verfügbar unter: <www.oecd.org/dataoecd/16/30/36645825.pdf> [30.01.2010].

OECD (2009). *Equally Prepared for Life? How 15-Years-Old Boys and Girls Perform in School.* Paris: OECD.

Poglia, E. & Molo, C. (2007). La choix des études universitaires: sciences sociales plutôt que sciences exactes et techniques? *Revue suisse des sciences de l'éducation, 29,* 125–150.

Rask, K. N. & Bailey, E. M. (2002). Are Faculty Role Models? Evidence from Major Choice in an Undergraduate Institution. *Research in Economic Education, 33,* 99–124.

Ratschinski, G. (2009). *Selbstkonzept und Berufswahl. Eine Überprüfung der Berufswahltheorie von Gottfredson an Sekundarschülern.* Münster: Waxmann.

Riegle-Crumb, C., Moore, C. & Ramos-Wada, A. (2011). Who Wants to Have a Career in Science or Math? Exploring Adolescents' Future Aspirations by Gender and Race/Ethnicity. *Science Education, 95,* 3, 458–476.

Rosser, S. V. & Lane, E. O. (2002). Key Barriers for Academic Institutions Seeking to Retain Female Scientists and Engineers: Family-unfriendly Policies, Low Numbers, Stereotypes, and Harassment. *Journal of Women and Minorities in Science and Engineering, 8,* 163–191.

Rustemeyer, R. (2000). Attributionstheorie und Geschlechterforschung. In F. Försterling, J. Stiensmeier-Pelster & L.-M. Silny (Hrsg.), *Kognitive und emotionale Aspekte der Motivation* (S. 99–119). Göttingen: Hogrefe.

Scherz, Z. & Oren, M. (2006). How to Change Students' Images of Science and Technology. *Science Education, 90,* 6, 965–985.

Simmons, R. G. & Blyth, D. A. (2009). *Moving into Adolescence. The Impact of Pubertal Change and School Context.* New York: Aldine de Gruyter.

Stern, S., Banfi, S. & Tassinari, S. (2006). Krippen und Tagesfamilien in der Schweiz. Aktuelle und zukünftige Nachfragepotenziale. Bern: Haupt.

Taskinen, P., Asseburg, R. & Walter, O. (2009). Wer möchte später einen naturwissenschaftsbezogenen oder technischen Beruf ergreifen? In M. Prenzel & J. Baumert (Hrsg.), *Vertiefende Analysen zu PISA 2006* (S. 79–105). Wiesbaden: Verlag für Sozialwissenschaften.

Thébaud, S. (2010). Gender and Entrepreneurship as a Career Choice: Do Self-assessments of Ability Matter? *Social Psychology Quarterly, 73,* 3, 288–304.

Todt, E. (2000). Gechlechtsspezifische Interessen – Entwicklung und Möglichkeiten der Modifikation. *Empirische Pädagogik, 14,* 215–254.

Willems, K. (2007). *Schulische Fachkulturen und Geschlecht. Physik und Deutsch – natürliche Gegenpole?* Bielefeld: Transcript.

Zwick, M. M. & Renn, O. (2000). *Die Attraktivität von technischen und ingenieurwissenschaftlichen Fächern bei der Studien- und Berufswahl junger Frauen und Männer.* Stuttgart: Akademie für Technologiefolgenabschätzung.

Günter Ratschinski und Arnulf Bojanowski

Benachteiligtenförderung in der Berufsorientierung

Der Begriff Benachteiligtenförderung hat sich für einen heterogenen Maßnahmenkomplex zur Berufsvorbereitung und Eingliederung schulschwacher Jugendlicher in die Arbeitswelt eingebürgert. Zunächst wurde die Ziel- und Adressatengruppe in Jugendlichen gesehen, die wegen eines fehlenden (Haupt-)Schulabschlusses deutlich geringere Chancen auf dem Ausbildungsstellenmarkt hatten. Heute erfasst die berufliche Benachteiligung auch Schüler mit formalem Schulabschluss und in steigendem Maße auch Realschüler (Funcke, Oberschachtsiek & Giesecke, 2010). Als Signal für Benachteiligung gilt nach wie vor die fehlende Berufsausbildung. Im internationalen Sprachgebrauch hat sich das Akronym NEET (*Not in Education, Employment or Training*) für die Zielgruppe etabliert. Nach Mikrozensusdaten ist der Anteil von jungen Erwachsenen ohne Berufsausbildung von 15 % im Jahre 2000 auf 21 % im Jahre 2007 angestiegen.

Zieht man alle jungen Menschen in Betracht, die nach Ende der Schulzeit keine Ausbildungsstelle finden, steigt die Zahl beträchtlich. Die Zahl der Neuzugänge im sogenannten Übergangssystem betrug 2008 fast 400.000. Das sind 34 % der Jugendlichen, die eine Berufsausbildung unterhalb der Hochschulniveaus anstreben (Autorengruppe Bildungsberichterstattung, 2010, S. 96). Die Neuzugänge enthalten zwar auch „Altbewerber", die auch in vorherigen Anläufen keinen Ausbildungsplatz bekamen, und „Marktbenachteiligte", die bei hinreichenden schulischen Voraussetzungen wegen fehlender Angebote nicht ins Ausbildungssystem einmünden. Der überwiegende Teil sind jedoch Jugendliche, die nach Auffassung der Arbeitsverwaltung nicht „ausbildungsreif" sind. Damit ist Ausbildungsreife zum „zentralen Lenkungsbegriff" für die Eingliederung Jugendlicher in das deutsche Ausbildungs- und Berufssystem geworden (Krüger-Charlé, 2010).

Ausbildungsreife ist nicht nur Voraussetzung für die Vermittlung von Bewerbern sondern auch allgemeines Ziel pädagogischer Maßnahmen. Im Kriterienkatalog des Pakts für Ausbildung und Fachkräftenachwuchs sind ihre Definitionsmerkmale zusammengestellt. Sie umfasst schulische Voraussetzungen, physische Merkmale, Arbeitshaltungen und angemessene Einstellungen zur Arbeit (vgl. Eberhardt, in diesem Band). Schulische und außerschulische Maßnahmen zur Berufsvorbereitung bieten neben beruflichen Qualifizierungsmodulen auch Ausbildungsinhalte, die sich an diesen Kriterien orientieren und meist durch sozialpädagogische Fachkräfte vermittelt werden.

Organisatorisch lassen sich zwei Hauptmaßnahmentypen unterscheiden. Zum einen schulische Berufsvorbereitungsmaßnahmen, die in der Verantwortung der Länder liegen, und zum anderen außerschulische Berufsvorbereitungsmaßnahmen, die von der Bundesagentur für Arbeit finanziert und von freien Trägern der Jugendhilfe durchgeführt werden. Beiden Maßnahmen gehen Berufsorientierungsangebote der allgemeinbildenden Schulen voraus.

1. Berufsorientierung

Nahezu gleichzeitig mit dem Kriterienkatalog für Ausbildungsreife hat ein zweiter Arbeitskreis des Paktes für Ausbildung eine Handreichung zur Berufsorientierung vorgelegt (Nationaler Pakt für Ausbildung und Fachkräftenachwuchs in Deutschland, 2006). Während der erste Arbeitskreis sich mit den Klagen der Betriebe beschäftigen sollte, dass die Schüler nicht ausbildungsreif seien, sollte der zweite Arbeitskreis Möglichkeiten sondieren, wie die Schule die Berufsorientierung der Schüler verbessern und die Ausbildungsreife erhöhen kann. Ein Arbeitskreis hat sozusagen die Diagnostik erarbeitet und der andere die Therapie oder besser: die pädagogischen Maßnahmen. Eine wesentliche Verbesserung schulischer Berufsvorbereitung sah man in der Zusammenarbeit von Schule und Wirtschaft. Deshalb wurde der Arbeitskreis „Schule und Wirtschaft" genannt und ihm wurde die Aufgabe gegeben, Empfehlungen zur Optimierung und Intensivierung der schulischen Berufsorientierung in einer Handreichung zusammenzustellen. Diesem Ansatz liegt die Überzeugung zugrunde, dass berufliche Benachteiligtenförderung schon in der allgemeinbildenden Schule beginnen und den Charakter von Präventivmaßnahmen haben sollte. Die schulische Berufsorientierung in den oberen Klassen hat das erklärte Ziel, Ausbildungsreife und Berufswahlreife zu vermitteln. Die projektorientierte Kooperation mit Betrieben begegnet dem Grundproblem der Berufsorientierung in den Regelschulen, dass berufsrelevante Informationen und Kenntnisse bisher weitgehend separiert von schulischen Lehr-Lernprozessen vermittelt werden und diese Vermittlungsprozesse nur ungenügend in den schulischen Curricula der unterschiedlichsten Klassenstufen verankert sind (Kretschmer et al., 2009, S. 95).

Die Erfolge der Kooperation von Schule und Wirtschaft sind überzeugend. Ihre Zusammenarbeit trägt wesentlich zur vorberuflichen Entwicklung der Schüler bei. Betriebliche Praktika beeinflussen die Berufsentscheidungen insbesondere von Hauptschülern stärker als Berufseignungstests oder die Berufsberatung (Gaupp, Lex, Reißig & Braun, 2008) und regen zur eigenständigen Beschäftigung mit Zukunfts- und Berufswahlfragen an (Kracke, Hany, Driesel-Lange & Schindler, 2011). Dazu komplementär nannten auch über 50 % der 1850 von der IHK Hannover befragten Betriebe, dass sie ihre Bewerber über Betriebspraktika finden (Ernst & Spevacek, 2010). Die im Rahmen des Pakts für Ausbildung eingerichteten Einstiegsqualifizierungen schließlich haben sich als Erfolgsmodell erwiesen. 2005 wurden 61 % gegenüber 22 % einer Kontrollgruppe von den Praktikumsbetrieben in eine Ausbildung übernommen (GIB, 2006). Zwei Jahre später, als sich die Lage auf dem Ausbildungsmarkt deutlich entspannt hatte, waren es 75 % gegenüber 59 % (GIB, 2007). Die Übernahmequoten der Kontrollgruppen machen den Einfluss des Arbeitsmarktes deutlich.

Der Erfolg von Betriebspraktika im Rahmen der schulischen Berufsorientierung ist theoretisch erklärbar. Aus der Perspektive der „sozialökologischen" Entwicklungstheorie Bronfenbrenners (1981) findet Entwicklung an biografischen Übergängen von einem sozialen Mikrosystem (der Lebenswelt) zum nächsten statt. Allgemeines Ziel der Entwicklung ist, in vielen neuen ökologischen Sozialsystemen handlungsfähig zu werden. Durch die Qualität der Vernetzung können Übergänge gefördert und die Zeit bis zur Handlungsfähigkeit verkürzt werden. Je besser die neuen Systeme erschlossen und bekannt sind, desto harmonischer gelingen die Übergänge. Nach Bronfenbrenner sind die entwicklungsfördernden Effekte ökologischer Übergänge umso größer, je mehr Vorerfahrungen möglich waren, je besser Rollenanforderungen vereinbar sind, je mehr Lebensbereiche unterstützend einbezogen werden und je leichter neue Erfahrungen in Vertrautes integriert werden können. Außerdem haben vertraute Personen, die beiden Lebensbereichen angehören und den Übergang begleiten, fördernde Effekte (Eckert, 2008).

Insofern sind Kooperationsprojekte zwischen (den abgebenden) allgemeinbildenden und (den aufnehmenden) berufsbildenden Schulen naheliegende Praxisanwendungen. Ein erfolgreiches Beispiel ist das „Neustädter Modell", das als präventives Übergangssystem für Haupt- und Realschüler der neunten und zehnten Klassen mit einer Laufzeit von sieben Jahren konzipiert war (Marsch, Dowerk, Klemke, Poppe & Buchholz, 2012). Die Schüler bekamen an zwei Tagen wöchentlich in der berufsbildenden Schule Unterricht in einer beruflichen Fachrichtung (4 Stunden Theorie, 10 Stunden Fachpraxis). Der Unterricht im Hauptschulzweig der KGS wurde auf 24 Stunden reduziert. Nach zwei Jahren wurde ihnen dafür von der IHK Hannover das erste Ausbildungsjahr anerkannt. Auch gemessen an den Übergangsquoten sprechen die Erfolge für sich. 65 % der Teilnehmer münden in eine Ausbildung, vorher waren es 26 %.

2. Schulische Berufsvorbereitung

Nach Ende der Regelschulzeit wird für Schulabgänger, die keine Lehrstelle gefunden haben und der Berufsschulpflicht unterliegen, eine Vorbereitung auf die Berufsausbildung in Vollzeitklassen der Berufsschulen, z.B. als Berufsvorbereitungsjahr (BVJ) oder Ausbildungsvorbereitungsjahr (AVJ), angeboten. Die Schüler lernen meist zwei berufliche Praxisfelder kennen und erhalten Unterricht in allgemeinbildenden Fächern. Der Unterricht soll die Schüler für eine praktische Berufsausbildung motivieren, individuelle Entscheidungshilfen bieten und dem einzelnen gerecht werden. Deshalb wird zugunsten eines schülerzentrierten Ansatzes auf strenge curriculare Vorgaben verzichtet und ein Rahmen geschaffen, in dem individualisierte Pädagogik möglich ist. Die Klassenstärke ist meist auf 12 Schüler begrenzt.

Das BVJ wurde zwischen 1975 und 1980 in den einzelnen Bundesländern eingeführt. Es löste die Jungarbeiterklassen ab, in denen zuvor erwerbstätige Jugendliche ohne Ausbildung drei Jahre lang zumeist einmal die Woche beschult wurden. Ebenso wie in den Jungarbeiterklassen waren in den ersten BVJ-Klassen zweimal so viele Schülerinnen wie Schüler. Heute ist das Verhältnis umgekehrt. Zudem ist der Anteil von Schülerinnen und Schülern mit Migrationshintergrund deutlich gestiegen.

Wegen der föderalen Bildungszuständigkeit gibt es in der Ausgestaltung des BVJ Unterschiede. Einen Überblick über die Regelungen der Berufsvorbereitungsjahre (BVJ) in den 16 Bundesländern geben Schroeder und Thielen (2009). Danach ist das BVJ keine Übergangslösung mehr. Es ist in allen Bundesländern ein in den Schulgesetzen verankerter regulärer Bildungsgang an beruflichen Schulen. In den meisten Bundesländern mit neunjähriger Schulpflicht wird mit dem Vollzeitbesuch des BVJ auch die Schulpflicht insgesamt (inklusive der Berufsschulpflicht) erfüllt, wenn das 19. Lebensjahr erreicht ist. Das BVJ ist in den einzelnen Bundesländern nach Dauer, Zielgruppen und Abschlussart unterschiedlich organisiert. Zumeist wird es ein Jahr in Vollzeitform durchgeführt.

Es gibt jedoch auch zweijährige BVJ und BVJ in Teilzeitform bei gleichzeitiger Arbeit in außerbetrieblichen Einrichtungen. Die Klassen werden überwiegend homogen nach Sprachkenntnissen, Förderbedarf und Aufenthaltsstatus zusammengesetzt. Daneben gibt es Versuche integrativer Klassenbildung, die sich lediglich an Berufsfeldern orientieren. Viele Länder verzichten auf detaillierte Lehrpläne, aber einige bieten Materialien und Handreichungen an, deren Konzeptionen an Themen, Lernfeldern oder Kompetenzen orientiert sind. Überwiegend werden 34 oder 35 Stunden allgemeinbildender und fachpraktischer Unterricht angeboten. Alle Konzepte sehen Praktika in Blockform oder als Praxistage vor. In den BVJ der meisten Bundesländer ist eine sozialpädagogische Betreuung der Schüler vorgesehen. In Niedersachsen stehen Sozialpädagogen ebenso wie die Lehrer in einem Dienstverhältnis zum Land und sind in das Schulsystem integriert.

In einigen Bundesländern ist der nachträgliche Erwerb des Hauptschulabschlusses oder eines gleichwertigen Abschlusses möglich. In Niedersachsen wird im BVJ zugunsten einer stärkeren Individualisierung und Praxisorientierung auf schulische Abschlüsse verzichtet. Erst mit der „Berufseinstiegsklasse (BEK)" wurde das traditionelle BVJ um eine neue Form der Berufsvorbereitung ergänzt, die den nachträglichen Erwerb des Hauptschulabschlusses vorsieht. Die berufspraktischen Anteile werden zu Qualifizierungsbausteinen kombiniert und zertifiziert (Held & Straßer, 2012). Faktisch wurde mit der Einrichtung des BEK die Berufsvorbereitung in Niedersachsen (in Form der *Berufsvorbereitungsschule*) von einem auf zwei Jahre verlängert. Im November 2007 besuchten 1294 Schülerinnen und Schüler diese neue Schulform.

Die Erfolge der Berufsvorbereitung werden an den Vermittlungsquoten in eine Ausbildung gemessen. Wegen der starken Abhängigkeit von der konjunkturellen Lage und den Gegebenheiten des lokalen Arbeits- und Ausbildungsmarktes streuen die Übergangsquoten stark und sind kaum Indikator für die pädagogische Arbeit. Wichtigere Aufschlüsse bieten differenzielle Ergebnisse einzelner Untergruppen. In Untersuchungen des Bundesinstituts für Berufsbildung konnten lediglich BVJ-Teilnehmer, die nachträglich einen Hauptschulabschluss erwarben, ihre Vermittlungschancen um den Faktor 2,3 (um das 2,3-fache) gegenüber Maßnahmen-Abbrechern erhöhen (Beicht, 2009). Ansonsten scheinen die BVJ-Absolventen ihre Positionen auf dem Bewerbermarkt trotz ihrer praktischen Erfahrungen mit Ausbildungsinhalten nicht entscheidend zu verbessern.

3. Außerschulische Berufsvorbereitung

Der im Titel genannte Begriff der „Benachteiligtenförderung" geht auf ein Programm der Bundesregierung zur „sozialpädagogisch orientierten Berufsausbildung" zurück, das im Jahre 1980 eingerichtet und 1988 im Arbeitsförderungsgesetz finanziell abgesichert wurde. Nach Auswertung mehrerer Berufsvorbereitungsmaßnahmen der Bundesanstalt für Arbeit wurde das Programm aufgelegt, um die Zahl der nicht formal ausgebildeten Jugendlichen zu reduzieren. Zu reagieren war auf fehlende Lehrstellen infolge wirtschaftlicher Rezession und auf eine zunehmende Zahl von Ausbildungsabbrüchen. Deshalb bestand das Benachteiligtenprogramm aus der Einrichtung außerbetrieblicher Ausbildungsstätten und aus ausbildungsbegleitenden Hilfen (abH) gegen Ausbildungsabbrüche, die sich an Prinzipien der sozialpädagogischen Einzelförderung orientierten.

Parallel zum Benachteiligtenprogramm der Bundesregierung wurden in der Folgezeit eine Vielzahl von Initiativen und Modellprojekten zur beruflichen Qualifizierung von Jugendlichen mit schlechten Startchancen gestartet. Die Benachteiligtenförderung etablierte sich als eigenständiger Teil der beruflichen Bildung mit eigener pädagogischer Konzeption. Fundiert wurde die Pädagogik der Benachteiligtenförderung durch die Verwertung vielfältiger praktischer Erfahrungen aus den genannten Modellprojekten und aus dem pädagogischen Alltag, aber auch durch etliche Untersuchungen zur Erfassung der individuellen Besonderheiten, typischer Handlungsmuster und Merkmale dieser Jugendlichen (Ratschinski, 2005).

Aus der Perspektive institutioneller Förderansätze unterscheidet Biermann (2010) drei Entwicklungsphasen der beruflichen Benachteiligtenförderung, die die jeweils bestehenden Konzepte durch neue Initiativen und Ansätze ergänzten. In den 70er Jahren dominierte die „Verschulung des Ungelerntenproblems". In den 90er Jahren kam es zur Deregulierung der Benachteiligtenförderung bei freien Trägern und seit 2000 gilt das Postulat betrieblicher Berufsvorbereitung durch Praktika in Netzwerken.

Das inzwischen stark ausdifferenzierte System der beruflichen Benachteiligtenförderung lässt sich nach Handlungsfeldern, Akteuren und Verantwortungsebenen ordnen (Bylinski, Lippegaus-Grünau & Materna, 2010). Zu den Handlungsfeldern gehören die schulische und außerschulische Berufsvorbereitung, betriebliche und außerbetriebliche Berufsausbildung und Nachqualifizierungsmaßnahmen für junge Erwachsene ohne Berufsabschluss. Akteure sind die Bundesagentur für Arbeit, die Jugendberufshilfe, die Schulen und Berufsschulen und die Träger der Grundsicherung. Die Verantwortung der Maßnahmen liegt auf Bundes-, Landes- oder Kommunalebene. In Tabelle 1 sind die Maßnahmen der BA nach den Angaben in Bylinski et al. (2010) zusammengestellt. Ergänzt werden die aufgeführten Maßnahmen durch sozialpädagogische Begleitung und organisatorische Unterstützung bei der Berufsausbildungsvorbereitung.

Tabelle 1:   Berufsvorbereitende Maßnahmen der Bundesagentur für Arbeit

Berufsvorbereitung	Rechtsgrundlage	Dauer	Teilnehmer 2008
Berufsvorbereitende Bildungsmaßnahme (BvB)	SGB III § 61	max. 10 Monate	57.211
Einstiegsqualifizierung (EQ)	SGB III § 235b	6-12 Monate	19.526
Aktivierungshilfen für jüngere	SGB III § 46 Abs. S. 1 Nr. 1	6-12 Monate	11.506

Die Bundesagentur für Arbeit hat in mehreren Schritten ihre Förderkonzeptionen verändert. Das neue Förderkonzept von 2004 ist ein „zielgruppenübergreifendes binnendifferenzierendes Qualifizierungsangebot" das bisherige zielgruppenorientierte Lehrgänge, wie G-Lehrgänge (Grundausbildung), F-Lehrgänge (Förderlehrgänge) und TIP-Lehrgänge (Test-Informieren-Probieren) ablöst (Bundesministerium für Bildung und Forschung (BMBF), 2005, S. 16). Nicht mehr Orientierung an Zielgruppen wird angestrebt, sondern an Maßnahmen und Förderangeboten. Ein- und Ausstieg in das Programm ist jederzeit möglich. Behinderte können statt 10 Monate 11 Monate gefördert werden; bei fehlender Vermittlung beträgt die Förderdauer maximal 18 Monate. Praktische Kenntnisse sollen in Form von Qualifizierungsbausteinen (140–420 Stunden) vermittelt und zertifiziert werden. Zu Beginn der Maßnahme ist eine 14-tägige Eignungsanalyse vorgegeben, in der ein Stärken- und Schwächen-Profil und ein passender Qualifizierungsplan erstellt werden und die Erprobung von max. drei Berufsfeldern festgelegt wird. Die anschließende Grundstufe (von sechs Monaten Umfang) dient zur Berufsorientierung und Berufswahl. Sie ist beendet, wenn der Teilnehmer eine Berufsentscheidung getroffen hat. Anschließend gehen die Teilnehmer entweder in die Förderstufe über, wenn das Ziel der Grundstufe nicht erreicht wurde, oder sie bekommen eine Übergangsqualifizierung, in der Vermittlungschancen durch Verbesserung der beruflichen Handlungsfähigkeit erhöht werden sollen.

Trotz Verkürzung der Maßnahmendauer von maximal zwei Jahren auf zehn Monate hat sich die Effektivität erhöht. Nach Angaben der Autorengruppe Bildungsberichterstattung von 2008 sind nach Einführung des „Neuen Fachkonzeptes" 2004 38 % der Lehrgangsteilnehmer in eine Ausbildung eingemündet. Nach der gründlichen Überarbeitung des Förderkonzeptes 2006 waren es 40 % gegenüber 17 % vor 2004 (Schroeder & Thielen, 2009, S. 19).

In einer Befragung von 298 repräsentativ ausgewählten Bildungsträgern hat das IAB festgestellt, dass Qualifizierungsbausteine im Vergleich zu den betrieblichen Praktikumsphasen keine Effekte auf den Maßnahmenerfolg haben. 35 % erwerben keine Qualifizierungsbausteine. Die meisten BvB-Teilnehmer haben zwei Praktika absolviert von zusammen durchschnittlich 15 Wochen Dauer. 26 % konnten im Praktikumsbetrieb eine Ausbildung beginnen (Plicht, 2010, S. 46).

Insgesamt konnten rund 28 % der BvB-Teilnehmer in Westdeutschland eine Ausbildung aufnehmen, in Ostdeutschland nur 10 % (Plicht, 2010, S. 65). Im Detail schwanken die Übergangsquoten je nach regionaler Arbeitsmarktlage jedoch erheblich.

51 % beenden die BvB-Maßnahmen regulär, d.h. sie bleiben „bis zum Ablauf ihrer individuellen Förderdauer in der BvB" (Plicht, 2010, S. 34), 16 % gehen in Ausbildung oder Beschäftigung und 31 % beenden die BvB-Teilnahme vorzeitig ohne direkten oder zugesagten Übergang. Die Mehrzahl (59 %) scheidet aus Gründen fehlender Motivation oder wegen vertragswidrigen Verhaltens vorzeitig aus.

Zusätzlich zu den Angeboten der Arbeitsagentur gibt es eine Vielzahl von Sonder- und Modellprogrammen verschiedener Bundesministerien, mit denen Strukturen und Rahmenbedingungen für die berufliche Integration verbessert werden sollen (Bylinski et al., 2010). Im Rahmen des Bundesprogramms „STARegio" des Bundesministeriums für Bildung und Forschung z.B. wurde im Jahr 2007 an zwei Hauptschulen und zwei Realschulen in Hannover-Garbsen jeweils eine Stelle eines Ausbildungslotsen eingerichtet, die Schülern der 9. und 10. Klassen individuelle Unterstützung beim Übergang in die Berufswelt anbieten sollten (Schlausch & Schütte, 2008). Die Aufgabe der Lotsen bestand darin, Hilfe, Unterstützung, Beratung, Begleitung anzubieten, die weder Schule noch Berufsberatung leisten kann. Es sind Aufgaben, die gewöhnlich Eltern oder Vertrauenspersonen übernehmen, wie Hilfe bei Bewerbungen und Vorstellungsgesprächen, Kontakte zu Betrieben herstellen und emotional-motivationale Unterstützungen. Gemessen an den Ergebnissen standardisierter Fragebögen erwiesen sich die meisten Schüler der 9. und 10. Klassen (n=83) als nicht berufsreif. Sie waren wenig handlungsorientiert, zögerten lange, sprangen unbeständig zwischen Aktivitäten hin und her und waren oft von Grübeleien präokkupiert. Handlungen und Intentionen in die Tat umzusetzen gelang ihnen ebensowenig, wie ausdauernd Ziele zu verfolgen oder nicht erfolgverspre-chende Zielsetzungen aufzugeben. Als Ergebnis des individuellen Coachings konnten die Vermittlungsquoten gegenüber den Vorjahren verdoppelt werden. In den Hauptschulen betrug die Vermittlungsquote in den Vorjahren 2004/05 und 2006/07 4,2 und 8,3 %, in den Realschulen 18 und 24 % (Schlausch & Schütte, 2007, S. 28).

4. Produktionsschulen

Seit Anfang der 1990er Jahre werden mit den Produktionsschulen alternative Berufsvor-bereitungsmaßnahmen für solche Jugendliche angeboten, die mit schulisch organisierter Berufsvorbereitung nicht erreicht werden können. Im Vergleich zu BVJ- und BvB-Teil-nehmern sind die Jugendlichen in Produktionsschulen im Durchschnitt älter; sie weisen höhere Abbruchraten in ihrer Biographie auf, sind weniger belastbar und zeigen eine ge-ringere Alltagskompetenz (Kuhnke & Skrobanek, 2011, S. 87).[1] Mit einer stärkeren Be-tonung der betrieblichen Praxis soll das didaktische Konstrukt der Schulwerkstatt durch produktionsorientiertes Lernen ersetzt werden. Es werden marktfähige Produkte und Dienstleistungen erarbeitet, die nicht in Konkurrenz zur regionalen Wirtschaft treten oder von ihr toleriert werden.

Produktionsschulen sind in Deutschland immer noch unbekannt. Sie sind keine Einflussgröße im deutschen Berufsbildungssystem oder im Übergangssystem der Be-nachteiligtenförderung. Der Bundesverband Produktionsschulen geht von ca. 80 bis 100 deutschen Einrichtungen aus; damit wären ca. 3000–4000 junge Menschen Teilnehmer/ innen in Produktionsschulen. Im Blick auf ihre Rolle für die Berufsorientierung verste-hen sich Produktionsschulen als „betriebsähnliche Bildungseinrichtungen" (vgl. Boja-nowski, 2011), die jungen Leuten zwischen Schule und Arbeitsmarkt ein Arbeits- und Lernangebot machen. Eine Produktionsschule organisiert zudem ein eigenes kulturel-les Arrangement, charakterisierbar durch die drei Kriterien: Räume, Regeln, Rituale. Die Produktionsschule wirkt damit als eine inklusive Lern-/Arbeitsstätte, in der junge Men-schen aufgefangen werden, in der sie eine Heimat finden können und in der sie einen biographischen Neuanfang machen können.

Produktionsschulen gelten im Übergangssystem als hoch innovative Projekte. Dass dies auch bei der Berufsorientierung gilt, soll im Folgenden an vier Punkten gezeigt wer-den.

Für die Berufsorientierung an Produktionsschulen ist das Prinzip des „Einschleu-sens" zentral: Produktionsschulen sehen für den Eintritt **Freiwilligkeit** vor. Jugendliche sollen eine bewusste Entscheidung für die Produktionsschule treffen. Da aber in der Praxis Bewerber/innen (bspw. durch die Job-Center) „zugewiesen" werden, haben vie-

---

1 Teilnehmer/innen an drei Formen der Berufsvorbereitung aus Schleswig-Holstein und Mecklen-burg-Vorpommern wurden im Frühjahr 2010 zum Einfluss der Maßnahmen auf die persönliche Situation, auf die Problembewältigung, die Qualifizierung und die Vermittlung in eine Ausbil-dung schriftlich befragt. Gegen Ende der Maßnahmen wurden sie erneut befragt und ein hal-bes Jahr nach Ende der Maßnahme folgte ein telefonisches Follow-up. Insgesamt nahmen 979 Jugendliche aus 11 Produktionsschulen und 13 Berufsschulen teil (Kuhnke & Skrobanek, 2011, 13). 280 Schüler besuchten das BVJ, 386 Produktionsschulen und 313 befanden sich in BvB-Maßnahmen. Bei 1934 Gesamtteilnehmern in den Maßnahmen und 1579 Teilnehmern im Be-fragungsmonat beträgt die Ausschöpfungsquote 61 %.

le Einrichtungen ein Bewerbungsverfahren eingebaut. Hiermit kann der Bewerber sein ernsthaftes Interesse signalisieren. Bei der Ankunft eines Jugendlichen wird dann die Vorgeschichte der Jugendlichen eruiert. Es geht dabei weniger um die fachlichen Voraussetzungen (z. B. schulische Abschlüsse), sondern darum, mit welchem „lebensgeschichtlichen Gepäck" ein Jugendlicher eintritt. Migrationshintergründe oder Milieus können ebenso bedeutsam sein wie persönliche Ressourcen oder informell erworbene Kompetenzen.

Hierzu vermerkt die Produktionsschule Wolgast: „Der Produktionsschüler erhält im Aufnahmegespräch den Förderplan, er enthält den *Beobachtungscheck* für den Werkstattpädagogen, die *Selbsteinschätzung* des Produktionsschülers und die *Zielerfassung* für die weitere Förderplanarbeit. Die Bedeutung und Arbeitsweise dieser Fördermappe wird im Aufnahmegespräch mit dem Jugendlichen besprochen. Somit erfährt der Jugendliche, dass der Werkstattpädagoge ihn in der vierzehntägigen Probezeit beobachtet und diese Beobachtungen im Beobachtungscheck festgehalten werden. […] Der Jugendliche bewertet sich selbst mit Hilfe einer Skalierung in den Grundkompetenzen für die Ausbildungsreife – u. a. in seiner Zuverlässigkeit – und vermerkt auf der Skalierung den aktuellen „Ist-Stand" und den „Soll-Stand" in vier Wochen. […] Zwischen Produktionsschülern und Werkstattpädagogen wird transparent besprochen, an welchen Kompetenzen aus der jeweiligen Sicht zu arbeiten ist, und welche Mittel Produktionsschüler und Werkstattpädagogen dabei einsetzen" (Alex & Greiner-Jean, 2008, S. 82f). Bei der Fortführung der Förderpläne in der Vertiefungs- und Vernetzungsphase werden die Förderpläne weitergeführt, hierbei ist die Zusammenarbeit aller Partner (Eltern, Soziale Dienste, etc.) wichtig.

Die **praktische Arbeit** in verschiedensten Werkstätten ermöglicht vielfältige Formen der Berufsorientierung. Die jungen Leute wissen, dass die Produkte, die Dienstleistungen, die sie erbringen, wirklich gebraucht werden. Der Kunde fungiert gleichsam als „pädagogischer Dritter", er gibt den Jugendlichen Hinweise und Rückmeldung. Qualitative Studien zeigen: Durch dieses Lernen an Produktionsaufgaben werden die jungen Menschen mit einer Verantwortungsübernahme konfrontiert. An den spezifischen Aufgabenstellungen in der Werkstatt, am eigenen Werkstück und besonders auch durch das Kundenurteil über das Endprodukt entfalten sich Fähigkeiten und Fertigkeiten (Thiel, 2008). In solchen Ernstsituationen sind die Jugendlichen zunehmend bereit, sich mit fachlichem Wissen auseinanderzusetzen und sich dieses anzueignen, um es dann im Zuge (neuer) praktischer Aufgaben tatsächlich zu nutzen.

Im Blick auf die Arbeitsprozesse sind aber sehr komplexe Produkte bzw. Dienstleistungen für die meisten Produktionsschüler schwierig zu realisieren, so das Ergebnis aus dem Landesprogramm Mecklenburg-Vorpommern[2] (Gentner & Bojanowski, 2008). Insgesamt aber kommt der Lernsituation der Produktionsschulen entgegen, was für die Mehrheit benachteiligter Jugendlicher gilt: Bei ihnen hat sich die Auffassung verfestigt, „dass Lernen weniger mit einer Selbsterschließung als vielmehr mit dem Aufnehmen abstrakter, „unpraktischer" Aspekte zu tun habe. Entsprechend sehen viele Jugendliche zu

---

2   Das Landesprogramm Produktionsschule Mecklenburg-Vorpommern wurde zwei Jahre von der Leibniz Universität Hannover (Cortina Gentner und Arnulf Bojanowski) wissenschaftlich begleitet (2006 bis 2008). Ausgangsbasis der Untersuchung sind Befragungen von ca. 1000 Jugendlichen, die – in unterschiedlicher Zeitdauer – in diesen zwei Jahren die sechs Produktionsschulen durchlaufen haben.

diesem Zeitpunkt Arbeiten – neben der Möglichkeit ökonomischer Unabhängigkeit – als Verheißung endlich etwas „Praktisch(es)" zu lernen" (Straßer, 2008, S. 231). Hier öffnen sich für eine vertiefte Berufsorientierung viele und ausbaufähige Chancen.

Didaktisch ist folgendes Merkmal zentral (Mutschall, 2008; Meier & Gentner, 2011): Eine Produktionsschule kann jederzeit besucht und auch jederzeit wieder verlassen werden. In jeder Werkstatt einer Produktionsschule befinden sich also immer „Neulinge" und „Erfahrene". Dies bedeutet, dass diese verschiedenen Voraussetzungen der Teilnehmerschaft als didaktisches Moment genutzt werden müssen. Die jungen Leute erhalten zudem für das, was sie in einer Produktionsschule tun, ein reguläres Entgelt. Damit werden insgesamt eine Ernstsituation und ein **betriebsähnliches Teamwork** arrangiert, für die die Werkstattpädagogen/inn/en zentral sind. Sie müssen helfen, diese Lerngemeinschaft der Gleichaltrigen zu entfalten und vor allem das Voneinanderlernen zwischen den Jugendlichen zu kultivieren. Die Anleiter/innen kommen oft aus dem Handwerk; biografisch verkörpern sie gewissermaßen das Prinzip Beruflichkeit.

Im Rahmen der wissenschaftlichen Begleitung des Landesprogramms „Produktionsschulen in Mecklenburg-Vorpommern" wurden u. a. die Produktionsschüler danach befragt, wer sie während der Zeit an der Produktionsschule besonders unterstützt und begleitet hat. Von den insgesamt 285 befragten Jugendlichen antworteten 218 mit „mein/e Werkstattleiter/in" und 54 mit „Mitarbeiter/innen einer anderen Werkstatt" (Gentner & Bojanowski, 2008). Danach erst folgen mit 114 Nennungen die Sozialpädagog/inn/en. Auch die Untersuchung des DJI stellt heraus, dass im Vergleich von BVJ und BvB die Anleiter/innen der Produktionsschule seitens der Jugendlichen als hoch bedeutsam wahrgenommen werden (Kuhnke & Skrobanek, 2011, S. 48). Im Blick auf die Berufsorientierung ist bedeutsam, dass in Produktionsschulen sehr verschiedene Menschen mit unterschiedlichem Professionshintergrund arbeiten. Solche Persönlichkeiten können Anerkennung geben und tragfähige Beziehungsarbeit leisten.

Produktionsschulen sind eingebettet in **lokale Marktstrukturen**. Allerdings sind die Übergänge aus der Produktionsschule in die sich anschließenden Lern- oder Arbeitsprozesse bisher noch zu wenig geplant worden. Gemäß den Forschungsergebnissen aus Mecklenburg-Vorpommern (Gentner & Bojanowski, 2008) haben die Produktionsschulen bisher eher unsystematisch Anstrengungen unternommen, die Übergänge ihrer Jugendlichen zu organisieren und zu reflektieren. Jedoch zeigt die DJI-Untersuchung in ihrem Vergleich dreier Berufsvorbereitungsformen, dass Produktionsschulen besonders erfolgreich bei der Vermittlung in Erwerbsarbeit sind, während BvB-Maßnahmen eher zur Aufnahme einer Ausbildung führen und das BVJ Vorteile beim nachträglichen Erwerb von Schulabschlüssen hat (Kuhnke & Skrobanek, 2011).

Auch wenn noch keine weiteren empirischen Daten über die Berufsorientierung durch Produktionsschulen vorliegen, liegt auf der Hand, dass die oft auch durch einen „Wirtschaftsbeirat" entwickelte Nähe zum Ausbildungs- und Arbeitsmarkt (Seidel, 2008) den Jugendlichen eine Fülle örtlicher Anschlussmöglichkeiten bietet und damit eine dichte Nähe zum Beruf ausdrückt. Produktionsschulen ermöglichen also, dass junge Menschen Wissen oder Qualifikationen erreichen, dass sie Orientierung gewinnen, Urteilskraft über weitere berufliche Wege entwickeln und dass sie Möglichkeiten sehen, ihre eigenen Potentiale weiterzuentwickeln (vgl. Alex & Greiner-Jean, 2008).

5. Fazit

Um der politischen Zielvorgabe „Ausbildung für alle" gerecht werden zu können und gleichzeitig regionale Ressourcen zu nutzen, wurde der Ausbildungsmarkt in Deutschland Anfang der 90er Jahre dereguliert. Es entstand eine Vielzahl von Maßnahmen und Initiativen verschiedener Institutionen und Träger. Unter dem Zwang, keine Jugendlichen unversorgt zu lassen, liefen etliche Maßnahmenkandidaten Gefahr, gleiche Inhalte in verschiedenen Kontexten und Maßnahmenketten vermittelt zu bekommen. Die Koordination und inhaltliche Abstimmung der Maßnahmen erschien und erscheint immer noch notwendig.

Die inhaltliche Ausgestaltung berufsvorbereitender Maßnahmen verlangt eine berufliche Förderpädagogik, die erst ansatzweise vorliegt (Bojanowski, 2005). Bisherige Zielvorgaben, wie Ausbildungsreife, sind zu abstrakt und unpräzise formuliert, um wirklich praktikabel zu sein. Alternative Formen der Berufsvorbereitung, wie Produktionsschulen, können Teil des Angebotsspektrums werden, das je nach Voraussetzungen der Jugendlichen unterschiedliche Förderansätze bereitstellt. Coaching und Einzelfallförderung sind nachweislich erfolgreich, aber aus Kostengründen kaum flächendeckend einführbar.

Nach über 30 Jahren Erfahrung mit der beruflichen Förderung benachteiligter Jugendlicher ist noch keine Lösung des Problems gefunden. Andererseits sind innerhalb und außerhalb der Schulen in vielen Modellprojekten so viele kreative Lösungsansätze erarbeitet und erprobt worden, dass manche Autoren die Berufsvorbereitung für den innovativsten Bereich der Pädagogik halten (Niemeyer, 2008).

Literatur

Alex, M. & Greiner-Jean, A. (2008). Kompetenzfeststellung und Entwicklungsplanung an Produktionsschulen. In C. Gentner, A. Bojanowski & C. Wergin (Hrsg.), *Kurs finden. Junge Menschen auf dem Weg ins Leben: Produktionsschulen in Mecklenburg-Vorpommern* (S. 77–90). Münster: Waxmann.

Autorengruppe Bildungsberichterstattung. (2010). *Bildung in Deutschland 2010. Ein indikatorgestützter Bericht mit einer Analyse zu Übergängen im Anschluss an den Sekundarbereich I.* Bielefeld: W. Bertelsmann.

Beicht, U. (2009). Verbesserung der Ausbildungschancen oder sinnlose Warteschleife? Zur Bedeutung und Wirksamkeit von Bildungsgängen am Übergang Schule – Berufsausbildung. *BiBB-Report, 3,* 11, 1–16.

Biermann, H. (2010). Berufsvorbereitung. In R. Nickolaus, G. Pätzold, H. Reinisch & T. Tramm (Hrsg.), *Handbuch der Berufs- und Wirtschaftspädagogik* (S. 326–330). Bad Heilbrunn/Obb.: Klinkhardt.

Bojanowski, A. (2005). Umriss und Gestalt einer beruflichen Förderpädagogik. Systematisierungsvorschlag zu einer Pädagogik für benachteiligte Jugendliche. In A. Bojanowski, G. Ratschinski & P. Straßer (Hrsg.), *Diesseits vom Abseits – Studien zur beruflichen Benachteiligtenförderung* (S. 330–362). Bielefeld: W. Bertelsmann.

Bojanowski, A. (2011). Charakteristika von Produktionsschulen in Deutschland. Annäherungen an eine „amtliche" Definition. In J. Meier, C. Gentner & A. Bojanowski (Hrsg.),

Produktionsschule verstetigen! Handlungsempfehlungen für die Bildungspolitik (S. 15–26). Münster: Waxmann.

Bronfenbrenner, U. (1981). *Die Ökologie menschlicher Entwicklung. Natürliche und geplante Experimente*. Stuttgart: Klett.

Bundesministerium für Bildung und Forschung (BMBF) (Hrsg.) (2005). *Berufliche Qualifizierung Jugendlicher mit besonderem Förderbedarf – Benachteiligtenförderung*. Bonn: BMBF publik.

Bylinski, U., Lippegaus-Grünau, P. & Materna, T. (2010). Regelangebote und Programme der Benachteiligtenförderung. In Bundesinstitut für Berufsbildung (Hrsg.), *Datenreport zum Berufsbildungsbericht 2009* (S. 251–261). Bonn: Bundesinstitut für Berufsbildung (BiBB).

Eckert, M. (2008). Defizite in der Berufsvorbereitung – Was ist ein gelingender Übergang von der Schule in den Beruf? In E. Schlemmer & H. Gerstberger (Hrsg.), *Ausbildungsfähigkeit im Spannungsfeld zwischen Wissenschaft, Politik und Praxis* (S. 149–159). Wiesbaden: VS.

Ernst, V. & Spevacek, G. (2010). *Ausbildungsumfrage der IHK Hannover 2010. Ergebnisse einer Unternehmensbefragung*. Hannover: Industrie- und Handelskammer.

Funcke, A., Oberschachtsiek, D. & Giesecke, J. (2010). *Eine Analyse junger Erwachsener ohne Berufsabschluss in Westdeutschland. Studie der Bertelsmann Stiftung in Zusammenarbeit mit dem Wissenschaftszentrum Berlin für Sozialforschung*. Gütersloh: Bertelsmann Stiftung.

Gaupp, N., Lex, T., Reißig, B. & Braun, F. (2008). *Von der Hauptschule in die Ausbildung und Erwerbsarbeit: Ergebnisse des DJI-Übergangspanels*. Bonn/Berlin: Bundesministerium für Bildung und Forschung.

Gentner, C. & Bojanowski, A. (2008). Didaktisch-methodische Anregungen für produktionsschulenspezifische Lehr-Lernprozesse. In C. Gentner (Hrsg.), *Produktionsschulen im Praxistest. Untersuchungen zum Landesprogramm Produktionsschulen in Mecklenburg-Vorpommern* (S. 61–102). Münster: Waxmann.

GIB. (2006). *Begleitforschung des Sonderprogramms des Bundes zur Einstiegsqualifizierung Jugendlicher – EQJ-Programm – im Auftrag des Bundesministeriums für Arbeit und Soziales. 3. Zwischenbericht*. Berlin: Gesellschaft für Innovationsforschung und Beratung mbH.

GIB. (2007). *Begleitforschung des Sonderprogramms des Bundes zur Einstiegsqualifizierung Jugendlicher – EQJ-Programm – im Auftrag des Bundesministeriums für Arbeit und Soziales. 6. Zwischenbericht*. Berlin: Gesellschaft für Innovationsforschung und Beratung mbH.

Held, M. & Straßer, P. (2012). Übergänge schaffen – die Berufseinstiegsklasse (BEK). In G. Ratschinski & A. Steuber (Hrsg.), *Ausbildungsreife. Kontroversen, Alternativen und Förderansätze* (S. 267–283). Wiesbaden: VS.

Kracke, B., Hany, E., Driesel-Lange, K. & Schindler, N. (2011). Anregung zur selbständigen Zukunftsplanung? Angebote der schulischen Studien- und Berufswahlvorbereitung aus der Sicht von Jugendlichen. In E. M. Krekel & T. Lex (Hrsg.), *Neue Jugend, neue Ausbildung? Beiräge aus der Jugend- und Bildungsforschung* (S. 79–93). Bonn: Bundesinstitut für Berufsbildung.

Kretschmer, S., Amann, U., Münder, J., Sommer, J., Gericke, T. & Will, A.-K. (2009). *Gutachten zur Systematisierung der Fördersysteme, -instrumente und -maßnahmen in der beruflichen Benachteiligtenförderung*. Berlin: Bundesministerium für Bildung und Forschung (BMBF).

Krüger-Charlé, M. (2010). *Übergänge zwischen Schule, Ausbildung und Beruf. Strukturen, Einschätzungen und Gestaltungsperspektiven.* Fachhochschule Gelsenkirchen: Institut für Arbeit und Technik (IAT).

Kuhnke, R. & Skrobanek, J. (2011). *Junge Menschen aus Mecklenburg-Vorpommern und Schleswig-Holstein in berufs- und ausbildungsvorbereitenden Angeboten.* Halle/Saale: Deutsches Jugendinstitut (DJI).

Marsch, B., Dowerk, H., Klemke, M., Poppe, M. & Buchholz, C. (2012). Best-practice-Beispiel: Das „Neustädter Modell" – ein präventives Übergangssystem. Berufliche Bildung für Haupt- und Realschüler. In G. Ratschinski & A. Steuber (Hrsg.), *Ausbildungsreife. Kontroversen, Alternativen und Förderansätze* (S. 247–265). Wiesbaden: VS.

Meier, J. & Gentner, C. (2011). Professionalisierung von Fachkräften in deutschen Produktionsschulen. In J. Meier, C. Gentner & A. Bojanowski (Hrsg.), *Produktionsschule verstetigen! Handlungsempfehlungen für die Bildungspolitik* (S. 41–62). Münster: Waxmann.

Mutschall, M. (2008). Professionelles Handeln in der Produktionsschule. In A. Bojanowski, M. Mutschall & A. Meshoul (Hrsg.), *Überflüssig? Abgehängt? Produktionsschule: Eine Antwort für benachteiligte Jugendliche in den Neuen Ländern* (S. 169–183). Münster: Waxmann.

Nationaler Pakt für Ausbildung und Fachkräftenachwuchs in Deutschland. (2006). *Schule und Betriebe als Partner. Ein Handlungsleitfaden zur Stärkung von Berufsorientierung und Ausbildungsreife.* Berlin: Nationaler Pakt für Ausbildung und Fachkräftenachwuchs in Deutschland.

Niemeyer, B. (2008). Professionelle Benachteiligtenförderung – eine Bestandsaufnahme. In A. S. Kampmeier, B. Niemeyer, R. Petersen & M. Stannius (Hrsg.), *(Das) Miteinander Fördern – Lösungsansätze für das Professionalisierungsdilemma in der Benachteiligtenförderung* (S. 11–47). Bielefeld: W. Bertelsmann.

Plicht, H. (2010). *Das neue Fachkonzept berufsvorbereitender Bildungsmaßnahmen der BA in der Praxis. Ergebnisse aus der Belgeitforschung BvB.* Nürnberg: IAB-Forschungsbericht 7/2010.

Ratschinski, G. (2005). Viele Daten – (zu) wenig Erkenntnis? Zum Wert der empirischen Benachteiligtenforschung für die Pädagogik. In A. Bojanowski, G. Ratschinski & P. Straßer (Hrsg.), *Diesseits vom Abseits – Studien zur beruflichen Benachteiligtenförderung* (S. 41–71). Bielefeld: W. Bertelsmann.

Schlausch, R. & Schütte, M. (2007). *Ausbildungslotsen 2007. Ein Modellprojekt an zwei Haupt- und zwei Realschulen in Garbsen zur Verbesserung des Übergangs von der Schule in den Beruf. Abschlussbericht Dezember 2007.* Universität Flensburg: biat – Berufsbildungsinstitut Arbeit und Technik (unveröffentlichtes Manuskript).

Schlausch, R. & Schütte, M. (2008). *Ausbildungslotsen 2008. Ein Modellprojekt an zwei Haupt- und zwei Realschulen in Garbsen zur Verbesserung des Übergangs von der Schule in den Beruf. Abschlussbericht Dezember 2008.* Universität Flensburg: biat – Berufsbildungsinstitut Arbeit und Technik (unveröffentlichtes Manuskript).

Schroeder, J. & Thielen, M. (2009). *Das Berufsvorbereitungsjahr: eine Einführung.* Stuttgart: Kohlhammer.

Seidel, U. (2008). Produktionsschule und regionale Wirtschaft. Gedanken eines Beiratsmitglieds. In C. Gentner, A. Bojanowski & C. Wergin (Hrsg.), *Kurs finden. Junge Menschen auf dem Weg ins Leben: Produktionsschulen in Mecklenburg-Vorpommern* (S. 147–158). Münster: Waxmann.

Straßer, P. (2008). Arbeiten und Lernen verbinden – die Bedeutung der Tätigkeit in der pädagogischen Praxis. In C. Gentner, A. Bojanowski & C. Wergin (Hrsg.), *Kurs finden. Junge Menschen auf dem Weg ins Leben: Produktionsschulen in Mecklenburg-Vorpommern* (S. 229–236). Münster: Waxmann.

Thiel, R. (2008). Produzieren und Lernen als Herausforderung im Werkstattalltag. In C. Gentner, A. Bojanowski & C. Wergin (Hrsg.), *Kurs finden. Junge Menschen auf dem Weg ins Leben: Produktionsschulen in Mecklenburg-Vorpommern* (S. 53–64). Münster: Waxmann.

Markus P. Neuenschwander

Elternarbeit in der Berufsorientierungsphase

1. Einleitung

Die Familie bildet den primären Sozialisationskontext von Kindern und Jugendlichen. Bereits im Kleinkindalter eignen sich Kinder von ihren Eltern Werte, Einstellungen und Kompetenzen an. Eltern sind in der Regel enge Bezugspersonen von Kindern und Jugendlichen, wenn auch wegen steigender Scheidungszahlen in den westlichen Ländern die Familienformen vielfältiger geworden sind und neben traditionellen Kernfamilien Eineltern-, Stief-, Mehrgenerationen- sowie Pflegefamilien häufiger anzutreffen sind. Folgt man Wilks (1986), nimmt die Bedeutung der Eltern von Jugendlichen bei Themen wie Freundschaft und Freizeit zwar ab, doch bleiben sie bei Bildungs- und Berufsfragen die wichtigsten Bezugspersonen. Sie stellen beim Übergang von der Schule in den Beruf stabile und verlässliche Bezugspersonen dar, die Jugendliche bei komplexen Berufsentscheidungen beraten und bei Schulübergängen begleiten. Entsprechend hängt der Ausbildungsabschluss nicht nur von den schulischen Leistungen, sondern auch von der Herkunftsfamilie ab.

Neben den Eltern bereitet auch die Schule die Heranwachsenden auf die Erwerbstätigkeit vor (Schudy, 2002; Neuenschwander & Schaffner, 2010). Sie vermittelt erstens Fach-, Sozial- und Selbstkompetenzen, die für eine erfolgreiche Berufsausübung erforderlich sind. Wichtig ist zweitens die Selektionsfunktion der Schule, wonach sie Jugendlichen Zensuren erteilt, sie in unterschiedliche Ausbildungsgänge zuweist und damit die Chancen verteilt, in die verschiedenen Segmente des Arbeitsmarktes mit ihren eigentümlichen beruflichen Karrierechancen einzutreten. Drittens wurde in den letzten Jahren verstärkt diskutiert, dass die Schule Jugendliche spezifisch auf den Berufswahlprozess und den Lehrstellenmarkt vorbereitet, so dass der Anteil mit einer berufsqualifizierenden Anschlusslösung unmittelbar nach dem Ende der Volksschule[1] zunimmt. Damit ist primär ein individuelles Coaching gemeint – zum Beispiel im Rahmen eines neuen Schulfaches Berufsorientierung – und nur in zweiter Linie die Vermittlung von allgemeinbildenden oder beruflichen Kompetenzen.

Im Folgenden wird der Frage nachgegangen, wie Eltern und die Kooperation von Eltern und Lehrpersonen den Berufsorientierungsprozess fördern. Zu diesem Zweck wird zuerst ein Konzept der Berufsorientierung eingeführt, welches ebenfalls auf die Studienwahl nach Abschluss des Gymnasiums anwendbar ist. In dieses Konzept werden einschlägige Theorien und Forschungsergebnisse eingearbeitet. Es zeigt, wie die Eltern und die Eltern-Lehrpersonen-Kooperation Jugendliche auf die Berufsausbildung effektiv vorbereiten. Das Kapitel endet mit praxisbezogenen Schlussfolgerungen.

---

1   Alle Schülerinnen und Schüler treten in der Schweiz nach neun Schuljahren ohne Abschlussprüfung aus der obligatorischen Schulpflicht (Volksschule) aus. Rund 45 % der Schülerinnen und Schüler treten in eine duale Ausbildung über, rund 20 % in das Gymnasium, rund 7 % in eine Vollzeitberufsschule, rund 24 % in ein Brückenangebot (Übergangssystem) und rund 4 % treten aus dem Ausbildungssystem aus (BFS/TREE, 2003). Die Anschlussquoten unterscheiden sich aber deutlich zwischen den Kantonen.

2. Konzepte der Berufsorientierung

Seit den 1950er Jahren wurden zahlreiche Theorien zur Beschreibung und Erklärung des Berufsorientierungsprozesses von Heranwachsenden vorgelegt (Überblick in Brown & Brooks, 1994, sowie in Herzog, Neuenschwander & Wannack, 2006). Die Berufsorientierung wurde traditionell unter anderem (1) als Entscheidungsprozess (sog. Berufswahl), (2) als lebenslange Entwicklung des beruflichen Selbstkonzepts, (3) als Ausdruck der Persönlichkeit (Berufsorientierung als Berufung im Sinne eines Reifeprozesses), (4) als Eingrenzungsprozess von vielen beruflichen Optionen auf eine oder zwei Optionen, (5) als Sozialisation der Schule in den Beruf oder (6) als Bewältigung der Entwicklungsaufgabe Berufsvorbereitung verstanden. Diese sechs Positionen fokussieren je auf eine besondere Perspektive zur Beschreibung der Berufsorientierung. Sie sind aber nicht in eine einzige Theorie integrierbar. Aus der Auseinandersetzung mit den verschiedenen Theorien und Forschungsbefunden zur Berufsorientierung zogen Neuenschwander, Gerber, Frank & Rottermann (2010) die Schlussfolgerung, dass der Prozess der Berufsorientierung durch drei Akteure gesteuert wird:

1) *Akteurin Institution*: Bildungsinstitutionen einschließlich (Ausbildungs-)Betriebe definieren Ausbildungsgänge, Lehrpläne und berufliche Optionen (Opportunitäten), zwischen denen Jugendliche wählen (Übersicht in Shavit & Müller, 1998). Überdies regulieren die abgebenden und die aufnehmenden Institutionen (zum Beispiel Schule, Berufsausbildung) die Übertritts- und Selektionsverfahren sowie Korrekturmöglichkeiten nach Zuweisungsentscheidungen (Durchlässigkeit). Institutionen vermitteln Normen und Erwartungen an die Heranwachsenden, welche Kompetenzen und Verhaltensweisen sie zeigen müssen, um in Schule, Ausbildung und Beruf erfolgreich zu sein. Sie definieren berufliche, soziale und persönliche Anforderungen an die angehenden Lernenden.

2) *Akteur Individuum*: Jugendliche setzen sich Ziele und gestalten wesentlich ihre schulische und berufliche Entwicklung selbst (Lerner & Walls, 1999). Sie reagieren nicht ausschließlich auf institutionelle Erwartungen und Restriktionen, sondern tragen selber zu ihrer Entwicklung aktiv bei. Bildungseinstellungen wie bildungsbezogene Erwartungen und Werte von Jugendlichen bilden wichtige Motivationsfaktoren und Determinanten im Entscheidungsprozess. Im Vergleich zu anderen Lebensbereichen können Jugendliche im Berufsorientierungsprozess hohe Eigenverantwortung übernehmen, indem sie gute schulische Leistungen anstreben und damit eine günstige Ausgangslage in Selektionsverfahren schaffen, indem sie frühzeitig ihre beruflichen Aspirationen klären, oder indem sie intensiv berufliche Optionen explorieren und realistisch planen (Savickas, 2005). Damit schaffen sich Jugendliche Grundlagen, auf denen sie sich zwischen verschiedenen beruflichen Optionen entscheiden und zwischen ausgeschriebenen Lehrstellen wählen können (Phillips & Blustein, 1994).

3) *Akteur Bezugsperson*: Die Klärung der Berufsorientierung ist eine komplexe Aufgabe mit langfristigen und vielfältigen Folgen. Jugendliche können nicht alle Ausbildungen und Berufe explorieren und sie haben im Alter von 14 bis 17 Jahren in der Regel noch kein elaboriertes Selbstbild. Typischerweise sind Jugendliche von der Aufgabe der Berufswahl überfordert und benötigen Unterstützung durch glaubwürdige Vertrauenspersonen. Daher sind sie auf die Unterstützung durch Eltern, Lehrpersonen, Verwandte, evtl. Gleichaltrige und professionell Beratende angewiesen.

Im Folgenden gehe ich davon aus, dass Jugendliche vor dem Eintritt in die Berufs-ausbildung bzw. in das Studium berufliche Optionen explorieren und abgestimmt auf institutionelle Vorgaben und Selektionsverfahren sowie in Interaktion mit ihren Bezugs-personen eine erste Entscheidung treffen. Berufsorientierung bezeichnet den Prozess, in dem sich Jugendliche mit beruflichen Optionen in ihrem gesellschaftlichen Umfeld auseinandersetzen, erste berufliche Entscheidungen fällen und beginnen ein berufliches Selbstkonzept zu konstruieren (Neuenschwander, 2008). Dieser Konstruktionsprozess ist zwar eine individuelle Leistung, aber in einen sozialen Kontext eingebettet und davon beeinflusst. Wenn Jugendliche eine hohe Passung zwischen den eigenen Interessen bzw. Fähigkeiten und den beruflichen Anforderungen wahrnehmen, steigt das berufliche Fähigkeitsselbstkonzept und sinkt die Chance, arbeitslos zu werden (Gerber Schenk, Rottermann & Neuenschwander, 2010). Passung bzw. Passungswahrnehmung in der Anschlusslösung wird damit zu einem Erfolgskriterium des Berufsorientierungsprozesses. Wenn Jugendliche *irgendeine* Lehrstelle annehmen, um nach der Volksschule zu einem berufsqualifizierenden Abschluss zu gelangen (Heinz, Krüger, Rettke, Wachtveitl & Witzel, 1987), ist das Risiko eines Lehrabbruchs deutlich erhöht und werden Jugendliche nach dem Lehrabschluss mit höherer Wahrscheinlichkeit arbeitslos bzw. den Beruf wechseln (Neuenschwander et al., 2010). Zur Bearbeitung der Eingangsfrage wird im Folgenden der dritte Akteur, die Eltern als Bezugspersonen im Berufsorientierungsprozess, ins Zentrum gestellt.

3. Elternunterstützung im Berufsorientierungsprozess

In einer Interviewstudie (Neuenschwander et al., 2010) rekonstruierten wir folgendes Fallbeispiel: Ein Jugendlicher wurde von seinem Vater und seiner Großmutter auf zwei ganz verschiedene Berufe aufmerksam gemacht. Der Vater, selbst Sozialpädagoge, riet seinem Kind zu einer Lehre als Fachangestellter Betreuung, während die Großmutter den Beruf des Lebensmitteltechnologen empfahl. In beiden Lehrberufen absolvierte der Jugendliche eine Schnupperlehre[2]. Beide Berufe sagten ihm zu. Mangels einer Lehrstellenzusage als Fachangestellter Betreuung nahm er eine Lehrstelle als Lebensmitteltechnologe an. Das Beispiel illustriert, wie der Jugendliche durch zwei verwandte Bezugspersonen bei der Berufsorientierung in einen Loyalitätskonflikt geriet und sich zwischen den Empfehlungen der beiden verwandten Bezugspersonen entscheiden musste. Sie formulierten konkrete Empfehlungen, die der Jugendliche beide ernsthaft prüfte. Den Ausschlag für eine Lehre gab in diesem Beispiel die Zusage des Lehrbetriebs, nicht die Entscheidung des Jugendlichen.

---

2   Eine Schnupperlehre ist eine in der Schweiz verbreitete Form der Mitarbeit eines schulpflichtigen Jugendlichen in einem Lehrbetrieb an 3-5 Tagen, um einen Beruf bzw. einen Betrieb kennenzulernen (Funktion der Berufswahlunterstützung). Die Schnupperlehre liefert zudem Betrieben Hinweise für die Selektion der Berufslernenden.

3.1 Vorbereitung: Familiäre Förderung und Erziehungsstil

Eltern spielen im Prozess der Berufsorientierung eine zentrale Rolle (vgl. Egloff, 2007; Beinke, 2008; Neuenschwander, 2008). Sie vererben ihren Kindern Gene und damit wichtige Dispositionen für die Entwicklung ihrer Persönlichkeit, aber auch von beruflichen Interessen (z. B. Betsworth et al., 1994). Auch wenn der Genotyp die Verhaltensweisen und beruflichen Interessen nicht vollständig festlegt, bildet er einen wichtigen Ausgangspunkt für die Sozialisationsprozesse, die der Berufsorientierung vorangehen. Eltern und Kinder entwickeln eine Bindung zueinander (Grossmann et al., 1989). Eltern vertreten aufgrund ihrer eigenen Ausbildung und beruflichen Situation Erwartungen an die Entwicklung ihres Kindes. Damit entstehen typische Muster familiärer Sozialisation (Neuenschwander & Goltz, 2008), die einerseits von der Herkunft der beiden Elternteile und deren Umfeld abhängen, und andererseits vom Kind bzw. dessen allfälligen Geschwistern bestimmt sind.

Unabhängig von den besonderen Chancen und Herausforderungen schichtspezifischer Sozialisation im Vorschul- und frühen Schulalter besitzen Erziehungsstile unterschiedliche Wirkungen auf die Entwicklung der Kinder. Baumrind (1991) wies die Überlegenheit des autoritativen Erziehungsstils nach. Eltern, die ihren Kindern einerseits Respekt und Wärme entgegenbringen, und ihnen andererseits gleichzeitig Grenzen setzen und Forderungen an ihre Kinder richten, haben häufiger Kinder, die schulisch kompetent sind, keine Suchtmittel konsumieren sowie einen hohen Selbstwert besitzen. Neuenschwander (2008) zeigte, dass Kinder aus einem familiären Umfeld mit förderlicher pädagogischer Orientierung günstigere Startbedingungen im Berufswahlprozess besitzen. Sie haben positivere Einstellungen zu Schule und Beruf. Ihr allgemeiner Entwicklungsstand ist weiter vorangeschritten als bei Kindern aus anderen familiären Umfeldern. Anregende Freizeitaktivitäten in der Familie tragen außerdem zur Differenzierung der Interessen bei. In der Auseinandersetzung mit praktischen Problemen des Alltags wie zum Beispiel das Reparieren des Fahrrads oder das Zubereiten von Mahlzeiten differenzieren sich persönliche Interessen und werden berufliche Präferenzen vorbereitet. Kinder erproben vielfältige Tätigkeiten, die mit Freude und Langeweile, Erfolg und Misserfolg sowie Zuversicht und Angst verbunden sind. Sie erhalten von ihren Eltern und anderen Bezugspersonen Rückmeldungen und entwickeln im Vergleich zu ihrer Bezugsgruppe ein Selbstkonzept der eigenen Fähigkeiten.

3.2 Schulische Grundlagen: Eltern und schulische Kompetenzen

Eltern tragen wesentlich zum Schulerfolg ihrer Kinder bei (Neuenschwander et al., 2005). Mit Schulerfolg ist sowohl das Erreichen von hohen schulischen Kompetenzen als auch das Erreichen von hohen Ausbildungsabschlüssen gemeint. Die fachlichen Kompetenzen sowie die Ausbildungsabschlüsse bestimmen die Anforderungen der beruflichen Ausbildung, welche Jugendliche wählen. Die Ergebnisse von PISA 2000 belegten, dass der Zusammenhang von sozialer Herkunft und den Leistungen in Deutsch in der Schweiz und in Deutschland im internationalen Vergleich besonders eng ist (vgl. Sirin, 2005; Schnabel, Alfeld, Eccles, Köller & Baumert, 2002). Je nach familiärer Herkunft

(Schicht, Migrationshintergrund) und Förderung treten Kinder bereits mit sehr unterschiedlichen schulischen Kompetenzen in die Schule ein: Während manche Kinder vor der Einschulung bereits lesen können, kennen andere Kinder noch keinen Buchstaben. Kinder setzen sich in der Familie mit vielfältigen Themen auseinander, beginnen sich für spezifische Fragen zu interessieren und entwickeln ein breites Wissen. Dieses Vorwissen begünstigt das Lernen in der Schule und führt zu höheren fachlichen Leistungen, eine wichtige Voraussetzung für einen erfolgreichen Berufsorientierungsprozess. Neuenschwander et al. (2005) zeigten, dass familiäre Merkmale die fachlichen Leistungen in Deutsch und Mathematik zu 30–50 % aufklären können.

Entsprechend entwickelt sich abhängig von der Familie bereits in den ersten Schuljahren eine stabile Leistungsposition eines Kindes in Bezug auf die anderen Kinder einer Klasse. Entsprechend zeigten Ditton & Krüsken (2010), dass bereits im zweiten Schuljahr der Übertrittsentscheid in die Sekundarstufe I gut prognostiziert werden kann. Überdies zeigen Neuenschwander et al. (2010), dass die soziale Herkunft des Kindes, die Elternerwartungen und die schulischen Leistungen eines Kindes in den einzelnen Fächern vor der Selektion in die Sekundarstufe I recht gut den Ausbildungsabschluss am Ende der Sekundarstufe II vorhersagen.

3.3 Eltern und Selektionsentscheide

Die Förderung in der Familie ist nicht nur für schulische Kompetenzen und Leistungen zentral, sondern Eltern spielen auch eine Schlüsselrolle in schulischen Selektionsprozessen und in der Gestaltung von Bildungsverläufen. In der Tat können Eltern in vielen Kantonen und deutschen Bundesländern bei der Selektion in die Sekundarstufe I mitentscheiden.

Der Vorteil davon ist, dass Schulentscheide demokratisch von den Eltern mitgetragen werden. Das wirkt sich positiv auf die Akzeptanz der Schule in der Elternschaft, aber auch auf das Lernen der Kinder im Unterricht aus (vgl. Überblick in Henderson & Berla, 2004). Allerdings verstärkt die Elternmitwirkung in Selektionsverfahren die soziale Reproduktion: Eltern mit hohen Ausbildungsabschlüssen erwarten von ihren Kindern höhere Ausbildungsabschlüsse.

Sie bringen diese Bildungserwartungen in die Übertrittsgespräche ein und können sie im Konfliktfall eher durchsetzen. Daher treten Jugendliche aus einer Herkunftsfamilie mit hohem Status eher in Schulniveaus mit erweiterten Ansprüchen ein. Die soziale Ungleichheit in der Sekundarstufe I wird verstärkt (Überblick in Baumert, Stanat & Waterman, 2006). Weil die Schulabschlüsse auf der Sekundarstufe I in hohem Ausmaß die Ausbildung (Häberlin, Imdorf & Kronig, 2004), den Berufsorientierungsprozess und die Chancen im Lehrstellenmarkt beeinflussen, wirkt sich dieser schulische Selektionsentscheid stark auf die berufliche Zukunft eines Jugendlichen aus.

Die Herkunftsfamilie beeinflusst zusätzlich direkt die Chancen, eine Lehrstelle zu erhalten, ins Gymnasium und an der Universität aufgenommen zu werden (z. B. Becker, 2010). Berufsbildende vergeben eine Lehrstelle eher an Jugendliche, deren Eltern einen hohen Ausbildungsabschluss haben, weil sie sich von diesen Eltern mehr Unterstützung bei allfälligen Schwierigkeiten und Konflikten erhoffen, bzw. dass keine Konflikte entstehen. Jugendliche aus höheren Schichten streben eher eine gymnasiale Ausbildung an als Jugendliche aus tieferen Schichten, was die große Ungleichheit der Zusammensetzung der Schülerinnen und Schüler nach familiärer Herkunft im Gymnasium miterklärt. Auch an der Universität ist der Anteil Studierender aus Familien mit hohen Ausbildungsabschlüssen deutlich erhöht. Diese Befunde zeigen sich in der Schweiz, Deutschland und Österreich gleichermaßen. Der Schweizer Bildungsbericht 2010 konstatiert allerdings einen Gegentrend, dass die Schweizer Fachhochschulen eine geringere soziale Selektivität besitzen als die Universitäten, insofern sie einen höheren Anteil junger Erwachsener von Eltern mit niedrigen oder mittleren Ausbildungsabschlüssen aufweisen. Fachhochschulen könnten sich daher als Institutionen profilieren, in welchen Bildungsreserven ausgeschöpft werden, weil sie Jugendlichen nach Abschluss der dualen Berufsausbildung attraktive tertiäre Ausbildungsgänge anbieten.

3.4 Eltern als Beraterinnen und Berater

Eltern bereiten den Berufsorientierungsprozess ihrer Kinder vor und beraten diese explizit vor und nach dem Übergang in die Sekundarstufe II und in die tertiäre Ausbildung (Egloff, 2007). Eltern setzen vielfältige Beratungsformen ein (Übersicht in Bryant, Zvonkovic & Reynolds, 2006), wovon im Folgenden fünf Formen skizziert werden.

(1) Eltern initiieren den Berufswahlprozess, indem sie Jugendliche zur Auseinandersetzung und Exploration mit beruflichen Optionen ermutigen (*Motivation*). Zentral sind die expliziten und impliziten Erwartungen der Eltern an die Ausbildung und die Berufstätigkeit ihrer Kinder. Dazu gehören insbesondere der Status und das Prestige des anzustrebenden Berufs, aber auch dessen geschlechtliche Konnotationen. Eltern können ihre Kinder überzeugen, dass eine gute Ausbildung für eine berufliche Karriere wichtig ist.

(2) Die Eltern unterstützen ihr Kind als *Vorbild*. Sie leben vor, wie sie sich selbst mit Aus- und Weiterbildungsoptionen und der Berufswelt auseinandersetzen, wie aktiv sie sich beruflich engagieren und mit ihrem Kind Freizeit verbringen. Auf diese Weise bilden die Eltern eine Art Brücke zur Arbeitswelt.

(3) Die Elternberatung kann sich in Anregungen äußern (*Stimulation*), indem Eltern konkrete berufliche Ideen formulieren oder auf Informationen und Ausbildungsgänge hinweisen. Sie können im Alltag auf Berufsfelder hinweisen, Informationsquellen für die Berufsfindung nennen oder auf ausgeschriebene Lehrstellen verweisen. Eltern können mit ihren Kindern verschiedene Ausbildungsgänge und berufliche Optionen besprechen und sie zur Lektüre von Broschüren über Berufsbilder ermutigen.

(4) Die Elternberatung kann die Form der direktiven *Anleitung* erhalten. Eltern können verlangen, dass Jugendliche mit bestimmten Strategien Lehrstellen suchen, finanzielle und organisatorische Rahmenbedingungen der Ausbildung definieren oder berufliche Anforderungen (z. B. kein geschlechtsuntypischer Beruf, kurze Ausbildungsdauer usw.) durchsetzen. Beispielsweise können Eltern vorschlagen, wie ihre Kinder sich Informationen über Berufsfelder beschaffen oder wie sie bei der Lehrstellenbewerbung vorgehen sollen. Bei Bewerbungsabsagen können sich die Eltern nach den Gründen erkundigen und auf dieser Grundlage das weitere Vorgehen mit ihren Kindern planen.

Manche Väter oder Mütter formulieren verbindliche konkrete Erwartungen, welche Ausbildungsgänge und Berufe ihr Kind erlernen soll. Im Zuge der gesellschaftlichen Modernisierung sind aber die beruflichen Erwartungen der meisten Eltern an ihre Kinder offener geworden (Lüscher, 2003). Sie nennen bloß mögliche berufliche Optionen, die ihre Kinder prüfen können. Allerdings vertreten nach wie vor viele Eltern Erwartungen an das berufliche Anforderungsniveau und das Berufsprestige, das ihre Kinder erreichen sollen. Entsprechend zeigten Herzog et al. (2006), dass in über der Hälfte der Fälle die Jugendlichen einen Beruf erlernten, dessen Status mit dem Status des Elternberufs übereinstimmte, auch wenn sich die Fachrichtung zwischen dem Elternberuf und dem Kinderberuf in der Regel unterschied.

(5) Eltern vermitteln wichtige *emotionale, soziale und finanzielle Ressourcen* im Berufsorientierungsprozess. Sie können ihre Kinder bei Überforderung oder nach Misserfolgen wie Bewerbungsabsagen trösten und professionelle Unterstützung vermitteln (zum Beispiel Berufsberatung). Sie können durch Zuspruch, Optimismus und günstige Attributionsstrategien den Selbstwert ihrer Kinder erhöhen und zu einer aktiven und selbstbewussten Auseinandersetzung mit beruflichen Optionen ermutigen. Eltern sind eine finanzielle Ressource, wenn sie ihren Kindern Ausbildung, Nachhilfestunden, professionelle Unterstützung usw. finanzieren und damit die Chancen im Lehrstellen- und Arbeitsmarkt verbessern.

Die verbreitetste Beratungsform bilden Gespräche. Herzog et al. (2006) berichteten, dass Eltern die häufigsten Gesprächspartner von Jugendlichen im 9. Schuljahr zu Berufswahlthemen waren, gefolgt von Lehrpersonen, Verwandten und Geschwistern. Überdies bewerteten die Jugendlichen den Nutzen der Gespräche mit den Eltern als am höchsten, höher als die Gespräche mit Lehrpersonen, Verwandten und Geschwistern (in abnehmender Reihenfolge). Im Vergleich zu professionellen Beratenden sind Eltern von den Jugendlichen ohne Aufwand und jederzeit erreichbar. Sie können individuell und in Kenntnis der Besonderheiten ihres Kindes auf die Situation im Berufsorientierungsprozess reagieren (Responsivität) und beraten.

Allerdings können Eltern überfordert sein, ihre Kinder angemessen im Berufsorientierungsprozess anzuleiten. Insbesondere Gymnasiastinnen und Gymnasiasten aus Nichtakademiker-Familien müssen weitgehend selbstständig die Studienwahl treffen. Viele Eltern sind auch beim Übergang in die Berufsausbildung mit der Beratung überfordert und müssen sich Informationen über Ausbildungsgänge und Berufsfelder selbst beschaffen bzw. sind auf Hilfe durch kompetente Übergangsfachleute angewiesen. So berichtete in einer eigenen Interviewstudie ein serbisches Mädchen in der Mitte des 9. Schuljahres, d. h. kurz vor Austritt aus der Volksschule, dass ihre Eltern sie nicht informiert haben, dass sie sich mit der Berufsorientierung hätte auseinandersetzen müssen, obwohl dieser Prozess üblicherweise zu Beginn des 8. Schuljahres einsetzt. In Unkenntnis des Zeitplans der Berufsorientierung und der Struktur des Ausbildungssystems verpasste das Mädchen die Auseinandersetzung mit ihrer beruflichen Zukunft und fand schließlich keine berufsqualifizierende Anschlusslösung nach der Volksschule.

3.5 Zwischenfazit

Die Herkunftsfamilie bereitet frühzeitig die Berufsorientierung vor und bestimmt die Chancen von Jugendlichen auf einen erfolgreichen Ausbildungsabschluss und Erwerbseintritt.

> Während die Schule über die Verteilung von Zertifikaten und Abschlüssen die Chancen auf eine anforderungsreiche Mittelschule (Gymnasium oder andere vollzeitschulische Sekundarstufe II-Ausbildung) oder Berufslehre bestimmt, üben Eltern primär einen Einfluss auf den Entscheidungsprozess aus und steuern die Chancen ihres Kindes durch Beratung.

Schulabschlüsse und familiäre Unterstützung beeinflussen den Berufsorientierungsprozess daher auf unterschiedlichen Ebenen, wobei die familiäre Unterstützung auch für das Erreichen von Schulabschlüssen bedeutsam ist.

4. Eltern-Lehrpersonen-Zusammenarbeit während der Berufsorientierung

Aufgrund der hohen Bedeutung der familiären Sozialisation für die Leistungen der Schülerinnen und Schüler, den Berufsorientierungsprozess und den Bildungsverlauf wurde der Eltern-Lehrpersonen-Zusammenarbeit steigende Bedeutung beigemessen. Diese Zusammenarbeit wurde bereits in der deutschen Reformpädagogik eingeführt und wird von Privatschulen in der Regel intensiv praktiziert. Sie wurde vor allem in den USA seit den 1980er Jahre unter dem Stichwort parental involvement erforscht (Henderson & Berla, 2004; Epstein et al., 2002). In der Schweiz und Deutschland wurde die Elternarbeit in der Schule bisher weniger stark untersucht und öffentlich diskutiert.

Allerdings vermochte die programmatisch geführte Debatte nicht immer die Erwartungen zu erfüllen (vgl. Übersichten in Krumm, 1996; Neuenschwander et al., 2005; Neuenschwander, 2009; Wild & Lorenz, 2010). Während ein konstant positiver und starker Effekt der familiären Herkunft und Sozialisation auf die Leistungen und die Bildungsverläufe nachgewiesen wurde, war der Einfluss der Eltern-Lehrpersonen-Zusammenarbeit bzw. der Elternmitwirkung in der Schule auf die Schülerinnen und Schüler schwach oder nicht nachweisbar. Neuenschwander et al. (2005) stellten aufgrund ihrer Ergebnisse fest, dass sich durch eine wirksame Zusammenarbeit von Eltern und Lehrpersonen die Schuleinstellung der Eltern verbessert, was sich auf die Befindlichkeit der Schülerinnen und Schüler im Unterricht positiv auswirkt und damit indirekt leistungssteigernd ist. Die Zusammenarbeit hat dann stärkere Auswirkungen auf Eltern, Lehrpersonen und Kinder/Jugendliche, wenn gegenseitig transparent informiert wird (kognitiver Aspekt), eine Vertrauensbeziehung zwischen Eltern und Lehrpersonen entsteht (emotionaler Aspekt) und bei Bedarf Maßnahmen koordiniert werden (Verhaltensaspekt). Insofern wird die Elternarbeit zu einer Maßnahme der Schule, um ihre Akzeptanz in der

Elternschaft und der Öffentlichkeit zu erhalten und zu steigern. Außerdem dürfte die Eltern-Lehrpersonen-Zusammenarbeit eine Innovationsquelle für die Schule darstellen.

Der Einfluss der Eltern-Lehrpersonen-Zusammenarbeit für die Berufsorientierung ist weniger gut untersucht worden. Mayhack (2011) führte ein Elterntraining vor einem Berufspraktikum durch, das von der Schule im Abschlussschuljahr organisiert wurde. Sie zeigte in ihrer Evaluationsstudie einen interessanten Effekt, dass die Zusammenarbeit neben dem je eigenen Einfluss von Eltern und Lehrpersonen einen zusätzlichen Einfluss auf die Explorationstiefe, die Planungsintensität und die Selbstwirksamkeitsüberzeugung[3] der Jugendlichen im Berufsorientierungsprozess ausübt. Allerdings kann ein hohes Engagement der Lehrperson den Einfluss der Eltern reduzieren.

Auch Neuenschwander & Schaffner (2010) konnten empirisch nachweisen, dass der Einsatz von Elternabenden mit Beteiligung der Jugendlichen, die von der Schule organisiert wurden, mit der Chance zusammenhängt, eine berufsqualifizierende Anschlusslösung zu erhalten. Allerdings scheint die Eltern-Lehrpersonen-Zusammenarbeit vor allem dann an Bedeutung zu gewinnen, wenn der Berufswahlprozess der Jugendlichen stockt und die Jugendlichen trotz intensiver Lehrstellensuche keine Anschlusslösung finden (Neuenschwander & Schaffner, 2010). Lehrpersonen werden aktiv, wenn die Eltern ihre Kinder nicht ausreichend während der Berufsorientierung unterstützen können.

Eine besondere Form der Eltern-Lehrer-Zusammenarbeit ist die Elternbildung (Neuenschwander, Lanfranchi & Ermert, 2008). Insbesondere Eltern mit geringer Ausbildung und/oder mit Migrationshintergrund brauchen frühzeitig konkrete Anleitung, wie sie ihre Kinder im Berufsorientierungsprozess begleiten. Es braucht Angebote, welche bildungsferne Eltern als attraktiv und interessant wahrnehmen, so dass sie diese Angebote besuchen. Obwohl viele Migranteneltern prinzipiell an einer guten Bildung und schulischen Förderung ihrer Kinder interessiert sind, besuchen sie Weiterbildungsangebote zurückhaltend, weil sie vermuten, diese nicht verstehen oder für sich nutzen zu können. Offenbar braucht es besondere Anstrengungen, diese Eltern zu erreichen und anzusprechen (Neuenschwander et al., 2005). Dieser Aufwand lohnt sich jedoch, weil dadurch mehr Jugendliche einen berufsqualifizierenden Abschluss erreichen und damit eine geringere Gefahr besteht, arbeitslos zu werden. Zudem kann damit ein Beitrag zur Chancengleichheit geleistet werden, insofern der enge Zusammenhang zwischen dem Bildungsabschluss und der Herkunftsfamilie gelockert wird.

Zu erarbeiten sind Konzepte der aufsuchenden Elternbildung, wonach die Eltern unter Beizug von Kulturvermittlern[4] und Sozialarbeitenden zu Hause besucht und über die Ausbildungsgänge und die Bedeutung der Berufsorientierung ihrer Kinder (beiderlei Geschlechts) informiert werden. Erfolgreich könnten auch Bildungsangebote für Jugendliche mit ihren Eltern sein, die die Eltern aus Verpflichtung gegenüber ihren Kindern besuchen und dabei wichtige Informationen über Berufsvorbereitung und Ausbildung erhalten.

---

3   Die Selbstwirksamkeitsüberzeugung bezeichnet die Meinung, mit welcher Wahrscheinlichkeit ein Ziel durch eigene Anstrengung erreicht werden kann. Hier bezeichnet die Selbstwirksamkeitsüberzeugung die Selbsteinschätzung, die eigenen beruflichen Ziele erreichen zu können.

4   Kulturvermittler sind Übersetzer aus verschiedenen Ländern, die nicht nur Übersetzungen von Beratungsgesprächen anbieten, sondern auch Migranteneltern Merkmale des Gastlandes erklären. Kulturvermittler sind in der Regel in Integrationszentren zusammengeschlossen und werden vom Staat mitfinanziert.

Zu unterscheiden ist die Eltern-Lehrpersonen-Zusammenarbeit auf der Schulebene (zum Beispiel Informationsanlässe der Schule für die Elternschaft zu Berufswahlthemen) von der Klassenebene (Elternabend mit der Funktion der Information und der Diskussion) und der individuellen Ebene (kindbezogene Absprachen zwischen Eltern und Lehrpersonen zur Förderung und Koordination der Berufsorientierung eines Jugendlichen). Während auf der Schul- und Klassenebene der Aspekt der Information über die Berufsorientierung, Lehrstellensuche, Ausbildungssysteme usw. im Zentrum steht, sind auf der individuellen Ebene der Zusammenarbeit die gegenseitige Wertschätzung von Eltern und Lehrpersonen, die Abstimmung der Ziele und die Beratung wichtig. Weil viele Lehrpersonen keine speziellen Kompetenzen zur Berufsorientierung haben, ziehen sie entweder Berufsberaterinnen bzw. -berater in schulinternen Informationsanlässen zu Rate, oder eine Lehrperson im Kollegium wird dank einer einschlägigen Weiterbildung[5] zu einer Ansprechperson für Berufsorientierungsfragen an der Schule. Neben reinen Informationsveranstaltungen können in der Schule Reflexionsanlässe für Jugendliche und ihre Eltern durchgeführt werden. Solche angeleiteten und moderierten Gespräche zwischen Eltern und Jugendlichen tragen zur Klärung der Berufsorientierung bei (Mayhack, 2011). Auf der individuellen Ebene können Lehrpersonen den Eltern und ihren Kindern differenzierte Rückmeldungen zu den fachlichen Leistungen der Schülerinnen und Schüler geben, auf deren Grundlage fähigkeitsangepasste berufliche Optionen erwogen und überprüft werden (vgl. auch Erbeldinger, Wetzstein & Hilgers, 2008). Erfolgreiche Programme zur Eltern-Lehrpersonen-Zusammenarbeit führen zu einer besseren Schul- und Bildungseinstellung der Eltern, was sich auf Lernen und Berufswahl der Kinder und Jugendlichen positiv auswirkt. Diese Programme erfordern besondere fachliche und zeitliche Ressourcen und sind im Rahmen des regulären Pensums von Lehrpersonen in der Regel nicht zu leisten.

5. Schlussfolgerungen

Die Eltern spielen für den Verlauf und den Erfolg des Berufsorientierungsprozesses eine entscheidende Rolle. Ihre Bedeutung ist bei der Studienvorbereitung im Gymnasium vermutlich geringer als bei der Berufsvorbereitung am Ende der Sekundarstufe I. Ihre Funktion ist weniger gut erforscht und entsprechende Interventionen wurden weniger differenziert entwickelt, als es die hohe Bedeutung nahe legen würde. Ein Grund dafür könnte darin liegen, dass Familien private Einheiten sind, auf die in demokratischen (im Unterschied etwa zu diktatorischen) Staaten kein Einfluss ausgeübt werden kann. Eltern können nicht zu Erziehung und Begleitung gezwungen werden, wenn keine zivil- oder strafrechtlich relevanten Handlungen vorliegen.

Während die Unterstützung der Berufsorientierung traditionell alleine in der Verantwortung der Eltern lag, gibt es heute einen Bedarf nach einer Auftragsklärung: Weil angesichts der hohen Komplexität der Ausbildungsgänge und Berufe viele Eltern mit einer fachkundigen Berufsberatung überfordert sind, haben Schulen zunehmend begonnen, den Berufsorientierungsprozess der Jugendlichen zu begleiten. Diese Verant-

---

5   Die Pädagogische Hochschule der Fachhochschule Nordwestschweiz bietet beispielsweise Zertifikatslehrgänge (CAS) zur Weiterbildung von Lehrpersonen zum Übergang von der Schule in den Beruf an (www.fhnw.ch/ph/iwb/kader, abgerufen am 31.03.2011).

wortungsverschiebung von den Eltern zur Lehrperson resultiert auch aus der hohen Bedeutung einer effektiven und erfolgreichen Begleitung der Jugendlichen auf dem Weg in die Erwerbstätigkeit, um einen möglichst hohen Ausbildungsabschluss zu erreichen und Jugendarbeitslosigkeit vorzubeugen. Zudem trägt die staatliche Schule zu Chancengleichheit bei, insofern alle Jugendlichen eine gleichwertige Unterstützung in diesem wichtigen Transitionsprozess erhalten.

Wie angedeutet müssen die Erziehungs- und Bildungsbemühungen von sozial benachteiligten Familien gefördert werden, wenn das nationale Bildungsniveau gesteigert und die Chancengleichheit erhöht werden sollen. Es bedarf attraktiver Förderangebote für Eltern aus der Unterschicht und/oder mit Migrationsbiografie sowie der Anleitung, wie sie ihre Kinder schulisch fördern und auf den Beruf vorbereiten können. Dazu gehören auch verhaltensbezogene Maßnahmen, denn Tugenden wie Pünktlichkeit, Anstand, Fleiß, angenehmer Umgang usw. sind zentrale Kriterien bei der Lehrstellenvergabe (Neuenschwander & Wismer, 2010). Wenn Eltern ihren Kindern diese Tugenden vermitteln, können diese die Nachteile eines Schulniveaus mit niedrigen Grundansprüchen (deutsche Hauptschule) oder von schlechten Noten teilweise kompensieren. Wenn Jugendliche diese Tugenden nicht in der Familie erlernen, müssen sie diese in der Schule erwerben, wobei gegebenenfalls besondere Programme zur Förderung von Sozial- und Selbstkompetenzen entwickelt und eingesetzt werden müssen (vgl. zum Beispiel Euler, 2009; Strohmeier, Atria & Spiel, 2008; Neuenschwander & Frank, 2011). Lehrbetrieben ist es wichtig, mit den Berufslernenden konstruktiv zu kooperieren.

Lehrpersonen erhalten eine kompensatorische Funktion bei Jugendlichen, deren Eltern ihre Kinder bei der Berufsorientierung nicht beraten und sich von den Lehrpersonen dazu auch nicht befähigen lassen.

Diese Lehrpersonen bzw. besondere Ansprechpersonen an der Schule beraten die Jugendlichen bei der Berufsorientierung individuell (Coaching) und übernehmen soweit möglich in diesem Prozess die Elternfunktion. Die Entwicklung von Konzepten zur Begleitung von Jugendlichen im Berufsorientierungsprozess in der Schule steht noch am Anfang (vgl. Ansätze dazu von Düggeli, in diesem Band; Jung, 2008; Neuenschwander & Schaffner, 2010). Die Berufsorientierung ist zwar primär eine Leistung der Jugendlichen, doch bilden Eltern in diesem Prozess eine entscheidende Ressource.

Literatur

Baumert, J., Stanat, P. & Watermann, R. (2006). Schulstruktur und die Entstehung differenzieller Lern- und Entwicklungsmilieus. In J. Baumert, P. Stanat & R. Waterman (Hrsg.), *Herkunftsbedingte Disparitäten im Bildungswesen: Differenzielle Bildungsprozesse und Probleme der Verteilungsgerechtigkeit.* (S. 95–188). Wiesbaden: VS-Verlag.

Baumrind, D. (1991). The influence of parenting style on adolescent competence and substance use. *Journal of Early Adolescence, 11*, 56–95.

Becker, R. (2010). Soziale Ungleichheit im Schweizer Bildungssystem und was man dagegen tun könnte. In M. P. Neuenschwander & H.-U. Grunder (Hrsg.), *Schulübergang und Selektion* (S. 91–108). Chur: Rüegger.

Beinke, L. (2008). Der Einfluss der Eltern und der peer-groups. In E. Jung (Hrsg.), *Zwischen Qualifikationswandel und Marktenge* (S. 130–144). Baltmannsweiler: Schneider Verlag.

Betsworth, D. G., Bourchard, T. J. J., Cooper, C. R., Grotevant, H. D., Hansen, J. C., Scarr, S., et al. (1994). Genetic and environmental influences on vocational interests assessed using biological and adoptive families and twins reared apart and together. *Journal of Vocational Behavior, 44*, 263–278.

BFS/TREE (Ed.). (2003). *Wege in die nachobligatorische Ausbildung. Die ersten zwei Jahre nach Austritt aus der obligatorischen Schule.* Neuchâtel: Bundesamt für Statistik.

Brown, D. & Brooks, L. (Hrsg.) (1994). *Karriere-Entwicklung.* Stuttgart: Klett-Cotta.

Bryant, B. K., Zvonkovic, A. M. & Reynolds, P. (2006). Parenting in relation to child and adolescent vocational development. *Journal of Vocational Behavior, 69*, 149–175.

Ditton, H. & Krüsken, J. (2010). Bildungslaufbahnen im differenzierten Schulsystem – Entwicklungsverläufe von Laufbahnempfehlungen und Bildungsaspirationen in der Grundschulzeit. *Zeitschrift für Erziehungswissenschaft, 12*, 1, 74–102.

Egloff, E. (2007). *Elternratgeber Berufswahl: Informationen und Arbeitshilfen zur Berufswahl, Schulwahl und Laufbahn der Jugendlichen.* Zürich: Pro Juventute.

Epstein, J. L., Sanders, M. G., Simon, B. S., Salinas, K. C., Jansorn, N. R. & Van Voorhis, F. L. (2002). *School, family, and community partnerships: Your handbook for action, second edition.* Thousand Oaks, CA: Corwin Press.

Erbeldinger, P., Wetzstein, T. & Hilgers, J. (2008). Eltern und Schule als Partner in der Berufsorientierung. Sichtweisen und Praxismodelle. In G. E. Famulla (Hrsg.), *Partner der Schule – Berufs- und Lebensweltvorbereitung. Beiträge von Berufsorientierungsprojekten Schule – Wirtschaft/Arbeitsleben* (S. 51–75). Hohengehren: Schneider Verlag.

Euler, D. (Hrsg.) (2009). *Sozialkompetenzen in der beruflichen Bildung. Didaktische Förderung und Prüfung.* Bern: Haupt.

Gerber Schenk, M., Rottermann, B. & Neuenschwander, M. P. (2010). Passungswahrnehmung, Selbstkonzept und Jugendarbeitslosigkeit. In M. P. Neuenschwander & H.-U. Grunder (Hrsg.), *Schulübergang und Selektion – Forschungsbefunde – Praxisbeispiele – Umsetzungsperspektiven* (S. 121–130). Chur: Rüegger.

Grossmann, K. E., August, P., Fremmer-Bombik, E., Friedl, A., Grossmann, K., Scheuerer-Englisch, H., et al. (1989). Die Bindungstheorie: Modell und entwicklungspychologische Forschung. In H. Keller (Hrsg.), *Handbuch der Kleinkindforschung* (S. 31–55). Berlin: Springer.

Häberlin, U., Imdorf, C. & Kronig, W. (2004). *Von der Schule in die Berufslehre.* Bern: Haupt.

Heinz, W. R., Krüger, H., Rettke, U., Wachtveitl, E. & Witzel, A. (1987). *Hauptsache eine Lehrstelle.* Weinheim: Deutscher Studien Verlag.

Henderson, A. T. & Berla, N. (Eds.). (2004). *A New Generation of Evidence. The Family is Critical to Student Achievement.* US: National Committee for Citizens in Education.

Herzog, W., Neuenschwander, M. P. & Wannack, E. (2006). *Berufswahlprozess. Wie sich Jugendliche auf ihren Beruf vorbereiten.* Bern: Haupt.

Jung, E. (Hrsg.). (2008). *Zwischen Qualifikationswandel und Marktenge.* Baltmannsweiler: Schneider Verlag.

Krumm, V. (1996). Schulleistung – auch eine Leistung der Eltern. Die heimliche und die offene Zusammenarbeit von Eltern und Lehrern und wie sie verbessert werden kann. In W. Specht & J. Thonhauser (Hrsg.), *Schulqualität* (S. 256–290). Innsbruck: Studien-Verlag.

Lerner, R. M. & Walls, T. (1999). Revisiting individuals as producers of their development: From dynamic interactionism to developmental systems. In J. Brandtstädter & R. M. Lerner (Eds.), *Action and Self-Development: Theory and Research through the Life Span* (pp. 3–36). Thousand: Oaks.

Lüscher, K. (2003). *Generationenbeziehungen in Familie und Gesellschaft.* Konstanz: UVK Verlagsgesellschaft.

Mayhack, K. (2011). *Gemeinsam auf dem Weg zum Beruf. Intervention zur Förderung berufswahlrelevanter Kompetenzen von Schülern durch den Elterneinbezug in die Schule.* Universität Erfurt, unveröffentlichte Dissertation.

Neuenschwander, M. P. (2008). Elternunterstützung im Berufswahlprozess. In D. Läge & A. Hirschi (Hrsg.), *Berufliche Übergänge: Psychologische Grundlagen der Berufs-, Studien- und Laufbahnberatung* (S. 135–154). Zürich: LIT-Verlag.

Neuenschwander, M. P. (2009). Schule und Familie – Aufwachsen in einer heterogenen Umwelt. In H.-U. Grunder & A. Gut (Hrsg.), *Zum Umgang mit Heterogenität in der Schule, Band 1. Chancen und Problemlagen* (S. 148–168). Baltmannsweiler: Schneider.

Neuenschwander, M. P., Balmer, T., Gasser, A., Goltz, S., Hirt, U., Ryser, H. et al. (2005). *Schule und Familie – was sie zum Schulerfolg beitragen.* Bern: Haupt.

Neuenschwander, M. P. & Frank, N. (2011). Interventionsprogramm zur Förderung von Sozial- und Selbstkompetenzen in der Schule (InSSel) – ein neues Angebot der PH FHNW für die Schule Aargau. *Schulblatt Aargau/Solothurn* (6), 26.

Neuenschwander, M. P., Gerber, M., Frank, N. & Rottermann, B. (2010). *Schule und Beruf: Wege in die Erwerbstätigkeit.* Schlussbericht. Solothurn: PH FHNW

Neuenschwander, M. P. & Goltz, S. (2008). Familiäre Bedingungen von Schülerleistungen: Ein typologischer Ansatz. *Psychologie in Erziehung und Unterricht, 55,* 265–275.

Neuenschwander, M. P., Lanfranchi, A. & Ermert, C. (2008). Spannungsfeld Schule – Familie. In Eidgenössische Kommission für Familienfragen (Hrsg.), *Familien – Erziehung – Bildung* (S. 68–79). Bern: EDMZ.

Neuenschwander, M. P. & Schaffner, N. (2010). *Berufsorientierung an Schulen (Schlussbericht).* Solothurn: PH FHNW.

Neuenschwander, M. P. & Wismer, N. (2010). Selektionskriterien: Wichtige Rolle der überfachlichen Kompetenzen. *Panorama* (1), 16–17.

Phillips, S. D. & Blustein, D. L. (1994). Readiness for career choices: Planning, exploring, and deciding. *Career Development Quarterly, 43,* 63–74.

Savickas, M. L. (2005). The theory and practice of career construction. In R. W. Lent & S. D. Brown (Eds.), *Career Development and Counseling: Putting Theory and Research to Work* (pp. 42–70). Hoboken: John Wiley & Sons.

Schnabel, K. U., Alfeld, C., Eccles, J. S., Köller, O. & Baumert, J. (2002). Parental influence on students' educational choices in the United States and Germany: Different ramifications – same effect? *Journal of Vocational Behavior, 60,* 178–198.

Schudy, J. (2002). *Berufsorientierung an Schulen.* Bad Heilbronn: Klinkhardt.

Shavit, Y. & Müller, W. (Eds.) (1998). *From school to work. A comparative Study of educational qualifications and occupational destinations.* Oxford: Clarendon Press.

Sirin, S. R. (2005). Socioeconomic Status and Academic Achievement: A Meta-Analytic Review of Research. *Review of Educational Research, 75,* 3, 417–453.

Strohmeier, D., Atria, M. & Spiel, C. (2008). WiSK – Ein ganzheitliches Schulprogramm zur Förderung sozialer Kompetenz und Prävention aggressiven Verhaltens. In T. Malti & S. Perren (Hrsg.), *Soziale Kompetenz bei Kindern und Jugendlichen* (S. 214–230). Stuttgart: Kohlhammer.

Wild, E. & Lorenz, F. (2010). *Elternhaus und Schule.* Paderborn: Schöning.

Wilks, J. (1986). The relative importance of parents and friends in adolescent decision making. *Journal of Youth and Adolescence, 15,* 323–334.

Albert Düggeli und Katja Kinder

Wissen aufbauen, Selbstwirksamkeit fördern und Sinnfindung begleiten – auf dem Berufswahlweg mit Schülerinnen und Schülern

Beim Übergang in die postobligatorische Ausbildung sind Jugendliche angehalten, ihren berufsbiografischen Lebensentwurf so zu realisieren, dass er eine zufriedenstellende Zukunft ermöglicht. Dabei müssen sie persönliche Wünsche, Hoffnungen und Erwartungen mit sozioökonomischen Begebenheiten koordinieren (Bildungsbericht Schweiz, 2010; Busshoff, 1998; Heinz, 2000; Meyer, Stalder & Matter, 2003; Moser, 2004). Konkret heißt das, dass sie unter der Bedingung multipler Handlungsoptionen, abnehmender gesellschaftlicher Sicherheiten (Bonss, 2000; Heitmeyer, 2004) und bedrohter Nützlichkeitserfahrungen (Hentig, 2007; Sennett, 2005) handlungsfähig bleiben müssen. Insbesondere Jugendliche mit Qualifikationsdefiziten können dadurch in besonderem Ausmaß Besorgnisse erfahren, die ihr berufswahlbezogenes Handeln behindern und die Gestaltung ihrer berufsbiografischen Entwicklung erschweren (Shell Deutschland, 2010, S. 41–42; Jugendbarometer Schweiz, 2010; Oser & Düggeli, 2008). Dies steht oft am Ausgangspunkt einer Negativspirale von zunehmender Hilf- und Hoffnungslosigkeit und destabilisiert in vielen Fällen produktive, persönliche Sinnkonstrukte, an denen Heranwachsende ihre persönlichen Berufsbiografien ausrichten (Golisch, 2002; Mathern, 2003). Hier ist die Förderung der individuellen Handlungsfähigkeit eine mögliche Unterstützung, zum einen in Bezug auf punktuell auftauchende Probleme und zum anderen hinsichtlich einer Stärkung der Handlungsfähigkeit insgesamt (Herzog, Neuenschwander & Wannack, 2006, S. 29–38). Diese Befähigung soll durch einen gezielten Wissensaufbau, durch die Förderung von Selbstwirksamkeit sowie durch eine sensible Begleitung der Heranwachsenden in Bezug auf individuelle Sinnfragen realisiert werden. Es werden also jene drei Bereiche angesprochen, die in eigenen Untersuchungen herausgearbeitet und in unterschiedlichen Interventionsformen evaluiert wurden (Düggeli, 2009; Oser & Düggeli, 2008). Was inhaltlich unter diesen drei Bereichen zu verstehen ist, und wie sie hinsichtlich einer berufswahlbezogenen Handlungsbefähigung umgesetzt werden können, wird in den nachfolgenden Abschnitten angesprochen (Abschnitte 1 bis 3). Anschliessend erfolgen Ausführungen zur Unterstützungsoffenheit von Berufssuchenden, zu einem Aspekt also, der das Unterstützungshandeln massgeblich beeinflusst (Abschnitt 4). Einige Gedanken zum gesellschaftlichen Engagement, dem bei der Unterstützung von Heranwachsenden im Berufswahlprozess ebenfalls eine grosse Bedeutung zukommt, schließen den Beitrag ab (Abschnitt 5).

1. Wissensaufbau

Die Handlungsfähigkeit von berufssuchenden jungen Menschen wird gestärkt, wenn sie über differenziertes Berufswahlwissen verfügen. Es ist einerseits inhaltliches Wissen, das personenbezogen oder sachbezogen sein kann, also beispielsweise deklaratives Wissen über persönliche Fertigkeiten, Interessen oder spezifische Berufsfelder. Andererseits ist es Wissen darüber, wie man zu einer beruflichen Ausbildungsstelle überhaupt kommt, also prozedurales Wissen, wozu beispielsweise das Wissen gehört, wie man sich schriftlich richtig bewirbt, wie man sich in (unterschiedlich verlaufenden) Bewerbungsgesprächen verhalten kann, oder wie telefonische Anfragen erfolgverprechend gestaltet werden können. Beide Wissensarten, das deklarative und das prozedurale, sind aufeinander bezogen, so dass aus deklarativem Berufswahlwissen prozedurales Verfahrenswissen werden kann und umgekehrt (Anderson, 1987; Mietzel, 2007). Dies geschieht beispielsweise dann, wenn Jugendliche eine verbale Regel für die Steuerung von Handlungen anwenden und dadurch neue Informationen erhalten, die ihren Wissensstand erweitern (Mietzel, 2007).

Solche Bestände an Berufswahlwissen spielen zentral in die berufswahlbezogene Handlungssteuerung hinein und müssen in einer handlungsbefähigenden Unterstützung von Lehrpersonen zentral gewichtet werden.

Es lässt sich inhaltlich – deklarativ oder prozedural – als Wissen über sich selbst, über sachbezogene Inhalte oder als Wissen über soziale Aspekte des Übergangsprozesses ausdifferenzieren. Die folgende Tabelle beinhaltet eine Zusammenstellung, die in der Spalte „Inhalte" diese Ausdifferenzierung und in der Spalte „Vermittlungs- und Handlungsanregungen zur individuellen Unterstützung" Wege verdeutlicht, wie die Umsetzung erfolgen kann (vgl. Tab. 1).

Tabelle 1: Inhalte und Vermittlungsanregungen zur Unterstützungsdimension „Wissensaufbau"

Inhalte	Vermittlungs- und Handlungsanregungen
Berufsbezogene Interessen	- Instrumente zur Interessenserkundung wie z. B. Interessenkompass (Egloff & Jungo, 2010) oder Explorix-Fragebogen (Jörin, Stoll, Bergmann & Eder, 2008)
Fertigkeiten und Fähigkeiten	- Instrumente zur Kompetenzbilanzierung wie z. B. punch! (Lehrmittel zur Potenzialabklärung) (Bassetti & Kramer, 1999) oder Auswertung von Schnupperlehren
Berufsfelder	- Kategorisierung der Berufe in Berufsfelder lernen - Berufsfeldplakate erstellen (Zihlmann, 2009)
Ausgewählte Einzelberufe	- Arbeit im Berufsinformationszentrum - Darstellung von Berufen für die Interesse besteht bzw. von Berufen, die explizit nicht interessieren
Ausbildungswege und Abschlüsse	Berufsbildungssystem in Form einer Übersicht darbieten (Zihlmann, 2009) - Abschlüsse und Zertifikate zuordnen - Wechsel- und Öffnungsoptionen erkennen, auf die angestrebten Berufswünsche beziehen und beurteilen (z. B. berufsspezifisch, vergleichende Darstellung; Materialien, die von Berufsberatungen zur Verfügung gestellt werden, einsetzen oder aus Lehrmitteln zusammenstellen) (Zihlmann, 2009)
Formale und inhaltliche Gestaltung von Bewerbungsunterlagen	- Inhaltliche und formale Kriterien von Bewerbungen in Form einer Checkliste erarbeiten (Egloff & Jungo, 2010) allenfalls unter Einbezug von Ausbildenden - Beispielbewerbungen abgeben und beurteilen (Egloff & Jungo, 2010) - Tipps und Tricks im Umgang mit Bewerbungen auf einem Merkblatt festhalten (Egloff & Jungo, 2010; Zihlmann, 2009, S. 30–31) - Online-Bewerbungen ausfüllen bzw. die Administration eigener Eingaben strukturieren
Personelle und institutionelle Berufswahlunterstützung	Liste von Ansprechpersonen oder Institutionen erarbeiten - Funktionen von Unterstützungspersonen ansprechen - Die Rolle der Eltern und/oder der Peers im Berufswahlprozess diskutieren und auf individuelle Situation beziehen (z. B. gesellschaftlich in Bezug auf Erwartungen oder Konkurrenzsituationen bzw. aktive Unterstützung bei Such- und Nachfrageprozessen; vielleicht ein „Mentor-Modell" andenken, dies können auch Peers sein, die nur wenig älter sind, die aber in der gleichen Situation waren, damit einen produktiven Umgang gefunden haben) - Ansprechpartnerliste für verschiedene Anliegen erarbeiten (allenfalls ein Notfalltelefon einrichten)
Auftreten und Verhalten bei Bewerbungsgesprächen sowie telefonische Bewerbungsanfragen stellen	- Üben von Bewerbungsgesprächen in verschiedenen „Kontexten"; z. B. mit professionellen Coaches oder in Form interaktiver Szenenspiele - Wichtige Anregungen und einen zentralen Verhaltenscodex bei Bewerbungsgesprächen erarbeiten und diskutieren (Schmid & Barmettler, 2009) - Erkennen von „Standardsituationen" und adäquates Reagieren - (Verbales) Verhalten bei auftauchender Unsicherheit und/oder Missverständnissen in Bewerbungsgesprächen
Wege, freie Ausbildungs- bzw. Schnupperlehrplätze finden zu können	- Adressliste (postalisch oder online) von Institutionen oder Plattformen erstellen und die zu vollziehenden Prozesse, wie man dazu kommt, vorzeichnen. Zum Beispiel Lehrstellenbarometer und Arbeitsvermittlungszentren - Bei konkretem Berufswunsch: Suche über Berufsverbände und/oder Einzelbetriebe

2. Selbstwirksamkeit

Ergänzend zum Wissensaufbau spielt die Selbstwirksamkeit in die Förderung einer produktiven Handlungsbefähigung hinein (Skinner, Chapman & Baltes, 1988; Bandura, 2006). Selbstwirksamkeit, umfassend definiert als „the conviction that one can successfully execute the behavior required to pruduce the outcomes" (Bandura, 1977, S. 193), lässt sich im Zusammenhang mit der Berufswahlvorbereitung als Überzeugung der Jugendlichen verstehen, in Bezug auf ein bestimmtes berufswahlbezogenes Ziel, erfolgreich handeln zu können. Dies meint beispielsweise die Überzeugung, einen Lehrmeister kontaktieren, ein Bewerbungsgespräch situationsadäquat führen oder für zu treffende Entscheidungen umfassende und richtige Informationen finden zu können (Düggeli, 2009; Seligman, 1992). Aspekte der Selbstwirksamkeit beeinflussen demnach die Planung von Handlungen, also wenn beispielsweise vor der Handlungsausführung im Selbstbezug geklärt werden muss, inwiefern man fähig ist, ein Telefonat mit einem Lehrbetrieb erfolgreich führen zu können. Selbstwirksamkeitsfacetten spielen aber auch bei der konkreten Durchführung von Handlungen sowie bei der Reflexion von Handlungsergebnissen eine wichtige Rolle.

Eine handlungsbefähigende Unterstützung orientiert sich deshalb auf der Selbstwirksamkeitsdimension idealerweise an allen drei Handlungsabschnitten, der Planung, der Durchführung und der Ergebnisreflexion (vgl. Tab. 2).

Je nach Situation kann sie aber auch nur einzelne Facetten fokussieren, beispielsweise nur die Handlungsplanung oder nur die Handlungsevaluation.

Tabelle 2: Inhalte und Vermittlungsanregungen zur Unterstützungsdimension „Selbstwirksamkeit"

Inhalte	Vermittlungs- und Handlungsanregungen

Planung
- Klärung des Ziels, der Prozessschritte und der Voraussetzungen
	Anleitung, Begleitung und Kontrolle folgender Aspekte:
	1. Definition und Strukturierung der für die einzelnen Schritte im Berufswahl- und Bewerbungsprozess zur Verfügung stehenden Zeit
	  - Zeitmanagement aufbauen (einzelne Arbeitsschritte) und einhalten d. h. auch feste Termine für beispielsweise Schnupperlehren einplanen
	  - Wann werden Bewerbungen geschrieben und versandt (Zeitfenster/Woche für diese Hausarbeit(-en) definieren; Kontrolle einplanen: ist es erfolgt und in welcher Qualität)
	  - Die zu leistenden Aufgaben mit individuellen Fertigkeiten in Bezug setzen, allenfalls Abgleichungen treffen
	2. Sprechstundentermine zwischen Lehrpersonen und Lernenden: Fortgang und Qualität der Arbeit koordinieren, allenfalls korrigieren

Durchführung
- Persistenz, Volition
	- Erkennen und Thematisierung von erfahrenen Handlungsbarrieren
	- Zielführende Unterstützung zur Aufrechterhaltung des Handlungsprozesses durch:
	  - Sachbezogene Tipps zum Weiterarbeiten und/oder zum weiteren Strukturieren bestehender Arbeit (Egloff & Jungo, 2010; Schmid & Barmettler, 2009, S. 110)
	  - Zumutende Unterstützung (Oser, 1998)
	  - Zielanpassungen oder Segmentierung des Prozesses in Teilziele
	  - Allfällige Ablenkungen aufspüren und den Umgang damit verbessern

Ergebnisreflexion	- Erreichte Ziele mit der gefassten Absicht in Bezug stellen und beurteilen, allenfalls in Bezug auf erweiterte Kriterien neu bewerten, Teilerfolge sichtbar machen und Absagen in Bezug auf Ursachen differenziert beurteilen - Fremdbeurteilung der Handlungsorganisation und -durchführung einholen, eventuell unter Einbezug mehrerer externer Personen (Berufsberater, Personalfachleute) und diese mit den eigenen Interpretationsmustern vergleichen - Handlungsergebnisse auf die Definition neuer Ziele beziehen, Wiederholung von Fehlern vermeiden und starke Aspekte weiter ausbauen

3. Sinnfindung

Der dritte Unterstützungsbereich trägt schließlich dem Umstand Rechnung, dass Besorgnisse und Unsicherheiten im Berufswahlprozess bei Jugendlichen auch Sinnfragen zur aktuellen und künftigen Lebensgestaltung tangieren. Die berufliche Orientierung von Heranwachsenden wird unsicherer, wenn sie die Realisierung ihres berufsbiografischen Lebensentwurfs mehr und mehr als unerreichbar wahrnehmen.

Einer durch Sinnvakuum verursachten Handlungsohnmacht kann durch sinnfindende Unterstützung in zwei Dimensionen begegnet werden. Einmal durch klärendes Verstehen, also auf Grund eines eher kognitiv ausgerichteten Zugangs (Weiner, 1986), und einmal durch die Erfahrung von verlässlichen Bindungen, als einer eher sozioemotional orientierten Ausrichtung (Bowlby, 1982).

Verstehende Klärungen helfen, Handlungsergebnisse mit möglichen Ursachen in Verbindung zu bringen und sie damit in ein Sinnganzes einzuordnen. Sie ermöglichen Heranwachsenden also, Ergebnisse ihres Tuns möglichst auf realistische Ursachen zurückzuführen. Verstehende Klärungen helfen aber auch, persönliche Ziele zu schärfen und Wege zur Zielerreichung sichtbar zu machen. Dies kann dazu führen, dass sich Jugendliche einer Erweiterung ihres beruflichen Zielhorizonts und ihrer berufsbiografischen Optionen öffnen und sich gleichzeitig mögliche Umsetzungswege herauskristallisieren. Die emotionale Bindung als zweite Sinndimension spricht die Bedeutung von nahen, prozessinvolvierten Bezugspersonen an. Diese können den Berufssuchenden ermöglichen, Sinn durch ihr Mitsein zu erfahren. Nahe Bezugspersonen, die berufswahlbezogene Ideen, Haltungen und Handlungen von Jugendlichen wahrnehmen und diese als reale und herausfordernde Lebensthemen anerkennen, können zu sinnteilenden Handlungsvertrauten werden. Dieser bindungsbezogene Sinnaspekt basiert auf einer wertschätzenden Anerkennung (Honneth, 1994) und kann, neben den kognitiv-rationalen Zugängen, individuelles, explorierendes Handeln produktiv unterstützen (Grossmann & Grossmann, 2008). Zusätzlich kann aus sozialisationstheoretischer Perspektive davon ausgegangen werden, dass die Einschätzung der eigenen Handlungswirksamkeit von nahen Bezugspersonen abhängt (Grundmann, 2006). Welche Inhalte im Bereich der Sinnfindung thematisiert und auf welche Weise vermittelt werden können, zeigt die nachfolgende Tabelle (vgl. Tab. 3).

Tabelle 3: Inhalte und Vermittlungsanregungen zur Unterstützungsdimension „Sinnfindung"

Inhalte	Vermittlungs- und Handlungsanregungen
Attribution, (Er-)Klärungen	- Ursachenzuschreibungen (bei Erfolg oder Misserfolg) erkennen und analysieren (Weiner, 1986) - Koordination zwischen Handlungsprozess und Handlungsergebnis reflektieren (E. A. Skinner, 1995)
Anerkennung, Beziehung	- Auf erreichte (Teil-)Ziele differenziert und respektvoll lobend reagieren - Individuelle Berufswahlprozesse kennen und gemäß den bei den Lernenden antizipierten Unterstützungsbedürfnissen und -vorstellungen Einfluss nehmen - Mit den Heranwachsenden die Inhalte und die Möglichkeiten einer fürsorgenden Unterstützung ansprechen; Vertrauensaufbau durch Verlässlichkeit und durch Respekt vor individuellen Pflichten und Freiheiten
Berufstätigkeit und Lebensgestaltung	- Biografische Bedeutung der Arbeits- bzw. Berufstätigkeit aufarbeiten (ind. Fokus); Arbeit mit (fremd-)biografischem Material - Inhaltliche Arbeit an der Frage von Lebens(stil)wahl und Berufstätigkeit - Einsicht in die Relativität von Wunsch und Wirklichkeit und in die Möglichkeiten, auch in Situationen, die sich in unerwarteter Weise verändern, Zufriedenheit erfahren zu können

Die drei hier vorgeschlagenen Unterstützungsbereiche (Wissensaufbau, Selbstwirksamkeit und Sinnfindung) lassen sich weder trennscharf voneinander abgrenzen, noch ist ihnen eine zeitliche Bearbeitungsreihenfolge unterstellt. Ihr inhaltliches und zeitliches Zusammenfliessen zeigt, wie komplex der Berufswahlprozess und die damit zusammenhängenden Handlungsvollzüge bzw. Unterstützungsformen sind. Wenn beispielsweise ein berufssuchender junger Mann, der hoch motiviert ist, einen beruflichen Ausbildungsplatz zu bekommen, auf telefonische Anfragen nur Absagen bekommt, könnte es sein, dass er zu wenig deutlich seine Absicht ausdrückt, er also nicht klar sagt, warum er anruft bzw. welches seine Anliegen sind. Somit müsste mit ihm über einen gezielten Wissensaufbau nachgedacht werden, in welchen aber auch Selbstwirksamkeitsaspekte in den Bereichen „Handlungsplanung" bzw. „Ergebnisinterpretation" einzubinden wären. Oder, um ein anderes Beispiel zu nennen, wenn eine berufssuchende junge Frau sich plötzlich weigert, weiterhin Bewerbungen zu schreiben. Falls die Verweigerung eine Folge von ersten erhaltenen Absagen ist und diese Absagen nicht auf formale oder inhaltliche Mängel der Bewerbung zurückzuführen sind, wäre hier der Bereich der Selbstwirksamkeit besonders zu beachten, allenfalls ergänzt um die Sinndimension. Auf den Umgang mit solchen oder ähnlichen Situationen ist die hier vorgeschlagene Unterstützung ausgerichtet. Und dies erfordert von den Unterstützungspersonen eine integrale Sicht auf die drei Bereiche.

Eine Förderung der individuellen Handlungsfähigkeit, wie sie hier dargestellt ist, beruht also nicht auf einem situationsfernen, linearen Abarbeiten von „berufswahlfördernden" Inhalten, sondern ist als situationsbezogenes Einflusshandeln modelliert, dem eine differenzierte Analyse jeder einzelnen Situation vorangeht.

Dass dabei seitens der Berufssuchenden persönliche Haltungen, Überzeugungen oder Wahrnehmungs- und Interpretationsmuster hineinspielen, stellt für Unterstützungspersonen eine zusätzliche Herausforderung dar. Diese persönlichkeitsbezogenen Faktoren vermögen nämlich die Unterstützungsoffenheit der Heranwachsenden massgeblich zu beeinflussen.

4. Die Unterstützungsoffenheit der Berufssuchenden: Lehrpersonen in der Herausforderung

Lehrpersonen, die ihr Unterstützungshandeln an konkreten, von Berufssuchenden zu meisternden Situationen ausrichten und dabei deren Wissen aufbauen, Selbstwirksamkeit fördern und Sinnfindung unterstützen, treffen auf junge Menschen, deren Bereitschaft unterschiedlich ist, eine ihnen offen stehende Unterstützung anzunehmen. Nicht alle sind bereit, in einem Prozess begleitet zu werden, der ihnen vielleicht unerwartet viele Schwierigkeiten bereitet. So können Unterstützungspersonen mit Jugendlichen in Kontakt kommen, die wenig unterstützungsoffen sind, weil sie sich und ihre Situation wenig realistisch einschätzen, sich also der Problematik ihrer Lage nicht bewusst sind. Sie können aber auch auf Heranwachsende treffen, die sich intensiv auf Unterstützungspersonen beziehen und ihre Erfolgshoffnung quasi auf das stete Beisein dieser abstellen. Diese Art von Unterstützungsabhängigkeit führt bei Heranwachsenden aber zum Risiko, auf Grund einer Art Verantwortungsdiffusion Hilflosigkeit statt Handlungsbefähigung zu entwickeln. Was hier zu viel des Anspruchs ist, ist dort zu wenig und beides führt auf Seiten der Berufssuchenden zu ähnlichen Ergebnissen, nämlich zum Fehlen produktiver Handlungserfahrungen. Aber selbst wenn Jugendliche entweder nicht bereit sind, sich auf die anstehenden Herausforderungen einzulassen, oder diese nur unter der Bedingung einer omnipräsenten Unterstützung angehen, bleiben die Bereiche Wissen, Selbstwirksamkeit und Sinnfindung im Zentrum der Unterstützung. Zwar nicht mehr primär unter dem Fokus der zu bewältigenden Situation, sondern hinsichtlich der Frage, wie diese Bereiche in die Möglichkeit hineinspielen, mit Unterstützungsangeboten umgehen zu können. Dies heißt:

Unterstützungspersonen können ihrem Handeln eine Art zweistufige Diagnostik voranstellen, eine erste mit Blick auf die Unterstützungsoffenheit und eine zweite in Bezug auf die Notwendigkeit einer situativen Handlungsbefähigung.

Damit geht ein hoher Individualisierungsgrad einher, hinter den man aber nicht zurücktreten kann, wenn eine handlungsbefähigende Unterstützung von Jugendlichen im Berufswahlprozess ansteht. Zu different verlaufen Berufswahlprozesse zwischen Berufssuchen, beispielsweise bezüglich Zeittaktung, hinsichtlich der Planung- und Durchführung von Handlungen sowie im Zusammenhang mit der reflexiven Verarbeitungstiefe von Handlungsergebnissen (Busshoff, 1998; Heinz, 2002; Herzog et al., 2006). Eine zweistufige Diagnostik trägt diesem Umstand Rechnung, weil sie vor einer handlungsbefähigenden Unterstützung die Möglichkeiten von Heranwachsenden wahrnimmt, mit bestehenden Angeboten angemessen umgehen zu können.

5. Das gesellschaftliche Engagement

Das hier entlang der Förderung von Wissensaufbau, Selbstwirksamkeit und Sinnfindung skizzierte Vorgehen ist zusätzlich auf ein umfassendes und verantwortungsvolles Engagement der Gesellschaft insgesamt angewiesen. Es impliziert die Verpflichtung gesellschaftlicher Instanzen an der Bereitstellung von Grundlagen, auf denen überhaupt Prozesse gedeihlicher Lebensgestaltungen möglich werden (Nussbaum, 1999). Ohne dies läuft eine individuelle Unterstützung von Berufssuchenden Gefahr, die Problemursachen vorschnell und einzig den Individuen zuzuschreiben, sie also als selbstverschuldende Versagende zu stigmatisieren. Einen gesellschaftlichen Verantwortungsrückzug dieser Art gilt es parallel zum Anspruch an eine handlungsbefähigende Förderung von Jugendlichen im Übergangsprozess zu überwinden.

Wenn sämtliche berufswahlinvolvierte Instanzen darauf hinarbeiten, dass Jugendliche in realistischer Weise ihre angestrebten Ziele erreichen können, ist der Übergang nicht nur Abschied und Aufbruch, sondern auch Ausgangspunkt für eine produktive Weiterentwicklung der individuellen Handlungsfähigkeit.

Wissensaufbau, Selbstwirksamkeitserfahrungen sowie die Auseinandersetzung mit Sinnfragen unterstützen dies in ihrem Zusammenspiel. Dies erfordert ausreichend Zeit, individualisierende und flexibilisierte Übergangsmodelle, die Bereitschaft, sich um weiterführende Fragen zur Unterstützung junger Menschen zu kümmern und nicht zuletzt kompetente und engagiert unterstützende Begleitpersonen.

Literatur

Anderson, J. R. (1987). Skill acquisition: Compilation of weekmethod problem solutions. *Psychological Review, 94*, 192–210.

Bandura, A. (1977). *Social learning theory.* Englewood Cliffs: Prentice Hall.

Bandura, A. (2006). Toward a Psychology of Human Agency. *Perpectives on Psychological Science, 1*, 2, 164–180.

Bassetti, R. & Kramer, S. (1999). *punch! Ein Arbeitsmittel zur Potentialabklärung in der Laufbahnberatung.* Dübendorf: Schweizerischer Verband für Berufsberatung SVB.

Bildungsbericht Schweiz. (2010). *Bildungsbericht Schweiz.* Aarau: SKBF.

Bonss, W. (2000). Was wird aus der Erwerbsgesellschaft? In U. Beck (Hrsg.), *Die Zukunft von Arbeit und Demokratie* (S. 327–415). Frankfurt am Main: Suhrkamp.

Bowlby, J. (1982). *Attachment and loss. Vol. 1: 1st and 2nd revised editions.* New York: Basic Books.

Busshoff, L. (1998). Berufsberatung als Unterstützung von Übergängen in der beruflichen Entwicklung. In R. Zihlmann (Hrsg.), *Berufswahl in Theorie und Praxis* (S. 9–84). Zürich: sabe AG.

Düggeli, A. (2009). *Ressourcenförderung im Berufswahlunterricht. Interventionsstudie mit Lernenden der Sekundarstufe I Niveau Grundanforderungen.* Münster: Waxmann.

Egloff, E. & Jungo, D. (2010). *Berufswahltagebuch Arbeitsheft.* Bern: Schulverlag plus AG.

Golisch, B. (2002). *Wirkfaktoren der Berufswahl Jugendlicher: eine Literaturstudie.* Frankfurt am Main: Peter Lang.

Grossmann, K. & Grossmann, K. (2008). Die Entwicklung von Bindungen: Psychische Sicherheit als Voraussetzung für psychologische Anpassungsfähigkeit. In G. Opp & M. Fingerle (Hrsg.), *Was Kinder stärkt. Erziehung zwischen Risiko und Resilienz* (S. 279–298). München, Basel: Ernst Reinhardt Verlag.

Grundmann, M. (2006). *Sozialisation.* Stuttgart: UTB.

Häberlin, U., Imdorf, C. & Kronig, W. (2004). *Von der Schule in die Berufslehre. Untersuchungen zur Benachteiligung von ausländischen und von weiblichen Jugendlichen bei der Lehrstellensuche.* Bern: Haupt Verlag.

Heinz, W. R. (2000). *Übergänge, Individualisierung, Flexibilisierung und Institutionalisierung des Lebensverlaufs.* Weinheim: Juventa.

Heinz, W. R. (2002). *Transition, Discontinuities and the Biographical Shaping of Early Work Careers. Journal of Vocational Behavior, 60,* 220–240.

Heitmeyer, W. (2004). *Was treibt die Gesellschaft auseinander?* Frankfurt am Main: Suhrkamp.

Hentig, H. v. (2007). *Bewährung. Von der nützlichen Erfahrung, nützlich zu sein.* Weinheim: Beltz.

Herzog, W., Neuenschwander, M. P. & Wannack, E. (2006). *Berufswahlprozess. Wie sich Jugendliche auf ihren Beruf vorbereiten.* Bern: Haupt Verlag.

Honneth, A. (1994). *Kampf um Anerkennung. Zur moralischen Grammatik sozialer Konflikte.* Frankfurt am Main: Suhrkamp.

Jörin, S., Stoll, F., Bergmann, C. & Eder, F. (2008). *Explorix. Das Werkzeug zur Berufs- und Laufbahnplanung. Deutsche Adaptation und Weiterentwicklung des Self-Directed Search (SDS) nach John L. Holland.* Bern: Verlag Hans Huber, Hogrefe AG.

Jugendbarometer Schweiz. (2010). *Die Spider-Generation setzt auf Crowds statt Clouds. Credit Suisse Jugendbarometer. Schlussbericht Schweiz.* Bern: Credit Suisse und gfs.bern.

Mathern, S. (2003). *Benachteiligte Jugendliche an der Schnittstelle zwischen Schule und Beruf.* Frankfurt am Main: Peter Lang GmbH.

Meyer, T., Stalder, B. E. & Matter, M. (2003). *Bildungswunsch und Wirklichkeit. Thematischer Bericht der Erhebung PISA 2000.* Neuchâtel: BFS.

Mietzel, G. (2007). *Pädagogische Psychologie des Lehrens und Lernens.* Göttingen, Bern, Wien, Paris: Hogrefe.

Moser, U. (2004). *Jugendliche zwischen Schule und Berufsbildung. Eine Evaluation bei Schweizer Grossunternehmen unter Berücksichtigung des internationalen Schulleistungsvergleichs PISA.* Bern: hep Verlag AG.

Nussbaum, M. C. (1999). *Gerechtigkeit oder das gute Leben.* Frankfurt am Main: Suhrkamp.

Oser, F. (1998). *Ethos – die Vermenschlichung des Erfolgs. Zur Psychologie der Berufsmoral von Lehrpersonen.* Opladen: Leske und Budrich.

Oser, F. & Düggeli, A. (2008). *Zeitbombe „dummer" Schüler. Resilienzentwicklung bei minderqualifizierten Jugendlichen, die keine Lehrstelle finden.* Weinheim: Beltz Bibliothek (PVU).

Schmid, R. & Barmettler, C. (2009). *Wegweiser zur Berufswahl. Das Arbeitsbuch für Jugendliche bei ihrer ersten Berufswahl.* Dübendorf: SDBB Versandbuchhandlung.

Seligman, M. (1992). *Erlernte Hilflosigkeit.* Weinheim: Psychologie Verlags Union.

Sennett, R. (2005). *Die Kultur des neuen Kapitalismus.* Berlin: Berliner Taschenbuch Verlag.

Shell Deutschland (Hrsg.) (2010). *Jugend 2010. Eine pragmatische Generation behauptet sich.* Frankfurt am Main: Fischer Verlag.

Skinner, E. A. (1995). *Percieved Control, Motivation & Coping.* Thousand Oaks, CA: Sage Publications, Inc.

Skinner, E. A., Chapman, M. & Baltes, P. B. (1988). Control, means-ends and agency beliefs: A new conceptualization and its measurement during childhood. *Journal of Personality and Social Psychology, 54,* 117–133.

Weiner, B. (1986). *An attributional theory of motivation and emotion.* New York: Springer.

Zihlmann, R. (2009). *Berufswahlbuch mit Berufswahlkompass 09/10.* Oberentfelden: Sauerländer Verlage AG (sabe).

Arbeitsteil

Kapitel IV

1. Nach der Lektüre des Kapitels

- wissen Sie, wie sich die Geschlechtersegregation bei der Berufs- und Studienwahl manifestiert und kennen verschiedene theoretische Ansätze zur Erklärung dieser Phänomene,
- haben Sie einen Einblick in die Maßnahmen zur „Benachteiligtenförderung" mit Hilfe von Berufsorientierung und Berufsvorbereitung gewonnen,
- wissen Sie nicht nur *dass*, sondern auch *wie* Eltern die berufliche Orientierung und die Übergangsprozesse ihrer Kinder beeinflussen und sind sich über die nicht zu unterschätzenden Herausforderungen bewusst, die mit der Elternarbeit als Handlungsfeld der Berufsorientierung verbunden sind,
- haben Sie die Vermittlung von Wissen, die Unterstützung von Selbstwirksamkeit und Sinnfindung als drei Bestandteile der individuellen Förderung von Schülerinnen und Schülern im beruflichen Orientierungs- und Übergangsprozess kennengelernt.

2. Arbeitsvorschläge und Anregungen zur Vertiefung

a) „Benachteiligtenförderung" ist ein sehr schwer zu überschauendes Feld der Berufsorientierung und Berufsvorbereitung. Welche Vor- und welche Nachteile sind dem Text zufolge jeweils mit primär schulisch bzw. außerschulisch durchgeführten Maßnahmen der Berufsvorbereitung verbunden?

b) Was versteht man unter einer Produktionsschule und wodurch zeichnet sich diese „alternative Berufsvorbereitungsmaßnahme" gegenüber den vollzeitschulischen Angeboten im berufsbildenden Schulwesen (BVJ, BOJ etc.) einerseits und den berufsvorbereitenden Maßnahmen der Agentur für Arbeit andererseits aus?

c) In der Steuerung des Bildungswesens spielt die Orientierung an den Wirkungen von Bildungsangeboten eine große Rolle. Warum ist es trotzdem nicht ohne Weiteres möglich, die Qualität von Maßnahmen der Benachteiligtenförderung ausschließlich daran zu bemessen, wie groß der Anteil der Jugendlichen ist, die im Anschluss einen Ausbildungsplatz erhalten haben?

d) Nehmen Sie erneut auf den Arbeitsvorschlag b) in Kapitel II Bezug und ergänzen Sie im Lichte der Ergebnisse dieses Kapitels die Gründe, die das Verhalten der Eltern erklären könnten.

e) Der Beitrag von Elena Makarova und Walter Herzog mündet in fünf Thesen, die „die Reichweite von Fördermaßnahmen zur Aufhebung der Geschlechtersegregation in der Berufs- und Studienwahl von Jugendlichen zu relativieren vermögen". Welche Wirkung kann man im Lichte dieser Überlegungen von einer eintägigen Maßnahme erwarten, die Mädchen Erfahrungen in Bezug auf Männerberufe und Jungen Erfahrungen in Bezug auf Frauenberufe ermöglichen soll? Welche Schlussfolgerungen legen die Überlegungen der Autoren Ihrer Auffassung nach für die Fortentwicklung schulischer Berufsorientierungskonzepte nahe?

f) Es mehren sich die empirischen Hinweise darauf, dass Eltern, die selbst nach Deutschland eingewandert sind, der Bildung ihrer Kinder hohe Bedeutung beimessen und zugleich, die verschiedenen Möglichkeiten, die das deutsche Berufsbildungssystem bietet, anders bewerten als Eltern, die selbst im deutschen (Berufs-)Bildungssystem ausgebildet worden sind. Mit welchen Maßnahmen könnte und sollte man a) auf einzelschulischer und b) auf regionaler Ebene auf diesen Befund reagieren? Greifen Sie bei Ihren Überlegungen auch auf die Überlegungen von Mona Granato in Kapitel 3 zurück.

g) In dem letzten Beitrag dieses Kapitels wird u.a. dafür plädiert, den Jugendlichen Wissen zu vermitteln und ihre „Selbstwirksamkeit" im Hinblick auf die Berufswahl zu fördern. Was ist mit diesem Ziel genau gemeint und was könnten bzw. sollten Lehrerinnen und Lehrer tun, die dieses Ziel in der schulischen Berufsorientierung verfolgen? Greifen Sie bei Ihren Überlegungen auch auf die in Kapitel 2 präsentierten empirischen Befunde zum beruflichen Orientierungs- und Bewerbungsverhalten der Jugendlichen zurück.

3. Weiterführende Literatur und Internetquellen

- Projektträger im DLR e.V. (Hg.) (2011): *Eltern, Schule und Berufsorientierung. Berufsbezogene Elternarbeit.* Bielefeld.

- Eccles, J. S. und Watt, H. M. G. (Hrsg.) (2008): *Gender and occupational outcomes: longitudinal assessments of individual, social, and cultural influences.* American Psychological Association.

- Initiativen zur Förderung von Jugendlichen, die als erste ihrer Familie einen Studienabschluss anstreben, können exemplarisch unter folgendem Link angesehen werden: http://www.arbeiterkind.de

- Siehe den Abschnitt Berufsorientierung in dem Good-Practice-Center „Förderung benachteiligter Jugendlicher" des BIBB unter http://www.good-practice.de/3337.php.

V.
Instrumente, Maßnahmen und Konzepte der Studien- und Berufsorientierung

Joachim Thomas

Fähigkeits- und Interessenstests in der Studien- und Berufswahlorientierung

1. Einleitung

Im Rahmen der beruflichen Orientierung müssen die Jugendlichen zwei zentrale Fragen für sich beantworten: „Welche Ziele möchte ich durch meinen zukünftigen Beruf verwirklichen?" und „Inwieweit werde ich in der Lage sein, mir die für diesen Beruf erforderlichen Kompetenzen anzueignen?" Für die erste Frage spielen neben allgemeinen Wertvorstellungen Interessen eine zentrale Rolle. Interessen stehen für intrinsisch motiviertes Verhalten und stellen einen wesentlichen Faktor in der Berufswahlentscheidung dar (Lewalter & Krapp, 2004). Dementsprechend verwundert es nicht, dass die Passung von Interessen und beruflicher Umwelt einen wesentlichen Indikator für die Arbeitszufriedenheit und den Verbleib in Organisationen darstellt (Muck & Stumpf, 2007). Interessenstests oder besser Fragebögen zu Erfassung der beruflichen Interessen intendieren hier den Ratsuchenden dabei zu unterstützen, seine beruflichen Interessen zu identifizieren und aufzuzeigen, in welchen Berufsfeldern entsprechend passende Umwelten zu erwarten sind. Das Grundprinzip dieser Verfahren besteht darin, berufstypische Tätigkeiten bewerten zu lassen, um aus den so gewonnenen Tätigkeitspräferenzen Rückschlüsse auf geeignete Berufe zu ziehen.

Die zweite Frage gestaltet sich insofern komplexer, als hier nicht nur nach der Eignung für einen Beruf, sondern auch nach den notwendigen Voraussetzungen für eine Ausbildung bzw. ein Studium gefragt wird. Zur Beantwortung dieser Frage stehen Fähigkeitstests im Vordergrund, die nicht berufliche Kompetenzen, sondern vor allem Voraussetzungen für die Qualifizierung prüfen. Darüber hinaus stellt sich die Frage, ob die Person über bestimmte Persönlichkeitsmerkmale verfügen muss, die nur bedingt veränderbar sind, die aber möglicherweise über Erfolg und Zufriedenheit im Beruf mitentscheiden. Somit stellt sich auch die Frage nach dem Nutzen von Persönlichkeitstests für die berufliche Orientierung.

Im folgenden Kapitel sollen zunächst Instrumente zur Erfassung beruflicher Interessen vorgestellt und diskutiert werden. Dabei sollen sowohl Studieninteressen als auch Interessen für Ausbildungsberufe berücksichtigt werden. Bei der Vielzahl von Instrumenten, die derzeit am Markt erhältlich sind, wollen wir uns hier auf die exemplarische Darstellung einiger Instrumente beschränken. Schließlich sollen einige Testverfahren vorgestellt werden, die eine allgemeine Einschätzung individueller Fähigkeiten erlauben (z.B. Intelligenztestverfahren), sowie Verfahren, die spezifische Kompetenzbereiche erfassen.

2. Interessentests

Die Verfahren, die unter dem Namen „Interessenstest" firmieren, sind keine Testverfahren im eigentlichen Sinne. Sie lassen sich besser als Fragebögen zur Selbstbeschreibung charakterisieren. Das Grundprinzip dieser Verfahren besteht darin, berufstypische Tätigkeiten bewerten zu lassen, um aus den so gewonnenen Tätigkeitspräferenzen Rückschlüsse auf geeignete Berufe zu ziehen. Dabei sollen die Verfahren Selbsterkenntnis über die Interessen schaffen und mögliche Berufe aufzeigen, indem Interessen mit spezifischen Berufsbildern verknüpft werden (Jungo, 2008).

Bei diesen Verfahren werden die befragten Personen mit bestimmten Eigenschaften von Berufen oder typischen Handlungen konfrontiert, für die sie jeweils ihre Zu- bzw. Abneigung angeben sollen. In einigen Verfahren mit der sogenannten *forced choice*-Bedingung werden dabei zwei oder mehr verschiedene Eigenschaften einander gegenübergestellt und die Befragten müssen sich für eine Alternative entscheiden. In anderen Verfahren erfolgt eine isolierte Bewertung der einzelnen Eigenschaften anhand einer mehrstufigen Ratingskala. Seit einigen Jahren und in jüngerer Zeit verstärkt finden sich sogenannte *self assessment tools* im Internet.

2.1 Definition von Interesse und Interessenstheorien

Definitionen von Interesse bringen diese häufig in die Nähe von Persönlichkeitsmerkmalen. Demgemäß werden Interessen unter strukturorientierten Gesichtspunkten als relativ zeitstabile Dispositionen beschrieben. Schmellekamp (2007) fasst in Anlehnung an Bergmann und Eder (2005) wesentliche Charakteristika von Interessen zusammen:

a) Interessen sind immer auf einen Gegenstand gerichtet. Gegenstände können Objekte, Aktivitäten, aber auch abstrakte Themen sein.
b) Interessen tragen zur Aufmerksamkeits- und Handlungssteuerung bei.
c) Interessen enthalten kognitive, emotionale und wertebezogene Aspekte.
d) Interessen unterscheiden sich durch Richtung, Intensität, Stabilität und Generalität.

Unter den theoretischen Zugängen hat der Ansatz von Holland für den Bereich des beruflichen Interesses eine besondere Bedeutung erlangt (Holland, 1997). Er ist grundlegend für eine Reihe von Interessenstests. In seinem hexagonalen Modell beruflicher Interessen unterscheidet der Autor sechs verschiedene Interessenstypen, die als relativ zeitstabile Persönlichkeitstypen verstanden werden. Jeder dieser Persönlichkeitstypen ist durch eine Reihe von Interessen, Einstellungen, Eigenschaften und Fähigkeiten charakterisiert. Personen können entsprechend ihrer Nähe zu bestimmten Persönlichkeitstypen beschrieben werden. Die Interessenstypen lassen sich wie folgt charakterisieren:

1. *R-realistic.* Personen mit praktisch-technischer Orientierung bevorzugen Tätigkeiten, die handwerkliches Tun, d.h. die Handhabung von Werkzeugen und Maschinen erfordern und zu konkreten und sichtbaren Ergebnissen führen. Ihre Interessen liegen daher in technischen, mechanischen und landwirtschaftlichen Bereichen.
2. *I-investigative.* Personen des intellektuell forschenden Typs präferieren Aktivitäten, die eine Auseinandersetzung mit naturwissenschaftlichen und geistigen Problemen in

systematischer forschender Art erfordern. Ein Tätigkeitsschwerpunkt liegt im mathematisch-naturwissenschaftlichen Bereich.

3. *A-artistic.* Personen dieser Orientierung bevorzugen Tätigkeiten in offenen, unstrukturierten Umgebungen, die Freiräume für kreatives-künstlerisches Arbeiten schaffen. Entsprechende Tätigkeiten sind in den Bereichen Sprache und Kultur zu finden.

4. *S-social.* Personen mit sozialer Orientierung bevorzugen Tätigkeiten, bei denen das Kümmern um Menschen im Vordergrund steht. Geeignete Tätigkeitsfelder finden sich in den Bereichen Unterricht, Erziehung und Pflege.

5. *E-enterprising.* Der unternehmerische Typ bevorzugt Tätigkeiten, die Führungs- und Überzeugungsqualitäten erfordern. Leitende, organisierende und vertriebsorientierte Arbeitsfelder entsprechen seinen Präferenzen.

6. *C-conventional.* Der ordnend-verwaltende Interessenstyp bevorzugt den strukturierten und regelgeleiteten Umgang mit Daten und Dokumenten. Bearbeitende und kontrollierende Tätigkeiten, etwa in der Verwaltung oder Buchhaltung entsprechen diesen Präferenzen.

Mit diesen sechs Typen lassen sich nicht nur die Präferenzen von Personen, sondern auch Umwelttypen beschreiben. Sie ergeben sich aus den dominierenden Handlungsmöglichkeiten. Menschen streben nach Umwelten, die es ihnen bestmöglich erlauben, ihre Interessen, Werte und bevorzugten Handlungen zu verwirklichen. So streben Personen des Typs R auch Umwelten des gleichen Typs an. Mit der Berufswahl wird daher eine größtmögliche Kongruenz zwischen individuellen Präferenzen und der durch den Beruf realisierten Umwelt anzustreben sein.

Eine weitere Annahme von Hollands Theorie besteht darin, dass die Interessenstypen unterschiedlich starke Ähnlichkeiten bzw. Unähnlichkeiten aufweisen. Er verdeutlicht dies in der hexagonalen Darstellung der Typen. Je näher der Interessenstyp bei dem Umwelttyp liegt, umso kongruenter ist die Zuordnung. Einander entgegengesetzte Typen wie z. B. R und S wären dagegen maximal inkongruent.

Holland führt weiter das Konzept der Konsistenz ein, nach dem benachbarte dominierende Orientierungen (z. B. I – A – S) gut, weit voneinander entfernte Orientierungen schlecht vereinbar sind.

2.2 Interessenstests, die dem Modell von Holland entsprechen

Zu den Interessenstests, die auf dem Modell von Holland aufbauen, gehören der Allgemeine Interessen-Strukturtest (AIST-R; Bergmann & Eder, 2005); das Self-Assessment-Tool „Explorix" (Jörin et al., 2003) und der Situative Interessen Test (Stangl, 2007).

Beim AIST-R, der in einer Paper & Pencil- und in einer computergestützen Version vorliegt, beantworten die Probanden insgesamt 60 Fragen nach spezifischen Tätigkeitspräferenzen auf einer fünfstufigen Ratingskala, d. h. jeweils 10 Fragen pro Interessenstyp. Das Verfahren ist normiert, d. h., die Ergebnisse werden mit einer repräsentativen Stichprobe verglichen. Eine Liste mit insgesamt 950 Berufen, die nach den jeweils drei stärksten Dimensionen geordnet ist, erlaubt den Vergleich des individuellen Interessensprofils mit den zum Profil passenden Berufen. Ergänzend zum AIST-R bieten die Autoren des Tests den Umweltstrukturtest an, der eine subjektive Einschätzung des Umfeldes, wie beispielsweise eines bestimmten Berufsbildes erlaubt und die Kongruenz zwischen individuellen Präferenzen und angestrebtem Beruf prüft.

Ähnlich aufgebaut wie der AIST-R ist das Computerprogramm EXPLORIX®, das im Gegensatz zum AIST-R auch als kostenpflichtiges Internet-Angebot verfügbar ist. Auch hier beantworten die Teilnehmer Fragen zu Tätigkeitspräferenzen, die jeweils den 6 Hollandschen Typen zugeordnet sind. Im Gegensatz zum AIST-R werden die Fragen mit „ja" oder „nein" beantwortet. Darüber hinaus werden die Befragten in EXPLORIX® aufgefordert, eigene Fähigkeiten und Eigenschaften einzuschätzen und Sympathien für Berufe anzugeben. Im Anschluss an den Test erhalten die Teilnehmer einen Ergebnisreport. Die Autoren des Verfahrens geben an, mit ausreichender Selbstständigkeit, Motivation und Sprachkompetenz ließen sich die Ergebnisse grundsätzlich selbst, d. h. ohne Hilfe einer Fachperson, auswerten und interpretieren. Kritisch ist anzumerken, dass die Abfolge der Antworten in Blöcken, die den Interessenstypen entsprechen, geschieht. Dies verstärkt mögliche Tendenzen des Individuums, gemäß eigener stereotyper Vorstellungen („handwerkliche Dinge liegen mir nicht") zu antworten.

Tabelle 1:   Beispielitems aus EXPLORIX®

	gern	ungern
Elektrische Geräte installieren	☐	☐
Aus Holz ein Büchergestell zimmern	☐	☐

Der Situative Interessenstest (SIT, Stangl, 2007) ist ein schnell durchführbares Screening-Instrument und beschränkt sich auf die Erhebung der persönlichen Interessensschwerpunkte. Die Durchführungsmethode unterscheidet sich dabei von den oben genannten Verfahren. Im Rahmen eines Forced-choice-Ansatzes werden die befragten Personen jeweils mit zwei alternativen Tätigkeiten konfrontiert und müssen sich für eine der beiden Tätigkeiten entscheiden. Auffallend ist hierbei, dass die beiden Tätigkeiten jeweils aus ein und demselben Berufsfeld entnommen sind. Dies verhindert, dass die Antworten gemäß stereotypen Bewertungen von Berufsbildern gegeben werden. Das Verfahren ist als Paper & Pencil-Version sowie als kostenfreies Internet-Angebot verfügbar.

Tabelle 2:   Beispielitems aus SIT

für einen Forstbetrieb		
Im Winter die Tierfütterung durchführen	o o o o	wissenschaftliche Forschungen betreiben
für einem Forschungslabor		
Versuchsreihen planen und durchführen	o o o o	die neuen MitarbeiterInnen ausbilden

2.2 Interessenstests ohne spezifischen theoretischen Bezug

Neben den genannten Verfahren existiert eine Vielzahl von Testverfahren sowohl für Ausbildungsberufe als auch für Studieninteressierte. Häufig sind die Interessenstests Teile umfangreicher Testpakete, die auch eine Kompetenzerfassung berücksichtigen.

Ein klassisches Verfahren für den Bereich der Ausbildung stellt der Berufsinteressentest (BIT II) dar, der in der aktuellen Form seit 1984 als Paper & Pencil-Version erhältlich ist (Irle & Allehoff, 1984). Der BIT II unterscheidet die folgenden 9 Berufsfelder: Technisches Handwerk (TH), Gestaltendes Handwerk (GH), Technische und naturwissenschaftliche Berufe, Ernährungs-Handwerk (EH), Land- und forstwissenschaftliche Berufe (LF), kaufmännische Berufe (KB), verwaltende Berufe (VB), literarische und geisteswissenschaftliche Berufe (LG), Sozialpflege (SE). Das Verfahren umfasst jeweils zwei Parallelformen in einer Free-choice- und einer Forced-choice-Technik. Im erstgenannten Fall bewerten die befragten Personen einzelne Tätigkeiten auf einer fünfstufigen Skala (z. B. *Maschinen in neuen Fabriken montieren*). In der (gebräuchlicheren) Forced-choice-Version werden jeweils 4 Items gleichzeitig in einer Matrix dargeboten. Dort, wo jeweils 4 Alternativen zusammentreffen, bewertet die befragte Person jeweils die am stärksten und am geringsten präferierte Tätigkeit. Die Ergebnisse lassen sich mit einer Normtabelle für weibliche und männliche Probanden vergleichen. Die Items des BIT II lassen sich zum Teil auf die empirische Erfassung von Tätigkeiten im Rahmen der Entwicklung des BIT (Irle, 1955) zurückführen. In einigen Fällen erscheinen die Items nicht mehr zeitgemäß (z. B. *Pflastersteine für den Straßenbau behauen*).

3. Verfahren, die Interessenstests mit der Einschätzung von Fähigkeiten verbinden

3.1 Allianz Perspektiven-Test für Schüler

Im Auftrag der Allianz AG konstruierten Wottawa, Uni Bochum, und Jäger, ZEPF Uni Landau, den Perspektiventest für Schüler, der im Internet kostenfrei zur Verfügung steht (Wottawa & Jäger, 2006). Das Verfahren bietet drei Versionen für Haupt- und Realschüler sowie für Abiturienten an. Es umfasst folgende Komponenten:
- Umgang mit schwierigen Situationen (Verhalten in Problemsituationen, Selbstwirksamkeit)
- Berufliche Vorstellungen und Wünsche (Ausbildung)
- Berufliche Vorstellungen und Wünsche (Studium)
- Wie stellen Sie sich auf andere ein I und II (soziale Kompetenzen).

Bei den beruflichen Vorstellungen werden zunächst übergeordnete Bereiche im Paarvergleich einander gegenübergestellt (z. B. Büroberufe vs. Handwerkliche Berufe). Es folgt dann eine differenziertere Abfrage nach einzelnen Sparten (z. B. Büro: Sachbearbeitung – Kundenkontakt – Entwerfen und Gestalten). Die Befragung zu Studienschwerpunkten erfolgt analog.

Ergänzend erfolgt die Selbstbeschreibung hinsichtlich verschiedener Schlüsselkompetenzen, insbesondere der Dimensionen Leistungsbereitschaft, Lernverhalten, Verhalten in Problemsituationen, Durchsetzungsfähigkeit, Kompromissfähigkeit, situationsadäquates Verhalten, Verantwortungsbereitschaft.

Als Auswertung erhält der Teilnehmer eine ausführliche Dokumentation per E-Mail zugeschickt. Sie enthält eine Bewertung der eingeschätzten Kompetenzen im Vergleich mit einer (nicht näher beschriebenen) Normstichprobe. Die Darstellung ist dabei auch für den Laien gut verständlich und informativ. Dabei ist festzuhalten, dass es sich nicht um einen Test im engeren Sinne handelt, der die Fähigkeiten durch geeignete Aufgabenstellungen prüft, sondern dass in diesem wie in vielen anderen Verfahren nur die befragten Personen eine Selbsteinschätzung vornehmen.

Für den Bereich der möglichen Berufe erfolgt eine Auflistung von Ausbildungsberufen und ggf. von Berufen, die ein Studium voraussetzen. Den Abschluss bilden fünf Interviews mit jungen berufstätigen Menschen, die Auskunft über ihre Ausbildung und ihre berufliche Tätigkeit geben.

3.2 Geva – Berufstests

Das geva-Institut stellt jeweils für die Haupt-/Realschule bzw. das Gymnasium einen sogenannten Eignungstest für die Berufswahl als Online-Verfahren zur Verfügung. Die Durchführung des Tests ist kostenpflichtig. Der Eignungstest umfasst einen Berufsinteressenstest, der auch isoliert durchgeführt werden kann, eine Befragung der Teilnehmer zu Kompetenzen sowie einen leistungsdiagnostischen Teil.

Bei den beruflichen Interessen werden die fünf „Top-Interessensgebiete" dargestellt und mit dem Durchschnitt einer nicht näher beschriebenen Vergleichsstichprobe kontrastiert. Darüber hinaus folgt eine verbale Erklärung der Interessensgebiete. Es folgt eine Auswertung von Schlüsselqualifikation und persönlichen Stärken mit den Bereichen Interaktion bestimmen – Prozesse gestalten, Arbeitshaltung und Engagement, soziale Orientierung und Umgang mit schwierigen Situationen. Entsprechend ist der Bereich „fachliche Begabung" gestaltet.

Es folgt ein Leistungstest, der an die Aufgaben von Intelligenztests angelehnt ist. Auch hier findet sich eine mit einer Vergleichsstichprobe kontrastierende Auswertung. Eine Besonderheit stellt darüber hinaus der Vergleich der Leistungsdaten mit der Selbsteinschätzung der Person dar. Den Abschluss der Darstellung bilden einige Berufsvorschläge mit Angabe der Passung.

Grundsätzlich erfüllen der Allianz Perspektiventest und der Geva-Test die gleichen Aufgaben. Ein wesentlicher Unterschied besteht darin, dass der kostenpflichtige Geva-Test auch Leistungsdaten berücksichtigt. Dabei bleiben die Fragen nach der Konstruktion des Verfahrens, insbesondere der Normierung unbeantwortet.

3.3 BORAKEL – ein Test zur Studienorientierung der Ruhr-Universität Bochum

Derzeit ist eine Vielzahl von Testverfahren zur Orientierung von Studieninteressenten online verfügbar. Viele Universitäten bieten ein derartiges Instrument an. Exemplarisch für diese Verfahren soll hier das Instrument der Ruhr-Universität Bochum dargestellt werden.

BORAKEL (Wottawa, 2006) besteht aus zwei Komponenten, einem Interessensfragebogen, der kombiniert ist mit Fragen zur Selbsteinschätzung von Schlüsselkompetenzen, und einem Leistungstest, ebenfalls kombiniert mit einer Selbsteinschätzungsskala.

Der Fragebogen „mein Studiengang" verfolgt das Ziel, eigene Fähigkeiten und Interessen mit Anforderungen von Studiengängen abzugleichen. Die Testinhalte beziehen sich auf Fragen zu Leistungen in Schulfächern, allgemeinen Fähigkeiten und Interessen, methodischen, persönlichen und sozialen Kompetenzen, die weitgehend in abstrakter Form abgefragt werden, sowie zu berufsspezifischen Interessen. Als Ergebnis erhält man eine Auflistung von möglichen Studiengängen der Ruhr-Universität mit Angaben, inwieweit man die „unverzichtbaren" und „wünschenswerten" Anforderungen erfüllt hat. Es folgt eine Auflistung der Selbsteinschätzung hinsichtlich der verschiedenen Kompetenzbereiche. Eine Vergleichsmöglichkeit mit einer Normstichprobe wird nicht gegeben.

Der Test „mein Berufsweg" soll persönliche Stärken ermitteln und Grundlage für die Beratung über die berufliche Zukunft in der zur Verfügung gestellten Rückmeldung sein. Er besteht aus folgenden Komponenten:

- Selbsteinschätzungsskalen zu motivationalen Aspekten (z. B. Leistungsmotivation, Führungsmotivation, Streben nach sozialer Akzeptanz), berufsrelevanten Persönlichkeitsfaktoren (z. B. Stressresistenz, Handlungsorientierung, Sorgfalt ...) sowie zu sozialen und persönlichen Kompetenzen (z. B. Zuverlässigkeit, Teamorientierung)
- Kompetenz-Portfolio
- Leistungstests in den Bereichen Denkgeschwindigkeit & Konzentration, Kreativität & Intelligenz, mathematische Kompetenzen, schlussfolgerndes Denken mit sprachlichen Inhalten
- Einfühlen in Situationen und Personen.

Die Dauer der Durchführung beträgt ca. 2 Stunden.

Die Rückmeldung ist mit einem 36-seitigen Bericht sehr ausführlich. Sie geht auf die einzelnen, oben beschriebenen Skalen ein und beschreibt die persönliche Passung hinsichtlich verschiedener Aspekte beruflicher Tätigkeiten, wie selbstständige vs. abhängige Beschäftigung, Fach- oder Führungslaufbahn, Arbeit mit Menschen, Vertrieb. Für diese Dimensionen werden dann in ausführlichen Erläuterungen mögliche Zugänge, Vor- und Nachteile sowie Tipps zur Selbsterprobung angeführt.

4. Leistungsdiagnostische Verfahren

Abschließend sollen im folgenden Teil einige Verfahren dargestellt werden, die Fähigkeiten und Fertigkeiten prüfen und so Aussagen über Voraussetzungen für bestimmte Berufsausbildungen ermöglichen.

Die bei der Auswahl von Auszubildenden am häufigsten eingesetzten psychodiagnostischen Verfahren sind Tests zur Einschätzung der allgemeinen Begabung sowie zu zentralen schulbezogenen Kompetenzen. Instrumente zur Erfassung kognitiver Fähigkeiten, in der Regel handelt es sich um allgemeine Intelligenztests, sind nicht zuletzt deshalb sehr beliebt, weil sie eine sehr gute Prognose auf den Erfolg von Ausbildung und Beruf erlauben (Schmidt & Hunter, 1998; Hülsheger, Maier, Stumpp & Muck, 2006; Kramer, 2009).

Im Rahmen der beruflichen Orientierung tragen Intelligenztests zu der Einschätzung bei, ob ein gewünschter Beruf von der interessierten Person hinsichtlich der kognitiven Anforderungen bewältigt wird. Daher sind Intelligenztests z. B. fester Bestandteil der Eignungstests im Rahmen der psychologischen Begutachtung der Agentur für Arbeit oder von Einrichtungen zur beruflichen Rehabilitation.

Bei der Auswahl eines Intelligenztests für berufsbezogene Fragestellungen wird man sich in der Regel nicht darauf beschränken, die allgemeine Intelligenz im Sinne eines Wertes zu erfassen (sog. „g-Faktor-Modelle"), sondern man wird einen Test bevorzugen, der differenzierte Aussagen über die Intelligenz*struktur* erlaubt. Bei diesen Verfahren werden Komponenten der Intelligenz wie *verbales, rechnerisches* und *figural-räumliches Denken* erfasst. Häufig werden diese Aussagen ergänzt um Aufgaben zur Erfassung des Wissens und der Merkfähigkeit. Die beiden Testverfahren IST 2000R (Amtauer, Brocke, Liepmann & Beauducel, 2001) und Wilde-Intelligenztest-2 (Kersting, Althoff & Jäger, 2008) erfüllen diese Anforderungen.

Wenngleich die prognostische Güte von kognitiven Fähigkeitstests als hoch einzuschätzen ist, so zeigen sich bei ihrer Verwendung immer wieder Akzeptanzprobleme. Dies ist vor allem auf den mangelnden Bezug derartiger Verfahren zu den spezifischen Anforderungen des Berufes zurückzuführen.

Eine Reihe von Verfahren versucht nun Ansätze der Einschätzung kognitiver Fähigkeiten mit aufgabenspezifischen Aspekten, d. h. dem Generieren von Arbeitsproben zu verknüpfen.

4.1 Das START-Paket für Berufseinsteiger

Ein umfangreiches Testpaket zur Erfassung für Berufseinsteiger stellt die neu entwickelte START-Testbatterie dar.

Sie besteht derzeit aus den Modulen START-E zur Erfassung von Englischkenntnissen, START-C zur Bestimmung von Kenntnissen im Computerbereich, START-K für die Messung des Konzentrationsvermögens sowie einem berufsbezogenen Persönlichkeitsfragebogen, dem START-P. Weitere Module für Rechtschreibung, Mathematik und Alltagswissen sind geplant. Die Verfahren sind für die Altersgruppe der 16- bis 28-Jährigen konzipiert und normiert. Sie eignen sich ebenso für die Personalauswahl als auch für die berufliche Orientierung, da sie keine besonderen Voraussetzungen hinsichtlich einer beruflichen Vorbildung stellen. Die Verfahren entsprechen den Anforderungen an Testgütekriterien und sind als Paper & Pencil-Tests über die *Testzentrale (www.Testzentrale.de)* erhältlich. Eine computerunterstützte Auswertung der Tests wird angeboten.

4.2 AZUBI-BK und AZUBI-TH

Die beiden AZUBI-Tests wurden für die Auswahl und die Beratung von Schulabgängern und Umschülern konzipiert. Die Konstruktion AZUBI-BK (Schuler & Klinger, 2005) erfolgte nach Anforderungsanalysen für Büro- und kaufmännische Berufe. Neben allgemeinen Fähigkeiten wie verbales und rechnerisches Denken werden Arbeitsproben zu berufsspezifischen Tätigkeiten erfasst. Die Testverfahren geben u.a. Auskunft über Sorgfalt und Arbeitstempo.

Tabelle 3: Aufgaben des AZUBI-BK:

Sprachlicher Fähigkeitsbereich:	
	Protokoll überarbeiten
	Informationsschreiben korrigieren
Rechnerischer Fähigkeitsbereich:	
	Logistikfragen bearbeiten
	Verkaufszahlen prognostizieren
	Bilanzwerte vergleichen
Fähigkeitsbereich Gedächtnis:	
	Telefonische Erinnerung
	Telefon- und Zimmernummern merken

Die Konzeption des AZUBI-TH ist weitgehend identisch mit der des AZUBI-BK. Der Test setzt sich aus fünf Aufgaben zusammen und prüft vier Kompetenzbereiche aus dem handwerklich-technischen Bereich: räumliches Vorstellungsvermögen (Bleche fertigen, Holzteile sortieren), Rechenfähigkeit (Grundrisse berechnen), technisches Verständnis (technische Probleme lösen, z. B. elektrische Schaltung), Rechtschreibkenntnisse (Bericht korrigieren).

Ein wesentlicher Vorteil dieser beiden Verfahren ist, dass sie keine Voraussetzungen hinsichtlich spezifischen Vorwissens erfordern und damit auch zur Auswahl bzw. Beratung von Schülerinnen und Schülern allgemeinbildender Schulen geeignet sind. Einschränkend ist aber festzuhalten, dass das Anspruchsniveau der Tests relativ hoch und diese somit für Absolventen von Hauptschulen nur bedingt geeignet sind.

Demgegenüber ist der *hamet 2*[1] eine Entwicklung des Berufsbildungswerkes Waiblingen, die insbesondere für die berufliche Diagnostik bei Menschen mit erhöhtem Förderbedarf, Benachteiligungen und Behinderungen konzipiert wurde, wenngleich sich die Anwendung nicht auf diese Bereiche beschränkt. Der *hamet 2* zielt auf die Kompetenzeinschätzung hinsichtlich vorwiegend manueller Tätigkeiten. Sein Einsatz setzt somit die Verfügbarkeit einer Werkstatt voraus. Der Test gliedert sich in vier Module:

Modul 1 erfasst handwerklich-manuelle Basisfertigkeiten wie Werkzeugeinsatz und Werkzeugsteuerung, Arbeitstempo, Messgenauigkeit und Instruktionsverständnis. Das Besondere an diesem Test ist die Möglichkeit zum konkreten Hantieren mit Materialien und Werkzeug. Modul 2 stellt eine Erweiterung des ersten Moduls dar. Es prüft die

---

1   Handlungsorientierte Module zur Erfassung und Förderung beruflicher Kompetenzen (Goll, Pfeiffer, Tress, Schweiger & Hartmann, 2001).

Lernfähigkeit und Lernbereitschaft der Probanden mit einer Serie von Trainingsaufgaben. In Modul 3 „Soziale Kompetenz" ist eine Reihe von Aufgaben vorgegeben, die mehrere Teilnehmer gemeinsam erledigen müssen. Über Beobachtung werden u.a. Teamorientierung, Umgang mit Kritik, Kommunikationsverhalten sowie soziale Zuverlässigkeit bewertet. Das letzte Modul „Vernetztes Denken – Fehlersuche und Problemerkennung" prüft an einer praktischen Aufgabe die Fähigkeit, ein komplexeres Problem zu lösen.

Hamet 2 stellt somit ein umfangreiches Inventar von Aufgaben im technisch-handwerklichen Bereich dar. Die Testkonstruktion berücksichtigt Testgütekriterien und stellt trotz seiner handwerklich-manuellen Ausrichtung keine Anforderungen an Vorkenntnisse. Die Modularisierung erlaubt die gezielte Auswahl von Teilkomponenten des Tests.

Zusammenfassung: Welche Rolle spielen Interessenstests und Fähigkeitstests bei der beruflichen Orientierung?

Interesse für einen Beruf ist sicherlich kein Garant für den späteren beruflichen Erfolg. Aber es stellt eine notwendige Bedingung dafür dar. Ein Fragebogen zur Identifizierung beruflicher Interessen kann dabei unterstützen, vorhandene Interessen zu strukturieren und ihnen adäquate Berufsfelder zuzuordnen. Dies ist immer dann erfolgreich, wenn die Person über eine ausgeprägte Interessensstruktur verfügt. In den Fällen, in denen die beruflichen Interessen nur diffus ausgeprägt sind, kann auch ein Fragebogen nur begrenzte Klarheit vermitteln.

Die Interessensfragebögen, die online verfügbar sind, wurden als Stand-Alone-Verfahren konzipiert, die auf Einbindung in ein umfassendes Beratungskonzept verzichten. Die Teilnehmer erhalten eine meist umfangreiche Beschreibung der Ergebnisse und möglicher Schlussfolgerungen. Dennoch, betrachtet man die große Heterogenität möglicher Ausbildungs- oder Studienfachalternativen, mit denen die Ratsuchenden konfrontiert werden, so stellt sich die Frage nach der Sinnhaftigkeit eines derartigen Vorgehens. Die Einbindung in ein Beratungskonzept, das individuelle Lebensziele, biographische Aspekte und den Lebenskontext etwa im Rahmen einer Kompetenzbilanzierung berücksichtigt, erscheint sinnvoll.

Eine besondere Rolle nehmen psychologische Leistungs- und Persönlichkeitstestverfahren ein. Hier verbietet sich die alleinige Interpretation eines Testverfahrens ebenso wie die Anwendung derartiger Testverfahren durch Laien. Eine Hinzuziehung psychologischer Beratungskompetenz ist in diesen Fällen unverzichtbar.

Literatur

Amtauer, R., Brocke, B. Liepmann, D. & Beauducel, A. (2001). *Intelligenzstrukturtest 2000 rev. Fassung (I-S-T 2000-R).* Göttingen: Hogrefe.

Bergmann, C. & Eder, F. (2005). *Allgemeiner Interessen-Struktur-Test mit Umwelt-Struktur-Test (AIST-R/UST-R).* Göttingen: Beltz Test.

GEVA-Institut (o. J.) *Eignungstest Berufswahl.* Verfügbar unter http://www.geva-institut.de/eignungstest-berufswahl-privatkunden.html.

Görlich, Y. & Schuler, H. (2007). *Arbeitsprobe zur berufsbezogenen Intelligenz: Technische und handwerkliche Tätigkeiten (AZUBI-TH)*. Göttingen: Hogrefe.

Goll, D. Pfeiffer, M., Tress, G., Schweiger, J. & Hartmann, F. (2001). *Handlungsorientierte Module zur Erfassung und Förderung beruflicher Kompetenzen (hamet 2)*. Waiblingen: Berufsbildungswerk Waiblingen GmbH.

Holland, J. L. (1997). *Making vocational Choices. A theory of vocational personalities and work environments*. 3. Aufl., Englewood-Cliffs, NJ: Prentice Hall.

Hülsheger, U. R., Maier, G. W., Stumpp, T. & Muck, P.M. (2006). Vergleich kriteriumsbezogener Validitäten verschiedener Intelligenztests zur Vorhersage von Ausbildungserfolg in Deutschland: Ergebnisse einer Metaanalyse. *Zeitschrift für Personalpsychologie, 5*, 145–162.

Irle, M. (1955). *Berufs-Interessen-Test (B-I-T)*. Göttingen: Hogrefe.

Irle, M. & Allenhoff, W. (1984). *Berufs-Interessen-Test II (B-I-T II)*. Göttingen: Hogrefe.

Jörin, S., Stoll, F. Bergmann, C. & Eder, F. (2003). *Explorix – Das Werkzeug zur Berufswahl und Laufbahnplanung. Deutschsprachige Adaptation und Weiterentwicklung des Self-Diected Search (SDS) nach John Holland*. Bern: Huber.

Jungo, D. (2008). Diagnostik in der Berufs-, Studien- und Laufbahnberatung. In D. Läge & A. Hirschi (Hrsg.), *Berufliche Übergänge. Psychologische Grundlagen der Berufs-, Studien- und Laufbahnberatung* (S. 73–96). Wien, Zürich, Berlin: Lit Verlag.

Kersting, M., Althoff, K. & Jäger, A. O. (2008). *Wilde-Intelligenz-Test 2* (WIT-2). Manual. Göttingen: Hogrefe.

Kramer, J. (2009). Allgemeine Intelligenz und beruflicher Erfolg in Deutschland. Vertiefende und weiterführende Metaanalysen. *Psychologische Rundschau, 60, 2*, 82–98.

Lewalter, D. & Krapp, A. (2004). Interesse und berufliche Sozialisation im Rahmen der Ausbildung. In J. Abel & C. Tarnai (Hrsg.), *Interesse und Sozialisation* (Empirische Pädagogik, 18, Themenheft) (S. 432–459). Landau: Verlag Empirische Pädagogik.

Liepmann, W. (2006). *START – Testbatterie für Berufseinsteiger*. Göttingen: Hogrefe.

Muck, P. & Stumpf, T. (2007). Persönlichkeits- und Interessentests. In M. Hohn & G. Maier (Hrsg.), *Eignungsdiagnostik in der Personalarbeit* (S. 173–197). Düsseldorf: Symposion Publishing.

Schmellekamp, D. (2007). *Internetbasierte Orientierung über berufliche Interessen [Elektronische Ressource]: der Interessentest für Ausbildungsberufe im Dualen System für die gymnasiale Oberstufe*. Diss.

Schmidt, F. L. & Hunter, J. E. (1998). The validity and utility of selection methods in personnel psychology: practical and theoretical implications of 85 years of research findings. *Psychological Bulletin, 124*, 262–274.

Schuler, H. & Klingner, Y. (2005). *AZUBI-BK Arbeitsprobe zur berufsbezogenen Intelligenz. Büro und kaufmännische Tätigkeiten*. Bern: Hogrefe.

Stangl, W. (2007). *Situativer Interessen Test (SIT) (Version 3.0)*. Verfügbar unter: http://arbeitsblaetter.stangl-taller.at/TEST/SIT/Test.shtml (14.6.2011).

Wottawa, H. (2006). *BORAKEL – Bochumer Online-Test für Studium und Beruf (PSYNDEX Tests Info) [Online Beratungstool der Ruhr-Universität Bochum]*. Bochum: Ruhr-Universität.

Wottawa, H. & Jäger, R. (2003). *Allianz Perspektiventest für Schüler*. Verfügbar unter: https://www.allianz.de/loesungen_fuer_ihre_lebenslage/perspektiven_tests/perspektiven_test_fuer_schueler/

Uwe Peter Kanning

Berufsorientierungstests

Seit einigen Jahren erleben Testverfahren zur Berufsorientierung einen wahren Boom. Dies gilt insbesondere für Verfahren, die computergestützt über das Internet ablaufen. Waren es früher vornehmlich die Bundesagentur für Arbeit und einzelne Testanbieter aus dem wissenschaftlichen Kontext, so haben inzwischen zunehmend auch kommerzielle Anbieter diesen Markt für sich entdeckt. Die entstandene Vielfalt macht die Entscheidung für bzw. gegen einen bestimmten Test für die Ratsuchenden nicht leichter, zumal bei den betroffenen Schülern, Eltern und Lehrkräften das nötige Wissen zur fachlichen Bewertung der Instrumente fehlt. An dieser Stelle setzt der vorliegende Beitrag an. Er verfolgt das Ziel, die interessierten Leser mit den Prinzipien, Qualitätskriterien und Fallstricken der Materie vertraut zu machen, so dass die Grundlagen für eine eigenständige Bewertung der Verfahren sowie ihrer Ergebnisse gelegt werden.

1. Grundlegendes Prinzip

Wie die Bezeichnung „Berufsorientierungstest" bereits verrät, dienen die Verfahren dazu, Personen bei der beruflichen Orientierung zu helfen. In der Regel handelt es sich um Schülerinnen und Schüler der letzten beiden Schuljahre, die sich Gedanken über ihre berufliche Zukunft machen und sich bald auf einen Studien- oder Ausbildungsplatz bewerben müssen. Angesichts mehrerer hundert Studienfächer und weit mehr als 1000 Ausbildungsberufe ist dies alles andere als eine banale Entscheidung. In früheren Generationen hat man vielleicht einfach den Beruf der Eltern ergriffen, sich an Geschlechtsrollenstereotypen oder am lokalen Arbeitsmarkt orientiert. Heute erscheint dies vor dem Hintergrund einer zunehmenden räumlichen Flexibilität sowie der enormen Ausdifferenzierung des Arbeitsmarktes kaum zeitgemäß. Mehr noch, es ist nicht sinnvoll, wenn man bedenkt, dass die Wahl des Berufes das weitere Leben, die Lebenszufriedenheit sowie die eigene Weiterentwicklung maßgeblich beeinflusst. Auch wenn man heute nicht mehr lebenslang an einen Beruf gebunden ist und später Fehlentscheidungen noch korrigieren kann, so handelt es sich bei der Berufswahl doch um die vielleicht wichtigste biographische Entscheidung, die junge Menschen bis zum Ende der Schullaufbahn treffen müssen.

Im Zentrum der Bemühungen steht dabei die Frage, inwieweit bestimmte Studienfächer, Ausbildungsberufe und Berufsfelder zu den bislang ausgebildeten *Kompetenzen und Interessen* der Ratsuchenden passen. Abbildung 1 verdeutlicht dies graphisch. Auf der einen Seite steht ein Mensch mit einem individuellen Kompetenz- und Interessenprofil, auf der anderen Seite ein bestimmtes Berufsfeld, ein Ausbildungs- oder Studiengang, der seinerseits ein bestimmtes Profil diverser Anforderungen stellt. Wer beispielsweise erfolgreich ein Studium der Medizin absolvieren will, sollte u. a. über sehr gute Gedächtnisleistungen verfügen und sich für naturwissenschaftliche Fragestellungen interessieren. Demgegenüber wäre es für eine angehende Altenpflegerin wahrscheinlich hilfreich, wenn sie über eine hohe emotionale Stabilität verfügt und gern anderen Menschen hilfreich zur Seite steht. Aus der Sicht der Testanbieter sind in der Phase der *Entwicklung eines Berufsorientierungstests* mithin zwei Aufgaben zu erfüllen:

(1) Zunächst einmal muss man analysieren, welche *Anforderungen* bestimmte Berufsfelder, Ausbildungs- und Studiengänge an (zukünftige) Arbeitsplatzinhaber stellen. Dabei ist es sicherlich nicht wichtig, jeweils 20 oder 30 Anforderungen bezogen auf verschiedene Kompetenzen und Interessen zu identifizieren. Mit 2–3 Anforderungen wird es aber gewiss nicht getan sein.

(2) Nachdem geklärt wurde, welche Kompetenzen und Interessen bedeutsam sind, müssen die Testanbieter ein Verfahren entwickeln, das in der Lage ist, diese Kompetenzen und Interessen verlässlich zu messen. An dieser Stelle kommt die Wissenschaft ins Spiel, denn – wie im nächsten Abschnitt zu zeigen sein wird – können solche Verfahren nur dann seriös entwickelt werden, wenn sie auf mehreren empirischen Studien aufbauen.

Abbildung 1: Grundprinzip von Berufsorientierungstests

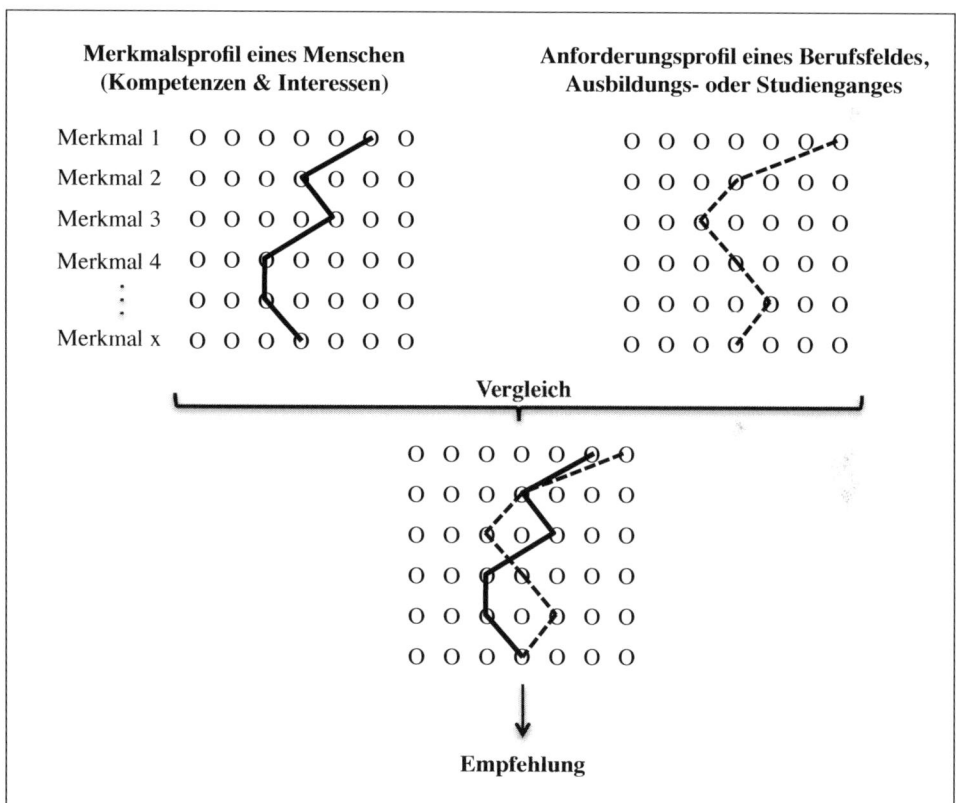

Bedenkt man die Vielzahl der Berufe und Studiengänge, so offenbart sich uns schnell die Größe der Herausforderung, vor der die Entwickler von Berufsorientierungstests stehen. Aufgrund der enormen empirischen Anstrengungen wird kein Testanbieter in der Lage sein, für hunderte von Berufswegen eine präzise Empfehlung abzugeben. Letztlich kann ein Berufsorientierungstest die Vielfalt der zur Verfügung stehenden Wege nur auf eine mehr oder minder überschaubare Anzahl von Alternativen reduzieren. Diese Alternativen müssen die Ratsuchenden anschließend selbst, durch Lektüre, Praktika oder Beratungsgespräche tiefergehend explorieren, ehe sie eine Entscheidung fällen. Berufsorientierungstests können den Betroffenen die Entscheidung nicht abnehmen. Sie reduzieren lediglich die Komplexität und regen dazu an, sich tiefergehend mit der Passung der eigenen Person zu den Anforderungen verschiedener beruflicher Alternativen auseinanderzusetzen.

2. Aufgabentypen

Grundsätzlich kann in Berufsorientierungstests zwischen zwei Aufgabentypen unterschieden werden: leistungsbezogene Aufgaben und Aufgaben zur Selbstbeschreibung. Innerhalb eines komplexen Berufsorientierungstests gruppieren sie sich zu mehreren Subtests, die einzeln ausgewertet werden.

Abbildung 2: Beispiele für Aufgaben in abstrakten Leistungstests

Hunde : Welpe = Kuh : ? (Kalb, Reh, Milch)	Beziehungen zwischen Begriffen erkennen und auf neue Begriffe übertragen
Rose, Tulpe, Kirsche, Narzisse, Feilchen	Kategorisieren: Welcher Begriff gehört in eine andere Kategorie?
2 4 6 8 10 12 14 16 18 ?	Zahlenreihen ergänzen
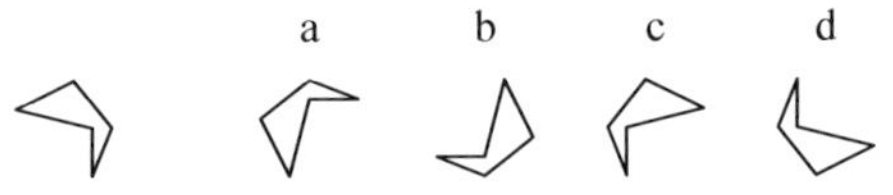	Welche Figur kann nur durch Klappung und nicht durch Drehen mit der Beispielfigur zur Deckung gebracht werden?

Leistungsbezogene Aufgaben konfrontieren die Ratsuchenden mit kognitiven Problemen, die es zu lösen gilt. Dabei kann zweifelsfrei zwischen richtigen und falschen Lösungen unterschieden werden. Für jede richtig gelöste Aufgabe erhält man einen Punkt, so dass letztlich die Summe der Punktwerte die kognitive Leistungsfähigkeit eines Probanden repräsentiert. Je nach Abstraktionsgrad der Aufgaben entspricht die Messung dem Vorgehen eines Intelligenztests oder einer spezifischeren, berufsbezogenen Messung kognitiver Leistungen (z. B. Wissen über physikalische Prinzipien). Die meisten Berufsorientierungstests werden ein hohes Abstraktionsniveau der Aufgaben wählen, da dies nicht zuletzt aus ökonomischen Gründen sinnvoll ist. Die Intelligenz hat sich in zahlreichen Studien als ein guter bis sehr guter Prädiktor beruflicher Leistung in sehr unterschiedlichen Berufen erwiesen (vgl. Rost, 2009). Hat man einen entsprechenden Subtest erst einmal entwickelt, kann man seine Ergebnisse daher im Hinblick auf viele Berufsfelder nutzen. Spezifische Subtests, wie etwa solche zur Erfassung bestimmten Fachwissens, sind hingegen immer nur auf vergleichsweise wenige Berufsfelder zugeschnitten. Abbildung 2 gibt einige der typischen Aufgabenarten wieder, die in Subtests zur Messung der allgemeinen kognitiven Leistungsfähigkeit zum Einsatz kommen.

Aufgaben zur Selbstbeschreibung konfrontieren die Ratsuchenden mit Aussagen oder Begriffen zur Charakterisierung einer Person. Durch Ankreuzen auf einer in der Regel mehrstufigen Bewertungsskala können die Ratsuchenden angeben, inwieweit die Aussagen oder Begriffe ihrer Meinung nach auf sie selbst zutreffen (vgl. Abbildung 3). Bei derartigen Aufgaben gibt es dementsprechend keine logisch richtigen oder falschen Angaben. Allerdings kann die Selbstbeschreibung mehr oder weniger zutreffend bzw. verzerrt sein. In den meisten Berufsorientierungstests überwiegen die Aufgaben zur Selbstbeschreibung bei weitem die Leistungsaufgaben. Im Zentrum des Interesses stehen diverse berufsbezogene Interessen und Persönlichkeitsmerkmale.

Abbildung 3: Beispiele für Aufgaben zur Selbstbeschreibung

Ich arbeite lieber kreativ.	O	O	O	O	O	Ich setze lieber etwas nach vorgegebenen Regeln um.

Ich arbeite lieber für mich allein als in einer Gruppe mit anderen Menschen.

trifft nicht zu				trifft sehr zu
O	O	O	O	O

Ich interessiere mich für

	gar nicht	ein wenig	ziemlich	sehr
Verkaufen	O	O	O	O
Sammeln	O	O	O	O
Entwickeln	O	O	O	O

Es liegt in der Natur der Sache, dass mit Hilfe von Berufsorientierungstests zwar sehr viele, aber keineswegs alle berufsrelevanten Kompetenzen erfasst werden können. Eine besondere Schwierigkeit bereiten beispielsweise Kompetenzen im Bereich der Kreativität und Motorik, die für bestimmte Berufe (z. B. Designer, Goldschmied) aber dennoch von zentraler Bedeutung sind. Hinzu kommt, dass im Extremfall die Selbstbeschreibung so stark verzerrt sein kann, dass sie kaum eine ernstzunehmende Aussage über die ratsuchende Person ermöglicht. Man denke z. B. an Menschen mit sehr geringem oder übersteigertem Selbstwert. Auch mag mancher seine Selbstbeschreibung so gestalten, dass sie zu einem schon vorgefassten Berufsideal passt. Dies sind allerdings keine Argumente, die grundsätzlich gegen den Einsatz entsprechender Testverfahren sprechen. Es kommt vielmehr darauf an, dass man sich der Grenzen dieser Methode bewusst wird und nicht glaubt, dass der Test für sich allein das Problem der Berufsorientierung löst.

3. Wissenschaftliche Qualitätskriterien

Tests zur Berufsorientierung sind diagnostische Verfahren, mit deren Hilfe man einen systematischen und fundierten Einblick in die Persönlichkeit eines Menschen gewinnen will. Von ihren Ergebnissen hängen sehr bedeutsame und weitreichende Entscheidungen ab. Daher muss man an Berufsorientierungstests dieselben international gültigen Maßstäbe zur Bewertung ihrer Qualität anlegen wie bei allen übrigen diagnostischen Verfahren, die beispielsweise zur Personalauswahl oder zur Identifizierung psychischer Störungen eingesetzt werden. „Wissenschaftlich" bedeutet in diesem Zusammenhang keineswegs „weltfremd". Ganz im Gegenteil, es wird sehr schnell deutlich, dass diese Kriterien eine ganz unmittelbar praktische Relevanz haben (vgl. Bühner, 2006; Kanning, 2004).

Das erste Kriterium dieser Art ist die *Objektivität*. Es ist für computergestützte Berufsorientierungstests besonders leicht zu erfüllen. Der Begriff der Objektivität wird dabei nicht im umgangssprachlichen Sinne verwendet. Das Kriterium fragt danach, inwieweit das Ergebnis einer Untersuchung durch die Person eines Diagnostikers beeinflusst werden kann. Stellen wir uns z. B. ein Gespräch zur Berufsberatung vor. Die beratende Person versucht durch ihre Fragen etwas über die Kompetenzen und Interessen des Ratsuchenden zu erfahren und nimmt dabei durch ihre Persönlichkeit, durch ihr Wissen und Verhalten (Fachkompetenz, Freundlichkeit, Inhalt der Fragen, Nachfragen, Zuhören etc.) zwangsläufig Einfluss auf den Verlauf sowie auf das Ergebnis des Gespräches. Hätte der Ratsuchende mit einer anderen Person gesprochen, wäre möglicherweise ein anderes Gesprächsergebnis zustandegekommen. Hierin liegt ein Problem, weil das Ergebnis der Untersuchung durch die Einflüsse des Gesprächsteilnehmer mehr oder minder kontaminiert ist und daher nicht mehr 1:1 nur die Person des Ratsuchenden widerspiegelt. Gespräche sind niemals vollständig objektiv. Ganz anders sieht es bei computergestützten Testverfahren aus. Hier ist es völlig irrelevant, wer den Computer anschaltet. Die Durchführung und Auswertung der Ergebnisse läuft immer exakt gleich ab.

Das zweite Kriterium ist das der *Reliabilität*. Es fragt danach, inwieweit das Ergebnis einer Untersuchung durch zufällig auftretende Störvariablen – sog. Messfehler – beeinflusst wird. Grundsätzlich ist jede Untersuchung in gewisser Weise durch Messfehler verzerrt. Dies gilt für Testverfahren ebenso wie für Küchenwaagen oder aufwändige physikalische Apparaturen in der medizinischen Diagnostik. Bei der Bearbeitung eines Fragebogens könnten solche Messfehler z. B. dadurch bedingt sein, dass die antwortende Person kurze Zeit unaufmerksam ist oder eine bestimmte Frage im Moment falsch verstanden hat. Die Lösung für das Messfehlerproblem ist denkbar einfach: Man untersucht das fragliche Merkmal mehrfach hintereinander und bildet anschließend einen Mittelwert über die Punktwerte der Einzelmessungen. Bei Fragebögen und Leistungstests spiegelt sich dieses Prinzip in der Tatsache, dass man z. B. eine bestimmte Kompetenz nicht nur mit einer Frage untersucht, sondern vielleicht 8 oder 10 Fragen einsetzt. In der Verbesserung der Reliabilität liegt der tiefere Grund für die Länge der Verfahren. Ein Persönlichkeitsfragebogen erfasst mit recht vielen Fragen vergleichsweise wenige Persönlichkeitsmerkmale. Das Ausmaß der Reliabilität muss im Rahmen der Testentwicklung durch empirische Studien ermittelt werden. Hierbei wird ein mathematischer Kennwert – der sog. Reliabilitätskoeffizient – berechnet. Dabei handelt es sich um eine Zahl zwischen 0 und 1. Ein Wert von 0 würde bedeuten, dass das Verfahren so stark durch Messfehler beeinflusst wird, dass es keinerlei Aussagen über einen Menschen ermöglicht. Ein Wert von 1 steht demgegenüber für ein diagnostisches Instrument, das in keiner Weise Messfehlern unterliegt. Solche Instrumente sind nur theoretisch denkbar, existieren in der Realität aber nicht. Nach gängigen Konventionen muss ein diagnostisches Verfahren einen Wert von mindestens 0.7 erzielen, um als aussagekräftig zu gelten. Neben dieser Form der Reliabilität („Innere Konsistenz") gibt es noch eine zweite, die sog. Retest-Reliabilität (auch „Stabilität" genannt). Sie gibt an, inwieweit ein Testverfahren ein unveränderliches Merkmal über die Zeit hinweg auch unverändert erfasst. Nehmen wir als Beispiel die Intelligenz. Die kognitive Leistungsfähigkeit eines erwachsenen Menschen verändert sich nur sehr langsam über die Lebensspanne hinweg. Im Rahmen einer empirischen Studie würde man daher untersuchen, wie stark sich das Ergebnis der Intelligenzmessung verändert, wenn man einer Gruppe von Menschen denselben Intelligenztest im Abstand von vielleicht einem halben Jahr zweimal zur Bearbeitung vorlegt. Auch hierfür gibt es einen mathematischen Kennwert, der sich zwischen 0 und 1 bewegt, allerdings gibt es keine Konvention, die einem sagt, wie hoch dieser Wert mindestens ausgeprägt sein sollte. Handelt es sich um Merkmale, die zeitlich stabil sind, sprechen Koeffizienten, die bei einem Zeitintervall von einem halben Jahr kleiner als 0,6 sind, aber sicherlich nicht gerade für das eingesetzte Verfahren. Bezogen auf die Reliabilität sind von Testanbietern mithin zwei Forderungen zu erfüllen. Zum einen müssen empirische Studien durchgeführt werden, zum anderen muss man deren Ergebnisse allen Nutzern frei zugänglich machen. Anderenfalls kann man als potentieller Nutzer nicht einmal die grundlegendste Qualität des Testverfahrens beurteilen und sich daher nicht fundiert begründet für oder gegen einen konkreten Test entscheiden.

Das dritte Qualitätskriterium bezieht sich auf die Frage, inwieweit ein Testverfahren tatsächlich in der Lage ist, das zu messen, was gemessen werden soll. Die Rede ist von der *Validität*. Wenn beispielsweise ein Berufsorientierungstest vorgibt, er würde die Teamfähigkeit der Ratsuchenden erfassen, so muss man im Vorfeld durch eine empirische Studie belegt haben, dass dies auch wirklich so ist. Hierzu könnte man z. B. einer Gruppe von 100 Personen den neu entwickelten Fragebogen zur Messung der Teamfähigkeit und zusätzlich einen bereits etablierten Fragebogen vorlegen, der dasselbe Merkmal misst. Im Ergebnis sollten beide Messreihen miteinander positiv korrelieren: Menschen, die in Test A einen hohen Wert erzielen, sollten auch Test B mit einem hohen Punktwert abschließen. Analog verhält es sich mit niedrigen Punktwerten. Noch viel wichtiger als diese Form der Untersuchung ist jedoch eine Studie zur Überprüfung der Relevanz des neuen Tests im beruflichen Alltag. Berufsorientierungstests machen bekanntlich eine Aussage über die Passung einer Person zu einem bestimmten beruflichen Kontext. Wenn man Realschülern mit einem hohen Testergebnis im Bereich der Extraversion beispielsweise dazu rät, eine Ausbildung im Einzelhandel zu beginnen, so setzt dies voraus, dass dementsprechende empirische Daten vorliegen. Im Idealfall belegen diese Daten für verschiedene Einzelhandelsberufe positive statistische Zusammenhänge zwischen der Extraversion der Stelleninhaber und ihrer Arbeitsleistung sowie ihrer Arbeitszufriedenheit. Bedenkt man nun wieder die Menge der Berufsfelder, Ausbildungs- und Studiengänge, so ist leicht zu erkennen, wie aufwändig eine derartige Validierung eines Berufsorientierungstests ist. Kaum ein Verfahren wird in der Lage sein, entsprechende Daten für hunderte von Berufsfeldern vorzulegen. Stattdessen behilft man sich mit Expertenurteilen. Dazu befragt man jeweils mehrere Personen, die sich in einem bestimmten Berufsfeld sehr gut auskennen, inwieweit die verschiedenen Kompetenzen und Interessen des Testverfahrens für genau dieses Berufsfeld bedeutsam sind. Ein solches Vorgehen ist aber immer nur der zweitbeste Weg. Schließlich basieren die Expertenaussagen nur auf deren Annahmen, nicht aber abgesicherten Erkenntnissen. Wie auch immer die Validität eines Verfahrens überprüft wurde, in jedem Falle müssen die Testanbieter darüber aufklären, welche Untersuchungen sie zur Validierung ihres Verfahrens unternommen haben und welche Ergebnisse dabei herausgekommen sind. Sind diese Informationen nicht bekannt, kauft man die sprichwörtliche Katze im Sack.

Viele Berufsorientierungstests nehmen eine *Normierung* der Testergebnisse vor. Dabei wird das Ergebnis eines Ratsuchenden in eine Beziehung zu den Ergebnissen größerer Personengruppen gesetzt. Abbildung 4 verdeutlicht das Prinzip. In unserem Beispielfall erzielt eine Person in einem kognitiven Leistungstest 20 von 30 möglichen Punktwerten. Die Frage ist nun, wie dieser Punktwert zu interpretieren ist. Spontan wird man vielleicht geneigt sein, dieses Ergebnis als recht gut zu bewerten, da die Person deutlich mehr als die Hälfte der Aufgaben richtig gelöst hat. Könnte ein solches Ergebnis aber nicht auch allein dadurch zustandegekommen sein, dass die Aufgaben besonders leicht waren? Das wissen wir nicht, so lange wir allein die Ergebnisse eines einzelnen Menschen betrachten. Sobald wir jedoch die Testergebnisse vieler Menschen zum Vergleich heranziehen, wird der Sachverhalt klarer. In unserem Beispielfall vergleicht man das Ergebnis der Ratsuchenden mit den durchschnittlichen Testergebnissen einer großen Stichprobe von Hauptschülern. Fast 70 % der Probanden weisen Werte zwischen 12 und 18 Punkten auf. Verglichen mit dieser Personengruppe kann das Ergebnis unserer Beispielperson als sehr gut bezeichnet werden. Es ist ohne jeden Zweifel überdurchschnittlich. Ziehen wir nun statt der Hauptschüler Gymnasiasten zum Vergleich heran, so verändert sich die Bewertung komplett. Die Gymnasiasten erzielen im Durchschnitt deutlich höhere Werte. Fast 70 % von ihnen lösen zwischen 21 und 27 Aufgaben richtig. Mit einem Mal erscheint die Leistung der Frau als unterdurchschnittlich.

Die Normierung gibt einen statistischen Maßstab zur Bewertung von Testergebnissen vor. Dies gilt nicht nur für Leistungstests, sondern auch für Verfahren, die andere Kompetenzen oder Interessen messen. Mit Hilfe der Norm lässt sich eine Aussage darüber machen, wie durchschnittlich, unter- oder überdurchschnittlich ein konkretes Einzelergebnis ist. Dabei spielt die Wahl der Normierungsgruppe eine entscheidende Bedeutung, wie unser Beispiel verdeutlicht. Normierungen sind bei psychologischen Testverfahren völlig üblich. Der Testanwender kann in der Regel zwischen verschiedenen Normen wählen, so dass er den für seinen Zweck besten Vergleichsmaßstab erhält. Voraussetzung für die richtige Auswahl ist jedoch eine umfassende Beschreibung der verschiedenen Normierungsstichproben (Größe, Altersgruppen etc.). Für Anbieter von Berufsorientierungstests sollten solche Angaben ebenfalls selbstverständlich sein.

Abbildung 4: Prinzip der Normierung

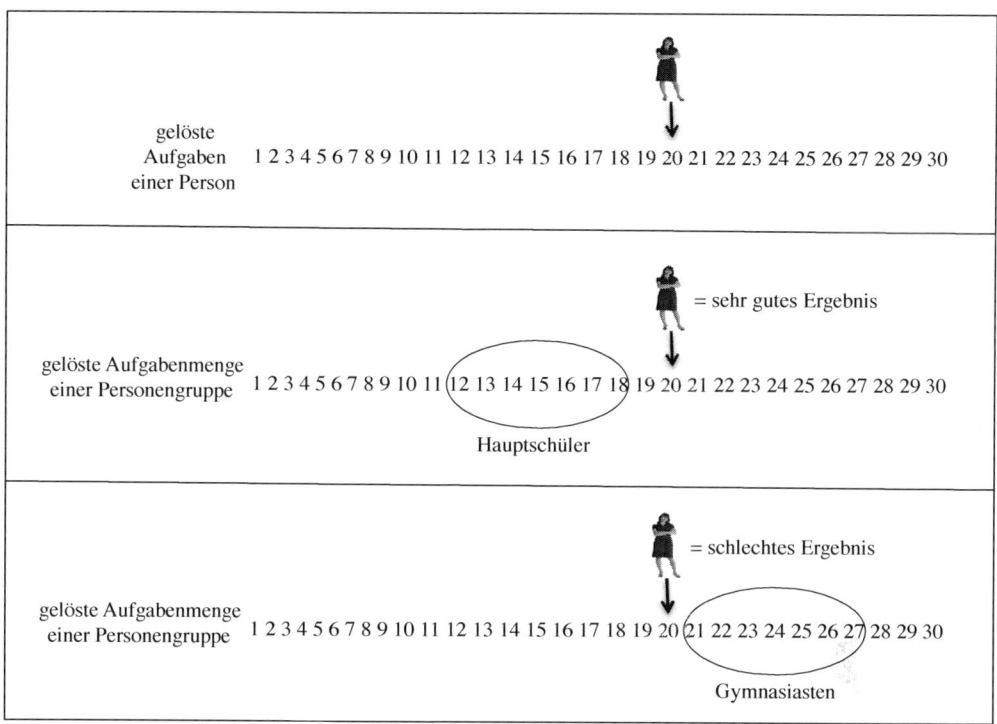

4. Anwendungspraktische Qualitätskriterien

Neben den wissenschaftlichen Qualitätskriterien, die eine unabdingbare Voraussetzung für eine seriöse Erfassung der beratungsrelevanten Kompetenzen und Interessen darstellen, ist eine Reihe weiterer Qualitätskriterien zu bedenken. Letztere werden im Gegensatz zu ersteren von den Anwendern selbst leichter per Augenschein bewertet.

Durch unsere bisherigen Ausführungen sollte bereits deutlich geworden sein, dass Berufsorientierungstests zwar prinzipiell eine wertvolle Hilfestellung für Ratsuchende darstellen, dass sie den Betroffenen die Entscheidung aber keineswegs abnehmen können. Wissenschaftlich fundierte Testverfahren steuern zum Prozess der Entscheidungsfindung zwei zentrale Bausteine bei, indem sie die Ratsuchenden zur Selbstreflexion anregen und auf der Basis gewonnener Ergebnisse ein wenig Orientierung in einem ansonsten unübersehbaren Feld diverser Ausbildungs- und Berufsoptionen liefern. Die Testanbieter sollten ihre Kunden ausführlich über den möglichen Nutzen, aber auch über die Grenzen der Methode informieren. Dies ist umso wichtiger, als dass die allermeisten Nutzer über keine Fachkompetenzen in Fragen der Diagnostik verfügen. Leider gilt dies gleichermaßen für die Ratsuchenden wie für die Vertreter von Schulen, Handwerkskammern, Industrie- und Handelskammern oder anderen Einrichtungen, die Testdurchführungslizenzen bisweilen in großem Stil einkaufen. Das Gebot der seriösen Aufklärung umfasst darüber hinaus eine Offenlegung der teststatistischen Qualitätskriterien, die im vorherigen Abschnitt erläutert wurden. In der Regel werden die Ratsuchenden mit diesen Informationen nicht viel anfangen können. Entschließt sich aber beispielsweise eine Schule hunderte von Testdurchführungslizenzen einzukaufen, so könnte sie an der nächstgelegenen Hochschule externen Rat einholen. Jenseits teststatistischer Qualitätskriterien ist es für die Betroffenen zudem wichtig, dass eindeutig darüber informiert wird, an welchen Personenkreis sich das Testverfahren richtet (Schüler einer bestimmten Bildungsstufe, Studierende etc.) und zu welchen Berufsfeldern das Verfahren eine Aussage ermöglicht. Zudem sollte deutlich werden, wie letztlich eine Aussage im Hinblick auf die Passung der Ratsuchenden zu bestimmten Berufen, Ausbildungs- und Studienfeldern zustande kommt. Alles in allem betrachtet zeichnet sich ein gutes Verfahren mithin durch ein Maximum an *Transparenz* gegenüber potentiellen Nutzern aus. Je besser ein Berufsorientierungstest ist, desto weniger sind die Testanbieter darauf angewiesen, durch Intransparenz die Schwächen ihres Verfahrens zu verbergen.

Aus der Sicht der Ratsuchenden versteht es sich eigentlich von allein, dass alle Informationen, die der Test dem Anwender zur Verfügung stellt, in einer für die Zielgruppe *verständlichen Sprache* abgefasst sein sollten. Dabei geht es nicht nur um die Einführung, sondern auch um die Instruktionen zur Durchführung der einzelnen Subtests, die Aufgaben selbst sowie die Rückmeldung der Ergebnisse.

Die *Rückmeldung der Ergebnisse* kann auf unterschiedliche Weise geschehen, wobei jede Variante mit potentiellen Vor- und Nachteilen verbunden ist. Tabelle 1 gibt einen Überblick.

Tabelle 1:   Möglichkeiten der Ergebnisrückmeldung

	potentielle Vorteile	potentielle Nachteile
Auflistung geeigneter Berufsfelder, Ausbildungs- und Studienrichtungen	• detaillierte Empfehlung konkreter Berufe • leicht verständlich	• es wird eine große Treffsicherheit der Empfehlung nur vorgegaukelt • Ratsuchende werden mit dutzenden konkreter Empfehlungen überfordert
Angaben von Zahlenwerten für jede Kompetenzdimension	• keine nebulösen Aussagen • normierte Werte erlauben Vergleich mit großen Personengruppen • im besten Fall Aussagen über Passung zur Berufsfeldern	• absolute oder prozentuale Menge der erreichten Punktwerte sagt für sich allein genommen nichts aus • fehlender Bezug zu Anforderungen der Berufsfelder
Textbausteine zur Beschreibung der individuellen Stärken und Schwächen	• für Laien verständliche Beschreibung • ggf. Bezug zu Anforderungen konkreter Berufsfelder	• nebulöse Aussagen, die sehr viel Interpretationsspielraum lassen • fehlender Bezug zu Anforderungen konkreter Berufsfelder

Im scheinbar einfachsten Fall wirft das Computerprogramm nach der Auswertung der individuellen Punktwerte eine Liste mit geeignet erscheinenden Berufsfeldern bzw. Ausbildungs- oder Studienrichtungen aus. Dabei wird von manchen Anbietern eine sehr detaillierte Rangordnung von mehreren Dutzend Berufen vorgenommen. Demnach würde sich das Merkmalsprofil eines Ratsuchenden beispielsweise zu 98 % mit den Anforderungen einer Ausbildung zum Kfz-Mechaniker, Lageristen und Chemielaboranten decken, aber „nur" zu 97 % zum Kfz-Mechatroniker, CC-Fräser und Kunststofftiefzieher passen. Bisweilen werden in solchen Listen nicht weniger als 80 konkrete Berufe aufgelistet. An dieser Stelle ist grundlegende Skepsis angebracht. Zum einen ist es sehr unwahrscheinlich, dass die Anbieter tatsächlich für so viele spezifische Berufe detaillierte und vor allem hinreichend fundierte Informationen besitzen, um eine Passung auf das Prozent genau vorhersagen zu können. Zum anderen hilft eine solch umfangreiche Auflistung dem Ratsuchenden kaum weiter. Sinnvoller – und in der Regel sicherlich auch ehrlicher – ist eine Umschreibung passender Berufsfelder. Erst im nächsten Schritt sollten sich die Ratsuchenden unabhängig vom Testverfahren über konkrete Berufe aus diesen Feldern informieren.

Alternativ oder ergänzend hierzu können die Ergebnisse des Testverfahrens in Form von Zahlenwerten zurückgemeldet werden. Auf der einen Seite führt die Verwendung von Zahlen zu einer klaren Aussage, auf der anderen Seite ist dies jedoch nur dann der Fall, wenn die Testanbieter genau angeben, welche Informationen die Zahlen repräsentieren. So könnte man beispielsweise angeben, wie viele Punkte ein Ratsuchender bezüglich einer Kompetenzdimension erzielt hat. Diese Aussage allein hilft nicht weiter, wenn nicht bekannt ist, wie viele Punkte überhaupt zu erreichen waren. Geht man einen Schritt weiter, so drückt man die Punktwerte als prozentualen Anteil der erreichbaren Punktwerte aus. Nun sieht die betroffene Person schon klarer, wirklich aussagekräftig ist die Rückmeldung aber immer noch nicht. Wie bereits in Abschnitt 1 dargelegt wurde, bleibt in diesem Fall immer noch das Problem der Aufgabenschwierigkeit. Nur wenn die Zahlenwerte normiert wurden, erhält man eine Information darüber, inwieweit das Merkmal durchschnittlich, unter- oder überdurchschnittlich ausgeprägt ist. Eine solche Aussage kann zum Zwecke der Selbstreflexion sehr nützlich sein, wenn sie beispielsweise die Basis für ein Beratungsgespräch bietet. Sie hilft für sich allein genommen jedoch nur bedingt weiter, wenn darüber hinaus kein Bezug zu den Anforderungen unterschiedlicher Berufsfelder hergestellt wird.

In einer dritten Variante präsentiert man den Ratsuchenden Textbausteine, mit denen die Testergebnisse ohne Angabe von Zahlenwerten beschrieben werden. Im Fokus stehen dabei individuelle Stärken und Schwächen der Personen. Der Vorteil eines solchen Vorgehens liegt in der leichten Verständlichkeit der Aussagen. Menschen, die Schwierigkeiten mit der Interpretation von Zahlenwerten haben, werden hierfür besonders dankbar sein. Allerdings kann in den Formulierungen auch ein Nachteil liegen, wenn sie allzu nebulös bleiben. Eine berufliche Orientierung ermöglichen derartige Texte nur, wenn sie über die Stärken-Schwächen-Analyse hinaus eine Einordnung der Ergebnisse im Hinblick auf verschiedene Berufsfelder vornehmen.

Zusammenfassend erscheint es am sinnvollsten, die drei Formen der *Rückmeldung miteinander zu kombinieren*. Eine solche Rückmeldung würde die Ergebnisse der Untersuchung in Form normierter Punktwerte darstellen, wobei die Zahlen durch Textbausteine erläutert werden. Darüber hinaus wird ein direkter Bezug zu solchen Berufsfeldern hergestellt, die ein zum individuellen Testergebnis kompatibles Anforderungsprofil aufweisen. Mit Empfehlungen im Hinblick auf konkrete Berufe, Ausbildungen oder einzelne Studienfächer hält man sich eher zurück, es sei denn, die Datenbasis des Testverfahrens erlaubt tatsächlich entsprechend präzise Prognosen.

Mehrfach wurde bereits angedeutet, dass die Entscheidung für oder gegen einen konkreten Beruf nicht durch den Berufsorientierungstest allein gefällt werden kann. Ein guter Test liefert lediglich wertvolle Informationen, welche die Ausgangsbasis für eine tiefergehende Auseinandersetzung mit der Materie bilden. Besonders hilfreich kann ein anschließendes *Beratungsgespräch* sein, in dem die Testergebnisse erläutert und in einen direkten Bezug zu verschiedenen beruflichen Optionen gestellt werden. Ein solches Vorgehen ist besonders sinnvoll, da selbst die sorgfältigste Ergebnisrückmeldung von Seiten der Software nicht auf die individuellen Fragen jedes Ratsuchenden Antworten geben kann. Hinzu kommt, dass man im Beratungsgespräch auch auf individuelle Lebenslagen (z. B. Behinderungen, räumliche Gebundenheit) der Personen eingehen kann. Einige wenige Testanbieter räumen ihren Kunden die Möglichkeit zu einem persönlichen Beratungsgespräch ein, was bei kommerziellen Anbietern naturgemäß mit entsprechenden Kosten verbunden ist.

Die *Kosten* sind ein letztes Kriterium, das die Nutzer in den Blick nehmen müssen. Hier sind die Unterschiede zwischen den verschiedenen Testanbietern besonders groß. Sie reichen von 0 Euro (z. B. Bundesagentur für Arbeit, Testverfahren mancher Hochschulen) bis hin zu fast 100 Euro für eine Testung. Grundsätzlich gilt die Regel, dass der Preis eines Verfahrens nichts über seine Qualität aussagt. Der Preis hängt eher von den Investitionskosten und der Marketingstrategie des Anbieters ab. Testverfahren, die von Hochschulen entwickelt wurden, sind aufgrund der staatlichen Subventionierung in der Regel kostengünstiger.

Bei der Bewertung der Kosten muss auch der *Umfang der Testung* bedacht werden. Hierin unterscheiden sich die Verfahren erheblich. Manche nehmen nur wenige Minuten in Anspruch, während man für andere bis zu drei Stunden Zeit benötigt. Hierin spiegelt sich die Menge der Kompetenzen wieder, die mit einem Verfahren erfasst werden. Vor dem Hintergrund der immensen Vielfalt möglicher Berufsfelder erscheinen Verfahren, die in 15 Minuten zu absolvieren sind, eher kritisch.

5. Marketingstrategien mancher Testanbieter

Vergleichen wir die wissenschaftlichen und anwendungspraktischen Qualitätskriterien mit den Aussagen mancher Anbieter von Berufsorientierungstests, so wird man erstaunliche Unterschiede feststellen. Leicht gewinnt man den Eindruck, dass hier oft keine sachliche Information vermittelt, sondern lediglich Marketing betrieben wird.

In der Regel *erfährt man rein gar nichts über die wissenschaftlichen Qualitätskriterien.* Zum Teil mag dies damit zusammenhängen, dass man zu Recht annimmt, die potentiellen Anwender können mehrheitlich mit Begriffen wie Reliabilität, Validität oder Normierung ohnehin kaum etwas anfangen. Gleichwohl könnte man die hinter diesen Begriffen liegenden Inhalte durchaus mit einfachen Worten beschreiben. Zumindest müsste man aber entsprechend Informationen gegenüber einem Fachpublikum offen legen. Anbieter, die ihren Test nach den Regeln der Kunst entwickelt haben, müssen Transparenz nicht fürchten. Ganz im Gegenteil, ihre Bemühungen könnten sich sogar wirtschaftlich lohnen, sofern man hierdurch mittelfristig die schwarzen Schafe der Branche enttarnt.

An die Stelle der fehlenden Informationen treten scheinbare Qualitätskriterien, die bei oberflächlicher Betrachtung für das vertriebene Testverfahren sprechen. Besonders beliebt ist der Hinweis auf die weite *Verbreitung eines Tests*. Wer beispielsweise berichten kann, dass sein Verfahren in hunderten bayerischer Schulen Verwendung findet, erweckt damit den Eindruck von Qualität. Hunderte von Schulleitern und Fachlehrkräften können sich doch nicht irren – so ist man geneigt zu glauben. De facto verrät die Verbreitung eines Testverfahrens aber leider nicht das Geringste über seine tatsächliche Qualität. Ebenso gut könnte man annehmen, die BILD-Zeitung wäre das beste Informationsmedium im Printsektor, da sie die meisten Käufer findet. Zumindest zwei Gründe sprechen gegen die These, derzufolge sich Qualität quasi von allein am Markt durchsetzt. Zum einen verfügen die Entscheidungsträger, die für die Auswahl eines Verfahrens verantwortlich sind, selten über eine hinreichend diagnostische Fachkompetenz, die ihnen eine fundierte Auswahl ermöglichen würde. Zum anderen wirkt im Falle der Entscheidungsunsicherheit das Verbreitungsargument wie ein Perpetuum mobile: Weil man selbst nicht weiß, welches Verfahren das bessere ist, orientiert man sich kurzerhand an den Entscheidungen anderer Unwissender und gewinnt dadurch in dem Maße ein Sicherheitsgefühl, in welchem sich möglichst viele andere Menschen für ein bestimmtes Produkt entschieden haben. In der Psychologie ist dieses Phänomen seit Jahrzehnten als „sozialer Vergleichprozess" (Festinger, 1954) bekannt. Die eigene Wahl wirkt dabei verstärkend auf die Entscheidungssicherheit der übrigen Kunden. So entwickelt sich über die Zeit hinweg eine Lawine der Scheinvalidierung. Je mehr Menschen sich für einen bestimmten Test entscheiden, desto größer ist die Wahrscheinlichkeit, dass es ihnen andere gleichtun, weil sie die bloße Menge der Nutzer als Qualitätsmerkmal missdeuten. Mit jedem zusätzlichen Kunden verstärkt sich dieser Prozess, da die Anzahl der Kunden ansteigt und dadurch ihre Überzeugungskraft zunimmt. Früher oder später trägt sich der Prozess selbstständig. Das Produkt verkauft sich fast von allein und kaum jemand kommt noch auf die Idee, die Qualität ernsthaft zu hinterfragen.

Ebenso nichtssagend wie die Verbreitung des Testverfahrens ist der Hinweis auf *gute Erfahrungen*, die man mit seinem Einsatz sammeln konnte. Ein solches Argument hat nicht mehr Substanz als heiße Luft. Selbstverständlich behauptet jeder Verkäufer eines Produktes, dass man nur gute Erfahrungen gesammelt hätte, ansonsten würde er seinen Job nicht gut machen. Keiner seiner potentiellen Kunden kann diese Angaben jemals überprüfen. Hinzu kommt, dass selbst im Falle eines schlechten Berufsorientierungstests die Kunden wahrscheinlich nicht einmal merken würden, dass die Empfehlungen des Verfahrens fragwürdig sind.

Ein weiteres nur scheinbares Qualitätskriterium, das allerdings nur sehr selten zum Einsatz kommt, ist die gleichzeitige Nutzung des Testergebnisses zur Berufsorientierung und zur *Bewerbung*. In diesem Falle bieten die Firmen den Kunden an, die Testergebnisse in Form eines Persönlichkeitsgutachtens auszudrucken, das man anschließend der Bewerbung beilegen kann. Hier wendet sich jeder halbwegs kompetente Personaldiagnostiker gleich mit Grausen ab. Vor allem drei Gründe sprechen gegen ein solches Vorgehen:

(1) Die Ratsuchenden werden in die Versuchung geführt, nicht vollkommen ehrlich zu antworten, sondern ihre Angaben so zu verfälschen, dass ein möglichst gutes Testergebnis resultiert, damit sie hierdurch ihre Bewerbungschancen erhöhen. Das eigentliche Ziel der Selbstreflexion und Beratung bleibt dabei auf der Strecke.

(2) Die Firmen können mit einem solchen Testergebnis nichts anfangen, da sie nichts über die Qualität des Verfahrens wissen. Ebenso gut könnten sie einen beliebigen Brigitte-Test zur Personalauswahl heranziehen.

(3) Der fehlende Bezug zu den Anforderungen der zu besetzenden Stelle verführt die Firmenvertreter dazu, einfach diejenigen Bewerber mit den höchsten Testwerten einzustellen. Dabei übersehen sie leicht, dass manche Kompetenzdimensionen für die Stelle unwichtig sind und bei anderen eine zu hohe Ausprägung ebenso dysfunktional sein kann wie eine zu geringe.

6. Checkliste zur Auswahl von Berufsorientierungstests

Wenn man nun selbst vor die Wahl gestellt wird, einen der zahlreichen Berufsorientierungstests auszuwählen, an welchen Kriterien sollte man sich orientieren? Tabelle 2 fasst die Punkte unserer Diskussion in Form einer Checkliste zusammen. Zur Beurteilung eines konkreten Verfahrens liest man sich zunächst die Informationen eines Testanbieters im Internet durch und versucht anschließend die Kriterien in Tabelle 2 einzuschätzen. Sind manche Einschätzungen noch nicht möglich, kann man zusätzliche Informationen beim Testanbieter anfordern. Gelangt man auch auf diesem Weg nicht an die gewünschten Informationen, so wertet man dies zu Lasten des Testverfahrens und macht sei Kreuz entsprechend in der Spalte „negativ". Abschließend zählt man getrennt voneinander die Punktwerte in der Positiv-Spalte sowie die Punktwerte in der Negativ-Spalte zusammen und erhält somit eine Einschätzung der Qualität des Testverfahrens. Selbstverständlich handelt es sich hierbei nur um einen sehr groben Bewertungsmaßstab, der einen allerdings vor den größten Fehlentscheidungen bewahren mag. Möchte man darüber hinaus Sicherheit erlangen, empfiehlt sich der Kontakt zu einem Diagnostiker an der nächstgelegenen Hochschule. Letzteres kann vor allem dann sinnvoll sein, wenn man als Entscheidungsträger viele Lizenzen von einem Anbieter einkaufen möchte.

Jenseits dieser Kriterien kann man auch auf die Ergebnisse einer Analyse durch die Stiftung Warentest aus dem Jahre 2007 zurückgreifen. Darin wurden 23 Berufsorientierungstests untersucht. Tabelle 3 skizziert die vier Testverfahren, die dabei am besten abgeschnitten haben. Es handelt sich ausschließlich um Instrumente, bei denen die wissenschaftliche Testkonstruktion als „sehr gut" eingestuft wurde.

Tabelle 2: Checkliste zur groben Bewertung von Berufsorientierungstests

Kriterium	negativ	positiv
Es wird über die Möglichkeiten und Grenzen der Aussagekraft eines Berufsorientierungstests aufgeklärt.	O nein	O ja
Es werden Angaben zur Reliabilität des Verfahrens gemacht.	O nein	O ja
Es werden Angaben zur Validität des Verfahrens gemacht.	O nein	O ja
Es wird erläutert, woher die Testentwickler wissen, welche Merkmalsprofile zu welchen Berufsfeldern, Ausbildungs- und Studiengängen passen.	O nein	O ja
Im Falle einer Normierung der Testergebnisse wird beschrieben, wie groß die Stichproben sind und wie sie sich zusammensetzen.	O nein	O ja
Die Testinstruktionen sowie die Testaufgaben sind verständlich formuliert.	O nein	O ja
Die Testdurchführung nimmt mehr als 15 Minuten in Anspruch.	O nein	O ja
Die individuellen Testergebnisse werden verständlich erklärt.	O nein	O ja
Es wird der Eindruck erweckt, man könne die individuelle Passung zu vielen dutzend Berufen punktgenau ausdrücken.	O ja	O nein
Als Beleg für die Qualität des Verfahrens wird nicht auf empirische Studien, sondern allein auf „gute Erfahrungen", „zufriedene Kunden" oder eine weite Verbreitung des Tests hingewiesen.	O ja	O nein
Die Ergebnisse des Tests sollen nicht nur zur Berufsorientierung, sondern auch für Bewerbungen bzw. zur Personalauswahl genutzt werden.	O ja	O nein
Summe	____	____

Tabelle 3: Die vier besten Berufsorientierungstests nach einer Analyse der Stiftung Warentest aus dem Jahre 2007

Anbieter	Geva-Institut	Uni Bochum	Geva-Institut	Allianz Beratungs- und Vertriebs-AG
Testname	Eignungstest Berufswahl	Mein Berufsweg	Berufsinteressen-Test	Perspektive-Test
Internetadresse	www.geva-institut.de	http://borakel.de	www.geva-institut.de	www.allianz.de/start
Preis	38 €	0 €	19,80 €	0 €
Zielgruppe	Schüler mit und ohne Abitur	Abiturienten	Schüler & Studierende	Schüler & Studierende
Dauer in Min.	150-180	100	30	45
Urteil	sehr gut (1,5)	sehr gut (1,5)	gut (1,6)	gut (1,8)

Trotz aller Fallstricke, die so mancher Berufsorientierungstest auslegt, ist die Unterstützung der Berufswahlentscheidung durch Testverfahren prinzipiell zu begrüßen. Richtig ausgewählt, angewandt und interpretiert können derartige Verfahren eine überaus wichtige Lebensentscheidung auf ein solideres Fundament stellen. Dabei bildet das Testverfahren neben Beratungsgesprächen, Praktika, Informationsbroschüren u.ä. einen zentralen Baustein im Gesamtprozess der Entscheidungsfindung. Der Test befreit die Ratsuchenden nicht von der Last und Verantwortung, selbst eine Entscheidung zu treffen, bietet aber Anregungen, sich intensiv mit den eigenen Stärken, Schwächen und Interessen auseinanderzusetzen. Überdies kann er Orientierung in einem zunehmend unübersichtlichen Markt zahlloser Berufsfelder, Ausbildungs- und Studienrichtungen geben.

Literatur

Bühner, M. (2006). *Einführung in die Test- und Fragebogenkonstruktion.* München: Pearson.
Festinger, L. (1954). A theory of social comparison processes. *Human Relations, 7,* 117–140.
Kanning, U. P. (2004). *Standards der Personaldiagnostik.* Göttingen: Hogrefe.
Rost, D. H. (2009). *Intelligenz. Fakten und Mythen.* Weinheim: Beltz.
Stiftung Warentest (2007). *Test zur Eignungsprüfung im Netz.* Testheft 3/2007.

Annamarie Ryter und Maja Hartmann

Portfoliokonzepte in der Studien- und Berufsorientierung: Chancen und Herausforderungen

> *„Das Portfolio ist eine große Hilfe für mich, weil ich die Sachen, die ich brauche, sonst nie finde. So herrscht Ordnung."*
> *„Das Portfolio gibt viel Arbeit und selber weiß ich nicht genau, wie ich ablegen muss. Bis jetzt habe ich auch nur Absagen bekommen."*
> *„Ich zeige mein Portfolio gerne, weil ich stolz darauf bin, was ich kann!"*

1. Einleitung

Drei Zitate von Jugendlichen eines Berufsvorbereitungsjahres zu ihrem Portfolio stehen am Anfang dieses Artikels. Sie illustrieren, wie unterschiedlich Lernende ihr Portfolio wahrnehmen: als hilfreichen Ablageordner, als anstrengende und anspruchsvolle Arbeit, die doch zu keinem Ausbildungsplatz verhilft, oder als stolzer Beweis eigenständiger Lernentwicklung. Unterschiede in Begrifflichkeit, in Form und Zielen von Portfolios prägen auch die Fachdiskussion und insbesondere die Praxis mit dem Instrument in der Berufsorientierung. Vor diesem Hintergrund verfolgt der Beitrag sowohl eine systematisierende Absicht als auch das Ziel, die Möglichkeiten und Grenzen der Arbeit mit Portfolios in der Berufsorientierung auszuloten. Nach einer kurzen Vorstellung der Prinzipien und Formen von Portfolios werden die Ziele bei der Arbeit mit Portfolios in der Berufsorientierung dargestellt sowie Chancen und Herausforderungen bei der praktischen Arbeit aufgezeigt. Den Abschluss bilden einige gesellschaftskritische Gedanken zum Einsatz von Portfolios in der Berufsorientierung.

2. Formen und Prinzipien von Portfolios in Kürze

Der Begriff Portfolio stammt aus dem Bewerbungszusammenhang. Bereits in der Renaissance führten Künstler und Architekten ein Portfolio – „folium" (Blatt) und „portare" (tragen) – mit sich, wenn sie sich um Plätze an Akademien oder um Bauaufträge bewarben. Damit konnten sie nicht nur die Qualität ihrer Arbeit aufzeigen, sondern zugleich auch belegen, wie sich ihr Können im Laufe der Zeit weiterentwickelt hatte (Häcker, 2006a, S. 27). Ein Portfolio dokumentiert also immer Kompetenzen, Leistungen und zugleich Werdegang und Reflexion von Lernfortschritten. Es ist damit Grundlage für eine erweiterte, individuelle Beurteilung (Brunner, Häcker & Winter, 2006; Endres, Wiedenhorn & Engel, 2008; Easley & Mitchell, 2004). Eine Sammlung von Dokumenten, ein Ordner mit Zeugnissen, Tests und anderen Fremdbeurteilungen ist damit noch kein Portfolio, ebenso wenig eine differenziert gestaltete Bewerbungsmappe. Winter und Keller (2010, S. 13) definieren ein Portfolio wie folgt:

- „Ein Portfolio ist eine ausgewählte Sammlung von Dokumenten, die unter aktiver Beteiligung der Lernenden zustande gekommen ist und etwas über ihre Lernergebnisse und Lernprozesse aussagt.
- Den Kern eines Portfolios bilden jeweils Originalarbeiten (bzw. Kopien davon).
- Zu ihren Arbeiten erstellen die Lernenden Reflexionen, die auch Teil des Portfolios werden.
- Für das Anlegen eines Portfolios werden in der Regel gemeinsam Ziele und Kriterien formuliert, an denen sich die Lernenden orientieren können, wenn sie für ihr Portfolio arbeiten und eine Auswahl von Dokumenten zusammenstellen.
- Portfolios werden in einem geeigneten Rahmen präsentiert und von anderen Personen wahrgenommen (z. B. Mitschülerinnen und Mitschüler).
- Anhand von Portfolios finden Gespräche über Lernen und Leistung statt.
- Die in Portfolios dokumentierten Leistungen werden von der Lehrperson bewertet und kommentiert – in ähnlicher Weise machen das auch die Lernenden selbst."

Portfolioarbeit so verstanden ist den Prinzipien von „Kommunikation, Transparenz und Partizipation" verpflichtet (Häcker, 2006b, S. 37). Sie ist eine Methode, die systematisch Selbstverantwortung im Lernprozess ermöglicht, Selbst- und Fremdbeurteilungen verbindet, Reflexion anregt und individuelle Fähigkeiten fördert und dokumentiert.

3. Ziele und Charakteristika von Portfolios in der Berufsorientierung

Portfolios werden in der Studien- und Berufsorientierung sehr unterschiedlich eingesetzt. Wie bei Portfolios allgemein fehlt auch in der Berufsorientierung eine systematische Typologie, es existiert eine Vielzahl von Bindestrich-Portfolios: Mal bezeichnen sie den Zweck (z. B. Bewerbungsportfolio), mal die Dauer bzw. die damit verbundene Form des Unterrichts (z. B. Projektportfolio) oder das Medium (z. B. Electronic Portfolio).[1] Entsprechend ist es schwierig, sich zu orientieren. Nicht alle entsprechen zudem der Definition von Winter und Keller (2010). Unter dem Begriff Berufswahlportfolio verstehen die einen eine Sammelmappe von Unterlagen für den Bewerbungsprozess, andere ein Lehrmittel (Schmid & Barmettler, 2009). Bedeutend und wegweisend ist unseres Erachtens jene Position, die das Portfolio als Teil eines förderorientierten Unterrichts versteht, der ausdrücklich bei Stärken und Talenten der Jugendlichen ansetzt und dem Reflexionsprozess große Bedeutung zumisst.

Bei allen Unterschieden sind dennoch einige grundlegende Gemeinsamkeiten von Portfoliokonzepten in der Berufsorientierung erkennbar. Die meisten Portfolios enthalten prozess- und produktorientierte Teile. Dabei wird klar getrennt zwischen erstens einer *Dokumentation* bzw. einer Sammlung von Qualifikationen wie Zeugnissen, Testergebnissen und Praktikumsbestätigungen etc. und zweitens der Darstellung (ausgewählter) *Schritte im Berufsorientierungsprozess*. Individuelle Leistungsausweise aus einzelnen Fächern oder außerschulischen Tätigkeiten, die besondere Talente und Kompetenzen illustrieren und reflektieren, ergänzen teilweise diese beiden Elemente (Winter & Keller, 2010; Endres et al., 2008). Neu sind auch Bestrebungen, mit dem Portfolio

---

1   Häcker (2006b, S. 33/4) zählt 30 verschiedene Arten von Bindestrich-Portfolios auf.

Qualifikationen aus Migrationserfahrungen sichtbar zu machen, um systematischen Benachteiligungen von immigrierten mehrsprachigen Jugendlichen bei der Ausbildungsplatzsuche entgegenzusteuern (Landeshauptstadt Stuttgart, 2010). In allen Konzepten ist vorgesehen, dass die Jugendlichen für ihr Portfolio eigenständig Verantwortung übernehmen. Sie entscheiden dabei mehr oder weniger selber, was sie ins Portfolio aufnehmen wollen und welche Unterlagen sie daraus einer Bewerbung beilegen. Dazu finden sich in der Literatur unterschiedliche Empfehlungen: Einige befürworten möglichst viele Nachweise (Lumpe, 2003), andere fordern eine beschränkte Auswahl (Winter & Keller, 2010).

Tabelle 1[2] zeigt eine Übersicht einiger gebräuchlicher Portfolioarten im Rahmen der Berufsorientierung, die in der Praxis oft nicht klar abgegrenzt und teilweise kombiniert werden.[3]

In Deutschland orientieren sich Berufswahlportfolios oft am Berufswahlpass (Lumpe, 2003). Dieser wurde im Rahmen des Bundesprogramms „Schule-Wirtschaft/Arbeitsleben" entwickelt und wird inzwischen bundesweit genutzt. Er fordert Jugendliche zur individuellen Lernplanung auf und soll ihre Orientierungskompetenz und Selbstverantwortung fördern. Den Berufswahlpass gibt es in drei Varianten nach Leistungsniveaus mit unterschiedlich komplexen Materialien für den Berufsfindungsprozess. In zwei Varianten enthält der Pass konkrete Hinweise für die Lebensplanung, so etwa zum Umgang mit Geld, zur Wohnungssuche etc. Insofern werden unterschiedliche Entwicklungsthemen im Übergang in die Selbstständigkeit in den Blick genommen.

Obwohl der Berufswahlpass als Instrument für die Jugendlichen konzipiert wurde, erläutert die Handreichung auch ausführlich Konsequenzen für alle in den Prozess involvierten Fachpersonen und die Eltern (Lumpe 2003, S. 5 und 13ff.). Schulen sind angehalten, mit der Einführung des Berufswahlpasses ein schulinternes Konzept und Curriculum zur Berufsorientierung zu entwickeln und auch die übrigen Fachbereiche in Richtung selbstgesteuertes Lernen zu verändern. Mit dem Berufswahlpass soll zugleich eine bessere Vernetzung von Schule, Eltern, Ausbildenden, Berufsberatungen und anderen Fachpersonen erreicht werden (Lumpe, 2003, S. 5). Insofern ist der Berufswahlpass viel mehr als ein Portfolio – nämlich Dreh- und Angelpunkt einer gewünschten Neugestaltung der Berufsorientierung.

---

2   Verändert nach Rechsteiner (2005).
3   Winter und Keller (2010, S. 12) unterscheiden prinzipiell zwischen Portfolio im Einzelunterricht wie Kurs-, oder Projektportfolio und einer längerfristigen, fächerübergreifenden Bildungsdokumentation, als Lern- und Entwicklungsportfolio. Das *Berufswahl-, Bewerbungs- und Abschlussportfolio* für den Kanton Zürich wäre eine Bildungsdokumentation. Endres et al. (2008) unterscheiden zwischen *Veröffentlichungs- oder Präsentationsportfolio* als Basis der schulischen Portfolioarbeit, dem *Lernwegportfolio* als individuelle Vertiefungsarbeit und dem *Talent- oder Bewerbungsportfolio* für die Berufsorientierung.

Tabelle 1: Berufswahlportfolios in der Praxis: Vielfalt mit unterschiedlichen Schwerpunkten und Anlehnung an andere Formen

Name	Kurzbeschreibung	Ziele	Mögliche Inhalte	Adressaten
Europäisches Sprachenportfolio (EDK, 2010)	– Standardisiertes Portfolio vom Europarat lanciert, ermöglicht internationale Kommunikation	– Transparente Messung und Einstufung von Sprachkompetenzen	– Sprachbiografie – Sammlung von Zertifikation und Diplomen – Persönliche Arbeiten in Erst- und Fremdsprache	– Ausbildungsbetriebe, anstellende Behörden
Berufswahlpass (Lumpe, 2003)	– Bundesweite Initiative in Deutschland, flexibles Instrument. Regionen / Schulen passen Unterlagen für ihren Kontext selber an – Grundlagen sind auf dem Netz abrufbar und werden laufend weiter entwickelt – Im Eigentum der Jugendlichen, wird von der 5. Klasse bis zum Übertritt in Berufswelt mitgenommen	– Förderung Orientierungskompetenz und Selbstverantwortung der Jugendlichen – Anlass für Verankerung der Berufsorientierung in Schulen. Anstoß für eine neue Lernkultur an Schulen – Grundlage für Koordination in der Unterstützung von Jugendlichen – Klarheit für Arbeitgeber	– Diverse Informationen und Arbeitsmittel für Jugendliche zur Unterstützung des Berufsorientierungsprozesses. In drei Versionen je nach Zielgruppe erhältlich. Register: 1. Angebote zur Berufsorientierung an der Schule 2. Mein Weg zur Berufswahl 3. Dokumentation (4. Hilfen zur Lebensplanung)	Alle am Berufsintegrationsprozess Beteiligten: – Jugendliche – Lehrpersonen – Beratende – Eltern – Ausbildungsbetriebe
Bewerbungsportfolio (Winter & Keller, 2010) (Endres et.al., 2008)	– Ausgewählte Dokumentation für Bewerbungen, wird von Jugendlichen im Hinblick auf die konkrete Lehrstelle stets neu zusammengestellt	– Präsentation der individuellen Stärken, Fähigkeiten und Interessen, um die Berufseignung zu belegen	– Bewerbungsschreiben, Zeugnisse, Zertifikate. Beste Arbeiten, Leistungen im schulischen/außerschulischen Bereich, Reflexionen, ausgewählte Elemente im Berufswahlprozess	Ausbildungsbetriebe
Talentportfolio (Stokar et.al., 2010) (Landeshauptstadt Stuttgart, 2010)	– Ausgewählte Dokumentation bester und besonderer Leistungen im schulischen und außerschulischen Bereich – Grundlage für eine spezifische Auswahl ins Bewerbungsportfolio	– Individuelle Ressourcen und Leistungen der Jugendlichen erkennen, fördern und sichtbar machen – Motivation zum eigenständigen Lernen und zur Übernahme von Selbstverantwortung	– Breiteste Palette: Arbeitsprodukte, Projektresultate, Methodenreflexionen (Bau einer Seifenkiste, Kochen) – Darstellung interkultureller Kompetenzen	– Jugendliche, Lehrpersonen, Eltern, Förderlehrpersonen – Auswahl an Ausbildungsbetriebe
Projektportfolio (Winter & Keller, 2010) Lernportfolio (Brunner et al., 2006) Veröffentlichungs- und Präsentationsportfolio (Endres et al., 2008)	– Begleitendes Instrument für ein Projekt resp. einen bestimmten Abschnitt des Lernens	– Motivation, Förderung individuellen Lernens, Grundlage für die dialogische Begleitung durch Lehrpersonen, Übung von Präsentationstechniken, Basis für komplexere Portfolioarbeit	– Ergebnisse des Unterrichts – Arbeitsblätter, Skizzen, Hausaufgaben – Selbst- und Fremdbeurteilungen – Reflexionen	– Jugendliche, Lehrpersonen, Eltern, Beratende, Zielpublikum einer Präsentation, Auswahl an Ausbildungsbetriebe

4. Chancen und Herausforderungen bei der Arbeit mit Portfolios in der Berufsorientierung

Der Portfolioansatz fördert eine neue ganzheitliche und vernetzte Lernkultur. Er dient dem Aufbau von Handlungskompetenzen im Berufswahlprozess – also der systematischen Verknüpfung von Fach-, Selbst-, Sozial- und Methodenkompetenz (Erpenbeck & Heyse, 1999). Dieser Ansatz ist dem komplexen Berufswahlprozess durchaus angemessen. Zugleich ergeben sich nebst allen Chancen bei der Umsetzung in der Praxis der Berufsorientierung auch neue Herausforderungen. Im Folgenden seien Erfahrungen mit eher „schulmüden" und schulleistungsschwachen Jugendlichen in einem kombinierten Berufsvorbereitungsjahr kommentiert.[4]

Unterstützung selbstverantwortlichen Lernens und Reflexion des Lernprozesses

Portfolioarbeit ermöglicht die Förderung der Selbststeuerung. Die Jugendlichen lernen, sich selber Ziele zu setzen und im Blick zu halten, Leistungsmotivation aufrecht zu erhalten und das Lernen eigenverantwortlich voranzutreiben. Schrittweise aufgebaute Projektarbeit kann eine erfolgreiche Methode sein, in die Portfolioarbeit einzusteigen. Ein zentrales Element ist dabei die Reflexion. Wo diese fehlt, wird ein Portfolio zu einer bloßen Sammlung von Dokumenten. Die Fähigkeit zur Selbst- und Fremdeinschätzung ist jedoch eine sehr komplexe und anspruchsvolle Aufgabe, die ebenfalls aufbauend entwickelt werden muss. Vielen leistungsschwächeren Jugendlichen fällt es außerordentlich schwer, eine eigene Position einzunehmen oder über ihre Erfahrungen zu berichten und diese zu bewerten. „Ich habe im Praktikum nichts erlebt, es war immer das Gleiche" oder „ich weiss nicht, was ich schreiben soll …" sind nicht selten Aussagen von Lernenden. Die Führung eines persönlichen Tagebuchs während eines Praktikums stellt für sie beispielsweise bereits eine große Leistung dar. Es setzt eine differenzierte Beobachtung von Tätigkeiten voraus, die Fähigkeit zu gewichten, Entscheide zu treffen und diese zu formulieren. Jugendlichen mit Schwierigkeiten schulische Anforderungen zu erfüllen, fehlt nicht selten die Gewissheit, dass ihre eigene Sicht überhaupt zählt.

Erfahrung von Selbstwirksamkeit

Mit Jugendlichen, deren Erfahrungen von vielen frustrierenden (Schul-)Erfahrungen geprägt sind, Motivation aufzubauen, ist ein langwieriger Prozess. Eine Möglichkeit, Selbstwirksamkeit und Motivation ansatzweise zu erfahren, bietet etwa die Mitwirkung an Klassenprojekten. Im Rahmen von „Wozzeck reloaded"[5] – einem Education-Projekt[6] zusammen mit dem Orchester Basler Sinfonietta und dem Rapper Black Tiger – lernten Jugendliche aus einem Berufsvorbereitungsjahr, gemeinsam etwas zu erarbeiten, mit Schwierigkeiten umzugehen und sich auf der Bühne zu exponieren. Zugleich setzten sie sich mit der scheiternden Figur aus Georg Büchners Drama Woyzeck auseinander. „Ich will kein Woyzeck sein" sagten sie öfters und formulierten auf einmal ihre Träume. Sie

---

4 Konkret: Vorlehre A, Schule für Brückenangebote Basel, Schweiz.
5 http://www.youtube.com/watch?v=rQ1rbuqozYY.
6 Vorbild dieser Projekte des Erziehungsdepartements Basel-Stadt war der Film *Rhythm is it!* mit Simon Rattle und Royston Maldoom.

erlebten einzeln und als Gruppe eine hohe Selbstwirksamkeit, die sie auch im Hinblick auf herausfordernde Situationen im Berufsintegrationsprozess stärkte.

Ressourcenorientierung

> Kern der Portfolioarbeit ist die Fokussierung auf individuelle Stärken und Kompetenzen. Im Portfolio können wichtige und im Schulsystem oft nicht berücksichtigte Potenziale der Lernenden erfasst werden.

Allerdings gehen leistungsschwache Jugendliche in der Freizeit oft Aktivitäten nach, die in der Berufswelt nicht unbedingt als Qualifikation angesehen werden wie „shoppen", „chatten", „chillen". Nur wenige der genannten Jugendlichen verfügen über diverse Nachweise von Freizeitaktivitäten (Babysitterkurs, Sport- oder Pfadfinderleitung etc.), die ihnen bei Bewerbungen Vorteile verschaffen könnten.

> Erfolgversprechend sind Portfolios, in denen Jugendliche aus Migrationsfamilien ihre spezifischen Erfahrungen als Zusatzqualifikationen dokumentieren können.

Im Bereich der Sprachkompetenz kann mit einfachen Methoden der Paradigmenwechsel von der defizitären *„Fremdsprachigkeit"* zur ressourcenorientierten *„Mehrsprachigkeit"* verdeutlicht werden.[7] Die Lernenden verfassen ihr Motivationsschreiben in Deutsch und in ihrer Erstsprache, z. B. Persisch.

Abbildung 1: Motivationsschreiben in Persisch. © Annelis Moser

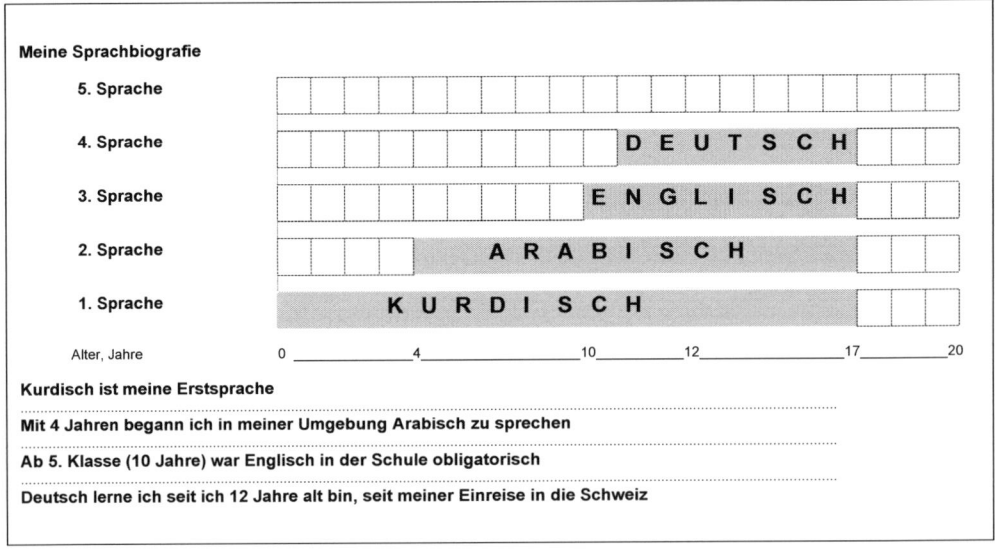

---

7 Die folgenden Instrumente verdanken wir Annelis Moser, Lehrerin am Zentrum für Brückenangebote des Kantons Luzern (Moser, 2008).

Oder sie zeichnen ihre *Sprachlernbiografie*, die belegt, dass Deutsch ihre dritte oder gar vierte Sprache ist. Diese Unterlagen lenken den Blick auf biografisch erworbene Ressourcen und Prozesse und können dazu beitragen, dass allfällig sprachliche Fehler nicht mit mangelnder Intelligenz gleichgesetzt werden, sondern als vorläufige Ungenauigkeiten im Erwerb der x-ten Fremdsprache erscheinen.

Abbildung 2: Sprachbiografie. © Annelis Moser

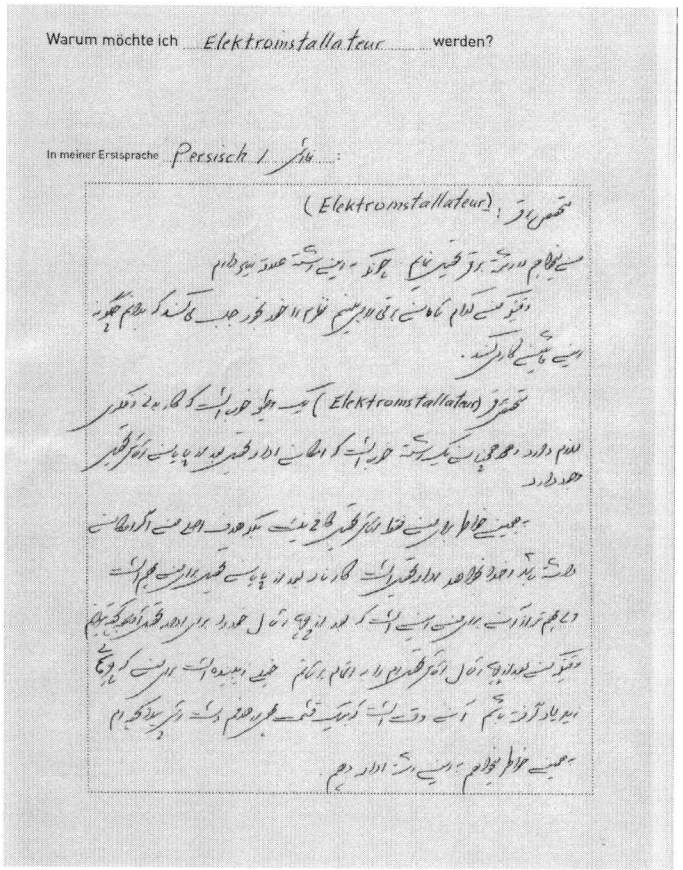

Am wichtigsten ist dabei der Prozess mit den Jugendlichen. Ziel ist es, dass sie selber ihre Mehrsprachigkeit und ihre Erfahrungen im Migrationsprozess als besondere Kompetenzen erkennen, diese überzeugend darstellen und selbstbewusst präsentieren. Es geht dabei nicht nur um die Sprache, sondern auch um Offenheit und Flexibilität, Konfliktfähigkeit und eine hohe Ambiguitätstoleranz, die sie als Grenzgänger/-innen zwischen zwei oder mehr Gesellschaften täglich brauchen. Mehrsprachige Jugendliche verfügen damit auf ihrer Stufe über interkulturelle Kompetenzen (King & Koller, 2006, Handschuck & Klawe, 2004), wie sie im Management internationaler Betriebe zunehmend verlangt werden, jedoch im Ausleseverfahren für Ausbildungsplätze noch kaum anerkannt sind.

Neue Formen der Leistungsbeurteilung

Erweiterte Lernformen im Rahmen der Portfolioarbeit verlangen auch nach neuen Formen der Leistungsbewertung, nach individuellem und differenziertem Feedback und der Würdigung von unterschiedlichen Voraussetzungen und Prozessen der Jugendlichen. Dies setzt allerdings einen klaren schulischen Rahmen voraus. Solange neben den individuellen Feedbacks noch Zeugnisse mit Ziffernnoten – orientiert an der sozialen Norm einer Klasse – verteilt werden, erhalten die Portfolios kaum das nötige Gewicht. Hier sind Schulen gefordert, gerade angesichts erwünschter (angeblich) vergleichbarer Bewertung von Seiten der Ausbildungsbetriebe innovative Lösungen zu suchen, um individuelle, spezifische Kompetenzen sichtbar zu machen.

Neue Rolle der Lehrerinnen und Lehrer, Bedeutung der Mitgestaltung

Wenn Jugendliche stärker als bislang in die Planung, Umsetzung und Bewertung eingebunden sind, verändert sich die Rolle der Lehrenden. Sie rücken als Lernberater/in bzw. Coach das individuelle Kompetenzniveau in den Mittelpunkt und regen Lernprozesse an. Diese Coachings brauchen Zeit und können bei Klassen von 20 Lernenden nicht nebenher geführt werden. Denn viele Jugendliche brauchen vor allem zu Beginn eine enge und individuelle Betreuung, damit sie sich kleine, erreichbare Ziele setzen und entsprechend Erfolge erleben, die sich wieder motivierend für die Weiterarbeit auswirken. Erst dann können die Chancen der Portfolioarbeit im Hinblick auf spannende Lernsituationen und unkonventionelle Lernfelder umgesetzt werden. Gute Erfahrungen machen Schulen, die explizit Zeiten für Einzelcoachings in Stundenplan und Lehrpensen aufnehmen.[8]

5.   Empowerment oder Disziplinierung?

Die knappen Ausführungen zum Portfolio zeigen das Potential für einen förderorientierten Unterricht. Methoden, die individuelles Lernen begünstigen, bei den Ressourcen der Jugendlichen ansetzen und sie stärken, sind aus erziehungswissenschaftlicher Sicht begrüßenswert. Diese Ermutigung ist besonders dort herausfordernd, wo Jugendliche über eigene oder familiäre Diskriminierungserfahrungen verfügen, die bei den Selektionsprozessen in der Berufsintegration noch einmal aktiviert werden.

Deutlich wurde auch:

> Die Einführung von Portfolioarbeit stellt ein komplexes langfristiges Unterfangen dar, das auch strukturelle Anpassungen und Ressourcen der Schulen erfordert.

Für den Erfolg ist zentral, dass das Portfolio nicht von oben verfügt wird, sondern Lehrpersonen den Prozess aktiv mitgestalten und auf ihre spezifischen Klassen abstimmen können. Sorgfältige Planung, ein machbarer zeitlicher Aufwand und die Abgrenzung gegenüber erhöhten Ansprüchen sind dabei wichtige Prinzipien in der täglichen Arbeit.

---

8   So etwa das Zentrum für Brückenangebote des Kantons Luzern.

Eine rasche, forcierte und flächendeckende Implementierung der Portfoliomethode entmutigt dagegen alle: Jugendliche und Lehrpersonen.

Abschließend sei kritisch auf den stark erwerbarbeitszentrierten Kontext, in dem die Portfolioarbeit entstanden ist, hingewiesen. Es versteht sich von selbst, dass pädagogische Maßnahmen strukturelle Probleme des Ausbildungsmarktes nicht lösen können. Selbst wenn die Jugendlichen überzeugende Bewerbungen gestalten, ist die Chancenungleichheit in der Gesellschaft nicht aufgehoben (Haeberlin, Imdorf & Kronig, 2004). Auch persönlich gestaltete Portfolios werden wie die bisher knapperen Bewerbungen gnadenlos aussortiert, solange nicht mehr Ausbildungsplätze zur Verfügung stehen. Die Arbeit mit Portfolios führt tendenziell zu höheren Ansprüchen an Bewerbungsunterlagen und baut damit neue Hürden auf. So gibt es bereits Tendenzen, dass Ausbildungsbetriebe zusätzlich zum Zeugnis und zu betriebseigenen Tests zwingend Belege für Einstufungen nach dem europäischen Sprachenportfolio oder leistungsvergleichende Tests (wie z. B. Check, Basic Check) verlangen. Dieser Tendenz zu „Hochglanz-Portfolios" (Bräuer, 2006) ist politisch entschieden entgegen zu steuern.

Der Anspruch, dass Jugendliche spätestens ab der 7. Klasse das Management ihres Berufswahlprozesses und ihrer Ressourcen übernehmen sollen, löst zudem auch Unbehagen aus. So etwa, wenn sie trainiert werden, alle im Rahmen formellen oder informellen Lernens erworbenen Kompetenzen durch Dritte bestätigen zu lassen und sich zusätzlich mit Selbstbewertungen nach Mustervorlagen zu versehen (Lumpe, 2003, S. 5f). Lebensmöglichkeiten und Erfahrungsräume werden so auf den Aspekt der fortlaufenden Qualifikation reduziert.

Die Gefahr besteht, dass Jugendliche in der Praxis mit Portfolios kein Empowerment (Rappaport, 1981), sondern eine Disziplinierung erfahren, so dass sie sich in Zukunft nicht mehr fragen: Was möchte ich tun, wo will ich experimentieren – sondern: Was bringt mir dies für mein schulisches und berufliches Fortkommen, für mein Lebensportfolio?

Erstaunlicherweise sind im Zusammenhang mit dem Berufswahlpass Fragen von Vertraulichkeit und Einsichtnahme ins Portfolio kaum kritisch erwähnt (Lumpe, 2003). Die Verfügbarkeit von Unterlagen für alle Beteiligten wird dort durchwegs als positiv bewertet. Unseres Erachtens sind jedoch Lehrpersonen gefordert, die Jugendlichen genau anzuleiten, welche Daten freigegeben werden, wo die Privatsphäre geschützt werden muss, damit nicht analog zu *gläsernen Kund/inn/en*, *gläserne Bewerbende* entstehen. Diese Fragen stellen sich bei elektronischen Portfolios besonders drängend.

Diese kritischen Einwände sind kein Plädoyer gegen Portfolios in der Berufsorientierung, spiegeln jedoch das Anliegen, mit einer differenzierten Methode sorgsam umzugehen. Es gilt, immer die Stärkung der Jugendlichen im Auge zu haben. Das kann auch heißen, Jugendliche zu ermutigen, sich nicht nur in den Dienst der Ökonomisierung der Gesellschaft zu stellen, sondern sich auch dagegen abzugrenzen, der Verfügbarkeit zu widersetzen. Das Ziel wäre, dass sie den Selbstwert aus sich selber und nicht nur aus vorzeigbaren Leistungen schöpfen.

Wünschbar für Jugendliche bleibt, dass sie auch weiterhin zweckfrei Muße erleben dürfen. Denn Experimentieren und Grenzen-Testen sind konstituierende Merkmale der Jugendphase, dazu gehört auch, verschlungene abenteuerliche Pfade zu gehen, abseits von planierten „*Laufbahnautobahnen*".

Literatur

Bräuer, G. (2006). Keine verordneten Hochglanz-Portfolios, bitte! Die Korruption einer schönen Idee? In I. Brunner, T. Häcker & F. Winter (Hrsg.), *Das Handbuch Portfolioarbeit. Konzepte – Anregungen – Erfahrungen aus Schule und Lehrerbildung* (S. 257–261). Seelze: Kallmeyer.

Brunner, I., Häcker, T. & Winter, F. (Hrsg.) (2009). *Das Handbuch Portfolioarbeit. Konzepte – Anregungen – Erfahrungen aus Schule und Lehrerbildung.* Seelze: Kallmeyer.

Easley, S. & Mitchell, K. (2004). *Arbeiten mit Portfolios. Schüler fordern, fördern und fair beurteilen.* Mülheim an der Ruhr: Verlag an der Ruhr.

Erpenbeck, J. & Heyse, V. (1999). *Die Kompetenzbiographie: Strategien der Kompetenzentwicklung durch selbstorganisiertes Lernen und multimediale Kommunikation.* Münster: Waxmann.

EDK Schweizerische Konferenz der kantonalen Erziehungsdirektoren (Hrsg.) (2010). *Europäisches Sprachenportfolio, ESP III für Jugendliche und Erwachsene.* Bern: Schulverlag plus AG.

Endres, W., Wiedenhorn, T. & Engel, A. (Hrsg.) (2008). *Das Portfolio in der Unterrichtspraxis. Präsentations-, Lernweg- und Bewerbungsportfolio.* Weinheim und Basel: Beltz Verlag.

Häcker, T. (2006a). Wurzeln der Portfolioarbeit. Woraus das Konzept erwachsen ist. In I. Brunner, T. Häcker & F. Winter (Hrsg.), *Das Handbuch Portfolioarbeit. Konzepte – Anregungen – Erfahrungen aus Schule und Lehrerbildung* (S. 27–32). Seelze: Kallmeyer.

Häcker, T. (2006b). Vielfalt der Portfoliobegriffe. Annäherungen an ein schwer fassbares Konzept. In I. Brunner, T. Häcker & F. Winter (Hrsg.), *Das Handbuch Portfolioarbeit. Konzepte – Anregungen – Erfahrungen aus Schule und Lehrerbildung* (S. 27–32). Seelze: Kallmeyer.

Haeberlin, U., Imdorf, C. & Kronig, W. (2004). *Von der Schule in die Berufslehre. Untersuchungen zur Benachteiligung von ausländischen und von weiblichen Jugendlichen bei der Lehrstellensuche.* Bern: h.e.p.

Handschuck, S. & Klawe, W. (2004). *Interkulturelle Verständigung in der Sozialen Arbeit. Ein Erfahrungs-, Lern- und Übungsprogramm zum Erwerb interkultureller Kompetenz.* Weinheim/München: Juventa.

King, V. & Koller, H. (Hrsg.) (2006). *Adoleszenz – Migration – Bildung. Bildungsprozesse Jugendlicher und junger Erwachsener mit Migrationshintergrund.* Heidelberg: Verlag für Sozialwissenschaften.

Kober, R. (2004). *Eigene Wege gehen mit einem Portfolio.* Verfügbar unter: http://www.bqm-handbuch.de/site/html/cms.php?cont=205 (09.03.2011).

Landeshauptstadt Stuttgart/Jugendamt (Hrsg.) (2010). *Handreichung Berufswahl-Portfolio für Haupt- und Werkrealschulen.* Verfügbar unter: http://www.stuttgart.de/item/show/394608/1 (09.03.2011).

Lumpe, A. (2003). *Handreichung zum Berufswahlpass.* Verfügbar unter: http://www.berufswahlpass.de/fileadmin/user_upload/pdf/handreichnung_ebook_DINA4.pdf (23.03.2011).

Moser, A. (2008). *Ressource statt Defizit: Das Europäische Sprachenportfolio als Anstoss für Jugendliche mit Migrationshintergrund bei der Lehrstellensuche auf Mehrsprachigkeit und interkulturelle Kompetenzen hinzuweisen.* Unveröffentlichte Zertifikatsarbeit, Fachhochschule Nordwestschweiz in Basel.

Rappaport, J. (1981). In praise of paradox: A social policy of empowerment over prevention. In *American Journal of Community Psychology*, 9, 1–25.

Rechsteiner, M. (2005). *Die Welt der Portfolios*. Unveröffentlichtes Manuskript, Fachhochschule Nordwestschweiz in Liestal.

Schmid, R. & Barmettler, C. (2009). *Berufswahl-Portfolio*. Dübendorf: S&B Institut.

Stokar Bischofberger, E., Schelbert, B. & Eisenbart, U. (2010). *Stärken entdecken – erfassen – entwickeln. Das Talentportfolio in der Schule*. Bern: Schulverlag plus.

Wiedenhorn, T. (2006). *Das Portfolio-Konzept in der Sekundarstufe. Individualisiertes Lernen organisieren*. Mülheim an der Ruhr: Verlag an der Ruh.

Winter, F. (2004). *Leistungsbewertung. Eine neue Lernkultur braucht einen anderen Umgang mit den Schülerleistungen*. Baltmannsweiler: Schneider.

Winter, F. (2006). Wir sprechen über Qualitäten. Das Portfolio als Chance für eine Reform der Leistungsbewertung. In I. Brunner, T. Häcker & F. Winter (Hrsg.), *Das Handbuch Portfolioarbeit. Konzepte – Anregungen – Erfahrungen aus Schule und Lehrerbildung* (S. 27–32). Seelze: Kallmeyer.

Winter, F. & Keller, M. (2010). *Stärken zeigen bei der Berufswahl. Berufswahl- Bewerbungs- und Abschlussportfolio für die Sekundarstufe I (Version für die Schweiz – Kanton Zürich)*. Verfügbar unter: http://www.portfolio-schule.de (23.03.2011).

Lothar Beinke

Das Betriebspraktikum als Instrument der Berufsorientierung

1. Einleitung

Widersprüchliche Aussagen über den Wert eines Betriebspraktikums zwingen zu überlegen, wie zur Sicherung optimaler Ergebnisse, die den hohen Einsatz dieser Veranstaltungen rechtfertigen, ein Modell entwickelt werden kann.

Geht man den Mängeln des Betriebspraktikums nach, dann beschäftigt man sich notwendigerweise verstärkt mit der für uns zentralen Zielsetzung der Arbeitslehre: Erleichterung der Berufsfindung. Deshalb führen wir im Folgenden die Auseinandersetzung mit dieser Realbegegnung und der mit ihr erreichbaren Praxisinformationen und -erfahrungen.

Eine wirkliche Berufswunschkontrolle im Praktikum wäre möglich, wenn die Praktikanten vermehrt mit berufsspezifischen Tätigkeiten konfrontiert würden, doch dann werden die ausgeübten Tätigkeiten von Schülerinnen und Schülern im Betrieb ohne Zusammenhang mit Einordnungsmöglichkeiten in Berufsbilder erlebt.

Die Lehrer können außerdem kaum Defizite der Betriebspraktika ausgleichen, was die Einordnungsmöglichkeit in das Betriebsgeschehen weiter erschwert. Nur diejenigen Schüler, die sich sehr früh mit ihrer beruflichen Zukunft auseinandergesetzt haben, zeigen eine größere Berufszufriedenheit, die als Erfolg für die getroffene Berufswahl diagnostiziert werden kann. Dann aber kann die Berufswahlhilfe nicht punktuell und monostrukturiert sein.

2. Ziele des Betriebspraktikums

Wir wissen, dass die Kenntnisse über den gewünschten Beruf sich auf jeden Fall positiv auswirken. Eine Gefahr für Praktika ist eher, dass sie Eindrücke und nicht Kenntnisse vermitteln. Es ist erforderlich, die Praktika anders zu gestalten, und es müssen zusätzlich andere Angebote gemacht werden.

Auf das Betriebspraktikum wird in der Literatur häufig als das wichtigste methodische Instrument für das Kennenlernen eines Berufes hingewiesen. Es muss aber auch deutlich beachtet werden, dass das Betriebspraktikum diesen Stellenwert nur behaupten kann, wenn es bestimmte Voraussetzungen erfüllt. Selbst wenn das Betriebspraktikum optimal gestaltet werden könnte, kann es keinen Ersatz für ökonomische, technische und berufskundliche Grundstudien in der Schule darstellen.

In Einzelaspekten kann man natürlich positive Wirkungen von Betriebspraktika feststellen. So bei der Reduktion von Unsicherheit im Berufswahlprozess, der Stärkung des Selbstbewusstseins und dem Aufsuchen von Beratern. Die Einflüsse auf konkrete Berufsentscheidungen werden von ihm überwiegend in der Bestätigung des Berufswunsches gesehen. „Das Schülerpraktikum führt vermutlich zu keiner höheren Rationalität bei der Berufswahlentscheidung, als sie auch schon vor dem Praktikum vorhanden war.

Vermutlich kann das Schülerpraktikum höchstens dazu führen, dass generell eintretende Rationalitätsverluste bei der Berufswahlentscheidung kompensiert werden können." (Gerbing, 1975) Auf die Frage der Rationalität als notwendige Entscheidungsbasis in der Berufswahl kommen wir noch zurück.

Aber über welche Berufswünsche kann man objektive Aussagen machen, die eine Bestätigung rechtfertigen? Versucht man, die künftigen Anforderungen in der Arbeitspraxis zu erforschen, herrscht generell große Unsicherheit über die Prognosefähigkeit der gesammelten Daten. Für die berufliche Tätigkeit der jetzt heranwachsenden Jugend wäre – unter gegenwärtigen arbeitsrechtlichen Bedingungen und tarifrechtlichen Rahmendaten – eine Voraussage für ca. 40 Jahre notwendig. Solche Zeiträume sind für die Arbeitsmarkt- und Berufsforschung nicht nur auf dem Gebiet der Berufsanforderungen, sondern auch hinsichtlich der Strukturierung von Arbeitsplätzen und Fertigungsanlagen als langfristig einzuschätzen, so dass von dieser Seite her kaum über futuristische Ansätze hinaus ernsthafte Prognosen über diesen Zeitraum hin vorgelegt werden können. Auch die Versuche, allgemeinere Aussagen über die künftige Entwicklung vorzulegen, etwa in dem Sinne, unsere Wirtschafts- und Arbeitswelt unterliege einer ständigen größeren Verwissenschaftlichung, erlauben keine konkreten Voraussagen, erstens weil es schwierig ist, aus solchen allgemeinen Postulaten wirklich für einen konkreten Beruf oder gar Arbeitsplatz Voraussagen abzuleiten, zweitens weil Forschungsergebnisse für kurzfristige Prognosen ein sehr viel differenzierteres Bild von einer künftigen Produktions- und Konsumgesellschaft zeigen.

Auch in positiven Bewertungen abgeschlossener Betriebspraktika durch die Beteiligten – Schülerinnen und Schüler, Lehrer, Eltern und Ausbilder – wird ein Verbesserungswunsch fast immer genannt: Die zur Verfügung gestellte Zeit müsste erweitert werden. Statt eines dreiwöchigen könne dann in einem z. B. vierwöchigen Praktikum eine bessere Berücksichtigung der gesteckten Ziele erreicht werden.

Allein die Tatsache, dass dieses Zeitargument auch bei unterschiedlich langen Betriebspraktika gebraucht wird, macht stutzig gegenüber der Schlussfolgerung, mehr Zeit garantiere größeren Erfolg.

Vielmehr muss man befürchten, dass die Zwänge der Zeit die Auswahl der Themen derart bestimmen, dass gerade die notwendige Transparenzerzeugung bei dem Kennenlernen der so komplexen Produktionsstruktur unserer Industrie mit ihrer hochgradigen Arbeitsteilung und der Vielfalt der Berufe und der Verästelungen in nur einem Berufsbild (so sind z. B. Lehrberufe nicht immer identisch mit Erwachsenenberufen; konkrete Arbeitsanforderungen sind zumeist produktions- und/oder betriebsabhängig) mit dem Hinweis ausgeblendet wird, es mangele an der notwendigen Zeit, ob man ein solches Programm realisieren wolle.

Fremde Erwartungen können der Arbeit des Betriebsalltags nicht einfach aufgepfropft werden. Das kostet Abstimmungsleistung. All dieses formt das Zeitraster der Praktikanten mit Hilfe von Überschätzungen des eigenen Vermögens. Sicherlich ein Grund dafür, dass – besonders unmittelbar nach dem Abschluss des Praktikums von allen Beteiligten – unisono die Veranstaltung als Erfolg interpretiert wird. Die Praktikanten haben auf bewährte Praktiken – vermittelt durch die Betriebsbetreuer – zurückgegriffen, um im Sinne der Schule und der Betriebe als erfolgreiche Praktikanten eingestuft zu werden. Damit haben sie sich den Zugang, durch eigene Tätigkeiten und Lösungen zu lernen, versperrt.

Die Tendenz, jetzt sogar ein zweites und drittes Betriebspraktikum zur Nutzensteigerung zu fordern, macht stutzig, nicht nur, weil damit auf die Betriebe doppelte oder gar dreifache Belastungen zukämen, sondern weil in dieser Entwicklung eines Instrumentariums eigentlich pädagogische Hilflosigkeit zum Ausdruck kommt. Es ist eben nicht bereits bewiesen, dass die Wünsche von Betrieben, Pädagogen und Schülern auf Verlängerung oder Vervielfältigung der Betriebspraktika zu einer Verbesserung führen. Es signalisiert aber in jedem Falle, dass die Betroffenen mit dem Ergebnis dieses einen Betriebspraktikums gerade nicht die in es gesetzten Erwartungen erfüllt sahen, dass nämlich der Lernort Betrieb im Praktikum die Sachverhalte vermittelt, die im Unterricht der Schule notgedrungen abstrakt bleiben müssen oder vernachlässigt werden.

Dieses ist aber nicht nur der Tatsache geschuldet, dass Zeit stets begrenzt zur Verfügung steht, es entstehen bereits Selektionseffekte. Zeit – Fristen und Termine – sind oft auch institutionalisierte Ausreden. Mangelhafte Zielerreichung wird kaschiert.

Das sieht dann so aus: Der Praktikant bastelt vor dem Hintergrund der vorgegebenen Zeitstruktur sein eigenes Zeitraster. Er „nimmt unmittelbar teil an der Arbeit des ... Alltags, die er nicht kennt. Der Praktikant kennt auch den Betreuer und dessen Erwartungen nicht, die gerade in einem Betrieb mit vielen Unbestimmtheitsstellen die Situation in einem hohen Maße bestimmen. Erwartungsstruktur und Zeithorizont der Beteiligten müssen dann in Einklang gebracht werden, und wenn dies nicht nur im Sinne einer ‚Einweg-Kommunikation‘ geschehen soll, wird das Zeitbudget strapaziert." (Fitzner, 1979)[1]

Ist es aber richtig, Praktika wegen begrenzter Informationsangebote und nicht ausreichender Strukturen kritisch zu beurteilen, wo doch unzweifelhaft feststeht, dass hier in Konkurrenz und Ergänzung zum Schulraum doch ein Realitätsraum den Schülerinnen und Schülern angeboten werden kann?

Um es noch einmal sehr deutlich herauszustellen: Es geht nicht darum, den Schülerinnen und Schülern wirksame Praxiskontakte zu verwehren, die Erfahrungen und Kenntnisse für die Berufswahlsituation vermitteln. Im Gegenteil, die Praktika sollen das leisten, was sie zu leisten vermögen. Sie müssen aber von Forderungen entlastet werden, die ihnen nur deshalb zugeschoben wurden, weil die Schule sie nicht leisten kann.

Es bleiben weiter – wenn auch wahrscheinlich nicht im Zusammenhang mit der jetzigen Form der Betriebspraktika – die Notwendigkeiten bestehen, auf die Praxis der Berufs- und Arbeitswelt auch praxisorientiert vorzubereiten. Dazu können dann aber auch eher spezielle, nach pädagogischen Gesichtspunkten strukturierte Werkstätten erforderlich sein, als die unmittelbare und segmentierte Erfahrungschance bei der Konfrontation in unüberschaubaren Produktionsgängen.

Es geht also nicht um die Frage, ob die Praxis in einem mehr oder weniger großen Teil der vorberuflichen Bildung eine Rolle zu spielen habe. Es geht vielmehr um die Frage, ob diese Praxisorientierung auch in unmittelbarer Anschauung und Eigentätigkeit in der „Ernstsituation" geübt werden kann, in der nur segmentierte und von der Zielsetzung her uneinsichtige Verfahren eingeübt werden können, die das Eindringen in die

---

1   Es sind im Sinne der Schülerbetriebspraktika Veränderungen im Text vorgenommen worden.

gesamten Produktions- und Arbeitsprozesse und die Verbindung zu beruflicher Tätigkeit nicht erleichtern.

Wenn wir also davon ausgehen, dass vorhandene Daten deutlich eine Veränderung der Arbeitswelt signalisieren, dann ist das der erste Schritt, der die Überlegungen legitimieren soll, das Betriebspraktikumskonzept zu überdenken.

Die Feinziele eines solchen Betriebspraktikumskonzeptes gliedern sich nach Platte in drei Bereiche, denen gleichermaßen Rechnung getragen werden soll:

- Unter den *berufsorientierenden Aspekt* fällt der Erwerb der Kenntnisse, die den Schülerinnen und Schülern einen Beitrag zur Berufswahlhilfe bieten.
- Der *soziale Aspekt* umschließt das wirklichkeitsnahe Erleben der Arbeitssituation, sowohl das Kennenlernen sozialer Konflikte und bestimmter Verhaltensweisen innerhalb der Berufstätigkeit als auch das Kennenlernen der Organisation des Betriebes.
- Zum *funktionalen Aspekt* gehören zusätzlich die Überprüfung der im Unterricht vermittelten Kenntnisse und Fertigkeiten und die Aneignung solcher, die im Unterricht nicht vermittelt werden können.

Die Diskussion eines solchen Betriebspraktikumskomplexes soll zunächst kritisch geprüft werden. Vor allem dort, wo das Praktikum durch komplexe Ziele und Funktionen, die z.T. sogar durch widersprüchliche Anforderungen in Konflikt miteinander stehen, überfrachtet wird. Die zu Grunde liegende Lernzieltheorie fordert die Operationalisierung der Lernziele. Die können hier aber nicht eingelöst werden. Da die Lehrpersonen selbst keine Erfahrungen und genauen Kenntnisse über die im Praktikum erprobten Ausbildungsberufe besitzen, bleibt die Frage, ob durch die geforderte Nachbereitung des Praktikums, die für eine Berufswunschkontrolle unabdingbare Voraussetzung ist, die Eignungsfeststellung für einen Beruf überhaupt getroffen werden kann. Zu kritisieren ist auch der im Praktikum oftmals nicht formalabschlussadäquate Einsatz der Schülerinnen und Schüler. Hinsichtlich des sozialen Aspektes bleibt anzuzweifeln, ob beispielsweise Konfliktsituationen in der zumeist dreiwöchigen Praktikumszeit in ihrer ganzen Tragweite erfasst und nachvollzogen werden können. Und im Bereich des funktionalen Aspektes steht der soziale Aspekt damit im Widerspruch, dass körperlich anstrengende Tätigkeiten den Erwerb theoretischer Kenntnisse über den Betrieb erschweren.

3. Reichweite und Gestaltung des Betriebspraktikums im Spiegel empirischer Befunde

Erhebungen haben ergeben, dass vor dem Praktikum schon viele Schüler Berufswünsche entwickelt haben. Diese Wünsche werden als motivationale und auslösende Aspekte für die Praktikumsstellenwahl von den Schülerinnen und Schülern benutzt. Bisher konnte allerdings der Einsatz in dem Wunschberuf nicht für alle Schülerinnen und Schüler garantiert werden. In einer Untersuchung konnte nachgewiesen werden, dass nur jeder zweite Schüler die Chance hatte, seinen konkreten Berufswunsch im Praktikum zu überprüfen.

Dadurch ist auch die Neigung niedrig, im Praktikum angebotene Berufe, die nicht dem Berufswunsch entsprachen, dennoch zu ergreifen. Bei der Realisierung dieses Praktikumsmodells wirkt ein Ergebnis besonders erschreckend, dass nämlich drei Viertel aller Schülerinnen und Schüler angeben, durch das Praktikum keinerlei Auswirkung auf ihre Berufswahl erfahren zu haben.

Nun gilt das Praktikum zwar nicht allein der Berufswunschkontrolle und der Berufsfindung. Dennoch geht die Motivation zum Eintritt in ein Betriebspraktikum eindeutig von der Vorstellung der Berufswunschkontrolle aus. Die Hauptwirkung der Betriebspraktika liegt in der Verstärkung konkreter Wünsche, in geringem Maße auch auf Abschreckung von vorangegangenen Wünschen. Anregung zu neueren Überlegungen, die dann auch auf Entscheidungen durchschlagen, erfolgt nur in einem eher geringen Maße. Betriebspraktika in ihrer globalen Orientierung – darunter verstehen wir Praktikumsmodelle, die keine spezifische, aspekthafte Struktur gewonnen haben, berücksichtigen auch nicht, dass bei der Berufswahl die Jugendlichen sich sehr nach Berufsgruppen unterscheiden. Die Jugendlichen orientieren sich bei der Suche eines Ausbildungsplatzes auch häufig an den Betrieben, so dass die Betriebswahl faktisch eine starke Bedeutung gewinnt. Sie wissen, dass z.B. die Betriebsgröße auch einen formalen Wert bei der Ausbildung besitzt und dass dieser formale Wert den Rang und die Qualität ihres Berufsabschlusses bestimmt. Wenn bei den Betriebspraktika die Wirkung auf Schullaufbahn und Schulabschluss nicht berücksichtigt wird, dann verkürzt das unzulässig den Berufswahlprozess auf die Bildung und Festigung von ad hoc zustandegekommenen Berufswünschen. Die Berufswahlhilfe in der Schule sollte deswegen einen deutlichen Vorlaufcharakter vor dem Betriebspraktikum haben.

Wie kann man nun Eindrücke aus Praktika, gestückelte, unsystematisch erlebte Situationen und damit begrenzte Erfahrungen derart nutzen, das für unser Ziel – eine bessere Berufsorientierung zu gewinnen – wichtige Wissen zu sammeln? Praxis muss unterschieden werden vom bloßen Bewirken von Wirkungen. Vielmehr bedeutet Praxis, einem Handlungszwang zu unterliegen. Kann Praxis deshalb ebensowenig wie bloße Theorie keine verwertbaren Eindrücke vermitteln? Schule aber braucht zur Erzielung von Lernerfolgen nicht nur wissenschaftlich exaktes Arbeiten, sie braucht auch die Wahrnehmung, die durch Stimmungslagen beeinflusst ist.

Das Gefüge unserer Vorstellungen ist in einem nicht unerheblichen Maße von Stimmungen und von Vorurteilen geprägt. Berufswahlen werden in einem hohen Maß von Emotionalität geformt, das bei den Schülerbetriebspraktika wirksam wird. Das sind die Erwartungen des Neuen, die Furcht vor Belastungen, die Wünsche nach der Beteiligung der Freunde, die neuen Anforderungen, die Wahl oder Abwahl von Betrieben oder Personen. Diese Emotionalität ersetzt den allgemeinen „Erfahrungsverlust" in der Arbeitswelt. „In der modernen Zivilisation hat sich das Lernen wie nie zuvor kulturell verselbständigt, weil sich heute der Kreis des Wissens, auf den wir für Orientierungs- und Handlungszwecke angewiesen sind, ungleich weiter erstreckt als die Reichweite von Erfahrungen, die sich über „learning by doing it" je gewinnen lassen." (Fritzner, 1979, S. 16) Die Emotionalität gilt es nutzbar zu machen.

Es kommt noch die Erkenntnis hinzu, dass etwa die technische oder wirtschaftliche Funktionsweise eines Betriebes heute zunehmend nicht mehr anschaulich ist. Dennoch können die Realbegegnungen nicht wegfallen. Sie sind als Illustration der vorgegebenen

Informationen – also als Verstärkungen – wirksam. Die Schüler lernen nicht komplexere technische Abläufe kennen oder durchdringen die Betriebsorganisation oder erkennen die Qualifikationsprofile der Beschäftigten, sie sehen nicht die informellen Beziehungen am Arbeitsplatz. Aber sie sehen und hören Einzelfälle aus diesem komplexen Wirken und erfahren, wie es sie berührt.

Damit wird die Informationsfülle, die in einem Praktikum nicht einmal als geordnete Information garantiert wird, im Erlebnis greifbar, und die Generalisierungen bleiben in dem vorgegebenen Gerüst.

Das Praktikum soll den Jugendlichen eine erste Grundorientierung über die sie bereits umgebende und sie als Bewährungsraum erwartende Arbeits-, Wirtschafts- und Sozialwelt eröffnen und ein differenziertes Interesse für diese Wirklichkeit erwecken. Es soll ihnen ein Vorverständnis der Arbeitswelt eröffnen, indem es ihnen fundamentale Erfahrungen vermittelt, nämlich was es heißt, täglich sieben bis acht Stunden zu arbeiten, bei untergeordneten und stereotypen Tätigkeiten aufmerksam auszuhalten, sich dem Gesetz der Sache und der betrieblichen arbeitsteiligen Organisation einzufügen.

Es geht darum, nach kritischer Sicht das Schülerbetriebspraktikum so zu strukturieren und curricular einzubinden, dass es in seinen Grenzen den Schülerinnen und Schülern die günstigeren Möglichkeiten bietet, über ihre Berufswünsche praktische Erkenntnisse und Ansätze von Erfahrungen zu sammeln und zu verwerten.

In einer soeben erschienenen Studie wird das Praktikum als Problem deutlich, dessen Beachtung bei einer unvoreingenommenen Betrachtung unbedingt zu berücksichtigen ist. Die Untersuchung (Beinke, 2011) beschäftigt sich mit der Frage, ob Auszubildende in der Ausbildung dadurch scheitern, dass eine nicht eingelöste Berufswunschwahl zu Kompromissen zwang. Ihre Hypothese war: Wer den Wunschberuf – unter Berücksichtigung einer Bestätigung durch ein Betriebspraktikum – nicht erreichen konnte, steht in größerer Gefahr, den Erfolg der Ausbildung zu verfehlen: den Ausbildungsvertrag zu lösen.

Zur Prüfung der Hypothese, dass ein Zusammenhang bestehe zwischen nicht erreichtem Wunschberuf und Ausbildungsabbruch, war die Frage danach gestellt worden, wer seinen Wunschberuf im Praktikum kennen lernen bzw. wer seinen Berufswunsch in seiner Ausbildung realisieren konnte.

Die Auswertung verschiedener Fragen ergab, dass nur 56 % überhaupt den Wunschberuf in ihrem Praktikum erfahren konnten; 44,7 % wählten Berufe, die auf ihrer Prioritätenliste nicht an der Spitze standen; 22.1 % hatten den jetzigen Beruf ohne vorangegangene Praxiserkenntnisse ergriffen, weitere 23,7 % hatten lediglich Kenntnisse aus Ferienjobs und privaten Kontakten. Wo blieb die Motivation, die von den Eindrücken und den Erfahrungen aus den Praktika gewonnen werden sollten?

Andererseits hatten 55 % ihren Wunschberuf nicht erreicht, auch wenn ein entsprechendes berufsspezifisches Praktikum absolviert worden war. Lediglich 33,5 % der befragten Jugendlichen hatten für den Wunschberuf einen Praktikumsplatz erhalten. Aber alle – es handelte sich um Haupt- und Realschulabsolventen – waren von ihrer Schule in ein Pflichtpraktikum geschickt worden.

Als Beitrag für eine Berufsorientierungsmaßnahme, die von den Schülern und Schülerinnen zunehmend als für sie hoch wirksam eingeschätzt wird, ist das Ergebnis wenig zufriedenstellend. Besonders für diejenigen, die ihren Berufswunsch durch die Praktika festigen konnten, dann aber an den Realitäten des Ausbildungsmarktes scheitern.

4. Fazit und Gestaltungsempfehlungen

Das Betriebspraktikum als Instrument der Berufsorientierung:
- Dem Praktikum vorangehende Betriebserkundungen bringen einführende Übersichtlichkeit, die im Praktikum die Betriebsabläufe transparenter wirken lassen.
- Das Praktikum begleitende Lehrer sind generell Ansprechpartner für die Betriebe.
- Die Lehrerfortbildung muss als integrierten Bestand die unterrichtliche und begleitende Kompetenz durch Maßnahmen vermitteln.
- Ein Praktikum ist keine Probelehre, einen nachhaltigen Erfolg erreicht es als Blockpraktikum.

Trotz des Problems, dass ein Ausbildungsabbruch auch bei intensiver Berufsorientierung einschließlich der Betriebspraktika nicht ausgeschlossen werden kann, da die Vorbereitung nur in geringen Maße mit der Ausbildungsrealität übereinstimmt, sind Forderungen an Praktika zu stellen – oder besser: gerade deswegen – die zur Verbesserung ihrer Wirksamkeit führen.

Deswegen wurde der folgende Katalog mit 12 Punkten aufgestellt, der zu einem guten – oder zumindest besseren – Betriebspraktikum führen könnte.

1. Betriebspraktika sind keine isolierten betrieblichen Veranstaltungen, die losgelöst von der Schule stattfinden. Deshalb ist eine Betreuung auch während des Praktikums durch den Lehrer erforderlich.
2. Um eine reibungslose Koordination zwischen Betrieb und Schule zu gewährleisten, ist es notwendig, dass sowohl Schule als auch Betrieb je einen ihnen namentlich bekannten Ansprechpartner haben.
3. Betriebspraktika verlangen eine Vorbereitung bereits in der Schule. Über diese Vorbereitung sollte auch der Betrieb informiert werden, damit er sich während des Praktikums darauf einstellen kann und u.a. weiß, inwieweit die Schüler schon Sachkenntnisse besitzen. Ein weiteres Instrumentarium zur Vorbereitung von Betriebspraktika sind Betriebserkundungen, besonders dann, wenn sie unter den Aspekt (Aspekterkundung) der Berufsorientierung gestellt werden.
4. Bei der zunehmenden Zahl von Praktika wird es immer notwendiger, diese zeitlich zu koordinieren. Es muss vermieden werden, dass die Betriebe nur an einem oder zwei Terminen im Jahr zur Durchführung von Praktika aufgefordert werden. In Absprachen lassen sich die minimieren, denn auch Ausbilder kennen den Zusammenhang zwischen der Systematik des Lehrstoffes und seiner Zeitstruktur einerseits und der Zielerreichung des Unterrichts andererseits.
5. Eine erfolgreiche Vorbereitung und Nachbereitung eines Betriebspraktikums setzt auch einen gut informierten Lehrer voraus. Deshalb müssen die Lehrer im Rahmen der Lehrerausbildung oder in verpflichtenden Kursen innerhalb der Lehrerfortbildung auf Schülerpraktika vorbereitet werden.
6. Neben der Sachkenntnis der Lehrer wird die Qualität der Vorbereitung und der Nachbereitung wesentlich bestimmt durch den vom Lehrplan und von der Stundentafel zugestandenen Zeitaufwand.

7. Die Aufgaben- und Fragenkataloge, die die Schüler für das Praktikum mitbekommen, dürfen nicht isoliert vom Betrieb entstehen. Da die Aufgaben- und Fragenkataloge standardisiert werden können, müssen Lehrer und Ansprechpartner im Betrieb sich rechtzeitig vor Praktikumsbeginn abstimmen.
8. Mit einem Schülerpraktikum darf für einen Betrieb nicht die Leistungsbeurteilung des Praktikanten während des Praktikums zwingend verbunden sein.
9. Ein Praktikum ist keine Art Probelehre. Natürlich können die gemachten Erfahrungen für die Beurteilung zur Befähigung zu einer Berufsausbildung als Basis genutzt werden. Der spätere Abschluss eines Ausbildungsvertrages ist sogar wünschenswert.
10. Schülerpraktika – einschließlich der Vor- und Nachbereitungsphase – sollten grundsätzlich nur als Blockpraktikum ohne nennenswerte Unterbrechungen geführt werden. Tagespraktika erfüllen in keiner Weise die Anforderungen, die ein Blockpraktikum erfüllen kann. Eine deutliche Warnung sollten die „Tage in der Produktion" sein, die Bestandteil des Polytechnischen Unterrichts im DDR-Schulsystem waren.
11. Da das Betriebspraktikum eine von Schule und Betrieb gemeinsam getragene Veranstaltung ist, sollte spätestens nach der unterrichtlichen Auswertung des Praktikums mit dem Betrieb ein Erfahrungsaustausch erfolgen.
12. Betriebspraktika darf man nicht durch reine Konfrontation wirken lassen, denn die dabei zu machenden Erfahrungen, Erlebnisse und erworbenes Wissen werden sehr oft falsch generalisiert. Unrealistisch ist die bei den Schülern geweckte Erwartung, die Berufseignung unzweifelhaft zu erkennen. Ohne Reflexion der eigenen Arbeitserfahrung können keine Erkenntnisse im Prozess der Berufswahl gewonnen werden.

Literatur

Beinke, L. (1980). *Das Betriebspraktikum*. 2. Aufl., Bad Heilbrunn.
Ders. (1980). *Betriebserkundungen*. Bad Heilbrunn.
Ders. (1992). *Berufswahlunterricht*. Bad Heilbrunn.
Ders. (1996). *Bedeutsamkeit des Betriebspraktikums für die Berufswahl*. Bad Honnef.
Ders. (1999). *Berufswahl – Der Weg zur Berufstätigkeit*. Bad Honnef.
Ders. (2000). *Elterneinfluß auf die Berufswahl*. Bad Honnef.
Ders. (2006). *Berufswahl und ihre Rahmenbedingungen*. Frankfurt.
Ders. (2011). *Berufswahlschwierigkeiten und Ausbildungsabbruch*. Frankfurt.
Bergzog, T. (2008). *Beruf fängt in der Schule an*. Bielefeld.
Fitzner, Klaus (1979). Praktikumszeit. In U. Teichler & H. Winkler (Hrsg.), *Praxisorientierung im Studium* (S. 125). Frankfurt/New York.
Gerbing, U. (1975). Der Einfluss des Schülerpraktikums auf Berufswahlverhalten und Bewusstsein bei Hauptschülern. In *Die Arbeitslehre, 3,* 134.
Jaeger, A. (1973). *Jugendliche in der Berufsentscheidung*. Weinheim u.a.
Jaide, W., (1966). *Die Berufswahl*. 2. Aufl., München.
Köck, M. & Stein, M. (2010). *Übergänge von der Schule in Ausbildung, Studium und Beruf.* Bad Heilbrunn.
Oechsle, M. u.a. (2009). *Abitur – und was dann?* Wiesbaden.
Prager, J. M. u.a. (2005). *Jugend und Beruf*. Gütersloh.

Queisser, U. (2010). *Zwischen Schule und Beruf.* Bad Heilbrunn.

Scharmann, Th. (1968). Die individuelle Entwicklung in Arbeit, Beruf und Betrieb. In L. v. Friedeburg (Hrsg.), *Jugend in der modernen Gesellschaft.* Köln/Berlin.

Schwarz, B. (1980). *Berufsberatung, Berufseinmündung und berufliche Bewährung.* Frankfurt.

Ulrich, J. G. (2005). *Null Bock, null Ahnung oder null Chance?* Manuskript Vortrag in Ganderkesee.

Margit Stein

Von Paten und Lotsen
Coaching- und Mentorenprogramme in der Studien- und Berufsorientierung

1. Einführung

Mentoring und Coaching kommen ursprünglich aus dem Bereich des Managements im Sinne einer Förderung von Nachwuchsführungskräften, finden jedoch zunehmend auch im pädagogischen Bereich Anwendung.

Insbesondere in den letzten fünf Jahren sind etliche Initiativen entstanden, die durch Paten- oder Lotsenprogramme den Bereich des Übergangs von der Schule in die Ausbildung, den Beruf oder das Studium für Jugendliche mit besonderen pädagogischen Bedürfnissen durch eine individualisierte Begleitung unterstützen (Lippegaus-Grünau, Mahl & Stolz, 2010).

Vor diesem Hintergrund werden im Rahmen des Beitrags zunächst Mentoring und Coaching hinsichtlich ihrer Zielvorgaben und ihres Ablaufs voneinander abgegrenzt. Auf dieser Grundlage werden sodann ausgewählte Ansätze gegenübergestellt und anhand von Praxisbeispielen verdeutlicht. Es werden die Auswirkungen von Coaching und Mentoring auf der Subjektebene und in gesamtgesellschaftlicher Perspektive diskutiert und empirische Forschungsergebnisse aus dem Bereich der Evaluation vorgestellt. Abschließend erfolgt eine kritische Würdigung der Rolle von Coaching- und Mentorenprogrammen für die Studien- und Berufsorientierung. Es werden Vorschläge für eine Fortentwicklung des Handlungsfeldes formuliert und Forschungsdesiderata sowie praktische Implikationen für die Weiterentwicklung des Praxisfeldes benannt.

2. Begriffserklärung von Coaching und Mentoring

Der Begriff *Coach* leitet sich ursprünglich aus dem ungarischen Wort für Kutsche ab und ist erstmals 1556 in die englische Sprache eingegangen (Pool Maag, 2008). Figurativ könnte man also bei einem Coach von einer Person sprechen, die methodische Unterstützung bei der Bewältigung von Lebenswegstrecken bietet.

Der Begriff *Mentor* fußt auf der griechischen Mythologie, in welcher Mentes in der Odyssee als Beschützer von Telemachos, dem Sohn des Odysseus, auftritt. Im Bildungsroman ‚Les Aventures de Télémaque' nennt Fénelon 1699 schließlich erstmals den Namen Mentor, der als väterlicher Freund die Entwicklung des Königsohns begleitet (Kaiser-Belz, 2008). Ein Mentor ist also figurativ gesehen ein Freund, welcher persönlich und gestützt auf eigene Erfahrungen in die Lebenswirklichkeit einführt.

Coaching lässt sich definieren als eine „individuelle Beratung von einzelnen Personen oder Gruppen [mit Hilfe bestimmter Coachingmethoden] in auf die Arbeitswelt bezogenen, fachlich-sachlichen und/oder psychologisch-soziodynamischen Fragen" (Wahren, 1997, S. 9; zitiert nach Pool-Maag, 2008, S. 64).

Mentoring wird demgegenüber als Ansatz gefasst, bei dem eine in einem bestimmten Bereich erfahrenere Person ihre Fähigkeiten und ihr Wissen etwa hinsichtlich der beruflichen Dimension an eine noch weniger erfahrene Person weitergibt (Lacher & Rüfenacht, 2006). Amrhein (2001) sieht Mentoring hiermit in der Tradition der Übergangsbeziehungen, die etwa aus afrikanischen, indianischen, südostasiatischen oder polynesischen Kulturen bekannt sind, wo erfahrene Personen die junge Generation in die Welt des Erwachsenseins begleiten.

Beide Begriffe weisen einige Gemeinsamkeiten auf, aufgrund derer sie sich von anderen Konzepten angrenzen lassen. So fußen beide Ansätze anders als bei einer reinen *Fachberatung* auf dem Aufbau einer vertrauensvollen Beziehung. Sie bearbeiten im Unterschied zur *Therapie* primär berufliche Herausforderungen, fokussieren dabei dennoch sowohl berufliche als auch private Inhalte, die an wesentlichen Lebensnahtstellen bearbeitet werden müssen; auch sind die angesprochenen Problemfelder weniger gravierender Natur. Anders als bei der *Supervision*, welche eine psychosozial kontinuierliche Reflexion darstellt, sind Mentoring und Coaching stärker operativ und anlassbezogen. Die Ansätze sind stärker als bei einer reinen *Lernberatung und -begleitung* ganzheitlich orientiert (Pool Maag, 2008).

Auch wenn beide Begriffe aufgrund dieser Gemeinsamkeiten in der Praxis häufig synonym und wenig trennscharf genutzt werden, sollten vorhandene *Unterschiede* bewusst beachtet werden, um optimale differenzierte Unterstützungsstrukturen implementieren zu können. Die Differenz zwischen beiden Konzepten ist also nicht nur von akademischem Interesse, sondern auch praktisch relevant.

Tabelle 1:   Abgrenzung der Konzepte Coaching und Mentoring

Coaching	*Mentoring*
Beziehung *formeller Art*: häufig Einsatz professioneller Prozessberater als Coachs	Beziehung *informeller Art*: häufig Einsatz Ehrenamtlicher und/oder „Insider" als MentorInnen
Kontakt i.d.R. *kurz- und mittelfristig* konzipiert und häufig terminiert	Kontakt *längerfristig* konzipiert und häufig nicht a priori terminiert
Der Coach berät zumeist aufgrund seines *Methodenwissens*	Der/die Mentor/in berät zumeist aufgrund seines/ihres *Erfahrungswissens*
Coach entstammt zumeist *nicht demselben Berufsfeld* wie der Beratene	MentorIn entstammt idealerweise *demselben Berufsfeld* wie der Beratene

(vgl. Birgmeier, 2010; Rauen, 2003; Kimmle, 2004)

Praktisch gesprochen würde ein Coach insbesondere solche jungen Menschen beraten, die sich noch in der Phase der Berufsorientierung befinden und noch nicht ein bestimmtes Arbeitsfeld anstreben. Hier kann der Coach Hilfestellung leisten, etwa wenn persönliche Defizite in der Schule die Berufsorientierung erschweren, während Mentor/inn/en dann zum Einsatz kommen können, wenn das Erfahrungswissen einer bestimmten Branche gefordert ist, um den Übergang in dieses Berufsfeld zu unterstützen.

3. Zielsetzungen von Coaching und Mentoring

An der Schnittstelle Schule–Beruf werden gegenwärtig primär solche Konzepte erprobt, die Jugendlichen insbesondere aus Hauptschulen und mit Migrationshintergrund bereits beruflich erfolgreiche und etablierte ältere oder gleichaltrige Coachs und Mentor/inn/en zur Seite stellen.

Dabei werden recht weitreichende Zielsetzungen verfolgt:

Ziel ist es im Sinne einer Hilfe zur Selbsthilfe
- emotional und instrumentell bei der Berufswahl und der Erarbeitung einer eigenständigen Berufsorientierung zu unterstützen,
- bei der Erreichung eines guten Schulabschlusses zu helfen,
- den Übergang in die Ausbildung und den Beruf durch instrumentelle Hilfe bei der Anfertigung von Bewerbungsunterlagen, Suche nach Praktikums- und Ausbildungsplätzen oder bei Behördengängen zu erleichtern,
- Ausbildungsabbrüche durch kontinuierliche Begleitung und Beratung zu verhindern,
- die persönliche und berufliche Identität zu stärken und
- Selbstwirksamkeitsprozesse anzustoßen, um fachliche und nichtfachliche Kompetenzen im Sinne einer größeren Ausbildungsreife aufzubauen (Lippegaus-Grünau et al., 2010).

Berufliche Übergänge müssen im Sinne von Statuspassagen aktiv bewältigt werden. Eine eigenständige und aktive Gestaltung dieser Übergangssituationen bedarf Kompetenzen insbesondere aus dem nichtfachlichen Bereich, die einer aktiv gestalteten Transitionsphase förderlich sind. Zu diesen Kompetenzen gehören etwa die Bereitschaft, eigene Fähigkeiten und Interessen wahrzunehmen, zu analysieren und mit beruflichen Anforderungsprofilen abzugleichen, Informationen zu beschaffen und berufliche Alternativen gegeneinander abzuwägen. Bei der Kompetenzförderung stehen deshalb in erster Linie die überfachlichen Kompetenzen im Mittelpunkt wie Kommunikationsfähigkeit, Verantwortungsbereitschaft und Zuverlässigkeit, die in wesentlichem Maße die so genannte Employability eines Menschen determinieren. *Employability* wird dabei definiert als die Fähigkeit, Arbeit zu bekommen und dauerhaft zu halten (Stein, 2012). Überfachliche Kompetenzen determinieren sowohl die Ausbildungsreife und die Chancen, ein Ausbildungs- oder Arbeitsverhältnis angeboten zu bekommen, erlangen aber auch wesentliche Bedeutsamkeit für das erfolgreiche Absolvieren einer Ausbildung und das Verhindern von Ausbildungsabbrüchen. Studien illustrieren, dass gering ausgeprägte überfachliche Kompetenzen einer der Hauptgründe (46 %) für den Abbruch von Ausbildung und Studium sind (Stein & Stummbaum, 2011).

4. Ablaufschemata von Coaching und Mentoring

Coaching- und Mentorenprogramme im Übergang Schule–Beruf werden *von unterschiedlichen Institutionen getragen* wie Kommunen, Wirtschaftsverbänden und Betrieben, Kirchen und Vereinen sowie Wohlfahrtsverbänden und Freiwilligeninitiativen, die als Projektkoordinatoren fungieren. Teilweise bestehen kommunale Programme, an denen alle Schulen beteiligt sind. Zumeist beziehen sich die Angebote jedoch auf den Bereich der 8. und 9. Jahrgangsstufe von Hauptschulen mit einer marginalisierten Schülerklientel. Die Koordinator/inn/en sind in enger Kooperation mit den Schulen sowohl für die Akquise der Coachs und Mentor/inn/en, die hier häufig auf ehrenamtlicher Basis arbeiten, als auch für die Auswahl der beteiligten Schülerinnen und Schüler auf freiwilliger Basis im Rahmen von Informationsveranstaltungen und persönlicher Ansprache zuständig. Als *Coachs und Mentor/inn/en* eignen sich alle Personen, die (frustrations-)tolerant und einfühlsam auf Jugendliche zugehen. Die *Zielgruppe der Coachees oder Mentees* sind zumeist „Jugendliche aus Familien, die nicht über die benötigten Ressourcen verfügen, um ihre Kinder beim Gelingen von Abschlüssen und Anschlüssen am Ende des Schulbesuchs wirksam unterstützen zu können: junge Menschen mit Migrationshintergrund, bildungsbenachteiligte Jugendliche, Schülerinnen und Schüler aus sozial schwachen Familien. Meist sind die begleiteten Jugendlichen SchülerInnen aus Hauptschulen, z.T. aber auch von Förderschulen." (Lippegaus-Grünau et al., 2010, S. 72).

Je nach Betreuungsaufwand und persönlichen Präferenzen werden Tandems gebildet. Die Arbeit wird professionell flankiert durch Informationsmaterialien, Einführungs- und Qualifizierungsangebote, Coachs- und Mentorentreffen mit Austausch untereinander und durch begleitende Zusatzangebote für die beteiligten Schüler/innen (Lippegaus-Grünau et al., 2010; Stein & Stummbaum, 2010). Abbildung 1 zeigt beispielhaft den Ablauf im Programm „Bridges", bei dem mittlerweile erfolgreich in den Arbeitsprozess integrierte ehemalige Langzeitarbeitslose beim Übergang in den Beruf helfen.

Abbildung 1: Ablauf im Programm „Bridges" (nach Schmidt, 2010, S. 115)

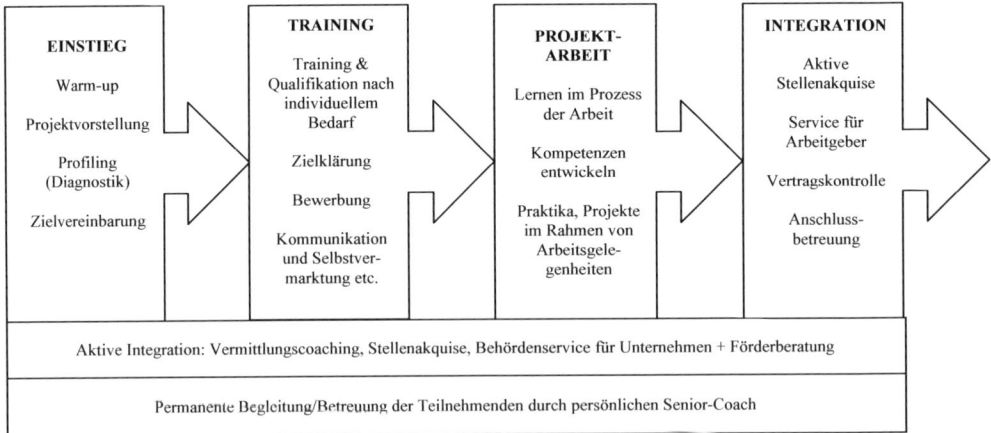

5. Konzepte und Dimensionen von Coaching und Mentoring

Bei der Unterstützung des Übergangs von der Schule in den Beruf lassen sich insgesamt drei Ansätze unterscheiden, und zwar intergenerationale Coaching- und Mentoringansätze, Peerkonzepte und – neuerdings – E-Ansätze: Im Falle der *intergenerationalen Ansätze* werden als Coachs und Mentor/inn/en zumeist Bürger/innen eingesetzt, die bereits erfolgreich im Berufsleben integriert sind oder sich in der Phase des Nacherwerbs befinden. Vorteil hierbei ist, dass diese Menschen einen reichen Erfahrungsschatz besitzen und bereits feste berufliche Netzwerke aufgebaut haben und somit gute instrumentelle Hilfestellung beim Übergang in den Beruf leisten können. Häufig wird dezidiert intendiert, beruflich erfolgreiche Menschen mit Migrationshintergrund zu gewinnen.

Als Beispiel hierfür nennt Roth (2007) als erste prämierte Strategie gegen Ausbildungslosigkeit bei Jugendlichen mit Migrationshintergrund das Berufliche Qualifizierungsnetzwerk (BQN) in *Stuttgart*, das im Rahmen des Teilprojekts „*STARTklar – Schüler trainieren für ihren Einstieg ins Berufsleben mit SeniorPartnern*", Hauptschüler/inne/n Paten zwischen 58 und 65 Jahren aus dem Berufsleben in Kooperation mit der Industrie- und Handelskammer zur Seite stellt (vgl. für Projekte aus dem Forschungsschwerpunkt Übergänge in die Arbeit des Deutschen Jugendinstituts auch Schreier, 2002; vor allem Kapitel 4: Ehrenamtliche Berufseinstiegshilfen – Mentoring).

Der intergenerative Ansatz kann durch folgendes *Praxisbeispiel* verdeutlicht werden: Olaf P. war Personalchef eines mittelständischen Unternehmens der Automobilzulieferindustrie und engagiert sich seit dreißig Jahren darüber hinaus im örtlichen Pfarrgemeinderat und bei der Initiative „Patenschaft Ausbildung e.V.". Serkan G., 17 Jahre alt, ist Deutscher türkischer Herkunft. In der Hauptschule steht er auch aufgrund sprachlicher Defizite sowie seines unangepassten Verhaltens vor schulischen und persönlichen Schwierigkeiten. Sein Wunschberuf wäre Automechaniker oder Eventmanager.

Gemeinsam besprechen Olaf P. und Serkan G. wöchentlich die schulische und private Situation. Als Serkan von seinen Schwierigkeiten einen Ausbildungsplatz zu bekommen und von wiederholten Absagen erzählt, schlägt Olaf P. vor, dass Serkan zunächst im früheren Unternehmen von Olaf P. ein Praktikum im Bereich Reifenfertigung macht. Nach Ablauf des Praktikums wird Serkan G. vom neuen Personalchef Michael M. um die Abgabe seiner Bewerbungsmappe gebeten. Olaf P. und Serkan stellen die Unterlagen gemeinsam zusammen und zwar mit Erfolg: Noch vor dem Abschluss der Hauptschule hat Serkan G. die Zusage, als Auszubildender im Bereich Mechatronik eine Ausbildung aufnehmen zu können.

Im Unterschied zu den intergenerationalen Programmen bieten *Peer-Ansätze* weniger stark instrumentelle als emotionale Hilfestellung und bieten eine höhere Identifikationsfläche für junge Menschen. Hierbei werden als Coachs und Mentor/inn/en Menschen mit vergleichbarem sozioökonomischem und -kulturellem Hintergrund eingesetzt, welche gerade die Ausbildung erfolgreich absolviert haben.

Als Beispiel für diesen Ansatz kann etwa das Projekt *„Freunde schaffen Erfolg"* in *Stuttgart* dienen, das seit 2010 in insgesamt acht Stuttgarter Vierteln umgesetzt wird. Hierbei begleiten Peer-Mentor/inn/en, die gerade ihre Ausbildung abgeschlossen haben,

Hauptschüler/innen ab der 8. Jahrgangsstufe bei der Suche nach einem Ausbildungsplatz und der Herausbildung einer eigenständigen Berufs- und Lebensorientierung (Walter, Bub & Bolay, 2009). Auch diesen Ansatz mag ein *Praxisbeispiel* illustrieren:

Ümran S. ist mit sechs Jahren aus der Türkei nach Stuttgart gekommen. Vor vier Jahren hat sie ihren Hauptschulabschluss gemacht und danach in einem großen Konzern erfolgreich eine Ausbildung durchlaufen. Ümran S. erhält innerhalb des Programms „Freunde und Ausbildung e.V." Nasrin G. als Tandempartnerin.

Nasrin G., 17 Jahre alt, ist Deutsche türkischer Herkunft und besucht die Hauptschule. Sie interessiert sich sehr für Mode, weiß aber nicht, was sie für Möglichkeiten hat. Sie hat in der Zeitung von einer ausgeschriebenen Ausbildungsstelle gelesen, sagt aber zu Ümran, dass sie gar nicht wüsste, „was ich da genau hinschicken und hinschreiben soll, wenn ich mich dann mal bewerbe". Nun mit Ümran als Tandempartnerin fühlt sie sich sicherer. Gemeinsam besprechen die beiden jungen Frauen wöchentlich nicht nur die schulische Situation, sondern auch, was sich in der Familie und im Freundeskreis ereignet hat. Mit Ümran fühlt sich Nasrin wesentlich stärker motiviert, sich in der Schule anzustrengen und einen eigenständigen beruflichen Weg zu suchen. Die beiden sind mittlerweile nach Eigenaussage „dicke Freundinnen" geworden.

Eine dritte gegenwärtig entwickelte Möglichkeit stellen *E-Coachs und E-MentorInnen* dar, die Jugendlichen online Hilfestellungen bieten. Im Rahmen des Programms „*Schulen ans Netz e.V.*" wurde, gefördert mit Mitteln des Bundesministeriums für Bildung und Forschung, auch das interkulturelle *Jugend-online-Portal Mixopolis* geöffnet, in welchem elf Onlineberater/innen, die selbst einen Migrationshintergrund haben und beruflich erfolgreich sind, Jugendliche begleiten. Die Beratung wird flankiert von weiteren umfassenden Informationsmaterialien rund um die Themen Ausbildung, Studium und Beruf (Bozay & Uzun, 2009). Als veranschaulichendes *Praxisbeispiel* sei auf die Erfahrungen von Ali D. und Milan K. verwiesen:

Ali D. ist 26 Jahre alt, hat sein Jurastudium erfolgreich absolviert und arbeitet gegenwärtig als Rechtsreferendar am Bielefelder Landgericht. Ali D. hat selbst Migrationshintergrund und erzählt, dass er selbst die strukturellen Benachteiligungen des Bildungssystems für Menschen mit Migrationshintergrund erfahren hat. Obwohl er Klassenbester in der Grundschule war, wurde ihm zunächst die Übergangsempfehlung auf das Gymnasium verweigert. Seine Eltern konnten ihn infolge eigener brüchiger Berufsbiographien kaum instrumentell unterstützen.

Jetzt möchte er seine Erfahrungen weitergeben und andere Jugendliche mit Migrationshintergrund motivieren, sich ihren Weg zu suchen. Viermal die Woche steht er als Online-Mentor auf Mixopolis zur Verfügung. Gegenwärtig berät und begleitet er fünf junge Menschen sehr intensiv (Bozay & Uzun, 2009).

6. Wirkmechanismen von Coaching und Mentoring

Auswirkungen auf individueller Ebene: Die Wirkmechanismen der Konzepte fußen zum einen auf der Möglichkeit, *instrumentelle Hilfestellungen* im Sinne einer Netzwerkarbeit oder interpersonellen Lernens, etwa Zugang zu Praktikums- und Arbeitsstellen, zu gewähren, Erfahrungswissen zu kommunizieren und die Arbeitseinmündung somit zu erleichtern. Dieser Hilfestellung bei der Suche nach adäquaten Praktikumsplätzen in den Betrieben über die in der Hauptschule vorgeschriebenen Pflichtpraktika hinaus kommt besondere Bedeutsamkeit insofern zu, als etwa der DJI-Übergangspanel (Bundesministerium für Bildung und Forschung, 2008) nachweisen konnte, dass sich Praktika häufig als wichtige Vorbedingungen und gleichsam als „Türöffner" bei der Aufnahme einer Arbeitstätigkeit in einem Betrieb erweisen. Im Rahmen des DJI-Übergangspanels schildern die befragten Jugendlichen zu 85 % Praktika als hilfreich (Antwortkategorien „sehr viel geholfen" oder „etwas geholfen") beim erfolgreichen Abschluss eines Ausbildungsvertrags mit einem Betrieb. Differentialpsychologisch betrachtet profitieren insbesondere Jugendliche vom Absolvieren eines Praktikums im Betrieb, die auf formaler Ebene etwa durch das Fehlen eines Schulabschlusses benachteiligt sind.

Vor allem das Coaching bietet darüber hinaus *methodische Hilfestellung* im Sinne einer Anleitung zur Selbstreflexion hinsichtlich eigener gegebener und erwünschter Kompetenzen und Interessen und Hilfe beim Aufbau derselben.

Zum anderen bauen insbesondere Mentorenkonzepte im Sinne eines *Modelllernens* auf den Motivationseffekt, der sich durch stellvertretende Verstärkung bei den Geförderten einstellt, wenn sie die bereits etablierten Mentor/inn/en im Sinne eines erfolgreichen Modells der Bewährung im Beruf beobachten können. Eine besonders hohe Identifikation dürfte hierbei mit Mentor/inn/en stattfinden, deren biografische Erfahrungen der Situation des Mentees ähnlen.

Im Rahmen einer *Evaluierung* des Mentorenkonzepts WvSmilestones der Werner von Siemens Hauptschule Augsburg schilderten die am Projekt beteiligten Schülerinnen und Schüler signifikante *Verbesserungen in den vier Kompetenzbereichen fachliche, methodische, soziale und persönliche Kompetenzen*. Auch die subjektive Zufriedenheit mit dem Projekt und die Bereitschaft, weiterhin teilzunehmen, liegt bei fast 100 % (vgl. Stein, 2008; Stein & Stummbaum, 2010).

Auswirkungen in gesamtgesellschaftlicher Perspektive: Auch für die häufig ehrenamtlich agierenden Patinnen und Paten manifestieren sich Verbesserungen der sozialen und persönlichen Kompetenz. Gerade in einer Gesellschaft, in welcher der Kontakt zwischen der heranwachsenden Generation und Menschen im höheren Lebensalter bedingt durch altershomogene Lebenssettings und der Abnahme des Kontakts zwischen Enkeln und Großeltern immer stärker abnimmt, kommt intergenerativen Tandems eine herausgehobene Bedeutung zu (Stummbaum & Stein, 2010; Stein & Stummbaum, 2011). Mentor/inn/en berichten über eine *zunehmende Sensibilisierung* für die Belange der Jugend und über eine *Zunahme an Offenheit und gegenseitigem Vertrauen* (Giest-Warsewa, 2001).

Bezogen auf die gesamtgesellschaftliche Perspektive stärken Mentorentandems das Bürgerengagement und werden zu einem *„wesentliche[n] und natürliche[n] Element eines* *demokratisch und sozial verfassten Gemeinwesens*, in dem jeder persönliche Verantwortung trägt." (Giest-Warsewa, 2001, S. 225; Hervorhebungen im Original).

7. Perspektiven von Coaching und Mentoring in der Studien- und Berufsorientierung

Trotz der mehrheitlich guten Evaluierung durch die Beteiligten muss man sehen, dass es primär *gesellschaftliche und strukturelle Defizite* sind, wie das Fehlen region- und branchenspezifischer Ausbildungsplätze, die von den 1,2 Millionen jungen Menschen, die pro Jahr ein Ausbildungsverhältnis anstreben, derzeit etwa 350.000 im sogenannten Übergangssystem verbleiben lassen (vgl. Stein, 2010; Scharrer, Schneider & Stein, 2012). Dieser Tatsache kann nicht durch Coaching und Mentoring allein begegnet werden. Gerade der Einsatz von bürgerschaftlich engagierten Menschen darf nicht zu einer Art Feigenblattfunktion der Wirtschaft und des Staates werden, die bürgerschaftliches Engagement einfordern, um von eigenen Versäumnissen abzulenken.

Auch können *Versäumnisse primärer und sekundärer Sozialisationsinstanzen* wie der Familie und der Schule, etwa wenn elementare fachliche und überfachliche Kompetenzen bei Heranwachsenden nur ungenügend entwickelt sind, nicht durch Coaching und Mentoring aufgefangen werden. Auch hier müssten grundlegende Reformen etwa an Schulen vorangetrieben werden, um alle jungen Menschen mit den Kompetenzen auszustatten, die für den Eintritt ins Arbeitsleben und überhaupt für eine sinnvolle und verantwortliche Lebensführung vonnöten sind.

Ein weiterer Kritikpunkt richtet sich darauf, dass gerade bürgerschaftlich Engagierte auch mit umfangreichen Qualifizierungs- und Flankierungsmaßnahmen niemals die Arbeit von Schulsozialarbeiter/inne/n oder -psycholog/inn/en leisten können und somit schnell die Grenzen des Mentorings erreicht sind, etwa wenn Familienkonflikte oder psychische Auffälligkeiten die begleiteten Heranwachsenden belasten. Hier kann der Einsatz von bürgerschaftlich Engagierten sogar kontraproduktiv im Sinne einer *Entprofessionalisierung* wirken und einen *Qualitätsverlusts* des begleiteten Übergangs in die Ausbildung hervorrufen.

Einen weiteren Kritikpunkt führt Webler (2009) an, der etlichen von Seiten der Wirtschaft initiierten Coaching- und Mentoringprogrammen die Uneigennützigkeit abspricht. Häufig würden Firmen durch Bereitstellung von Mitarbeiter/inne/n als Paten im Sinne eines *Dauerassessments* Coaching und Mentoring missbrauchen, um sich eine Einschätzung über potentielle Arbeitskräfte zu verschaffen, wobei dann nur die besten abgeschöpft würden.

Im Zusammenhang mit den Kritikpunkten an Coaching und Mentoring kristallisiert Lang (2007; 2010a; 2010b) basierend auf einer längsschnittlich angelegten Evaluierung eines Mentoringprogramms Bedingungen des Gelingens für erfolgreiche Mentoringbeziehungen heraus. Die Mentoringbeziehung sollte mindestens zwei Jahre vor dem Übergang in die Arbeitswelt aufgebaut werden, um wirkungsvoll eine Vertrauensbasis zwischen Mentor/in und Mentee herzustellen und Zeiträume zu schaffen, fachliche und überfachliche Kompetenzen nachhaltig aufzubauen. Des Weiteren sollten die Ziele des Mentorings möglichst schriftlich fixiert werden. Mentorinnen und Mentoren bedürfen zudem einer kontinuierlichen Weiterbildung und professionellen Begleitung sowie einer Plattform, um miteinander Erfahrungen austauschen zu können, um Überforderungssituationen vorzubeugen und zu begegnen.

Im Sinne einer professionellen Fort- und Weiterentwicklung des Praxisfeldes müssen folglich klare Bedingungen und Einsatzfelder definiert werden und auch klar die Grenzen einer solchen Interventionsform thematisiert werden, die dann erreicht sind, wenn Problemstellungen nur mehr professionell aufgelöst werden können. Die Programme dürfen nicht als Ersatz für strukturell-institutionelle und gesellschaftliche Reformen missbraucht werden. Gerade ehrenamtlich tätige Coachs und Mentor/inn/en müssen systematisch und nachhaltig professionell begleitet werden. Wo diese Grenzen genau liegen, ist derzeit eine noch offene Frage, deren Beantwortung größerer wissenschaftlichen Anstrengungen bedarf.

Literatur

Amrhein, V. (2001). Mentoring – ein Begriff mit Konjunktur. In Bundesarbeitsgemeinschaft der Senioren-Organisationen (BAGSO) e. V. (Hrsg.), *Senioren als Mentoren für junge Berufseinsteiger. Eine neue Projektsparte im freiwilligen Handlungsfeld „Alt hilft Jung"* (S. 10–11). Bonn: BAGSO.

Bayerisches Staatsministeriums für Unterricht und Kultus (2008) (Hrsg.). *Werte machen stark: Praxishandbuch zur Werteerziehung.* Augsburg: Brigg.

Birgmeier, B. (2010). Coaching für jugendliche Berufseinsteiger – Funktion und Relevanz professioneller Begleitung in altersspezifischen Transitionsphasen. In M. Köck & M. Stein (Hrsg), *Übergänge von der Schule in Ausbildung, Studium und Beruf. Voraussetzungen und Hilfestellungen* (S. 203–225). Bad Heilbrunn: Klinkhardt.

Bozay, K. & Uzun, H. (2009). E-Mentoren helfen bei der Zukunftsplanung. In *LA-Multimedia, 6, 4,* 22–23.

Bundesministerium für Bildung und Forschung (Hrsg.) (2008). *Von der Hauptschule in Ausbildung und Erwerbsarbeit: Ergebnisse des DJI-Übergangspanels.* Berlin: Bundesministerium für Bildung und Forschung.

Giest-Warsewa, R. (2001). Mentoren für Jugendliche. Begleitung im Rahmen des bürgerschaftlichen Engagements. In *Die deutsche Schule, 93, 2,* 223–227.

Kaiser-Belz, M. (2008): *Mentoring im Spannungsfeld von Personalentwicklung und Frauenförderung. Eine gleichstellungspolitische Maßnahme im Kontext beruflicher Felder.* Wiesbaden: VS Verlag für Sozialwissenschaften.

Kimmle, A. E. (2004): Mentoring und Coaching in Unternehmen – Abgrenzung der Inhalte. In *Organistionsberatung – Supervision – Coaching, 3,* 233–237.

Lacher, G. & Rüfenacht, U. (2006). *Mentoring für Jugendliche zwischen Schule und Beruf. Zwischenevaluation des Projekts MENTOR des BIZ Kloten.* Studienarbeit. Winterthur: HAP Hochschule für Angewandte Psychologie.

Lang, M. (2007). Ausbildungspatenschaften als Element eines regionalen Übergangsmanagements. In *Berufsbildung in Wissenschaft und Praxis, 36, 2,* 14–17.

Lang, M. (2010a). Can mentoring assist in the school-to-work transition? In *Education + training, 52, 5,* 359–367.

Lang, M. (2010b). Managing the Transition from School-to-Work. Empirical Findings from a Mentoring Programme in Germany. In *Organistionsberatung – Supervision – Coaching, 3*, 233–237.

Lippegaus-Grünau, P., Mahl, F. & Stolz, I. (2010). *Berufsorientierung. Programme und Projekte von Bund und Ländern, Kommunen und Stiftungen im Überblick*. München: Deutsches Jugendinstitut. Verfügbar unter: http://www.dji.de/bibs/9_11904_Berufsorien tierung_Programme%20und%20Projekte_Mahl.pdf; http://www.dji.de/bibs/9_11672_ berufsorientierung.pdf [23.10.2010].

Pool Maag, S. (2008): *Berufsintegration unter sonderpädagogischer Perspektive: Förderorientiertes Coaching von Jugendlichen am Übergang Schule–Beruf*. Zürich: Dissertationsschrift.

Rauen, C. (2003): *Coaching*. Göttingen: Hogrefe.

Roth, R. (2007). *Bildungs- und jugendpolitische Handlungsansätze in Kommunen. Gute Praxisbeispiele aus dem Wettbewerb „Erfolgreiche Integration ist kein Zufall. Strategien kommunaler Integrationspolitik"*. Gütersloh: Bertelsmann. Verfügbar unter: http:// www.bertelsmann-stiftung.de/bst/de/media/xcms_bst_dms_21664_21665_2.pdf [12.01.2011].

Scharrer, K., Schneider, S. & Stein, M. (Hrsg.) (2012). *Übergänge von der Schule in Ausbildung und Beruf bei jugendlichen Migrantinnen und Migranten – Herausforderungen und Chancen*. Bad Heilbrunn: Klinkhardt.

Schmidt, M. (2010). So bekommen junge Hartz-IV-Empfänger doch einen Job! In *reportpsychologie, 36*, 3, 114–124.

Schreier, K. (Hrsg.) (2002). *Berufswegeplanung und individualisierte Berufseinstiegshilfen. Reihe Praxismodelle. Materialien aus dem Forschungsschwerpunkt Übergänge in die Arbeit. 14*. München: Deutsches Jugendinstitut.

Stein, M. (2008). Die Werteprojekte der Besuchsschulen aus Sicht der Schülerinnen und Schüler. In Bayerisches Staatsministerium für Unterricht und Kultus (Hrsg.), *Werte machen stark: Praxishandbuch zur Werteerziehung* (S. 68–81). Augsburg: Brigg.

Stein, M. (2010). Daten zur Situation des Übergangs von der Schule in Ausbildung, Studium und Beruf. In M. Köck & M. Stein (Hrsg.), *Übergänge von der Schule in Ausbildung, Studium und Beruf. Voraussetzungen und Hilfestellungen* (S. 69–92). Bad Heilbrunn: Klinkhardt.

Stein, M. (2012). Employability. In N. Oelkers & M. Richter (Hrsg.), *Aktuelle Themen und Theoriediskurse der Sozialen Arbeit*. Frankfurt am Main: Lang.

Stein, M. & Stummbaum, M. (2010). Mentorenkonzepte als Hilfestellung beim Übergang von der Hauptschule in den Beruf. In M. Köck & M. Stein (Hrsg.), *Übergänge von der Schule in Ausbildung, Studium und Beruf. Voraussetzungen und Hilfestellungen* (S. 188–203). Bad Heilbrunn: Klinkhardt.

Stein, M. & Stummbaum, M. (2011). *Kindheit und Jugend im Fokus aktueller Studien*. Bad Heilbrunn: Klinkhardt.

Stummbaum, M. & Stein, M. (2009). Nachbarschaftliche und kommunale Begegnungs- und Freizeitkontexte zwischen Senior/innen, Kindern und Jugendlichen. In *Hallesche Beiträge zu den Gesundheits- und Pflegewissenschaften, 8*, 42, 1–16.

Walter, S., Bub E.-M. & Bolay, E. (2009): *Freunde schaffen Erfolg. Peer-Mentoring im Übergang Hauptschule – Beruf*. Stuttgart: Caritasverband für Stuttgart e.V.

Webler, W.-D. (2009). Mentoren-Programme als Kontakt-Hof? Zur ambivalenten Wirkung mancher Programme. Love Letter to Higher Education. In *Das Hochschulwesen, 57*, 5, 146.

Katja Driesel-Lange, Bärbel Kracke, Ernst Hany und Nicola Schindler

Das Thüringer Berufsorientierungsmodell: Charakteristika und Bewährung

1. Zusammenfassung

Der Übergang von der Schule in den Beruf ist eine zentrale Entwicklungsaufgabe im Jugendalter, die in der Schule durch gezielte pädagogische Angebote zur beruflichen Orientierung unterstützt werden soll (vgl. KMK, 2004; BIBB, 2005).

Bislang erfolgt die Konzeption der pädagogischen Begleitung individueller Berufswahlprozesse durch die Schule vor allem vor dem Hintergrund bewährter pädagogischer Praxis. Eine systematische theoretische Fundierung der zu vermittelnden Inhalte und deren didaktische Vermittlung fehlen dagegen weitgehend. Zudem geben nur wenige Studien Aufschluss über die Wirksamkeit pädagogischer Interventionen in der Berufsorientierung.

Eine zielgerichtete, individualisierte Förderung beruflicher Entwicklungsprozesse und deren Begleitung erfordert jedoch Instrumente, mit denen sich Aussagen zum berufsbezogenen Entwicklungsstand des Einzelnen hinsichtlich wesentlicher Kompetenzen, die eine gut begründete Berufswahl ermöglichen, ableiten lassen. Zu diesem Zweck wurde im Rahmen des durch den Europäischen Sozialfonds geförderten Forschungsprojektes „Thüringer Berufsorientierungsmodell" zunächst ein auf entwicklungs- und pädagogisch-psychologischen Erkenntnissen beruhendes Kompetenzmodell zur Berufswahl entwickelt. Im Anschluss an das Modell, das zu erwerbende berufswahlbezogene Wissen- und Fähigkeitsaspekte sowie notwendige motivationale Orientierungen auf Individuenseite beschreibt, werden Instrumente zur Diagnostik und Förderung der Facetten von Berufswahlkompetenz entwickelt.

Zentral für das Thüringer Berufsorientierungsmodell ist dabei, die Förderung von Berufswahlkompetenz als Ziel schulischer Berufsorientierung nicht nur inhaltlich zu beschreiben, sondern auch Prozesse der Schulentwicklung zu berücksichtigen: Die Verzahnung von Berufsorientierung und Schulentwicklung ist das bestimmende Prinzip. Wir fokussieren dabei zum einen auf das Wissen und Können, über das Lehrkräfte verfügen müssen, um Berufswahlkompetenz bei Mädchen und Jungen zu fördern (vgl. Dreer, 2013). Zum anderen betrachten wir Bedingungen der Entwicklung von Berufswahlkompetenz auf der organisationalen Ebene. Hier rücken strukturelle innerschulische, schulorganisatorische und schulstandortbezogene Rahmenbedingungen in den Mittelpunkt, um Jugendlichen den gelingenden Übergang von der Schule in nachschulische Bildungswege zu ermöglichen.

2. Hintergrund

Die Berufswahl ist eine Entwicklungsaufgabe, der sich Heranwachsende im Verlauf ihrer Schulzeit stellen müssen, wobei dies gegen Ende immer dringlicher wird (Heckhausen, Wrosch & Schulz, 2010). Der Berufswahlprozess beginnt jedoch bereits in der Kindheit und ist als lebenslanger Lern- und Entwicklungsprozess zu verstehen, in dessen Verlauf unterschiedliche Anforderungssituationen zu bewältigen sind (Hartung, Porfeli & Vondracek, 2005). Besonders junge Menschen, die zum ersten Mal eine berufliche Entscheidung treffen, können dabei nicht auf Erfahrungen, Kenntnisse und ein entsprechendes Handlungsrepertoire zurückgreifen. Sie benötigen im Entwicklungsverlauf Unterstützung, um mit entsprechendem Wissen und Können eine erste Berufswahlentscheidung treffen, umsetzen und verantworten zu können. Von einem gelingenden Übergang von der Schule in den Beruf hängt in entscheidendem Maße die zukünftige berufliche Entwicklung ab. Beruflicher Erfolg, Leistungsvermögen und Zufriedenheit sind Ergebnisse gelungener Berufswahlen (vgl. zusf. Hirschi, 2007).

Die Jugendlichen im Übergang von der Schule in nachschulische Bildungswege zu unterstützen ist unter anderem die Aufgabe der Schule. Die schulische Berufsorientierung ist geprägt von einer Vielfalt an Maßnahmen und Instrumentarien, die von außerschulischen Partnern angeboten werden und die den verantwortlichen schulischen Akteuren diese Aufgabe erleichtern sollen. Kupka und Wolters (2010) berichten für das Jahr 2008 von mehr als 2800 solcher Projekte im Rahmen der vertieften Berufsorientierung. Diese Angebote sind zumeist nicht langfristig angelegt, sondern hängen in starkem Maße vom Ausmaß der öffentlichen Förderung ab (Brüggemann, 2010). Wird Berufsorientierung jedoch als kontinuierliche Begleitung junger Menschen im Berufswahlprozess verstanden, können pädagogische Maßnahmen nicht nur kurzfristig und punktuell angelegt sein. Die Berufswahl als Lern- und Entwicklungsprozess erfordert vielmehr eine frühzeitige, dauerhafte und entwicklungsangemessene Verankerung in der schulischen Berufsorientierung.

Soll schulische Berufsorientierung als kontinuierliche Begleitung von Heranwachsenden verstanden werden, so bedarf es neben der Bestimmung von Zielen pädagogischer Arbeit eines systematischen Konzepts zur Umsetzung der Ziele. Ausgangspunkt ist dabei die Beschreibung jener Prozesse, die junge Menschen durchlaufen, um zu einer Berufswahlentscheidung zu gelangen und diese umzusetzen. Die in diesem Lern- und Entwicklungsprozess phasenspezifisch zu bewältigenden Aufgaben erfordern eine entwicklungsangemessene pädagogische Unterstützung.

3. Ziel des Thüringer Berufsorientierungsmodells

Schulische Berufsorientierung ist vor die Herausforderung gestellt, auf die unterschiedlichen Entwicklungsstände der Jugendlichen und die daraus resultierenden individuellen Unterstützungsbedarfe zu reagieren. Unterschiedliche Entwicklungsstände sind nicht nur mit Verweis auf das Alter begründbar. Vielmehr zeigen sich bereits innerhalb einer Altersgruppe ganz unterschiedliche Ausprägungen im Bereich berufswahlrelevanter Kompetenzen (vgl. Neuenschwander et al., 2011; Driesel-Lange, 2011). So entwickeln einige Schülerinnen und Schüler der Klassenstufe 9 in Anbetracht der Aufgabe, sich einen Praktikumsplatz zu suchen, erstmalig vertieft Gedanken darüber, welche Berufe zu ihnen passen könnten. Andere Schülerinnen und Schüler in der gleichen Schulklasse möchten das Praktikum für sich nutzen, um sich zwischen mehreren Alternativen zu entscheiden, die sie für sich als potentiell passend einschätzen. Die daraus resultierende Notwendigkeit einer Differenzierung und Individualisierung setzt Konzepte voraus, die zielorientiert und flexibel zugleich berufsorientierende Angebote bereitstellen. Die aktuell vorherrschende Dominanz der Methode (z. B. Bewerbung für ein Praktikum schreiben) und nicht des Lernziels (sich Klarheit über passende Berufe verschaffen), versperrt jedoch den Blick auf entwicklungsangemessene Konzeptionen. Entwicklungshomogenität vorausgesetzt wurden an Schülerinnen und Schüler in der Vergangenheit berufsorientierende Maßnahmen herangetragen, die häufig einer erfahrungsbasierten Logik folgten. Angenommen wurde, dass Heranwachsende in einem von Institutionen bestimmten Zeitfenster, nämlich kurz bevor eine Entscheidung für einen Beruf/ein Studium getroffen wird, Wissen über Berufe und die Arbeitswelt erwerben müssen, um sich dann für einen passenden Beruf zu entscheiden. Zum Einsatz kommt dabei ein breites Repertoire pädagogischer Methoden, die als geeignet für die Umsetzung dieses intendierten Lernziels gelten. Dies setzt jedoch voraus, dass junge Menschen über die entsprechende Motivation verfügen, sich dieser Aufgabe zuzuwenden und entsprechende Angebote nutzen zu können. In der pädagogischen Praxis sollten daher Reflexionsprozesse über die eigene Person im Kontext der berufsbezogenen Erfahrungen ein zentraler Gegenstand berufsorientierender Unterstützung sein (von Wensierski, Schützler & Schütt, 2005). Hierzu zählen auch Lernerfahrungen, die außerhalb schulischer Berufsorientierung in formellen, wie auch informellen Kontexten gewonnen werden. Die Frage, ob Schülerinnen und Schüler relevantes Wissen überhaupt erwerben und verarbeiten und wie sie es für ihre individuelle berufliche Entwicklung nutzen, war bisher eher selten Ansatzpunkt pädagogischer Interventionen. Die Überprüfung der Wirkungen berufsorientierender Angebote erfolgte eher unsystematisch und zeigte wenig zufriedenstellende Ergebnisse (z. B. Brüggemann, 2010; Brüggemann & Knierim, 2008, Fußangel, 2006; vgl. auch Leutner, 2010).

Das hier vorgestellte Modell der Berufsorientierung geht (1) davon aus, dass es sich bei der Berufswahl um einen mehrdimensionalen längerfristigen Prozesse handelt, in dem mehrere Phasen unterscheidbar sind. Es wird (2) postuliert, dass sich die Entwicklung der Schülerinnen und Schüler nur durch angemessene pädagogische Unterstützung im Kontext Schule vollziehen kann und dass (3) im Rahmen der Schulentwicklung die Konzeption, Durchführung und Evaluation der Berufsorientierung Auswirkungen auf die Ebene des Unterrichts, des Personals und der Organisation hat.

4. Theoretische Bezüge des Modells zur Berufswahlkompetenz

Das Modell zur Berufsorientierung wurde unter der Maßgabe entwickelt, dass es
- die individuelle berufliche Entwicklung beschreibt und damit berufswahltheoretisch fundiert ist (Savickas, 2005; Creed, Fallon & Hood, 2009);

- ergebnisorientiert angelegt ist und Kompetenzen als Ergebnis der Lern- und Entwicklungsprozesse in den Mittelpunkt rückt (Weinert, 2001; Klieme et al., 2003; Hacker, 2006);
- sich nicht als Sammlung berufsorientierender Maßnahmen versteht, sondern Standards beschreibt, die Schülerinnen und Schüler erreichen sollen und damit eine Ableitung von Zielen schulischer Berufsorientierung ermöglicht;
- Berufsorientierung nicht nur auf einer pädagogisch-inhaltlichen Ebene erfasst, sondern Berufsorientierung und Schulentwicklung im Zusammenhang betrachtet (Butz, 2008);
- Berufsorientierung nicht nur als pädagogische Intervention an sich betrachtet, sondern Konzeption, Durchführung und Evaluation schulischer Berufsorientierung mit entsprechenden Instrumenten zur Diagnostik, Förderung und Qualitätssicherung stetig mit pädagogischer Praxis verbindet.

Das Thüringer Berufsorientierungsmodell integriert diese Perspektiven in der Erarbeitung von drei Teilmodellen, die unter Punkt 5 und Punkt 6 dargestellt werden. Grundlage der Entwicklung des Berufsorientierungsmodells ist das Verständnis von Berufsorientierung als Förderung der Kompetenz, Berufsbiographien zu entwerfen, zu planen und zu gestalten. Die dazu notwendigen kognitiven Fähigkeiten, motivationalen Orientierungen und Handlungsfähigkeiten werden als Berufswahlkompetenz verstanden.

Dem Berufswahlkompetenzmodell liegen vier wissenschaftliche Perspektiven zur beruflichen Entwicklung zugrunde (vgl. ausführlich Driesel-Lange, Hany, Kracke & Schindler, 2010). Erstens gehen wir davon aus, dass Entwicklung selbstgesteuert ist. Heranwachsende setzen sich vor dem Hintergrund ihrer individuellen kognitiven und sozialen Fähigkeiten, Interessen und Werte mit ihrer sozialen Umwelt auseinander und werden Gestalter ihrer eigenen Entwicklung (im Überblick Vondracek, Gomes Ferreira & Ribeiro dos Santos, 2010). Die zweite Perspektive bezieht sich auf die Annahme, dass eine erfolgreiche Bewältigung des Übergangs Schule–Beruf und der weiteren beruflichen Entwicklung Kompetenzen voraussetzt, die es dem Einzelnen ermöglichen, in berufswahlbezogenen Situationen erfolgreich zu handeln. Die dazu notwendigen Fähigkeiten, Fertigkeiten, Wissensbestände und Überzeugungen sind Ergebnisse eines Lern- und Erfahrungsprozesses, die Menschen in die Lage versetzen, situationsspezifische Probleme zu lösen (vgl. Weinert, 2001; Klieme et al., 2003; Hacker, 2006). Drittens verstehen die Autoren berufliche Entwicklung als Erwerbsprozess selbst- und arbeitsweltbezogener Expertise. Als Experten für die eigenen Fähigkeiten, Interessen und Ziele und die Perspektiven der Gestaltung von Arbeit und Beruf können Heranwachsende zunehmend erfolgreicher Entscheidungen herbeiführen und die notwendigen nächsten Schritte ableiten (Gruber 2007; Dreyfus & Dreyfus, 2005; Rauner, 2002). Die vierte Perspektive fokussiert auf Entwicklungskontexte. Dies bedeutet, dass Berufswahlprozesse zwar selbstgesteuert verlaufen, sich aber immer im sozialen Kontext vollziehen. Der soziale Kontext hat Einfluss in Form einer Prägung von Einstellungen und Verhaltensweisen sowie der beruflichen Werte. So werden im sozialen Kontext beispielsweise berufliche Präferenzen gebildet, die sich an Status und Geschlecht orientieren (Gottfredson, 2002; vgl. auch Hirschi, 2011), aber auch Herangehensweisen an Probleme und deren Bewältigung.

Die genannten Perspektiven spiegeln Aspekte erfolgreicher beruflicher Entwicklung wider, wie sie in verschiedenen Modellen im Kontext der Berufswahlforschung beschrieben werden (z. B. Peterson, Sampson, Lenz & Reardon, 2002; Herr, Cramer & Niles, 2004; vgl. zusf. Hirschi, 2010).

- Selbst- und Arbeitsmarktkenntnisse
- Prozesskenntnisse und -fähigkeiten wie Planung, Exploration, Entschiedenheit
- Metakognitionen im Sinne eines positiven Selbstkonzepts wie Selbstvertrauen und Motivation

Neuere theoretische Ansätze zur Berufswahlforschung gehen davon aus, dass insbesondere persönliche Werte, Ziele und Entscheidungskriterien Voraussetzung für selbstgesteuerte berufliche Entwicklung in einer dynamischen Umwelt sind. Ziel von Berufsorientierung ist damit die Unterstützung von Individuen, ihre eigene „Geschichte" im Kontext ihres individuellen Lebensumfeldes zu entwickeln und zu gestalten (Vondracek, Gomes Ferreira & Ribeiro dos Santos, 2010; Savickas et al., 2009).

5. Aufbau des Berufsorientierungsmodells

Mit dem Thüringer Berufsorientierungsmodell wurde ein umfassendes Instrument entwickelt, das Schulen darin unterstützt, Berufsorientierungsmaßnahmen theoriegeleitet und passgerecht dem jeweiligen Entwicklungsstand ihrer Schülerinnen und Schüler entsprechend anzubieten. Im Mittelpunkt des Berufsorientierungsmodells steht die Konzeption von Berufswahlkompetenz. Sie basiert auf den oben beschriebenen Ansätzen der entwicklungspsychologischen Berufswahlforschung und folgt einem Kompetenzansatz, der davon ausgeht, dass Kompetenzen nur im konkreten oder simulierten Handlungsvollzug wirklich erfassbar sind. Ausgehend von den Überlegungen zur Entwicklung von Berufswahlkompetenz rücken im Kontext schulischer Berufsorientierung zwei weitere Aspekte in den Mittelpunkt, die konstituierend für das Modell sind. Zum einen stellt sich die Frage nach der Gestaltung schulisch-personeller Unterstützung der Entwicklung von Berufswahlkompetenz. Zum anderen ist damit die Frage nach ihrer schulisch-strukturellen Verankerung verbunden. Demgemäß besteht das Thüringer Berufsorientierungsmodell (vgl. Abb. 1) aus drei Teilmodellen:

1. Modell zur Berufswahlkompetenz

Das Kompetenzmodell benennt diejenigen kognitiven, handlungsbezogenen und motivationalen Voraussetzungen, die Schülerinnen und Schüler verschiedener Jahrgangsstufen in den Schularten Thüringens benötigen, um berufswahlbezogene Anforderungen erfolgreich bewältigen zu können. Damit verbunden sind die Definition von Bildungsstandards und Lernzielen sowie die Entwicklung von Messverfahren zur Erfassung der Erreichung dieser Standards.

2. Modell zur Kompetenzvermittlung

Das Kompetenzvermittlungsmodell beschreibt die Kompetenzen, über die Lehrkräfte verfügen sollten, damit sie Berufsorientierung qualitätsvoll in der Schule umsetzen können. Theoriegeleitet und empirisch durch Interviews mit Experten der Berufsorientierung abgesichert wurden Aufgaben bestimmt, die Lehrkräfte in der schulischen Berufsorientierung erfüllen können sollten. Daraus wurde ein Katalog an Kompetenzen von Lehrpersonen erstellt. Dieser stellt den Ausgangspunkt zur Einschätzung vorhandener Kompetenzen und deren weiteren Entwicklung auf der Personalebene schulischer Entwicklung dar (vgl. Dreer, 2013).

3. Modell zur Implementation

Das Implementationsmodell beschreibt Strategien, wie die erarbeiteten Innovationskonzepte in der schulischen Praxis zu implementieren und zu verstetigen sind. Daran gebunden sind Qualifizierungskonzepte und Materialien, die eine Verankerung der Förderung von Berufswahlkompetenz auf den Ebenen der Schulentwicklung ermöglichen.

Abbildung 1: Das Thüringer Berufsorientierungsmodell (Driesel-Lange, Hany, Kracke & Schindler, 2011)

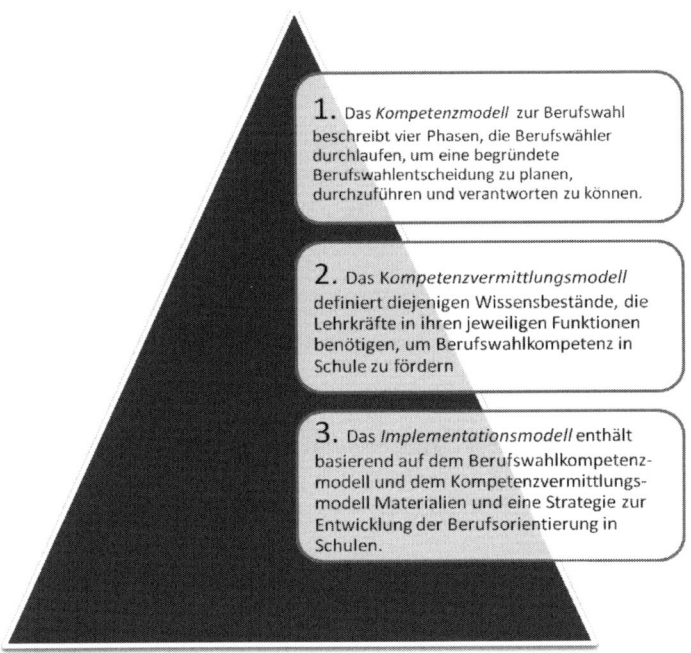

5.1 Das Berufswahlkompetenzmodell

Berufswahlkompetenz ist als Bündel spezifischer kognitiver Fähigkeiten, motivationaler Orientierungen und Handlungsfähigkeiten zu sehen, die es einer Person ermöglichen, eine wohlbegründete Entscheidung für eine nachschulische Ausbildung zu treffen sowie sich in lebenslang wiederkehrenden berufsbiografisch relevanten Situationen zu bewähren. Damit sind nicht die grundlegenden Fähigkeiten und Kenntnisse gemeint, die in schulischen Lernprozessen an sich erworben werden und im Zusammenhang mit Berufswahlprozessen von Bedeutung sind wie z.B. Rechtschreibfähigkeiten, um eine or-

thographisch korrekte Bewerbung schreiben zu können. Das Augenmerk des Berufswahlkompetenzmodells liegt hingegen auf Kompetenzen, die notwendig sind, um eine
Entscheidung für einen Beruf oder für ein Studium zu planen, umzusetzen und zu verantworten. Zentral ist demnach die Fragestellung, was Schülerinnen und Schüler wissen und können sollten, um solch eine bedeutsame Entscheidung herbeizuführen. Der
Entscheidungsprozess im Jugendalter ist dabei von der Besonderheit geprägt, dass er auf
keinerlei Erfahrungen basiert und sein Erfolg sich erst nach dem Übergang in nachschulische Bildungswege zeigt. Das dem Modell zugrundeliegende Verständnis von Berufswahlkompetenz beschreibt berufliche Entwicklung als sowohl selbstgesteuerten als auch
kontextuellen Prozess. D.h. berufswahlkompetente Schülerinnen und Schüler entwickeln
im Kontext ihrer sozialen Umwelt auf der Basis individueller Ziele, Interessen und Fähigkeiten ihre (beruflichen) Zukunftsperspektiven und gestalten diese selbstverantwortlich.

Abbildung 2: Das Berufswahlkompetenzmodell (Driesel-Lange et al., 2011, S. 11)

Die Berufswähler durchlaufen vier Phasen. In jeder Phase sind Wissen, Motivation und
Handlung bedeutsam (vgl. Abb. 2). Prinzipiell gibt es keine allgemeingültige Dauer für
das Durchschreiten dieser Phasen. Der Prozess ist zudem als altersunabhängig zu betrachten. Mit den Phasen wird allgemein ein Entwicklungsprozess beschrieben, der
mehrere inhaltlich voneinander unterscheidbare Schritte vorsieht: von einem ersten Erkennen der Notwendigkeit eigenen Tuns und ersten Einsichten in eigene Interessen und
Fähigkeiten bis zur Bewährung in einer neuen Situation, für die man sich entschieden
hat. Die vier Phasen sind:

Einstimmen

In der ersten Phase, dem Einstimmen, steht die Bereitschaft zur Planung der eigenen
Zukunft im Mittelpunkt. In dieser Phase sollten die Jugendlichen angeregt werden zu erkennen, dass eigene Interessen, Fähigkeiten und Werte für die Zukunftsplanung wichtig
sind. Sie sollten grundlegende Fähigkeiten, den eigenen Berufswahlprozess zu gestalten,

kennenlernen. Zentral sind hier Selbststeuerungsfähigkeiten, um sich im Prozess der schulischen Berufsorientierung selbst, aber auch in nachschulischen berufsbiografischen Situationen bewähren zu können.

Typische Fragen dieser Phase sind:
Welche Bedeutung hat Arbeit?
Wozu brauche ich einen Beruf?
Was kann ich?
Was ist mir wichtig für mein Leben?

Erkunden

Die zweite Phase, das Erkunden, ist dadurch gekennzeichnet, dass systematisch Situationen ermöglicht werden, die es erlauben, konkrete Erfahrungen mit der Berufswelt zu machen. In dieser Phase spielt es eine zentrale Rolle, Kompetenzen, Informationen und Erfahrungen zielgerichtet zu suchen. Diese gilt es so zu verarbeiten, dass weitere Schritte im Erkundungsprozess möglich werden.

Typische Fragen dieser Phase sind:
Welche Informationen benötige ich über mich selbst bzw. über spezifische Berufe?
Wo erhalte ich diese Informationen?
Von wem bekomme ich Unterstützung?
Wie kann ich meine Ziele erreichen?

Entscheiden

In der dritten Phase, dem Entscheiden, wird die konkrete Planung des Übergangs zunehmend bedeutsam. Dies erfordert von Jugendlichen eine bewusste Entscheidung für einen nachschulischen Berufs- bzw. Bildungsweg.

Typische Fragen dieser Phase sind:
Welche persönlichen Kriterien habe ich für meine Berufswahl?
Wie passen meine Fähigkeiten, Neigungen, Ziele, Wünsche und Werte mit den Anforderungen eines bestimmten Berufs zusammen?
Welche Informationen fehlen mir, um eine Entscheidung treffen zu können?

Erreichen

In der vierten Phase, dem Erreichen, erwerben Jugendliche Kompetenzen, die es ihnen ermöglichen, den Übergang von der Schule in einen Ausbildungsberuf/ein Studium aktiv zu gestalten und mit möglichen Problemen oder Rückschlägen positiv umgehen zu können.

Typische Fragen dieser Phase sind:
Wie absolviere ich erfolgreich den Bewerbungsprozess?
Wie gestalte ich die Zeit zwischen dem Abschluss der Schule und dem Beginn der Ausbildung/des Studiums?

Was tue ich, wenn ich meinen Wunschberuf/mein Wunschstudium nicht verwirklichen kann?

Wie gehe ich mit Misserfolgen um?

Wird Berufswahlkompetenz als Ergebnis eines Lern- und Entwicklungsprozesses verstanden, in dem sich der Einzelne aktiv mit seiner beruflichen Laufbahn auseinandersetzt, zunehmend mehr Wissen erwirbt und auf mehr Handlungserfahrungen zurückgreift, so zielt die Förderung von Berufswahlkompetenz konkret auf folgende Dimensionen ab:

Wissen

Berufswahlkompetenz enthält definitionsgemäß kognitive Anteile, die üblicherweise in Fähigkeiten bzw. Fertigkeiten und Wissen bzw. Können aufgeteilt werden. Diese kognitiven Facetten der Berufswahlkompetenz beinhalten:

1. *Selbstwissen*, d. h. die Kenntnisse der eigenen Stärken und Schwächen sowie der eigenen Wünsche und Ziele.
2. *Konzeptwissen*, d. h. Wissen über die Arbeits- und Berufswelt wie z. B. Berufsfelder, Qualifikationsmaßnahmen, Bildungseinrichtungen, die Struktur von Bildungsgängen und die üblichen Merkmale von Berufen und beruflichen Positionen.
3. *Bedingungswissen,* d. h. Kenntnisse über Zusammenhänge und Bedingungen, insbesondere über Voraussetzungen für verschiedene Berufe, erforderliche Qualifikationen für den Einstieg in bestimmte Berufe und den Aufstieg zu höheren Positionen, alternative Bildungsmöglichkeiten, um fehlende Qualifikationen nachzuholen sowie Anforderungen an die eigene Person, um in einem gewählten Beruf erfolgreich und zufrieden zu sein. Relevant sind zusätzlich Informationen zu Konflikten zwischen Partnerschaft, Familie, regionaler Bindung und Beruf, deren Ursachen und Lösungen.
4. *Planungs- und Entscheidungskompetenz*, d. h. die eigene Entwicklung vorauszudenken und auch in Grenzen vorauszusehen und vorauszuplanen, z. B. durch die Festlegung von übergeordneten Zielen und deren Aufteilung in überschaubare Teilziele, der Erstellung flexibler Handlungspläne, der Reflexion der Chancen für die Zielerreichung, der Umsetzung von Handlungsabsichten in konkrete Schritte.

Motivation

Die Motivation, sich mit der Frage des eigenen beruflichen Werdegangs oder Lebenszielen zu beschäftigen, stellt eine wichtige Dimension und eine große Herausforderung dar – insbesondere wenn diese Ereignisse noch in weiter Ferne liegen. Folgende Facetten sind dabei von Bedeutung:

1. *Betroffenheit,* d. h. die eigene (berufliche) Zukunft zu antizipieren und die Bereitschaft, sich mit ihr auseinandersetzen zu wollen.
2. *Eigenverantwortung* bzw. Kontrolle über das eigene Handeln zu besitzen, d. h. die Überzeugung, die eigene Zukunft in der Hand zu haben.
3. *Offenheit*, d. h. Initiative des Individuums, einerseits berufliche Alternativen zu erforschen und andererseits persönliche Interessen, Fähigkeiten und Werte zu erkunden.

4. *Zuversicht,* d. h. Selbstvertrauen in die eigenen Fähigkeiten, mit den Herausforderungen der Berufswahl umgehen zu können.

Handlung

Die Vorbereitung einer Berufswahlentscheidung erfordert Aktivitäten des Einzelnen wie Informationen suchen und auswerten. Der Suchprozess muss geplant und durchgeführt, ggf. gegen Ablenkungen abgeschirmt werden, dabei auftretende Probleme müssen überwunden und mögliche Rückschläge konstruktiv bewältigt werden. Die Facetten der Handlungserfordernisse lassen sich folgendermaßen beschreiben:

1. *Exploration,* d. h. Suche nach Informationen, die für eine wohlbegründete Entscheidung für den nachschulischen Bildungsweg notwendig sind, also die Beschäftigung mit den eigenen Interessen, Fähigkeiten und Werten sowie den beruflichen Anforderungen und Erträgen.
2. *Steuerung,* d. h. das Setzen, Planen und Erreichen eigener Ziele und angemessener Informationsbeschaffung und -verarbeitung sowie dem adäquaten Verhalten in berufswahlrelevanten Situationen, auch wenn sich diese als schwierig gestalten.
3. *Problemlösen,* d. h. das Aufstellen eines Planes, um die begründete Entscheidung und deren Umsetzung als ideales Ziel vom aktuellen Entwicklungsstand aus zu erreichen.
4. *Stressmanagement,* d. h. konstruktive Auseinandersetzung mit Hindernissen und Rückschlägen im Berufswahlprozess.

Im Berufswahlprozess sind die einzelnen Facetten der drei Dimensionen in den vier Phasen unterschiedlich bedeutsam. Während beispielsweise die Wahrnehmung der Aufgabe, sich mit berufswahlrelevanten Dingen zu beschäftigen (Dimension: Motivation; Facette: Betroffenheit), in der ersten Phase eine große Rolle spielt, stellt sie in der vierten Phase eine untergeordnete Rolle dar. Das Stressmanagement spielt hingegen insbesondere in den Phasen drei und vier eine bedeutsame Rolle – beispielsweise beim Absolvieren von Vorstellungsgesprächen. Hingegen spielt Stressmanagement in den ersten beiden Phasen eine eher untergeordnete Rolle. Abbildung 3 verdeutlicht diese Überlegungen.

Abbildung 3: Entwicklung von Berufswahlkompetenz: Phasen und Dimensionen (Driesel-Lange et al., 2011, S. 15)

Entwicklungsphase/ Dimensionen		Einstimmen	Erkunden	Entscheiden	Erreichen
WISSEN	Selbstwissen	■ ■	■ ■ ■ ■	■ ■ ■ ■	■ ■
	Konzeptwissen	■ ■	■ ■ ■ ■	■ ■	■ ■
	Bedingungswissen	■ ■	■ ■	■ ■ ■	■ ■
	Entscheidungs- und Planungskompetenz	■ ■	■ ■	■ ■ ■ ■	■ ■ ■ ■
MOTIVATION	Betroffenheit	■ ■ ■ ■	■ ■ ■	■ ■ ■	■ ■
	Eigenverantwortung	■ ■ ■	■ ■ ■ ■	■ ■ ■ ■	■ ■ ■
	Offenheit	■ ■	■ ■ ■ ■	■ ■ ■	■ ■ ■ ■
	Zuversicht	■ ■	■ ■	■ ■ ■ ■	■ ■ ■ ■
HANDLUNG	Exploration	■ ■	■ ■ ■ ■	■ ■	■ ■
	Steuerung	■ ■ ■	■ ■ ■	■ ■ ■	■ ■ ■
	Problemlösen		■ ■	■ ■ ■	■ ■ ■ ■
	Stressmanagement		■ ■	■ ■ ■ ■	■ ■ ■

Bedeutungen: ■ ■ etwas bedeutsam, ■ ■ ■ bedeutsam, ■ ■ ■ ■ sehr bedeutsam

5.2 Das Kompetenzvermittlungsmodell

Aus dem entwicklungspsychologischen Modell, das die Berufswahlkompetenz auf Individuenseite beschreibt, werden im Kompetenzvermittlungsmodell spezifische Anforderungen an Lehrkräfte formuliert, um Berufswahlkompetenz in Unterricht und Schule zu fördern.

Die Aufgaben von Lehrkräften in der Berufsorientierung wurden bislang kaum systematisch betrachtet. Zunehmend wird allerdings in der wissenschaftlichen Debatte Lehrer/innenprofessionalität in der Perspektive eines Kompetenzansatzes diskutiert. Dieser Fokus ist für die Qualifizierung von Lehrkräften und die Entwicklung ihres professionellen Handelns besonders im Kontext der Orientierung an Standards im Bildungssystem bedeutsam. Für die Beschreibung der Lehrer/innenkompetenzen zur Förderung der Berufswahlkompetenz auf Seiten der Schülerinnen und Schüler wird ein Modell entwickelt, welches die Relevanz kognitiver Dispositionen für professionelles Handeln in Bezug auf Unterrichts- und Schulorganisationsentwicklung in den Vordergrund stellt. Dabei gelten folgende Annahmen:

1. Die Konzeption und Umsetzung berufs- und studienorientierender Maßnahmen kann nicht im Kontext eines einzelnen Unterrichtsfaches erfolgen, sondern ist eine komplexe Aufgabe schulischer Entwicklung.
2. Sie erstreckt sich über eine Vielzahl pädagogischer Handlungsfelder und stellt dabei zusätzliche Anforderungen an professionell handelnde schulische Akteure.

In einem mehrstufigen Verfahren, welches sich an der Vorgehensweise verschiedener Delphistudien orientiert, wurde ein Kompetenzmodell für Lehrkräfte im Bereich Berufsorientierung entwickelt. Innerhalb der vier zentralen Dimensionen Unterricht, Organisation, Kooperation und professioneller Akteur wurden Kompetenzen formuliert, die im Sinne von Standards beschreiben sollen, über welche Einstellungen, Fähigkeiten und Fertigkeiten jede Lehrerin und jeder Lehrer im Bereich der schulischen Berufsorientierung an allgemein bildenden Schulen verfügen sollte. Das Kompetenzmodell bildet die Grundlage für die Entwicklung eines Kompetenztests und damit die Möglichkeit zu differenzierten Aussagen über die Wirkung von Lehrer/innenkompetenzen auf die Gestaltung schulischer Berufsorientierung sowie auf die berufsbezogene Entwicklung Jugendlicher zu gelangen. Es liefert zudem wichtige Impulse für die Konzeption zukünftiger Aus- und Weiterbildungsmaßnahmen für Lehrkräfte im Bereich Berufsorientierung (vgl. ausführlich Dreer, 2013).

5.3 Das Implementationsmodell

Um das Thüringer Berufsorientierungsmodell nachhaltig an Schulen zu etablieren, bedarf es eines systematischen Vorgehens. Neue Ansätze zur Verbesserung pädagogischer Praxis verbreiten sich nicht von selbst. Der Implementation kommt deshalb ein besonderer Stellenwert zu, damit die Ressourcen, die in die Entwicklung der Innovationen geflossen sind, nicht wirkungslos verpuffen (Seitz & Capaul, 2007). Die Forschung zeigt, dass die Veränderung von Schule ein besonders komplexer, dynamischer und ressourcenaufwändiger Prozess ist, bei dem Schulen dringend Unterstützung von außen benötigen. Wie auch bei Unternehmen ist nicht davon auszugehen, dass die Schulen über die notwendige Expertise und/oder Ressourcen verfügen, um die Veränderungen selbstständig durchführen zu können. Für eine gelungene Einführung neuer Modelle und Verfahren bedarf es einer „Implementationsbrücke", die den einzelnen Personen hilft, die Diskrepanz zwischen den aktuell bestehenden Überzeugungen bzw. Praktiken und den anvisierten Veränderungen zu überwinden (Hall & Hord, 2006).

Um zu gewährleisten, dass Schulen die Erkenntnisse und Verfahren, die im Rahmen des Forschungsprojektes *ThüBOM* entstanden sind, umsetzen können, sind, wie bei anderen erfolgreichen Innovationen auch, folgende Elemente Bestandteil der Implementation:

- Erarbeitung eines Leitfadens für die Implementation im Sinne eines Strategiepapiers.
- Entwicklung von Materialien und Verfahren für die Hand der Schulen zur Information über die Angebote.
- Erstellung von Trainingsmaterialien für eine Steuergruppe innerhalb der Schule oder einen Verbund von mehreren Schulen (vgl. Projekt *SENTA!* der Robert-Bosch-Stiftung in MTO, 2010).
- Bereitstellung von Materialien für die Hand des externen Schulbetreuers, der in jedem Fall nötig ist.

Das Implementierungsverfahren muss insgesamt die Form eines von der Schule freiwillig beschlossenen Qualitätsentwicklungsmodells aufweisen. Vereinfacht skizziert sind folgende Schritte nötig:

- Vorinformation der Schule über die Unterstützung bei der Entwicklung der Optimierung des eigenen Angebots der Berufsorientierung.
- Entscheidung der Schule über die Durchführung der Beratungsmaßnahme.
- Besuch der Schule und Sammeln von Informationen über den Ist-Stand der Berufsorientierung.
- Diskussion der an Schule beteiligten Interessengruppen über den Soll-Stand der Berufsorientierung.
- Analyse der wichtigsten Ziele und Schritte und Planung von Maßnahmen.
- Beschluss der Schule zur Durchführung der vorgeschlagenen Maßnahmen.
- Anleitung einer Steuergruppe bei der Lenkung der Umsetzung.
- Prüfung der Effekte und Abschluss des Beratungsverhältnisses.

Während des Implementationsprozesses ist weiterhin die Frage pädagogischer Professionalität der Lehrkräfte bedeutsam. Dies schließt die entsprechende Qualifizierung der Akteure an der Schule auf der Basis des Kompetenzvermittlungsmodells ein.

6. Das Thüringer Berufsorientierungsmodell in der schulischen Praxis

Aus dem Berufswahlkompetenzmodell lassen sich Entwicklungsziele bzw. Standards ableiten, die jeder Schüler und jede Schülerin am Ende einer Entwicklungsphase erreicht haben sollte. Diese sind nachfolgend für jede Dimension – d. h. Wissen, Motivation und Handlung – und für jede Phase beschrieben (vgl. Driesel-Lange et al., 2011). Diese Standards bilden den Ausgangspunkt in der schulischen Praxis für
1. die Konzeptionelle Arbeit
2. das Diagnostische Vorgehen
3. Interventionen und schulentwicklungsbezogene Aufgaben

Mit der Entwicklung des Berufswahlkompetenzmodells ist ein Ansatz gegeben, der Schulen ein Strukturraster an die Hand gibt, mit dessen Hilfe gezielt Instrumente zur Diagnose, Förderung und Evaluation schulischer Berufsorientierung eingesetzt werden können. Dem Gedanken folgend, dass Berufswahl den Charakter eines Entwicklungsprozesses trägt, müssen Instrumente entsprechend sensibel für unterschiedliche Entwicklungsstände und Veränderungen sein. Zum Beispiel sieht die Förderung des „Matching" von beruflichen Anforderungen und individuellen Voraussetzungen vor, dass Schülerinnen und Schüler ihre eigenen Fähigkeiten und beruflichen Ziele, aber auch die Anforderungen eines ausgewählten Berufs(feldes) benennen können und die nötige Zuversicht haben, die so antizipierte Passung in eine Entscheidung münden zu lassen. Vor dem Einsatz pädagogischer Angebote sollte daher sichergestellt sein, dass das beabsichtigte Ziel und Lernergebnis den Bedürfnissen des Einzelnen gerecht wird. Die Klärung dessen ist ebenso Gegenstand schulischer Berufsorientierung wie die Intervention selbst.

Die nachfolgende Tabelle zeigt das Strukturraster anhand eines Beispiels aus der Dimension Wissen:

Tabelle 1

Dimension / Facette	Merkmale	Diagnostik	Förderung	Evaluation
Wissen				
1. *Selbstwissen*	*Kenntnisse der eigenen Stärken und Schwächen sowie der eigenen Wünsche und Ziele*	*Wissenstest*	*„Peercoaching"*	*Wissenstest*
	Kenntnisse der der Anforderungen eines ausgewählten Berufs(feldes)	*Wissenstest*	*BiZ-Besuch/ Praktikum*	*Wissenstest*
2. Konzeptwissen 3. Bedingungswissen 4. Entscheidungs- und Planungskompetenz	… … …			

Da die Berufswahl als ein individueller Prozess verstanden wird, den Heranwachsende mit unterschiedlichem Tempo durchlaufen, besteht für die schulische Berufsorientierung die Herausforderung, dieser Entwicklungsheterogenität in Methoden und Strukturen pädagogischer Praxis gerecht zu werden. Es werden Gruppen von Schülerinnen und Schülern entstehen, die einen gleichen oder ähnlichen Entwicklungsstand erreicht haben. Für diese gilt es, gezielt geeignete Maßnahmen zu planen. Die schulorganisatorische Konsequenz, die sich daraus ableitet, ist z. B. die klassenverband- und jahrgangsübergreifende Arbeit. Die aus den Berufswahl- oder Übergangskompetenzen abgeleiteten Lernziele sind dann nicht nur Bestandteil schulischer Berufsorientierung auf der Unterrichtsebene, sondern auch auf den Ebenen der Schulorganisation, des Unterrichts und des Lehrer/innenkollegiums. Um Berufsorientierung als durchgängiges Prinzip im Sinne der Schulentwicklung zu etablieren, sind folgende Schritte notwendig (vgl. Butz, 2008):

Ebene der Schulorganisation
Voraussetzung für die Verankerung der Berufsorientierung in der Schulentwicklung ist die Entwicklung eines schuleigenen Konzepts zur Berufsorientierung, das
a) in einem Curriculum die inhaltlich-didaktische Gestaltung der schulischen Berufsorientierung beschreibt und
b) die organisatorischen Bedingungen und insbesondere die personellen Verantwortlichkeiten festlegt und dabei auch das lokale Umfeld und externe Partner einbezieht und
c) Maßnahmen beschreibt, wie der Erfolg der Arbeit auf der Basis der Lernziele überprüft werden kann, um so Qualitätsentwicklung weiter zu sichern.

Ebene des Lehrer/innenkollegiums

Die (Weiter-)Entwicklung spezifischer Kompetenzen des Personals ist ebenso bedeutsam wie die Integration möglichst aller Mitglieder des Kollegiums in die Berufsorientierung. Dies geschieht in zum Teil unterschiedlichem Ausmaß durch Informationen oder Aktivitäten. Des Weiteren sollten Möglichkeiten zum Erwerb berufswahlrelevanten Wissens und methodisches Können zur Umsetzung der in der Konzeption zur schulischen Berufsorientierung festgeschriebenen Ziele eröffnet werden. Dies gilt für die unterrichtliche Gestaltung und deren organisatorischer Umsetzung gleichermaßen.

Ebene des Unterrichts

Um Berufsorientierung als durchgängiges Prinzip auch in die Unterrichtsentwicklung zu integrieren, muss jede Lehrkraft ihren Fachunterricht aus der Perspektive betrachten können, wie dieser zum Erwerb berufswahlrelevanter Kompetenzen beiträgt. Relevant ist dabei nicht nur die Vermittlung berufsbezogenen Wissens, sondern auch die Organisation von Lerngelegenheiten zur Förderung selbstgesteuerten Lernens sowie selbstreflexiver Prozesse, die durch die Realisierung geeigneter Arbeitsformen erreicht werden können.

Um eine systematische Verknüpfung von Berufsorientierung und Schulentwicklung anzustoßen, bedarf es zunächst einer Analyse des Entwicklungsstandes der Schule. Ausgehend von der Einschätzung können dann nächste Entwicklungsziele auf den Ebenen des Unterrichts, des Personals und der Schulorganisation definiert und deren Umsetzung geplant werden. Hier ist der Einsatz geeigneter Instrumente wie der Checkliste zur Einschätzung der *Qualitätskriterien einer berufswahlkompetenten Schule* (Driesel-Lange, Hany, Kracke & Schindler, 2011) empfehlenswert.

Literatur

Brüggemann, T. (2010). Berufliches Übergangsmanagement – Herausforderungen und Chancen. In U. Sauer-Schiffer & T. Brüggemann (Hrsg.), *Der Übergang Schule–Beruf. Beratung als pädagogische Intervention* (S. 57–78). Münster: Waxmann.

Brüggemann, T. & Knierim, B. (2008). *Kompetenzchecks. Daten, Konzepte und Impulse zur Berufsorientierung am Beispiel des Instrumentariums „Kompetenzcheck Ausbildung NRW".* Münster: ecotransfer.

Bundesinstitut für Berufliche Bildung (BIBB) (2005). *Empfehlungen zur Berufsorientierung und Berufsberatung vom 14.12.2005. Pressemitteilung 48/2005.*

Butz, B. (2008). Grundlegende Qualitätsmerkmale einer ganzheitlichen Berufsorientierung. In Wissenschaftliche Begleitung des Programms „Schule-Wirtschaft/Arbeitsleben" (Hrsg.), *Berufsorientierung als Prozess* (Bd. 5, S. 42–62). Baltmannsweiler: Schneider Verlag Hohengehren.

Creed, P. A., Fallon, T. & Hood, M. (2009). The relationship between career adaptability, person and situation variables, and career concerns in young adults. *Journal of Vocational Behavior, 74*, 219–229.

Dreer, B. (2013). Personalentwicklung als Notwendigkeit und Chance zur Qualitätsentwicklung schulischer Berufsorientierung. In T. Brüggemann & S. Rahn (Hrsg.), *Berufsorientierung. Ein Lehr- und Arbeitsbuch.* (S. 335–347). Münster: Waxmann.

Dreyfus, H. & Dreyfus, S. (2005). Expertise in real world contexts. In *Organization Studies* 26, 779–792.

Driesel-Lange, K. (2011). *Berufswahlprozesse von Mädchen und Jungen – Interventionsmöglichkeiten zur Förderung geschlechtsunabhängiger Berufswahl.* Münster: Lit.

Driesel-Lange, K., Hany, E., Kracke, B. & Schindler, N. (2010). Ein Kompetenzentwicklungsmodell für die schulische Berufsorientierung. In U. Sauer-Schiffer & T. Brüggemann (Hrsg.), *Der Übergang Schule–Beruf. Beratung als pädagogische Intervention* (S. 157–175). Münster: Waxmann.

Driesel-Lange, K., Hany, E., Kracke, B. & Schindler, N. (2011). Berufs- und Studienorientierung. Erfolgreich zur Berufswahl. Ein Orientierungs- und Handlungsmodell für Thüringer Schulen. In Thüringer Institut für Lehrerfortbildung, Lehrplanentwicklung und Medien (Hrsg.), *Materialien Nr. 165.* Bad Berka: Thüringer Institut für Lehrerfortbildung, Lehrplanentwicklung und Medien.

Fußangel, K., Schulz-Zander, R. & Kemna, P. (2006). „workshop zukunft" – Ergebnisse der projektspezifischen Evaluation. Ergebnisse der Begleitforschung zur berufsvorbereitenden Maßnahmen mit digitalen Medien. In W. Böttcher, H. Holtappels & M. Brohm (Hrsg.), *Evaluation im Bildungswesen. Eine Einführung in Grundlagen und Praxisbeispiele* (S. 213–228). Weinheim: Juventa.

Gottfredson, L. S. (2002). Gottfredson's theory of circumscription, compromise, and self-creation. In D. Brown & Associates (Eds.), *Career choice and development* (4th ed., pp. 85–148). San Franscisco: Jossey-Bass.

Gruber, H. (2007). *Bedingungen von Expertise* (Forschungsbericht Nr. 25). Regensburg: Universität Regensburg, Lehrstuhl für Lehr-Lern-Forschung.

Hacker, W. (2006). *Allgemeine Arbeitspsychologie. Psychische Regulation von Arbeitstätigkeiten.* Bern: Hans Huber.

Hall, G. E. & Hord, S. M. (2006): *Implementing change: Patterns, principles, and potholes.* Boston, MA: Pearson Education.

Hartung, P. J., Porfeli, E. J. & Vondracek, F. W. (2005). Child vocational development: A review and reconsideration. *Journal of Vocational Behavior, 66*, 385–419.

Heckhausen, J., Wrosch, C. & Schulz, R. (2010). A Motivational Theory of Life-Span Development. In *Psychological Review, 117*, 1, 32–60.

Herr, E. L., Cramer, S. H. & Niles, S. G. (2004). *Career guidance and counseling through the lifespan. Systematic approaches* (6th edition). Boston: Pearson.

Hirschi, A. (2007). *Berufswahlbereitschaft von Jugendlichen: Inhalte, Entwicklung und Förderungsmöglichkeiten.* Unveröffentlichte Dissertation am Psychologischen Institut der Universität Zürich.

Hirschi, A. (2010). Theoretische und empirische Grundlagen der Angebotsplanung des Career Services an der Leuphana Universität Lüneburg. *Forschungsberichte des Career Service der Leuphana Universität Lüneburg, Nr. 1.* Lueneburg: Career Services der Leuphana Universität Lüneburg.

Hirschi, A. (2011). Berufswahl im Spannungsfeld von Person, sozialem Umfeld und Arbeitsmarkt. In M. Hammerer, E. Kanelutti, & I. Melter (Hrsg.), *Zukunftsfeld Bildungs- und Berufsberatung: Neue Entwicklungen aus Wissenschaft und Praxis* (S. 99–104). Bielefeld: Bertelsmann.

Klieme, E., Avenarius, H., Blum, W., Döbrich, P., Gruber, H., Prenzel, M., Reiss, K., Riquarts, K., Rost, J., Tenorth, H. E. & Vollmer, H. J. (2003). *Zur Entwicklung nationaler Bildungsstandards. Eine Expertise.* Berlin: BMBF.

Kupka, P. & Wolters, M. (2010). *Erweiterte vertiefte Berufsorientierung. Überblick, Praxiserfahrungen und Evaluationsperspektiven* (IAB Forschungsbericht 10/2010). Nürnberg: Institut für Arbeitsmarkt- und Berufsforschung der Bundesagentur für Arbeit.

Leutner, D. (2010). Perspektiven pädagogischer Interventionsforschung. In T. Hascher & B. Schmitz (Hrsg.), *Pädagogische Interventionsforschung. Theoretische Grundlagen und empirisches Handlungswissen* (S. 63–72). Weinheim: Juventa.

MTO Psychologische Forschung und Beratung GmbH (2010). *SENTA! Schule, Entwicklung, Arbeit. Ein Programm für Haupt- und Realschulen in Baden-Württemberg zur Verbesserung des Übergangs in das Arbeitsleben. Evaluationsbericht 2010.* Tübingen: MTO.

Neuenschwander, M., Gerber, M., Frank, N. & Rottermann, B. (2011). *Schule und Beruf: Wege in die Erwerbstätigkeit.* Wiesbaden: VS.

Peterson, G. W., Sampson, J. P., Jr., Lenz, J. G. & Reardon, R. C. (2002). A cognitive information processing approach to career problem solving and decision making. In D. Brown & Associates (Eds.), *Career Choice and Development* (pp. 312–369). San Francisco, CA: Jossey-Bass.

Rauner, F. (2002). Berufliche Kompetenzentwicklung – vom Novizen zum Experten. In P. Dehnbostel (Hrsg.), *Kompetenzentwicklung in vernetzten Lernstrukturen* (S. 111–132). Berlin: edition sigma.

Savickas, M. L. (2005). The theory and practice of career construction. In S. D. Brown & R. W. Lent (Eds.), *Career development and counseling: Putting theory and research to work* (pp. 42–70). Hoboken, NJ: John Wiley.

Seitz, H. & Capaul, R. (2007). *Schulführung und Schulentwicklung. Theoretische Grundlagen und Empfehlungen für die Praxis* (2. Aufl.). Berne: Haupt.

Ständige Konferenz der Kultusminister der Länder in der Bundesrepublik Deutschland (2004). *Rahmenvereinbarung über die Zusammenarbeit von Schule und Berufsberatung zwischen der Kultusministerkonferenz und der Bundesagentur für Arbeit vom 15.10.2004.* Bonn: KMK.

Vondracek, F., Ferreira, J. & Santos, E. (2010). Vocational behavior and development in times of social change: new perspectives for theory and practice. In *International Journal for Educational and Vocational Guidance, 10,* 2, 125–138.

von Wensierski, H. J., Schützler, C. & Schütt, S. (2005). *Berufsorientierende Jugendbildung. Grundlagen, empirische Befunde, Konzepte.* Weinheim: Juventa.

Weinert, F. E. (2001). Vergleichende Leistungsmessung in Schulen – eine umstrittene Selbstverständlichkeit. In F. E. Weinert (Hrsg.), *Leistungsmessungen in Schulen* (S. 17–31). Weinheim: Beltz.

Eberhard Jung

Didaktische Konzepte der Studien- und Berufsorientierung für die Sekundarstufen I und II

1. Vorbemerkung

Die Funktionalität eines gestuften Bildungssystems wird dadurch verdeutlicht, dass die gesetzten Ziele erreicht und eine Anschlussfähigkeit der Bildungsstufen gesichert ist, denn ein zertifizierter Stufenabschluss nutzt nur, wenn ein anstehender Übergang positiv bewältigt werden kann. Damit integriert ein zeitgemäßes Bildungsverständnis die Voraussetzung für den Zugang zum Beschäftigungssystem, für soziale Anerkennung und gesellschaftliche Teilhabe. Was denn Bildung sei, war in der deutschen Bildungstradition lange umstritten. Während die *Pädagogik der Aufklärung* nach der Unterweisung zu vernünftigem und glücklichem Leben sowie zur Ausbildung aller auf Diesseitigkeit und berufliche Nützlichkeit bezogenen Verstandeskräfte zielte, strebte die neuhumanistische Bildung nach dem *uomo universale*, dem *umfassend gebildeten freien Menschen*, der in seiner höchsten Selbstentfaltung den Sinn des Lebens sah (Böhm, 2005, S. 37f, S. 250f). Dieser Gegensatz speiste den lange währenden Konflikt zwischen den *berufsrelevanten Realien* und der *Humaniora* (ebd., 250), der auch in der Aporie von Bildung und Ausbildung zum Ausdruck kam und noch heute die Berufsorientierungszurückhaltung des Gymnasiums begründet.

Hinsichtlich der intergenerativen Weitergabe der gesellschaftlich bedeutenden Qualifikationen dominierten über einen langen Zeitraum Formen der Berufsvererbung, in denen die Kinder die Berufe ihrer Eltern oder naher Verwandter weiterführten. Seit der Industrialisierung gestaltete sich die Berufsarbeit zunehmend effektiver, sie hat sich spezialisiert und differenziert (Beinke, 2011, S. 23). Ein dynamischer Qualifikationswandel und stetige Verschiebungen zwischen den Wirtschaftssektoren[1] brachten neue Berufsbilder hervor und führten zur Erhöhung der beruflichen Aus-, Weiter- und Vorbildungserfordernisse. Es entstand ein differenziertes System beruflicher Bildung, und die Hinführung der Schülerinnen und Schüler zur Arbeits- und Berufswelt wurde zu einer wichtigen allgemein bildenden Aufgabe. Diese verstand sich nicht nur als reine Vorbereitung auf den Produktions- und Arbeitsprozess, sondern auch als generelle Aufklärung und Reflexion über Technik, Wirtschaft, Haushalt, Gesellschaft und Politik. Die Anerkennung des neuen Bildungsbereiches verlief von der Hauptschulempfehlung des Deutschen Ausschusses (1964), über die Anerkennung als Sekundarstufe-I-Lerngegenstand (1969) und setzte sich verspätet für alle Schulstufen und -formen durch.[2]

Nach einem zeitgemäßen Bildungsverständnis muss die *Studien- und Berufsorientierung* als didaktische Einheit gesehen werden: Im Jahr 2010 besaß fast ein Fünftel (19 %)

---

1 Vom primären Sektor (Urproduktion) in den sekundären (Weiterverarbeitung), von dort in den tertiären (Dienstleistung) und aktuell in den quartären (Informationssektor).

2 Noch im Jahre 1988 zeigte sich eine Bildungssenatorin bestürzt darüber, dass gerade die Gymnasiasten in diesem Bereich Erkenntnisdefizite besäßen, da sie doch in Führungspositionen der Gesellschaft mit diesen Fragen intensiv konfrontiert würden (Dammer, 1997, 38).

der Anfänger einer Berufsausbildung eine Studienberechtigung (Ulrich, 2010, S. 15), die Anzahl derjenigen, die über eine Berufsausbildung in eine Tertiärbildung streben (2. Bildungsweg), ist weiterhin steigend. Der daraus resultierende Anspruch an das Bildungssystem ist eindeutig: Wenn Bildung auf das Leben vorbereiten soll, bedarf es der Anerkennung des Bildungsgegenstands und zeitgemäßer didaktischer Konzepte der Studien- und Berufsorientierung.

2. Von der Berufswahlvorbereitung zur Studien- und Berufsorientierung

2.1 Berufsorientierung im Rahmen der Arbeitslehre

Die Entwicklung der Berufsorientierung als Gegenstand der Allgemeinbildung ist vielfältig und facettenreich. Dabei hat sich der Begriffsgegenstand in enger Verbindung mit dem Schulfach/Lernbereich Arbeitslehre herausgebildet. Die Einführung der Arbeitslehre stand in engem Zusammenhang mit sich wandelnden ökonomisch-technischen Prozessen und deren bildungsökonomischen Bedingungsfaktoren am Anfang der 1960er Jahre, die den Kernbereich einer Bildungsreform bildeten. Der historische Verlauf der Arbeitslehre kann als aufgearbeitet angesehen werden.[3] Ihr stürmischer Beginn wurde von erbitterten Debatten über Grundfragen, Zielsetzung, Organisation und Methoden begleitet (Groth & Kledzik, 1983, S. 11f), wobei Zielvorgaben und Konzeptionen auch auf die jeweiligen politischen Mehrheiten (A- und B-Länder) zugeschnitten waren.[4] Dies führte dazu, dass sich – im Vergleich zu anderen Disziplinen – kein verbindlicher curricularer Kern und keine einheitliche Fachpropädeutik herausbilden konnten. Trotz verschiedener berufswahl- und bildungstheoretischer Legitimationsversuche, einem breiten Konsens über die Bedeutung beruflicher Orientierungen für alle Schüler und einer Fülle didaktischer Konzeptionen blieb eine konsequente Umsetzung des Anspruches aus (Dammer, 1997, S. 39). Der schulische Zustand des Faches präsentierte sich im Spannungsverhältnis zwischen überhöhten normativen und didaktischen Anforderungen und einer ernüchternden Realität.[5] So riefen auch die in den letzten beiden Jahrzehnten vollzogenen dramatischen Veränderungen in der Erwerbsarbeit (Technische Entwicklung, Innovationen, Höherqualifizierung, Entkoppelung vom Normalarbeitsverhältnis, neue Formen der Selbstständigkeit usw.; dazu: Schober, 2001) und die damit verbundenen Herausforderungen wenig geordnete pädagogisch-didaktische Gegenstrategien hervor.

---

3   Als wesentliche Darstellungen wird auf Dauenhauer, 1974; Kaiser, 1974; Ziefuss, 1992; Dedering, 1994; 2002 verwiesen.

4   Angesichts heterogener Ziele und der „Durchsetzung höchst unterschiedlicher politischer, ökonomischer und pädagogischer Interessen" definierte Weinbrenner (1989, 96f) die Arbeitslehre selbst als Politikum.

5   Mit Blick auf den bundesrepublikanischen Bildungsföderalismus hatte Hans Kaminski (1991: 4) den „Zustand des Faches" in der jungen wiedervereinigten Bundesrepublik mit Begrifflichkeiten wie „verwirrende Diskussionen" und „konzeptionelles Desaster" beschrieben und registriert, dass in den Schulen „Arbeitslehre zu über 90 % von nicht grundständig ausgebildeten Lehrkräften unterrichtet" werde. In Zusammenhang mit der sich aus dem Lernfeld ergebenden Integrations- und Kooperationsforderungen, impliziere die Situation für die Lehrkräfte Probleme einer permanenten psychologischen, didaktischen und fachlichen Überforderung.

Trotz eindeutiger, den Übergang in die Berufs- und Arbeitswelt betreffender Vorgaben in den Schulgesetzen und Bildungsplänen der Bundesländer[6] bleiben angemessene konzeptionelle und didaktische Realisierungen eher eine Ausnahme. Auch konnte nicht an die von Dedering (2002, S. 23f) erkannten *Elemente der Neubestimmung der schulischen Berufsorientierung* der 1980–90er Jahre angeknüpft werden: weder an den Bezugsrahmen für theoretische Beiträge zur Berufswahl und Berufsorientierung (dazu Brown & Brooks, 1994, Hoppe, 1998, S. 103; Jung, 2000, S. 101ff) noch an das Niveau didaktischer Konzeptionen und Reflexionen, z. B. den handlungsorientierten Berufswahlunterricht (Klippert 1991, 1987) oder die integrative Berufswahlvorbereitung (Beinke, 1987).

In Zeiten der Übergangsmisere erlangte die Berufsorientierung besondere Aufmerksamkeit. In vielen von höchsten Stellen geförderten Projekten entstand eine nahezu unüberschaubare Fülle von Übergangsaktivitäten, -initiativen und -materialien. Obwohl wenig geordnet und in den meisten Fällen in ihrer Qualität weit hinter den pädagogisch-didaktischen Standards der Arbeitslehre zurückbleibend, sorgte ihre Anwendungsbezogenheit, verbunden mit dem Mainstreaming-Gebot und einer kostengünstigen Verbreitung für eine hohe Akzeptanz in den Schulen. So ist die derzeitige Situation der schulischen Berufsorientierung durch eine Vielzahl von Initiativen, Maßnahmen und Akteuren gekennzeichnet. Zweifelsohne gut gemeinte, aber in der Regel nur unzureichend abgestimmte Angebote lokaler Akteure „überschwemmen" die Schulen und treffen dort auf Lehrkräfte, deren Qualifikationen[7] bezüglich der Berufsorientierung nicht als grundständig zu bezeichnen sind (Schröder, 2011).

2.2 Berufsorientierung: Anmerkungen zur Begriffsgenese

Der Begriffsgegenstand der Berufsorientierung hat sich über bedeutende Teilschritte herausgebildet. Als Beginn können die *„Empfehlungen zum Aufbau der Hauptschule"* des Deutschen Ausschusses für das Erziehungs- und Bildungswesen von 1964 gesehen werden, die eine Umwandlung der Volksschule in eine verlängerte Hauptschule vorsahen. Ihr wurde mit der Arbeitslehre – als neuer Unterrichtsform – die Aufgabe zugewiesen, jungen Menschen die Hinführung zur modernen Arbeitswelt zu ermöglichen. Sie sollten mit den *„Gründzügen des Arbeitens in der modernen Produktion und Dienstleistung"* so weit vertraut werden, dass sie eine *Berufswahl* verständiger treffen konnten (Deutscher Ausschuss, 1966: 401).[8]

In Überwindung des Defizits und im Bestreben nach ordnender Klarheit definierte die KMK (1969, S. 3f) in ihrer *Empfehlung zur Hauptschule* die *„allgemeine Orientierung über die Wirtschafts- und Arbeitswelt"*, die *„Erziehung zum Arbeitsverhalten"* und die *Hinführung zur Berufswahl* als dreifache Zielsetzung der Arbeitslehre. 1987 bestätigte sie,

---

6   In diesem Sinne definiert das Schulgesetz Baden-Württembergs (§ 1.2), dass junge Menschen *„auf die Mannigfaltigkeit der Lebensaufgaben und auf die Anforderungen der Berufs- und Arbeitswelt mit ihren unterschiedlichen Aufgaben und Entwicklungen vorzubereiten"* sind.

7   Gemeint sind: Kennen der Berufs- und Arbeitswelt, Kenntnis von Berufswahltheorien, Begleitung von Praktika, Kenntnisse des regionalen Wirtschaftsraums und Arbeitsmarktes, Beherrschung übergangsförderlicher Methoden usw.

8   Obwohl es der Deutsche Ausschuss unterlässt, den Gegenstandsbereich der *Berufswahlvorbereitung* näher zu bestimmen, wird er zum Grundprinzip erhoben, dem die Arbeitslehre mit ihren Teilbereichen Technik, Wirtschaft und Hauswirtschaft verpflichtet wird (Dedering, 2002, 19).

was in Fachkreisen schon längst seine konsensuelle Anerkennung fand. Sie deklarierte die Arbeitslehre als Beitrag einer zeitgemäßen Allgemeinbildung aller Schulformen der Sekundarstufe I. Ebenfalls wurde ein Wandel in der Leitkategorie vollzogen. Während der Deutsche Ausschuss den *Beruf als das didaktische Zentrum* der Arbeitslehre definiert hatte, trat nun der Arbeitsbegriff ins Zentrum des Bestrebens (Kledzik, 1988, S. 25ff).

Angesichts der Individualisierung und Differenzierungen im Bildungswesen und einer für den Einzelnen unübersichtlichen Berufswelt empfahl der Deutsche Bildungsrat im *Strukturplan für das Bildungswesen* (1970) eine sachkundige Beratung der Lernenden. Diese solle helfen, Bildungsangebote und Lernmöglichkeiten zu wählen, die die Entfaltung der Persönlichkeit förderten und gleichzeitig berufliche und gesellschaftliche Chancen böten. Damit Lernende eine Berufswahl treffen könnten, müsse die in der Arbeitslehre verortete *„Orientierung über Berufsfelder, Berufsbilder und Berufschancen"* durch eine *Bildungsberatung* ergänzt werden. Letztere wird als ein Strukturelement des Bildungswesens definiert, für die speziell ausgebildete Fachkräfte hinzugezogen werden, die in ihrer Arbeit die beratenden Lehrkräfte unterstützen (Deutscher Bildungsrat, 1970, S. 91).

Ein objektbezogenes (curricular-strategisch) Deutungsmuster von Berufsorientierung wurde in dem von der Bundesanstalt für Arbeit in Auftrag gegebenen Gutachten zur vorberuflichen Bildung von Dibbern, Kaiser & Kell (1974) deutlich. Vom Bildungsziel Mündigkeit ausgehend wurde die Bedeutung der *vorberuflichen Bildung* als neuer Schwerpunkt für allgemein bildende Schulen begründet. Dieses umfasst das pädagogisch-didaktische Bestreben allgemein bildender Schulen, ihr Lehrangebot an arbeits- und berufsbezogenen Anforderungen zu orientieren, um Jugendliche „für einen unmittelbaren oder einen späteren Übergang in die berufliche Erstausbildung vorzubereiten", ohne dabei Inhalte der Berufsausbildung vorwegzunehmen. Die vorberufliche Bildung war als *„Inbegriff einer umfassenden didaktischen Gesamtaufgabe"* dreifach strategisch ausgerichtet: als ein „organisierendes didaktisches Prinzip" im Rahmen der Konstituierung des Lehrangebotes, als „Unterrichtsprinzip" innerhalb des Unterrichts aller Fächer und als wesentlicher Inhalt eines selbstständigen Sekundarstufenfaches Arbeitslehre (Dibbern, Kaiser & Kell, 1974, S. 133ff). Berufsorientierung verstanden sie als integrierte Teilaufgabe, als das gemeinsame Anliegen von Berufsberatung und Schule (ebd., S. 134). Dieses Deutungsmuster ist noch heute Teil der Aufgabenbeschreibung der Arbeitsagentur (und ihrer Vorgängerorganisationen). Es verläuft vom Arbeitsförderungsgesetz von 1969 über entsprechende Rahmenvereinbarungen zwischen der KMK und der Bundesanstalt bis zur aktuellen Sozialgesetzgebung (Dedering, 2002, S. 21). § 33 des aktuellen Sozialgesetzbuches 3 (SGB) der Bundesrepublik Deutschland definiert die Gegenstandsbereiche der Berufsorientierung und der vertiefenden Berufsorientierung.[9]

---

9   SGB 3, § 33: Die Agentur für Arbeit hat zur Vorbereitung der Jugendlichen und Erwachsenen auf die Berufswahl sowie zur Unterrichtung der Ausbildungssuchenden, Arbeitssuchenden, Arbeitnehmer und Arbeitgeber Berufsorientierung zu betreiben. Dabei soll sie über Fragen der Berufswahl, über die Berufe und ihre Anforderungen und Aussichten, über Wege und Förderung der beruflichen Bildung sowie über beruflich bedeutsame Entwicklungen in den Betrieben, Verwaltungen und auf dem Arbeitsmarkt umfassend unterrichten. Die Agentur für Arbeit kann Schüler allgemein bildender Schulen durch vertiefte Berufsorientierung und Berufswahlvorbereitung fördern (Berufsorientierungsmaßnahme). Die Maßnahme kann bis zu vier Wochen dauern und soll regelmäßig in der unterrichtsfreien Zeit durchgeführt werden. Voraussetzung ist, dass sich Dritte mit mindestens 50 Prozent an der Förderung beteiligen.

Der sich bereits abzeichnende allgemein bildende Begriffsgegenstand von Berufsorientierung wird von Jörg Schudy in vier Bedeutungsvarianten zeitgemäß begründet:[10]

Abbildung 1: Bedeutungsvarianten des Begriffs Berufsorientierung (Schudy, 2008, S. 103f)

Subjektive Berufsorientierung: Dieses Begriffsverständnis verweist auf eine Eigenschaft bzw. Haltung von Schülerinnen und Schülern *„beruflich orientiert"* zu sein. D.h. sie berücksichtigen Arbeit und Beruf als ein maßgebliches Element im individuellen Lebensentwurf. Dies ist angesichts der Pluralisierung von Lebensstilen sowie von Bedürfnis- und Wertorientierungen heute keine Selbstverständlichkeit mehr.

Berufsorientierung von Bildungsinhalten und Unterrichtsmethoden: Dieses Begriffsverständnis zielt darauf, dass neue Anforderungen in den beruflichen Tätigkeitsfeldern eine Überprüfung schulischer Bildungsprozesse erforderlich erscheinen lassen. Inhalte, Methoden und Sozialformen des Unterrichts sollen sich auf die sich wandelnden Anforderungen in beruflichen Tätigkeiten beziehen.

Berufsorientierung im Sinne von Berufswahlvorbereitung: Dieses Begriffsverständnis zielt auf die Aneignung spezifischer übergangsbezogener Kenntnisse, Erkenntnisse, Erfahrungen und Fähigkeiten. Diese sollen es den Schülerinnen und Schülern ermöglichen, eine rationale Entscheidung für einen „Start"- bzw. „Erstberuf" zu treffen. Eine solche Entscheidung erfolgt anhand der Abwägung bzw. Vermittlung zwischen subjektiven Interessen und Voraussetzungen sowie objektiven aktuellen und – so weit vorhersehbar – zukünftigen Ausbildungs- bzw. Arbeitsmarktbedingungen. Diese Bedeutungsvariante muss als die in der schulpädagogischen und bildungspolitischen Diskussion geläufigste betrachtet werden.

Berufsorientierung im Sinne arbeitsweltbezogener Allgemeinbildung: Dieses Begriffsverständnis thematisiert Berufsorientierung als ein im deutschen Bildungsverständnis lange vernachlässigtes und in einigen Schulformen und -stufen bis heute nicht hinreichend verankertes Lern- und Reflexionsfeld. Gemeint ist die erschließende Auseinandersetzung mit den vielfältigen Facetten und den sozialen, ökonomischen und technischen Grundlagen der Arbeitswelt. Im Zusammenhang mit einer sozio-ökonomisch-technischen Grundbildung zielt diese auf eine durch Urteils-, Solidaritäts- und Selbstbestimmungsfähigkeit fundierte Handlungsfähigkeit in einem zentralen gesellschaftlichen und die gesellschaftliche Gestalt auch zukünftig maßgeblich mitbestimmenden Handlungsfeld.

Im Rahmen eines heterogenen Begriffsverständnisses können die *allgemeine Orientierung über die Wirtschafts- und Arbeitswelt*, die *Hinführung zum Arbeitsverhalten* und die *pädagogisch verantwortungsvolle Begleitung des Arbeits- und Berufsfindungsprozesses* aller Schülerinnen und Schüler als die konsensuellen Ziele schulischer Berufsorientierung gelten. Trotz reger Aktivitäten, übergangsbezogene Leitbegriffe (neu) zu begründen (Nat. Pakt, 2006; Schlemmer, 2008), steht im Zeitalter der Outputorientierung von Bildungsprozessen der Erwerb entsprechender Kompetenzen im Mittelpunkt des Bildungsbestrebens (Klieme u.a., 2003), der in der Domäne der vorberuflichen Arbeits- und Berufserziehung erfolgt. Damit erweist sich die Studien- und Berufsorientierung als ein komplexer Orientierungs-, Entscheidungs- und Handlungsprozess. Es gilt, die Berufs- und Arbeitswelt zu kennen, um anstehende Übergangsherausforderungen mit ihren vielfältigen Zielen, Wegen und Teilschritten positiv bewältigen zu können. Die für gelin-

---

10 Zur Vermeidung von Missverständnissen schlägt Schudy (ebd.) vor, sich in aktuellen Diskursen zu vergewissern, welches Verständnis von den unterschiedlichen Akteuren vertreten werde, wenn Berufsorientierung *„im Bildungsraum allgemein bildender Schulen gefordert und praktiziert"* werde.

gende Arbeits- und Berufsfindungsprozesse[11] erforderlichen Kompetenzen integrieren fachliches, methodisches, strategisches Wissen und Können mit motivationalen Bereitschaften und reflektieren Befähigungen (Jung, 2010, 81ff).

3. Grundzüge einer Didaktik der Studien- und Berufsorientierung

3.1 Grundlegung

Didaktische Orientierungen sind Leit- und Schlüsselideen, die den Lerngegenstand als Bildungsbereich legitimieren, inhaltlich bedeutsame Teilmengen bündeln und damit fachdidaktische Ziel-, Inhalts- und Methodenentscheidungen ermöglichen (Henze, 2007, 255). Arbeits- und Berufsorientierung zielt auf die Eingliederung in das System der Erwerbsarbeit. Ihr Gelingen korreliert mit späterem beruflichen Erfolg und einer damit verbundenen persönlichen Anerkennung und Zufriedenheit, wodurch sie eine wesentliche Grundlage für ökonomische Sicherheit und gesellschaftliche Teilhabe bildet. Systembezogen zielt sie auf die Anschlussfähigkeit der allgemein bildenden Stufe in das Berufs- und Arbeitsleben, die über eine sekundäre oder tertiäre Berufsbildung vollzogen wird und die Funktionalität des Bildungssystems als gesellschaftliches Subsystem zum Ausdruck bringt. Aus diesen Gründen ist es erforderlich, den Gegenstandsbereich der *Arbeits- und Berufsorientierung* in allen abschlussrelevanten Schulstufen und -formen als geordneten Lehr-/Lerngegenstand zu vermitteln, wobei es von untergeordneter Bedeutung ist, ob die anschließende berufliche Erstqualifikation über ein akademisches Studium (Tertiärstufe) oder eine Berufsausbildung (dual, vollschulisch; Sekundarstufe II) erworben wird. Es gilt Lernende auf die Berufs- und Arbeitswelt vorzubereiten und sie für das Bewältigen von Übergangsherausforderungen zu befähigen.

In diesem Sinne versteht sich *Didaktik der Arbeits- und Berufsorientierung* als Bildungsbestreben, das durch den Erwerb und die Entwicklung von Kompetenzen junge Menschen zum Eintritt in die Arbeits- und Berufswelt befähigt, der über eine Berufsausbildung oder ein Studium erfolgen kann. Sie hat die Aufgabe, eine Abstimmung zwischen einer sich ändernden Lebens- und Arbeitswelt mit wandelnden Anforderungen und dem Individuum mit seinen subjektbezogenen Ansprüchen (Menschenwürde, Freiheit der Person, Sicherheit, Recht auf Bildung usw.) herbeizuführen. Dies darf nicht nur über eine funktionale Anpassung des Menschen an gesellschaftliche/arbeitsweltliche Strukturen und die Erstellung seiner individuellen Disponibilität erfolgen, was zweifellos zu einem gewissen Grad mitschwingt. Vielmehr geht es um eine verbesserte Individuallage, im Sinne einer individuellen Emanzipation „der sich selbst bestimmenden Person

---

11 Diese Definition überwindet die Begrenztheit der noch immer weit verbreiteten Bezeichnung *Berufswahl*. Die KMK hatte einst die *Berufswahlreife* als Ziel der Arbeitslehre genannt und so dem Begriff der Berufswahl zur Akzeptanz verholfen. Aufgrund gegebener Restriktionen (Schulnoten, Angebotsengpässe usw.) ist für die meisten „Berufswähler" die Anzahl der zu wählenden Alternativen stark eingegrenzt. Ebenso sind Übergänge in nicht beruflich verfasste Tätigkeiten möglich. Deshalb erscheint die Bezeichnung Arbeits- und Berufsfindungsprozess als angemessen (dazu: Schober, 1997, S. 105; Beinke, 1999, S. 61; Jung, 2000, S. 93; 2010).

und des mitbestimmenden Mitglieds in demokratischen Gesellschaften" (Dibbern, 1993, S. 30 u. 33).[12]

3.2 Orientierungen und Prinzipien

Die implizierten didaktischen Prinzipien einer *Didaktik der Studien- und Berufsorientierung* sind unter den Leitbegriffen Orientierungsfähigkeit, Urteilsfähigkeit und Handlungsfähigkeit zu bündeln, die im Rahmen des domainbezogenen Kompetenzerwerbs – kognitiv gestützt und affektiv durchdrungen – zielgerichtet zusammenwirken. Es gilt arbeits-, berufs- und übergangsbezogene Herausforderungen anzunehmen, zu bewältigen und zu reflektieren (Jung, 2010).

Orientierungsfähigkeit: Die Orientierungsfähigkeit beschreibt die grundlegende Eigenschaft, sich in komplexen Lebenswelten zurechtzufinden. Dabei dominiert die Wissensdimension im Sinne eines Verstehens, Übersichtverschaffens und Zurechtfindens (Orientierens) bei variablen und alternativen Zielen, Wegen, Interessen und Strategien. Der Anspruch kann nicht über den Erwerb von isoliertem Faktenwissen über die Berufs- und Arbeitswelt erfüllt werden, vielmehr schließt er Wissen über Verfahrensweisen (*wie man etwas tut*) und strategisches Wissen (*wie wird ein Ziel erreicht*) ein. Es gilt in den nachstehenden Bereichen – und darüber hinaus – zielgerichtet Informationen einzuholen, angesichts individueller Ziele, Interessen und Strategien das Wesentliche vom Unwesentlichen zu unterscheiden, dabei Zusammenhänge zu verstehen und Schlussfolgerungen zu ziehen (Jung, 2008e, S. 249). Die Schülerinnen und Schüler orientieren sich über

- wesentliche Aspekte der Wirtschafts-, Berufs- und Arbeitswelt
- Eignungen und Neigungen, eigene Stärken und Schwächen
- qualifikatorische Anforderungen in der Arbeits- und Berufswelt
- Übergangsvoraussetzungen, -verfahren und -strategien
- ausgewählte Studiengänge, Ausbildungsberufe/Arbeitstätigkeiten, schulische Bildungsgänge
- regionale und nationale Bildungsangebote, Fördermöglichkeiten

Urteilsfähigkeit: Die Urteilsfähigkeit beschreibt die grundlegende Eigenschaft, domainspezifische Sachverhalte, Prozesse und Institutionen hinsichtlich ihrer Eigenschaften, Funktionen, Bedeutungen sowie der vermuteten Auswirkungen abzuwägen und zu bewerten. Sie bezieht Wechselwirkungen ein und setzt entsprechende Maßstäbe (Ziele, Werte, Normen) voraus (Jung, 2007, S. 129). Die Schülerinnen und Schüler beurteilen

- die persönliche Eignung für berufliche Anforderungen
- Anforderungen bei der Realisierung von Wunschberufen
- Alternativen der Berufswegeplanung: Studium, Ausbildungsberuf, Arbeitstätigkeit
- Qualifikationsanforderungen in unterschiedlichen Berufsfeldern und Berufen
- Einkommen, Entwicklungs- und Aufstiegsmöglichkeiten
- …

---

12 Dieser Bildungsaspekt ist so bedeutend, dass er nicht an irgendwelche freien Träger oder Interessenvertreter übertragen werden darf.

Handlungsfähigkeit: Die Handlungsfähigkeit beschreibt die grundlegende Eigenschaft, die ein absichtsgeleitetes, zielgerichtetes, bewusstes und planvolles Tun ermöglicht. Sie integriert strategische Formen der Handlungsplanung, des Handlungsvollzugs und der Überprüfung. Dieses Verständnis bezieht das Treffen begründeter Entscheidungen (Entscheidungsfähigkeit) ein. Hier gilt es Ziele, Werte, Erfahrungen und Prioritäten abzuwägen und anzustreben und evtl. Wechselwirkungen zu berücksichtigen. Die Schülerinnen und Schüler vollziehen nachstehende Handlungsbezüge. Sie

- recherchieren Studien- und Ausbildungsplätze und -orte,
- entscheiden sich für einen Ausbildungsweg,
- treffen und realisieren eine Berufsentscheidung,
- agieren in Bewerbungsverfahren (Anschreiben, Auswahlverfahren, Assessment, Vorstellung).

3.3 Konzepte und Modelle

Als Konzept wird ein Handlungsentwurf verstanden, den sich Menschen von kulturellen Dingen machen (müssen), „um erfolgreich agieren und interagieren zu können". Sie streben einerseits nach gedanklicher und begrifflicher Klarheit, andererseits antizipieren sie zukünftige Handlungsweisen, nach denen vermutete Situationen „sinnfällig" zu bewältigen sind (Kron, 1994, S. 206). Eine didaktische Konzeption bezieht diese Zielbeschreibung auf den Gegenstandsbereich der Planung, Durchführung und Reflexion von Lehr-/Lernprozessen, hier im Gegenstandsbereich schulischer Studien- und Berufsorientierung (Didaktik im engeren Sinne).

Zweifelsohne bildet das *Fachkonzept* (Berufsorientierung als Fach/Teilfach) das erfolgversprechende didaktische Organisationsprinzip. Berufsorientierung wird – als Bestandteil der Stundentafel – über mehrere Jahre als eigenständiger curricularer Gegenstandsbereich z.B. im Rahmen der Arbeits- oder der Wirtschaftslehre unterrichtet. Der Fachbezug impliziert ein definiertes schulisches Curriculum, schließt die Einbindung in alle Stufen der Lehramtsbildung ein und garantiert den fachbezogenen Unterrichtseinsatz. Fachdidaktikwissenschaftliche und übergangsspezifische Diskurse – auch die mit den weiteren am Übergangsprozess beteiligten Akteuren – bewirken eine permanente Weiterentwicklung des Bildungsgegenstandes und seiner didaktischen Konzeptionen. Von den fachlich gebildeten Lehrpersonen (Studium der Arbeitslehre, Haushalt, Technik, Wirtschaft) kann ein professionelles Wissen, Können und Agieren in den vielfältigen Gegenstandsbereichen der Studien- und Berufsorientierung sowie eine gestaltende Rolle in den anderen Konzepten erwartet werden.

Das *Verbundkonzept* (Berufsorientierung als Teil eines Fächerverbundes) kann nur dann ähnlich erfolgreich (wie das Fachkonzept) sein, wenn der Verbund aus den arbeits- und berufsbezogenen Unterrichtsfächern Wirtschaft, Technik und Haushalt/Textil besteht und hinsichtlich der Berufsorientierung eine klare Aufgabenteilung mit genügend zu Verfügung stehender Zeit existiert (z.B. Schwerpunkt im Bereich Wirtschaft). In Fächerverbünden, in denen arbeits- und berufsbezogene Disziplinen mit anderen Disziplinen verbunden sind (z.B. Wirtschaft, Politik, Geographie oder Technik, Physik und Chemie), scheinen oftmals weder die Zeit für eine angemessene Berufsorientierung noch eine fachliche Einschlägigkeit der/des Lehrenden gesichert.

Das *Schulkonzept* (Berufsorientierung als Querschnittqualifikation) beinhaltet, dass alle Fächer/Fächerverbünde im Sinne einer arbeitsweltbezogenen Allgemeinbildung zur Berufsorientierung beitragen. Es integriert alle dargestellten Bedeutungsvarianten der Berufsorientierung (s. Abb. 2). Diese Form stellt ein anspruchsvolles Konzept dar, da die Aktivitäten vieler Fächer zielgerichtet und chronologisch zu inszenieren sind. Dabei gilt es, die berufsorientierenden Bezüge nicht nur mitzutragen, sondern einen definierten Gegenstandsbereich verbindlich mitzugestalten, methodenvielfältig zu vermitteln und den Bildungsgegenstand zu verantworten. Entsprechende Schulkonzepte können erfolgreich sein, wenn sie durch Schulprogramminhalte und Schulprofile auf der Zielebene definiert und von einer breiten Mehrheit getragen werden.[13]

Integrative Konzepte verbinden unterschiedliche Konzepte. Sie basieren auf einem erfolgreichen Fach- oder Verbundkonzept und integrieren dieses in das schulische Gesamtkonzept. Dabei liegen Konzeptentwurf, -organisation, -entwicklung und -evaluation federführend im Gestaltungsbereich eines fachlich einschlägig gebildeten Kernteams, das mit allen beteiligten Disziplinen kooperiert und die Einzelaktivitäten zum schulischen Gesamtprogramm konzentriert. Ebenfalls verantwortet dieses den Aufbau und die Entwicklung überschulischer Kooperationen. Im Vergleich zum Schulkonzept wirken integrierte Konzepte verbindlicher, sie implizieren klare Zuständigkeiten.

3.4 Konzeptebenen und Inhalte

Um den gegenwärtigen Übergangsanforderungen entsprechen zu können, reicht die alleinige Vermittlung traditioneller schulischer Studien- und Berufsorientierungsinhalte (als Fach, im Fächerverbund) nicht aus. Zeitgemäße Konzepte (Famulla, 2008, S. 27f; Jung, 2010, S. 39f) überragen die traditionelle schulische Berufsorientierung – die zweifelsohne weiterhin den Kern bildet – um die Elemente einer inner- und überschulischen Vernetzung.

Erst durch die interdependente Verknüpfung der drei Ebenen wird *Studien- und Berufsorientierung* zu einer intentional und curricular angemessenen schulischen Gesamtaufgabe (Jung, 2003), die auch die Dimensionen eines schulischen Qualitätsrahmens umfassen (Hammer, Ripper & Schenk, 2009, S. 48f). Den Kern bildet die *Berufsorientierung als Fach (oder als Fächerverbund)*, in der arbeitswelt- und übergangsbezogenes Wissen und Können (Basiskompetenzen) erworben wird. Dieser Anspruch ist nur über verbindliche curriculare Inhalte, genügend Zeit sowie methodenvielfältige Lehr-/Lernprozesse zu bewältigen. Das Konzept setzt fachlich gebildete Lehrpersonen voraus, die (ggf. im Team) über die zeitgemäße fachbezogene Inszenierung hinaus das schulische Gesamtkonzept von Berufsorientierung entscheidend mitgestalten.

---

13 Mit Blick auf das Pensum, das in Schulen über die Gestaltung des eigenen Unterrichts hinaus noch zu bewältigen ist, und die Tatsache, dass den in neuhumanistischer Tradition sozialisierten Lehrpersonen eine gewisse Ferne zur Berufs- und Arbeitswelt anhaftet, muss ein Erfolg dieses Ansatzes als eher utopisch angesehen werden.

Abbildung 2: Ebenen der Studien- und Berufsorientierung

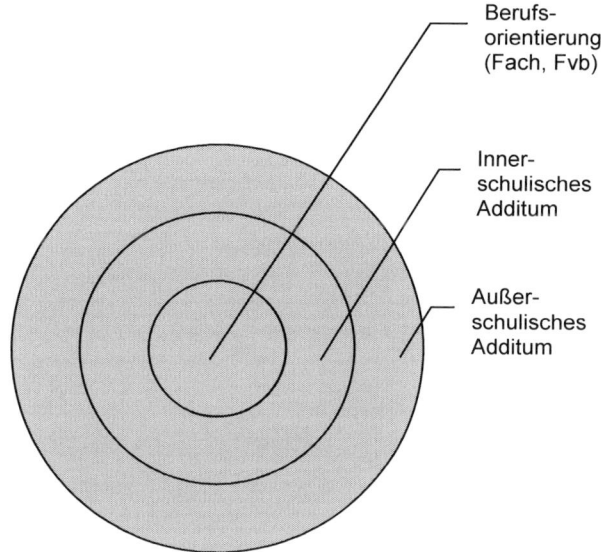

Berufs-
orientierung
(Fach, Fvb)

Inner-
schulisches
Additum

Außer-
schulisches
Additum

Das *Innerschulische Additum* erfordert inhaltlich definierte Anteile von allen beteiligten Disziplinen, die das Fach- oder Fächerverbundangebot zur Studien- und Berufsorientierung zielführend ergänzen und synergetisch[14] vernetzen. Dieser Anspruch ist nur über ein klares Konzept zu erzielen, was die inhaltlichen Teile und deren zeitliche Abfolge definiert. Zum Beispiel (Aufzählung unvollständig):

- Verfassen erfolgversprechender Bewerbungsschreiben als besondere Schriftform im Deutschunterricht;
- Üben von Auswahltest typischen Aufgaben (in jedem Schulhalbjahr) im Mathematik- und naturwissenschaftlichen Unterricht;
- Durchführen von Sequenzen zur Ich-Stärkung (Hammer, Ripper & Schenk, 2009, S. 80) im Rahmen des Religionsunterrichts usw.

Auf dieser Ebene sind auch die in der Schule hauptamtlich oder ehrenamtlich tätigen Übergangslotsen, Berufsfindungspaten und Übergangscoachs usw. in das Gesamtkonzept einzubeziehen, die eine wichtige Verknüpfung zur dritten Ebene bilden. Sie ergänzen den Unterricht, in dem sie auf der Grundlage ihres speziellen Ansatzes in Einzel- und Gruppenberatungen z.B. Jugendlichen zum Bewusstwerden der Ziele und zu einem aktiven Vorgehen verhelfen (Coach), die Wege zum Ziel (Studienplatz, Ausbildungsberuf) finden und beschreiten helfen (Lotsen).[15] Es gilt, die neue Übergangsqualität in das Gesamtkonzept einzubinden, um so das Qualitätsniveau des schulischen Programms der Studien- und Berufsorientierung zu erhöhen.

---

14 Der Begriff soll im Sinne eines interdependenten Fördert und Ergänzt verstanden werden, woraus ein Gesamtnutzen resultiert, der größer ist als die Summe der einzelnen Teile.

15 Ihr Engagement kann jedoch nicht bedeuten, dass sich die Lehrpersonen konzeptionell und inhaltlich zurücknehmen, da *„sich ja alles in guten Händen"* befindet.

Auf der Konzeptebene *außerschulisches Additum* sind die weiteren am Übergangs-prozess beteiligten Akteure in das schulische Konzept einzubeziehen (Jung, 2009, S. 40). Hier gilt es u.a.

- die Schule zu öffnen und Kontakte zu den Studienplatz- und Ausbildungsplatzanbie-tern, ihren Institutionen und Verbänden, Informations- und Beratungsinstanzen (Be-rufs- und Studienberatung) aufzubauen und zu unterhalten;
- das Wirken der weiteren Akteure (Lotsen, Paten, Coachs) nach außen hin zu sichern;
- externe Akteure (Studienberater, Berufsberater, Auszubildende, Personalmitarbeiter, Kammervertreter usw.) in die schulische Berufsorientierung einzubinden;
- Studien und Berufsmessen zu besuchen, Lernpartnerschaften zu Betrieben aufzubau-en, Betriebs- und Studienpraktika aufzubauen und zu unterhalten, ein zeitgemäßes Übergangsmanagement zu etablieren.

Abbildung 3: Studien- und Berufsorientierung: Ebenen und Inhalte

Plus überschulisches Additum	**Überschulische Vernetzung: sonstige Akteure** a) konzeptionelle Einbildung aller sonstiger Übergangsakteure (Betriebe, Kammern, Agentur für Arbeit, berufliche Schulen, Eltern, Maßnahmeträger usw.) in das Schulkonzept b) Kooperation mit Hochschulen (Fachhochschulen, wissenschaftliche Hochschulen, Berufsakademien, Studienberatung) c) Organisation von Schnuppertagen, Tagespraktika, Blockpraktika, Probestudium usw.
Plus innerschulisches Additum	**Innerschulische Vernetzung: beteiligte Disziplinen** a) Koordination der Beiträge aller beteiligten Disziplinen (Fächer) b) Konzeptioneller Einbezug weiterer Akteure (Lotsen, Paten, Coachs) c) Vermittlung der Beherrschung übergangsrelevanter schulischer Basiskompetenzen (wie Lese-, Schreib-, Rede-, Rechen-, Urteils- und Computer- Team-, Kommunikationsfähigkeit) d) Erwerb übergangsförderlicher Verhaltensweisen

BO im Fach / Fächer-verbund (Schüler-perspektive)	a) Erwerb allgemeiner Kenntnisse über die Arbeitswelt und deren technische, ökonomische, qualifikatorische und soziale Anforderungen
	b) Erwerb spezieller arbeitsweltbezogener Kenntnisse
	  – Ausbildungsberufe, regionaler Ausbildungsmarkt
	  – akademische Berufe und Studienmöglichkeiten
	  – sonstige berufliche Tätigkeiten
	c) Erfahren eigener Stärken, Artikulieren beruflicher Interessen, Treffen und Überprüfen individueller Eignungs- und Neigungsvermutungen
	d) Kennen von Bildungswegen und beruflichen Laufbahnen
	  – Ausbildung (vollschulisch, dual, Übergangssystem), Weiterbildung
	  – Schulformen (Aufbau, Übergangssystem)
	  – Tertiär: Bachelor-, Masterstudiengänge, Berufsakademien, Auslandsstudium
	e) Hilfen beim Treffen übergangsrelevanter arbeits- und berufsbezogener Entscheidungen
	f) Erwerb und zielgerichtetes Anwenden von Übergangswissen und -können
	g) Kennen von Fördermöglichkeiten (Inland, Ausland)
	e) Denken und Handeln in Alternativen
	f) Prozessoptimierungen: Verarbeiten von Frustrationen / Kompensation von Mängeln
	...

4. Epilog: Was ist exzellente Studien- und Berufsorientierung?

Grundvoraussetzung für eine exzellente Studien- und Berufsorientierung ist eine optimale Verknüpfung der drei Ebenen von Studien- und Berufsorientierung, wobei der fachbezogene Kern das dynamische Zentrum bildet. Da eine traditionelle Trennung (Berufsorientierung Sek. I; Studienorientierung Sek. II) angesichts eines Anteils von 19 %, die mit einer Hochschulreife eine Berufsausbildung beginnen,[16] nicht mehr aufrecht zu erhalten ist, sind integrale Konzepte gefordert. In diesen sind, je nach Interessenlage der Lernenden, alle drei Zielebenen (Ausbildungsberuf, schulische Übergänge, Tertiärbereich) in unterschiedlicher Intensität angemessen zu berücksichtigen.

Eine exzellente Schule (dazu: Kriegesmann u.a., 2008, S. 85ff) kennzeichnet sich

- durch ein übergangsförderliches Schulprogramm und Schulprofil, das von allen Mitgliedern der Schulgemeinschaft (Lehrkräften, Schülern, Schulleitung, Eltern, dem Schulverein usw.) mitgetragen und mitgestaltet wird;
- durch eine fundierte Konzeption des studien- und berufsorientierenden Kerns (als Fach oder Verbund), in dem die wesentlichen Gegenstandsbereiche sachgerecht und methodenvielfältig inszeniert werden und der über die beiden Vernetzungsstufen das Konzept zu einer intentionalen und curricularen schulischen Gesamtaufgabe verknüpft;
- durch eine Vielfalt von außerschulischen Kontakten und Kooperationen, in denen besondere Akteure zu bestimmten Inhalten und Zeitpunkten in das schulische Konzept eingebunden werden;
- durch eine schulische und überschulische Fort- und Weiterbildung, in der fachlich gebildete Lehrpersonen zeitgemäß weitergebildet und die mitwirkenden Fachfremden (teilweise) grundgebildet werden.

Als Mindestvoraussetzung wäre anzustreben, dass alle Lehrpersonen – auch die der Sekundarstufe II – für die Übergangsherausforderung der Lernenden zu sensibilisieren und in die Lage zu versetzen sind, ihren Beitrag zum integrierten Programm der Studien- und Berufsorientierung zu leisten. Dazu gehört auch, dass jede Lehrkraft (von Biologie bis Religion) über die akademischen und nicht akademischen beruflichen Möglichkeiten in ihrem Fachgebiet qualifiziert aufklären kann. Im Blickpunkt stehen: Wege in den Beruf, arbeits- und berufsbezogene Tätigkeiten und Qualifikationen sowie regionale Studien- und Ausbildungsplatzangebote.[17]

Hinsichtlich der Unterrichtsgestaltung im Rahmen einer Studien- und Berufsorientierung bleibt anzumerken, dass kompetenzorientierte Formen gefordert sind, die eine

---

16 Im Jahr 2008 verfügten die Auszubildenden mit einem neuen Lehrvertrag zu 19 % über die Studienberechtigung, zu 41 % über einen mittleren Schulabschluss und zu 30 % über einen Hauptschulabschluss (Ulrich, 2010, S. 15).

17 Z. B. sollte eine Physiklehrkraft nicht nur über das Physikstudium und anschließende akademische Berufstätigkeiten, sondern über entsprechende Assistenzberufe sowie die berufsfeldspezifischen dualen und vollschulischen Ausbildungsberufe aufklären können. Ggf. wären Entwicklungs- und Verdienstmöglichkeiten zu ergänzen. Die Grundqualifikationen sind in Fort- und -weiterbildungsmaßnahmen zu erwerben, die im Zusammenwirken mit der Arbeitsagentur, den Kammern, Studienberatungen und den Absolventen einschlägiger Lehramtsabschlüsse zu organisieren sind. Dieser Bereich sollte mit hohen Selbststudienanteilen, einer Weiterbildungspflicht und entsprechenden Praktika für die Lehrpersonen versehen werden.

Interdependenz von Zielen, Inhalten und Verfahren voraussetzen. Als lernerbezogene Ziele wären Selbststeuerung und Problemlösefähigkeit anzustreben, was über die Inszenierung von erfahrungs-, situations- und handlungsbezogenen Lehr-/Lernarrangements erfolgen kann, die sich an den Interessen und Motiven der Lernenden orientieren: Im Mittelpunkt steht der Jugendliche und sein Bestreben, die Übergangsherausforderung erfolgreich zu bewältigen. Dazu reflektiert er eigene Wünsche und Ziele, überprüft vermutete Neigungen und Eignungen vor dem Hintergrund beruflicher Anforderungen und eignet sich die erforderlichen Kompetenzen (Jung, 2008a, S. 139f; S. 144f) an. Dazu bedarf es der Beherrschung unterschiedlicher Lernstrategien (KecuBHTW, 2006, S. 14)[18] sowie der Überwindung von Rollenstereotypen (Gendersensibilität) und der Erschließung alternativer Handlungsstrategien (Oberliesen & Zöllner, 2007, S. 201).

Zeitgemäße Verfahren sind im Rahmen der kompetenzorientierten Unterrichtsgestaltung methodenvielfältig zu inszenieren. Sie umfassen bekannte Makromethoden wie Projekt, Fallstudie, Planspiel, Rollenspiel, Schülerfirma, Betriebserkundung und -praktika (dazu: Retzmann, 2007; 2011; Schweizer & Selzer, 2001). Zusätzlich bietet das Internet eine Fülle zeitgemäßer Bereicherungen (z. B. Recherche, Webquests, LizzyNet usw.; dazu Arndt, 2008, S. 218ff; Bönkost u.a., 2007, S. 89ff). Ebenfalls sind die Materialien der Arbeitsagentur (planet-beruf, berufe Net) und Materialien zur Selbst- und Berufserkundung (Arndt, 2008, S. 221) online verfügbar.

In einem zeitgemäßen Verständnis von Schule und Unterricht muss eine *exzellente Studien- und Berufsorientierung* als ein eigenständiger Qualitätsbereich verstanden werden, der die interdependenten Dimensionen (unterrichtlicher Kern, innerschulische und überschulische Vernetzung) über ein Qualitätsleitbild konzeptionell bündelt. In ihm werden relativ abstrakte Leitsätze über Kriterien und Indikatoren (Durchführung von Betriebserkundungen, -praktika, Probestudium) zu Standards konkretisiert und entwickelt (Hammer, Ripper & Schenk, 2009, S. 53ff).[19] Selbstverständlich umfasst das Qualitätsprogramm Berufsorientierung eine konkrete Prozessbeschreibung, die eine ganzheitliche Evaluation von Planung, Durchführung und Wirksamkeit ermöglicht.

Literatur

Arndt, H. (2008). Digitale Medien im Berufsorientierungsunterricht. In E. Jung (Hrsg.), *Zwischen Qualifikationswandel und Marktenge – Konzepte und Strategien einer zeitgemäßen Berufsorientierung* (S. 214–223). Hohengehren: Schneider Verlag.
Beinke, L. (1987). *Modellvorschlag zum Berufswahlunterricht.* Köln.
Beinke, L. (1999). *Berufswahl. Der Weg zur Berufstätigkeit.* Bad Honnef: Bock K-H.

---

18 Nachstehend einige ausgewählte Beispiele. Kognitive Lernstrategien: Recherche, Bewertung und Präsentation von Informationen (zu Berufstätigkeiten); metakognitive Lernstrategien: Planung, Durchführung und Regulation von Situationen und Prozessen (Bewerbungsverfahren); motivationale Lernstrategien: Selbstmotivation, Förderung von Kontrollbewusstsein, Aufbau eines beruflich orientierten Selbstkonzepts.

19 Beispielsweise kann der Leitsatz: *den Lernenden eine bestmöglichste Vorbereitung auf die Berufs- und Arbeitswelt zu gewährleisten* über das Kriterium: *Ermöglichung praktischer Kontakte in Studium und Berufsausbildung* und die Indikatoren (Durchführung von Betriebserkundungen, -praktika, Probestudium) zu Standards konkretisiert werden (Betriebspraktikum Klasse 8; Probestudium Klasse 11; ebd. 55).

Beinke, L. (2011). *Zentrale Gegenstandsbereiche einer berufsorientierenden Didaktik: Rückblick und Perspektiven.* Baltmannsweiler: Schneider Verlag Hohengehren.

Böhm, W. (2005). *Wörterbuch Pädagogik.* Stuttgart: Kröner.

Bönkost, K. J., Graf, U. & Waltke, E. (2007). Digitale Medien im berufs- und studienorientierenden ökonomischen Unterricht. In Schule – Wirtschaft/Arbeitsleben (Hrsg.), *Innovative Wege in Arbeit und Beruf, Beiträge zu Berufsorientierungsprojekten* (S. 89–121). Baltmannsweiler: Schneider Verlag Hohengehren.

Brown, D. & Brooks, L. (1994). *Karriere-Entwicklung.* Stuttgart: Klett-Cotta.

Dammer, K.-H. (1997). *Berufsorientierung für alle. Über einen Schulversuch, der Versuch blieb.* Wetzlar: Büchse der Pandora.

Dauenhauer, E. (1974). *Einführung in die Arbeitslehre.* München: UTB.

Dedering, H. (1994). *Einführung in das Lernfeld Arbeitslehre.* München: Oldenburg.

Dedering, H. (2002). Entwicklung der schulischen Berufsorientierung in der Bundesrepublik Deutschland. In J. Schudy (2002). *Berufsorientierung in der Schule – Grundlagen und Praxisbeispiele* (S. 17–31). Bad Heilbrunn.

Dibbern, H. (1993). *Theorie und Didaktik der Berufsvorbildung. Ein Studienbuch für Berufs- und Wirtschaftspädagogen.* Baltmannsweiler: Schneider Verlag Hohengehren.

Dibbern, H., Kaiser, F-J. & Kell, A. (1974). *Berufswahlunterricht in der vorberuflichen Bildung. Der didaktische Zusammenhang von Berufsberatung und Arbeitslehre.* Bad Heilbrunn: Klinkhardt.

Deutscher Ausschuss (Deutscher Ausschuss für das Erziehungs- und Bildungswesen) (1964). *Empfehlungen und Gutachten, Folge 7/8.* Stuttgart.

Deutscher Ausschuss (Deutscher Ausschuss für das Erziehungs- und Bildungswesen) (1996) (Hrsg.). *Empfehlungen und Gutachten des Deutschen Ausschusses für das Erziehungs- und Bildungswesen 1953–1965,* Gesamtausgabe. Stuttgart.

Deutscher Bildungsrat (1970). *Empfehlungen für die Hauptschule – Strukturplan für das Bildungswesen.* Stuttgart.

Ermert, J. & Friedrich, H. (1990). *Berufsorientierung am Gymnasium,* Bergisch Galdbach.

Famulla, G.-E. (2008). Zentrale Herausforderungen an die schulische Berufsorientierung. In Jung, E. (Hrsg.), *Zwischen Qualifikationswandel und Marktenge – Konzepte und Strategien einer zeitgemäßen Berufsorientierung* (S. 17–34). Baltmannsweiler: Schneider Verlag Hohengehren.

Groth, G. & Kledzik, U. (1983). *Arbeitslehre 5–10.* Weinheim.

Hammer, K., Ripper, J. & Schenk, T. (2009). hrsg. v. Bertelsmann Stiftung, Bundesarbeitsgemeinschaft Schule Wirtschaft, MTO Psychologische Forschung und Beratung: *Leitfaden zur Berufsorientierung – Praxishandbuch zur qualitätszentrierten Berufs- und Studienorientierung an Schulen.* Gütersloh.

Henze, Ch. (2007). Orientierungen. In G. Weißeno u.a. (Hrsg.), *Wörterbuch politische Bildung.* (S. 255–263) Schalbach.

Hoppe, M. (1980). *Berufsorientierung.* Weinheim/Basel.

Jung, E. (1998). Aktuelle Herausforderungen an das Lernfeld Arbeitslehre. In *Didaktik der Berufs- und Arbeitswelt (DBA)* H. 2/3, 2–12.

Jung, E. (2000). Arbeits- und Berufsfindungskompetenz. In H. J. Schlösser & Deutsche Gesellschaft für ökonomische Bildung (Hrsg.), *Berufsorientierung und Arbeitsmarkt* (S. 93–126). Bergisch-Gladbach: Verlag Thomas Hobein.

Jung, E. (2003). Berufsorientierung als pädagogisch-didaktische Gesamtaufgabe. *Unterricht Wirtschaft, 3,* 47–53.

Jung, E. (2005). Politikunterricht an berufsbildenden Schulen. In W. Sander (Hrsg.), *Handbuch politische Bildung* (S. 221–240). Schwalbach / Ts: Wochenschauverlag.

Jung, E. (2007). Von der Kompetenzfacette zum Kompetenzmodell – eine kritische Rezeption der aktuellen Diskussion. In R. Oberliesen & H.-D. Schulz (Hrsg.), *Kompetenzen für eine arbeitsorientierte Allgemeinbildung* (S. 113–137). Baltmannsweiler: Schneider Verlag Hohengehren.

Jung, E. (2008a). Reife, Fähigkeit oder Kompetenz? Über die pädagogisch-didaktische Bedeutung von Leitbegriffen im Arbeits- und Berufsfindungsprozess. In E. Schlemmer & H. Gerstberger (Hrsg.), *Ausbildungsfähigkeit im Spannungsverhältnis zwischen Wissenschaft, Politik und Praxis.* (S. 131–148) Wiesbaden: VS Verlag für Sozialwissenschaften.

Jung, E. (2008b) (Hrsg.). *Zwischen Qualifikationswandel und Marktenge – Konzepte und Strategien einer zeitgemäßen Berufsorientierung.* Baltmannsweiler: Schneider Verlag Hohengehren.

Jung, E. (2008c). Neue Formen des Übergangs in die Berufsausbildung: Das Ausbildungs-Übergangs-Modell. In E. Jung (Hrsg.), *Zwischen Qualifikationswandel und Marktenge – Konzepte und Strategien einer zeitgemäßen Berufsorientierung* (S. 180–194). Baltmannsweiler: Schneider Verlag Hohengehren.

Jung, E. (2008d). Berufsorientierung als Inhalt und Strategie der Übergangsbewältigung. In E. Jung (Hrsg.), *Zwischen Qualifikationswandel und Marktenge – Konzepte und Strategien einer zeitgemäßen Berufsorientierung* (S. 1–13). Baltmannsweiler: Schneider Verlag Hohengehren.

Jung, E. (2008e). Orientierungskompetenz. In R. Hedtke & B. Weber (Hrsg.), *Wörterbuch Ökonomische Bildung 249.* Schwalbach/Ts: Wochenschauverlag.

Jung, E. (2009). Übergangskategorie Ausbildungsfähigkeit. In GEW-Hauptvorstand (Hrsg.), *Zukunft in die Schule holen: Lebensplanung und Berufsorientierung* (S. 36–42). Bielefeld: W. Bertelsmann Verlag.

Jung, E. (2010). *Kompetenzerwerb. Grundlagen, Didaktik, Überprüfbarkeit.* München: Oldenbourg Verlag.

Jung, E. (2011). Bildungsziel Übergangsbewältigung: Begriff, kompetenztheoretische Einbettung, Vermittlung in der beruflichen Bildung. In *bwp@ Spezial 5 – Hochschultage Berufliche Bildung 2011*, Fachtagung 15.

Kaiser, F.-J. (³1974). *Arbeitslehre – Materialien zu einer didaktischen Theorie der vorberuflichen Erziehung.* Bad Heilbrunn: Klinkhardt.

Kaminski, H. (1991). Laßt die Umgestaltung der Polytechnischen Bildung und Erziehung nicht zum traurigen Nachvollzug der Arbeitslehreentwicklung werden! *a+l / Wirtschaft* 2, 4f.

Kerncurriculum-Lernbereich Beruf-Haushalt-Technik-Wirtschaft/Arbeitslehre (Kecu BHTW) (2006).

Kledzik, U.-J. (1988). Material zum Lernfeld Arbeitslehre im Sekundarbereich I. In Pädagogisches Zentrum Berlin (Hrsg.), *Schriften zur Schulpädagogik. Lernfeld Arbeitslehre. Die Hinführung aller Schüler des Sekundarbereichs I auf die Arbeits- Wirtschafts- und Berufswelt als vorberufliche Grundbildung. Materialien.* (S. 19–31). Berlin.

Klieme, E., Avenarius, H., Blum, W., Döbrich, P., Gruber, H., Prenzel, M., Reiss, K., Riquarts, K., Rost, J., Tenorth, H.-E. & Vollmer, H. J. (2003). *Zur Entwicklung nationaler Bildungsstandards – Eine Expertise*, Bd. 1 Berlin/Bonn: BMBF.

Klippert, Heinz (²1991). *Berufswahl-Unterricht. Handlungsorientierte Methoden und Arbeitshilfen für Lehrer und Berufsberater.* Weinheim/Basel: Beltz.

KMK Sekretariat der Ständigen Konferenz der Kultusminister der Länder in der Bundesrepublik Deutschland (1969) (Hrsg.). *Empfehlungen zur Hauptschule, Beschluss der Kultusministerkonferenz vom 03.07.1969.* 131 Sitzung. Verfügbar unter: http://www.kmk.

org/fileadmin/veroeffentlichungen_beschluesse/1969/1969_07_03_Hauptschule.pdf [08.04.2011].

KMK (Ständige Konferenz der Kultusminister der Länder in der Bundesrepublik Deutschland) (1997). *Vereinbarung zur Gestaltung der gymnasialen Oberstufe in der Sekundarstufe II* (Beschluss der Kultusministerkonferenz vom 07.07.1972 in der Fassung vom 28.02.1997). Bonn.

Kriegesmann, B., Kley, T. & Schwering, M. G. (2008). *Wissenstransfer in Schulen und Schulsystemen – Das Beispiele EBISS II zur erweiterten Berufsorientierung*, Baltmannsweiler: Schneider Verlag Hohengehren.

Kron, F. (^{2}1994). *Grundwissen Didaktik*. München: UTB-Verlag.

Nationaler Pakt für Ausbildung und Fachkräftenachwuchs (2006). *Kriterienkatalog zur Ausbildungsreife*. Nürnberg, (Druckfassung, Projektleitung Karen Schober), Verfügbar unter: www.pakt-fuer-ausbildung.de.

Oberliesen, R. & Zöllner, H. (2007). Kerncurriculum „Beruf-Haushalt-Technik-Wirtschaft/ Arbeitslehre", ein interdisziplinäres curriculares Reformprojekt – Leitideen, Entwicklung, Konzeption. In R. Oberliesen & H.-D. Schulz (Hrsg.), *Kompetenzen für eine zukunftsfähige arbeitsorientierte Allgemeinbildung*, Baltmannsweiler: Schneider Verlag Hohengehren.

Retzmann, T. (2007) (Hrsg.). *Methodentraining für den Ökonomieunterricht, Bd. I*, Schwalbach/Ts.: Wochenschauverlag.

Retzmann, T. (2011) (Hrsg.). *Methodentraining für den Ökonomieunterricht, Bd. II*, Schwalbach/Ts.: Wochenschauverlag.

Schlemmer, E. (2008). Was ist Ausbildungsfähigkeit? Versuch einer bildungstheoretischen Einordnung. In E. Schlemmer & H. Gerstberger (Hrsg.), *Ausbildungsfähigkeit im Spannungsverhältnis zwischen Wissenschaft, Politik und Praxis* (S. 13–34). Wiesbaden: VS Verlag für Sozialwissenschaften.

Schober, K. (1997). Berufswahlverhalten. In D. Kahsnitz, G. Ropohl & A. Schmid (Hrsg.), *Handbuch zur Arbeitslehre* (S. 103–122). München/Wien: Oldenbourg Verlag.

Schober, K. (2001). *Berufsorientierung im Wandel – Vorbereitung auf eine veränderte Arbeitswelt*. Vortrag auf der 2. Fachtagung des SWA-Programms am 30.05.–31.05.2001 in Bielefeld. Bielefeld/Flensburg. Verfügbar unter: http://www.sowi-online.de/reader/berufsorientierung/schober.htm (Zugriff 05.07.2011).

Schröder, R. (2011). Verbesserung der Systematik beim Übergang von den allgemeinbildenden Schulen unter besonderer Berücksichtigung der berufsbildenden Schulen. In *bwp@* Spezial 5 – Hochschultage Berufliche Bildung 2011, Fachtagung 15.

Schudy, J. (2008). Berufsorientierung als Querschnittsaufgabe aller Schulstufen und Unterrichtsfächer. In E. Jung (Hrsg.), *Zwischen Qualifikationswandel und Marktenge – Konzepte und Strategien einer zeitgemäßen Berufsorientierung* (S. 103–114). Baltmannsweiler: Schneider Verlag Hohengehren.

Schulgesetz für Baden-Württemberg (SchG) in der Fassung vom 1. August 1983 (GBl. S. 397; K. u. U. S. 584). Verfügbar unter: http://www.smv.bw.schule.de/Gesetze/schulgesetz.pdf (23.03.2011).

Schweizer, G. & Selzer, H. M. (2001) (Hrsg.). *Methodenkompetenz lehren und lernen. Beiträge zur Methodendidaktik in Arbeitslehre, Wirtschaftslehre, Wirtschaftsgeographie*. Dettelbach: Röll.

Ulrich, J. G. (2010). Ausbildungsmarkt im Umbruch. Die Entwicklung des Ausbildungsmarktes im Jahr 2010 im Spiegel der Ausbildungsmarktstatistik der Bundesagentur für Arbeit, *Schriftenreihe des Bundesinstituts für Berufsbildung, Heft 121*.

Weinbrenner, P. (1989). Wie politisch darf die Arbeitslehre sein? – Sieben Thesen zum Verhältnis von Arbeitslehre und politischer Bildung. In K. Franke (Hrsg.), *Jugend und Arbeitswelt, 2. Bundeskongress für politische Bildung.* Opladen: Leske + Budrich.

Ziefuß, H. (1992). *Arbeitslehre, eine Bildungsidee im Wandel. Arbeitslehre zwischen Arbeit und Freizeit, neuen Technologien und Technikfeindlichkeit, Arbeitslosigkeit und Ökologie, Lehrpläne in den westlichen Bundesländern.* Seelze-Velbert: Kallmeyer.

Matthias Rübner

Ansatzpunkte und Herausforderungen professioneller Berufsorientierung
Eine systematische Bestandsaufnahme zum Beitrag der Bundesagentur für Arbeit

1. Einführung

In neueren Studien zum Übergang von der Schule in den Beruf findet sich inzwischen durchgängig die Empfehlung, frühzeitig ansetzende Maßnahmen der Berufsorientierung deutlich zu verstärken (Bertelsmann Stiftung, 2008; Autorengruppe Bildungsberichterstattung, 2010). Diese Empfehlung basiert auf dem Befund, dass die Übergangsphase einerseits vielfältiger und entscheidungsoffener, andererseits aber auch unübersichtlicher und risikoreicher geworden ist. Für einen nicht unerheblichen Teil der Jugendlichen vollzieht sich diese Lebensphase über beträchtliche Umwege, sei es in Form von Maßnahmen im sogenannten Übergangssystem oder im Rahmen einer Neuorientierung nach einem Ausbildungs- oder Studienabbruch. Eine systematische Berufsorientierung soll dementsprechend dazu beitragen, Jugendliche rechtzeitig bei der anspruchsvollen Aufgabe der Berufswahl zu unterstützen, um in der Folge höhere, stabilere und erfolgreichere Einmündungen in Ausbildung und Beschäftigung zu erreichen und fiskalische Folgekosten im Übergangssystem zu verringern.

Die Bundesagentur für Arbeit (BA) nimmt in diesem Handlungsfeld eine besondere Rolle ein. Nahezu jeder Schüler kennt die Medien-, Orientierungs- und Beratungsangebote der BA und kommt durch die enge Kooperation zwischen Schule und Berufsberatung mit ihnen in Berührung. Auch wird ein Großteil der auf Bundesebene verabschiedeten Gesetze und Maßnahmen zur Förderung der Berufsorientierung und Berufswahlvorbereitung von der BA umgesetzt (BMAS, 2010). Sie übernimmt damit in nicht unerheblichem Maße gesamtgesellschaftliche Aufgaben und Leistungen. Vor diesem Hintergrund erscheint es lohnend, die spezifische Stellung der BA in diesem Handlungsfeld zu lokalisieren und eine systematische Bestandaufnahme über Art und Umfang ihrer Förderleistungen vorzunehmen.

Hierzu ist eine terminologische Klärung zu Beginn dieses Beitrages erforderlich. Die BA selbst fasst unter den Terminus „Berufsorientierung" in erster Linie Angebote, die im weitesten Sinne eine unterrichtende Form aufweisen, also z. B. Schulbesprechungen, Workshops, Informationsveranstaltungen und Medienangebote. Die Berufsorientierung schließt dabei die Studienorientierung mit ein. Dieses Verständnis von Berufsorientierung folgt dem für die BA maßgeblichen Recht der Arbeitsförderung (SGB III, insb. § 33). Demgegenüber werden die Angebote der individuellen Beratung und Betreuung von Jugendlichen am Übergang Schule–Beruf gesondert ausgewiesen. Legt man hingegen – wie im deutschen und internationalen Fachdiskurs üblich (Bertelsmann Stiftung, 2008; Lippegaus-Grünau, Mahl & Stolz, 2010; OECD, 2004) – ein erweitertes Verständnis von Berufsorientierung zugrunde und subsumiert darunter alle Angebotsformen, die auf die Berufswahl und den schrittweisen Übergang von der Schule ins Berufsleben vorbereiten, fallen darunter auch die individuelle Beratung und Betreuung. In der hier vorgestellten Bestandsaufnahme folge ich diesem erweiterten Verständnis von Berufsorientierung. Die Ausbildungsvermittlung und berufsvorbereitenden Maßnahmen der BA hingegen gehören explizit nicht mehr in das Handlungsfeld der Berufsorientierung und werden hier insofern auch nicht weiter berücksichtigt (vgl. für einen Gesamtüberblick Rübner, 2011).

Ich beginne mit einer kurzen Erörterung der Frage, worin die besondere Bedeutung und die primären Ziele der Berufsorientierung liegen. Darauf Bezug nehmend geht es im Hauptteil des Beitrages darum, den Handlungsauftrag und die einzelnen Förderleistungen der BA darzustellen und einzuordnen. Der Beitrag schließt mit einer Thematisierung aktueller „Baustellen" und Entwicklungsperspektiven im Handlungsfeld der Berufsorientierung.

2. Berufsorientierung als präventiver Ansatz beim Übergang von der Schule ins Berufsleben

Die gemeinsame Schnittmenge aller berufsorientierenden Angebote ist darin zu sehen, dass sie junge Menschen auf einen späteren Lebensabschnitt vorbereiten wollen. Perspektivisch gesehen geht es bei der Berufsorientierung immer um den Übergang von der Schule ins Berufs- und Erwachsenenleben. Dieser Übergang vollzieht sich in entwickelten Industriegesellschaften nicht mehr plötzlich, von einem Tag auf den anderen, sondern verläuft über mehrere Etappen und ist mit typischen Handlungsaufgaben verknüpft (Bußhoff, 2009; Rübner, 2010). Berufsorientierung steht insofern am Beginn einer ganzen Kette von Aktivitäten und Herausforderungen und gewinnt daraus ihre besondere, weichenstellende Funktion. Aus der Perspektive junger Menschen, die diese Lebensphase bewältigen müssen, können idealtypisch vier Etappen unterschieden werden:

1. Der *Orientierungs- und Entscheidungsprozess:* Spätestens gegen Ende der Schulzeit sehen sich Schülerinnen und Schüler vor die Aufgabe gestellt, eine erste berufliche Zielperspektive zu entwickeln und in der Folge eine ausreichend stabile Berufs- bzw. Studienfachwahl zu treffen.
2. Der *Einmündungsprozess in eine Ausbildung oder ein Studium:* Für den Berufswähler besteht die Herausforderung darin, durch entsprechende Such- und Bewerbungsaktivitäten einen passenden Ausbildungs- bzw. Studienplatz zu bekommen. Der Erfolg bzw. Misserfolg dieser Aktivitäten entscheidet mit darüber, ob das aktuell verfolgte Ausbildungs- oder Berufsziel beibehalten werden kann bzw. inwieweit eine Überbrückung notwendig wird.
3. Der *Ausbildungsprozess:* Hier geht es insbesondere darum, in der Rolle als Auszubildender bzw. Studierender die neuen Lern- und Verhaltensanforderungen erfolgreich zu bewältigen und mit den eigenen Ansprüchen und Leistungsvoraussetzungen abzugleichen; Fehlentscheidungen müssen gegebenenfalls revidiert werden.
4. Der *Integrationsprozess in eine berufliche Startposition:* Schließlich muss der angehende Absolvent rechtzeitig mit der weiteren beruflichen Laufbahnplanung beginnen und eine ausreichend realistische Zielperspektive für den Einstieg ins Berufsleben entwickeln.

Diese hier aus der Subjektperspektive beschriebenen Handlungsaufgaben stellen sich in spiegelbildlicher Form auch für Politik und Gesellschaft. Dementsprechend lassen sich vier politisch bedeutsame Handlungsfelder und Kategorien von Förderangeboten unterscheiden (vgl. Bertelsmann Stiftung, 2008; BIBB, 2010):

1. Die *Förderung der Berufsorientierung*, die Jugendliche während der Schulzeit auf die Berufswahl vorbereiten und entsprechend ihres individuellen Bedarfs unterstützen.
2. Die *Förderung der Integration in Ausbildung*, die den Einmündungsprozess in eine Erstausbildung (Ausbildungsvermittlung, Bewerbungstraining u.a.) unterstützt bzw. ihn durch Qualifizierungsmaßnahmen (berufsvorbereitende Lehrgänge, geförderte Betriebspraktika u.a.) vorbereitet.
3. Die *Ausbildungsförderung*, die sich von der bedarfsorientierten Finanzierung der Ausbildung über die Förderung ausbildungsbegleitender Hilfen bis hin zur Schaffung außerbetrieblicher Ausbildungsplätze erstreckt.
4. Die *Förderung der Integration in Beschäftigung*, die Absolventen im Anschluss an ihre berufliche Qualifikation im Falle einer drohenden Arbeitslosigkeit bzw. bei der Stellensuche unterstützt.

Die vorwiegend während der Schulzeit stattfindende Berufsorientierung weist insofern stets über die aktuelle Situation hinaus, in der sich die jungen Menschen gerade befinden; gleichzeitig muss sie genau hier ansetzen. Wenn in Folge einer frühzeitig ansetzenden Berufsorientierung höhere, stabilere und erfolgreichere Einmündungsquoten in Ausbildung, Studium und Beschäftigung erreicht und Folgekosten im Übergangssystem verringert werden sollen, stellt sich unweigerlich die Frage, worin die zentralen Ansatzpunkte einer wirksamen Berufsorientierung bestehen. Basierend auf Erkenntnissen der Berufswahlforschung möchte ich sechs relativ robuste Ansatzpunkte bzw. Zieldimensionen vorschlagen (Peterson, Sampson & Reardon, 1991; Rübner, 2010; Kupka & Wolters, 2010). Die sechs Ansatzpunkte werden hier jeweils nach ihrem angestrebten Zielzustand umrissen:

1. *Berufswahlbereitschaft*: die Anforderungen und Chancen der aktuellen beruflichen Entscheidungssituation erkennen und sich aktiv damit auseinandersetzen.
2. *Berufliche Selbsteinschätzung*: die eigenen beruflichen Interessen, Fähigkeiten, Werte und Potentiale erkennen und reflektieren können.
3. *Beruflicher Informationsstand*: die entscheidungsrelevanten Informationen über Berufe, Bildungs- und Beschäftigungsmöglichkeiten finden und kennen.
4. *Entscheidungsverhalten*: die beruflichen Informationen, persönlichen Ansprüche und sozialen Erwartungen gewichten und zu einer tragfähigen beruflichen Entscheidung führen können.
5. *Allgemeine Merkmale der Bildungs- und Arbeitsfähigkeit*: ausreichende schulische Grundkenntnisse und berufsübergreifende Handlungskompetenzen erwerben, um den allgemeinen Anforderungen an Ausbildung und Erwerbsarbeit entsprechen zu können.
6. *Realisierungsaktivitäten*: die getroffene Ausbildungs-, Studien- und Laufbahnentscheidungen zielführend umsetzen können.

Es konnte gezeigt werden, dass positive Ausprägungen in den Dimensionen 1–4, die in der Forschung auch unter dem Terminus *Berufswahlreife* gefasst werden, mit erhöhten Realisierungsaktivitäten, stabilen Laufbahnentscheidungen und Ausbildungserfolg korrespondieren (Rübner & Höft, 2012; Unterburger, 2008). Mit der Dimension 5 wird das klassische Feld der Berufsorientierung um allgemeine Sozialisations- und Bildungsziele erweitert, die insbesondere in der deutschen Diskussion um die Verbesserung der *Ausbildungsreife* einen prominenten Stellenwert einnehmen (Eberhard, 2006; Bertelsmann Stiftung, 2010) und zunehmend in die Berufsorientierung Einzug halten (vergleiche unter 4.4 und 4.5). Auch die Dimension 6 bewegt sich im Grenzbereich zwischen Berufsorientierung und konkreten Eingliederungshilfen. Solange Fragen zur Vorbereitung von Realisierungsaktivitäten im Mittelpunkt stehen, lässt sich noch von Berufsorientierung bzw. Berufswahlvorbereitung sprechen.

3. Die Stellung der Bundesagentur für Arbeit im Handlungsfeld der Berufsorientierung

Unter den Akteuren der Berufsorientierung – allgemein- und berufsbildende Schulen, Jugendämtern, Kammern, Verbänden, Einzelbetrieben, Stiftungen, Bildungsträgern usw. – nimmt die BA in mehrfacher Hinsicht eine besondere Stellung ein:

- *Trägerschaft:* Im Rahmen der beruflichen Orientierung junger Menschen übernimmt die BA Aufgaben aus dem Rechtskreis der Arbeitsförderung (SGB III) und greift dabei primär auf Beiträge der Arbeitslosenversicherung zurück. Die BA ist qua Arbeitsförderungsrecht grundsätzlich für alle Jugendlichen zur Vorbereitung auf die Berufswahl zuständig, auch für besondere Zielgruppen, wie etwa behinderte Menschen (SGB IX) oder hilfebedürftige junge Menschen (SGB II). Darüber hinaus setzt sie einen Großteil der auf Bundesebene verabschiedeten Sonderprogramme zur Förderung der Berufsorientierung um (BMAS, 2010). Sie erfüllt damit im Rahmen einer präventiv angelegten Arbeitsmarktpolitik gesamtgesellschaftliche Aufgaben.
- *Verantwortungsebenen:* Die BA ist gleichzeitig auf Bundes-, Landes- und kommunaler Ebene vertreten und damit in der Lage sowohl bundesweite als auch regionalspezifische Angebote aufzulegen.
- *Förderleistungen:* Die BA verfügt – wie kein anderer Akteur – über ein ausgesprochen breit diversifiziertes Spektrum an Förderleistungen und bringt das höchste Finanzierungsvolumen in diesem Handlungsfeld auf (s.u.).
- *Handlungsfelder:* Darüber hinaus ist die BA in allen weiteren Handlungsfeldern des Übergangs Schule–Beruf mit eigenen Förderleistungen aktiv.

Insofern übernimmt die BA ein komplexes Mandat und eine besondere Verantwortung im Handlungsfeld der beruflichen Orientierung, dies nicht nur im Hinblick auf ihren eigenen Beitrag, sondern auch hinsichtlich ihrer Rolle im Verbund mit anderen Akteuren (siehe Abschnitt 5). Mit dem über die letzten Jahre zu beobachtenden Ausbau an Orientierungsmaßnahmen durch die BA stellen sich aber auch kritische Fragen, zum Beispiel inwieweit die Angebote einer Bundesbehörde in den schulischen Bildungsauftrag der Länder hineinreichen und dabei Probleme im Bildungssystem kompensieren dürfen (Bertelsmann Stiftung, 2008). Nicht unkritisch ist auch, dass die BA damit gesamtgesellschaftliche Aufgaben übernimmt, die in erheblichem Maße über die Arbeitslosenversicherung und nicht über die breitere Basis des Steuersystems finanziert werden (Bach, Dressel, Kleinert & Spitznagel, 2009). Damit verbindet sich zuweilen auch die Kritik an einer zu starken Ressourcen- und Machtkonzentration der BA in diesem Handlungsfeld.

4. Die Förderleistungen der Bundesagentur für Arbeit im Einzelnen

Unter Berücksichtigung des hier zugrundegelegten Verständnisses von Berufsorientierung (s.o.) kann das Angebot der BA in fünf Leistungskomplexe unterteilt werden, die hier nach dem Kriterium zunehmender personaler Betreuung gegliedert worden sind:
1. Mediale Angebote und Selbstinformationseinrichtungen
2. Berufsorientierungsveranstaltungen
3. Berufliche Beratung
4. Vertiefte Berufsorientierungsmaßnahmen
5. Individuelle Berufseinstiegsbegleitung

Als bundesunmittelbare Körperschaft des öffentlichen Rechts handelt die BA im Rahmen eines sozialrechtlich bestimmten Aufgaben- und Instrumentenspektrums. Aus diesem Grund skizziere ich für jeden der fünf Leistungskomplexe zunächst den *rechtlichen Rahmen*, bevor ich auf *Zielsetzung, Ausgestaltung* und (sofern vorhanden) *Evaluation* der Förderleistung eingehe.

4.1 Mediale Angebote und Selbstinformationseinrichtungen

Rechtlicher Rahmen: Die BA hat zur Vorbereitung von Jugendlichen auf die Berufswahl Berufsorientierung zu betreiben; die Studienorientierung ist darin eingeschlossen. Dabei sind Selbstinformationseinrichtungen einzusetzen und an die technischen Entwicklungen anzupassen. Es handelt sich um eine Pflichtaufgabe der BA, die konkrete Ausgestaltung des Angebots liegt in ihrem Ermessen (§§ 33, 40 SGB III).

Zielsetzung: Übergeordnetes Ziel der bundesweit zur Verfügung gestellten Medienangebote und Selbstinformationseinrichtungen ist die Verbesserung des beruflichen Informationsstandes aller Berufserstwähler. Durch das Angebot unterschiedlicher Medienformate (s.u.) und die Einbeziehung interaktiver Elemente (Selbsterkundungsprogramme, Berufswahlfahrpläne, Diskussionsplattformen) soll zudem die aktive Auseinandersetzung mit Berufswahlfragen angeregt und ermöglicht werden. Weiterhin sieht die BA im Medienangebot die Möglichkeit, individuelle Beratungsgespräche vor- und nachzubereiten (BA, 2009b).

Ausgestaltung: Das Medienangebot der BA wurde in den letzten Jahren grundlegend erneuert und auf die veränderten Mediengewohnheiten von Jugendlichen angepasst. Dabei sollen alle Informationskanäle, die Jugendliche in ihrem täglichen Medienverhalten nutzen, abgedeckt und bundesweit zur Verfügung gestellt werden. Die Ausgaben für Medien der Berufsvorbereitung beliefen sich im Jahr 2009 auf gut 28 Mio. Euro, für 2010 war ein Ausgabenvolumen von 35 Mio. Euro geplant. Das Medienangebot selbst gliedert sich in folgende Bereiche:

- *Berufsinformationszentren (BiZ)* in allen 179 Agenturen für Arbeit; für umliegende Regionen als temporäre Einrichtung
- *Internetangebote*:
  - Multimediale Datenbanken wie „BERUFENET" mit Informationen zu 3.100 Berufen und „studienwahl.de" mit Informationen zu bundesweit allen Studiengängen
  - Interaktive Themenportale für die Sekundarstufen I und II („planet-beruf", „abi.de")
  - Filmbibliothek „berufe.tv" mit 200 Filmen über Berufe und Studiengänge
  - Diskussionsforen in „Sozialen Netzwerken"
- *Printmedien*, z. B. erhalten alle Schüler der Sekundarstufen I und II die Handbücher „BERUF AKTUELL" bzw. „Berufs- und Studienwahl"
- *Medienkampagnen* zu journalistisch aufbereiteten Berufswahlthemen in Jugendzeitschriften
- *Medienevents*, z. B. im Rahmen von Musikfestivals oder mit prominenten Botschaftern

Die monatliche Nutzung der Internetangebote liegt im sechs- bis siebenstelligen Bereich. Auch bei komplexeren Anwendungen wie dem Selbsterkundungsprogramm „BERUFE-Universum" (als Teil von „planet-beruf") registriert die BA einen kontinuierlichen Anstieg der Bearbeitungszahlen; im Februar 2011 wurde das Programm mit einer durchschnittlichen Bearbeitungszeit von 25 Minuten 115.000 mal vollständig absolviert.

Evaluationsbefunde: Jährlich befragt die BA Jugendliche im Anschluss an ein Beratungsgespräch mithilfe von Telefoninterviews; 2010 wurden rund 35.000 Jugendliche befragt. Die Items beziehen sich auf das Beratungsgespräch selbst, enthalten aber auch Fragen zum eingeschätzten Nutzen der medialen Angebote und Einrichtungen der BA. Gut 90 % der Befragten kennen die einschlägigen Medien der BA und können dazu eine Aussage treffen. Der in Schulnoten ausgedrückte Mittelwert bei der Gesamtzufriedenheit mit den Medienangeboten liegt bei 2,3. „BERUFENET" ist das von allen Medien bekannteste und wird bei der Nutzenschätzung am einheitlichsten und besten bewertet: 71 % aller abgegebenen Antworten räumen „BERUFENET" einen sehr hohen bis hohen Nutzen ein; nur 4 % können daraus gar keinen Nutzen ziehen, die restlichen Ausprägungen bewegen sich im mittleren Bereich. Bei den übrigen Medien fällt auf, dass jeweils ein Drittel der Jugendlichen den Nutzen für die eigene Berufswahl im mittleren Bereich verortet und immerhin noch jeder Zehnte für sich kaum einen bis gar keinen Nutzen ziehen kann. Daraus lassen sich mindestens zwei Schlüsse ziehen: Erstens sollten die Angebote noch weiter auf die Bedürfnisse der jeweiligen Nutzergruppen ausgerichtet werden; zweitens zeigen die Befunde, dass die Informationsangebote nur einen Baustein in der Unterstützungskette des Berufswahlprozesses bilden können und durch weitere, personale Angebote ergänzt werden müssen.

4.2 Berufsorientierungsveranstaltungen

Rechtlicher Rahmen: Wie unter Punkt 4.1 handelt es sich bei diesen Veranstaltungen zur Berufsorientierung um eine Pflichtaufgabe der BA (§ 33 SGB III); eingeschlossen ist auch hier die Studienorientierung. Hinzu kommt die (vertragsrechtliche) „Rahmenvereinbarung über die Zusammenarbeit von Schule und Berufsberatung zwischen Kultusministerkonferenz und der Bundesagentur für Arbeit" vom 15.10.2004. In dieser Vereinbarung werden Mindeststandards für die Zusammenarbeit festgelegt, u.a. die jährliche Abstimmung von Maßnahmen und Projekten innerhalb und außerhalb der Schule.

Zielsetzung: Auf Basis dieser Rahmenvereinbarung soll ein für ganz Deutschland flächendeckendes Berufsorientierungsangebot in Zusammenarbeit mit den Schulen sichergestellt werden. Ziel ist es, dass alle Schüler von der Berufsberatung der BA frühzeitig zur Berufswahl angeregt über Berufswege nach der Schule informiert werden. Die erste Schulbesprechung hat auch die Funktion, die Schüler auf das weiterführende Dienstleistungsangebot der BA aufmerksam zu machen (BA, 2009a). Orientierungsveranstaltungen dieser Art zielen insbesondere auf den Aufbau von Berufswahlmotivation (Dimension 1) und die Verbesserung des beruflichen Informationsstandes (Dimension 3).

Ausgestaltung: Als Mindeststandards in der Berufsorientierung für die Sekundarstufe I und II legt die BA fest, dass für jede Schulklasse Schulbesprechungen in der Schule in einem Gesamtumfang von zwei Schulstunden und eine Schulbesprechung im BiZ verbindlich anzubieten sind; die erste Veranstaltung soll spätestens in der Vorabgangsklasse stattfinden. Neben den Schulbesprechungen werden in der Sekundarstufe I flächendeckend Elternveranstaltungen durchgeführt, um die Eltern als zentrale Akteure im beruflichen Orientierungsprozess ihrer Kinder zu stärken. Darüber hinaus bietet die Berufsberatung über das Jahr verteilt nachfrageorientierte Veranstaltungen in Kooperation mit Berufs- und Hochschulvertretern an, insbesondere Vorträge, Workshops und Messen. *Evaluationsbefunde* zu diesen Angeboten liegen nicht vor.

4.3 Berufliche Beratung

Rechtlicher Rahmen: Berufsberatung wird im Sozialgesetzbuch als eine am individuellen Beratungsbedarf des Ratsuchenden ausgerichtete Dienstleistung definiert, die als Regelangebot flächendeckend anzubieten ist. Inhaltlich umfasst Berufsberatung eine breite Palette von Themen zu Kernfragen der beruflichen Laufbahngestaltung und Berufswahl. Darüber hinaus ist auch der Prozess der Eingliederung in eine betriebliche Ausbildung durch Beratung zu unterstützen. Auf Berufsberatung und Unterstützung bei der beruflichen Eingliederung besteht ein individueller (einklagbarer) Rechtsanspruch; die konkrete Ausgestaltung obliegt der BA (§§ 29–32, 37 SGB III).

Zielsetzung: Das wichtigste Ziel beruflicher Beratung ist die Stärkung der individuellen Handlungskompetenz des einzelnen Ratsuchenden im Berufswahlprozess. Bei der Zielgruppe Schüler bzw. Berufserstwähler geht es einerseits um die Förderung der Berufswahlreife (Dimensionen 1–4) und andererseits um die Unterstützung des Übergangs von der Schule in eine betriebliche oder (hoch-)schulische Ausbildung (Dimension 6). Die berufliche Beratung übernimmt zudem eine koordinierende Funktion (Rübner,

2010; Bertelsmann Stiftung, 2010). Im Falle eines erweiterten Förderbedarfs können die Berufsberater der BA frühzeitig vertiefende Maßnahmen anbieten und mit den beteiligten Akteuren abstimmen (siehe 4.4 und 4.5).

Ausgestaltung: Berufliche Einzelberatung ist eine Kerndienstleistung der Berufsberatung der BA und wird bundesweit angeboten, ein Teil davon in den Schulen selbst. Im Zuge der Stärkung ihres präventiven Ansatzes hat die BA ein neues Beratungskonzept entwickelt, in dem auf wissenschaftlicher Basis die Gestaltung des Beratungsprozesses in den Handlungsfeldern beruflicher Orientierung, Entscheidung und Integration systematisch ausgearbeitet worden ist (Rübner & Sprengard, 2010). Die BA unterscheidet hier zwischen der *Orientierungs- und Entscheidungsberatung*, bei der Jugendliche unterstützt werden, eine selbstverantwortete Berufs- oder Studienwahl zu treffen, und der *integrationsbegleitenden Beratung*, bei der die berufliche Eingliederung in eine duale Ausbildung unterstützt wird. Die letzte von der BA veröffentlichte Zahl aus dem Jahr 2007 weist zwei Millionen junge Menschen aus, die mindestens einen Termin für ein Beratungsgespräch wahrgenommen haben; die angegebenen Personalkosten in der Berufsberatung beliefen sich auf 40 Mio. Euro (BA, 2007). Von den in 2010 befragten Jugendlichen äußerten 56 % ein Anliegen mit Bezug auf die berufliche Entscheidungsfindung, 37 % wollten bei der Realisierung eines bestehenden Berufswunsches unterstützt werden; weitere 7 % suchten die Berufsberatung auf, weil sie sich nach Ausbildungs- oder Studienabbruch neu orientieren wollten und zusätzliche Unterstützung bei der Stellensuche nachfragten.

Evaluationsbefunde: Ohne den strengen Maßstäben an eine wissenschaftliche Evaluationsstudie mit Kontrollgruppendesign genügen zu können, bietet die erwähnte Zeitreihenbefragung der BA doch Hinweise zur Einschätzung der wahrgenommenen Wirkung von Beratung. Verteilt über das Jahr 2010 gaben 94 % der 35.000 befragten Jugendlichen an, dass für sie der Termin bei der Berufsberatung wichtig bis sehr wichtig war (Zieldimension 1). Nach eigener Einschätzung haben sie mehrheitlich von der persönlichen Beratung profitiert: 67 % der Jugendlichen können der Aussage zustimmen, dass alle wichtigen Stärken und Schwächen (Zieldimension 2) besprochen wurden, 5 % finden das überhaupt nicht, die restlichen 29 % platzieren sich dazwischen. 76 % bewerten die erhaltenen Informationen (Zieldimension 3) für sich mit den Noten 1–2, 20 % mit 3–4 und 3 % mit 5–6. Darüber hinaus geben 79 % an, dass sie im Anschluss an die Beratung sehr genau wissen, was sie als nächstes tun sollten (Zieldimension 4 + 6), nur 2 % haben gar keine Idee; die übrigen 19 % ordnen sich im Mittelfeld ein. Diese Ergebnisse können zwar nicht belegen, dass die Jugendlichen in Folge der Beratungsgespräche eine erhöhte Berufswahlmotivation, Selbsteinschätzungs-, Informations- und Entscheidungskompetenz ausgebildet haben und zu besseren Realisierungsergebnissen gelangen werden, als wenn sie die Beratung nicht in Anspruch genommen hätten. Dennoch können diese Befunde als Indizien dafür gewertet werden, dass die Beratung die Jugendlichen in wichtigen Zieldimensionen des beruflichen Orientierungs- und Entscheidungsprozesses vorangebracht hat. Man muss allerdings bedenken, dass es insgesamt betrachtet nicht sinnvoll ist, auf den einen isolierten Effekt von Beratungsgesprächen zu setzen, dafür ist die Lebenswelt von Jugendlichen schlicht zu komplex und durch zahlreiche andere Faktoren beeinflusst. Zudem stellt die persönliche Beratung nur ein Prozesselement neben anderen Unterstützungsangeboten dar, die sich sinnvollerweise ergänzen sollten.

4.4 Vertiefte Berufsorientierungsmaßnahmen

Rechtlicher Rahmen: Seit Anfang 2002 besteht für die BA die Möglichkeit, Schüler allgemeinbildender Schulen durch *vertiefte* Berufsorientierung und Berufswahlvorbereitung zu fördern. Diese vertiefenden Berufsorientierungsmaßnahmen, die bis zu vier Wochen dauern und regelmäßig in der unterrichtsfreien Zeit durchgeführt werden sollen, können seit Ende 2007 über diesen Zeitraum hinaus und außerhalb der unterrichtsfreien Zeit durchgeführt werden. Diese sogenannte *erweiterte* Berufsorientierung wurde als Erprobungsmaßnahme eingeführt und ist bis Ende 2013 in Kraft. Beide Varianten sind Ermessensleistungen der Arbeitsförderung, es besteht also kein Rechtsanspruch und sie müssen zu mindestens 50 % durch Dritte (z. B. Länder, Kommunen, Stiftungen) mitfinanziert werden (§§ 48, 130 SGB III).

Zielsetzung: Insgesamt war der Gesetzgeber mit der Einführung dieser Instrumente bestrebt, die Berufsorientierung während der Schulzeit deutlich zu intensivieren und damit eine später gegebenenfalls notwendige Förderung Jugendlicher aus Beitragsmitteln der BA zu reduzieren. In der Gesetzesbegründung wird der klassische Zielkanon von Berufsorientierungsmaßnahmen angesprochen: Verbesserung der Berufswahlvorbereitung, Vorbeugung von Ausbildungsabbrüchen aufgrund von Fehlentscheidungen, damit Erleichterung der Übergänge von der Schule in die Ausbildung (Deutscher Bundestag, 2007, S. 16). Seit Anfang 2010 hat die BA eine Reihe von Mindeststandards entwickelt, die von den durchführenden Trägern der Maßnahme zu beachten sind (Kupka & Wolters, 2010). Dazu gehört u.a. auch die systematische Ausrichtung der Maßnahme an mindestens einer der skizzierten Zieldimensionen, um auf diese Weise eine stärkere Fokussierung und bessere Erfolgskontrolle der Einzelmaßnahmen sicherzustellen. Im Vergleich zu den bisher vorgestellten Angeboten zielen gerade die erweiterten Formen der Berufsorientierung verstärkt auf Verbesserungen im Bereich der allgemeinen Bildungs- und Arbeitsfähigkeit (Zieldimension 5).

Ausgestaltung: Das verbindende Element aller Orientierungsmaßnahmen ist, dass sie als Gruppenveranstaltungen angeboten werden und über den allgemeinbildenden Schulunterricht hinausgehen. Ansonsten ist das Angebotsspektrum enorm und reicht vom eintägigen Erlebnisparcours über das mehrwöchige Sommercamp bis hin zu schuljahresbegleitenden Maßnahmen in der eigenen Klasse (BA, 2010B). Bundesweit wurden im Jahr 2009 rund 2.850 Maßnahmen der vertieften und erweiterten Berufsorientierung durchgeführt. Der Bedeutungszuwachs dieser Maßnahme lässt sich anhand der Ausgabenentwicklung der Jahre 2003 (1,8 Mio. Euro), 2005 (3,5 Mio. Euro), 2007 (20 Mio. Euro) und 2009 (67 Mio. Euro) gut dokumentieren (jeweils Ausgaben der BA). Für 2011 wurden die Mittel sogar auf bis zu 90 Mio. Euro erhöht. Hintergrund für den Zuwachs war die Entscheidung der BA, die präventiven Angebote für Jugendliche deutlich auszubauen und insbesondere für leistungsschwächere Schüler den Übergang in Ausbildung intensiver zu begleiten und erfolgreicher zu gestalten (BA, 2011b, S. 20).

Evaluationsbefunde: Das IAB hat einen Zwischenstand zur Evaluation der vertieften, erweiterten Berufsorientierung vorgelegt, der insgesamt eher ernüchternd ausfällt (zum folgenden Kupka & Wolters, 2010). Insgesamt wurden 17 Maßnahmen einer Begleitforschung unterzogen, wovon bis Anfang 2010 nur zehn Abschlussberichte vorlagen. Keine Studie konnte nach Ansicht der Autoren bislang den Kriterien einer wissenschaftlichen Evaluation ausreichend genügen; lediglich eine Studie, die aus einem alternativen Fördertopf finanziert wurde, aber eine vergleichbare Zielsetzung verfolgte, konnte überzeugen. Dennoch sehen die Autoren in den vorgelegten Berichten wertvolle Hinweise auf mögliche Wirkungen und zukünftige Projekte. Ohne hier auf Details eingehen zu können, scheint das Gros der Maßnahmen bei den Jugendlichen und „Berufswahlagenten" (Lehrern, Berufsberatern, Eltern usw.) auf große Resonanz zu stoßen und in der Selbstwahrnehmung zu einer erhöhten Auseinandersetzung mit Berufswahlthemen geführt zu haben. Vereinzelt konnten auch Verbesserungen im Bereich der allgemeinen Bildungs- und Arbeitsfähigkeit nachgewiesen werden. Um die vom Gesetzgeber geforderte wissenschaftliche Absicherung der Entscheidung über eine weitere Förderung von Berufsorientierungsmaßnahmen über das Jahr 2013 hinaus zu gewährleisten, laufen derzeit umfassende Evaluationsstudien zu unterschiedlichen Maßnahmetypen an mehreren Standorten; publizierte Ergebnisse liegen noch nicht vor.

4.5 Individuelle Berufseinstiegsbegleitung

Rechtlicher Rahmen: Jugendliche, die voraussichtlich Schwierigkeiten haben, den Abschluss der allgemeinbildenden Schule zu erreichen und den Übergang in eine berufliche Ausbildung zu bewältigen, können seit Anfang 2009 durch einen sogenannten „Berufseinstiegsbegleiter" betreut werden. Die Begleitung beginnt in der Regel mit dem Besuch der Vorabgangsklasse der allgemeinbildenden Schule und endet ein halbes Jahr nach Beginn einer beruflichen Ausbildung, spätestens jedoch 24 Monate nach Beendigung der allgemeinbildenden Schule (§ 421s SGB III in der Fassung bis 30.03.2012). Um den Kreis der geförderten Schulen bzw. Schüler zu erweitern, hat das Bundesministerium für Bildung und Forschung (BMBF) im Rahmen der Initiative „Abschluss und Anschluss – Bildungsketten bis zum Ausbildungsabschluss" ein inhaltlich deckungsgleiches, durch Steuermittel finanziertes *Sonderprogramm Berufseinstiegsbegleitung* zum 01.07.2010 aufgelegt und dessen Umsetzung der BA übertragen (BMBF, 2011). Beide Fördervarianten waren zunächst zeitlich befristet und sollten erprobt werden; seit 01.04.2012 ist die Berufseinstiegsbegleitung eine Regelleistung der Arbeitsförderung (§ 49 SGB III).

Zielsetzung: Ziel dieses umfassenden Betreuungsangebotes ist es, abschlussgefährdete Schüler beim Übergang von der allgemeinbildenden Schule in die Ausbildung individuell und kontinuierlich durch eine Person zu begleiten. Diese personalintensive Form der Unterstützung geht insofern weit über die bisher vorgestellten Angebote der Berufsorientierung und Berufswahlvorbereitung hinaus und umfasst die Erreichung des Schulabschlusses, die Förderung der Berufswahl- und Ausbildungsreife, die Ausbildungsplatzsuche, die Begleitung im Übergangssystem und die Stabilisierung des Ausbildungsverhältnisses. Auf Systemebene soll den bekannten Abstimmungsdefiziten zwischen den beteiligten Akteuren und Institutionen (Berufsberatung, Schule, Jugendhilfe, Kammern usw.) entgegengewirkt werden (BA, 2011a). Seit Projektbeginn wird die Durchführung der Berufseinstiegsbegleitung und deren Wirkung wissenschaftlich untersucht. Die vorliegenden Zwischenberichte untersuchen die Art der Durchführung der Fördermaßnahme (Deutscher Bundestag, 2010; Forschungskonsortium, 2011); die Ergebnisse der Wirkungsanalyse sollen in 2012 publiziert werden.

Ausgestaltung: In der Erprobungsphase wurden 2000 Förder-, Haupt- und vergleichbare Schulen bestimmt, die an der Maßnahme teilnehmen konnten. Die Auswahl der Schüler erfolgte in erster Linie aufgrund schlechter Schulnoten und eines schwierigen familiären Hintergrundes; 58 % der Geförderten waren männlich, fast 50 % hatten einen Migrationshintergrund. Das BMBF-Sonderprogramm sah für die Förderentscheidung zusätzlich eine „Potentialanalyse" möglichst aller Schüler der 7. Klasse vor. Die bundesweit 2.000 Berufseinstiegsbegleiter durften in der Regel maximal 20 Jugendliche gleichzeitig betreuen. Den höchsten Stellenwert hatten Aufgaben mit Bezug zur beruflichen Ausbildung (Berufsorientierung, Unterstützung bei Bewerbungsunterlagen und Praktika), gefolgt von Hilfestellungen bei schulischen Problemen. Die durchschnittliche Dauer der Einzelbetreuung lag pro Schüler bei vier Stunden im Monat. Als erfolgskritisch wurde die hohe Fluktuation der Berufseinstiegsbegleiter gesehen (Abgangsrate 33,3 %), die in vielen Fällen die personelle Kontinuität der Betreuung erschwert haben dürfte. Dadurch wurde ein wichtiges Element der Berufseinstiegsbegleitung nicht umgesetzt (Deutscher Bundestag, 2010, S. 33).

Evaluationsbefunde: Die teilnehmenden Jugendlichen äußerten sich dennoch mehrheitlich sehr positiv über die Förderung und ihre Betreuer und hatten hohe Wirkungserwartungen in allen relevanten Zieldimensionen ausgebildet. Mit 91,3 % ist die erwartete Wirkung hinsichtlich verbesserter Chancen auf einen Ausbildungsplatz besonders hoch ausgeprägt. Die von den befragten Lehrern und Betreuern bisher beobachtbaren Auswirkungen fallen dagegen deutlich zurückhaltender aus und beziehen sich vorwiegend auf Veränderungen der beruflichen Orientierung der Jugendlichen, weniger auf das konkrete Erreichen berufsbiographischer Etappenziele wie ein verbesserter Schulabschluss und höhere Chancen auf einen Ausbildungsplatz (Deutscher Bundestag, 2010, S. 84ff).

5. Aktueller Handlungsbedarf und Entwicklungsperspektiven

„Obwohl die Erforschung der Bildungswege von der Schule in die Arbeitswelt vorangetrieben wird, sind die empirischen Kenntnisse hierüber immer noch lückenhaft. Doch nicht nur die Übergangsprozesse, sondern auch die Reformansätze zu deren Verbesserung sind schwer zu überblicken" (Autorengruppe BIBB & Bertelsmann Stiftung, 2011, S. 5). Diese Beschreibung bringt den aktuellen Handlungsbedarf am Übergang von der Schule in den Beruf prägnant auf den Punkt. Angesprochen werden zwei Großbaustellen: Lücken in der Forschung und beim Management der Übergangsprozesse.

1. Forschung: Weder die Gesamtwirkung noch die Einzelwirkung von präventiven Förderansätzen am Übergang von der Schule ins Berufsleben lassen sich zurzeit hinreichend gut abbilden (BMAS & iab, 2011, S. 17). Angesichts der gesellschaftspolitischen Bedeutung dieser Übergangsphase, der finanziellen Aufwendungen und der jahrzehntelangen Maßnahmepraxis ist das eine mehr als ernüchternde Bilanz. Dementsprechend ist in Deutschland eine Analyse von Kernelementen einer wirksamen Berufswahlvorbereitung bislang kaum zu erkennen. Forschungsbefunde aus den USA wurden bislang nur zögerlich aufgegriffen (Rübner, 2010, S. 95f). Insofern ist es zunächst einmal positiv zu bewerten, dass die Einführung der erweiterten Berufsorientierung und der Berufseinstiegsbegleitung mit einem wissenschaftlichen Evaluationsprogramm verknüpft worden ist (Deutscher Bundestag, 2010; Kupka & Wolters, 2010), auch wenn bei der Entscheidung über die Entfristung der Berufseinstiegsbegleitung die Ergebnisse der Wirkungsforschung nicht mehr abgewartet worden sind. Insgesamt könnte das zu einer Belebung der Forschungsaktivitäten in diesem Feld führen.

2. *Management*: In der Diskussion über das Management der Förderaktivitäten am Übergang von der Schule ins Berufsleben lassen sich drei größere Stränge unterscheiden:

a) *Strategiewechsel*: Vom Grundsatz her sind sich die Experten einig, dass in Zukunft eine stärker präventive Ausrichtung der Förderinstrumente notwendig ist, insbesondere eine Verstärkung der Berufsorientierung in den Schulen. Auch sind die finanziellen Spielräume dafür gegeben, denn durch die sinkenden Schulabgängerzahlen wird es im allgemeinen Bildungssystem größere Kosteneinsparungen geben. Nach Vorausberechnungen des Konsortiums Bildungsberichterstattung wird auch das besonders kostenintensive Übergangssystem beträchtlich zusammenschrumpfen (Autorengruppe Bildungsberichterstattung, 2010, S. 176). Die daraus entstehende „demographische Rendite" (Bertelsmann Stiftung, 2008, S. 319) könnte für eine intensivere individuelle Förderung von besonderen Zielgruppen, aber auch in Richtung einer erweiterten Berufs- und Studienvorbereitung für alle Schüler genutzt werden. Die BA selbst gibt in ihrem Strategiepapier „Perspektive 2025" an, weiter in erheblichem Umfang in präventive Maßnahmen für Schüler bereits im Vorfeld zum Übergang in den Beruf investieren zu wollen: „Ziel ist es, gemeinsam mit anderen Verantwortlichen, insbesondere den Ländern, flächendeckend ein qualitativ hochwertiges Angebot an Berufsorientierungsmaßnahmen zu schaffen, um Schüler und Schülerinnen rechtzeitig auf die Berufswahl vorzubereiten und ihnen so den späteren Übergang in die Berufsausbildung zu erleichtern" (BA, 2011b, S. 20).

b) *Lokales Übergangsmanagement*: Die Forderung, die bestehenden Angebote und Akteure lokal zu vernetzen und füreinander anschlussfähig zu machen, ist nicht neu. Auch mangelt es nicht an Absichtserklärungen, Förderinitiativen und Kooperationen. Es existieren aber mindestens zwei hartnäckige Probleme auf dem Weg in ein lokales Übergangsmanagement:

(1) *Komplexitätsprobleme*: Bereits die Vielzahl der lokalen Angebote und Akteure erschwert den systematischen Überblick, mehr aber noch eine sinnvolle Abstimmung. Ein Beispiel: Allein in Stuttgart können (konservativ gerechnet) im Jahr 2009 über 60 Einzelinstrumente und Förderinitiativen gezählt werden, davon 25 Berufsorientierungsangebote (Landeshauptstadt Stuttgart, 2009).

(2) *Systemgrenzen*: Am Übergang Schule–Beruf sind ganz unterschiedliche Fördersysteme mit ihrer jeweiligen Struktur und Binnenlogik beteiligt. Dies kann am Beispiel der Berufseinstiegsbegleitung verdeutlicht werden, die konzeptionell darauf angelegt ist, Systemgrenzen zu überwinden und mit unterschiedlichen Akteursgruppen zu kooperieren. Der Zwischenbericht zur Evaluation stellt hierzu fest, dass das Zusammenspiel der Akteure auf lokaler wie übergeordneter Ebene sehr unterschiedlich ausfällt und sich insgesamt der Eindruck ergibt, „dass die Problematik, die beiden institutionell und politisch getrennten Systeme Schule und Arbeitsmarktpolitik zusammenzubringen, in ihren Konsequenzen bisher noch unterschätzt wurde" (Deutscher Bundestag, 2010, S. 96). Möglicherweise kann hier ein vom BMBF gefördertes Projekt zur Bildungs- und Berufsberatung eine interessante Perspektive aufzeigen.

In diesem Projekt geht es u.a. um die Erarbeitung von gemeinsam getragenen Qualitätsstandards aller wichtigen Akteure im Handlungsfeld, um so deren Anschlussfähigkeit und Kooperationsbereitschaft zu erhöhen (Schiersmann, Bachmann, Dauner & Weber, 2008). Die BA selbst hat sich laut Geschäftsbericht 2009 für die nächsten Jahre zum Ziel gesetzt, die Netzwerkarbeit der Berufsberatung auf der Systemebene deutlich auszubauen, d.h. die Zusammenarbeit der verschiedenen regionalen Akteure zu verbessern und somit für eine höhere Transparenz über die Angebotsstruktur für Schulen, Schüler und Eltern zu sorgen (BA, 2010a, S. 47).

c) *Qualitätsmanagementsystem:* Dieser letzte Aspekt bezieht sich insbesondere auf die Ebene der einzelnen Schule. Sie ist der Ort, an dem die nachwachsende Generation vor Eintritt ins berufliche Bildungs- und Erwerbssystem kollektiv erreicht wird und eine systematische und langfristig angelegte Berufsorientierung ansetzen kann. Voraussetzung dafür ist ein – mindestens in den Grundzügen – etabliertes System zur Qualitätssicherung bei der Planung und Umsetzung der Berufsorientierung (Bertelsmann Stiftung, Bundesarbeitsgemeinschaft SchuleWirtschaft & MTO, 2009). Auf dieser Grundlage könnte auch die Zusammenarbeit zwischen Schule und Berufsberatung bei der Entwicklung eines schulspezifischen und zielgruppenadäquaten Berufsorientierungskonzeptes weiter professionalisiert und mit den Angeboten der BA systematischer verzahnt werden.

Trotz der erkennbaren Entwicklungen gelten die angesprochenen Probleme als ausgesprochen hartnäckig und sind institutionell nur schwer zu lösen. Es bleiben also noch – wie es Max Weber einmal ausgedrückt hat – eine Menge „dicker Bretter zu bohren": für Forschung und Politik sowie für die Praxis vor Ort.

Literatur

Autorengruppe BIBB & Bertelsmann Stiftung (2011). *Reform des Übergangs von der Schule in die Berufsausbildung. Aktuelle Vorschläge im Urteil von Berufsbildungsexperten und Jugendlichen.* (Schriftenreihe des Bundesinstituts für Berufsbildung, Heft 122). Bonn: Bundesinstitut für Berufsbildung.

Autorengruppe Bildungsberichterstattung (2010). *Bildung in Deutschland 2010.* Bielefeld: wbv.

BA (2007). *Das neue Angebot der Berufsberatung.* Nürnberg: Bundesagentur für Arbeit.

BA (2009a). *Berufsorientierung in der Bundesagentur für Arbeit für den Bereich der Sekundarstufe I und II: Grundsätze und fachliche Grundlagen* (Geschäftsanweisung 09/2009). Nürnberg: Bundesagentur für Arbeit.

BA (2009b). *Leitfaden zur fachlichen Ausrichtung der Aufgabenwahrnehmung für den Personenkreis U 25* (Anlage zur Geschäftsanweisung 12/2009). Nürnberg: Bundesagentur für Arbeit.

BA (2010a). *Geschäftsbericht 2009.* Nürnberg: Bundesagentur für Arbeit.

BA (2010b). *Vertiefte Berufsorientierung. Handbuch für Führungs- und Beratungsfachkräfte.* Nürnberg: Bundesagentur für Arbeit.

BA (2011a): *Berufseinstiegsbegleitung nach § 421s SGB III* (Geschäftsanweisung Februar 2011). Nürnberg: Bundesagentur für Arbeit.

BA (2011b): *Perspektive 2025: Fachkräfte für Deutschland.* Nürnberg: Bundesagentur für Arbeit.

Bach, H.-U., Dressel, K., Kleinert, C. & Spitznagel, E. (2009). Frühzeitige Berufsorientierung. Lässt sich eine frühzeitige Beitragsfinanzierung rechtfertigen? *IAB Forum, 1,* 88–93.

Bertelsmann Stiftung (Hrsg.) (2008). *Volkswirtschaftliche Potenziale am Übergang von der Schule in die Arbeitswelt.* Gütersloh: Bertelsmann Stiftung.

Bertelsmann Stiftung (2010). *Eckpunkte der Initiative „Übergänge mit System".* Verfügbar unter: http://www.bertelsmann-stiftung.de [02.03.2011].

Bertelsmann Stiftung, Bundesarbeitsgemeinschaft Schule Wirtschaft & MTO (Hrsg.) (2009). *Leitfaden Berufsorientierung. Praxishandbuch zur qualitätszentrierten Berufs- und Studienorientierung an Schulen.* Gütersloh: Verlag Bertelsmann Stiftung.

BMAS (2010): *Sozialbericht 2009.* Bonn: Bundesministerium für Arbeit und Soziales.

BMAS & iab (2011). *Sachstandsbericht der Evaluation der Instrumente vom 17.01.2011.* Berlin, Nürnberg: Bundesministerium für Arbeit und Soziales.

BMBF (2011). *Abschluss und Anschluss – Bildungsketten bis zum Ausbildungsabschluss.* Verfügbar unter: http://www.bmbf.de/de/14737.php [26.02.2011].

Brown, S. D. & McPartland, E. B. (2005). Career interventions: Current status and future directions. In W. B. Walsh & M. L. Savickas (Eds.), *Handbook of vocational psychology* (pp. 195–226). Mahwah: LEA.

Bundesinstitut für Berufsbildung BIBB (2010). *Datenreport zum Berufsbildungsbericht 2010.* Bielefeld: wbv.

Bußhoff, L. (2009). Berufsberatung als Unterstützung von Übergängen in der beruflichen Entwicklung. In R. Zihlmann (Hrsg.), *Berufswahl in Theorie und Praxis* (S. 9–77). Bern: SDBB.

Deutscher Bundestag (2007). *Entwurf eines 4. Gesetzes zur Änderung des SGB III vom 19.6.2007* (Drucksache 16/5714). Berlin.

Deutscher Bundestag (2010). *Unterrichtung durch die Bundesregierung. Zwischenbericht 2010 zur Evaluation der Berufseinstiegsbegleitung nach § 421s des Dritten Buches Sozialgesetzbuch* (Drucksache 17/3890). Berlin.

Eberhard, V. (2006). *Das Konzept der Ausbildungsreife – ein ungeklärtes Konstrukt im Spannungsfeld unterschiedlicher Interessen* (Wissenschaftliche Diskussionspapiere H. 83). Bonn: Bundesinstitut für Berufsbildung.

Forschungskonsortium (2011): *Evaluation der Berufseinstiegsbegleitung nach § 421s SGB III. Zwischenbericht 2011.* Tübingen, Berlin, Bielefeld und Frankfurt. Verfügbar unter: http://www.iaw.edu/w/IAWPDF.php?id=901&name=BEREB_2_Zwischenbericht_2011.pdf [22.09.2012].

Kupka, P. & Wolters, M. (2010). *Erweiterte vertiefte Berufsorientierung Überblick, Praxiserfahrungen und Evaluationsperspektiven* (IAB-Forschungsbericht 10). Nürnberg: Institut für Arbeitsmarkt- und Berufsforschung.

Landeshauptstadt Stuttgart (Hrsg.) (2009). *Unterstützung und Förderung junger Menschen bei der Integration in den Ausbildungs- und Arbeitsmarkt.* Verfügbar unter: http://www.stuttgart.de/img/mdb/item/394616/56746.pdf [28.01.2010].

Lippegaus-Grünau, P., Mahl, F. & Stolz, I. (2010). *Berufsorientierung – Programme und Projekte von Bund und Ländern, Kommunen und Stiftungen im Überblick* (Wissenschaftliche Texte). München: DJI & INBAS.

OECD (2004). *Career Guidance. A Handbook for Policy Makers.* Paris: OECD, European Communities.

Peterson, G. W., Sampson, J. P. & Reardon, R. C. (1991). *Career Development and Services. A Cognitive Approach.* Belmont: Brooks/Cole Publishing Company.

Rübner, M. (2010). Wirksame Beratung für Berufswähler und Ausbildungssuchende. In U. Sauer-Schiffer & T. Brüggemann (Hrsg.), *Der Übergang Schule–Beruf: Beratung als pädagogische Intervention* (S. 79–100). Münster: Waxmann.

Rübner, M. (2011). Reorientation of Counselling for Young People and Training Placement in the Public Employment Service of Germany. In S. Kraatz, B.-J. Ertelt (Eds.), *Professionalisation of Career Guidance in Europe. Training, Guidance Research, Service Organisation, and Mobility* (pp. 277–292). Tübingen: dgvt-Verlag.

Rübner, M. & Höft, S. (2012). Berufliche Eignungsdiagnostik im Übergang Schule–Beruf. In Stadt Offenbach, Amt für Arbeitsförderung (Hrsg.), *Berufsorientierung und Kompetenzen. Methoden – Tools – Projekte* (S. 25-51). Gütersloh: wbv.

Rübner, M. & Sprengard, B. (2010). *Handbuch für Berufsberaterinnen und Berufsberater. Beratungskonzeption der Bundesagentur für Arbeit.* (Band I). Nürnberg: Bundesagentur für Arbeit.

Schiersmann, C., Bachmann, M., Dauner, A. Weber, P. (2008). *Qualität und Professionalität in Bildungs- und Berufsberatung.* Bielefeld: wbv.

Unterburger, S. (2008). *Berufswahlreife. Übersicht zur Theorielage und Entwicklung eines Messinstruments.* Saarbrücken: VDM.

Arbeitsteil

Kapitel V

1. Nach der Lektüre des Kapitels

- haben Sie einen Überblick über die wichtigsten Interessen- und Fähigkeitstests gewonnen, die derzeit in der Berufsorientierung eingesetzt werden,
- sind Ihnen grundlegende Prinzipien, Kriterien zur Bewertung sowie Marketingstrategien zur Verbreitung von Berufsorientierungstests bekannt,
- haben Sie sich mit den Merkmalen, Zielen, Chancen und Herausforderungen der Arbeit mit Portfolios in der Berufsorientierung auseinandergesetzt sowie
- Ziele und Wirkungen von Betriebspraktika reflektiert,
- kennen Sie Ziele, differente Konzepte sowie wichtige Wirkmechanismen von Coaching- und Mentorenprogrammen in der Berufsorientierung und haben deren Möglichkeiten und Grenzen bedacht,
- sind Sie über Grundzüge einer Didaktik der Studien- und Berufsorientierung informiert,
- kennen Sie die Ziele, den Aufbau und den Anspruch des Thüringer Berufsorientierungsmodells,
- sind Ihnen der Auftrag, die Angebote sowie die Entwicklungsperspektiven der Bundesagentur für Arbeit als wichtigem Akteur der Berufsorientierung bekannt.

2. Arbeitsvorschläge und Anregungen zur Vertiefung

a) In einem Verfahren zur Potentialanalyse der Jugendlichen, das in die Formulierung von Berufsvorschlägen mündet, werden die Interessen der Schülerinnen und Schüler kaum berücksichtigt. Wie ist dieser Tatbestand bei der Bewertung des Verfahrens im Lichte der Inhalte dieses Kapitels und in Anbetracht der in den vorherigen Kapiteln bereitgestellten Informationen zu beurteilen?

b) In Ihrer Region wird darüber nachgedacht, flächendeckend ein Verfahren zur Ermittlung von Stärken- und Schwächenprofilen der Schülerinnen und Schüler einzuführen. Die Maßnahme wird im Nachbarkreis bereits eingesetzt und gilt als vergleichsweise kostengünstig. Welche Informationen sollten die Entscheidungsträger mindestens zusätzlich einholen, bevor sie über die Einführung des Instruments entscheiden?

c) In mehreren deutschen Regionen sind alle Schulen der Sekundarstufe I gefragt worden, welche Instrumente sie zu Berufsorientierung einsetzen. Obwohl in dem Bundesland qua Erlass die Verwendung eines Berufswahlportfolios grundsätzlich vorgesehen ist, geben in allen Regionen und in allen Schulformen nur wenige Schulen an, mit einem Portfoliokonzept zu arbeiten. Formulieren Sie Hypothesen darüber, woran das liegen könnte.

d) Ein privatwirtschaftlich operierender Anbieter eines Berufsorientierungsinstruments wirbt mit Unterstützung der regionalen Presse, die sehr wohlwollend über die Erfahrungen mit dem Verfahren berichtet, für das Angebot. Das Hauptargument des Anbieters ist, dass ein hoher Prozentwert von Nutzerinnen und Nutzern dieses Angebot als gut oder sogar sehr gut bewertet. Inwieweit ist diese Aussage ein überzeugender Beleg für die Qualität des Angebots? Greifen Sie bei Ihren Überlegungen auch auf die Abb. 2 aus dem ersten Beitrag des dritten Kapitels zurück.

e) Führen Sie eine Internetrecherche zu Paten- und Mentorenkonzepten durch und erstellen Sie eine Übersicht über die Projekte und Programme, die es in Ihrer Region bereits gibt.

f) Wodurch zeichnet sich ein stimmiges Gesamtkonzept schulischer Berufsorientierung nach dem Thüringer Berufsorientierungsmodell aus?

g) In den Beiträgen dieses Kapitels wird wiederholt auf die Notwendigkeit hingewiesen, die Qualität der Maßnahmen und Konzepte zur Berufsorientierung zu sichern. Erstellen Sie auf Grundlage der in den Beiträgen dieses Kapitels erwähnten Kriterien eine Checkliste, anhand derer man die Qualität eines schulischen Berufsorientierungskonzepts beurteilen könnte.

h) Derzeit besteht weitgehende Einigkeit darüber, dass es keinen Mangel an Maßnahmen und Instrumenten zur Berufsorientierung gibt, sondern dass die Aufgabe darin besteht „die Komplexität zu reduzieren". Wie könnte eine „Lichtung" des „Maßnahmendschungels" vorgenommen werden und mit welchen Hürden und Hindernissen müsste man bei der Umsetzung dieses Vorhabens rechnen?

3. Weiterführende Literaturhinweise und Internetquellen

- Hammer, K.; Ripper, J.; Schenk, T. (2009). *Leitfaden Berufsorientierung: Praxishandbuch zur qualitätszentrierten Berufs- und Studienorientierung an Schulen.* Gütersloh. Bertelsmann Stiftung.

- Jung, E. (Hrsg.) (2008) *Zwischen Qualifikationswandel und Marktenge: Konzepte und Strategien einer zeitgemäßen Berufsorientierung.* Baltmannsweiler. Schneider-Verlag Hohengehren.

- Die Internetseite des Thüringer Berufsorientierungsmodells „THÜBOM" kann man unter folgendem Link finden:
http://forschung.berufswahlkompetenz.de/thuebom_thuebom.html

VI.
Qualitäts- und Professionalitätsentwicklung

Benjamin Dreer

Personalentwicklung als Notwendigkeit und Chance zur Qualitätsentwicklung schulischer Berufsorientierung

Die Dringlichkeit zur Weiterentwicklung der Qualität schulischer Berufsorientierung ist aus verschiedenen Perspektiven deutlich geworden. Zum einen sehen sich junge Berufswähler im 21. Jahrhundert am Übergang Schule – Beruf mit anderen Anforderungen konfrontiert als noch die Generation ihrer Eltern. Die Ausbildungsangebote sind vielfältiger, Anforderungen verändert und Beschäftigungsperspektiven sind zeitlich und räumlich vollkommen anders organisiert. Angesichts dieser Umstände, in denen Eltern nur bedingt hilfreich sein können, sind Heranwachsende auch zum Ende der Schulzeit noch unsicher, was ihren nachschulischen Werdegang betrifft und äußern den Wunsch nach Unterstützung und Vorbereitung durch die Schule (Neuenschwander, 2003). Dabei geht es nicht allein um das Erreichen eines möglichst guten Schulabschlusses, sondern auch um die Entwicklung von Kompetenzen, die Heranwachsenden eine aktive Planung und Gestaltung ihrer Berufsbiographien ermöglichen. So ist die Forderung nach einer auf den Anschluss statt auf den Abschluss orientierten schulischen Berufsorientierung formuliert worden (vgl. Lumpe, 2007), die das Augenmerk stärker auf die Qualität schulischer Berufsorientierungsprozesse richtet. Zum anderen werden mit Blick auf die Institution Schule eine unzureichende Verzahnung von Berufsorientierung und Unterricht (Driesel-Lange & Hany, 2005) und das Fehlen differenzierter Angebote (Hany & Driesel-Lange, 2006; Oechsle, 2009) deutlich. Daneben legen aus einer institutionellen Perspektive die zentralen Ergebnisse des Programms „Schule-Wirtschaft/Arbeitsleben" (SWA) Berufsorientierung als Aufgabe der Schulentwicklung nahe (Butz, 2008a), deren Gegenstand beispielsweise die (Weiter-)Entwicklung eines schulischen Berufsorientierungskonzepts darstellt. Schließlich werden auch beim pädagogischen Personal Defizite in der Qualifizierung für die anforderungsreichen Aufgaben einer modernen schulischen Berufsorientierung konstatiert (Beinke, 2004; Butz, 2006, 2008b). So zeichnet sich insgesamt im Kontext der Berufsorientierung an allgemein bildenden Schulen ein Entwicklungsbedarf ab, der alle schulischen Ebenen, d. h. Unterrichts-, Organisations- sowie Personalebene, betrifft. Dennoch bleiben ganzheitliche Forschungs- und Entwicklungsansätze eher eine Seltenheit (vgl. als Ausnahme Butz, 2008a; Driesel-Lange et al. in diesem Band).

Ein Großteil der Forschungsvorhaben im Kontext schulischer Berufsorientierung setzt auf der Ebene des Unterrichts oder der Schulorganisation an. Dabei wird besonders die Weiterentwicklung der dort verbreiteten Methoden und Maßnahmen wie z. B. die Evaluierung des Schülerpraktikums (z. B. Bergzog, 2008) fokussiert. Des Weiteren werden Organisationsformen wie auch -strukturen der Berufsorientierung untersucht und beispielsweise die Wirkung verschiedener Realisationsformen von Berufsorientierungsunterricht (integriert in verschiedene Trägerfächer, autonom als eigenständiges Fach sowie als Projekt) verglichen (z. B. Kriegseisen, 2004). Auffällig ist, dass Lehrpersonen und ihre Qualifikationen als Voraussetzung für die Gestaltung nachhaltiger schulischer Berufsorientierung bisher kaum in den Blick genommen wurden (vgl. Wengert-Richter, 2007). Inzwischen existieren jedoch Hinweise darauf, dass entsprechend qualifizierte Lehrpersonen einen relevanten Beitrag zur Gestaltung qualitätsvoller schulischer Berufsorientierung leisten können (Astleitner & Kriegseisen, 2005; Bylinski, 2010; Deeken, 2008; Kriegseisen, 2004).

Im Folgenden wird die Bedeutung von Lehrpersonen sowie deren Qualifikationen für die Gestaltung schulischer Berufsorientierung genauer beleuchtet. Ausgehend von schulorganisatorischen Überlegungen wird die Bewertung des Einflusses von Lehrpersonen auf die Berufswahlentscheidungen Jugendlicher vor dem Hintergrund verschiedener Forschungsbefunde diskutiert und ein Konzept von Lehrerkompetenzen zur Gestaltung qualitätsvoller schulischer Berufsorientierung vorgestellt.

1. Berufsorientierung als Aufgabe von Schule und ihren Akteuren

Auf dem Weg eines Heranwachsenden von der Schule in die Berufs- und Arbeitswelt spielen verschiedene Faktoren eine Rolle. Zu diesen gehören beispielsweise soziale Einflussquellen wie das Elternhaus (Kracke, 2002; Maurischat, Taskinen & Ehmke, 2007; Young, 1991), Gleichaltrige und Freunde (Beinke, 2004, 2011). Des Weiteren sind strukturelle Faktoren wie der Arbeitsmarkt in der Lebensregion bedeutsam (Heinz, Kelle, Witzel & Zinn, 1998). Aber auch Institutionen wie die staatliche Berufsberatung und nicht zuletzt die allgemein bildende Schule sind in diesem Prozess wichtig.

Der allgemein bildenden Schule, die in Deutschland den ausdrücklichen Auftrag zur Berufsorientierung hat, wird aus berufspädagogischer und allgemein erziehungswissenschaftlicher Sicht stets eine große Bedeutsamkeit für die Berufswahlprozesse von Schülerinnen und Schülern beigemessen (z. B. Butz, 2007; Butz, 2008b; Knauf, 2009; Lumpe, 2007; Senkbeil, Drechsel & Schöps, 2007). Die meisten Schulen stellen sich diesem Auftrag, die Art und Weise der Umsetzung und Gestaltung schulischer Berufsorientierung unterscheidet sich jedoch stark (Famulla, 2004; Niemeyer & Frey-Huppert, 2009). Neben traditionell begründeten Unterschieden in den Schularten steht hier vor allem die Einzelschule im Fokus, welcher zunehmend Autonomie und Eigenverantwortung für die Gestaltung der eigenen Identität zur Sicherung des Bestehens zugesprochen wird (vgl. Fend, 2006). Jede Schule ist damit gehalten, entsprechend ihrem Standort und den damit verbundenen Rahmenbedingungen vor Ort eigene Konzepte und Programme zu entwickeln, die die Individualität der pädagogischen Institution mit ihren Stärken betont. Dies muss auch auf die Gestaltung des Querschnittsthemas Berufsorientierung übertragen werden: Die Verschiedenheit lokaler und regionaler schulexterner Partner und deren Angebote zur Berufsorientierung legen für eine erfolgreiche Netzwerkarbeit individuelle Lösungen und Strukturen am jeweiligen Schulstandort nahe. Gleiches gilt für die Arbeit des pädagogischen Personals innerhalb einer Schule: Die zwischen einzelnen Bildungseinrichtungen variierende Anzahl der Lehrkräfte, Sozialpädagog/inn/en und Erzieher/innen sowie die Präsenz und Ausprägung verschiedener Fachschaften und pädagogischer Schwerpunkte machen hier individuelle Konzepte erforderlich, die jeweils unterschiedliche Akteure für verschiedene Aufgaben der Berufsorientierung vorsehen können. Wichtig erscheint dabei jedoch, dass diese Aufgaben ... keine Aufgaben eines Fachbereichs [sind] und ... auch nicht als Teilaufgabe von einer Lehrerin oder einem Lehrer übernommen werden [können]. Die Kernaufgaben einer in der Perspektive der Anschlussorientierung verstandenen Berufsorientierung sind Aufgaben der gesamten Schule ... (Lumpe, 2007, S. 208)

Dementgegen zeigt sich in der Praxis an vielen Schulstandorten ein „Einzelkämpferphänomen", bei dem nur einzelne Lehrpersonen die komplexen Aufgaben der schulischen Berufsorientierung aktiv angehen und wenig Unterstützung von Seiten des Kollegiums erfahren (Knauf, 2009). Dies führt zum einen zu Unzufriedenheit der aktiven Lehrpersonen (Dreer & Kracke, 2011) und des Weiteren dazu, dass Schülerinnen und Schüler berufsorientierende Maßnahmen der Schule als undifferenzierte „Einzelaktionen" betrachten, dadurch keinen substantiellen Lebensweltbezug herstellen und schließlich einen Ertrag der schulischen Berufsorientierung für sich kaum feststellen können (Knauf, 2009).

Eine Ursache für die an den Schulen verbreiteten Einzelkämpfer der Berufsorientierung kann darin liegen, dass dem Thema vielerorts traditionell wenig zeitlicher Raum sowie personelle und finanzielle Ressourcen zugesprochen wurden (vgl. zum Überblick Dammer, 2002; Dedering, 2002). Dies führte dazu, dass nur wenige Lehrpersonen überhaupt Qualifikationen erwerben konnten, die heute für eine als Querschnittsthema verstandene Berufsorientierung von Bedeutung sind. So konstatiert Butz aus den Ergebnissen der wissenschaftlichen Begleitung des SWA-Programms:

Im Bereich Lehrerqualifikation zeigen sich Lücken in praktisch allen denkbaren Bereichen. Es fehlt an fachlichem Wissen, es fehlt an entwicklungspsychologischem Wissen, es fehlt an organisatorischem Wissen. Dies stellt an den Schulen in der Umsetzung von Berufsorientierungskonzepten ein erhebliches Problem dar. Wer helfen und beraten will, muss auch über Entscheidungsfindungsprozesse und die sachlichen Grundlagen für die Entscheidungen Bescheid wissen. (Butz, 2006, S. 29)

Auch wenn auf Bundes- und Länderebene die Bedeutung des Themas seit einigen Jahren intensiver wahrgenommen und Berufsorientierung an Schulen gestärkt wird, ist davon auszugehen, dass traditionelle Strukturen nicht unmittelbar verändert werden können. Vielmehr bedarf es einer Entwicklungszeit, die den gegenwärtig häufig vertretenen Projektcharakter von Berufsorientierung übersteigt (Butz, 2008a).

Daneben ist die Qualifizierung von Lehrpersonen höchst bedeutsam. Das heißt zum einen, die Innovationsträger einer Schule dahingehend weiterzuqualifizieren, schulische Berufsorientierung zu koordinieren, Entwicklungsprozesse anzustoßen und begleiten zu können. Zum anderen ist es erforderlich, dass *alle* Lehrpersonen der Schularten mit Sekundarstufe I und II in Abhängigkeit ihrer Vorbildung Grundqualifikationen im Bereich Berufsorientierung erwerben.

2. Der Einfluss von Lehrpersonen auf die Berufswahl Heranwachsender

Dass der Großteil der Lehrkräfte in Deutschland traditionell die Bedeutsamkeit des Themas unterschätzt und wenig Ressourcen für die schulische Berufsorientierung eingebracht hat, wird in verschiedenen Studien deutlich. Unterschiedliche Befunde verweisen darauf, dass Jugendliche trotz eines ausdrücklichen Unterstützungsbedarfs die Relevanz ihrer Lehrerinnen und Lehrer für die Unterstützung in Berufswahlfragen als nur sehr gering einschätzen. Demgegenüber wird der Einfluss der Familie, der Freunde und der staatlichen Berufsberatung stets als relevanter erachtet (z.B. Beinke, 2004, 2011; Kleffner, Lappe, Raab & Schober, 1996; Preiß, 1995).

Dass es sich bei der Unterstützung durch Lehrkräfte aber um Potenziale handelt, die aufgrund mangelnder Qualifikationen von Lehrpersonen bisher nicht ausreichend ausgeschöpft wurden, belegen österreichische Untersuchungen. Hier konnte gezeigt werden, dass speziell für die Berufsorientierung ausgebildete Lehrerinnen und Lehrer einen positiven Einfluss auf die Qualität schulischer Berufsorientierung und damit auf die Ausprägung berufswahlrelevanter Kompetenzen bei den Schülerinnen und Schülern haben (Kriegseisen, 2004). Weiterhin wurde deutlich, dass auch schulische Rahmenbedingungen sowie der generelle Stellenwert der Berufsorientierung innerhalb der Schule (Astleitner & Kriegeisen, 2005) von entsprechend qualifizierten Lehrpersonen profitieren. Engleitner und Schwarz (2006) kommen zu dem Ergebnis, dass mit steigender Anzahl der in Berufsorientierung ausgebildeten Lehrkräfte an einer Schule und dem damit ansteigenden Stellenwert des Themas auch Lehrpersonen durch Schülerinnen und Schüler insgesamt unterstützender wahrgenommen werden. Offenbar bildet also die Qualifizierung von Lehrpersonen eine Schlüsselstelle für die Qualität schulischer Berufsorientierung. In Kontrast dazu zeigten Pfäffli und Bacher (2008), dass Lehrerinnen und Lehrer in der Schweiz eine große Diskrepanz aufweisen zwischen Selbsteinschätzung der eigenen Kompetenzen für den Berufsorientierungsunterricht auf der einen und ihrem theoretischen Basiswissen zur Berufswahl auf der anderen Seite. Dies bestätigte auch die Untersuchung von Beinke (2004), in der eine Tendenz zur Überschätzung der Kompetenzen von Lehrkräften in der Berufsorientierung festgestellt wurde.

Insgesamt ist zu konstatieren, dass es schon einige Hinweise auf die Bedeutsamkeit von Lehrerinnen und Lehrern gibt, dass aber noch unklar ist, wie genau die Qualifikationen von Lehrpersonen aussehen sollten, damit diese eine qualitätsvolle Berufsorientierung gestalten können. Es fehlen entsprechende Kompetenzbeschreibungen für den Bereich Berufsorientierung als Bezugsrahmen:

Es mangelt bisweilen schlicht an Kriterien, anhand derer z.B. Lehrkräfte feststellen können, wo ihr individueller Bedarf an Fort- und Weiterbildung in der Berufsorientierung liegt.

In systematischen Untersuchungen darüber, wie berufsorientierungsrelevante Kompetenzen von Lehrerinnen und Lehrern im Einzelnen aussehen, wie sie erworben bzw. gefördert, durch Testverfahren erfasst werden können und sich letztlich in ihrer Wirkung auf Schülerinnen und Schüler zeigen, ist eine außerordentliche Chance zur nachhaltigen Qualitätsentwicklung schulischer Berufsorientierung zu sehen.

3. Lehrerkompetenzen zur Gestaltung schulischer Berufsorientierung

Vor dem Hintergrund eines Paradigmenwechsels von einer Input- zu einer Outputorientierung innerhalb der Steuerungsstrukturen der Bildungssysteme erhält die Betrachtung der Kompetenzen professioneller Lehrpersonen neuen Aufwind.

> Die empirische Bildungsforschung liefert inzwischen belastbare Hinweise darauf, dass individuelle Entwicklungen und Übergänge im Bildungssystem ebenso wie im Beschäftigungssystem durch Handlungen und Entscheidungen von Lehrpersonen erheblich und nachhaltig beeinflusst werden [...]. Bildungsverläufe haben stets starke Rückkopplungseffekte auf Berufsverläufe und damit nicht nur Auswirkungen auf Berufs- und „Lebens"erfolg von Individuen, sondern auch auf die Realisierung gesamtgesellschaftlicher Aufgabenstellungen. (Zlatkin-Troitschanskaia, Beck, Sembill, Nickolaus & Mulder, 2009, S. 13)

Zur Beschreibung und Messung der professionellen Kompetenzen von Lehrpersonen existieren zahlreiche Ansätze (z.B. Blömeke, Kaiser & Lehmann, 2008; Heinzer, Oser & Salzmann, 2009; Krauss et al., 2004). Diese sind entweder auf Lehrerkompetenzen für ein bestimmtes Fach wie etwa Mathematik (z.B. Krauss et al., 2004) oder auf übergreifende pädagogische Kompetenzen wie beispielsweise diagnostische Kompetenz oder Beratungskompetenz von Lehrpersonen (z.B. Bruder, Klug, Hertel & Schmitz, 2010) gerichtet. Daneben hat die ständige Konferenz der Kultusminister (KMK, 2004) mit den *Standards für die Lehrerbildung* „allgemeine" Lehrerkompetenzen in den Bereichen *Unterrichten, Erziehen, Beurteilen* und *Innovieren* beschrieben. Systematische Überlegungen zu Lehrerkompetenzen für die Gestaltung qualitätsvoller Berufsorientierung an allgemein bildenden Schulen, die sowohl eine gewisse Fachlichkeit, aber auch übergreifende pädagogische Kompetenzen integrieren, gab es bisher nicht. Die Beschreibung grundlegender berufsorientierungsrelevanter Kompetenzen von Lehrpersonen ist derzeit Teil eines Forschungsvorhabens, welches in einen größeren Forschungskontext eingebettet ist. Hier werden Kompetenzen von Lehrkräften aus der Perspektive der Schulentwicklung als personelle Verankerung der Förderung der Berufswahlkompetenz Heranwachsender betrachtet (vgl. Driesel-Lange, in diesem Band). In einer eigenen Studie (Dreer, Schindler & Driesel-Lange, 2011) konnten auf der Grundlage einer umfassenden Sammlung von Aufgaben, die im Bereich der schulischen Berufsorientierung beschrieben werden können, die vier Kompetenzbereiche *Unterricht, Organisation, Kooperation und professioneller Partner* herausgearbeitet werden. Diese Dimensionen verstehen sich in Abgrenzung zu den durch die KMK (2004) beschriebenen „allgemeinen" Lehrerkompetenzen und fokussieren besondere Anforderungsbereiche der schulischen Berufsorientierung auf dem Niveau einer Grundqualifizierung.

In Anlehnung an Weinert (2001) sowie Klieme und Leutner (2006) werden Kompetenzen verstanden als kognitive Leistungsdispositionen und motivationale, volotionale und soziale Bereitschaften und Fähigkeiten, in variablen Situationen bestimmte volitionale Probleme zu lösen. Es geht also um Voraussetzungen auf Seiten der Lehrpersonen, die für die erfolgreiche Gestaltung qualitätsvoller Berufsorientierung bedeutsam sind. Im Folgenden werden zum Zweck einer ersten Orientierung diese vier Dimensionen mit einer jeweils kurzen inhaltlichen Beschreibung wiedergegeben.

3.1 Dimension Unterricht: Förderung berufswahlrelevanter Kompetenzen

In Anbetracht sich verändernder Rahmenbedingungen in Gesellschaft und Beruf und damit verbundener komplexer und mehrdimensionaler Berufsbiographien mit wiederkehrenden Anforderungssituationen wird Berufsorientierung heute verstanden als die Förderung der Kompetenzen, Berufsbiographien zu entwerfen, vorzubereiten und zu gestalten (vgl. Driesel-Lange, Hany, Kracke & Schindler, 2010). Daraus ergeben sich für den Unterricht in jedem Fach Anforderungen an die Lehrpersonen, die beinhalten Berufswahlprozesse Jugendlicher zu unterstützen und pädagogisch zu begleiten. Dazu gehört, den Stand der Berufswahl der Heranwachsenden mittels Diagnostik feststellen und didaktische Überlegungen zur Förderung der Kompetenzentwicklung erarbeiten und umsetzen zu können. Erforderliche Teilkompetenzen umfassen:

Jede Lehrperson
- weiß, wie Kinder und Jugendliche im Kontext der Berufswahl lernen und sich entwickeln.
- kann berufswahlbezogene Lern- und Entwicklungsstände Jugendlicher diagnostizieren.
- kann auf diagnostischer Grundlage und vor dem Hintergrund des eigenen Fächerbezugs Lerngelegenheiten zur individuellen Förderung berufswahlrelevanter Kompetenzen anbieten.

3.2 Dimension Organisation: Qualitätsentwicklung

Neben unterrichtlichen Aufgaben haben Lehrpersonen auch Verantwortung für die Gestaltung schulischer Rahmenbedingungen, in denen Lehren und Lernen im Sinne der Förderung von berufswahlrelevanten Kompetenzen Jugendlicher ermöglicht wird. Die Weiterentwicklung dieser organisationalen Strukturen in Richtung der spezifischen Anforderungen von Lehr-Lern- sowie Kompetenzentwicklungsprozessen erfordert folgende Teilkompetenzen:

Jede Lehrperson
- kennt Aufgaben, Zielsetzungen und Qualitätsmerkmale schulischer Berufsorientierung.
- kann vor ihrem fachlichen Hintergrund und innerhalb ihres schulischen Verantwortungsbereichs einen verantwortungsvollen Beitrag zur Qualitätsentwicklung der schulischen Berufsorientierung leisten.

3.3 Dimension Kooperation

Die Zusammenarbeit mit schulischen und außerschulischen Akteuren ist einer der zentralen Aufgabenbereiche einer als Querschnittsthema verstandenen und anschlussorientierten schulischen Berufsorientierung. Beginnend bei den Eltern als wichtige Partner in der Berufsorientierung erstrecken sich Kooperationen und Netzwerke über die staatliche Berufsberatung und Projekte in freier Trägerschaft hin zu lokalen und regionalen Unternehmen, weiterführenden Schulen und Hochschulen. Dabei ist zentral, dass Lehrpersonen in der Lage sind, Eltern in die Gestaltung schulischer Berufsorientierung einzubinden, die Kooperationsbeziehungen der Schule zu Unternehmen und anderen Partnern zu nutzen, um Lerngelegenheiten zu gestalten, aber auch die Qualitätsentwicklung der gesamten schulischen Berufsorientierung voranzubringen. Kooperation richtet sich dabei auch nach innen. Lehrpersonen einer Schule arbeiten gemeinsam am Querschnittsthema und pflegen einen regen Austausch zu Themen der Berufsorientierung. Innerhalb eines Netzwerkes zur Berufsorientierung entstehen vielfältige Interessen und unter Umständen unterschiedliche Zielsetzungen. Diese können dazu führen, dass Lehrpersonen auch in Situationen geraten, die es erforderlich machen, sich Konflikten im Umgang mit Kooperationspartnern zu stellen und diese im Sinne der Ziele des Berufsorientierungskonzepts der Schule konstruktiv aufzulösen.

Die Dimension der Kooperation wird durch folgende Teilkompetenzen getragen:

Jede Lehrperson
- kennt wichtige schulische und außerschulische Kooperationspartner im Kontext der Berufsorientierung.
- kann schulinterne Kooperation, Kooperation mit Eltern anregen sowie diese und weitere Kooperationsbeziehungen der Schule zu externen Akteuren für die Gestaltung von Lerngelegenheiten auf der Unterrichtsebene sowie für die Gestaltung der Berufsorientierung auf der Organisationsebene nutzen.
- kann sich möglichen Konflikten im Umgang mit schulischen und außerschulischen Akteuren stellen.

3.4 Dimension Professioneller Partner

Jede Lehrperson vermittelt innerhalb ihrer Fächer Fachinhalte, die auch unter Leistungsaspekten bewertet werden. Daneben transportiert sie auch stets Werte, ist Modell für Lern-, Problem- und Konfliktlösungsprozesse und trägt durch Zuschreibungen zur Identitäts- und Persönlichkeitsbildung Jugendlicher bei. Im Kontext schulischer Berufsorientierung sind beispielsweise geschlechterbezogene Ansichten und Haltungen bedeutsam. Geschlechtstypisierende Attributionen verstärken geschlechtsstereotyp eingeschränkte Fähigkeits- und Interessenzuschreibungen. Für jede Lehrperson ist daher wichtig, die eigenen Handlungs- und Bewertungsprozesse fortlaufend zu reflektieren und die eigene professionelle Weiterentwicklung im Blick zu behalten. Zur Förderung von Lern- und Entwicklungsprozessen im Kontext der Berufswahl muss grundlegend erkannt werden, dass das Thema Beruf eine zentrale Entwicklungsaufgabe für Heranwachsende ist, deren Bewältigung auch der schulischen Unterstützung bedarf. Dabei ist vor allem eine motivierende Haltung der Lehrpersonen gegenüber den Lernenden, sich der Gestaltung der eigenen (Bildungs- und Berufs-)Biographie anzunehmen, bedeutsam. In der Berufsorientierung ist es daher erforderlich, dass Lehrpersonen aus ihrer traditionell bewertenden und beurteilenden Rolle heraustreten und im Sinne einer pädagogischen Begleitung Berufswahlprozesse Jugendlicher durch Moderation, Coaching und Zielsetzungsmethoden unterstützen. Insgesamt sind folgende Kompetenzen erforderlich:

Jede Lehrperson
- weiß, dass das Thema Beruf eine zentrale Entwicklungsaufgabe für Heranwachsende ist, deren Bewältigung auch der schulischen Unterstützung bedarf.
- kann Lernende in der Erarbeitung berufsbezogener Ziele unterstützen und selbstinitiierte Lernprozesse begleiten.
- kann Lernende in verschiedenen Phasen des Berufswahlprozesses motivieren.
- kann die Wirkung ihres Handelns auf andere reflektieren.
- kann auf der Grundlage einer realistischen Selbsteinschätzung die eigene professionelle Weiterentwicklung im Bereich Berufsorientierung aktiv und verantwortungsbewusst angehen.

Die im vorgestellten Ansatz formulierten Wissens- und Fähigkeitsbeschreibungen bilden die zentralen Elemente eines Modells, welches berufsorientierungsrelevante Kompetenzen für Lehrpersonen allgemein bildender Schulen beschreibt (Dreer, in Vorbereitung). Die Modellstruktur sieht vor, dass innerhalb der jeweiligen Dimensionen entlang von Standards Teilkompetenzen beschrieben werden. Motivationale und volitionale Haltungen sind ebenfalls Bestandteile des Modells.

Auch wenn eine umfassende empirische Prüfung des Modells noch aussteht, liefert es bereits jetzt eine fundierte Schablone für Bildungsmaßnahmen der Berufsorientierung, die sich im Sinne einer berufsorientierungsbezogenen Grundqualifizierung an alle Lehrpersonen allgemein bildender Schulen mit Sekundarstufen I und II richten.

Denkbar wäre hierfür ein für die drei Phasen der Lehrerbildung konzipiertes Curriculum, welches aufeinander aufbauende inhaltliche Bausteine enthält. Zum Tragen kommen dabei Inhalte entlang der vier Dimensionen wie entwicklungspsychologische Grundlagen, Diagnostik und individuelle Förderung oder Kooperation mit schulischen und außerschulischen Partnern. Die Inhalte sind auf die unterschiedlichen Phasen entsprechend ihrer jeweiligen übergeordneten Lernziele zugeschnitten. In der ersten Phase der Ausbildung, im Lehramtsstudium, sollten Studierende für das Thema allgemein sensibilisiert werden. Bislang wird dies erst ansatzweise und dann vor allem für Lehrkräfte von Haupt-, Real- und Gesamtschulen bzw. Regelschulen umgesetzt. So ist zum Beispiel in Hamburg seit 2007 Berufsorientierung obligatorischer Bestandteil der Ausbildung von Lehrerinnen und Lehrern der Sekundarstufe I in Gesamt-, Haupt-, und Realschulen. In Thüringen haben zukünftige Regelschullehrkräfte seit 2007 an der Universität Erfurt eine Pflichtveranstaltung zum Thema Berufsorientierung zu absolvieren. Für zukünftige Gymnasiallehrkräfte steht die Entwicklung entsprechender Initiativen noch aus.

In der zweiten Phase der Lehrerbildung kann das Thema Berufsorientierung bereits stärker in Bezug auf die tatsächliche Umsetzung im Unterricht behandelt werden. Auch hier sind bislang nur vereinzelt Initiativen zu erkennen wie beispielsweise die innerhalb des SWA-Projekts entwickelte und erprobte Qualifizierungsmaßnahme „Lehrerinnen und Lehrerausbildungsmodul zur Berufsorientierung und Förderung der Ausbildungsfähigkeit von Schülerinnen und Schülern". Diese umfasst Ausbildungsmodule, die die „Beratungs- und Unterstützungskompetenz" von Lehrkräften im Vorbereitungsdienst differenziert nach Schultyp stärken sollten (www.lam-bas.de, Stand 13.04.2011).

Im Bereich Lehrerfort- und -weiterbildung haben sich in den letzten Jahren einige Initiativen entwickelt, die an Schulen tätige Lehrpersonen für die Koordinierung schulischer Berufsorientierungsaktivitäten qualifizieren. Zum Beispiel entstand das Zentrum „Schule & Wirtschaft" am Landesinstitut für Lehrerbildung und Schulentwicklung in Hamburg. Hier werden Lehrerfortbildungen zu Berufsorientierung und ökonomischer Bildung, die Vermittlung von außerschulischen Kooperationspartnern, eine Unterstützung bei der Konzeptentwicklung zur Berufsorientierung, die Organisation von Erfahrungsaustausch, die Veröffentlichung von Good-Practice Beispielen, Hilfe bei der Initiierung und Führung von Schülerunternehmen sowie die Bereitstellung von Unterrichtsmaterial angeboten (http://www.li-hamburg.de/zsw, Stand 13.04.2011). In Nordrhein-Westfalen wurden Studien- und Berufswahlkoordinatoren für alle Schultypen ausgebildet. In Thüringen geschieht dies derzeit nur für Regelschullehrkräfte.

Zusammenfassend muss angemerkt werden, dass keine der angeführten Bildungsmaßnahmen eine erkennbare umfassende theoretische Fundierung aufweist. Es handelt sich dabei vielmehr um Qualifizierungangebote, die Inhalte und Lerngegenstände aufgreifen, die aus der Perspektive der Praxis als erforderlich erachtet werden.

4. Schlussfolgerungen

Aus den dargestellten Befunden zum Einfluss von Lehrpersonen auf die Berufswahlentscheidungen Jugendlicher sowie den Überlegungen zur Bedeutung von Lehrpersonen und deren Qualifikationen für die Gestaltung schulischer Berufsorientierung ergibt sich konkreter Handlungsbedarf auf der Ebene des pädagogischen Personals in der Schule. Dieser betrifft maßgeblich die Qualifizierung von Lehrerinnen und Lehrern, welcher eine Schlüsselrolle für die Qualitätsentwicklung schulischer Berufsorientierung zukommt. Für die Personalentwicklung im Bereich Berufsorientierung ergibt sich daher Folgendes:

- Alle Lehrpersonen allgemein bildender Schulen sollten grundlegende Kompetenzen zur qualitätsvollen Gestaltung schulischer Berufsorientierung ausbilden.
- Zu diesem Zweck müssen berufsorientierungsrelevante Kompetenzen theoriegeleitet beschrieben und für die Konzeption differenzierter Aus-/Fort- und Weiterbildungsangebote empirisch erfassbar gemacht werden.
- Diese Kompetenzen sollten schließlich – ebenso wie grundständige Lehrerkompetenzen – in allen Phasen der Lehrerbildung Niederschlag finden.

Ausgehend von einem gemeinsamen grundständigen Qualifizierungsniveau könnten Kollegien in den Schulen individuelle Konzepte erarbeiten und Aufgaben der Berufsorientierung so verteilen, dass Ressourcen optimal genutzt und die anforderungsreichen Aufgaben der schulischen Berufsorientierung über das gesamte Kollegium sinnvoll verteilt werden. Jede Lehrerin und jeder Lehrer begreift Berufsorientierung dabei als Teil der eigenen Arbeit und leistet vor dem eigenen fachlichen Hintergrund einen relevanten Beitrag zur Umsetzung des Berufsorientierungskonzepts. Die Profilierung einzelner Lehrpersonen als Berufsorientierungsexperten ist dabei ebenso denkbar wie das Einrichten von themenbezogenen Steuer- oder Arbeitsgruppen, die sich speziellen Aufgabenbereichen zuwenden und beispielsweise Berufsorientierungsmaßnahmen koordinieren und Kooperationsnetzwerke entwickeln. Jenseits von einer Grundqualifizierung im Lehramtsstudium sind differenzierte Qualifizierungsangebote in der zweiten und dritten Phase der Lehrerbildung hierfür von Bedeutung.

Die systematische Erfassung von Lehrerkompetenzen bietet neben der Einschätzung des individuellen Qualifizierungsbedarfs zusätzlich die Chance zu differenzierten Aussagen über die Bedeutsamkeit der Qualifikation von Lehrerinnen und Lehrern in der Berufsorientierung in Bezug auf die berufswahlbezogene Kompetenzentwicklung der Schülerinnen und Schüler zu gelangen. Dies setzt auch entsprechende Möglichkeiten zur Erfassung berufswahlrelevanter Kompetenzen auf Seiten der Lernenden voraus. Perspektivisch könnten so neue Maße gefunden werden, die jenseits von retrospektiven Einschätzungen eine objektive Beurteilung des Einflusses von Lehrpersonen im Berufswahlprozess zulassen.

Soll nachhaltige Qualitätsentwicklung der schulischen Berufsorientierung gelingen, so zeigt sich, dass die Fokussierung von Lehrerinnen und Lehrern sowie deren Qualifizierung Notwendigkeit und Chance zugleich darstellen.

Literatur

Astleitner, H. & Kriegseisen, G. (2005). Welche Auswirkungen haben verschiedene Arten von Berufsorientierungsunterricht? Eine quasi-experimentelle Feldstudie. *Psychologie in Erziehung und Unterricht, 2,* 138–145.

Beinke, L. (2004). *Berufsorientierung und Peer-groups und die berufswahlspezifischen Formen der Lehrerrolle.* Bad Honnef: K. H. Bock.

Beinke, L. (2011). *Zentrale Gegenstandsbereiche einer berufsorientierenden Didaktik: Rückblick und Perspektive.* Baltmannsweiler: Schneider.

Bergzog, T. (2008). *Beruf fängt in der Schule an: Die Bedeutung von Schülerbetriebspraktika im Rahmen des Berufsorientierungsprozesses.* Bielefeld: Bertelsmann Verlag.

Blömeke, S., Kaiser, G. & Lehmann, R. (2008). *Professionelle Kompetenz angehender Lehrerinnen und Lehrer: Wissen, Überzeugungen und Lerngelegenheiten deutscher Mathematikstudierender und -referendare. Erste Ergebnisse zur Wirksamkeit der Lehrerausbildung.* Münster: Waxmann.

Bruder, S., Klug, J., Hertel, S. & Schmitz, B. (2010). Messung, Modellierung und Förderung der Beratungskompetenz und der Diagnostischen Kompetenz von Lehrkräften. *Lehrerbildung auf dem Prüfstand – 2010 – Sonderheft, 3,* 173–193.

Butz, B. (2006). Berufsorientierung an Schulen mit Ganztagsangebot. Eine Expertise im Auftrag des BLK-Verbundprojekts „Lernen für den Ganztag" (Brandenburg). Verfügbar unter: http://www.ganztag-blk.de/cms/upload/pdf/brandenburg/Butz_Berufsorientierung.pdf [13.04.2011].

Butz, B. (2007). *Berufsorientierung im Schulalltag?!?* Vortragsmanuskript Gifhorn & Salzgitter. Verfügbar unter: http://www.swa-programm.de/texte_material/swa_vortraege/vortrag_salzgitter_gifhorn.pdf [13.04.2011].

Butz, B. (2008a). Berufsorientierung als Schulentwicklungsaufgabe. Das Setzen externer Impulse zur Verbreitung eines ganzheitlichen Verständnisses von Berufsorientierung. In G. E. Famulla (Hrsg.), *Berufsorientierung als Prozess. Persönlichkeit fördern, Schule entwickeln, Übergang sichern. Ergebnisse aus dem Programm „Schule – Wirtschaft/Arbeitsleben"* (S. 105–141). Baltmannsweiler: Schneider.

Butz, B. (2008b). Grundlegende Qualitätsmerkmale einer ganzheitlichen Berufsorientierung. In G. E. Famulla (Hrsg.), *Berufsorientierung als Prozess. Persönlichkeit fördern, Schule entwickeln, Übergang sichern. Ergebnisse aus dem Programm „Schule – Wirtschaft/Arbeitsleben"* (S. 42–62). Baltmannsweiler: Schneider.

Bylinski, U. (2010). *Anforderungen an die Professionalität des Bildungspersonals im Übergang von der Schule in die Arbeitswelt.* Bonn: Bundesinstitut für Berufsbildung.

Dammer, K. H. (2002). Die institutionelle Trennung beruflicher und allgemeiner Bildung als historische Bürde der Berufswahlorientierung. In J. Schudy (Hrsg.), *Berufsorientierung in der Schule. Grundlagen und Praxisbeispiele* (S. 33–50). Bad Heilbrunn: Klinkhardt.

Dedering, H. (2002). Entwicklung der schulischen Berufsorientierung in der Bundesrepublik Deutschland. In J. Schudy (Hrsg.), *Berufsorientierung in der Schule. Grundlagen und Praxisbeispiele* (S. 17–32). Bad Heilbrunn: Klinkhardt.

Deeken, S. (2008). Unterstützung der Lehrkräfte für eine erfolgreiche Berufsorientierung. In G. E. Famulla (Hrsg., *Berufsorientierung als Prozess. Persönlichkeit fördern, Schule entwickeln, Übergang sichern. Ergebnisse aus dem Programm „Schule – Wirtschaft/Arbeitsleben"* (S. 220–233). Baltmannsweiler: Schneider.

Dreer, B. (in Vorbereitung). *Professionelle Kompetenzen von Lehrpersonen in der Domäne Berufsorientierung.* Universität Jena.

Dreer, B. & Kracke, B. (2011). Rolle der Personalentwicklung für die Entwicklung der schulischen Berufsorientierung: Bedarfe in Praxis und Theorie. *Berufsbildung, 2,* 32–36.

Dreer, B., Schindler, N. & Driesel-Lange, K. (2011). *Was müssen Lehrer wissen? – Ein Ansatz zur systematischen Förderung von Lehrerkompetenzen im Bereich Berufsorientierung.* Posterpräsentation auf den 16. Hochschultagen Berufliche Bildung. 23.–25.03.2011, Osnabrück. Verfügbar unter: http://www.uni-erfurt.de/fileadmin/public-docs/Entwicklungspsychologie/Poster_Osnabrück_final.pdf [13.04.2011].

Driesel-Lange, K. & Hany, E. (2005). Berufsorientierung am Ende des Gymnasiums: Die Qual der Wahl. In B. Kracke & E. Hany (Hrsg.), *Schriften zur Berufsorientierungsforschung* (Heft 1). Erfurt: Universität Erfurt.

Driesel-Lange, K., Hany, E., Kracke, B. & Schindler, N. (2010). Ein Kompetenzentwicklungsmodell für die schulische Berufsorientierung. In U. Sauer-Schiffer & T. Brüggemann (Hrsg.), *Der Übergang Schule – Beruf. Beratung als pädagogische Intervention* (S. 157–175). Münster: Waxmann.

Engleitner, J. & Schwarz, W. (2006). *Berufsorientierung an österreichischen Hauptschulen und AHS-Unterstufen. Realisierungsvarianten und Effekte bei Schüler/innen und Eltern.* Recklinghausen: Forschungsinstitut Arbeit, Bildung, Partizipation.

Famulla, G. E. (2004). *Bildungsstandards in der Berufsorientierung. Vortrag anlässlich der Verleihung des Qualitätssiegels „Schule mit vorbildlicher Berufsorientierung"* Hamburg. Verfügbar unter: http://www.swa-programm.de/texte_material/swa_vortraege/vortrag_hamburg_0604.pdf [13.04.2011].

Fend, H. (2006). *Neue Theorie der Schule – Einführung in das Verstehen von Bildungssystemen.* Wiesbaden: VS Verlag für Sozialwissenschaften.

Hany, E. & Driesel-Lange, K. (2006). Berufswahl als pädagogische Herausforderung: Schulische Orientierungsmaßnahmen im Urteil von Abiturienten. *Diskurs Kindheits- und Jugendforschung, 4,* 517–531.

Heinz, W. R., Kelle, U., Witzel, A. & Zinn, J. (1998). Vocational training and career development in Germany. *International Journal of Behavioral Development, 22*, 77–101.

Heinzer, S., Oser, F. & Salzmann, P. (2009). Zur Genese von Kompetenzprofilen. *Lehrerbildung auf dem Prüfstand, 2*, 1, 28–56.

Kleffner, A., Lappe, L., Raab, E. & Schober, K. (1996). *Fit für den Berufsstart? Berufswahl und Berufsberatung aus Schülersicht.* Nürnberg: Institut für Arbeitsmarkt- und Berufsforschung.

Klieme, E. & Leutner, D. (2006). Kompetenzmodelle zur Erfassung individueller Lernergebnisse und zur Bilanzierung von Bildungsprozessen. Beschreibung eines neu eingerichteten Schwerpunktprogramms bei der DFG. *Zeitschrift für Pädagogik, 52*, 876–903.

KMK, Ständige Konferenz der Kultusminister der Länder in der Bundesrepublik Deutschland (2004). *Standards für die Lehrerbildung: Bildungswissenschaften.* Verfügbar unter: http://download.bildung.hessen.de/lakk/stsem_gym/marburg/modul/KMK_Standards_Lehrerbildung.pdf [13.04.2011].

Knauf, H. (2009). Schule und ihre Angebote zu Berufsorientierung und Lebensplanung – die Perspektive der Lehrer und der Schüler. In M. Oechsle, H. Knauf, C. Maschetzke & E. Rosowski (Hrsg.), *Abitur und was dann? Berufsorientierung und Lebensplanung junger Frauen und Männer und der Einfluss von Schule und Eltern* (S. 229–282). Wiesbaden: VS Verlag für Sozialwissenschaften.

Kracke, B. (2002). The role of personality, parents and peers in adolescents career exploration. *Journal of Adolescence, 25*, 1, 19–30.

Krauss, S., Kunter, M., Brunner, M., Baumert, J., Blum, W., Neubrandt, M., Jordan, A. & Löwen, K. (2004). COACTIV: Professionswissen von Lehrkräften, kognitiv aktivierender Mathematikunterricht und Entwicklung von mathematischer Kompetenz. In J. Doll & M. Prenzel (Hrsg.), *Bildungsqualität von Schule: Lehrerprofessionalisierung, Unterrichtsentwicklung und Schülerförderung als Strategien der Qualitätsverbesserung.* (S. 31–53). Münster: Waxmann.

Kriegseisen, G. (2004). *Wirkung des Berufsorientierungsunterrichts in der siebten Schulstufe. Eine quasi-experimentelle Untersuchung von drei Realisierungsformen.* Salzburg.

Lumpe, A. (2007). Kompetenzentwicklung in der Schule: neue Perspektiven. In R. Oberliesen & H.-D. Schulz (Hrsg.), *Kompetenzen für eine zukunftsfähige arbeitsorientierte Allgemeinbildung. Forum Arbeitslehre* (S. 207–230). Schneider: Hohengehren.

Maurischat, C., Taskinen, P. & Ehmke, T. (2007). Naturwissenschaften im Elternhaus. In M. Prenzel, C. Artelt, J. Baumert, W. Blum, M. Hammann, E. Klieme & R. Pekrun (Hrsg.), *PISA '06: Die Ergebnisse der dritten internationalen Vergleichsstudie* (S. 181–191). Münster: Waxmann.

Neuenschwander, M. P. (2003). Bildungserwartungen und Identitätsstatus. Längsschnittergebnisse zur Abstimmung von schulischen Erwartungen zwischen Jugendlichen und Lehrpersonen. In H. Reinders & E. Wild (Hrsg.), *Jugendzeit – Time Out? Zur Ausgestaltung des Jugendalters als Moratorium.* (S. 219–233). Opladen: Leske und Budrich.

Niemeyer, B. & Frey-Huppert, C. (2009). *Berufsorientierung an Allgemeinbildenden Schulen in Deutschland – Eine Bestandsaufnahme*: Hans Böckler Stiftung. Verfügbar unter: http://www.boeckler.de/pdf/mbf_pers_bild_berufsorientierung_sek_1.pdf [29.04.2011].

Oechsle, M. (2009). Abitur und was dann? Orientierung und Handlungsstrategien im Übergang von der Schule in Ausbildung und Studium. In M. Oechsle, H. Knauf, C. Maschetzke & E. Rosowski (Hrsg.), *Abitur und was dann? Berufsorientierung und Lebensplanung junger Frauen und Männer und der Einfluss von Schule und Elternhaus.* (S. 55–125). Wiesbaden: VS Verlag für Sozialwissenschaften.

Pfäffli, M. & Bacher, R. (2008). *Berufswahlvorbereitung in der Schule: Wissen, Einstellungen und Handeln angehender Lehrpersonen.* Bern: Pädagogische Hochschule.

Preiß, C. (1995). Von Orientierungslosigkeit zu Handlungskompetenz. Ergebnisse beruflicher Sozialisationsprozesse bei Jugendlichen an der zweiten Schwelle. In G. Westhoff (Hrsg.), *Übergänge von der Ausbildung in den Beruf: Die Situation an der zweiten Schwelle in der Mitte der neunziger Jahre* (S. 93–103). Bielefeld: W. Bertelsmann Verlag.

Senkbeil, M., Drechsel, B. & Schöps, K. (2007). Schulische Rahmenbedingungen und Lerngelegenheiten für die Naturwissenschaften. In M. Prenzel, C. Artelt, J. Baumert, W. Blum, M. Hammann, E. Klieme & R. Pekrun (Hrsg.), *PISA '06: Die Ergebnisse der dritten internationalen Vergleichsstudie.* Münster: Waxmann.

Weinert, F. E. (2001). Vergleichende Leistungsmessung in Schulen – eine umstrittene Selbstverständlichkeit. In F. E. Weinert (Hg.), *Leistungsmessungen in Schulen* (S. 17–31). Weinheim: Beltz.

Wengert-Richter, P. (2007). *Das Betriebspraktikum im Studiengang Realschule: Eine Evaluationsstudie zum Erwerb einer studienbegleitenden Berufsorientierungskompetenz zukünftiger Lehrerinnen und Lehrer.* Pädagogische Hochschule Karlsruhe.

Young, R. A. (1991). Parental influence on the career decisions of the young. *Bremer Beiträge zur Psychologie, 95,* 1–13.

Zlatkin-Troitschanskaia, O., Beck, K., Sembill, D., Nickolaus, R. & Mulder, R. (2009). Perspektiven auf „Lehrprofessionalität". In O. Zlatkin-Troitschanskaia, K. Beck, D. Sembill, R. Nickolaus & R. Mulder (Hrsg.), *Lehrprofessionalität. Bedingungen, Genese, Wirkungen und ihre Messung* (S. 13–33). Weinheim und Basel: Beltz.

Birgit Reißig und Franciska Mahl

„Berufsorientierung im Regionalen Übergangsmanagement: Anforderungen, Handlungsaufgaben und Entwicklungsperspektiven"

1. Einführung

In den letzten Jahren sind Ansätze ins Blickfeld gerückt, die stärker als bislang auf struktureller Ebene versuchen, Jugendlichen – und vor allem denjenigen mit schlechten Startchancen – gelingende Wege aus der Schule in Ausbildung und Arbeit zu ermöglichen. Mit dem Aufbau von regionalem oder lokalem Übergangsmanagement werden hier u.a. Maßnahmen und Ansätze an der ersten Schwelle gesichtet und gebündelt, um zu einer zwischen den entsprechenden Akteuren abgestimmten Übergangspolitik zu gelangen. Der Schwerpunkt der Arbeit beim Aufbau eines Regionalen Übergangsmanagements liegt in der Vorbereitung auf den Übergang aus der Schule in die Ausbildung und trägt damit präventiven Charakter. Der Aufgabe, die Vorbereitung Jugendlicher auf das Gelingen von Abschlüssen und Anschlüssen am Ende des Schulbesuchs zu verbessern, haben sich in besonderer Weise die Länder, die Bundesagentur für Arbeit und verschiedene Bundesressorts zugewandt. Ebenfalls mit dieser Aufgabe befassen sich seit einiger Zeit die großen Stiftungen und zwar insbesondere mit dem Fokus, die in Modellversuchen entwickelte gute Praxis in die Fläche zu bringen. In den letzten Jahren haben auch die Kommunen begonnen, sich in diesem Feld zu engagieren. Ein Ausgangspunkt für ein bildungspolitisches Engagement der Kommunen ist die Beobachtung, dass die negativen Folgen des Misslingens der beruflichen Integration von Jugendlichen – insbesondere Dauerarbeitslosigkeit, Armut und soziale Ausgrenzung – auf kommunaler Ebene sichtbar werden und dort auch bearbeitet werden müssen. Insofern ist die Motivation groß, diesen Risiken durch ein Engagement zur Verbesserung der Übergänge in Ausbildung präventiv zu begegnen.

Ein wesentlicher Arbeitsbereich ist dabei die Berufsorientierung in der allgemeinbildenden Schule. Vor dem Hintergrund sich verändernder Angebots-Nachfragerelationen auf dem Ausbildungsmarkt mit sinkender Schulabgängerzahl sind Fragen der Passung zwischen angebotenen Ausbildungsstellen und der Nachfrage von Schulabsolventinnen und -absolventen, die eine Ausbildung anstreben, auch aus Sicht der Unternehmen immer relevanter geworden. Nicht zuletzt diese Entwicklungen haben die Berufsorientierung in den letzten Jahren zu einem viel beachteten Thema werden lassen. Das zeigt auch die aktuell große Vielfalt von Initiativen, die Schülerinnen und Schüler gezielt an die Arbeitswelt heranführen und sie auf die Anforderungen der Berufsausbildung und Erwerbsarbeit vorbereiten wollen. In ihrer „Qualifizierungsinitiative für Deutschland" haben im November 2008 Bund und Länder mit dem Ziel, dass alle Jugendlichen „einen Schul- und Berufsabschluss schaffen" sollen, auch den Aspekt der Berufsorientierung hervorgehoben (BMBF, 2008, S. 9): „Berufsorientierung wird an allen allgemeinbildenden Schulen und Förderschulen verbindlich und mit konkreten Maßnahmen gemeinsam mit den Partnern der Schule (Eltern, berufliche Schulen, Schulträger, Agenturen für Arbeit, Jugendhilfe, Stiftungen, Unternehmen, Gewerkschaften und weitere Akteure vor Ort), mit dem Ziel einer Erweiterung des Berufswahlspektrums von Mädchen und Jungen, durchgeführt. Bund und Länder vereinbaren, dass an jeder Schule mit Bildungsgängen, die zu einem Hauptschulabschluss führen, und für Schülerinnen und Schüler in Förderschulen eine vertiefte Berufsorientierung angeboten wird. Dieses Angebot umfasst auch die Förderung lokaler Partnerschaftsnetzwerke" (ebd., S. 9f).

> Gekennzeichnet ist das Feld der Berufsorientierung durch eine große Vielfalt der Akteure. Damit wird deutlich, dass Berufsorientierung nicht von einer Institution allein zu leisten, sondern immer auf Kooperation angewiesen ist.

Das Spektrum potenzieller Kooperationspartner bei der Berufsorientierung ist breit gefächert. Über die bereits genannten Akteure hinaus sind dies:

- die Arbeitsagenturen als Verantwortliche für Programme der „vertieften Berufsorientierung" und der „Berufseinstiegsbegleitung";
- die Betriebe als Anbieter von Praktika, aber auch als Beteiligte in Lernpartnerschaften mit den Schulen;
- die Kammern, Verbände und Arbeitsgemeinschaften der Wirtschaft und Gewerkschaften;
- Jugendämter und freie Träger als Anbieter von Jugendsozialarbeit in den Schulen;
- die beruflichen Schulen und außerbetrieblichen Ausbildungsstätten, die Bildungsgänge als Anschlusswege an die Sekundarstufe I anbieten;
- die Träger der Grundsicherung als Anbieter von Fördermaßnahmen für Jugendliche im Rechtskreis des SGB II;
- die Bildungsträger, die Verfahren der Kompetenzfeststellung durchführen;
- die Kommunen und Landkreise, die eigene Programme durchführen oder sich mit dem Ziel engagieren, die Vielfalt der Initiativen, Aktivitäten und Angebote von Dritten in ihrer Gebietskörperschaft zu einem konsistenten Ganzen zusammenzuführen; und
- die Stiftungen, die den Einsatz innovativer Verfahren anregen und Strategien entwickeln, in „Leuchtturmprojekten" implementierte gute Praxis in die Fläche zu bringen.

Vor diesem Hintergrund gliedert sich der vorliegende Beitrag in zwei Themenbereiche:
1. Welche inhaltlichen und strukturellen Anforderungen sind bei der Lösung der anspruchsvollen Kooperationsaufgabe zu bewältigen?
2. Welche typischen Handlungsaufgaben stellen sich den Akteuren beim Aufbau des Regionalen Übergangsmanagements?

2. Inhaltliche und strukturelle Anforderungen der Berufsorientierung im Regionalen Übergangsmanagement

Für die inhaltliche Ausgestaltung und konzeptionelle Umsetzung von Berufsorientierung gibt es zwei zentrale Schaltstellen. Die erste Schaltstelle liegt in den Ländern. Sie sind verantwortlich für die allgemeinen Rahmenbedingungen und setzen mittels zusätzlicher Programme und Modellversuche Akzente für konzeptionelle Weiterentwicklungen auf Länderebene. Hier wird über mögliche Ansätze von berufsorientierendem Unterricht entschieden, Möglichkeiten für fächerübergreifenden Unterricht und betriebsnahe Praxiseinheiten können geschaffen werden. Die zweite Schaltstelle liegt direkt in den einzelnen Schulen, in der Umsetzung vor Ort. Gefragt ist die Entwicklung von schuleigenen Konzepten zur Berufsorientierung, die Integration von Berufsorientierung ins Schulkonzept und in die Schulkultur. Es geht um die Zusammenarbeit in den Kollegien, um die Verankerung vor Ort, und um den Aufbau von Kooperationen mit Betrieben und anderen externen Kooperationspartnern (Lippegaus-Grünau & Stolz, 2010).

Schulen bilden den zentralen Ort, an dem berufsorientierende Maßnahmen umgesetzt werden. Das bedeutet nicht, dass Schulen dies allein zu verantworten und umzusetzen hätten. Vielmehr gibt es, wie bereits gezeigt, eine Reihe von Akteuren in diesem Feld und die Frage ist, wie diese gemeinsam mit und in Schulen Prozesse der Berufsorientierung gestalten können. Dass Schulen und ihre Strategien zur Vorbereitung des Übergangs auf die Pläne und Wege der Jugendlichen einen großen Einfluss haben, verdeutlichen Längsschnittstudien, die berufliche Orientierungsprozesse und Verlaufswege in und nach der Schule untersuchen (Kuhnke & Reißig, 2007; Gaupp & Prein, 2007). So zeigen sich innerhalb einer Kommune große Unterschiede bei Plänen und deren Verwirklichung zwischen einzelnen Schulen. Diese Unterschiede lassen sich nicht mit der Schulform, der Lage der Schule im Stadtgebiet oder der sozialen Zusammensetzung der Schülerschaft erklären. Integrierte Förderstrategien scheinen hier also einen wichtigen Unterschied für die Jugendlichen zu machen. Dies spiegeln auch die Ergebnisse einer Untersuchung des Deutschen Jugendinstituts in einer westdeutschen Großstadt zu den Förderprofilen von Hauptschulen wider. Zusätzlich wurden in einer Längsschnittuntersuchung die Pläne und Anschlüsse von Absolventinnen und Absolventen dieser Schulen erhoben. So zeigte sich bei einer Schulstrategie, die eher geprägt ist von der Skepsis über die Potentiale und Möglichkeiten ihrer Schülerschaft, dass auch die entsprechenden Strategien der Berufsorientierung davon geprägt sind. So kooperierte man dort eher mit beruflichen Schulen als mit Unternehmen. Die Absolventinnen und -absolventen solcher Schulen besuchten dann auch zu hohen Anteilen ein berufsvorbereitendes Angebot (Hofmann-Lun & Geier, 2008). Existierten dagegen hohe Erwartungen an die Leistungspotentiale ihrer Jugendlichen, wurden diese auch mit den Anforderungen von Betrieben konfrontiert. Wurde eine enge Kooperation zu Unternehmen aufgebaut, gelang der direkte Übergang in eine Ausbildung deutlich besser als in anderen Schulen (ebd., Gaupp, Lex & Reißig, 2010).

Die Erfahrungen vor Ort haben gezeigt, dass es oft nicht an Angeboten in der Berufsorientierung mangelt, das Problem vielmehr darin liegt, dass Aktivitäten teilweise unkoordiniert nebeneinander herlaufen, sie in keinem systematischen Zusammenhang stehen und eine inhaltlich-konzeptionelle Abstimmung verschiedener Angebote häufig nicht stattfindet. Aus der Sicht der koordinierenden Akteure einer Kommune oder eines Landkreises, die im Rahmen des Regionalen Übergangsmanagements Berufsorientierungsprogramme mit anstoßen und entwickeln wollen, ergeben sich daraus Anforderungen in drei Richtungen:

a) Landesebene:
   Es müssen Kontakte zu den verantwortlichen Stellen (z. B. Kultusministerien, Schulaufsicht, Arbeitskreise Schule – Wirtschaft) hergestellt werden, um konzeptionelle Entwicklungen und Standards zur Umsetzung und Qualität von berufsorientierenden Maßnahmen abzustimmen.
b) Schule:
   Austausch- und Lernprozesse zwischen „Leuchtturmschulen" und weiteren Schulen der Kommune/des Landkreises werden initiiert. Außerdem wird gemeinsam mit den Schulen darauf hingewirkt, dass die Umsetzung der Berufsorientierung nach – zuvor erarbeiteten – Qualitätsstandards erfolgt und möglichst als ein Prozess gesehen wird, der das gesamte Schulkollegium einbezieht.
c) Außerschulische Akteure:
   Wirksame Berufsorientierung kann nur gelingen, wenn die unterschiedlichen Akteure (z. B. Agenturen für Arbeit, Jobcenter und Träger der Grundsicherung, Träger der Jugendhilfe) sich gemeinsam darüber abstimmen, welche Angebote an welchen Schulen wie umgesetzt werden sollen. Zudem muss es gelingen, weitere Akteure in die Berufsorientierung zu integrieren. Dazu zählen an vorderster Stelle Eltern und Unternehmen.

3. Typische Aufgaben und Arbeitsschritte im Regionalen Übergangsmanagement

Auch wenn Strategien zur Koordination von Angeboten zur Berufsorientierung auf der kommunalen/regionalen Ebene von den jeweiligen lokalen Ausgangslagen, Problemdiagnosen, Akteurs- und Angebotskonstellationen abhängig sind, können typische Vorgehensweisen rekonstruiert werden, die das Regionale Übergangsmanagement unabhängig von den spezifischen regionalen Bedingungen kennzeichnen.

Es müssen im Regionalen Übergangsmanagement mindestens vier Aufgabenbereiche bearbeitet werden (Mahl, 2010):
- Herstellung von Transparenz zum Übergangsgeschehen;
- Erfassung und Analyse des regionalen Förderangebots;
- Entwicklung von Verfahren zur Qualitätsentwicklung und zur Vereinbarung von Qualitätsstandards;
- Kooperation und Koordination der Akteure.

3.1 Herstellung von Transparenz zum regionalen Übergangsgeschehen

Zunächst gilt es zu klären, welche Ausgangslage in der Kommune oder im Landkreis besteht. Über eine differenzierte Datenbasis zum Übergangsgeschehen kann der spezifische Bedarf vor Ort geklärt werden. Aus den Unterschieden im Ausbau von Institutionen und Angeboten und der jeweiligen Ausbildungs- und Arbeitsmarktlage vor Ort resultieren entsprechende Unterschiede in den Wegen Jugendlicher von der Schule in Ausbildung und Arbeit (vgl. Kuhnke & Reißig, 2010). Es werden belastbare Daten zum Übergang von den allgemeinbildenden Schulen in die Berufsausbildung für die jeweilige Kommune/den Landkreis benötigt. Da aus der amtlichen Statistik nur unzureichend systematische Informationen über das lokale Übergangsgeschehen herausgelesen werden können, liegt eine Herausforderung in der Erhebung eigener Daten, die das benötigte umfassende Bild über die Wege der jungen Menschen von der Schule in das Arbeitsleben geben können.

Dafür werden unterschiedliche Strategien eingesetzt: Ein Verfahren, das Auskunft über die Nutzerinnen und Nutzer von Berufsorientierungsangeboten im lokalen und regionalen Kontext gibt, sind Schulabgängerbefragungen. In den Schulabgängerbefragungen werden u.a. Informationen zu den Voraussetzungen der Jugendlichen, ihrer Vorbereitung auf den Übergang, ihren Berufswünschen und Anschlussplänen erhoben. Um die Wege der Schulabsolvent/inn/en von der Schule in Ausbildung im zeitlichen Verlauf nachzuzeichnen, werden in einigen Kommunen Längsschnittuntersuchungen durchgeführt, die differenzierte Informationen über die von den Schulabsolvent/inn/en erreichten Anschlüsse und ihre weiteren Bildungs- und Ausbildungswege liefern und Rückschlüsse über die Qualität und Wirksamkeit von Angeboten und Maßnahmen erlauben.

Weiterhin werden in Datenbanken erfasste Prozessdaten aus dem Fallmanagement im Rahmen der Begleitung von Jugendlichen im Übergang Schule – Berufsausbildung als Informationsquelle genutzt. Solche Datenbanken, die die Übergänge der einzelnen Jugendlichen und deren Begleitung im Fallmanagement dokumentieren, werden in verschiedenen Programmen und Projekten eingesetzt: Berufseinstiegsbegleitung, Kompetenzagenturen und Koordinationsstellen von „Schulverweigerung – Die 2. Chance" arbeiten mit „elektronischen Fallakten". Kommunale Begleitprogramme nach Vorbild des „Hamburger Hauptschulmodells" haben eigene Verfahren der Dokumentation von Prozessdaten entwickelt und an die spezifischen Bedingungen vor Ort angepasst. Ein weiteres Instrument für die Abbildung von Übergängen zwischen allgemeinbildenden und beruflichen Schulen sind zentrale „Anmeldesysteme", die Jugendliche nutzen können, um sich auf elektronischem Wege am Ende des Besuchs der allgemeinbildenden Schule für Bildungsgänge an den berufsbildenden Schulen anzumelden. In solchen „Anmeldesystemen" werden Informationen zu den von den Jugendlichen beabsichtigten Anschlüssen, zum aktuellen Status im Übergang und ihrem Verbleib gewonnen.

Verstärkt werden lokale Bildungs- und Berufsbildungsberichte als Verfahren der periodischen Berichterstattung eingesetzt, um Veränderungen und Entwicklungen im Zeitverlauf festzustellen. Berufsbildungsberichte informieren insbesondere über Zu- und Abgänge und Bestände von Schülerinnen und Schülern sowie Auszubildenden in Einrichtungen und in Angeboten, die an die Sekundarstufe I anschließen. Durch lokale Bildungs- und Berufsbildungsberichte lassen sich spezifische Handlungsbedarfe im Bereich der Berufsorientierung identifizieren und Ergebnisse für lokale Steuerungsprozesse nutzbar machen.

3.2 Erfassung und Analyse des regionalen Förderangebots

Aufgrund der Vielzahl von Programmen zur Berufsorientierung von Bund, Ländern, Stiftungen und anderen Akteuren fehlt vor Ort häufig ein Überblick über vorhandene Förder- und Unterstützungsmaßnahmen, deren spezifisches Leistungsprofil, deren spezielle Zielgruppen und deren Qualität. Die Projektlandschaft in diesem Handlungsfeld ist zudem durch ständige Veränderungen gekennzeichnet, was den Aufbau einer verlässlichen und für alle Akteure transparenten Förderstruktur erschwert. An einzelnen Schulen konkurrieren mehrere Berufsorientierungsangebote um die Teilnahme von Schülerinnen und Schülern, während andere Schulen derselben Kommune oder desselben Landkreises in dieser Hinsicht unterversorgt sind. Vor diesem Hintergrund werden Bestandsaufnahmen zu den vorhandenen Unterstützungsangeboten durchgeführt. Diese geben einen Überblick über die Maßnahmelandschaft und bilden die Grundlage für eine bessere Abstimmung unterschiedlicher Angebote. Es können damit Doppelungen im Angebot aufgezeigt und beseitigt sowie vorhandene Lücken sichtbar gemacht werden. Bestandsaufnahmen lokaler Berufsorientierungsangebote erfolgen z. B. als systematische Erhebung und Erfassung aller Aktivitäten an den Schulen im Bereich der beruflichen Orientierung. Befragungen von Schulleitungen und Lehrkräften, aber auch von Eltern und Schüler/innen/n der Abgangsklassen zur Einschätzung der bestehenden Angebote können Aufschluss darüber geben, wo Bedarfe auf Seiten der Schulen und Jugendlichen bestehen (vgl. Hofmann-Lun & Geier, 2008). Neben der Analyse zum vorhandenen lokalen Angebotsspektrum und der Bedarfserfassung auf Schulebene wird der Fokus zum Teil auch auf die Bedarfe von lokalen Unternehmen gelenkt, indem diese nach ihren Erfahrungen und Anforderungen in Bezug auf Bewerber/innen befragt werden.

3.3 Entwicklung von Verfahren zur Qualitätsentwicklung und zur Vereinbarung von Qualitätsstandards

Sowohl Erhebungen zum Übergangsgeschehen (z. B. Schulabgängerbefragungen) als auch Bestandsaufnahmen zur Angebotsstruktur liefern nicht nur Hinweise auf die große Vielfalt von Angeboten, sondern auch auf große Unterschiede in der Qualität solcher Angebote (vgl. Hofmann-Lun & Geier, 2008; Gaupp, Lex & Reißig, 2010). Die Zuständigkeiten für die Bewertung von Qualität und daraus zu ziehende Schlussfolgerungen liegen in der Regel nicht bei den Kommunen selbst, sondern bei den für die Programme und Projekte Verantwortlichen: den Kultusministerien der Länder, den Regionaldirektionen der Bundesagentur für Arbeit, den für Bundesprogramme eingerichteten Regiestellen. Dennoch bleibt die Frage nach der Qualität von Angeboten und ihrer Optimierung eine wichtige und notwendige Anforderung. Schließlich können Qualitätssicherung und Wirkungskontrolle dazu beitragen, dass vorhandene Ressourcen zielgerichtet eingesetzt, Angebote am Bedarf ausgerichtet und deren Wirksamkeit verbessert werden.

Kommunen und Landkreise haben trotz der genannten Hindernisse mit dem Ziel des Aufbaus eines systematischen Qualitätsmanagements in der Berufsorientierung begonnen, in einem kommunikativen Verfahren gemeinsam mit allen relevanten Akteuren verbindliche Qualitätsstandards für berufsorientierende Angebote zu erarbeiten. Da die Kommunen und Landkreise den anderen Akteuren in der Regel keine Vorgaben machen können, ist es nicht möglich verbindliche Qualitätsstandards per „Weisung von oben" zu setzen. Ein Lösungsansatz besteht in einer Konsensbildung der beteiligten Akteure in Bezug auf die „Sinnhaftigkeit" von Qualitätskriterien. Durch die Schaffung einer „Vereinbarungskultur" verbunden mit Selbstverpflichtungen und Zielvereinbarungen der relevanten Akteure wird versucht, die Voraussetzungen für eine verbindliche Vereinbarung von Qualitätskriterien zu schaffen.

3.4 Kooperation und Koordination der Akteure

Die Abstimmung und Optimierung der Angebotsstrukturen in der Berufsorientierung erfordert die Zusammenarbeit einer großen Anzahl von bildungs- und arbeitsmarktpolitischen Akteuren. Für die Zusammenarbeit ist eine präzise Klärung von Zuständigkeiten und Handlungsmöglichkeiten der einzelnen Akteure eine wichtige Voraussetzung. Initiativen für Prozesse der stärkeren Vernetzung können von unterschiedlichen Stellen ausgehen: von Jugendämtern, Bildungsbüros, der Wirtschaftsförderung wie auch von Stabsstellen, die an der Spitze der Kommunalverwaltung angesiedelt sind. Voraussetzung für eine verbesserte Kooperation und Koordination ist ein systematischer Informationsaustausch zwischen den relevanten Akteuren. Dazu werden beispielsweise Verfahren des Informationsaustausches und der Abstimmung sowie neue Netzwerk- und Gremienstrukturen geschaffen bzw. bereits vorhandene, gewachsene Strukturen und Gremien genutzt und ausgebaut. Eine effektive Arbeit von Gremien zur Kooperation und Koordination setzt voraus, dass wichtige Akteure und kommunale Entscheidungsträger zur Mitarbeit gewonnen werden. Dies gelingt nur, wenn dabei Doppelarbeit mit anderen Gremien vermieden wird und Absprachen und Entscheidungen ein hohes Maß an Verbindlichkeit haben. Das persönliche Engagement von Oberbürgermeister/innen/n bzw. Landrät/innen/en ist ein zentraler Erfolgsfaktor und macht konsensuelle Problemlösungen möglich, in denen die beteiligten Akteure ihre Handlungsspielräume ausschöpfen.

4. Fazit und Ausblick

Die Berufsorientierung ist in den letzten Jahren zu einem stark beachteten Bestandteil der Vorbereitung von Jugendlichen auf den Übergang Schule – Ausbildung – Berufsleben geworden. Eher unsystematisch und parallel zueinander haben sich unterschiedliche Akteure auf den Weg gemacht, Angebote der Berufsorientierung zu entwickeln und diese an allgemeinbildenden Schulen zu verankern. Das hat dazu geführt, dass diese Angebote in Qualität, Intensität, personeller Ausstattung und Laufzeit stark variieren und es oftmals vom Zufall, nicht vom Bedarf geprägt ist, welche Angebote an welche Schulen gelangen. Weil eine Reihe von Kommunen und Landkreisen begonnen hat, Regionales Übergangsmanagement aufzubauen und voranzutreiben, wird Berufsorientierung als ein Baustein innerhalb der gesamten Aktivitäten im Übergangsgeschehen bearbeitet. Ziel ist es dabei, nach Verfahren der Diagnose (Bestandsaufnahmen der aktuellen Angebotslandschaft sowie Bedarfsanalysen aufseiten der Jugendlichen) und der Qualitätsentwicklung (gemeinsame Entwicklung von Qualitätsstandards) Berufsorientierung bedarfsgerecht und systematisch an den Schulen zu verankern. Diese Prozesse der Optimierung von Strukturen sind oftmals langwierig und mit vielen Herausforderungen verbunden. So kommt neben dem Schritt der Diagnose, einer verbesserten Kooperation zwischen Schule und anderen Akteuren eine wichtige Rolle zu. Es stellen sich beispielsweise Fragen nach stärkerer Elternbeteiligung, nach einem umfassenderen Einbezug von Unternehmen und nach einer Zusammenarbeit mit beruflichen Schulen. Das Ziel einheitliche, verbindliche und nachprüfbare Qualitätsstandards für die Berufsorientierung einzuführen, ist kaum ohne die Zusammenarbeit mit der Landesebene zu realisieren. In vielen Fällen gingen die Initiativen dazu schon von der Landesebene aus (z. B. von entsprechenden Arbeitskreisen). Überlegungen, Angebote der Berufsorientierung zu evaluieren, geraten zunehmend in den Blick. Im Rahmen des Regionalen Übergangsmanagements hat man begonnen, Konzepte zu erstellen, die für kommunale Angebote eine solche Evaluation durchführen. Diesem Thema wird zukünftig sicher noch mehr Aufmerksamkeit gewidmet werden. Schwerpunkte der Angebote im Themenfeld der Berufsorientierung waren vor allem allgemeinbildende Schulen und die Gruppe der Schülerinnen und Schüler mit Hauptschul- oder Förderschulbildung. Perspektivisch treten hier zwei neue Entwicklungsrichtungen hinzu. In berufliche Schulen mündet eine Vielzahl von Jugendlichen, die noch keine Ausbildungsstelle innehaben. Berufliche Orientierungsprozesse sind also nach der allgemeinbildenden Schule längst noch nicht abgeschlossen. Eine systematische Einbeziehung beruflicher Schulen in die Angebote der Berufsorientierung wird zukünftig verstärkt werden müssen. Viele Prozesse in der Berufsorientierung wurden in der Vergangenheit mit einem spezifischen Fokus auf Jugendliche aus Haupt- und Förderschulen angestoßen (vgl. die Rolle von Praktika). Mit Blick auf die nach wie vor hohe Studienabbruchquote von 25 Prozent (Autorengruppe Bildungsberichterstattung, 2010, S. 128) rückt nun auch die Studienorientierung an Gymnasien in den Fokus der Aufmerksamkeit.

Literatur

Autorengruppe Bildungsberichterstattung (2010). *Bildung in Deutschland 2010.* Bielefeld: Bertelsmann.

Bundesministerium für Bildung und Forschung (2008). *Aufstieg durch Bildung. Die Qualifizierungsinitiative für Deutschland.* Berlin/Bonn: BMBF.

Gaupp, N., Lex, T. & Reißig, B. (2010). *Hauptschüler/innen an der Schwelle zur Berufsausbildung: Schulische Situation und schulische Förderung.* München/Halle: Deutsches Jugendinstitut, Regionales Übergangsmanagement Bd. 2.

Gaupp, N & Prein, G. (2007). *Stuttgarter Haupt- und Förderschüler/innen auf dem Weg von der Schule in die Berufsausbildung.* München/Halle: Deutsches Jugendinstitut.

Hofmann-Lun, I. & Geier, B. (2008). *Förderangebote im letzten Pflichtschuljahr und ihr Beitrag zum Gelingen von Übergängen.* München: Deutsches Jugendinstitut.

Kuhnke, R. & Reißig, B. (2007). *Leipziger Mittelschülerinnen und Mittelschüler auf dem Weg von der Schule in die Berufsausbildung.* Halle: Deutsches Jugendinstitut.

Kuhnke, R. & Reißig, B. (Hrsg.) (2010). *Regionales Übergangsmanagement Schule – Berufsausbildung: Schaffung einer Datenbasis zum Übergangsgeschehen.* München/Halle: Deutsches Jugendinstitut, Regionales Übergangsmanagement Bd. 1.

Lippegaus-Grünau, P. & Stolz, I. (2010). Programme und Projekte in Bund und Ländern. In P. Lippegaus-Grünau, F. Mahl & I. Stolz, *Berufsorientierung. Programme von Bund und Ländern, Kommunen und Stiftungen im Überblick.* München/Halle: Deutsches Jugendinstitut.

Mahl, F. (2010). Berufsorientierung als Gegenstand von kommunaler Bildungspolitik und des Engagements von Stiftungen. In P. Lippegaus-Grünau, F. Mahl & I. Stolz, *Berufsorientierung. Programme von Bund und Ländern, Kommunen und Stiftungen im Überblick.* München/Halle: Deutsches Jugendinstitut.

Dorothee Schaffner und Annamarie Ryter

Aufgabenstellung und Professionalitätsentwicklung des pädagogischen Personals in der Studien- und Berufsorientierung – Konsequenzen für die Aus- und Weiterbildung

1. Neue Herausforderungen im Übergang Schule–Beruf

In der Schweiz – ähnlich wie in Deutschland und Österreich – wird der Übergang von der Schule in die Erwerbsarbeit stark durch das arbeitsmarktabhängige Berufsbildungssystem bestimmt. Die Berufsbildung stellt die zentrale Voraussetzung für die Beteiligung an lebenslangen Bildungsprozessen dar und entscheidet maßgeblich über die berufliche und soziale Teilhabe und gesellschaftliche Position. Weitreichende Veränderungen am Arbeitsmarkt haben zu inhaltlichen und strukturellen Veränderungen des Ausbildungsangebots und zu einem Anstieg der Anforderungen und zum Wegfallen einfacherer Ausbildungsmöglichkeiten geführt. Gleichzeitig ist die berufliche Ausbildung in den letzten 15 Jahren zur sozialen Norm geworden. Dies hat unter anderem zu einem erhöhten Wettbewerb um Ausbildungsplätze und vermehrt zu personenbezogenen sowie strukturellen Benachteiligungen beigetragen. Jugendliche müssen vermehrt Diskontinuitäten durch Abbrüche, Umorientierungen und Zwischenlösungen in Kauf nehmen und ihre Bildungsprozesse selber steuern. Gestiegene Zahlen von Jugendlichen ohne Anschlusslösung nach der Schule, von arbeitslosen Jugendlichen und Sozialhilfe beziehenden jungen Erwachsenen, zeugen von erhöhten Risiken im Übergang (vgl. Egger, Egger-Mikic, Honegger & Maftei, 2007; Dubach, Guggisberg & Stutz, 2009). Um diesen Übergang besser abstützen zu können, sind zahlreiche sozial-, arbeitsmarkt- und bildungspolitische Maßnahmen und Reformprozesse auf Bundes-, Kantons- und Kommunalebene eingeleitet worden. Das neue Berufsbildungsgesetz (2004) dient dabei als Grundlage für zahlreiche Veränderungen im Berufsbildungssystem, für die Bereitstellung von Angeboten zur Abstützung von riskanten Bildungsverläufen und zur Förderung von Benachteiligten. Neben klassischen Angeboten sind zahlreiche schulische und berufspraktische Berufsvorbereitungsjahre, Programme und Maßnahmen der Arbeitsmarktbehörden und der Akteure im Bereich soziale Sicherheit bereitgestellt worden. Darüber hinaus wurden zahlreiche Pilotprojekte mit der Wirtschaft sowie Beratungs-, Coaching- und Mentoringangebote für unterschiedliche Zielgruppen geschaffen. Entstanden ist ein kaum überschaubares, vielgestaltiges Übergangssystem als kompensatorisches Parallelsystem zum Berufsbildungssystem (vgl. Schaffner, 2008). Im Zuge dieser Veränderungen zeigte sich zunehmend ein Bedarf nach einem systemübergreifenden Management der Angebote und nach Verbesserung der interinstitutionellen und -professionellen Kooperationen. Gleichzeitig erfuhr die berufliche Orientierung, Beratung und Förderung von Benachteiligten neue sozial- und bildungspolitische Bedeutung. Damit verbunden stellen sich Fragen nach Professionalisierung und Qualitätssicherung in den bisherigen und in den neu entstandenen Handlungsfeldern.

2. Professionalisierungsbedarf und -bedingungen im Bereich berufliche Orientierung

Bis Mitte der 1980er Jahre etablierte sich die berufliche Orientierung im Rahmen des Berufswahlunterrichts auf der Volksschulstufe in fast allen Kantonen als verbindliche Aufgabe der Sekundarstufe I. Die Praxis zeigte, dass die Aufgabe – abhängig von der jeweiligen Lehrperson und dem Schultyp – mehr oder weniger verbindlich umgesetzt wurde. Die Begleitung bei der Ausbildungsplatzsuche wurde mehrheitlich in der Verantwortung der Jugendlichen und deren Eltern sowie der Berufsberatung gesehen. Berufsvorbereitungsjahre[1] bildeten ein kleines Bildungssegment für Jugendliche, die bei der Berufsfindung etwas mehr Zeit und Unterstützung brauchten; Arbeitsintegrationsprogramme waren auf Arbeitsintegration und kaum auf Berufsorientierung ausgerichtet (vgl. Schaffner, 2008). Ab Mitte der 1990er Jahre – unter dem Druck der Veränderungen im Arbeits- und Berufsbildungsmarkt – erfuhr die berufliche Orientierung eine deutliche Aufwertung.[2] Die Aufgaben (benachteiligte) Jugendliche bei der beruflichen Orientierung und Ausbildungsplatzsuche zu begleiten, zu beraten und zu fördern, ihnen in Kooperation mit anderen Akteuren Anschlusslösungen zu vermitteln oder sie auf die Ausbildung vorzubereiten, stellen hohe Anforderungen an die dafür zuständigen Fachpersonen und verlangen nach einer neuen Verbindlichkeit und Fachlichkeit.

Dies lenkt den Blick auf die qualifikatorischen Voraussetzungen der Fachpersonen in diesem neuen komplexen Handlungsfeld: Welche neuen Aufgaben stellen sich in diesem Handlungsfeld? Welches Wissen und welche Kompetenzen brauchen Fachpersonen zur Erfüllung der Aufgaben? Wo und wie können diese erworben werden? Erfahrungen im Rahmen von Beratungstätigkeit und Begleitforschung zeigen erstens eine hohe Heterogenität bezüglich der beruflichen Qualifikationen der Fachpersonen im Übergangsfeld. Je nach Auftraggeber, Zuständigkeit und Zielgruppe werden die anspruchsvollen Aufgaben von Lehrerinnen und Lehrern, von Fachpersonen aus der Sonderpädagogik und der Sozialen Arbeit oder von Berufsausbildnerinnen und -ausbildnern übernommen. Insbesondere in Berufsvorbereitungsjahren und Berufsintegrationsmaßnahmen der Arbeitslosenversicherung verfügen viele über Qualifikationen und Erfahrungen aus mehreren Bereichen. Zweitens wird deutlich, dass die Fachpersonen während ihrer Grundausbildung in aller Regel kaum Gelegenheit hatten, sich Kompetenzen für die Begleitung der beruflichen Orientierung und Integration anzueignen. Auf der Basis ihres je eigenen professionellen Wissens bezüglich der Lernziele und pädagogischer Förderansätze entwickelten sie ihr fachliches Handeln in der konkreten Arbeit (learning on the job). Dabei zeigt sich drittens, dass zwar viele interessante Handlungsansätze und Instrumente entstanden sind, sich aber eine auf die typischen Aufgaben bezogene Theorie- und Methodendiskussion bisher kaum entfalten konnte. Damit hat auch noch kaum eine Reflexion und Diskussion über angemessene Formen professionellen Handelns und (sozial-)pädagogischer Professionalität stattgefunden. Nachfolgende Tabelle liefert eine knappe Übersicht über

---

1 In der Schweiz oft als Brückenangebote im weiteren Sinn bezeichnet.
2 Vgl. bspw. die Leitlinien des Bundesprogramms „Nahtstelle Berufsbildung" zur Weiterbildung von Lehrkräften oder die Neukonzeption des Lehrplans zur „beruflichen Orientierung" im Rahmen des Projekts Lehrplan21 der Eidgenössischen Erziehungsdirektoren Konferenz EDK.

die beruflichen Qualifikationen der unterschiedlichen Fachpersonen, deren Arbeitsort (Angebot, System) sowie deren Arbeitsweisen und handlungsleitenden Orientierungen.

Tabelle 1: Unterschiedliche Fachpersonen im Übergang[3]

	Lehrpersonen, Sonder-pädagogen/innen der Sekundarschulstufe I	Fachlehrpersonen, Lehrpersonen für berufliche Allgemeinbildung auf Sekundarstufe II	Sozialarbeitende, Sozialpädagogen/innen	Berufsbildnerinnen und Berufsbildner
Qualifikation	Fachhochschuldiplom (Diplom oder BA (FH), teilweise MAS)	Fachhochschuldiplom, oder Studium oder Berufsbildung und Erwachsenenbildung	Fachhochschuldiplom (Diplom oder BA (FH) teilweise MAS	Eidg. Berufsausbildung, Meisterprüfung, Höhere Fachprüfung ev. Erwachsenenbildung
Systemzugehörigkeit	Volksschulbildungssystem	Berufsbildungssystem, (z.T. noch zum Volksschulsystem zählend)	Systeme sozialer Sicherheit, Jugendhilfe, Gesundheit	Berufsbildungssystem, Arbeitsmarktsystem
Angebote im Bereich berufliche/soziale Integration	Berufliche Orientierung im Rahmen der Lehrtätigkeit Sek. I	Schulische und berufsprak-tische Berufsvorbereitungs-jahre, Sprachaufenthalte, Vorlehren u.a.	Angebote der Arbeits-marktbehörden und der Systeme der sozialen Sicherheit	Angebote der Arbeits-marktbehörden und der Systeme der sozialen Sicherheit
Arbeitsort	Schule	(Berufs-)schule, Berufsvor-bereitungsjahre	Diverse Lernorte	Werkstatt, Betrieb, Berufsvorbereitungsjahre
Methoden, Verfahren, welche typisch sind für die jeweiligen Fachpersonen	Förderung formaler Bildungsprozesse, Didaktik und Methodik zur Unterrichtsgestaltung, Systematisierung von Lernprozessen, Arbeit mit Klassen, Kompetenzori-entierung	Vermittlung von berufsbil-dungsrelevanten Fach- und Methodenkompetenzen, Fachdidaktik und Methodik zur Unterrichtsgestaltung, Systematisierung von Lernprozessen, Kompeten-zorientierung, Berufs- und Arbeitsmarktorientierung	Förderung informeller Bildungsprozesse, Fallarbeit, System- und Ressourcenorientierung, Beratungsansätze, Case Management, Supervisi-on, Coaching, Individuum zentrierte Ansätze	Agogische Methoden zur Vermittlung berufsspezifi-schen Wissens, Learning on the job, Lösungs- und Problemzentrierung, Orientierung an berufli-chen Kompetenzen, Berufs- und Arbeitsmarkt-orientierung
Zentrale Orientierungen	Bildungs- bzw. Leistungs-orientierung	Leistungs- und Arbeits-(markt)orientierung	Lebensweltorientierung	Arbeits(markt)-orientierung

Die hohe Heterogenität der Fachpersonen, die damit verbundenen Unterschiede bezüglich des Professionsverständnisses sowie das Problem einer oft ungenügenden Grundqualifikation diskutiert auch Niemeyer als spezifisches Strukturmerkmal in diesem Handlungsfeld (vgl. Niemeyer, 2008, S. 49ff). Die Heterogenität bezüglich Zielen, Zielgruppen, Förderparadigmen, Methoden- und Theoriebezügen sowie der Arbeitsbedin-

---

3 Die Lehrerausbildung wurde in der Schweiz in den letzten Jahren tertiarisiert, d.h. die Pädagogischen Hochschulen auf der Ebene der Fachhochschule bieten stufenorientierte, pädagogische oder heilpädagogische Bachelor-Studiengänge (BA) und ergänzende Masterstudiengänge (MA) an. MAS „Master of Advanced Studies" sind Master, die nicht in einem konsekutiven Studium, sondern in einem Weiterbildungsstudium erworben wurden. In der Schweiz findet man einen stark ausgebauten Weiterbildungssektor, der hauptsächlich von Fachhochschulen und Universitäten getragen wird.
Die auf Ebene der Fachhochschulen angesiedelten Hochschulen für Soziale Arbeit der Schweiz vergeben seit 2008 nur noch zwei Abschlüsse: einen Bachelor in Soziale Arbeit und einen Master in Sozialer Arbeit. Diese ersetzen die früheren Abschlüsse Diplom (FH) Sozialarbeit, Diplom (FH) Sozialpädagogik, Diplom (FH) Soziokulturelle Animation; letztere sind mit einem Bachelorabschluss vergleichbar, nicht aber mit einem Masterabschluss.

gungen ist Ausdruck unterschiedlicher Zuständigkeiten im Schnittfeld von Arbeits-markt-, Berufsbildungs- und Bildungssystem. Diese Komplexität ist konstitutiv für die Benachteiligtenförderung in unterschiedlichen Phasen im Übergang in die Erwerbsarbeit und birgt in sich einige Risiken für die Jugendlichen. Dies erfordert ein erhöhtes Maß an gegenseitiger Wahrnehmung, Kooperation und Koordination.

Unter anderem damit verbunden ortete Niemeyer (2008, S. 49ff) sechs Spannungsfelder, welche typisch sind für die Benachteiligtenförderung im Übergang in die Erwerbsarbeit:

- Widerspruch zwischen arbeitsspezifischer Fachlichkeit und pädagogischer Förderung
- Spannungsfeld zwischen wissenschaftlich fundiertem Fachwissen und personengebundenem Erfahrungswissen
- Wissens- und Machtgefälle zwischen unterschiedlichen Professionen
- Polarität zwischen Exklusion und Inklusion durch spezifische Maßnahmen
- Polarität zwischen Lebenswelt- und Arbeitsweltorientierung
- Spannungsverhältnis zwischen individuellem Handeln und institutionellen Rahmenbedingungen

Konstitutiv für die Handlungsfelder im Übergang von der Schule in die Erwerbsarbeit sind unterschiedliche Zuständigkeiten im Schnittfeld Arbeitsmarkt-, Berufsbildungs- und Bildungssystem. Ausgehend davon stellen sich Fragen zur Professionalisierung.

Ausgehend von diesen zentralen Bedingungen für die Professionalisierung wurde an der Fachhochschule Nordwestschweiz ein professionsübergreifendes Weiterbildungsangebot entwickelt.[4] Konzeptionalisiert wurde das Weiterbildungsangebot vor dem Hintergrund reflexiver Professionstheorien, die sowohl in der Lehrerbildung wie auch in der Ausbildung der Sozialen Arbeit eine wichtige Rolle spielen (Combe & Helsper, 1996; Dewe, Ferchhoff & Radke, 1992; Dewe & Otto, 2001; 2005). Diese professionstheoretische Position zeichnet sich dadurch aus, dass sie die Strukturlogik bzw. Strukturprobleme und damit die Aufgaben des professionellen Handelns in den Mittelpunkt stellt (vgl. Dewe & Otto, 2005, 186). Die Verwendung von Wissen aus unterschiedlichen Wissens- und Handlungssphären sowie die systematische professionelle Reflexion und Selbstreflexion des Handelns (ebd., S. 189f) – bzw. die Herausbildung eines „forschenden Habitus" (Helsper & Kolbe, 2002, S. 394) – stellen im Rahmen des reflexiven Professionalitätsansatzes zentrale Merkmale und Voraussetzungen professionellen Handelns dar. Das Ideal reflexiver Professionalität postuliert einen Typus der Verwendung von Wissen, der sich nicht in der einfachen Wissensanwendung erschöpft; entscheidend ist stattdessen „die Fähigkeit der diskursiven Auslegung und Deutung von lebensweltlichen Schwierigkeiten (…) mit dem Ziel der Perspektiveneröffnung bzw. einer Entscheidungsbegründung unter Ungewissheitsbedingungen" (Dewe & Otto, 2005, S. 179).[5]

---

4   Entwickelt wurde ein Zertifikatslehrgang CAS „Von der Schule zum Beruf" mit den zwei Wahlprofilen für unterschiedliche Zielgruppen: „Fachlehrer/in Berufswahlunterricht" für Lehrpersonen der Sekundarstufe I und II, und „Berufsintegrationscoach" für Fachpersonen in Berufsintegrationsmaßnahmen i. w. S. Eine Kooperation zwischen der Pädagogischen Hochschule und der Hochschule für Soziale Arbeit ermöglichte es, mindestens zwei zentrale wissenschaftliche Bezugsdisziplinen – die Erziehungswissenschaft und die Soziale Arbeit – aufeinander zu beziehen (vgl. [www.fhnw.ch/sozialerbeit/ikj/weiterbildung]).

5   Das Konstruktionsprinzip reflexiver Professionalität kann nach Dewe und Otto (2001) wie folgt beschrieben werden: „Mittels Fallrekonstruktion und wissenschaftlicher Reflexion wird der All-

3. Aufgaben und Anforderungen an das pädagogische Personal in der beruflichen Orientierung

Ausgehend von zentralen Strukturproblemen im Übergang in die Erwerbsarbeit (vgl. Dewe & Otto, 2005, S. 186) wurden neben herkömmlichen,[6] *neue Anforderungen und Aufgaben* für Fachpersonen im Übergang von der Schule in die Erwerbsarbeit formuliert, die nachfolgend in *zentralen Leitideen* gebündelt vorgestellt werden. Diese bilden die Grundlage für die Konzeption der oben genannten Weiterbildung. Als Ausgangskriterium wurde die Heterogenität der Fachpersonen und Zuständigkeiten in diesem komplexen Handlungsfeld gesetzt. Ziel war es in Anlehnung an Enggruber (2001, S. 203) und Schütze (1992) eine *minimale gemeinsame Orientierung* der unterschiedlichen Fachpersonen, welche Jugendliche in unterschiedlichen Phasen im Berufsintegrationsprozess begleiten, zu schaffen. Diese Orientierung wird als Voraussetzung für die gemeinsame Zielverfolgung und gelingende Kooperation erachtet. Davon ausgehend, wurden die neuen Aufgabenschwerpunkte und die Kompetenzen benannt.

Leitidee 1: Fachpersonen begleiten Jugendliche in einem komplexen Transitions- und Transformationsprozess im Hinblick auf die berufliche und soziale Integration

Der Begriff „Transition" verweist auf den Übergang vom Bildungssystem in die Erwerbsarbeit (Düggeli 2009, S. 26ff), der unter den Bedingungen des wirtschaftlichen Wandels vielschichtiger und komplexer geworden ist. Gleichzeitig durchlaufen die Jugendlichen auf dem Weg in die selbstständige Lebensführung – ausgelöst durch entwicklungsbedingte und sozialstrukturelle Anforderungen – einen biografisch bedeutsamen „Transformations"- bzw. Entwicklungsprozess (ebd.), der unter den gegenwärtigen Bedingungen erhöhte Bewältigungsanforderungen an die Jugendlichen stellt (vgl. Pohl, Stauber & Walther, 2011). Die Gefahr im System die Orientierung zu verlieren, „hängen zu bleiben" oder aus dem Bildungssystem zu fallen, ist größer geworden. Jugendliche brauchen heute erhöhte Kompetenzen, sich im System zu orientieren, biografische Entscheidungen zu treffen und Bildungsprozesse auch unter erschwerten Bedingungen zu meistern. Berufliche Orientierung und Ausbildungsplatzsuche sowie die Bewältigung des Übergangs in die Berufsbildung oder die Erwerbsarbeit werden daher nicht mehr als Prozesse mit einer linearen Abfolge verstanden, sondern als Teile eines umfassenden zirkulären und komplexen Transitionsprozesses.

Die Begleitung von Jugendlichen im Berufsintegrationsprozess stellt eine ‚pädagogische Aufgabe' dar, die von unterschiedlichen Fachpersonen geleistet wird. Erforderlich ist eine minimale gemeinsame Orientierung. Sie ist Voraussetzung für die gemeinsame Zielverfolgung, das Aufgabenverständnis und gelingende Kooperationen.

---

tag der Klienten bzw. ein Problemzusammenhang gewissermaßen dekomponiert, wobei im Prozess der Relationierung von Wissens- und Urteilsformen das ‚Neue' in Gestalt einer handhabbaren und lebbaren Problembearbeitung/-lösung gemeinsam hervorgebracht wird" (2001, S. 1419f)

6 Klassische Aufgaben im Bereich der beruflichen Orientierung – wie die Information der Jugendlichen über die Angebote, Anforderungen und Möglichkeiten im Berufsbildungssystem oder die Unterstützung bei der Abstimmung von Fähigkeiten und Wünschen mit den realen Ausbildungsmöglichkeiten oder die Begleitung bei der Ausbildungsplatzsuche – stellen nach wie vor wichtige Bestandteile der Arbeit in diesem Handlungsfeld dar, sie werden hier aber nicht diskutiert.

Fachpersonen müssen daher den Blick vermehrt auf diese umfassenden biografischen Verläufe im Spannungsfeld von individuellen und strukturellen Bedingungen richten. Es gilt, Jugendliche darin zu unterstützen, Orientierung zu finden, ihr Potential und ihre Möglichkeiten im System zu erkennen. Die Orientierung der Fachpersonen an einer langfristigen, offenen Entwicklungsperspektive schafft die nötige Distanz gegenüber kurzfristig angebotsspezifischen Forderungen nach rascher „Platzierung" der Jugendlichen in einer Anschlusslösung. Neben Kenntnissen über die Anforderungen und Bedingungen des Berufsbildungssystems sind daher auch Kenntnisse über die unterschiedlichen Unterstützungsprogramme und Angebote im Übergangsfeld wichtig. Dazu gehören auch Kenntnisse über die damit verbundenen sozialstrukturellen Risiken, Benachteiligungen und Chancen. Wichtig sind zudem Kompetenzen zur Begleitung von vielfältigen Entwicklungsprozessen im Jugendalter. Die Begleitung der Jugendlichen im Spannungsfeld von Arbeitsmarkt- und Entwicklungslogik stellt eine anspruchsvolle Aufgabe zwischen pädagogisch Wünschbarem und systembedingt Machbarem dar. Dies verlangt von den Fachpersonen, eine wertschätzende Haltung gegenüber den Jugendlichen und eine reflexive Auseinandersetzung mit den Möglichkeiten und Grenzen professionellen Handelns.

Leitidee 2: Fachpersonen fördern die Handlungs- und Reflexionsfähigkeit der Jugendlichen im Hinblick auf die Selbststeuerung von Bildungsprozessen

Jugendliche müssen vermehrt Diskontinuitäten durch Abbrüche, Umorientierungen und Zwischenlösungen bewältigen und ihre Bildungsprozesse selber steuern. Es gilt die Passung zwischen eigenen und strukturellen Möglichkeiten aktiv herzustellen, sich zu entscheiden und zielorientiert vorzugehen, gleichzeitig aber auch offen und flexibel zu bleiben. Insbesondere benachteiligte Jugendliche, sind gefordert, sich aktiv an der Herstellung einer Passung zu beteiligen, um sich im Arbeitsmarkt verorten zu können. Zudem sind Jugendliche gefordert, in schwierigen Situationen trotz ständig neuer Herausforderungen handlungsfähig zu bleiben und mit Frustrationen umzugehen – bzw. Resilienz zu entwickeln (Düggeli, 2009).

Fachpersonen haben die Aufgabe, Jugendliche in diesem Prozess darin zu unterstützen, dass sie ihre Reflexions- und Handlungskompetenzen erweitern können, die in umfassendem Sinne der Lebensbewältigung und der Beteiligung an lebenslangen Lernprozessen dienen. Dabei reicht es nicht die Lernenden auf arbeitsmarktrelevante Tugenden – wie Pünktlichkeit, Zuverlässigkeit, Motivation etc. – zu „trimmen". Über berufs- und arbeitsmarktrelevante Sozial- und Selbstkompetenzen hinaus sind z.B. Kompetenzen zur Selbstorganisation, zum Umgang mit eigenen Stärken und Schwächen, zum Selbstmarketing, zur Teamarbeit und zur Reflexion zu fördern.

Begleitende Fachpersonen müssen daher wissen, welche Sozial- und Selbstkompetenzen zentral sind und welche Methoden und Unterrichtssettings sich zu deren Förderung eignen (z.B. im Rahmen von kooperativen Lernformen oder problemorientiertem Unterricht).

Leitidee 3: Fachpersonen ermöglichen den Jugendlichen konkrete Erfahrungen und eine individuelle Begleitung bei der Berufsorientierung und bei berufsrelevanten Lern- und Entscheidungsprozessen

Die berufliche Tätigkeit bzw. Erwerbsarbeit ist für Jugendliche nicht nur ein Mittel zur Sicherung der ökonomischen Selbstständigkeit und der sozialen Position, sie hat auch sinnstiftende und sozialisatorische Funktion. Der Weg dahin führt über konkrete Erfahrungen und kleine Entwicklungsschritte, die in engem Zusammenhang mit der Persönlichkeitsentwicklung im Jugendalter stehen (vgl. Flammer & Alsaker, 2002; Fend, 2003). Erforderlich sind vielfältige Auseinandersetzungen mit eigenen Fähigkeiten, Stärken, Schwächen, Plänen und Handlungsstrategien, um eigene Ressourcen sichtbar zu machen und die Selbstwirksamkeitsüberzeugung zu stärken.

Fachpersonen in der beruflichen Orientierung haben die Aufgabe, den Jugendlichen zahlreiche Gelegenheiten für Erfahrungen zu ermöglichen und hierbei neben schul- oder berufsbezogenen Erfahrungen auch solche aus außerschulischen Lebensbereichen mit einzubeziehen. Im Unterschied zum Lernen im Unterricht, erfordert die Begleitung der Berufsintegrationsprozesse eine stärkere Individualisierung. Fachpersonen sollten über Beratungskompetenzen und Methoden verfügen, um die Jugendlichen in ihren Such-, Entscheidungs- und Lernprozessen individuell zu coachen. Ferner sind Kompetenzen in der Nutzung von fächer- bzw. themenübergreifenden Spielräumen und außerschulischen Kontexten sowie der Einsatz von ganzheitlichen Lernmethoden (wie erlebnispädagogische Ansätze) sinnvoll.

Leitidee 4: Fachpersonen eröffnen Jugendlichen im Prozess der beruflichen Integration Teilhabechancen und mildern Benachteiligungen

Unter den gegenwärtigen Bedingungen des Berufs- und Arbeitsmarktes können ungenügende schulische Formalqualifikationen, personenbezogene Beeinträchtigungen, Migrationshintergrund, Geschlecht, soziale Herkunft, kritische Lebenslagen und/oder ungeeignete und ungenügende Ausbildungsangebote kumulierend zu Benachteiligungen beitragen (Schaffner 2007; Keller et al., 2010). Das Ziel der Begleitung ist dabei, strukturelle Benachteiligungen abzumildern und die Teilhabechancen der Jugendlichen zu erhöhen.

Die damit verbundene Aufgabe ist es, die konkreten Optionen sichtbar zu machen oder zu eröffnen – bspw. durch Vermittlung von Ausbildungsplätzen und Praktika. Zugleich sind Benachteiligungen im System offen zu legen, damit die Betroffenen fehlende Erfolge nicht als persönliches Scheitern interpretieren. Durch ihre fundierten Kenntnisse zu systembedingten Ausschlussmechanismen sensibilisiert, können die (sozial-/sonder-) pädagogischen Fachkräfte Konzepte aus der interkulturellen und geschlechterbewussten Pädagogik situationsbezogen einsetzen. Sie sind Fachleute im Umgang mit heterogenen Gruppen. Sie verfügen über Handlungsstrategien und Beratungsmethoden, um Jugendliche ressourcenorientiert zu stärken – insbesondere angesichts systembedingter Benachteiligungen.

Leitidee 5: Fachpersonen verstehen Kooperation, Koordination und Vermittlung als wichtige Aufgaben im Handlungsfeld der beruflichen Orientierung und Integration

Die Komplexität im Übergangssystem hat durch den Ausbau von neuen Ausbildungs- und Unterstützungsangeboten enorm zugenommen und erfordert vermehrte Koordination, Kooperation und Vermittlung, damit Jugendliche nicht an „Unwegsamkeiten" des Systems scheitern.

Begleitende haben die Aufgabe, Jugendliche in Kooperation mit anderen Fachpersonen zu beraten und Orientierung über Chancen und Grenzen von Anschlusslösungen zu geben. Fachpersonen tragen einen Teil zur dringend notwendigen Kooperation und Koordination zwischen den einzelnen Unterstützungsangeboten und Ausbildungsbetrieben bei und helfen so strukturelle Risiken zu vermindern. Da diese neuen Aufgaben zeitintensiv sind, ist es sinnvoll, innerhalb der Schulen bzw. Organisationen die Kooperationen und Verantwortlichkeiten im Hinblick auf die Berufsintegration neu zu klären. In diesem Sinn brauchen die Fachpersonen Kompetenzen zur Vernetzung und zur inner- und interinstitutionellen Zusammenarbeit sowie Wissen über die unterschiedlichen Bedürfnisse und Anforderungen der beteiligten Akteure im Feld. Zudem sind Kompetenzen zur Gesprächsführung, Vermittlung und Konfliktlösung sehr hilfreich.

4. Ausblick

Bei den fünf Leitideen besteht kein Anspruch auf Vollständigkeit oder auf ein konzises theoretisches Konzept. Vielmehr wurde damit der Versuch gewagt, den unterschiedlichen Fachpersonen einen Orientierungs- und Begründungsrahmen anzubieten für die skizzierten komplexen, neuen Aufgaben, die sich im Kontext der beruflichen Orientierung und Integration unter den gegenwärtigen Bedingungen stellen. Dieser Orientierungsrahmen ermöglicht es, bestehende und neue Kompetenzbereiche zu benennen. Ferner können so auch die Kompetenzen in Abhängigkeit des Alters und der Bedarfe der jeweiligen Zielgruppen und des Auftrags ausdifferenziert werden – bspw. hinsichtlich des Grades der Spezialisierung auf bestimmte benachteiligte Gruppen. Für die je spezifischen Anforderungen in den jeweiligen Berufsfeldern können ausgehend von diesem Orientierungsrahmen transdisziplinäre Theorie- und Methodenansätze angeboten werden, welche die Reflexion des Handelns in komplexen Situationen ermöglichen und das Handeln unterstützen. Damit kann ein Beitrag zur Professionalisierung in einem komplexen Handlungsfeld geleistet werden.

Im Rahmen der angesprochenen Weiterbildung werden zwei Profile – Profil A „Fachlehrer/in Berufswahlunterricht" und Profil B „Berufsintegrationscoach" – mit unterschiedlichen Vertiefungsmöglichkeiten angeboten. Die beiden Profile fokussieren auf unterschiedliche Hauptfunktionen und Handlungsfelder. Sie werden aber parallel geführt und einzelne Module für beide Profile gleichzeitig angeboten. Dies ermöglicht es, unterschiedliche Perspektiven kennenzulernen, voneinander zu lernen und sich zu vernetzen, was von den Teilnehmenden als gewinnbringend eingeschätzt wird.

Literatur

Combe, A. & Helsper, W. (Hrsg.) (1996). *Pädagogische Professionalität*. Untersuchungen zum Typ pädagogischen Handelns. Frankfurt a. M.: Suhrkamp.

Dewe, B., Ferchhoff, W. & Radtke, F.-O. (Hrsg.) (1992). *Erziehen als Profession. Zur Logik professionellen Handelns in pädagogischen Feldern*. Opladen: Leske + Budrich.

Dewe, B. & Otto, H.-U. (2001). Profession. In H.-U. T. Otto (Hrsg.), *Handbuch. Sozialarbeit – Sozialpädagogik* (S. 1399–1422). Neuwied: Luchterhand.

Dewe, B. & Otto, H.-U. (2005). Reflexive Sozialpädagogik. Grundstrukturen eines neuen Typs dienstleistungsorientierten Professionshandelns. In W. Thole (Hrsg.), *Grundrisse Sozialer Arbeit: ein einführendes Handbuch* (S. 179–198). Opladen: Leske+ Budrich.

Dubach, P., Guggisberg, J. & Stutz, H. (2009). *Junge Erwachsene in der Sozialhilfe, Schlussbericht*. Bern: Büro für arbeits- und sozialpolitische Studien BASS.

Düggeli, A. (2009). *Ressourcenförderung im Berufswahlunterricht. Interventionsstudie mit Lernenden der Sekundarstufe I – Niveau Grundanforderungen*. Münster: Waxmann.

Egger, M., Egger-Mikic, D., Honegger, A. & Maftei, P. (2007). *Vertiefungsstudie Bildungsangebote im Übergang von der obligatorischen Schule in die Berufsbildung*. Bern: Bundesamt für Berufsbildung (BBT).

Enggruber, R. (2001). Überlegungen zur Professionalität in der Beruflichen Bildung benachteiligter Jugendlicher. In: R. Enggruber (Hrsg.), *Berufliche Bildung benachteiligter Jugendlicher. Empirische Einblicke und sozialpädagogische Ausblicke*. Münster.

Eschelmüller, M. (2008). *Lerncoaching im Unterricht. Möglichkeiten und Grenzen von Lerncoaching in der Schule*. Bern: Schulverlag.

Felden von, H. (2004). *Lebenslanges Lernen, Bildung und Biographie. Zur Verknüpfung von Bildungs- und Biographieforschung. Antrittsvorlesung*. Verfügbar unter: http://www.uni-mainz.de/FB/Paedagogik/AGerwB/vortragvonfelden.pdf.

Fend, H. (2003). *Entwicklungspsychologie des Jugendalters. Ein Lehrbuch für pädagogische und psychologische Berufe* (3. überarb. Aufl.). Opladen: Leske + Budrich.

Flammer, A. & Alsaker, F. D. (2002). *Entwicklungspsychologie der Adoleszenz. Die Erschließung innerer und äußerer Welten im Jugendalter*. Bern: Verlag Hans Huber.

Gerstenmaier, J. & Mandl, H. (1995). Wissenserwerb unter konstruktivistischer Perspektive. *Zeitschrift für Pädagogik* 41, 6, 867–888.

Helsper, W. & Kolbe, F. (2002). Bachelor/Master in der Lehrerbildung – Potential für Innovation oder ihre Verhinderung? *Zeitschrift für Erziehungswissenschaft*. 5, 3, 384–401.

Herzog, W., Neuenschwander, M. P. & Wannack, E. (2006). *Berufswahlprozess. Wie sich Jugendliche auf ihre Berufswahl vorbereiten*. Bern: Haupt.

Kampmeier, A. S., Niemeyer, B., Petersen, R. & Stannius, M. (Hrsg.) (2008). *Das Miteinander fördern. Ansätze für eine professionelle Benachteiligtenförderung*. Bielefeld: W. Bertelsmann Verlag.

Keller, A., Hupka-Brunner, S. & Thomas, M. (2010). *Nachobligatorische Ausbildungsverläufe in der Schweiz: Die ersten sieben Jahre. Ergebnisübersicht des Jugendlängsschnitts TREE (Vol. 1–20)*. Basel: TREE Universität Basel.

King, V. & Koller, H. (Hrsg.) (2006). *Adoleszenz – Migration – Bildung. Bildungsprozesse Jugendlicher und junger Erwachsener mit Migrationshintergrund*. Heidelberg: Verlag für Sozialwissenschaften.

Niemeyer, B. (2008). Professionelle Benachteiligtenförderung – eine Bestandsaufnahme. In A. Kampmeier, B. Niemeyer, R. Petersen & M. Stannius (Hrsg.), *Das Miteinander Fördern – *Ansätze für eine professionelle Benachteiligtenförderung* (S. 11–48). Bielefeld: Bertelsmann.

Pohl, A., Stauber, B. & Walther, A. (Hrsg.) (2011). *Jugend als Akteurin sozialen Wandels: Veränderte Übergangsverläufe, strukturelle Barrieren und Bewältigungsstrategien.* Weinheim und München: Juventa Verlag.

Schaffner, D. (2008). Berufsintegration – eine Aufgabe schulischer und ausserschulischer Kooperationspartner. In F. Baier & S. Schnurr (Hrsg.), *Schulische und schulnahe Dienste. Angebote, Praxis und fachliche Perspektiven* (S. 185–203). Bern: Haupt Verlag.

Schütze, F. (1992). Sozialarbeit als ‚bescheidene‘ Profession. In B. Dewe, W. Ferchhoff, & F. Radtke (Hrsg.), *Erziehen als Profession. Zur Logik professionellen Handelns in pädagogischen Feldern* (S. 132–170). Opladen: Leske + Budrich.

Arbeitsteil

Kapitel VI

1. Nach der Lektüre des Kapitels

- sind Sie für die Bedeutung des Engagements und der Kompetenzen von Lehrerinnen und Lehrern für die Qualität schulischer Berufsorientierung sensibilisiert,
- kennen Sie die Anforderungen und vier grundlegenden Teilaufgaben des Regionalen Übergangsmanagements,
- haben Sie sich mit fünf Leitideen zur Professionalitätsentwicklung in der Berufsorientierung auseinandergesetzt.

2. Arbeitsvorschläge und Anregungen zur Vertiefung

a) Wie schätzen Sie den Stand Ihrer eigenen Kompetenzentwicklung in Bezug auf die in dem ersten Beitrag dieses Kapitels erwähnten Kompetenzbereiche im Einzelnen ein und wo sehen Sie bei sich selbst ggf. Fortbildungsbedarf?

b) Sie wollen Schülerinnen und Schüler, die drei Jahre vor ihrer Schulentlassung stehen, in ihren beruflichen Orientierungsprozessen unterstützen. Auf welche Fragen suchen Sie Antworten, um den Stand der beruflichen Orientierung der Jugendlichen zu diagnostizieren?

c) Eine Teilgruppe von Schülerinnen und Schülern lehnt es mit Hinweis darauf, dass sie nach Beendigung der Sekundarstufe I weiter zur Schule gehen wollen ab, sich mit Ihrer Berufswahl näher zu beschäftigen. Wie versuchen Sie, die Jugendlichen für die aktive Auseinandersetzung mit der Thematik zu motivieren?

d) Vernetzung und Kooperation stellen nach den Beiträgen dieses und des vorstehenden Kapitels einen wichtigen Teilaspekt der praktischen Berufsorientierung dar. Erstellen Sie eine Grafik mit den Akteuren der Berufsorientierung in ihrer Region.

3. Weiterführende Literaturhinweise und Internetquellen

- Braun, F., Gaupp, N., Gericke, T. u. a. (2008). *Leitfaden lokales Übergangsmanagement: von der Problemdiagnose zur praktischen Umsetzung.* 2. Aufl. Gütersloh. Bertelsmann Stiftung.

- Das Projekt „Perspektive Berufsabschluss – regionales Übergangsmanagement" wurde vom Bundesministerium für Bildung und Forschung initiiert und u.a. vom Deutschen Jugendinstitut wissenschaftlich begleitet. Weitere Informationen können unter folgendem Link eingesehen werden: http://www.perspektive-berufsabschluss.de

Autorinnen und Autoren

Beinke, Lothar, Prof. em. Dr., Universität Gießen, Lehrstuhl Arbeitslehre-Didaktik. Arbeitsschwerpunkte: Berufswahl, Betriebspraktikum, Mädchen in Männerberufen, Arbeitslehredidaktik, Gegenwärtig: MV Auszubildende (Paten) betreuen Schüler/innen im Praktikum.

Böhss, Marco, Wissenschaftlicher Mitarbeiter am Berufsbildungsinstitut Arbeit und Technik (biat) der Universität Flensburg. Arbeitsschwerpunkte: Forschung zu gesellschaftlichen Transformationen und ihren Interdepenzen auf das System der Berufsbildung sowie die Übergänge zwischen Bildungs- und Erwerbssystem.

Bojanowski, Arnulf, Prof. Dr., Institut für Berufspädagogik und Erwachsenenbildung der Leibniz Universität Hannover, Abteilung Sozialpädagogik. Arbeitsschwerpunkte: Didaktik der Berufsbildung Benachteiligter, Professionsentwicklung in der Benachteiligtenförderung.

Brändle, Tobias, Dr., Post-Doc am Fachbereich Sozialökonomie der Universität Hamburg. Arbeitsschwerpunkt: Soziale Ungleichheit in Bildungsprozessen.

Brüggemann, Tim, Dr. phil., Dipl.-Päd., Studienrat im Hochschuldienst am Institut für Erziehungswissenschaft der Westfälischen Wilhelms-Universität Münster. Arbeitsschwerpunkte: Berufsorientierungs- und Berufsverlaufsforschung.

Dreer, Benjamin, Magister, Wissenschaftlicher Mitarbeiter am Lehrstuhl für Pädagogische Psychologie am Institut für Erziehungswissenschaft der Friedrich-Schiller-Universität Jena und Wissenschaftlicher Mitarbeiter im Forschungsprojekt „Thüringer Berufsorientierungsmodell" (ThüBOM) an der Universität Erfurt. Arbeitsschwerpunkte: Professionalisierung des Pädagogischen Personals im Kontext schulischer Berufsorientierung.

Driesel-Lange, Katja, Dr., Diplom-Pädagogin, Wissenschaftliche Mitarbeiterin an der Erfurt School of Education, Universität Erfurt. Arbeitsschwerpunkte: Lehrerbildung, berufsbezogene Entwicklung, Bildungsprozesse und Geschlecht, Trainings zur Berufsorientierung.

Düggeli, Albert, Prof. Dr., Professur für Entwicklungspsychologie und Pädagogik des Jugendalters an der Pädagogischen Hochschule (FHNW) am Institut Sekundarstufe I & II in Basel. Arbeitsschwerpunkte: Theoretische und anwendungsbezogene Aspekte von Resilienz und Resilienzentwicklung; Transitionsprozesse von der obligatorischen Schule in postobligatorische Ausbildungsgänge sowie kompetenzorientierte Professionalisierungswege von Lehrpersonen.

Eberhard, Verena, Dr., Wissenschaftliche Mitarbeiterin im Bundesinstitut für Berufsbildung. Arbeitsschwerpunkte: Entwicklungen auf dem Ausbildungsstellenmarkt, Übergänge im Bildungsbereich, Leitung der BA/BIBB-Bewerberbefragung sowie der BIBB-Übergangsstudie 2011.

Gaupp, Nora, Dr., Wissenschaftliche Referentin am Deutschen Jugendinstitut im Forschungsschwerpunkt Übergänge im Jugendalter. Arbeitsschwerpunkte: Übergangs- und Bildungsforschung, berufliche Integration von sozial und bildungsbenachteiligten Jugendlichen.

Gehrau, Volker, Prof. Dr., Institut für Kommunikationswissenschaft mit Schwerpunkt angewandte Medienforschung an der Westfälischen Wilhelms-Universität Münster. Arbeitsschwerpunkte: Mediennutzungsforschung, Medienwirkungsforschung, Medien und Berufsvorstellungen, Massenmedien und interpersonale Kommunikation sowie Methoden der empirischen Sozialforschung.

Granato, Mona, Dr., Wissenschaftliche Mitarbeiterin im Arbeitsbereich „Kompetenzentwicklung" am Bundesinstitut für Berufsbildung in Bonn. Arbeitsschwerpunkte: Berufliche Bildung an der Schnittstelle von Bildungssoziologie, Migrationsforschung und Geschlechterstudien.

Grundmann, Matthias, Prof. Dr., Institut für Soziologie der Westfälischen Wilhelms-Universität Münster; Arbeitsschwerpunkte: Soziale Ungleichheit und Bildung; Sozialisation und soziale Praxis, Individuelle und kollektive Beziehungspraxis.

Hany, Ernst, Dr. phil. habil., Diplom-Psychologe, Universitätsprofessor für Pädagogisch-psychologische Diagnostik und Differentielle Psychologie, Direktor der Erfurt School of Education der Universität Erfurt. Arbeitsschwerpunkte: Begabtenförderung, Berufsorientierung, Evaluation, Kompetenzdiagnostik, differentielle Entwicklung, Politikberatung, Lehrerbildung.

Hartkopf, Emanuel, Dipl.-Soz. wiss., Wissenschaftlicher Mitarbeiter am Institut für Erziehungswissenschaft der Westfälischen Wilhelms-Universität Münster. Arbeitsschwerpunkte: Empirische Berufsbildungsforschung im Bereich Übergang Schule–Beruf und Berufswahlreife.

Hartmann, Maja, Klassenlehrperson an der Schule für Brückenangebote Basel, Sekundarstufe II. Arbeitsschwerpunkte: Spezialisierung in Berufswahlvorbereitung. MAS in Integrativer Begabungs- und Begabtenförderung, Schwerpunkt Portfolioarbeit.

Herzog, Walter, Prof. Dr. phil., Professor für Pädagogik und Pädagogische Psychologie am Institut für Erziehungswissenschaft der Universität Bern. Arbeitsschwerpunkte: Unterrichtsforschung, familiäre und außerfamiliäre Erziehung, pädagogische Theorie, wissenschaftstheoretische Grundlagen der Pädagogischen Psychologie, Multikulturalismus.

Hirschi, Andreas, Prof. Dr., Professor für Berufs- und Laufbahnberatung am Psychologischen Institut der Universität Lausanne. Arbeitsschwerpunkte: Berufswahl, Karriereentwicklung und Laufbahnberatung.

vom Hofe, Hanna Jo, M.A., Kommunikationsreferentin bei der LfM Nova GmbH in Düsseldorf. Arbeitsschwerpunkt: Politische Kommunikation.

Jung, Eberhard, Prof. Dr., M.A., Dipl. Ing., StD.a.D., Professor für Wirtschaftswissenschaften und Didaktik der ökonomischen Bildung am Institut für Sozialwissenschaften (Abteilung Ökonomie) der Pädagogischen Hochschule Karlsruhe. Arbeitsschwerpunkte: Berufsorientierung, Selbstkonzept- und Kompetenzforschung, ökonomischen Bildung in der Primarstufe, Lehr-/Lernmethoden.

Kanning, Uwe Peter, Prof. Dr., Dipl.-Psych., Professor für Wirtschaftspsychologie an der Hochschule Osnabrück. Arbeitsschwerpunkte: Personaldiagnostik, Soziale Kompetenzen, unseriöse Methoden der Personalarbeit.

Kinder, Katja, M.A., Wissenschaftliche Mitarbeiterin am Institut Sekundarstufe I und II, Professur Entwicklungspsychologie und Pädagogik im Jugendalter der Pädagogischen Hochschule der Fachhochschule Nordwestschweiz. Arbeitsschwerpunkt: Jugendliche im Übergang von der Schule in den Beruf.

Kracke, Bärbel, Prof. Dr. phil. habil., Diplom-Psychologin, Universitätsprofessorin für Pädagogische Psychologie am Institut für Erziehungswissenschaften der Universität Jena. Arbeitsschwerpunkte: Berufsbezogene Entwicklung im Jugendalter, Übergänge im Bildungssystem, familiäre und schulische Kontexte der berufsbezogenen Entwicklung Jugendlicher, Vereinbarung von Beruf und Familie.

Lex, Tilly, Dr., stellvertretende Leiterin des Forschungsschwerpunktes Übergänge im Jugendalter am Deutschen Jugendinstitut. Arbeitsschwerpunkte: Jugendsoziologie, Arbeitsmarktpolitik, Bildungs- und Qualifikationsforschung.

Mahl, Franciska, wissenschaftliche Referentin am Deutschen Jugendinstitut e.V. im Forschungsschwerpunkt Übergänge im Jugendalter. Arbeitsschwerpunkte: Jugend-, Bildungs- und Migrationsforschung.

Makarova, Elena, Dr. phil.-hum., Oberassistentin am Institut für Erziehungswissenschaft der Universität Bern. Arbeitsschwerpunkte: Akkulturation und Identitätsentwicklung, Integration von Jugendlichen mit Migrationshintergrund, kulturelle Heterogenität im schulischen Umfeld, Geschlecht und Berufswahl.

Neuenschwander, Markus P., Prof. Dr. habil., Leiter des Forschungszentrums Schule als öffentlicher Erziehungsraum am Institut Forschung und Entwicklung der Pädagogischen Hochschule der Fachhochschule Nordwestschweiz in Solothurn (Schweiz) sowie Professor für Pädagogische Psychologie. Arbeitsschwerpunkte: Übergang Schule-Beruf, Schulische Sozialisation, Selektion, Berufsbildungsentscheidungen.

Niemeyer, Beatrix, Prof. Dr., Professur für Erwachsenenbildung/Weiterbildung an der Universität Flensburg, Mitherausgeberin des JVET Journal of Vocational Education und Mitglied im Pool of European Youth Researchers PEYR; Arbeitsschwerpunkte: Übergänge zwischen Bildungs- und Erwerbssystem im europäischen Vergleich.

Rahn, Sylvia, Prof. Dr., Professorin für Berufspädagogik am Institut für Erziehungswissenschaft der Westfälischen Wilhelms-Universität Münster. Arbeitsschwerpunkte: Berufsorientierungs- und Übergangsforschung, Evaluation und Qualitätsentwicklung im Bildungswesen, Institutionelle Entwicklung, Regulation und Steuerung der beruflichen Bildung, Professionelles Wissen und Handeln, Professionalitätsentwicklung in pädagogischen Berufen.

Ratschinski, Günter, apl. Prof. Dr., Diplom-Psychologe, Institut für Berufspädagogik und Erwachsenenbildung der Leibniz Universität Hannover, Abteilung Sozialpädagogik. Arbeitsschwerpunkte: Berufswahlforschung, Berufliche Benachteiligtenförderung.

Reißig, Birgit, Dr., Leiterin des Forschungsschwerpunkts „Übergänge im Jugendalter" am Deutschen Jugendinstitut e.V. und der DJI-Außenstelle. Arbeitsschwerpunkte: Bildungs- und Ausbildungsverläufe Jugendlicher sowie Prozesse sozialer Exklusion.

Rübner, Matthias, Prof. Dr., Diplom-Soziologe, Professor für Integrationsmanagement an der Hochschule der Bundesagentur für Arbeit, Mannheim. Arbeitsschwerpunkte:

Berufliche Beratung, Berufswahlforschung, Fall- und Integrationsmanagement, Beratungskonzeption der Bundesagentur für Arbeit.

Ryter, Annamarie, Prof. Dr., Pädagogische Hochschule, Fachhochschule Nordwestschweiz. Arbeitsschwerpunkte: Berufswahl, Praxisbegleitung, Coaching, Gewaltfreie Kommunikation; Co-Leitung CAS „Von der Schule zum Beruf".

Schaffner, Dorothee, Prof. Dr., Hochschule für Soziale Arbeit, Fachhochschule Nordwestschweiz. Arbeitsschwerpunkte: Subjektorientierte Übergangsforschung, Biografie- und Heimforschung; Berufsintegration unter erschwerten Bedingungen; Professionalisierung, Co-Leitung CAS „Von der Schule zum Beruf".

Schindler, Nicola, M.A. Psychologie, Wissenschaftliche Mitarbeiterin im Forschungsprojekt „Thüringer Berufsorientierungsmodell" an der Universität Erfurt. Arbeitsschwerpunkte: Berufliche Entwicklung, Soziale Unterstützung, Stressmanagement.

Stein, Margit, Prof. Dr. phil. habil., Professorin am Institut für Soziale Arbeit, Bildungs- und Sportwissenschaften (ISBS) der Universität Vechta; stellv. Direktorin des Zentrums für Lehrerinnen- und Lehrerbildung ZfLB. Arbeitsschwerpunkte: Übergänge von der Schule in die Arbeitswelt, insbesondere für Migrantinnen und Migranten sowie Werteentwicklung und Werteförderung.

Thomas, Joachim, Prof. Dr., Professor für Psychologische Diagnostik und Interventionspsychologie an der Katholischen Universität Eichstätt-Ingolstadt. Arbeitsschwerpunkte: Berufliche Rehabilitation, Migration, Identitätsentwicklung und Werte, Übergang Schule–Beruf bei benachteiligten Jugendlichen und Kompetenzdiagnostik.